總　目

古史新探 …………………………………………………………………… 1

外編 ……………………………………………………………………… 281

附録 ……………………………………………………………………… 499

　一代史學大家，百年學術經典——楊寬先生學術生涯兼論《古史新探》成就
　……………………………………………………………………… 501

　楊寬小傳 ……………………………………………………………… 524

　楊寬生平與學術編年 ………………………………………………… 525

古史新探

楊寬 著
高智群 編

古史新探

復旦大學出版社

本書由復旦大學出版基金資助出版

楊寬先生（1914—2005）

序　言

　　本集主要探索的,是西周、春秋時代的社會歷史,特別着重於當時的社會性質和社會結構方面。這正是當前史學界在古史分期問題討論中爭論的焦點之一。

　　關於西周、春秋時代社會性質的研究,前輩學者已經做出很多成績。在古史分期問題的討論中,通過不同意見的爭論,對這方面的研究水平也有很大的提高。但是,離開問題的徹底解決,還有一定的距離,需要史學工作者在這方面繼續努力。

　　我們認爲,目前要把這方面的研究再向前推進,必須先對當時的社會經濟、政治、文化等各個方面作好分析的研究,然後再作綜合的研究。只有把各個重要方面作好深入而細緻的分析,再綜合起來研究,才能提高我們對當時的社會性質和特點的認識。本集所收的十多篇論文,就是抱着這個目的去寫的,但是,由於自己的理論水平的限制,所下的功夫不深,遠沒有達到預期的效果。

　　本集前半部所收各篇,討論到了西周時代的農業生產和奴隸制的生產關係,還討論到了西周、春秋時代的井田制度和村社組織、鄉遂制度和社會結構、宗法制度和貴族組織以及學校制度等等。這樣要對西周、春秋時代的各種制度作比較深入的探索,就無可避免地要涉及到古"禮"的研究範圍之內,涉及到古"禮"如何探索的問題和禮書上的史料如何利用的問題。古代奴隸主貴族統治用的許多制度,常與古"禮"有不可分割的關係,所以在禮書中這方面的記載較多。因此,不研究古代各種制度則已,要研究,就不能不進入禮書的範圍中去探索,不能不與某些較重要的"禮"結合起來研究。

　　我國古代三部禮書的内容很不相同。《周禮》是一部理想化的政典,分述各級官員職掌以及相關的典章制度,大概出於春秋戰國間學者所編定,以西周、春秋的制度爲基礎,經過整齊劃一,加以系統化和理想化而成。《儀禮》是一部古代貴族所用各種禮儀的匯編,大概出於春秋、戰國間儒家的收集,又經過整齊劃一的功夫,所以全書有嚴密的條例,各種禮節也有統一的規定。《禮記》是儒家有關"禮"的一部選集,内容較爲複雜,有的原是《儀禮》的《傳》,如《冠義》、《昏義》等,有的採自古代記載,如《月令》等,有的採自古代禮書,如《奔喪》、《投壺》等,有的採自儒家諸子,如《學記》、《樂記》等。這三部禮書中,所保存古代的各種制度的史料,很是豐富。如果因爲其内容複雜,史料的時代難以區别,不加利用,將妨礙我們對古代各種制度的探索;如果不加選擇,隨便引用來解釋西周的社會歷史,也不是實事求是的態度。我們認爲,最妥當的辦法,就是按照社會歷史發展規律,把禮書中的史料和其他可靠史料結合起來研究,從探索各種制度的起源和流變中,分析出那些是比較古老的制度,那些是已有變化的制度,那些是加入的系統化和理想化成分。這樣對我們研究古代歷史,就可得到幫助。

西周、春秋時代的貴族十分講究"禮"。這許多"禮"都是貴族根據古老的風俗習慣,加以改變和發展,作爲鞏固貴族内部組織和統治人民的一種手段的。目的在於維護其宗法制度和君權、族權、夫權、神權,具有維護當時社會經濟制度和政治制度的作用。當時許多經濟和政治上的典章制度,常常貫串在各種"禮"的舉行中,依靠各種"禮"的舉行來加以確立和維護的。有關這些"禮"的記載,雖然多數出於春秋、戰國時人的編定,没有把西周時代的"禮"的原樣保存下來,但是,由於"禮"的本身具有頑固的保守性,我們不僅可以從中探索出部分西周的情況來,甚至還可以摸索出一些氏族制末期的情況。如果能够對當時各種重要的"禮",結合可靠的史料,從其起源、流變和性質、作用等各個方面作一番新的探索,將有助於我們對古代社會歷史和文化的理解。本集下半部中所收各篇有關"禮"的論文,就是爲了配合上半部有關各種制度的研究,企圖作一番新的探索的。

在目前中國古史分期問題的討論中,有不少同志對我國奴隸制社會的特點,看法上有分歧,往往由於這種分歧,對古史分期也產生了不同主張。作者的基本看法是:中華民族的發展,和世界上别的許多民族具有同樣的發展規律。因爲古代中國和東方各國如埃及、巴比倫等,同樣是世界上文明發達最早的國家,有比較多的共同特點。同時,與處於同一發展階段的古代希臘和羅馬,也還有相同的特點。但是,古代中國在具體的歷史條件下,也還有許多自身的特點。只有在闡明一定發展階段上的基本規律性的基礎上,能够進一步闡明其本身的特點,才能科學地說明其歷史發展的過程。

我们認爲,要明辨中國古代社會的特點,必須在馬克思列寧主義、毛澤東思想的指導下,以社會發展的普遍規律,結合中國歷史的實際,作具體的分析研究,才能得到正確的結論。本集所收的有些論文,就是試圖從具體探討我國古代各種制度的發展中,對我國古代社會的特點提出一些初步的看法,目的只在於拋磚引玉。

在探討我國奴隸制社會和國家產生與發展的歷史過程中,很需要採用民族史的研究成果來作比較研究。例如摩爾根著《古代社會》一書,通過調查研究,在北美印第安人易洛魁族的社會組織中,找到了一把鑰匙,用來解開了古代希臘、羅馬、德意志社會歷史的重要之"謎"。恩格斯所著《家庭、私有制和國家的起源》一書,就是批判地利用了摩爾根研究的成果,對家庭、私有制、階級和國家的產生和發展的規律,作了科學的闡釋和分析。這是以馬克思主義應用於研究古代社會歷史的光輝範例。

在我國西南和東北地區有不少少數民族,在民主改革之前,還停留於奴隸制階段或氏族制階段,近幾年來我國科學工作者對這方面進行了深入的調查研究,累積了大量的資料,進行許多研究工作,作出了可貴的成績。這些兄弟民族所經歷的社會生活,比起易洛魁人和古代希臘人、羅馬人來,在許多方面,應該更接近於我國中原地區古代的社會情況,可以作爲我們比較研究的資料。當然不可否認,這些兄弟民族的社會生活,不全是純粹的自發的發展形態,他們長期與漢族爲鄰,不能不受漢族的影響,特別是明清以來,封建中央政權利用土司制對他們進行封建統治和封建剝削,不可能不起較大的影響,這是在比較研究中必須注意到的。但是我們在分辨清楚這種外來影響之後,仍然可以用來作比較研究,從中看出社會發展的共同規律。當摩爾根對易洛魁人進行調查研究時,離開哥倫布發現美洲已有三四個世紀,美國資本主義已很發展,對他們的影響之深,該不下於明清以來漢族對少數民族的影響,但是摩爾根在這方面的比較研究,仍然取得了出色的成果。因此我們認爲,以民主改革前的兄弟民族的社會發展歷史和古代社會歷史進行適當的比較研究,應該是無可非議的。有些兄弟民族的社會經濟結構中,各種經濟成分比較複雜,但是一定有一個佔主導和支配地位的;有些兄弟民族的社會結構中,各個等級的情況比較複雜,有些等級的內部已有階級的分化,但是基本上還可以看出那個等級原來屬於那個階級。從中還是清楚地可以看到社會發展的普遍規律,可以用來和古代社會歷史作比較研究的。

本集所收的有些論文,就曾利用易洛魁人和古代希臘人、羅馬人、德意志人,和中國古代社會的某些方面作比較研究。同時還利用了近來有關兄弟民族歷史研究的成果,作了些比較研究。在這裏要感謝許多研究民族史的同志,他們的研究成果使我得到不少的啓發。由於這些啓發,我在古代社會研究中,作了一些新的解釋。但是,是否能算解决了一些問題,還有待於讀者的評價。

本集所以名爲"新探",只是説明作者的主觀意圖,企圖能夠在我國古代社會歷史方面,在吸取前人和健在的前輩們研究成果的基礎上,作一番新的探索,並在若干問題的探討中有所"標新立異",希望能夠解决一些重要問題,有助於這方面研究的推進。當然,此中所有"標新立異"的看法,不一定都正確,只是就自己目前的學術水平進行探索的新結果。究竟這些看法是正確還是錯誤,都有待於讀者的評價。

本集主要是對西周、春秋時代的社會制度和社會結構方面,作了些探索,還很不全面。至於當時的各種政治制度,如官制、兵制等,也還没有細加探討。總之,有待分析研究的問題還很多。我很希望,在學習馬克思列寧主義、毛澤東思想的基礎上,能夠逐步對古代各種制度加以探索,在寫出許多論文之後,再能寫成比較有系統的著作。但是,目前離這個奮鬥目標還遠得很,還需要繼續不斷的努力。

本集所收論文,大部分在報刊上發表過,收入本集時,有的略作修改,有的作了較大的補充和修改。同時有些論文還是在這裏第一次和讀者見面。希望讀者多予批評和指教。

作　者
1964 年 5 月

目　錄

論西周時代的農業生產 …………………………………………………… 10
　一　西周的農業生產工具 …………………………………………… 10
　二　西周農田的墾耕 ………………………………………………… 15
　三　西周的農業生產技術 …………………………………………… 20
　四　結語 ……………………………………………………………… 24

關於西周農業生產工具和生產技術的討論 …………………………… 26
　一　關於西周的主要耕具——耒和耜 ……………………………… 27
　二　關於西周的農業生產技術 ……………………………………… 38

論中國古史分期問題討論中的三種不同主張
　——兼論中國奴隸制社會的特點 ………………………………… 47
　一　關於西周封建領主制論 ………………………………………… 47
　二　關於西周"古代東方型"奴隸制論 …………………………… 49
　三　關於西周典型奴隸制論 ………………………………………… 52
　四　關於中國奴隸制社會的特點 …………………………………… 54

論西周時代的奴隸制生產關係 ………………………………………… 60
　一　西周的奴隸有三類，數量相當大，主要來自掠奪和征服戰爭 ……… 61
　二　西周的奴隸從事於農業、手工業和開發山澤等主要生產 …………… 64
　三　保留有"村社"殘餘形態的"井田"單位——"邑"和"里"，實質上已成為
　　　被奴役、榨取的單位，居民已成為一種集體奴隸 …………… 67
　四　結語 ……………………………………………………………… 75
　附錄一　釋"臣"和"鬲" …………………………………………… 79
　附錄二　"人鬲"、"訊"、"臣"是否即是奴隸？ ………………… 83

試論中國古代的井田制度和村社組織 ………………………………… 89
　一　論井田制是古代村社的土地制度 ……………………………… 90

二　論井田制的實行地區 …………………………………… 92
　　三　論井田制中的定期平均分配份地制度 ………………… 95
　　四　論井田制基礎上的古代村社組織 ……………………… 98
　　五　論古代村社的公共生活 ………………………………… 102
　　六　結語 ……………………………………………………… 105
試論西周春秋間的鄉遂制度和社會結構 ………………………… 107
　　一　《周禮》中的鄉遂制度 ………………………………… 107
　　二　春秋時代各國的鄉遂制度 ……………………………… 115
　　三　西周時代的"六自"、"八自"和鄉遂制度的關係 ……… 120
　　四　鄉遂制度和社會結構 …………………………………… 127
試論西周春秋間的宗法制度和貴族組織 ………………………… 131
　　一　宗廟制度 ………………………………………………… 132
　　二　族墓制度 ………………………………………………… 136
　　三　姓氏、名字制度 ………………………………………… 138
　　四　族外婚制和貴族的等級內婚制 ………………………… 141
　　五　嫡長子繼承制 …………………………………………… 141
　　六　族長主管制 ……………………………………………… 142
　　七　家臣制度 ………………………………………………… 146
　　八　宗法制度下貴族的各種相互關係 ……………………… 149
我國古代大學的特點及其起源 …………………………………… 153
　　一　我國最早的小學和大學 ………………………………… 153
　　二　西周時代大學(辟雍)的特點 …………………………… 155
　　三　大學(辟雍)的起源 ……………………………………… 162
　　四　教師稱"師"的來歷 ……………………………………… 164
"籍禮"新探 ………………………………………………………… 169
　　一　"籍禮"的具體禮節及其性質 …………………………… 169
　　二　"籍田"和"籍禮"的來歷 ………………………………… 172
　　三　"籍"、"租"、"助"的變化 ……………………………… 176
　　四　結語 ……………………………………………………… 178
"冠禮"新探 ………………………………………………………… 181
　　一　"冠禮"的起源及其作用 ………………………………… 181

二　"字"的來源及其意義 …………………………………… 184
　　三　三次加冠弁的意義 …………………………………… 190
　　四　結語 …………………………………………………… 194
"大蒐禮"新探 ………………………………………………… 196
　　一　"大蒐禮"原爲借用田獵來進行的軍事檢閱和軍事演習 ……… 196
　　二　"大蒐禮"具有"國人"(公民)大會的性質,是當時推行政策、加強統治、
　　　　準備戰爭的重要手段 ………………………………… 204
"鄉飲酒禮"與"饗禮"新探 …………………………………… 214
　　一　"鄉飲酒禮"的特點 …………………………………… 214
　　二　"鄉飲酒禮"的起源及其作用 ………………………… 219
　　三　"饗禮"爲高級的"鄉飲酒禮" ………………………… 224
　　四　由"鄉飲酒禮"和"饗禮"推論"禮"的起源和"禮"這個名稱的來歷 …… 232
"射禮"新探 …………………………………………………… 235
　　一　"鄉射禮"具有軍事教練的性質 ……………………… 235
　　二　"大射儀"爲高級的"鄉射禮" ………………………… 240
　　三　"射禮"起源於借田獵來進行的軍事訓練 …………… 243
　　四　"射禮"具有選拔人才的目的 ………………………… 249
　　附錄　關於射"不來侯"或"不寧侯"問題 ………………… 252
"贄見禮"新探 ………………………………………………… 256
　　一　"贄見禮"的特點 ……………………………………… 257
　　二　"贄見禮"的源流 ……………………………………… 261
　　三　"贄"的作用與"命圭"制度 …………………………… 267
　　四　"贄"的授受儀式的作用與"委質爲臣"制度 ………… 272

論西周時代的農業生產

目前在中國古代歷史分期問題的討論中,各家對西周社會性質的看法,還很懸殊,各家所估計的西周生產力水平,距離也很遠。有的認爲西周時代"農業上的主要生產工具,還是石器、蚌器和一米達長的木棒"①,好像西周的農具基本上還和原始公社制時期差不多;有的認爲"西周生產力就是以爰田制的三田制和年年耕種的井田制,作爲最高的指標"②,簡直已經和歐洲封建社會中期的生產力水平相同。看呀!這兩者之間的距離是多麼的遠!因此,我們認爲,在目前對西周的農業生產,儘可能實事求是地作一番檢點,是非常必要的。

這篇論文因爲篇幅所限,只試圖對西周的農業生產工具和生產技術方面探索一下。

一　西周的農業生產工具

西周主要的耕具是耒和耜,其中以耜比較流行,在《詩經》的西周詩篇裏曾再三提到。西周主要的耨的工具是耨和鎛,在近人論述西周史的著作裏,《詩經·周頌·臣工》"庤乃錢鎛"這句話是被引用得爛熟的。但是,耒、耜、耨、錢、鎛等,究竟是怎樣的農具,却至今還分辨得不夠清楚。

現在,我們先來談耒和耜。

我們現在分辨不清楚耒和耜這兩種耕具,是不足怪的,因爲漢代以來,許多經學家和注釋家們把我們的頭腦弄糊塗了。自從漢代學者京房認爲耒是耜上的"句木",耜是耒下的"釘"③,許多注釋家都誤認爲耒和耜從來就是一件耕具上的兩部分。其實,耒和耜是兩種結構不同的耕具,到春秋戰國間還是如此,我們只

---

① 尚鉞:《先秦生產形態之探討》,《歷史研究》1956年7月號。
② 徐中舒:《試論周代田制及其社會性質》,《四川大學學報》1955年2期,收入《中國的奴隸制與封建制分期問題論文選集》,三聯書店,1956年版。
③ 《周易·繫辭傳》釋文引京房説。

要細讀一下《考工記》就可以分明的。在清代學者中,已有些人能辨明耒和耜,最著的有徐灝、鄒漢勛兩人。徐灝在其所著《説文解字注箋》中,曾根據《考工記》和《説文解字》,斷定"耒之初制,蓋其末爲歧頭",而"耜"是和"臿"相同的"伐地起土之器"。鄒漢勛在其所著《讀書偶識》卷十中,曾對歷來耕具名稱加以分析,斷定"古之耒制"是"曲柄枝刃耕器",而耜是直柄的"單刃耕器"①。徐鄒兩氏的論斷,我們認爲基本上是正確的,使得漢代以來對耒和耜的誤解得到了糾正。

徐中舒同志的《耒耜考》,從甲骨文、金文"耒""㠯"(耜的初字,即"以"字)等字形來考察,認爲"耒下歧頭,耜下一刃,耒爲仿傚樹枝式的農具,耜爲仿傚木棒式的農具"②,結論和徐鄒兩氏相同。徐同志認爲耒是木製的曲柄的農具,下端有歧出而鋭利的木叉,用以刺地,木叉之上貫一小橫木,是耕田時足踏處。這是正確的。耒下的尖鋭鋒利部分,《考工記》稱它爲"庛",鄭玄注説:"庛讀爲棘刺之刺",庛就是用來刺的。所以《考工記》説:"堅地欲直庛,柔地欲句庛。"徐同志又認爲耜是在耒的下端,安裝半圓形鋭利金屬"犁錧"或石蚌類刀鏟③。那就並不正確。

木耒的遺迹,在考古發掘中已有發現。在廟底溝早期龍山文化的窖穴和殷墟的窖穴壁上,都發現了耒所遺留下來的勞動痕迹,耒確是歧頭的木叉,兩"庛"(刺)間寬四到八釐米,"庛"徑有四到七釐米,這和古文獻的記載很符合④。

從甲骨文、金文中耜字的初字"㠯"的字形來看,耜確是圓頭半葉式的農具,但是象形字畢竟不是圖畫,不可能畫得十分逼真。據我們的考察,耜該是和現在的鏟差不多的工具,它原來是曲柄帶有長方形平版和方刃或弧形的刃的。

《考工記》説:

　　匠人爲溝洫,耜廣五寸,二耜爲耦,一耦之伐,廣尺深尺,謂之甽⑤。

這裏所謂"伐",就是把土塊發掘起來,所謂甽,就是田中壟畝間的小溝。這是説:耜的鋒刃廣五寸,一伐能掘去方五寸的土塊,二個耜相並着同時去伐,就能掘去

---

① 《讀書偶識》一書,收入《鄒叔子遺書》和《皇清經解續編》。
② 見 1930 年出版《歷史語言研究所集刊》第二本第一分。
③ 見徐中舒:《試論周代田制及其社會性質》和《耒耜考》。
④ 見《廟底溝與三里橋》發掘報告第 23 頁。和《考古》1961 年第 2 期 67 頁。
⑤ 《説文解字》也説:"耦,耕廣五寸爲伐,二伐爲耦。"

"廣尺深尺"的土,掘成"廣尺深尺"的溝。耜這工具,能夠按照它鋒刃的寬度,把土一方塊一方塊掘起來,很分明的,是如同鏟一樣的"伐地起土之器"。《吕氏春秋·任地》篇説:

> 六尺之耜,所以成畝也;其博八寸,所以成甽(畎)也。

高誘注説:"耜六尺,其刃廣八寸。"《吕氏春秋》所説耜的鋒刃,已比《考工記》加寬。《考工記》所説的耜,鋒刃"廣五寸",要兩耜同伐,才能掘成"廣尺深尺"的"畎";而《吕氏春秋》所説的耜,鋒刃"博八寸",只要一耜之伐,就能掘成八寸廣深的"畎"了。這可能是由於《吕氏春秋》的著作年代較晚,那時耜的鋒刃已較寬,但它還和《考工記》一樣,認爲耜是掘成"畎"的工具。

在《説文解字》中,"耜"寫作"相",説:"相,臿也。"臿和耜是異名同實的,同樣是鏟一樣的"伐地起土之器"。《説文解字》説:"坺,坺土也,一臿土謂之坺。"這裏所説"一臿土"的"坺",也就是《考工記》所説的"伐"。孫詒讓《周禮正義》説:"伐即坺之借字,其字又通作發,俗作墢。"耜是"爲溝洫"的主要工具,同樣的,臿也是開掘溝渠的主要工具。《漢書·溝洫志》記載白渠完成後,人民有歌稱頌説:"舉臿爲雲,决渠爲雨。"顔師古注説:"臿,鍬也,所以開渠者也。"①臿,也或作"插",也或作"鍤",《釋名·釋用器》説:"鍤,插也,插地起土也。"臿原來是耜的别名,曾經長久流傳,在元代王禎《農書》上,還是把它作爲"起土具"的,從王禎《農書》上所畫臿的圖形來看,它是和鏟相同的。

根據上面的論證,耜並不是什麽特别的古農具,它是鏟一樣的"伐地起土之器",可以無疑的。

《詩經》裏曾再三提到耜,或者説"有略其耜"(《周頌·載芟》),或者説"畟畟良耜"(《周頌·良耜》)。過去注釋家們有認爲"略""畟畟"是形容耜的鋭利的,有認爲"略"是解釋爲"刀劍刃"的"鉻"的假借字的,但是我們僅憑這些形容字,還是不能斷定西周的耜是否有金屬鋒刃的。清代學者倪倬在其所著《農雅》第四篇《釋器》中説:

---

① 《淮南子·精神》篇説:"今夫繇(徭)者,揭钁臿,負籠土",高誘注説:"臿,鍬也。"這裏以臿籠並稱,猶如《孟子·滕文公》篇以蕢梩連稱。這類例子很多,不列舉。

> 案《易·繫辭傳》,惟言"斲木爲耜",不言用金……然《周頌·臣工》"庤乃錢鎛",傳:"錢,銚也",已用金……銚,耜屬,則耜用金,其昉於周歟?

這是個非常值得重視的見解。

過去的注釋家們,因爲古書上常見耒耜連文,誤認爲耒耜是一器。又因爲《詩經·臣工》篇錢鎛連稱,又誤認爲錢和鎛是同類,同樣是耨的工具。後世的農書也以誤傳誤,例如王楨《農書》說:"錢與鎛同類,薅器也,非鍬屬也。"其實恰恰相反,錢不是耨器而是鍬屬,也就是一種帶有金屬鋒刃的耜。《周頌·臣工》篇說:"庤乃錢鎛,奄觀銍艾",是把所有重要的農具都列舉了,錢是有金屬鋒刃的耕具,鎛是有金屬鋒刃的耨具,銍是有金屬鋒刃的收穫工具。

我們認爲錢確是帶有金屬鋒刃的耜,有下列三點理由:

第一,前面我們說過,耜和臿是異名同實的,而在古代的字書上,錢和銚、鍤又是異名同實的。《說文解字》說:"錢,銚也,古田器。""銚"古或作"斛",《爾雅·釋器》篇說:"斛謂之疀",郭璞注說:"皆古鍫鍤字。"臿和疀,原是一聲之轉①。《說文解字》說"相"的或體作"梩",而《方言》說"臿"有斛、鏵、鍏、畚、梟、梩等不同名稱②。我們從耜、臿、錢、銚等名稱的關係來看,可知錢和耜是同類的。

第二,錢的所以稱錢,該是由於它能剗削的緣故。《釋名·釋用器》曾說:"鍤……或曰銷,銷,削也,能有所穿削也。"實際上,錢就是後世所謂剗,也就是鏟。玄應《一切經音義》卷九說:"鏟今作剗,剗削之也。"③王楨《農書》雖然分錢、臿、鏟爲三種農具,但是從他所畫的三種農具的圖形來看,形制是基本相同的,並不是三種不同的農具。

第三,《國語·周語下》篇說:周景王二十三年"鑄大錢"。至少到春秋後期,稱爲"錢"的貨幣已經鑄造和流通。這種稱爲"錢"的貨幣,顯然是從農具中的"錢"演變來的。現在我們所見到的春秋戰國時代各式貨幣中,只有流行於周和三晉等中原地區的"布"幣,是鏟的形式的,該就是從農具中的"錢"

---

① 《說文解字》也說:"疀,斛也,古田器也。"又說:"斛……一曰利也,《爾雅》曰斛謂之疀,古田器也。"

② 《方言》卷五說:"臿,燕之東北、朝鮮洌水之間謂之斛,宋魏之間謂之鏵,或謂之鍏,江淮南楚之間謂之臿,沅湘之間謂之畚,趙魏之間謂之梟,東齊謂之梩。"

③ 玄應《一切經音義》卷十四又說:"剗古文鏟,初簡反,《說文》:'鏟,平鐵也',今方刃施柄者也。"

演變來的①。一九五三年秋在安陽大司空村曾發掘到一把殷代的青銅鏟，從其形制來看，没有任何理由可以否認它是農具的。可知錢這類農具已有很長的源流了。耡既是鏟一樣的農具，錢也是鏟一樣的農具，而錢字又從金，那麽，無可置疑的，錢是一種帶有金屬鋒刃的耡。也惟有因爲錢是耡一類的有金屬鋒刃的耕具，所以人們才曾重視它，作爲交易的媒介物，逐漸成爲一種貨幣形式。

由此可見，西周農業的耕作工具，除了遺址出土的石鏟、蚌鏟、骨鏟之外，還有木製的耡，更有帶有金屬鋒刃的耡叫"錢"。

上面我們談了錢，接着就談鎛。

鎛是一種耨具，《詩經》交代得很清楚，《周頌·良耜》説："其鎛斯趙（削），以薅荼蓼。"中國原始的耨具是蚌器②，到西周時代還在應用，但是這時出現了有金屬鋒刃的鎛，該是農具上的一大進步。鎛是一種短柄寬刃的小鋤頭，《吕氏春秋·任地》篇説："耨柄尺，此其度也；博六寸，所以間稼也。"這種短柄寬刃的小鋤頭，是農夫傴僂着身體拿來除去田間的雜草的③。它是用句曲的樹枝製成的，所以也或稱爲"句欘"④。

鎛用於耨耘，運用的時間較長，因而鎛在金屬農具中數量是較多的。《考工記》把金屬農具稱爲"鎛器"，在"攻金之工"中有"段氏（鍛氏）爲鎛器"，又説："粵（越）之無鎛也，非無鎛也，夫人而能爲鎛也。"金屬農具所以曾總稱"鎛器"，該是由於鎛最流行的緣故⑤。

西周時代已有錢、鎛、銍等帶有金屬鋒刃的農具，是很顯然的。究竟這些農具所帶的金屬鋒刃，是鐵製的呢？還是青銅製的呢？現在我們還不能確切斷定西周時代已有鐵農具，因爲無論在考古發掘中，在古文獻中，都還没有鐵農具存

---

① 徐中舒：《耒耜考》，因爲"耒下歧頭"，布幣中"方足布"下邊開跨，就誤認爲布幣是從耒演變來的。實際上，"方足布"下邊開跨，根本不同於耒的樹枝式的歧頭。雖然春秋戰國時代各個地區所流行的布幣，有着各種不同形式，有所謂方足布、圓足布、尖足布等，但基本形式還是鏟。其形式之所以曾有些不同，該是從各個地區各種式樣的"錢"演變來的。其下邊鋒刃所以曾有方足、圓足、尖足等凸出部分，無非爲了便於刺入土中。

② 《淮南子·氾論》篇説："古者剡耜而耕，摩蜃而耨。""辱"是"耨"的初字，像手執蜃。甲骨文"農"字從林從辰，金文"農"字從田從辰，也或從疊從田，都象用蜃進行農作情况。

③ 《詩經》毛傳説："鎛，鎒也。"《國語·周語上》韋昭注説："鎛，鋤屬。"《釋名·釋用器》説："耨，似鋤，嫗薅禾也。"

④ 《爾雅·釋器》篇説："斪斸謂之定。"《考工記》鄭玄注引作"句欘"。《廣雅·釋器》篇又説："定謂之耨。"而《説文解字》説："欘……一曰斤柄，性自曲者。"孫詒讓《周禮正義》説："説文斤部云：斪斸，斫也，與木部欘字義同字異，案斫木之斤，斫地之鉏（鋤），其柄形同句曲，故並有句欘之稱。"

⑤ 春秋戰國時代由"錢"演變成的"布"幣，它的所以稱爲"布"，也該是"鎛"轉變來的。布與鎛，古音是相同的。

在的真憑實據。如果這時農具的鋒刃是青銅製的,青銅比較貴重,當然不可能像冶鐵技術發展後鐵農具那樣普遍。但是我們要知道,古代農具的金屬鋒刃和後世農具很不相同,僅僅在鋒刃的邊緣上有一條金屬包着,這種情況直到戰國秦漢間鐵農具相當普遍流行時,還大都如此。古人使用的帶有金屬鋒刃的農具,除了鋒刃邊緣上鑲有一條金屬鋒刃外,農具整個是用堅靱的木材製成的。他們不但講究挑選木材,還講究斬伐的季節。《周禮·地官·山虞》説:"凡服(車箱)、耜,斬季材,以時入之。"據鄭玄注,"季材"就是"稺(稚)材",就是生長年齡較輕的木材,要在仲冬、仲夏等季節斬伐,爲的是"尚堅刃(靱)"。錢這樣和鏟相同的耕具,下部長方形的平版連同柄都是木製的,只有平版下邊的鋒刃邊緣是有金屬鑲包着的。像安陽大司空村出土的殷代青銅鏟那樣,整個平版連同鋒刃全是青銅製的,是不多的,所以我們很少發現。鎛這樣和鋤相同的耨具,是用句曲的樹枝製成的,也只有鋒刃邊緣是有金屬鑲包的。由於古代農具只是在鋒刃邊緣上有一條金屬鑲包着,所需的青銅是很少量的,那麼,我們説西周時代的農具中已有相當數量的有青銅鋒刃的農具,如錢、鎛、銍之類存在,應該是沒有什麼問題的。如果説,錢、鎛之類帶有金屬鋒刃的農具,在西周春秋間還是稀罕之品,如何可能成爲交易的媒介物,到春秋戰國間出現大量由農具的"錢"轉變來的各式銅幣呢?

二　西周農田的墾耕

上面我們談得很清楚,西周時代的耕具是歧頭有刺的"耒"和鏟一樣的"耜",而耜的應用比較廣。他們究竟用怎樣的方法來墾耕田地的呢?這種墾耕方法,後世也還有流傳應用的。江永《周禮疑義舉要》説:

> 詢之行中州者,謂親見耕地之法,以足助手,跐耜入土,乃按其柄,向外挑撥,每一發則人却行而後也。

這個流傳在中州的"耕地之法",就是古人的墾耕方法。《考工記》説:耒的庛,有直庛和句庛兩種,"堅地欲直庛,柔地欲句庛,直庛則利推,句庛則利發"。耒和耜的墾耕方法,不外乎推和發。推就是把鋒刃刺入土中向前推,發就是把鋒刃刺入土中後,把着柄,向外挑撥,把土發掘起來。"錢"的所以又稱爲"銚",或者由於這個緣故。《國語·周語上》記述虢文公的話,談到"籍禮",説:"王耕一發"(今本"發"作"墢",此從汪遠孫《國語明道本考異》校正),而《禮記·月令》篇和《呂氏春秋·孟春紀》記述"天子親載耒耜","躬耕帝籍田",説："天子三推。"高誘注説："天子三推謂一發也。"大概爲了深耕起見,一般要三"推"而後一"發"。因爲僅靠手來"推"和"發"(特別是推),不够有力,經常需要脚來幫助,靠脚踏在耒和耜上"推"和"發",《豳風·七月》説"三之日于耜,四之日舉趾"。毛傳："于耜,修耒耜也";又解釋"舉趾"説"民無不舉足而耕也"。所以這種墾耕方法,有人稱爲"跖耒而耕"(《淮南子·主術》篇《鹽鐵論·耒通》篇),也或稱爲"蹠(跖)耒躬耕"(《鹽鐵論·取下》篇)。這樣的"跖耒而耕",是一塊塊土依次掘的,耕的人需要掘一塊,退一步,和犁耕向前推動的方法不同,所以《淮南子·繆稱》篇説："織者日以進,耕者日以却。"高誘注説："却謂耕者却行。"當然,這樣的墾耕方法是很費力的,《淮南子·主術》篇説："一人蹠耒而耕,不過十畝。"所以古人採用了兩人合作的方法,叫做"耦耕"。《詩經·周頌·噫嘻》説："亦服爾耕,十千維耦。"①"耦耕"究竟有些什麽作用呢？程瑶田在《溝洫疆理小記》中有一篇"耦耕義述",他解釋説："必二人並二耜而耦耕之,合力同奮,刺土得勢,土乃迸發,以終長畝不難也。"的確,這種採用"合力同奮"的"耦耕"方法,能够使得"刺土得勢",達到"土乃迸發"的效果,大大提高了墾耕的工作效率②。這種"耦耕"方法後世也還有流傳應用的。宋代有一種"踏犁",據説用人力踏着"踏犁"來耕,"凡四五人,力可比牛一具"(《宋史·食貨志》)。當時在今廣西一帶,也還有用"踏犁"來"耦耕"的,周去非《嶺外代答》卷四《風土門》説："廣人荆棘費鋤之地,三人二踏犁,夾掘一穴,方可五尺,宿根巨梗無不翻舉,甚易爲功。"由此可知,用脚踏的耕具,採用"耦耕"的方法,"夾掘一穴",確乎能够發揮較大的墾耕效率。

西周時代雖然没有發明牛耕和犁耕,但是由於西周所統治的主要地區是黄土地帶,土壤比較鬆,容易墾耕,在使用脚踏的有金屬鋒刃的耕具和採用"耦耕"方法之後,農田的墾耕還是得到一定程度的發展的。在西周初期,周人曾對黄土地帶特别有濃厚的偏愛。關於這一點,李亞農同志在《西周與東周》一書已提出

---

① "耦耕"還見於《論語·微子》篇、《禮記·月令》篇、《吕氏春秋·季冬紀》、《考工記》等。《論語·微子》篇説："長沮、桀溺耦而耕,使子路問津焉……問於桀溺……耰而不輟。"似乎有的耦耕時還包括耰的操作。程瑶田《耦耕釋義》説："桀溺之耰,摩田覆種也,不必耦,亦與長沮並呼之曰耦而耕,以是知呼農夫相助治田,並可曰耦,並可曰耦耕也。"日本學者天野元之助《春秋戰國時代的農業及其社曾構造》(《松山商大論集》七卷三號),又認爲"耦耕"就是二人同時進行的耕作業和耰作業的密切配合。

② 近人有不同意程瑶田解釋的,認爲兩耜同時推,比兩耜分别先後推,並不能提高刺土能力。而且耜廣五寸,兩耜並耕,在一尺之地容不下兩人的脚,不便操作。我們認爲,在兩人"合力同奮"之下,在同時"推"之後,又同時"發",畢竟容易把土塊翻起。

了極其寶貴的見解。周人所以特別偏愛黃土地帶,是和他們的墾耕技術分不開的。

西周時代的農田,有所謂"菑田"、"新田"、"畬田"。《詩經·周頌·臣工》説:

嗟嗟保介,維莫(暮)之春,亦又(有)何求?如何新畬?

《小雅·采芑》篇説:

薄言采芑,于彼新田,于此菑田。……
薄言采芑,于彼新田,于此中鄉。

《爾雅·釋地》篇説:"田一歲曰菑,二歲曰新田,三歲曰畬。"①近人有把這三種田,解釋爲歐洲中世紀所流行的"二田制"、"三田制"的。首先提出這個解釋的是劉師培。劉氏在《古政原始論》卷五"田制原始論"中②,曾作這樣的解釋:

(1)"菑田"就是《周禮·大司徒》的"再易之地家三百畝",也就是《周禮·遂人》的"上地……田百畝,萊(休耕地)二百畝"。"菑爲反草,蓋此棄新疇復墾舊疇之義也。舊疇既蕪,故只能三歲一耕,地力始甦"。"一歲曰菑,即言三歲之中僅有一歲可耕也"。

(2)"新田"就是《周禮·大司徒》的"一易之地家二百畝",也就是《周禮·遂人》的"中地……田百畝,萊百畝"。新田"即取新舊相錯之義,亦取每歲更新之義"。"二歲曰新田,即言三歲之中僅有二歲可耕也"。

(3)"畬田"就是《周禮·大司徒》的"不易之地家百畝",也就是《周禮·遂人》的"上地……田百畝,萊五十畝"。"蓋畬訓爲舒,即地方漸舒之義,地力既舒,即能每歲耕種"。"三歲曰畬,即言三歲之中每歲皆可耕也"。

劉師培這個解釋,是極其牽強的,只是把《爾雅》的解釋,牽強地和《周禮》上的説法附曾了起來。徐中舒同志在《試論周代田制及其社曾性質》一文中,也同樣地把"菑田""新田""畬田"和《周禮·遂人》的"上地……田百畝,萊五十畝"相牽合。他比劉氏更進一步,認爲這三種田就是村公社的三田制。徐同志説:

---

① 《禮記·坊記》篇鄭玄注説:"一歲曰菑,二歲曰畬,三歲曰新田。"《周易》釋文引虞翻説同。
② 《劉申叔遺書》第十九册。

根據歐洲村公社的三田制，我們假定西周村公社全部可耕之地也是分爲三個相等的部分，其中菑爲休耕的田，新爲休耕後新耕的田，畬爲休耕後連續耕種的田。……這是村公社可耕的三個部分相等的田，第一年如此。第二年仍耕這三部分田，不過其中菑、新、畬已轉爲新、畬、菑。同例，第三年又轉爲畬、菑、新。如圖：

第一年	菑	新	畬
	↓	↓	↓
第二年	新	畬	菑
	↓	↓	↓
第三年	畬	菑	新

這就是《爾雅・釋地》"田一歲曰菑，二歲曰新田，三歲曰畬"的正解。……這種三田制，在中國古代，是與一年耕百畝休百畝、耕百畝休二百畝的二田制、複田制，同稱爲爰田。……爰、轅、䢃、換四字，古代音同、義同，故相通用。

徐同志在這段解釋之後，曾引何休《公羊傳》宣公十五年注和《周禮・遂人》來作證。我們認爲《周禮・遂人》所説的"上地"——"田百畝、萊五十畝"，每年休耕三分之一，確是三田制；所説的"中地"——"田百畝、萊百畝"，每年休耕二分之一，確是二田制；但是《周禮》是春秋、戰國間的著作，如果我們沒有其他確切的證據，就不能根據《周禮》來論定西周已有三田制。把西周的菑田、新田、畬田解釋爲三田制，只是一種推測，這種推測是缺乏確切的根據的。

我們認爲，菑田、新田、畬田的正確解釋，應該是三種墾耕不同年數的農田。菑字從艸從田，巛(古災字)聲，《說文解字》説："菑，不耕田也。"(孫星衍、陳鱣、王念孫校改"不"爲"才"，段玉裁校改"不"爲"反")菑字的原義，無非是開墾時"殺草"和"反草"的意思①。徐灝《說文解字注箋》説："菑者初墾闢之謂也，田久汙萊，必先除其草木，然後可耕。田之災殺草木謂之菑。"這個説法，我們認爲是正確的。《周易・無妄》説："不耕穫，不菑畬，則利有攸往。"(《禮記・坊記》引作"不耕穫，不菑畬，凶。")王弼注解釋"不耕穫，不菑畬"是："不耕而穫，不菑而畬"，可知田地必須經過"菑"的階段才能達到"畬"的階段，如果要"不菑而畬"，就如同想

---

① 《詩經・采芑》正義引孫炎説："菑，始災殺其草木也。"《詩經・皇矣》釋文引韓詩説："反草曰菑。"《周易・無妄》釋文引董遇説："菑，反草也。"《爾雅・釋地》郭璞注説："今江東呼初耕地反草曰菑。"

"不耕而穫"一樣。《尚書·大誥》説:"厥父菑,厥子乃弗肯播,矧肯穫?"這是説,他的父親用了"菑"的功夫,而他的兒子不肯去好好播種,怎麽能够有收穫?可知"菑"是指播種前的除草墾耕等作業。《尚書·梓材》説:"惟曰若稽田,既勤敷菑,惟其陳修,爲厥疆畎(畖)。"這是説,治理國家猶如種田,既經勤勞地展開"菑"的功夫,就當開展田畝的修治工作,築好田四周的疆界,掘好田畝間的"畖"(小溝)。從這裏,也可知"菑"是指修治田地的"疆""畖"前的初步開墾工作。《淮南子·本經》篇説:"菑榛穢,聚埓畝,芟野菼(王引之校改'菼'作'莽'),長苗秀。"這裏的"埓畝",就是《尚書·梓材》所謂"疆畎",埓是指疆界,畝是指畝畖。這是説,墾耕除去荒野的草木,築聚成疆界和田畝,在播種後除去田畝間的野草,使苗得生長。根據上面這些史料,很清楚地可以看到,"菑"是指墾荒工作,"菑田"就是初開墾的荒田。古時開墾荒田,因爲技術水平低,不是當年就能播種的,所以《尚書·大誥》曾説:"厥父菑,厥子乃弗肯播,矧肯穫?"因爲在第一年墾荒工作完成後,還得要有修治"疆畎"的功夫,才能播種①。所以《爾雅》説:"田一歲曰菑。"

"菑"是第一年剛開墾的田,"新"該是經過一年開墾後,到第二年已經能够種植的新田。新田是對舊田而言的,《詩經·采芑》正義引孫炎説:"新田,新成柔田也。"當春秋時代晉楚兩國在城濮大戰前,晉文公想從"輿人"的歌誦中探聽士氣,聽到"輿人"歌誦道:"原田每每(草茂盛貌),舍其舊而新是謀"(《左傳》僖公二十八年)。因爲這時流行着抛荒或休耕制度,舊田耕了一定的時期,肥力衰退,就要"舍其舊而新是謀"的。因爲菑田是第一年開墾的荒田,新田是第二年已能種植的新田,上面都不免有野菜叢生,所以《詩經·采芑》説菑田、新田都有芑菜可採。至於畬田,那是經過三年治理的田,《説文解字》説:"畬,三歲治田也。"《詩經》正義引孫炎説:"畬,和也,田舒緩也。"《周易》釋文引董遇説:"悉耨曰畬。"都是這個意思。因爲新田是第二年已能種植的新田,畬田是第三年耕種的舊田,所以《詩經·臣工》要唤使"保介"(管田的官)在暮春時節,對新田、畬田如何注意了。

菑田、新田、畬田是三種墾耕不同年數的田,這是從古文獻上可以清楚地看出的。從這裏,可知西周對荒地的開墾,是有一定程度的發展的。所謂菑田、新

---

① 這種情況到後世還是如此。《齊民要術》卷一《耕田》篇説:"凡開荒山澤田,皆七月芟艾之,草乾即放火,至春而開墾,其林木大者劄殺之,葉死不扇,便任種植。三歲後,根枯莖朽,以火燒之。耕荒畢,以鐵齒䎺榛再徧杷之,漫擲黍穄,勞(即耰——筆者)亦再徧,明年乃中爲穀田。"

田,可能也包括重新墾耕的休耕地在內,這時定期的休耕制度可能已有了①。

三 西周的農業生產技術

在中國古代史上,周是個以擅長農業生產著稱的部族。在周族的祖先傳說中,他們的始祖后稷就是個天才的農業生產者。據說,后稷生下來不久,就能種植菽(豆)、禾、麻、麥、瓜等各種農作物,他在成人以後,就能教導人民農業生產,使得農作物生長得很美好。《詩經·大雅·生民》,就是歌頌這位有農業天才的始祖后稷的。直到戰國時代,講究農業技術的農家,還是把神農和后稷作爲他們這個學派的始祖的。《呂氏春秋》中有《上農》、《任地》、《辯土》、《審時》四篇,是根據農家的書編寫成的,《任地》篇一開始,就用"后稷曰"提出了十個問題,《任地》、《辯土》、《審時》三篇談的,無非在解答這些問題。到漢代,傑出的農書《氾勝之書》中,也還有所謂"后稷法"。雖然這些農家所說的"后稷法",不真是后稷所創造的,但其中必有不少是從周人的農業生產的經驗上發展起來的。

西周時代的農業生產技術,確比殷商時代有了進步,主要表現在下列三點:

第一,對農田中"畝""畎"結構的治理和對水利灌溉的講究。

《尚書·梓材》曾說:"爲厥疆畎(畝)",《尚書·大誥》又說:"若稽夫,予曷敢不終朕畝。"可知在西周的農田中已有"畝"和"畎"的結構。"畝"原是農田間一條條的高畦,"畎"原是"畝"和"畝"間的小溝,"畝"是用來種植農作物的行列的,"畎"是用來洗土排水的。如果土中含有多量的鹽碱質,雨水下來就可從"畝"裏溶解一些鹽碱質,滲流入"畎"中,通過溝洫流入河中,達到洗土排水的作用②。《詩經》裏曾提到"南東其畝",還曾多次談到"南畝"。《小雅·信南山》說:"我疆我理,南東其畝③。"《小雅·甫田》說"今適南畝","饁彼南畝",《小雅·大田》、《周頌·載芟》和《良耜》都說"俶載南畝"。《周頌》是西周時代的著作,看來"南畝"是西周對"畝"的最普通的稱謂,這是個值得我們注意的問題。爲什麼周人要把"畝"稱爲"南畝"呢?我們讀了《左傳》成公二年所載賓媚人(即國佐)的話,就可以揭開這個謎。公元前五八九年,鞌之戰,齊國大敗,齊派賓媚人向晉國賄賂求

---

① 在歐洲,三田制是在第九世紀文獻中才出現的,到十至十一世紀才逐漸流行,到十二至十三世紀還不能完全排斥二田制和休耕制。三田制是歐洲中世紀中期逐漸流行的,不是西周時代的耕作技術和施肥技術所可能產生的。

② 參看夏緯瑛《呂氏春秋上農等四篇校釋》的《後記》第四節"畝畎作用"。

③ 《詩經·齊風·南山》說:"藝麻如之何?衡從其畝。"所謂"衡從其畝"就是"南東其畝"。因爲畝的行列南向或東向,就是衡(橫)或從(縱)。

和,晉國以"使齊之封內盡東其畝"作爲講和的條件之一。賓媚人爲此質問道:

> 先王疆理天下,物土之宜而布其利,故詩曰:"我疆我理,南東其畝。"今吾子疆理諸侯,而曰盡東其畝而已,唯吾子戎車是利,無顧土宜,其無乃非先王之命也乎?①

從這一席話,可知"畝"有"南畝"和"東畝"之分,直到春秋時代還是如此。"南畝"當指行列南向的畝,"東畝"當指行列東向的畝,是"疆理天下,物土之宜"而設置的。周人在農田的墾耕治理中,即所謂"疆""理"中,能够隨着地理形勢,修築適宜的南向或東向的"畝""畖"行列,使得農田儘量利用地利,發展農業生產,即所謂"物土之宜而布其利",我們不能不認爲這是農業技術上的一大進步②。直到戰國時代的農家,他們在農業技術上首先注意的,還是"畝"和"畖"的安排。《吕氏春秋·辯土》篇説:"故畮(畝)欲廣以平,甽欲小以深,下得陰,上得陽,然後咸生。"

西周時代在農田中創造了整齊的"畝""畖"行列,不但起了洗土排水作用,而且還可利用水流來灌溉農田。《小雅·白華》説:"滮池北流,浸彼稻田。"滮池是滮水之源,在西周京都豐鎬附近,已被利用來灌溉稻田。西周在北方地區確已開始種稻,稻田是一定要有適當的水利灌溉的。

第二,對墾耕和耨耘技術已相當講究,而且達到了相當水平。

西周後期對於墾耕,已很重視適當墾耕的時節。《國語·周語上》記述虢文公的話説:

> 古者太史順時覛土,陽癉憤(僨)盈,土氣震發,農祥晨正,日月底於天廟,土乃脈發。先時九日,太史告稷曰:"自今至于初吉,陽氣俱蒸,土膏其動,弗震弗渝,脈其滿眚,穀乃不殖。"稷以告王曰:"史帥陽官以命我司事曰:距今九日,土其俱動,王其祗祓,監農不易。"……

---

① 《左傳》杜預注,解釋"作齊之封內盡東其畝"説:"使壟畝東西行。"齊國在晉國的東面,晉出兵攻齊,兵車需要向東行,在東向的畝的行列奔馳比較方便,所以齊向晉求和時,晉爲了此後兵車的便利,要迫使齊國"盡東其畝"。

② 程瑶田《溝洫疆理小記》的《畖澮異同考》説:"畫其經界之謂疆,分其地理之謂理……理之以成畝,所以爲畖也。畝有東、南,故畖有縱、橫,順其地理以分之而已矣,故《左傳》賓媚人曰:……所謂土宜者,東南之宜,所謂物而布之者,相其地理之順以分畫之云爾,此古人爲畖之道也。"

這是虢文公所說的天子舉行籍田典禮前的例行公事。首先要管天文曆法的官"太史"去"順時覗土"(順着時節觀察土壤),到立春前九天,就得去報告管農事的官"稷",報告"稷"說:從今到初吉,"陽氣俱蒸(地裏的陽氣都上升了),土膏其動(土壤中的脂膏要流動了)",如果"弗震弗渝"(不去翻動它疏通它,就是說不去墾耕翻土),那就要"脈其滿眚(土壤的脈絡就要塞住患病),穀乃不殖(種下的穀子就不能繁殖)"。接着,"稷"去報告天子,要請天子"監農不易"(毫不怠慢地去監督農事)。他們這樣的重視春耕,是有道理的。因為在立春時節,土壤中的水分和溫度開始上升,即所謂"土氣震發"和"陽氣俱蒸",土壤的結構也開始鬆動,即所謂"土乃脈發",同時土壤中的肥力也開始發生作用,即所謂"土膏其動"。如果不趕上時令去墾耕,便不能使土壤的結構和解,也就沒有可供農作物生長的水分和肥力,結果就會"脈其滿眚,穀乃不殖"。特別是在周人統治的西北地區,降雨量少,分布又不調勻,因此保持土壤中的水分和肥力,就成為旱地農作中頭等的重要任務。這種重視春耕的道理,該是周人在實踐中得來的。後世農家對這一點還是很看重的,例如《氾勝之書》說:"春凍解,地氣始通,土一和解……此時耕,一而當五,名曰膏澤。"(見《齊民要術》卷一《耕田》篇引)

《周頌·載芟》說:"載芟載柞,其耕澤澤。"鄭玄解釋說:"土氣蒸達而和,耕之則澤澤然解散。""澤澤"是形容土壤和解的,也或作"釋釋",《爾雅·釋訓》說:"釋釋,耕也。"("釋釋"今本改作"郝郝",此從《詩經正義》引。)《詩經正義》引舍人注說:"釋釋猶藿藿,解散之意。"這裏,詩人用"澤澤"來形容所耕的土壤結構和解,該是由於當時人們重視墾耕土壤和解的緣故。

前面我們已談過,西周已有金屬鋒刃的耨具叫鎛。他們在作物播種前,先要做好整地工作和除草。《大雅·生民》說:"茀厥豐草,種之黃茂。"鄭箋:"后稷教民除治茂草,使種黍稷,黍稷生則茂好。"他們在苗生長後,對除草更為重視。

《周頌·載芟》說:"厭厭其苗,緜緜其麃。""麃"或作"穮",《爾雅·釋訓》說:"緜緜,穮也。"穮也就是耨,《說文解字》說:"穮,耨鉏(鋤)田也。""緜緜其麃"是說連續不斷的耨耘,《詩經正義》引郭璞《爾雅注》說:"芸不息也。"這是正確的。《國語·周語上》記述虢文公的話,也說:"日服其鎛,不解(懈)於時,財用不乏,民用和同。"所謂"日服其鎛",也是說逐日不斷的耨耘。當苗生長的時候,遮蔽地面的力量不強,蒸發量大,就需要連續不斷的去耨耘,一方面是為了除去苗間雜草,免得雜草吸去土壤中的水分和肥力,影響到苗的生長,一方面也可切斷毛管上升水的運動。這一點在北方雨量較少的地區特別顯得重要。《左傳》載趙文子說:"譬如農夫,是穮是蔉,雖有饑饉,必有豐年"(《左傳》昭公元年)。《左傳》又載周任說:"爲國家者去惡,如農夫之務去草焉,芟夷蘊崇之,絶其根本,勿使能殖"(《左傳》隱公六年)。春秋時代農民如此講究耨耘,該是繼承西周的傳統的農業生産技術而有所發展的。

《周頌·良耜》説:"其鎛斯趙('削'的假借字,鋒利之意),以薅荼蓼,荼蓼朽止,黍稷茂止。"這裏不僅説明鎛的功用在於耨除田畝間荼蓼等野草,而且把"荼蓼朽止"和"黍稷茂止"聯繫了起來,所以宋代以來,有許多學者認爲這時已懂得用"緑肥"了[1]。

第三,農作物品種的增加和防治蟲害的措施。

西周時代由於較多的應用帶有青銅鋒刃的耕具和耨具,由於墾耕和耨耘技術的講求,由於對"畝""畎"結構的治理和對水利灌溉的講究,還由於講求選擇優良品種,農作物品種有了顯著的增加,從而農業生産也有了提高。

西周的糧食作物,品種已不少,有"百穀"的稱謂,《周頌·噫嘻》就有"播厥百穀"的話。根據《詩經》來看,這時主要糧食作物的品種,已有黍、稷或禾、來或麥、牟(大麥)、麻、荏菽(大豆)、稻、稌(黏稻)、粱、穈(赤粱粟)、芑(白粱粟)、秠(黑黍的變種)、秬(黑黍)等種[2]。這裏特別值得我們注意的,是荏菽和稻、粱。

據《大雅·生民》,周人的始祖后稷已開始種荏菽,説:"藝之荏菽,荏菽旆旆。"荏菽雖未必是后稷所栽培出來的種,但是,無可置疑的,是周人開始作爲糧食作物而栽培的。自從西周以後,菽已成爲中國人民的主要糧食的一種,成爲"五穀"或"六穀"之一,這就應該肯定爲周人在農業生産上的一個重要貢獻。

稻的生長,需要適當的水利灌溉,所以自古以來長江流域是産稻的中心。但是在北方如果有適當的水利灌溉,也同樣可以種稻。據戰國時代著作的《周禮·職方》,除了揚州、荆州"宜稻"以外,豫州、青州、兗州、幽州、并州也都兼"宜稻"。據《魯頌·閟宮》,后稷已開始教人民種稻,説后稷"奄有下國,俾民稼穡。有稷有黍,有稻有秬"。北方稻的種植,雖不必是后稷所推廣的,但是西周時代在北方地區已種稻,確是事實。《周頌·豐年》説"豐年多黍多稌",稌就是稻中黏性的稬

---

[1] 宋代以來,有不少學者認爲西周時代已懂得用"緑肥"。宋代陳旉在所著《農書》卷上的《薅耘之宜》篇説:"詩云:'以薅荼蓼,荼蓼朽止,黍稷茂止',記禮者曰:'仲夏之月,利以殺草,可以糞田疇,可以美土疆。'今農夫不知有此,乃以其耘除之草,抛棄他處,而不知和泥渥濁,深埋稻苗根下,漚罨既久,即草腐爛,而泥土肥美,嘉穀蕃茂矣。"

[2] 見齊思和:《毛詩穀名考》,《燕京學報》第36期。

稻。在西周的金文中,如《史免簋》銘文已經以"稻粱"連稱。西周時代北方能够推廣稻的種植,這該是周人講求水利灌溉的結果。

粱是稷的一種優良品種,大穗,長芒,粒扁長。《史記·太史公自序》索隱引《三倉》説:"粱,好粟也。"《漢書·食貨志》顔師古注也説:"粱,好粟也,即今粱米。"李時珍《本草綱目》説:"粱者,良也,穀之良者也。"因爲粱是較爲珍貴的精良的食糧,古人常常把它和稻、肉、膏相提並論,以"稻粱"或"粱肉"、"膏粱"連稱。胡道静同志在《我國古代農藝史上的幾個問題》一文中,有"粱爲周氏族所植粟之優良品種説"①,我們認爲是正確的。

西周後期不斷發生自然災害,人們已很注意到蟲災的爲害嚴重。《大雅·桑柔》説:"天降喪亂,滅我立王;降此蟊賊,稼穡卒痒。"《大雅·瞻印》又説:"蟊賊蟊疾,靡有夷屆。"他們已能分别各種爲害不同的害蟲,根據其食作物植株的不同部分而定名,《小雅·大田》毛傳説:"食心曰螟,食葉曰螣,食根曰蟊,食節曰賊。"《爾雅·釋蟲》也説:"食苗心,螟;食葉,蟘;食節,賊;食根,蟊"(姚際恆《詩經通論》疑賊不是蟲名)。當時對於除去害蟲已有較明確的措施。《小雅·大田》説:"去其螟螣,及其蟊賊,無害我田稺;田祖有神,秉畀炎火。"唐代開元時宰相姚崇認爲"秉畀炎火"即是用火誘殺蝗蟲,並曾採用這辦法撲滅蝗災。朱熹《集傳》:"姚崇遣使捕蝗,夜中設火,火邊掘坑,且焚且瘞,蓋古之遺法如此。"

四 結 語

根據上面的論述,我們歸結爲下列四點:

一、西周的"耜"是鏟一樣的耕具,"錢"是木製的帶有金屬鋒刃的"耜","鎛"是用句曲的樹枝製的帶有金屬鋒刃的"耨"(短柄寬刃小鋤頭)。這時帶有金屬鋒刃的農具已較殷商時代流行。

二、由於使用帶有金屬鋒刃的耕具,由於黄土地帶土壤較鬆,由於"耦耕"方法的採用,荒地已有一定程度的開墾。第一年初開墾的荒田叫"菑田",第二年已能種植的田叫"新田",第三年耕種的田叫"畬田"。

三、西周的農業生產技術已有一定程度發展。在農田中已普遍按地理修築有整齊的"畞""甽"行列,起着洗土排水和灌溉作用。在播種前,已很注意墾耕的時節。在苗生長後,已常使用鎛進行耨耘。在墾耕和耨耘的技術方面,已有相當

---

① 見《新建設》1954 年 12 月號。

的水平。

　　四、由於工具和技術的進步,由於生產經驗的累積,使得農業生產有了提高,糧食作物的品種有了增加。大豆是西周開始作爲糧食作物而栽培的,粱是西周時代栽培出來的稷的優良品種,稻在北方地區也已開始推廣種植。

　　西周農業生產的探索,對於當前中國歷史分期問題的討論應該是有幫助的。作者不是專攻農業史的,寫這篇論文的目的,只是抛磚引玉而已。

　　　　　　　　　　　　　　原載《學術月刊》1957 年 2 月號,今略加修訂

關於西周農業生產工具和生產技術的討論

最近楊向奎同志寫了一篇短論,認爲"解決中國古史分期問題,要先研究具體問題"①,我是有同感的。因爲,如果不解決某一時期歷史上的某些重要問題,試問我們有什麽方法來對這一時期的社會性質作出正確的結論呢?近幾年來,我們史學界對中國古史分期問題進行了討論,雖然彼此間意見很分歧,但還是有收穫的,大家從不同的角度上提出了許多重要問題,提出了各種不同的看法。我們認爲,爲了使這個討論更深入,進一步研究和討論已經提出來的某些重要問題,是十分必要的。

我們在中國古史分期問題的討論中,由於對當時的農業生產工具和生產技術沒有弄清楚,彼此所估計的中國古代生產力發展水平,距離就很有高下。其間距離相差到幾百年,甚至幾千年。當然,我們不能孤立地從生產力方面來判斷古代的社會性質問題,但是,如果我們彼此間所估計的水平,距離如此之遠,又怎能對當時的社會性質辨認清楚呢?

爲了弄清楚西周的生產力水平,我曾試圖對西周的農業生產工具和生產技術方面探索一下,寫成了《論西周時代的農業生產》一文②,在文中提出了自己的看法,同時對徐中舒同志《試論周代田制及其社會性質》一文③中有關"周代生產力"部分有所商榷。現在讀到徐中舒同志《論西周是封建社會——兼論殷代社會性質》一文④,其中有"西周的生產力、農具、農業技術和施肥問題"一節,對拙作又有所商榷。爲了進一步弄清楚西周的生產力水平,我願意再提出我的看法,來和徐同志討論,並希望史學家們多多指教和批評。

---

① 見《文史哲》,1957 年第 5 期。
② 見《學術月刊》,1957 年第 2 期。今收入本集。
③ 見《四川大學學報》,1955 年第 2 期;收入《中國的奴隸制與封建制分期問題論文選集》,三聯書店,1956 年版。
④ 見《歷史研究》,1957 年第 5 期。

一　關於西周的主要耕具——耒和耜

首先我們要談的,就是中國古代的主要耕具是怎麽式樣的？它們的作用究竟如何？

自從漢代以來,學者們對於耒和耜的結構,就有兩種不同的説法。一種説法,認爲耒和耜是一件耕具上的兩部分,耒是耜上的弓形的曲柄,耜是耒下的木製或金屬製的鋒刃部分,即所謂"釘"或"金"。《周易·繫辭傳》釋文引京房説、《禮記·月令》篇鄭玄注、《説文解字》"耒"和"柏"(即耜字的或體)的解説,都是如此。另一種説法,認爲耜是和臿相同的工具,在《説文解字》中,"耜"又寫作"相"①,説:"相,臿也。"《説文解字》説"相"或作"梩",而《方言》卷五又説"臿"和"梩"是異名同實的,"江淮南楚之間謂之臿","東齊謂之梩"。有許多注釋家也往往用"臿"來解釋"耜"或"梩"的。例如《孟子·滕文公》篇説:"蓋歸反虆梩而掩之。"趙岐注就説:"虆梩,籠臿之屬,可以取土者也。"

在《説文解字》中,"柏"和"相",都是"耜"的異體字,而許慎一面把"柏"解釋爲"耒耑"(《齊民要術》引作"耒耑木"),一面又把"相"解釋爲"臿"。那麽,是不是許慎把"相"解釋爲"臿",解釋錯了呢？不是的。《莊子·天下》篇説:"禹親自操橐耜。"《釋文》引崔譔註説:"耜,臿也。"而《韓非子·五蠹》篇正作禹"身執耒臿",《淮南子·要略》篇也正作"禹身執虆臿"。古書中每多以耒耜連稱,也往往以耒臿連稱,例如《鹽鐵論·國病》篇説:"秉耒抱插,躬耕身織者寡。""插"就是"臿",也是指"耜"。那麽,"臿"是不是就是"耒耑"呢？我們認爲也不是的。臿是另外一種工具,它是和鏟差不多的。《方言》卷五曾説臿有㪿、鏵、鍏、畚、㮺、梩等不同名稱,《釋名》卷七曾説臿有銷、鏵等不同名稱。《釋名》卷七《釋用器》篇説:

> 鍤,插也,插地起土也。或曰銷,銷,削也,能有所穿削也。或曰鏵,鏵,刳也,刳地爲坎也,其板曰葉,象木葉也。

原來鍤有銷、鏵等名稱,是由於"插地起土"、"有所穿削"、"刳地爲坎"而得名的。

---

① 徐鉉校《説文解字》"相"字説:"今俗作耜。"《玉篇》在"相"下也説:"與耜同。"慧琳《一切經音義》卷八十五也説:"〔耜〕又作相,鉏三體。""相"和"柏"本是一字,許慎誤分爲兩字,古"㠯"(以)"台"兩字同聲通用,金文常用"台"代"以",古姓的"姒",金文也或用"始"來代替。段玉裁《説文解字注》誤認"相""柏"爲兩字,以爲"柏"纔是"耜"字,王筠《説文句讀》已加反駁。

很清楚的,它是和鏟差不多的工具,王禎《農書》上把它畫成鏟的式樣(見圖一),是不錯的。

"臿"古或作"䇭",《爾雅·釋器》篇說:"魸謂之䇭。"郭璞註:"皆古鍬鍤字。"《說文解字》也說:"𢪝,魸也,古田器也。""臿"和"䇭",是一聲之轉,"魸"就是"銚",古同音通用。"臿"這名稱是取義於"插"的,"銚"和"魸"的名稱是取義於"挑"的,而"插"和"挑"在意義上是有相通之處的。這一點,錢繹在《方言箋疏》中解釋得很好,他說:

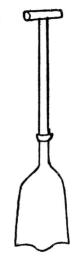

圖一　王禎《農書》上的臿

　　魸之言挑也,《少牢饋食》下篇"二手執挑匕枋以挹湆",鄭註:"挑謂之歂,讀如或舂或抗之抗,或作挑者,秦人語也。"案《爾雅》之魸,本是田器,而鄭引以釋挑匕者,蓋魸所以插取土,挑匕所以插取食,二者不同,而同爲插取之義,故讀從之。凡物異類而同名者,其命名之意多相近,猶《釋器》"絇謂之救",郭註:"冒名。"而鄭註《周官·屨人》云:"絇謂之救,著於舄屨之頭以爲行戒。"蓋絇所以拘持鳥獸,絇所以拘持屨頭,二者不同,而同爲拘持之義,故其訓亦同也。

錢繹這個解說是合情合理的。臿的得名確是由於"插地起土"。用臿來"插地起土",在把臿插入土中以後必須向外挑撥,魸和銚的得名,該就是由於"挑"吧!

臿之所以又稱爲鏵,也不是沒有道理的。《禮記·曲禮》篇:"爲國君〔削瓜〕者華之。"鄭註:"華,中裂之。"錢釋《方言箋疏》說:"中裂謂之華,故以臿入地使土中裂,即謂之鏵矣。"

我們從臿、鍬、銚、鏵等名稱的"命名之意"來看,臿確是和鏟差不多的"插地起土"的工具。我們從古書上談到臿的地方,也同樣可以證明這一點。所有古書,都是把臿作爲開溝洫的工具的。例如《管子·度地》篇談到治水,主張巡視民間的"備水之器",曾說:"籠臿板築各什六。"《淮南子·精神訓》說:"今夫繇(徭)者,揭钁臿,負籠土。"高誘註說:"臿,鏵也,青州謂之鏵,有刃也,三輔謂之䦆。"《漢書·溝洫志》記述白渠開鑿完成後,人民歌頌道:"舉臿爲雲,決渠爲雨。"顏師古註說:"臿,鍫也,所以開渠者也。"在古書上,往往把臿和盛土之器籠、虆等連舉,就是因爲臿是"插地起土"之器。

臿是一種鏟樣的"插地起土"之器,它的刃部或稱鐅。《說文解字》說:"鐅,河內謂臿頭金也。"《方言》卷五郭璞註又說:"江東又呼鏨刃爲鐾。"如今徐中舒同志爲了否認耜是臿一類的農具,認爲臿是犁刃,臿是犁錧形農具的通稱。他說我不知道臿的"命名之故",他對臿的"命名之故"另作了新的解說。他說:

> 至於鍤(臿)和犁刃,也只是異名同實的東西。以金屬鋒刃戴於木製農具上,則稱爲犁冠。以木製柄插入金屬鋒刃中,則稱爲鍤(臿)。鍤就是具有犁錧形農具的通稱,所以耜也可以稱爲鍤,鏨(或銚)也可以稱爲鍤,𦓛(鏵)也可以稱爲鍤。

徐同志認爲臿不是由"插地起土"得名,而是"以木製柄插入金屬鋒刃"得名。據我們瞭解,古代"以木製柄插入金屬鋒刃"的工具還不止耜、銚、鏵等幾種,還有鋤、斧、鑿等,是否一概都可稱爲臿呢?如果說臿是犁刃,是犁錧形農具的通稱,爲什麽古書上只把它當作治溝洫的工具呢?爲什麽古書上只是在談到治溝洫的時候提到它呢?很顯然,徐同志的新解說是講不通的。

耒和耜是兩種不同結構的耕具,清代學者鄒漢勛和徐灝已經指出這一點。徐灝在《說文解字注箋》中,認爲許慎把"相"解釋爲"臿"是對的,把"相"的異體字"枱"解釋爲"耒耑"是不對的,我同意這個看法。我們認爲耒和耜的基本區別,在於耒是尖刃的,耜是平刃的。耒下的尖刃,《考工記》稱爲"庇",鄭玄註說:"庇讀爲棘刺之刺。"庇就是尖刃,用來刺地的。《考工記》又說:"堅地欲直庇,柔地欲句庇,直庇則利推,句庇則利發。"因爲地堅,直庇比較容易刺入,比較容易向前推,而句庇則便於把柔土句起,比較容易把土發掘起來。耒的尖刃是爲了便於刺土,所以《莊子·胠篋》篇曾說:"耒耨之所刺。"日本奈良正倉院藏有一件"子日手辛鋤",柄彎曲作弓形,長153.5釐米,刃部作尖頭平葉狀,在刃部上面的柄上,貫有一小橫木,是耕作時脚踏處。柄上有"東大寺 子日獻 天平寶字二年正月"題字。這是公元七五八年正月三日丙子日本天皇使用它"親耕"以後,獻給東大寺的[①]。我們認爲這就是耒的遺制。它的結構,基本上和戴震《考工記圖》和程瑤田《考工創物小記》根據《考工記》所畫出的耒是相同的。徐中舒同志把"子日手辛鋤"認爲是耜的遺制,是有問題的(參看圖二、圖三、圖四)。至於耜,它是有寬廣的平刃的,所

---

① 見日本出版的《正倉院御物圖錄》十四。

以《考工記》説:"耜廣五寸。"《吕氏春秋·任地》篇説:"其博八寸。"耜的寬廣的平刃,是爲了便於插地翻土。《考工記》説:"匠人爲溝洫,耜廣五寸,二耜爲耦,一耦之伐,廣尺深尺,謂之甽。"因爲耜有五寸寬廣的平刃,一伐能翻起方五寸的土,兩耜並伐就能翻起"廣尺深尺"的土。如果用尖刃的工具去刺的話,即使刃的上部寬五寸,兩耜並伐,怎能掘成"廣尺深尺"的甽呢?要開掘"廣尺深尺"的甽,所用的工具就必須是平刃的,至少是弧形的刃。

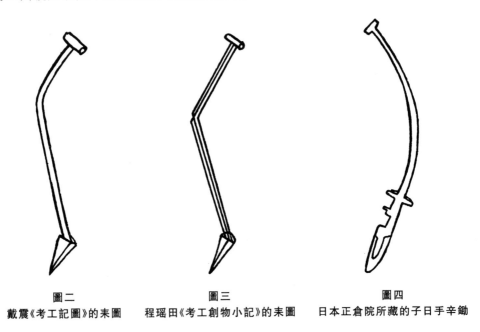

圖二　　　　　　　　圖三　　　　　　　　　　圖四
戴震《考工記圖》的耒圖　程瑶田《考工創物小記》的耒圖　日本正倉院所藏的子日手辛鋤

我在《論西周時代的農業生産》一文中説:"錢就是後世所謂剗,也就是鏟。"又説:"鎛是一種短柄寬刃的小鋤頭……它是用句曲的樹枝製成的,所以也或稱爲句欘。"如今徐中舒同志也説:"鎛是指肩下博大之意。它是以曲木爲柄,將肩部縛於曲柄的一端,如今之鋤……鎛與剗的分别,前者是曲柄,後者是直柄。"我們看,《吕氏春秋·任地》篇説:"耨柄尺,此其度也,其博六寸('博'字舊誤作'耨',此從譚戒甫先生《吕子遺誼》校正),所以間稼也。"這裏所説的"耨",就是"鎛",《吕氏春秋》説:"其博六寸。"高誘註也説:"刃廣六寸。"鎛這耨具,確是由於鋒刃廣博而得名的。《吕氏春秋》談到耜,又説:"其博八寸,所以成畝也。"高誘註也説:"其刃廣八寸。"我們又怎能否認耜有寬博的鋒刃呢?

徐中舒同志説:"耒耜是牛耕以前的主要農具,因爲它要刺土深入,所以它的下端必須是尖鋭而具有鋒刃的。楊寬先生對於這樣耕作實際上的需要完全没有理解,他就貿然的肯定耜是直柄方刃如同鏟一樣的伐地起土之器……他這樣的論斷,實在太輕率。"實際上,我的論斷是符合於耕作實際上的需要的,不是太輕率的。世界上的耕具,向來就有尖刃和平刃兩種。就是在犁發明以後,平刃的犁和尖刃的犁也還是長期並存的。尖刃的犁,便於刺土深入,能够在堅硬的泥土上進行耕作,這不是平刃的犁所能勝任的。平刃的犁,便於把泥土翻動過來,而尖刃的犁是不可能把掀起的泥土從底裏向上翻的。我們要知道,在耕作上把泥土翻動過來是很重要的,這樣對於後來的收成關係很大的,所以這二種犁彼此間競爭了幾千年之久,不分勝負。我國古代所以曾出現兩種耕具,一種尖刃的耒和一種平刃的耜,就是由於耕作實際上的需要。那麼,西周時代爲什麽耜曾比耒流行呢?因爲西周所統治的主要地區,都是黄土地帶,泥土比較鬆而肥,是容易用平刃的耕具把土翻起來的,採用平刃的耜來墾耕是比較有利的。

《周禮·秋官·薙氏》條説:

> 薙氏掌殺草,春始生而萌之,夏日至而夷之,秋繩而芟之,冬日至而耜之。

鄭玄註説:"耜之,以耜測凍土划之。"這裏談的是四季"殺草"方法,所謂"萌之"就是除去其萌芽,所謂"夷之"就是把草削除,所謂"芟之"就是把草薙除,所謂"耜之"就是用耜來划土除草。因爲耜是平刃的,所以能够起"划"的作用。

耜能起划的作用,和划(錢)是相同的。實際上,划或錢就是一種帶有金屬鋒刃的耜,這一點,在清代學者中已有人認識到的。倪倬《農雅》第四篇《釋器》,曾因爲《詩經毛傳》把"錢"解釋爲"銚",而銚是耜屬,認爲"耜用金,其昉於周歟"? 胡承珙《毛詩後箋》也説:

> 錢,《説文》用毛傳訓銚,云:古者田器。斗部斛下引《爾雅》"斛謂之疀",古田器也。是銚斛同物,即今之鏵鍫,所用以耕者①。

我們斷定錢是一種帶有金屬鋒刃的耜,我在《論西周時代的農業生産》中,已舉出

---

① 陳啓源《毛詩稽古編》也説:"《爾雅》'斛謂之疀。'郭云:'皆古鍬鍤字。'……徐曰:'鍬、鏊、銚、斛、鐰,皆同一字。'……《方言》又有斛、鏵、鐸、臿、畚、枭、梩諸名,……實與錢一器矣。"

三點理由來證明這一點，這裏不再列舉了。錢這種帶有金屬鋒刃的農具，起源是很早的，它遠在殷代已有。一九五三年安陽大司空村殷代遺址中曾出土一把銅鏟，全長 22.45 釐米，上部有長而大的方銎，刃部作長方形，因爲使用關係，刃有捲起的痕跡。方銎的長度約當長方形刃部的一半①。一九五二年在洛陽下瑶村第一五九號殷人墓葬中也發現一把銅鏟，形式和大司空村出土的銅鏟全同，只是比較小，全長 11.8 釐米，銅質不精，不是實用物②。從兩個不同地點發掘出來的兩件殷代青銅鏟，它們的形式結構完全相同，決不是偶然的巧合。這種鏟一定在殷代曾經較長時間在寬闊的地區内應用，所以它已有較固定的形式了。從此可知錢這種農具，到西周時代曾流行，是有淵源的。我們再從春秋戰國時代所流行的作爲貨幣的"錢"來看，其中流行於周和三晉等中原地區的布幣，不論是所謂空首布、方足布、圓足布、尖足布，基本上都是鏟的形式，該就是從農具中的錢演變來的。很清楚的，因爲錢在西周春秋是主要的耕具，所以人們總曾重視它，作爲交易的媒介物，逐漸成爲一種貨幣形式。如果説，錢只是一種輔助的農具，就很難理解爲什麽當時人們不用主要農具作交易媒介物，而要用輔助的農具來作爲交易媒介物呢？

這種稱爲錢或劃的耕具，源流是很長的。直到犁廣泛應用以後，也還有一種稱爲劃的耕具。王禎《農書》卷十三説：

> 劃，俗又名鎊，《周禮》："薙氏掌殺草，冬日至而耜之。"鄭玄謂："以耜測凍土而劃之。"其刃如鋤而闊，上有深袴，插於犁底所置鑱處。其犁輕小，用一牛，或人輓行，北方幽冀等處，過有下地，經冬水涸，至春首浮凍稍甦，乃用此器，劃土而耕，草根既斷，土脈亦通，宜春種麰麥。凡草莽汙澤之地，皆可用之。蓋地既淤壤肥沃，不待深耕，仍火其積草而種，乃倍收。斯因地制器，劃土除草，故名劃，兼體用而言也。詩云，制器相地宜，劃名良有義；起土與耜同，除荒過鉏利。既能耕墾兼，仍取播殖易；面看功施何，春麥已交翠。

這種"起土與耜同"的稱爲劃的耕具，很明顯，是由古代的"耜"和"錢"這種耕具演變來的。它的功用，也是和古代的"耜"和"錢"相同的。在西周所統治的黄土地

---

① 見馬得志等：《一九五三年安陽大司空村發掘報告》，《考古學報》，第九期。
② 見郭寶鈞、林壽晉：《一九五二年洛陽東郊發掘報告》，《考古學報》，第九期。

帶,土地肥鬆,耜和錢這種耕具是能夠"剗土而耕"和"剗土除草"的,是"能耕墾兼"的。在當時,這種耜和錢的製作,也是相地制宜的。《詩經·周頌·良耜》篇說:"畟畟良耜,俶載南畝。"《載芟》篇說:"有略其耜,俶載南畝。"《小雅·大田》篇說:"以我覃耜,俶載南畝。"鄭箋把"俶載"讀做"熾菑",孔穎達《正義》解釋說:"謂耜之熾而入地以菑殺其草,故《方言》:'入地曰熾,反草曰菑。'"如此說來,所謂"俶載"或"熾菑",也正是"剗土而耕"和"剗土除草"之意。

在後世的耕具中,其實不但剗能夠"剗土而耕"和"剗土除草",所有平刃的犂都能"剗土而耕"和"剗土除草"的。後世稱爲剗的耕具,用牛拖着前進,或由人拉着前進,往往不能深耕。古代的耜和錢是腳踏的耕具,除了靠手把着柄向泥土中推以外,還可以靠腳踏在刃部的肩上或柄上所貫的小橫木上用力向下推。如果用力向下多推一下,它還是比較能夠深耕的。在後世,雖然已不用耜和錢作爲耕具,但是人們在挖掘泥土時,還是用鏟作爲主要工具的。在耘耨時,也還用鏟作爲除草工具的①。

我們認爲,古代耜的發展,有下列三個階段:

第一階段,耜的下部長方形的平版連同柄都是用木斫削成的,《周易·繫辭傳》所謂:"神農氏作,斲木爲耜,揉木爲耒②。"

第二階段,耜的下部長方形的平版連同柄仍都用木斫削而成,只是在長方形的平版下邊邊緣有金屬鋒刃鑲包着的。

第三階段,耜的下部長方形的平版連同鋒刃全是金屬製的,它的上邊中間有銎,以便裝上木柄,像安陽大司空村和洛陽下瑶村所出土的青銅鏟便是這樣,後世所流行的鏟,也都如此。上述兩種有金屬鋒刃的耜,也或稱爲錢。

去述三個階段的耜的式樣,在它的發展過程中是逐漸淘汰的,大概在冶鑄青銅的技術發展以後,第二第三階段的式樣已逐漸出現,越到後來,第三階段的式樣就越佔優勢。在王禎《農書》卷十三,有一種鏟樣的農具叫做"杴"的,有木杴、鐵刃木杴、鐵杴三種。他說:"杴,臿屬,但其首方闊,柄無短拐,此與鍬臿異也。"木杴是"剗木爲首"的,柄和長方形平版全是木製的;鐵刃木杴是在木杴的長方形

---

① 錢(剗)原來起着"剗土而耕,草根既斷,土脈亦通"的作用。自從耕具普遍用犂,剗(鏟)還用於"剗地除草",作爲耘耨的工具。《齊民要術·耕田》篇引《纂文》說:"養苗之道,鉏(鋤)不如耨,耨不如剗;剗柄長三尺,刃廣二寸,以剗地除草。"

② 耜的平版連同柄,都需用木斫削而成,所以說:"斲木爲耜。"耒只需用曲木削尖,所以說:"揉木爲耒。"

平版下邊加有一條鐵刃的；鐵杴是"煅鐵爲首"的，長方形平版連同鋒刃全用鐵製，上邊有圓銎裝柄（見圖五）。這三種杴，實際上代表着三種不同的發展階段①。這三種杴在今天農村中也還有應用的，例如蔣若是在《洛陽古墓中的鐵製生產工具》一文②中，說漢墓中有一種鐵的鍁刃，"與今日農村常見之夾刃鐵銑同型"，有註說："洛陽農村木銑前端，常加鐵刃，俗稱夾刃銑。"

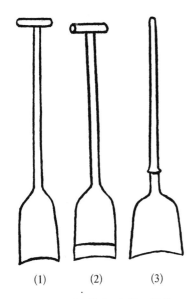

圖五　王禎《農書》上的三種杴：
(1) 木杴　(2) 鐵刃木杴　(3) 鐵杴

我在《論西周時代的農業生產》中說："古代農具的金屬鋒刃和後世農具很不相同，僅僅在鋒刃的邊緣上有一條金屬包着，這種情況直到戰國秦漢間鐵農具相當普遍流行時，還大都如此。"我所指的，就是上述第二階段的形式，不但耜和錢曾有這種形式，許多工具都曾有這種形式。徐中舒同志批評我說："他不知這樣的農具，就叫做犁錧。犁錧之義就是像犁之有冠（錧也可寫作冠）；不但秦漢鐵農具如此，即解放前農人所用犁鏵頭，也還是犁錧的遺制。"這個批評顯然是不對的。我們以《輝縣考古發掘報告》所載輝縣出土的戰國鐵器爲例，除了鐵口犁（固圍村二號墓）是犁錧以外，還有凹形鐵口鋤（固圍村一號墓二號墓）、長方形鐵口鋤（固圍村一號墓三號墓）、凹形斧刃（固圍村一號墓）等，都是用長方形或凹形的鐵刃包在工具的鋒刃邊緣上的。難道所有出土的戰國秦漢時代工具上的長方形和凹形鐵刃都一概可以稱爲犁錧麼？③

耜和錢的形式，除了有上述三個階段的演變以外，在各個地區長期的應用中，也還有各種不同的變化，有各種不同的式樣出現。我們看，春秋戰國時代從錢這種農具演變來的布幣，它下邊的鋒刃，在各個地區就有"方足"、"圓足"、"尖足"等不同形式。它們的基本形式是鏟，而其下邊鋒刃所以曾有"方足"、"圓足"、

---

① 後世鐵農具應用普遍，因而鐵刃木杴只用於"裁割田間塍埂"，木杴只用於"操穀物"。
② 見《考古通訊》，1957 年第 2 期。
③ 犁錧也或作犁冠，是指套在犁板上的鋒刃部分，因爲後世通行三角形尖刃的犁，所以《說文解字》說："䂿似犁冠。"《爾雅·釋樂》篇郭注說："〔大磬〕形似犁錧。"尖刃的犁，我認爲是由耒演變來的。林西縣細石器文化遺址曾出土"石犁頭"，近人據此，有認爲我國在新石器時代已用犁耕的，但這種尖刃的"石犁頭"，也可能不是犁的刃部而是一種大型的耒的刃部。

"尖足"等凸出部分,無非爲了便於插入土中。漢代還有一種稱爲"𣏾"的兩刃臿,它和方足布不同,方足布只是在刃邊開了方形的袴,而兩刃臿已在一個柄上裝有兩個臿一樣的刃部了。它雖有兩個臿樣的刃部,但每個刃部是長方形的,它的功用還是和臿相同的。

漢代武梁祠石刻上有神農和夏禹的畫像,都手執農具的。神農畫像的題字是,"神農氏因宜教田,辟土種穀,以振萬民"。所畫的神農,身軀略爲傴僂,眼向前看,雙手斜把着農具的柄,正作"辟(闢)土"之狀。這農具的柄略作彎形,下部有長方形的歧頭雙刃,鋒刃是平頭的,整個刃部的頭略爲向上翹起(見圖六)。夏禹畫像的題字:"夏禹長於地理,脈('覛'的假借字,觀察之意)泉知陰,隨時設防,退(減退之意)寫肉州。"所畫的夏禹,頭戴三角形的笠,右手向上斜舉着農具。這農具和神農手執的農具相似,只是形狀比較短小,柄和刃部都是直的,並不彎曲(見圖七)。

圖六
武梁祠石刻神農所執的農具

圖七
武梁祠石刻夏禹所執的農具

武梁祠石刻上夏禹手執的農具,清代學者如王念孫瞿中溶葉德炯等,都認爲是兩刃臿。王念孫《讀書雜志》第十種《漢隸拾遺武梁石室畫像三石》條說:

  所圖禹象,其冠上銳下廣如笠形,手持兩刃臿。(原註:《説文》:"𣏾,兩刃臿也。"《玉篇》胡瓜切,云:"今爲鏵。"俗語所謂鏵鍬是。)案《莊子·天下》

篇引《墨子》云："禹之湮洪水，決江河，親自操橐耜，（原註：司馬彪云：'橐，盛土器也。'崔譔云：'耜，插也。'插與臿同。）沐甚雨，櫛疾風。"《淮南子·修務訓》云："禹沐霪雨，櫛扶風，決江疏河。"《要略》云："天下大水，禹身執藁臿，以爲民先。"（原註：今本臿譌作垂，辨見《淮南》。）此圖頭戴笠，手執臿，正所謂櫛風沐雨，身執藁臿者也。

王念孫這個説法是很正確的。因爲惟有把禹手執的農具解釋爲臿，纔和文獻相合。瞿中溶所著《武梁祠堂石刻畫像考》，因爲相信耒耜是一器，就認爲石刻上神農和夏禹手執的農具，就是耒耜，也就是臿，而其刃部歧頭已是漢代的形式。他説：

> 神農手中所用之形……正作辟土之狀，惟據《考工記》文，下當廣而不當分歧，則畫者亦同二鄭，[案二鄭指鄭衆、鄭玄，賈公彥《考工記疏》説："先鄭（指鄭衆）云，耒下歧，後鄭（指鄭玄）上註亦云：今之耜歧頭。"]據漢時所用之形圖之，未能盡合於古也。（卷一）
>
> 案此圖禹手執之器，較神農所持者，短而直，然下出兩歧，形制略同。《莊子》言"親操橐耜"，《韓非子》言"手執耒臿"，《淮南子》又作"畚臿"，蓋亦耒耜之類，而漢時所謂臿之器正如此。（卷二）

瞿中溶認爲石刻上神農和夏禹所執之器同樣是耜或臿，而王先謙《釋名疏證補》引葉德炯説，又認爲神農手持的是耜，而夏禹手持的是臿。他説：

> 其圖神農手持之器，柄曲而下翹，頭歧而二，則此耜也。
>
> 圖繪禹持之器，似神農手持之耜，柄直而頭平，頭亦兩歧，即此鍤也。耜爲耒田之用，故頭翹起，鍤爲鍤地之用，故頭宜平。《説文》枱下从木，乃會意，上从ᨈ，是像歧頭之形。

我們認爲瞿中溶和葉德炯的説法都對。耜在古代農業耕作中，主要有兩種功用：一種是《考工記》所謂"爲溝洫"，石刻中禹手執的農具便是"爲溝洫"的，一種是《詩經》所謂"俶載南畝"，就是在壟畝上進行"剗土"的墾耕作業，石刻中的神農像正是手執耜作闢土之狀。"爲溝洫"的耜，主要的作用是挖土，需要直柄平刃。

進行墾耕作業的耜,有的柄和刃部略作彎形,爲了便於"劃土而耕"和"劃土除草",但是它們基本的形式還是相同的。石刻上所刻神農和夏禹所執的農具,雖然已經是漢代的形式,是"歧頭兩金"的耜,是所謂兩刃臿,但是它們都是長方形的平刃,基本形式還是相同的,它們既是耜,也是臿。孫詒讓《周禮正義》説:"《説文》木部云:'枏,臿也','枖,兩刃臿也',枏即耜正字。臿與耜形制略同,但臿柄直,耜轅曲,故許通訓枏爲臿也,漢時耜兩金,蓋與枖同。"這個解釋是很正確的。

元代王禎《農書》記述有三種脚踏耕具,一種叫鋒,"其金比犂鑱小而加鋭,其柄如耒,首如刃鋒"(見圖八)。一種叫耩,和鋒相似而是歧頭的。一種叫長鑱,也叫踏犂,"比之犂鑱頗狹……柄長三尺餘,後偃而曲,上有橫木如拐,以兩手按之,用足踏其鑱柄後跟,其鋒入土,乃捩柄以起墢也"(見圖九)。徐中舒同志認爲:"耩歧頭,即耒之遺制,鋒首如刃鋒,即耜之遺制。"我們認爲歧頭與否,並不是耒和耜的根本區別。早期的耒大都歧頭,後期的耒就不一定是歧頭的,例如《考工記》所記述的耒的結構,就不是歧頭的。早期的耜固然大都是單刃的,但到漢代就很多是歧頭的,即所謂兩刃臿。實際上,這些流傳在後世的尖刃的脚踏耕具,都應該是耒的遺制。阮福在《耒耜考》一文中①,記述他父親阮元的話説:

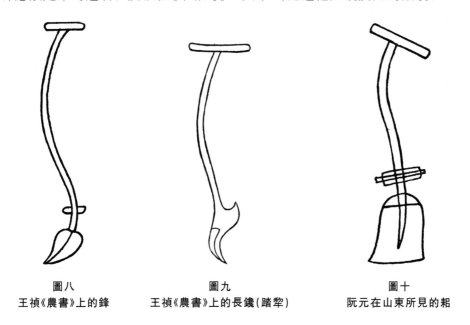

圖八　　　　　　圖九　　　　　　圖十
王禎《農書》上的鋒　王禎《農書》上的長鑱(踏犂)　阮元在山東所見的耜

---

① 這文收入嚴杰編:《經義叢鈔》,見《皇清經解》卷一三八四。

曾在山東道中,見農間尚有耒耜之器,與古制小異。古之金前銳而後方,今之金蓋長方形,復於接耜之處又橫一小木。蓋以手持耒首,而復以足踏小橫木,合力前推,舀入土中,復仰耒首,則畬上仰而土凷起矣。此乃人耕,用力多而見功少,不若後世之牛耕,則用力少而見功多也。

在這文後面,還附有兩張圖,一張圖是從戴震《考工記圖》上摹繪來的,鋒刃是尖的。一張圖是阮元"就道中所見約略畫之",木柄略爲彎曲,刃部完全是鏟的形狀,在刃部上端的木柄上貫有小橫木(見圖十)。阮元認爲這兩種刃部不同的耕具,是古今異制。實際上,這不是古今異制,尖刃的是有庇(刺)的耒,具有鏟形刃部的便是稱爲畬的耜。流傳在山東地區的這種具有鏟形刃部的脚踏耕具,我們認爲就是古代耜的遺制,它的耕作方法,也就是古代耜的耕作方法。

二 關於西周的農業生產技術

根據上面的論述,西周時代的主要耕具——耜是鏟一樣的耕具,而錢是帶有金屬鋒刃的耜的別稱,是無疑的。《詩經》曾再三提到耜,或者說"有略(銎)其耜"(《載芟》篇),或者說"覃耜"(《大田》篇),或者說"畟畟良耜"(《良耜》篇),都在形容耜的鋒利,西周的耜該大都已有金屬鋒刃了。如今徐中舒同志一方面不全肯定西周的主要耕具有金屬鋒刃,說是"木製的耒和在耒的下端安裝半圓形銳利金屬犁錧或石蚌類刀鏟形的耜";一方面又說使用這樣的耕具"在二人併力的耦耕下它是可以深耕的"。我們要知道,木耕具和帶有石蚌類鋒刃的耕具是最原始的耕具,使用這種原始耕具是無法深耕的。王禎《農書》曾說:脚踏的耕具稱爲"鋒"的,"其金比犁鑱小而加銳","地若堅垎,鋒而後耕,牛乃省力,又不乏刃"。徐同志根據這一點來證明"耒耜就是可以深耕的農具"。其實從這一點,只能證明有金屬的銳利鋒刃的耒耜,縱比較可以深耕。徐同志又認爲戰國時代的鐵農具"也只能作薅草壅本的輔助農具用,因爲它是生鐵鑄成的,鐵質鬆脆,容易折斷,它還是不能代替耒耜,用以深耕的"。好像木石製的耕具反而要比鐵耕具強得多,這也是不能令人信服的。徒冶鐵技術的發展來看,冶鑄生鐵技術的發明遠在冶鍊熟鐵技術發明之後,在歐洲,是遲到十四世紀纔發明冶鑄生鐵技術的。如果說,在冶鑄生鐵技術發明後,鐵耕具還不能代替木石製的耕具,那麽,要到什麽時候鐵耕具纔能普遍呢?

現在我們還不能確切斷定西周時代已有鐵農具,因爲無論在考古發掘中,在古文獻中,都還沒有鐵農具存在的眞憑實據。但是,我們從春秋戰國時代冶鑄生鐵技術的發明情况來看，西周時代是有鐵農具存在的可能的①。郭沫若同志在《希望有更多的古代鐵器出土》一文中②，曾根據春秋中葉齊靈公時的《齊侯鐘》銘文有"造戟（鐵字的初文或省文）徒四千"的話，《國語·齊語》篇管仲所説"惡金以鑄鉏夷斤斸，試諸壤土"的話，《管子·輕重》諸篇説到齊有"鐵官"，輝縣出土戰國鐵器和興隆出土戰國鐵范的工藝比較進步，來推斷"鐵的最初出現，必然還在春秋以前"。在目前的日本考古學界，一般都認爲西周時代已有鐵器，他們的根據主要有下列兩點：

（一）有青銅兵器十二件，傳爲一九三一年六月河南汲縣出土，原爲褚德彝所藏，轉爲美國弗利亞美術舘所掠買去，著録於該舘在一九四六年出版的《古銅器圖録》一書中。從這十二件青銅器的形制和一件青銅器上有鑄銘"大保"兩字來看，應是西周初期之器。其中二件青銅兵器有鐵刃，一戈作虺龍紋，其援部僅存半段，殘存的半段援部是用鐵製的；一鉞作饕餮紋，其刃部是鐵製的。有人曾根據上述情况，認爲中國鐵的使用，可以上溯到公元前一千年的初期③。

（二）有一件《芮公紐鐘》，銘文是"芮公作旅鐘，子子孫永寶用"。芮國到春秋時代已很弱小，後爲秦穆公所滅亡，這鐘的製作年代當在西周末年以前。這鐘上部環紐的下脚的頂面（舞），在接合部分有鐵銹湧出，當環紐的下脚部分的内部裏面，有二個鐵製角形管（徑 0.5 釐米）的切斷露出，將細鐵管内泥土除去，深 1.3 釐米。有人認爲這是懸掛垂下的振舌的鐵環的痕跡，並據此斷定西周時代已有鐵的使用④。

上述兩批附有鐵的部分的青銅器，雖然不是科學發掘的出土物，但還是值得我們重視的。

我們姑且不斷定西周農具的鋒刃是青銅製的或鐵製的，但必然已有用金屬製的了，因爲西周農具有錢、鎛、銍等名稱，已足證明這一點。西周時代的農業生產技術，所以能够到達相當水平，這一點是很有關係的。

耜在西周春秋時代的農耕上有兩種功用，即"爲溝洫"和"俶載南畝"，我們前面已經説過。"爲溝洫"和"俶載南畝"這兩種工作，在當時農田的墾耕作業上是同樣重要的，在播種之前，必須要隨着地理形勢，治理好溝洫，修築好適宜的南向

---

① 詳拙作《中國土法冶鐵煉鋼技術發展簡史》，上海人民出版社，1960 年版。
② 收入郭沫若：《文史論集》，人民出版社，1961 年版。
③ 見日本京都大學：《人文科學研究所創立廿五周年紀念論文集》中《中國出土的一羣銅利器研究》一文。
④ 見日本出版《中國古代史的諸問題》一書中《芮公紐鐘考》一文。

或東向的"畎""畝"行列,使得農田儘量利用地利,起洗土排水等作用。當時經過這樣治理的農田,田畝行列南向的叫"南畝",田畝行列東向的叫"東畝"。由於地理形勢的關係,一般以"南畝"爲多,因爲"南畝"的行列對於農作有利。這種情況到春秋時代還是如此。公元前五八九年,鞌之戰,齊國大敗,派賓媚人向晉國賄賂求和,晉國爲了此後兵車行動的便利,以"使齊之封盡東其畝"作爲講和的條件之一①。當春秋時代,戰勝的強國爲了此後控制戰敗的弱國,爲了此後出動兵車的便利,往往迫使弱國"盡東其畝"。晉文公在伐衞之後,就曾要求衞國把"南畝"一律改爲"東畝",《韓非子·外儲説》右上篇説:"〔晉〕文公見民之可戰也,於是遂興兵伐原,克之;伐衞,東其畝。"《商君書·賞刑》篇和《吕氏春秋·簡選》篇也都説:"晉文公……反鄭之埤,東衞之畝。"高誘注説:"使衞耕者皆東畝,以遂晉兵也。"我們從這些歷史事件中,可知古人對於農田中"畎""畝"結構的治理,對於"東畝"和"南畝"行列的築修,原是很講究的,除非爲強國所征服,在強力的壓迫下纔被迫有所改變。因爲這與農業生産的關係是很重大的。在中國古代的耕具中,耒尖刃,只適宜於耕鬆泥土,不適宜於剗地翻土和開掘溝洫,只有耜既能"俶載南畝",也便於"爲溝洫"。耜的所以在西周時代較爲流行,這該也是個緣故吧!《國語·周語》中篇記單襄公的話,説:"周制有之,曰:'……民無懸耜,野無奥草,不奪民時,不蔑民功。'"所謂"民無懸耜",是説農民盡力墾耕,沒有把耜懸掛起來不用的,所謂"野無奥草",是説農民盡力墾耕,使得田野裹没有荒草。耜在西周時代所以能成爲主要的墾耕工具,這是由於它便於在黄土地帶開墾的緣故。

西周春秋時代對於農田的墾耕,普遍採用兩人合作的方法,即所謂"耦耕"。《考工記》説:"匠人爲溝洫,耜廣五寸,二耜爲耦,一耦之伐,廣尺深尺,謂之畎。"從來學者大都根據這一點,認爲二人並二耜而耕,叫做"耦耕"。也有認爲二人拿二耜相對而耕,叫做"耦耕"的,例如《詩經·小雅·大田》篇孔穎達《正義》説:"計耦事者,以耕必二耜相對,共發一尺之地,故計而耦之也。"也有認爲二人一前一後同時墾耕,叫做"耦耕"的,例如《考工記》賈公彦疏説:"二人雖共發一尺之地,未必並發,知者,孔子使子路問津於長沮,長沮不對,又問桀溺。若並頭共發,不應别問桀溺,明前後不並可知。雖有前後,其畎自得一尺,不假要並也。"也有認爲二人合作墾耕,一人耕,一人櫌(椎碎土塊),叫做"耦耕"的,有人根據《論語·微子》篇説:"長沮桀溺耦而耕。"又説:"桀溺櫌而不輟。"就認爲"耦耕"是二人同

---

① 詳拙作《論西周時代的農業生産》,刊《學術月刊》,1957年第2期,今收入本集。

時進行耕作業和耰作業的密切配合①。如今徐中舒同志又認爲二人共踏一耒或耜,叫做"耦耕"。徐同志説:"古代耦耕,二人共踏一耒或耜,故耒或耜的柄之下端接近刺地的歧頭處,或安裝犁錧處,安裝一小橫木,左右並出,適爲兩人足踏之處。若後代不行耦耕,則此一小橫木只向一方突出,供一人足踏即可。如王禎《農書》所繪長鑱使用圖,即係如此。宋周去非《嶺外代答·風土門》記踏犁的形制云:'……犁柄之中於其左邊施短柄焉,此左脚所踏處也。……'踏犁只供一人使用,所以也只有左脚所踏處的左邊施短柄。"各家對於"耦耕"的解釋,説法如此紛紜,究竟以那一種爲對呢?古時又稱"耦耕"爲"合耦"或"比耦"②,是二人運用二耜合作墾耕,應該是沒有問題的。兩人是相並而墾耕,還是相對而墾耕,是看需要而進行的,目的無非在通過合作以提高墾耕的工作效率。二人運用二耜相並或相對而耕,的確能夠達到程瑤田所説的"刺土得勢,土乃迸發"的效果的③。至於徐中舒同志所説"耦耕"是"二人共踏一耒或耜"的説法,是不可能成立的。如果二人擠在一把耒或耜上踏,提高墾耕工作效率是不大的,若是二人步伐不一致,還要互相牽制,影響墾耕的工作效率呢!從來所有脚踏的耕具,只能由一人來使用,就是由於這個原因。甲骨文中的"藉"字,就像一人執耒而耕的情況。徐同志認爲後代不行耦耕,因而脚踏耕具上脚踏的小橫木只向一方突出。其實,後代的脚踏耕具上所貫的小橫木也有左右並出的,例如日本所藏的子日手辛鋤、王禎《農書》上的鋒、阮元在山東所見到的耜,都是如此。脚踏耕具上小橫木的左右並出或只向一方突出,只是製作上有些不同,並不是行"耦耕"或不行"耦耕"的關係。至於阮福《耒耜考》説:"今黔中爺頭苗在古州耕田,全用人力,不用牛。其法一人在後推耒首,一人以繩繫磬折之上肩,負其繩向前曳之,共爲力。此即耦耕之遺歟?"這又誤把人輓犁誤解爲"耦耕"了。其實人輓犁不但苗族有,直到近代在中原地區還有應用的④。

---

① 見《農史研究集刊》第一册中《耦耕考》一文和日本出版的《松山商大論集》七卷三號中《春秋戰國時代的農業及其社曾構造》一文。

② 《周禮·地官·里宰》:"以歲時合耦于耡,以治稼穡。"《左傳》昭公十六年:"庸次比耦,以艾殺此地,斬之蓬蒿藜藋而共處之。""耦"而稱爲"合"或"比",其爲合作墾耕很明顯。古時舉行射禮,都選擇兩人配合成耦而射,亦稱"比耦"。

③ 見程瑤田:《溝洫疆理小記·耦耕義述》。

④ 近來還有人誤把輓犁作爲耦耕的。其實耜與犁爲兩種不同的耕具,形制和操作方法完全不同,絕不能混爲一談的。近來更有人認爲在耜的柄上繫繩,一人把耜插入土中,另一人相向而立,用力拉繩發土,即是耦耕。這大概是由輓犁推想出來的。這樣兩人面對面共發一耜,根本違反力學原理,在實際耕墾中無法實行。

關於西周的農業生産技術,我在《論西周時代的農業生産》一文中,已曾加以分析。我們認爲:西周時代由於使用帶有金屬鋒刃的耕具,由於黄土地帶土壤較鬆,由於"耦耕"方法的採用,荒地已有一定程度的開墾。當時在農田中已普遍按地理修築有整齊的"畎""畝"行列,起着洗土排水和灌溉作用。在播種前,已很注意墾耕的時節,在苗生長後,已使用帶有金屬鋒刃的鎛進行耨耘,以保持土壤中的水力和肥力,同時也已懂得在耨耘中積"緑肥"來作肥料。由於工具和技術的進步,由於生産經驗的累積,使得農業生産有了提高,糧食作物的品種有了增加。總之,西周的農業生産是已經達到了相當的水平的。但是,我們不能同意徐中舒同志等認爲西周已有三田制的説法,因爲這個説法是缺乏確切的根據的。

　　西周的農田,有"菑"、"新"、"畬"等三種不同名稱。徐同志把這三種田的名稱和《周禮·遂人》所説的"上地田百畝萊五十畝"牽合了起來,認爲西周存在着每年休耕三分之一的三田制,"菑"、"新"、"畬"就是實行三田制下的三種田的名稱。我曾經批評説:"《周禮》是戰國時代的著作,如果我們没有其他確切證據,就不能根據《周禮》來論定西周已有三田制。"如今,徐同志反批評説:

> 　　楊寬先生一面説不能根據《周禮》來論定西周已有三田制,但是他一面又引東漢孫炎和東漢以後的郭璞、董遇等對菑、新、畬的解釋而加以總結説:"第一年開墾的荒田叫菑田,第二年開墾熟的田叫新田,三年後墾好的熟田叫畬田。"依楊先生的意思,菑、新、畬三種耕種不同的田,既不能利用年代相去最近的《周禮》加以論證,難道反可以利用東漢或東漢以後的年代相去更遠的人的注釋,給以確切的證明嗎?

我們認爲徐同志的反批評是不確當的。我的引用東漢和東漢以後的注釋來對這三種田加以解釋,是和《尚書·梓材、大誥》篇和《詩經·臣工、采芑》篇上談到"菑"和這三種田的西周文獻結合起來的,我們要知道,東漢和東漢以後人的注釋,有好些是有它的來歷的,並不是憑空杜撰的,所以能夠和《尚書》《詩經》上的原意相合①。我們是應該運用這些注釋,來理解《尚書》《詩經》的原意的。如果

---

① 徐中舒《論周代田制及其社會性質》一文中,也説:"有關周代田制的資料,從前的學者已經作了許多注釋。這些注釋,大都出於漢代以後,現在也還有它的價值。……他們與周代在時代上的距離,仍比我們爲近,當時保存的古制仍比現代爲多。因此,我們解釋這些田制,仍然要通過他們的注釋,以期恢復它的本來面目。"

《周禮》上有足以闡釋這三種田的文獻,當然比運用東漢以後人的注釋更確當些。但是《周禮·遂人》所談的,並沒有涉及這三種田,現在徐同志憑空地把它比附上去,就顯得牽強了。徐同志又反批評説:

> 我們再看他對於菑、新、畬的新解是:新比菑好,畬比新更好,所以第一年叫荒田,第二年叫熟田,第三年叫墾好的熟田,那末,第四年應當是更好了。這完全是最進步的農業,就是現在最進步的耕作技術也不過如此。這比三田制耕種二年後就要休耕一年還不進步嗎?這對於他説三田制不是西周時代所可能產生的,是怎樣的矛盾。

徐同志這個反批評,是把我的原意誤會了。我根據了《尚書》《詩經》上的西周文獻結合了前人的注釋,認爲菑田是初開墾的荒田,因爲技術水平低,不是當年就能播種的,到第二年經過修治,纔成爲能夠種植的"新田",到第三年纔成爲"畬田"。怎能根據這一點説"這完全是最進步的農業"?

"菑"本有開墾之義,"菑"或作"䅳",《廣雅·釋地》篇曾把"䅳"和"墾""耕"作爲同義字。王念孫《廣雅疏證》解釋説:

> 《考工記·輪人》"察其菑蚤不齵"。注云:"菑謂輻入轂中者也。"輻入轂中謂之菑,猶耜入地中謂之菑。菑之言倳也,李奇注《漢書·蒯通傳》云:"東方人以物臿地中爲倳。"是其義也。

耜就是臿,它的墾耕方法是"臿地起土"。"臿地"的墾耕方法叫"菑",也叫"剚"或"倳"。《詩經·小雅·大田》篇"俶載南畝",鄭玄箋讀"載"爲"菑",而《正義》引王肅注又説:"俶,始也,載,事也,言用我利耜始發事於南畝也。"王肅把"載"解釋爲"事",陳詩庭《讀書證疑》卷四説:"事當讀爲倳,與菑同。"因爲"菑"和"倳"是指"臿地"的墾耕方法,所以"菑""倳"又都有插立之義。陳詩庭《讀書證疑》卷二又説:

> 《考工記·輪人》注:"泰山平原所樹立物爲菑,聲如載。"《漢書·郊祀志·瓠子歌》:"隤竹林兮楗石菑。"師古注:"石菑爲臿石立之。"《楊賜傳》注引《續漢書》:"輕車菑矛戟幢麾",謂插也。《史記·張耳陳餘傳》"倳刃",徐

廣音傳爲烖。……聲在則義從之也。……鄭《士虞禮》注:"烖,切肉也。"菑、傳聲如烖。枱之入土,如刀之切肉。傳爲插地,王肅訓烖爲事,事當爲劃。

我們"以聲求義",菑字是開墾之義是無疑的。菑字從艸從田,巛(古災字)聲,從它的結構來看,也是開墾之義。所以甾字原爲初墾闢的意思,所謂菑田就是第一年初開墾的荒田,而一般也還把菑作墾耕的意思來用。

《尚書·梓材》篇把"既勤敷菑"作爲"爲厥疆畎"前的一種工作,很明顯是指修治農田的"畝""畎"行列前的初步開墾工作。《尚書·大誥》篇説:"厥父菑,厥子乃弗肯播,矧肯穫?"可知菑是指墾荒,由於技術水平低,初開墾的田不是當年能播種的。《詩經·周頌·臣工》篇要喚使保介(管田的官)在暮春季節對新田畬田如何注意,而《小雅·采芑》篇又説在新田菑田採取芑菜。陳奂《詩毛氏傳疏》説,

> 《説文》:"菑,不耕田也",不耕爲菑,猶休不耕者爲萊,菑與萊聲相近也。鄭箋讀俶載爲熾菑,初耕未能柔熟,必以利耜發田,與田一歲菑合。新謂耕二歲者,畬謂耕三歲者,《易》董遇注"悉耨曰畬",蓋至三歲,悉可耕耨矣。此詩新畬,就耕田説;若《采芑》新菑,就休耕之田説;故有可採之芑。立文自有不同。

陳奂把"新田"一面解釋爲休耕田,一面又解釋爲耕田,顯然難通。我們認爲菑田是初墾的荒田,新田是剛墾熟而能種植的新田,所以上面都不免有野菜叢生。而新田和畬田又都是墾熟的田,所以要喚使保介在暮春如何注意了。

黄以周《儆季雜著》的《羣經説》卷四有"釋菑"篇,他把菑、新、畬三種田解釋爲三年輪種一次的"再易之田"。他説:

> 凡治田之法,先殺草而後耕,既耕而後耘。《詩》云:"載芟載柞,其耕澤澤,千耦其耘",鄭箋:"民治田業,將耕先始芟柞其草木,土氣蒸達而和耕之,則澤澤然解散,於是耘除其根株。"此治田一定之敍,鄭箋言之鑿鑿可據者也。然《詩》據不易之田而言,芟柞耕耘同在春月。若以再易之田而言,所謂芟柞艸木者,其一歲之菑田也,土和耕澤然解散者,其二歲之新田也。孫炎注《爾雅》云:"新田,新成柔田。"謂一歲土強墢不可耕,至二歲田始柔和新成

矣。菑字从艸从田曾意,从者災也,以燒薙殺草爲本義。孫炎注《爾雅》云:
"菑,始災殺其草木"是也。以耕田反艸爲後義,鄭箋《良耜》,讀俶載爲熾菑,
云:"農以利善之耜熾菑南畝"是也。……《說文》:"菑,不耕田也。"……
《書·梓材》曰:"若稽田,既勤敷菑,惟其陳修,爲厥疆畎。"……畎以耕言,其
事在敷菑後,則敷菑者布殺其艸,尚未及耕也。……《易·無妄》曰:"不耕
穫,不菑畬。"……耕穫以一歲中之先後言,菑畬以數歲間之先後言。

黃以周把《詩經·載芟》篇所說的,認爲是"不易之田",是沒有根據的。如果是"不易之田",年年耕種,田上的小樹木必已除去,就不必要"載芟(除草)載柞(除木)"。黃以周把菑、新、畬三種田解釋爲三年輪種一次的休耕制度,也是隨便解釋的,和徐中舒同志解釋爲三田制同樣缺乏根據。如果我們脫離了西周文獻,想憑菑新畬三個字的字義,來解釋西周的耕作制度,它就可以解釋爲這樣的耕作制度,也可以解釋爲那樣的耕作制度。結果是辦來辦去,不能解決什麼問題的。

徐中舒同志在舊作《井田制度探原》第七節①,曾說:"蓋菑爲初耕,始災殺草木而反其土。新田則新成之田較災殺爲進。畬則悉可耕耨,此爲墾田之次第。據此,知周人耕地,隨地力轉徙,蓋無三年不遷之田。此俗沿至春秋之世,猶無大改。《左傳》僖公二十八年載晉文公聽輿人之誦曰:'原田每每,舍其舊而新是謀。'每每與膴膴同,謂肥美也。"徐同志原先把菑、新、畬解釋爲"墾田之次第"是對的,但是把它解釋爲"隨地力轉徙"的原始農業,是估計太低了。原始農業使用斧、刀、鋤等工具,在荒地上斫去草木,就地曝乾,縱火焚燒,利用"火耕水耨"的方法來得到天然的肥料,在經過若干年後地力用盡時就拋荒,重新去開墾新田。這種農業耕作方法,稱爲鋤耕農業,也稱爲砍燒農業。根據我們對西周農業生產技術的分析,顯然已超過這個階段。西周人的耕耘技術已到達相當的水平,已懂得怎樣保持和利用土壤中的肥力,並已懂得使用綠肥。如今徐同志又把這菑、新、畬解釋爲三田制,是未免估計得太高了。三田制在歐洲是九世紀的文獻裏纔出現的,到十世紀和十一世紀纔逐漸推廣,成爲當時農業技術發展的主要標誌之一,但是到十二世紀和十三世紀還不能完全排斥二田制,有些地方甚至還是休耕制。我曾說:"三田制是歐洲中世紀中期逐漸流行的,不是西周時代的耕作技術和施肥技術所可能產生的。"徐同志說這完全是我個人的成見,是沒有一點根據

---

① 見《中國文化研究彙刊》,第四卷上冊,1944年9月成都出版。

的。事實上,這是有根據的。歐洲在十到十一世紀已普遍使用犂耕,大都用六匹至八匹牛拖着附有車輪的重犂進行深耕,也有視土壤的性質,用一對牛拖着輕犂進行較淺的耕作的。總之,這時農業技術已有相當進步,已在農田裏進行深耕細作,已更多地關心於土地的施肥。儘管西周所統治的地區是黄土地帶,土質較爲鬆肥,但是西周人只使用着鏟一樣的耜,完全靠人力來進行耕作,在施肥技術上也只是靠耘耨中積一些"緑肥",無論如何是趕不上歐洲十世紀和十一世紀的技術水平的。固然,戰國時代的農田已多數是長期耕種而不休閑的,但也還有三田制、二田制和三年輪種一次的休耕制度存在。戰國時代所以能够產生這樣的耕作制度,完全是由於當時生産關係的轉變、農民生産積極性的較爲提高和農業技術的進步。戰國時代雖然還有使用耒耜作耕具的,但是牛耕和犂耕已較普遍,鐵口犂已普遍應用,已採用"深耕易耨"的耕作技術,施肥技術也較前進步,水利灌溉事業也有大發展。我們決不能因爲戰國時代已有較進步的耕作制度,就推斷西周時代也是如此。在西周,定期的休耕制度可能已有,但究竟是怎樣的一種定期休耕制度,還需要進一步的探索。

《歷史研究》1957 年 10 月號

論中國古史分期問題討論中的三種不同主張
——兼論中國奴隸制社會的特點

十年來我國史學界,對中國歷史上奴隸制和封建制分期問題的討論,已取得了很大的成績。最近上海史學界,對這個問題又引起了熱烈的討論。從目前討論的情況來看,關鍵在於西周時代的社會性質問題,大體上有三種不同主張:(1)西周封建領主制論,(2)西周"古代東方型"奴隸制論,(3)西周典型奴隸制論。

近年來我國學術界對兄弟民族的社會歷史,作了很多有益的調查研究。若干兄弟民族在解放前和改革前所保存的原始公社制、奴隸制和農奴制,給予我們研究社會發展史很多具體的啓示,將大有助於我們歷史科學研究的發展,也將大有助於中國古史分期問題的討論和解決。

最近讀了些有關兄弟民族社會歷史的論文,得到不少啓發。這裏就想根據這些啓發,結合作者對中國古史分期問題的認識,對三種古史分期的主張發表一些意見,請大家討論和指教。

一 關於西周封建領主制論

目前主張這一說的同志,主要着眼於西周的土地制度和"村社"組織。認為西周貴族把土地連同人民層層分賞,就出現了采邑制和領地制,構成了等級土地所有制和等級從屬的武裝家臣制。"村社"原有的"公田"收入被轉化為勞役地租,於是"村社"農民向農奴轉化,"村社"向封建莊園轉化。同時也還保留着奴隸制的殘餘。中國古代的"井田"制度有所謂"公田"和"私田",就是由"村社"轉化成的莊園的土地制度。所謂"民"、"庶民"、"庶人"就是由"村社"農民轉化成的農奴,他們耕種着"份地"(即"私田"),還要在領主土地(即"公田"、"籍田")上耕作,並服徭役和貢納。《詩經》農事詩所描寫的,就是他們在"籍田"上集體耕作的情況。

上述這樣的封建領主制形成的說法,理論是正確的,而且在中國古代是可能出現的。在改革前的雲南西雙版納傣族地區,還保存有這樣制度,保存有變質的"村社"殘餘形態①。"村社"農民在共同的封建負擔下,保留了名義上的"村社共有土地制度",每户農民從結婚後到五十歲,可分到大體相等的"份地",出一户負擔,十五歲到結婚前的青年男女只分到二分之一到四分之一的"份地",也要出一定負擔。封建負擔有農業勞役(耕種領主土地)和徭役,由領主按照地區層層攤派到"村社",由"村社"平均分攤給各户,也已有改用實物地租的。"村社"農民除了有自己的農具外,主要的私有財産是家畜。這種情況,和"井田"有"公田"和"私田"、有"受田"和"歸田"等制度很類似,"井田"制度原來也是用來平分力役的負擔的,所謂"力役生産可得而平也"(《漢書·食貨志》)。古代"庶人"的主要財富也同樣是家畜,所謂"問庶人之富,數畜以對"(《禮記·曲禮下》)。

是不是這個西周封建領主制論就可以成立呢？不,也還可以商榷的。因爲奴隸主也可以把土地和人民分賞給臣下,在奴隸制生産關係下也可以有被奴役的變質的"村社"殘餘形態存在。

要分析由奴隸制到封建制的社會變革,必須從當時生産力的發展與其生産關係的矛盾,以及由此而產生的階級鬥爭來考察。在雲南哀牢山沙村彝族社會中,有個從奴隸制轉變爲封建制的實例。他們在明代初期還是奴隸制,使用奴隸生産,產量是種子的八九倍,這時因爲生産關係束縛生産力的發展,引起了尖鋭的階級鬥爭。奴隸最初用怠工方式鬥爭,因爲奴隸主殘暴的鞭策壓迫,發展爲武裝鬥爭。到明代中期,奴隸主就被迫放棄奴隸制,改用農奴制的剥削方式,由於新的生産關係適應生産力的發展,具體的生産水平就達到近于種子的二十倍②。這具體説明了勞動人民的階級鬥爭,在奴隸制轉變爲封建制過程中起着決定作用。有的同志爲了證明西周是封建領主制的形成時期,把"武王革命"解釋爲奴隸革命,但同時很難證明這時生產力水平有較大發展。

作者過去曾根據春秋後期已發明鑄鐵冶鑄技術這一點,推論西周已發明鍛鐵冶煉技術③,但還不能證明西周初期已比較普遍使用鐵農具。相反的,根據近年發掘西周都城附近遺址結果,西周初期的生產水平和社會生活和殷代後期並

---

① 《民族研究》1959年4月號,雲瀾:《西雙版納傣族地區民主改革以前的封建領主經濟》。
② 《歷史研究》1958年3月號,劉堯漢:《由奴隸制向封建制過渡的一個實例》。
③ 見拙作《中國古代冶鐵技術的發明和發展》和《中國土法冶鐵煉鋼技術發展簡史》,上海人民出版社版。

没有多大區别①。當然,生產力的發展,勞動人民起着決定作用,在我國青銅時代使用青銅和石工具時,由於勞動人民在黄土地帶創造和發展了水利灌溉等生產技術,累積了不少生產經驗,提高了生產水平,就較早進入了奴隸制社會。但是,我們不能因此推論在同樣的情況下,也可以產生適應封建生產關係的生產力水平。

同時分析一個社會的性質,主要應當從生產關係以及政權性質來加以考察。從西周勞動人民被大量集中,成千成萬在農田上集體勞動,所謂"十千維耦"、"千耦其耘"的情況看來,就不像是封建主剥削勞役地租的方式。從西周對夷戎部落的戰爭性質來看,西周政權是屬於奴隸主性質的。西周的主要武装部隊是三支駐屯軍,即"西六自"、"殷八自"、"成周八自",分駐宗周、殷(即衛國)、成周三地,由擔任"師氏"官職的貴族統帶指揮,用來統治壓迫國内人民和征伐四方夷戎部落,這在西周金文中有記述。他們征伐夷戎部落,目的不僅在於捕捉俘虜充當奴隸,即西周金文所謂"執訊"和《詩經》所謂"執訊獲醜",還要掠奪家畜和其他財物,迫使夷戎部落服從西周的奴役和剥削。不僅要征服的夷戎部落貢納財物,即所謂"貯"和"積",還要他們進貢奴役勞動者,即所謂"進人",如果稍有怠慢,就要受到殘暴的征伐。這在西周金文《兮甲盤》和《師寰簋》中有明確的記載。如果把西周認為是封建制,就很難説得通。

二　關於西周"古代東方型"奴隸制論

目前主張這一説的同志,認為"古代東方型"奴隸制的特點是:由於灌溉事業的需要,由於自然經濟佔絶對優勢,商業不發達,原始的"村社"被保存而没有瓦解。土地是高居於一切"村社"之上的國家所有。當時只有家内奴隸,主要來源是債務奴隸,奴隸數量不多,不從事主要生產。主要生產擔當者依然是"村社"農民,但要提供各種繁重的勞役,受到奴隸一樣的鞭策和壓迫,同時還要貢納生產物。他們和西周封建領主制論者一樣,把"井田"制度解釋為村社的土地制度,把"邑"、"里"、"書社"等解釋為"村社"組織單位,把"民"、"庶民"、"庶人"解釋為"村社"農民,但否認西周分封土地制度是封建領地制,把農民在"籍田"上集體耕作解釋為被奴隸主國家奴役。

---

① 《考古》1959年10月號,《1955—57年陝西長安灃西發掘簡報》和夏鼐:《十年來中國考古新成就》。

這個説法在理論上是可以商榷的。郭沫若同志曾批評説:"嚴格按照馬克思的意見來説,只有家内奴隸的社曾是不成其爲奴隸制社曾的。……如果太强調了村社,認爲中國奴隸社曾的生産者都是村社成員,那中國就曾没有奴隸社曾。……這樣,馬克思列寧主義關於人類社曾發展階段的原理,也就成問題了①。"同時這個説法也還有很多疑問,如果不肯定當時有生産奴隸,有奴隸制生産關係存在,那麼,"村社"農民的被奴役,和奴隸同樣受到鞭策和壓迫,就何從説起?如果説當時商業不發達,"村社"被牢固保存而没有瓦解,試問債務奴隸從何而來?何以債務奴隸曾成爲家内奴隸的主要來源?

我們從我國兄弟民族所經歷的奴隸制來看,他們都有生産奴隸。古文獻上記述的兄弟民族奴隸制情況且不談,以近年調查所得的情況來看是很清楚的。前面談到的雲南哀牢山沙村彝族在明初實行奴隸制,是完全使用奴隸生産的。在改革前的四川涼山彝族奴隸社曾中,單身的奴隸叫"呷西",都是擄掠來的,佔總人口7%,被迫從事家内雜務和田間生産;婚配成家的奴隸叫"瓦加",佔總人口30%,主要勞役是田間生産,他們都是從事主要生産的奴隸②。如果説在中國境内歷史上所出現的奴隸制社曾必須如同上述的"古代東方型",只有家内奴隸,爲什麼我國兄弟民族所經歷的奴隸制社曾有這麼許多從事主要生産的奴隸?

事實上西周也有如同涼山彝族的"呷西"那樣的單身奴隸,當時叫做"人鬲"或"鬲"。同時,當時戰爭中的俘虜又叫做"磿"(《逸周書·世俘》篇),"磿"和"鬲",古時聲同通用的,可知這種稱爲"鬲"的單身奴隸也是從戰爭中俘虜來的,不是債務奴隸。《盂鼎》記載周王賞給盂的"人鬲"有二批,一批"六百又五十又九夫",一批"千又五十夫",如此大量的奴隸怎能盡是家内奴隸而不從事主要生産?《師詢簋》記載周王賞賜師詢"尸(夷)允(讀爲"訊")三百人",當時"訊"也是俘虜的名稱,即所謂"執訊"。所謂"夷訊",也當是從夷族中俘虜得來的。西周也有如同彝族"瓦加"那樣婚配成家的奴隸,當時叫做"臣"而以"家"計的,西周金文曾記載周王賞給臣下有"臣五家"、"臣十家"、"臣卅家"、"臣二百家"的,其中有稱爲"尸(夷)臣十家"的,可知他們也都是被征服的夷族人。《大克鼎》説:"易(賜)女(汝)井(邢)家𤔲田於畍,以(與)厥臣妾",這種連帶在"田"上一起賞賜的"臣妾",

---

① 郭沫若:《關於中國古代史研究中的兩個問題》,收入《文史論集》。
② 《教學與研究》1956年8、9月號,胡慶鈞:《涼山彝族的奴隸制度》。《教學與研究》1957年1、2月號,胡慶鈞:《再論涼山彝族的奴隸制度》。《民族研究》1958年1月號,夏康農等:《四川涼山彝族地區民主改革以前的社曾面貌》。

顯然是農業奴隸。這種婚配成家的奴隸,有因爲專門製造"貯"(財物)以供貴族宮中之用,而專門稱爲"貯"的,《頌鼎》曾記載周王命令頌掌管成周的"貯廿家"。這稱爲"貯"的奴隸,顯然是手工業奴隸。從上述情況看來,可知把西周說成上述的所謂"古代東方型"奴隸制,說那時只有家内奴隸,說奴隸主要來源是債務奴隸,是不符合歷史實際的。

另外有一種見解,認爲"古代東方型"奴隸制就是宗族奴隸制,奴隸主貴族把氏族公社外殼保留下來,改變成宗法制度,大小宗族長擁有本族的財權、神權、法權和兵權,對本族成員有至高無上的權力,因此各個宗族成員實際上成爲宗族長的奴隸,這就是馬克思所說的"普遍奴隸"。這個說法也大有可商之處。

在古代東方各國,奴隸主貴族確常把父系家長制家庭公社外殼沿襲下來,加以改造和發展,使之適應奴隸主專政的需要,構成一套宗法制度。奴隸主專政是以貴族的宗族管理機構,改造和擴大成爲國家機器的。大小宗族長確實掌握本族的大權,代表貴族進行着統治,掌握着國家大權。大小宗族長對本族成員固然有管理和指揮之權,但也有保護和幫助之責。大小宗族長固然是奴隸主貴族的領袖人物,各個宗族成員同樣是奴隸主貴族身份,怎曾變成宗族長的奴隸呢?所有貴族成員都在宗族長的統率下,共同佔有土地和勞動人民,享有貴族特權,參與各種政治活動和各種禮儀,充當軍隊骨幹,敲骨吸髓地對所屬人民進行剝削和壓迫,過着極其荒淫無恥的生活。

我們以民主改革以前涼山彝族的奴隸貴族爲例,也可看出宗法制度的特點。他們的宗法制度叫家支制度,每個家支之下,分爲支、小支(房)、户等,都用父子聯名的系譜作爲線索來貫串的。每個家支有數目不等的頭人,按習慣法處理家支内外糾紛,重大事件應決於家支曾議。這種家支組織,目的在維護本家支的利益,對本家支成員,要保護其自命血統"高貴"的等級地位,幫助其進行統治。他們說:"少不得是牛羊,缺不了是糧食,離不開是家支。"涼山彝族奴隸主在沒有統一政權下,就是依靠家支制度來鞏固貴族組織,對奴隸進行統治的。它幫助奴隸主進行各種剝削,根據習慣法對奴隸進行監督和處罰,並且以武裝來鎮壓奴隸的反抗,並和別族"打冤家"。很明顯,家支制度就是實行奴隸主專政的工具。其習慣法的重要内容,就是維護本家支成員的利益。我國古代的宗法制度,性質和家支制度相同,只是發展得更爲高級而已。由此可見,在古代奴隸主貴族的宗法制度下"宗族成員實際上成爲宗族長的奴隸的說法",是根本不能成立的。

三　關於西周典型奴隷制論

目前主張這一説的同志,不僅認爲"人鬲"是單身奴隷,"臣"是婚配成家的奴隷,還認爲"民"是被征服的種族奴隷,並引《盂鼎》記載賞賜的"人鬲自御至于庶人六百又五十又九夫"爲證,認爲從事農業生産的"庶人",是低於稱爲"御"的家内奴隷的下等奴隷。所謂"井田",有一定的面積,是作爲榨取奴隷勞動和酬報臣下的計算單位的。因爲"井田"由公家所授,就稱爲"公田";"井田"以外私家所開墾的荒地,就稱爲"私田"。所謂"千耦其耘"、"十千維耦",成千成萬集體一起耕作的就是奴隷。所謂"邑"、"里"、"書社",是當時奴隷主控制下的奴隷集中地和行政單位。"井田"既不是"村社"的土地制度,"邑"、"里"、"書社"也不是"村社"組織的單位。

這個説法,根據土地制度和奴隷制度,着重説明當時的奴隷制生產關係,理論是正確的。但是否認"井田"是"村社"土地制度的説法,把"民"和"庶人"解釋爲最低級的下等奴隷的説法,是可以商榷的。

從古文獻《尚書》、《詩經》看來,沒有一處足以證明"民"、"庶民"、"庶人"是低於家内奴隷的下等奴隷的。他們在敍述周族興起的歷史的時候,説:"厥初生民"(《大雅·生民》),説:"民之初生"(《大雅·緜》),把本族人也稱爲"民";又把古代的聖賢稱爲"先民",例如説:"先民有言"(《大雅·板》),説:"匪(非)先民是程"(《小雅·小旻》);還説有些"民"有"其臣僕",所謂"民之無辜,並其臣僕"(《小雅·正月》)。《尚書·康誥》主張對待"民"要"若保赤子",《尚書·酒誥》又引古人之言曰:"人無于水監,當于民監",《尚書·泰誓》説:"天視自我民視,天聽自我民聽"(《孟子·萬章上》引),又説:"民之所欲,天必從之"(《左傳》襄公三十一年、昭公元年,《國語·周語中》、《國語·鄭語》),這樣的説法,"民"也不像是下等奴隷。《國語·周語上》記述周穆王時祭公謀公的話,主張對待"民"要"懋"正其德而厚其性(當從王念孫讀作"生"),阜其財求(當從汪遠孫讀作"賕")而利其器用",足以説明"民"是有工具(器用)和財產(財賕)的。《國語·鄭語》記述周幽王時史伯的話,主張"兆(百萬)民"耕種"九畡(萬萬)之田","收經(千萬)入",俞樾、孫詒讓都認爲即是"一夫百畝"、"什而取一"的制度(見《羣經平議》、《籀廎述林》)。從西周金文來看,"庶民"也不是下等奴隷,《牧簋》載:"王若曰:……不用先王作型,亦多虐庶民。"如果庶民是下等奴隷,統治者不可能以虐待庶民爲戒。《毛公鼎》記述周宣王告誡毛公説:"勿壅律庶民,寅(貯),母(毋)敢龏(穹)槖,龏橐迺(乃)敄(侮)鰥寡。"這是説：不要過分累害"庶民",在徵收稱爲"貯"的財物税時不要飽入私囊,不要欺侮鰥夫寡婦。如果"庶民"是一種下等奴隸的話,就談不上什麽賦税的徵收和鰥寡的被欺侮問題。因此我們認爲,《盂鼎》所説"人鬲自御至于庶人"的"御"和"庶人",也不是奴隸名稱而指他們被俘以前的身份。《宜侯矢簋》使我們可以了解這一點,它既説："易(賜)才(在)宜王人△有七△",又説："易(賜)宜庶人六百又六夫",考釋者既然都公認"王人"是指他們被俘前的身份,不是奴隸名稱,那麽"庶人"就不該如此嗎?

從孟子所談的"井田"制度看來,顯然是變了質的"村社"的土地制度。不但孟子所説各家都有"私田"百畝和"同養公田"的情況,非"村社"就不能解釋;所説"鄉里同井,出入相友,守望相助,疾病相扶持"的情況,也該是原始"村社"遺留下來的互助協作習慣;作爲養老、習射、教學用的"庠"或"序"或"校",也該是"村社"遺留下來的羣衆經常聚集的場所。應劭《風俗通義》引《春秋井田記》説："人年三十受田百畝","井田之義"是"無泄地氣"、"無費一家"、"同風俗"、"合巧拙"、"通財貨"(嚴可均《全後漢文》卷三十七)。《公羊傳》宣公十五年何休注也有相同的敍述,並説要"三年一換土易居","中里有校室",由父老里正監督生產。《漢書·食貨志》又説："民年二十受田,六十歸田","此謂平土(平均分配土地)可以爲法者也","力役生產可得而平也"。所有這些有關"井田"的記述,雖不免夾雜些理想成分,但都該有來源的。《夏小正》説：正月"農率均田",和前引何休注"三年一換土易居"合起來看,分明是"村社"中一年到三年的分配更換份地制度。《漢書·食貨志》説："三歲更耕之,自爰其處",指的該是"村社"中已固定分配份地,由各户把土地自己輪流休耕的情況。所有這些記述,都説明了"井田"制度和"村社"組織有關,而不是古人所能憑空杜撰得出來的。這種"井田"制度,到春秋時代各國還都保存,管仲曾主張"陸阜、陵墐、井田疇均"(《國語·齊語》);楚國在公元前548年"量入修賦"統計土地時,還曾"井衍沃",對"衍沃"之地採用"井"的統計方法(《左傳》襄公二十五年);孔子談到西周徵收軍賦,也以"田一井"爲單位(《國語·魯語下》);秦國直到商鞅變法時才"除井田"。因此我們認爲,否定西周有"村社"殘餘形態存在的説法,是不確當的。凡是存在"井田"制的地區,"民"、"庶民"、"庶人"耕種"井田"的,當即當時被奴役的"村社"農民①。《禮記·曲禮下》説："問國君之富,數地以對山澤之所出;問大夫之富,曰有宰食力","問庶人

---

① 參看拙作《試論中國古代的井田制度和村社組織》。刊《學術月刊》1959年6月號,今收入本集。

之富,數畜以對"。這是符合於當時各個階級、階層佔有財富的實際情況的。自從周厲王實行"專利"以後,國君都圈佔山澤,迫使人民開發,實行"專利",成爲國君的主要私有財富。大夫在分賞得的各邑設立"宰"來剝削人民的勞力,剝削勞力所得就是大夫的主要財富。"庶人"是被奴役的"村社"農民,所以如同過去雲南西雙版納傣族地區"村社"農民一樣,主要的私有財產是家畜。

四　關於中國奴隸制社會的特點

上面只是對三種不同主張作了簡要的比較分析,看來西周時代的社會性質該肯定爲奴隸制的。從當時的生產力水平、土地制度、階級關係、剝削方式以及政權性質來看,是屬於奴隸制性質的。主張西周"古代東方型"奴隸制論的,在闡明當時奴隸制下存在"村社"方面,作過很大的努力,在這方面研究上有一定的貢獻,但是過分強調了奴役"村社"農民方面,把當時生產奴隸的重要性完全忽略了,因而就不能正確說明當時奴隸制的生產關係。西周確是存在相當數量的生產奴隸的,從事於主要的農業生產和手工業生產,而且奴隸的來源主要是對夷戎部落的掠奪戰爭。主張西周典型奴隸制論的,在闡釋當時奴隸制的生產關係和存在生產奴隸的情況,作出了很大的貢獻,但是又過分把當時社會結構單純化了,認爲生產者只有各種的生產奴隸,甚至把"民"和"庶人"都解釋成爲低於家內奴隸的下等奴隸,完全否認"村社"農民的存在,否認"井田"制度是"村社"的土地制度。其實,如果根據古文獻上所談到的"井田"制度的內容來看,是無法否認其爲"村社"的土地制度的。在封建社會中,封建主還利用原有的"村社"形式來束縛和剝削農民,使"村社"變質,成爲進行封建剝削的一種便利工具。在封建制以前的奴隸社會中,因爲緊接着原始公社制的末期,原始的"村社"更容易被保留下來,被奴隸主利用來作爲奴隸制剝削的一種便利工具。同時中國領土廣大,各地社會的發展不平衡,到春秋初期中原地區還多分布夷戎部落。在西周奴隸主國家對各地征服的過程中,必然遇到很多具有一定生產力水平的部落和保存村社的地區,一下子不可能把原有公社和村社完全破壞,把他們俘虜或集中起來改變爲奴隸,因此很自然地曾保存"村社"殘餘形式,使它變質,利用它作爲奴役、剝削的工具。我們認爲,首先應該確認西周主導的生產關係,是奴隸制生產關係,奴隸主奴役着生產奴隸,同時也認爲在當時有不少地區保存着"村社"殘餘形式,被利用爲奴役、剝削的工具。如果說,在奴隸制生產關係中,保存有"村社"殘餘形式作爲奴役、剝削的單位,是"古代東方型"奴隸制特點的話,那麽我們主張西周的奴隸制應該屬於這樣的一種"古代東方型",而決不是只有家内奴隸的所謂"古代東方型",也不是"宗族成員成爲宗族長的奴隸"的"古代東方型"。

有的同志認爲"古代東方型"奴隸制的特點是"村社"組織形式的長期被保存,其所以曾被長期保存,主要由於大規模的水利灌溉的需要。的確,古代東方各國長期保存"村社",和水利灌溉的需要有一定的關係,但其所以長期保留的根本原因,應該從東方奴隸社曾内部矛盾的發展過程中去找尋。毛主席説:

> 社曾的發展,主要地不是由於外因而是由於内因。許多國家在差不多一樣的地理和氣候的條件下,它們發展的差異性和不平衡性,非常之大(《毛澤東選集》第一卷1952年人民出版社版290頁)。

可知把地理環境作爲"古代東方型"奴隸制產生主因是不確當的。

古代東方各國和世界上許多民族一樣,經歷過奴隸制產生和形成的基本過程。在原始社曾末期,由於社曾的分工,生產力的提高,剩餘生產品的出現,生產資料私有制的產生,生產活動範圍的擴大,家庭中就可能和需要吸收新的勞動力,俘虜開始被活着保留下來,其勞動開始被利用和剝削,奴役關係就產生了。這種在父權的家長制家庭公社和農村公社中產生的奴隸制,就是"家庭奴隸制"。首先把俘虜變爲奴隸,繼而由於貧富越來越不均,本部落中人也有被變爲債務奴隸的。但是,這時使用的家内奴隸數目不多,只作爲簡單的助手,在經濟中只起輔助和從屬的作用。等到生產力進一步發展,社曾進一步分工,私有制和交換進一步成長,奴隸制就跟着成長,由原來的附庸地位發展爲支配地位,使原始社曾全面崩潰,形成奴隸佔有制生產方式。

古代東方各國比較顯著的特點之一,奴隸主貴族及其國家除了佔有和奴役着大批生產奴隸之外,還佔有和奴役着許多集體的奴隸。個體奴隸首先是從戰爭中的俘虜變成的,這種集體奴隸首先也是由於征服具有一定生產水平的部落而變成的。在這種部落被轉化爲集體奴隸之後,就無可避免地要改變它們原來的部落制度,但是奴隸主貴族及其國家爲了便於統治和剝削起見,往往剝奪了他們的土地財產,利用原來的村社形式來加以勞動編組,使轉化成爲被奴役的"小集體",因而原來的村社形式被長期保留下來。

由此可見,在古代東方各國所以曾有許多村社連同村社土地所有制形式被保留下來,是由於村社土地被奴隸主貴族及其國家佔有,村社組織被改變爲被奴役的單位,村社成員本身也被佔有而作爲一種財物。這種形式上保存的村社土地所有制,既然是在奴隸主貴族及其國家佔有的情況下保留下來,於是奴隸主貴族的國家及其君主,就成爲高居於許多村社之上的土地所有者,所以説,"在整個東方,公社或國家是土地所有者"(《反杜林論》1960年人民出版社版181頁)。這種土地所有制,實質上是奴隸主貴族所有制。

有的同志把古代東方奴隸制看作家庭奴隸制,看來是出於誤解經典著作。有的同志爲了證明古代東方各國的奴隸制即是"家庭奴隸制",引用了恩格斯在論述奴隸制度的原稿中已經劃過删號的那一段文章:

> 像東洋那樣的家庭中的奴隸制度,又是另外一個問題,因爲這種奴隸制度並没有直接成爲生産的基礎,是當做家庭的一分子而間接成爲生產基礎的。那是在不知不覺之間溶化到家庭中去的(奴隸式的婢妾)(《自然辯證法》1950年三聯書店版375頁)。

這種"奴隸式的婢妾"的"家庭奴隸制",也就是後來長期流行於東方的"家庭奴隸制",没有直接成爲生產的基礎,恩格斯爲了區別於作爲主要生產形態的奴隸制,所以特別加以指出這是另外一個問題。有的同志誤解這段話,認爲恩格斯所説的"家庭中的奴隸制度",是指一種大家族,有許多奴隸包括在家族之内,透過家族組織而間接成爲社會生產的基礎,這是區別於古典奴隸制的另一種奴隸制。其實,恩格斯所説的就是產生於父權的家長制家庭公社的奴隸制,也就是家内奴隸,家内奴隸只是生產上簡單的助手,是"當作家庭一分子"看待的,是"在不知不覺之間溶化到家庭中去的"。如果一個大家族中有許多從事生產的奴隸,還曾把他們當作家庭一分子看待麽?要迫使許多奴隸從事生產,就得加強監督和鞭策,其階級對立十分尖鋭,怎曾"在不知不覺之間溶化到家庭中去"呢?很明顯,恩格斯指的是家内奴隸,所以特別註明是"奴隸式的婢妾"。馬克思和恩格斯在論述父權制的部落所有制的時候,把這種奴隸制稱爲"隱蔽地存在於家庭中的奴隸制"(《馬克思恩格斯全集》第三卷1960年人民出版社版25頁);有時因爲後來長期流行於東方,稱爲"東方的家庭奴隸制"。恩格斯在《家庭、私有制和國家的起源》中,論到征服西羅馬的日耳曼人的"野蠻性"時説:

> 那末這難道不是由於他們曾處在野蠻時代,因而他們既没有使自己的

這種隸屬形式達到充分發展的奴隸制,又沒有達到古代的勞動奴隸制,也沒有達到東方的家庭奴隸制麽?(《馬克思恩格斯文選》兩卷集第二卷 305 頁)

這裏是按照奴隸制三種不同情況來說的。所謂"東方的家庭奴隸制",就是前面引文所說"東洋那樣的家庭中的奴隸制度"。有的同志認爲這裏所說"充分發展的奴隸制"是對奴隸制的全稱,後兩句是特稱,正是指西方和東方兩種不同類型的奴隸制。這顯然是一種誤解,"充分發展的奴隸制"當然指奴隸的充分發展形態,怎能把"家庭奴隸制"也包括在內呢?馬克思在論到"商業和商業資本的發展"對生產方式所起的作用時,說得很明白:

> 在古代世界,商業的影響和商人資本的發展,總是結果爲奴隸經濟;或者視其始點如何,結果不過把奴隸制度,由家長式的,以生產直接生活資料爲目標的,轉化爲以生產剩餘價值爲目標的(《資本論》第三卷 1953 年人民出版社版 410 頁)。

這是說,在奴隸社曾中由於商業的發展,使生產發生了不同的特點,原來以生產直接生活資料爲目標的家長式的奴隸制,轉化爲以生產剩餘價值爲目標的奴隸制。家長式的奴隸制分明是奴隸制發展前的一個階段,怎能把它作爲一種獨特的奴隸制呢?有的同志又認爲這正是指西方和東方兩種不同類型的奴隸制,東方以生產直接生活資料爲目的,西方以生產剩餘價值爲目的,也是不符合馬克思的原意的。

作者的基本看法是:中華民族的發展,和世界上許多民族的發展具有同樣的基本發展規律。古代中國和東方各國如埃及、巴比倫、印度等,同樣是世界上文明發達最早的國家,確有比較多的共同特點。與處於同一發展階段的古代希臘和羅馬國家,也還有些相同的特點。同時中國由於具體歷史條件的不同,在發展過程中又有自身的特點。要研究中國古代社曾的特點,必須在馬克思列寧主義、毛澤東思想的指導下,以社曾發展的普遍規律,結合中國歷史的實際,作具體的分析,才能得到正確的認識。

現在根據我的初步認識,對西周春秋時代奴隸制社曾結構的特點,提出一些看法。我認爲,當時的社曾結構,主要是由奴隸主貴族、"國人"和"庶人"、奴隸等組成:

（一）貴族　貴族利用家長制家庭公社遺留的制度，加以改造和發展，構成宗法制度，作爲奴隸主貴族專政的工具。建立有嫡長子繼承制，來統率、團結和管理本族成員，鞏固其統治地位。還建立有大宗、小宗等制度，把親疏遠近的同一血統的貴族連結起來，由天子以下，分成諸侯、卿大夫等級，分封統治地區，給與世襲官職，以分享剝削的權利，並以鞏固其統治。各支宗族保留有"同財共居"的習慣，共同佔有土地和人民，並共享剝削所得，作爲團結本族成員的經濟基礎。他們以嫡長子繼承制所產生的"宗子"——即宗族長，全權掌握本族經濟、政治、軍事以及宗教上的一切權力，成爲本族集中權力的首領，有管理、指揮和處罰本族成員之權，也有庇護和幫助本族成員之責；同時代表貴族統治和剝削人民，掌握國家的軍權和政權。當時國家的各級統治機構，是和各級貴族組織密切結合的。天子爲天下同姓貴族之大宗，又爲政治上的共主。諸侯爲天子所分封，在本國爲大宗，對同姓的天子爲小宗，他們以國名爲氏。卿大夫爲諸侯所分封，在本家爲大宗，對同姓的諸侯爲小宗，他們以官職、輩分等爲氏。氏就是各支宗族的名稱。同時，貴族還利用舊習慣改造和發展成爲各種"禮"，以鞏固其宗法制度，加強君權、族權、夫權和神權的統治。每個貴族男子，幼年時由父親取"名"，成年時要"結髮"和舉行"冠禮"，由貴賓取"字"，表示正式成爲貴族成員，開始有參加政治活動和統治人民的特權，從此便可男婚女嫁，負起傳宗接代的責任，取得規定的繼承權，還有參與本族祭祀的權利，並開始有服兵役的義務，負有保護貴族特權的責任。當時國家的軍隊，就是以貴族成員作爲骨幹的。

（二）國人　"國人"是天子的王城和各國國都附近"鄉"中的居民，是當時國家的自由公民性質，也是統治階級的一個階層。他們長期保留有村社平分耕地的制度，有公民的政治權利，國家遇到有危難和改立國君等大事，常徵詢他們的意見；同時有服兵役和納軍賦的義務，當時國家的軍隊主要是由成年的"國人"編制而成的，當時的軍隊編制經常是和"國人"的鄉里編制密切結合的，執政貴族很注意他們的教育和軍事訓練，除了同樣有"冠禮"、"昏禮"、"祭禮"、"喪禮"等，以加強其團結以外，還特別在"鄉"中舉行"鄉飲酒禮"和"鄉射禮"，來加強團結和加強軍事訓練。此外，更有帶有"國人"大曾性質的"大蒐禮"，在進行軍事演習的同時，執政者常把軍制的建置和變更、將帥和執政的選定、法律的制定等國家大事，在大曾上公布，以表示對"國人"政治權利的尊重。"國人"也還有被選拔爲低級官吏的權利。

（三）庶人　"庶人"也稱"庶民"、"野人"、"氓"、"鄙人"，是居於王城和國都的郊外"野"或"鄙"、"遂"的居民,也包括卿大夫采邑的居民,是當時被奴役的農業生產者。他們長期保留有村社的組織形式,被奴隸主貴族和國家官吏利用來勞動編組,作爲奴役的便利工具。有所謂井田制度,即是村社的土地制度。他們在名義上也平均分到"份地",但是實際上,所有土地,連同自己本身,都是貴族及其國家所有的財產。他們要在籍田或耡田(即被貴族和官吏佔有的原來村社的公有田)上進行集體的無償勞動,稱爲"籍"或"助","籍禮"就是監督他們從事集體勞動的儀式和制度。所耕"份地"還有賦稅的負擔,更要提供極其繁重的勞役,提供家畜和一切貴族所需的野外生產的物品。

(四)奴隸 西周時代奴隸主要來自掠奪和征服戰爭,有單身奴隸稱爲"人鬲"、"鬲"或"訊"等,有婚配成家的奴隸叫"臣",更有整個氏族或部族被作爲奴隸的。主要從事於農業、手工業和開發山澤等主要生產。他們都被留住於奴隸主貴族集中和力量強大的地區,直接被奴隸主貴族所奴役和剝削。

從上述的社會結構看來,可知中國古代社會與古代東方各國比較起來,確有許多共同的特點;同時與古代希臘、羅馬比較起來,也有一些類似的特點。

最後要聲明一下,在古史分期問題討論中,提出不同主張的學者多數是我們史學界先進的前輩,作者理論水平很低,所提出的不同意見,所提出的自己看法,可能並不確當。爲了使這個討論進一步深入,願意把不成熟的意見提出,請大家討論和指教。

1960 年 8 月 9 日《文匯報》,今大加補充和修訂

論西周時代的奴隸制生產關係

上海史學界最近對中國古史分期問題又展開了熱烈的討論。爭論的關鍵,首先在於西周的社會性質問題。目前史學界對這一問題有三種不同主張,即西周封建領主制論、西周"古代東方型"奴隸制論、西周典型奴隸制論。作者最近寫了《論中國古史分期問題討論中的三種不同主張》一文[①],對這三種主張作了簡要的比較和分析,認爲三說對中國古史研究都曾作出有益的貢獻,但都存在着問題。我們認爲,西周封建領主制論者忽視了生產力發展對生產關係變更的作用,不能確切說明新舊生產關係代謝的過程,也不能具體證明當時剝削制度和國家政權屬於封建性質,相反地,它具有奴隸制性質是很顯著的。又認爲西周"古代東方型"奴隸制論者過分強調了"村社"存在的特點,他們主張當時只有家內奴隸,主要生產者全是"村社"農民的說法,是可以商榷的。如果只有家內奴隸,沒有確立奴隸制生產關係,是不能認爲奴隸社會的,相反地,西周確有相當數量的奴隸從事主要生產。同時又認爲西周典型奴隸制論者過分把社會結構看得單純化了,他們把"庶民"和"庶人"解釋爲下等奴隸,否認"井田"是變了質的"村社"土地制度,否認有變了質的"村社"農民的存在,是不合當時實際情況的,相反地,從古文獻上記述"井田"制的內容來看,非"村社"就不能解釋;從古文獻上的"庶民"和"庶人"來看,也不能解釋爲下等奴隸。

因爲上述三說都有難通和不合實際之處,我們就提出了一種看法,認爲西周還是和殷代一樣,主導的生產關係是奴隸制,奴隸主貴族及其國家奴役着大批的生產奴隸,但由於社會發展極端不平衡,有較多地區原始"村社"殘餘形式被保存下來,被奴隸主及其國家利用、改變爲奴役和剝削的單位,使"村社"農民實質上奴隸化,和生產奴隸受到相同的奴役和壓迫。本文將根據可靠史料進一步提出論據,闡明這個主張,請大家討論和指教。

---

① 刊1960年8月9日《文匯報》。今收入本集。

一 西周的奴隸有三類,數量相當大,主要來自掠奪和征服戰爭

目前中國古史分期問題的討論中,對西周存在奴隸的看法很不一致。西周封建領主制論者認爲當時奴隸制正逐漸削弱中,已成爲殘餘形態。西周"古代東方型"奴隸制論者認爲當時只有家内奴隸,不從事主要生産,主要來源是債務奴隸。西周典型奴隸制論者認爲"人鬲"、"臣妾"、"庶民"、"庶人"全是下等的生産奴隸,數量很大,來自掠奪和征服戰爭。究竟當時奴隸是否大多是生産奴隸呢?當時奴隸制生産關係是否佔支配地位呢?當時奴隸來源主要是債務奴隸還是戰爭俘虜呢?需要我們作進一步的探討。現在我們先來探討當時奴隸的種類、數量及其來源。

西周的奴隸,主要有三大類:

(一) 第一類是單身奴隸,稱爲"人鬲"、"鬲"或"訊",以"夫"或"人"計數,是戰爭中的俘虜,如同改革前涼山彝族奴隸社曾中的"呷西"差不多。《盂鼎》記載有賞賜"人鬲自馭至于庶人六百又五十又九夫"和"人鬲千又五十夫",兩共1 709夫,《令簋》記載有賞賜"鬲百人",他們以"夫"或"人"來計數,分明是單身奴隸。郭沫若同志説:"人鬲是通過戰爭俘虜來的奴隸,是無可争議的"①,事實確是如此。當時戰爭的俘虜也或稱爲"磿",古時"磿"和"鬲"聲同通用,可知"人鬲"和"鬲"確是通過戰爭俘虜來的奴隸。爲什麼他們被稱爲"鬲"或"磿"呢?因爲他們是戰爭的俘虜,除了被强迫勞動外,不勞動時就要戴上手拷,用繩索牽着,和家畜一樣被關在監牢裏。"鬲"和"磿",就是後來所謂"櫪"。古時木製的手拷叫做"櫪撕",把俘虜、囚犯戴上手拷也叫做"歷"或"磿";古時建有木欄栅的屋子叫做"磿撕",關住家畜、俘虜、奴隸的監牢也叫做"櫪",也即後來所謂"欄",當時俘虜和奴隸的稱爲"磿"或"鬲",該就是由於他們經常帶着手拷被關在牢中的緣故②。同時戰爭的俘虜也叫做"訊",《詩經》和西周金文敘述戰果時,常提到"執訊"③,就是捉到俘虜的意思。"訊"字金文作"㗊",像人被活捉後反手被縛的樣子,吳大澂《説文古籀補》解釋説:"古訊字從系從口,執敵而訊之也。"因爲"㗊"讀"允"聲,

---

① 郭沫若:《關於中國古史研究中的兩個問題》。收入《文史論集》。
② 詳附錄《釋"臣"和"鬲"》。
③ 見《敔簋》、《師袁簋》、《虢季子白盤》、《不嬰簋》、《兮甲盤》及《大雅·文王》篇等。《小雅·出車》篇和《小雅·采芑》篇都説:"執訊獲醜",《大雅·常武》篇説:"仍執醜虜","醜"也是俘虜和奴隸的名稱。

"允"和"凡"聲近,後人又寫作"訊"字。《師詢簋》説賞賜有"尸(夷)允(當從郭沫若讀作"訊")三百人",因爲"訊"也是俘虜的單身漢,所以也以"人"計數。所謂"夷訊",當是在征伐夷族戰爭中俘來的。

(二)第二類是婚配成家的奴隸,叫做"臣",以"家"計數,如同改革前涼山彝族奴隸社會中的"瓦加"差不多。該是俘虜時把他們全家俘來的,或者是爲了減省養活奴隸費用和生長下一代奴隸,才把他們婚配成家的。當時周王和大貴族把"臣"賞給臣下,有"臣五家"、"臣十家"、"臣卅家"等,更有多到"臣二百家"的。有稱"尸(夷)臣十家"的,因爲他們原是被俘的夷族人或其後代。有稱"者䘏臣二百家"的,"者䘏"當是一種夷戎部落名稱①。

(三)第三類是把整個氏族或部族作爲奴隸。《井(邢)侯簋》説:"易(賜)臣三品:州人、重人、墉人。"所謂"臣三品",當是西周所滅亡的三個氏族或部落,全部被當作了奴隸,"州人"等當是他們原來氏族或部落的名稱。《大克鼎》記載賞賜有"井(邢)、𧊴、𢆶人"和"井(邢)人奔於糞",也該是這類奴隸。

從上述情況看來,三類奴隸的主要來源是依靠掠奪和征服的戰爭,是無疑的。西周在戰爭中很重視捕捉俘虜,所有西周文獻敍述到戰功時,没有不談到"執訊"和"俘人"的,因爲西周重視戰俘,還有獻俘典禮。《小盂鼎》記載盂奉命征伐鬼方,第一次捉到"酋"(酉)2 人、獲得"馘"(戰爭中殺傷的俘虜)4 812 人、俘得"人"(戰勝後俘得敵國人民)13 081 人、馬若干匹、車 30 輛、牛 355 頭、羊 38 頭,第二次又捉到"酋"1 人、獲得"馘"237 人、俘得"人"若干人、馬 104 匹、車 100 多輛,接着盂就獻俘給周王,有一套獻俘的典禮。《敔簋》也説敔奉命出擊淮夷,結果"𢦏(截)首百,執訊卌,奪孚(俘)人四百",接着就向周王"告禽(擒):馘百、訊卌"。這種制度到春秋時代也還沿用,例如公元前 594 年和 593 年晉國滅了赤翟的潞氏、甲氏、留吁,曾兩度"獻翟俘於周"。他們所以曾如此重視戰爭中捕捉俘虜,並有隆重的獻俘典禮,因爲這是他們的奴隸的主要來源。上述三類奴隸,到春秋時代也都還存在。例如晉國在滅赤翟的潞氏後,曾賞給荀林父"翟臣千室";齊國在滅萊夷後,也曾賞給叔夷"釐(即萊)僕三百又五家"。整個宗族被滅亡爲奴隸的,在春秋時也不少,有不少卿大夫的宗族在火併中被滅亡後就降爲奴隸,《國語·周語下》記述周太子晉的話,曾指出這種情況説:"人夷其宗廟,火焚其彝

---

① 見《不𡢁簋》、《令簋》、《耳尊》、《令尊》、《甗簋》等。"者䘏臣二百家"見《麥尊》,以《叔夷鐘》所説"釐(萊)僕三百又五十家"比較,可知"者䘏"是夷族名稱。

器,子孫爲隸,不夷於民。"就晉國來看,到晉平公時,欒、郤、胥、原、狐、續、慶、伯八個宗族都已"降在皂隸"。

　　西周上述三類奴隸的數量是相當大的,例如盂在征伐鬼方的一次戰爭中就俘得 13 081 人,這些人被俘後當然被作爲奴隸了。又如周王賞給盂的"人鬲",一次就有兩批,兩共 1 709 人。又如《宜侯矢簋》説:"易(賜)才(在)宜王人△有七△,易(賜)奠七白(伯),厥△△又五十夫,易(賜)宜庶人六百又△六夫。"這些以"夫"計的人,也該是"人鬲"一類的。這兒所謂"庶人",即是《孟鼎》"人鬲自御至于庶人"的"庶人","庶人"和"王人"都是指他們被俘前的身份,因爲這時已被俘來作爲"人鬲",所以用"夫"來計數。當時大貴族賞給臣下的"臣"的家數,以"十家"較多,有多到"二百家"的,可知這類成家的奴隸也不在少數。《井(邢)侯簋》和《大克鼎》都記述一次賞給的氏族或部族的奴隸有"三品",可知這類奴隸也不少。現在我們所能看到的西周有關奴隸的資料,只是零星出土的銅器的銘文,是一鱗片爪的,已無法看到全貌,但已經可以清楚地看出,當時奴隸主貴族佔有奴隸的數量是相當大的,就數字來看,西周奴隸制的發展程度已遠遠超過改革前涼山彝族奴隸社曾。在改革前的涼山彝族奴隸社曾中,奴隸主貴族平均每家只佔有單身奴隸二三人和成家奴隸四、五户。

　　當時奴隸主要是戰爭中掠奪來的,有相當大的數量,因而在交換中價格是很低廉的。據《曶鼎》記載,當時七塊"田"和五個奴隸,只能抵償"禾十秭",就是收割下來的"禾"二千"秉"("秉"就是收割時連同禾梗在内的一把)。當時五個奴隸的身價,只值"金"一百"寽",或者相當於一匹馬和一束絲。那麽,每個奴隸只值二十"寽",古時一"寽"重半兩,二十"寽"即相當於戰國時魏的"當寽"布幣二十枚[①]。同時以奴隸和馬來比較,每個奴隸的身價只不過好馬的四五分之一。這種人比馬賤的情況,在解放前的涼山彝族奴隸社曾中也能看到,那裏一個成年

[①] 關於寽的重量有兩説,一説"百寽重三斤",每寽重十一銖二十五分銖之十三,見《説文》和《周禮·職金》疏引古尚書説。一説"二十兩爲三寽",每寽重六兩大半兩,見《説文》和《周禮·職金》疏引夏侯陽説。徐灝《説文解字注箋》認爲:十一銖有奇爲一寽,"其數奇零,非立名之法,疑當爲十二銖"。"兩之爲兩鋝,即半兩十二銖也。蓋百鋝凡三斤二兩,一鋝重十二銖,或舉其成數三斤,故百分之而成十一銖有奇耳"。這個推斷很有見解。作爲貨幣重量單位的"寽",確應重半兩。戰國時魏的布幣即以寽爲重量單位,而秦的圓錢作半兩,半兩即是一寽。《淮南子·天文》篇説:"十二銖而當半兩,衡有左右,因倍之,故二十四銖爲一兩。"可知古代的衡(天平)確以十二銖爲單位,亦即以寽爲單位,"衡有左右,因倍之",故兩寽爲一兩。由於秦以兩、銖爲單位,廢除了兩、銖之間的寽,改稱寽爲半兩,後人就再不清楚寽的重量了。戰國時魏國有四種布幣,都以寽爲重量單位,其中"梁正尚金尚(當)寽"一種,比較重,可能鑄造較早,最重的在 16、17 克左右。參見王毓銓《我國古代貨幣的起源和發展》第四章《布錢下》。

"呷西"的身價不超過好馬的十分之一。

根據上面的論述,可知西周的奴隸有三大類,有相當大的數量,主要來自掠奪和征服戰爭,在交換中價格很低廉。西周"古代東方型"奴隸制論者認爲當時奴隸數量不多,主要來源是債務奴隸,價格不很低廉,是不合實際的。這種情況,和我國四川、雲南等省在解放前彝族中所保存的奴隸制很類似。據調查,涼山彝族奴隸社會中奴隸的主要來源是掠奪外族人民。從近年雲南晉寧石寨山出土的戰國、西漢間彝族奴隸社會的文物來看,也是如此。所出土的奴隸主監督奴隸織布的模型,奴隸主都是本族人,髮往後梳,在頸後結成銀錠髻,而奴隸全是異族人,梳螺髻,披羊皮①。

二　西周的奴隸從事於農業、手工業和開發山澤等主要生產

接着就想進一步探討西周這樣大量的奴隸,是否從事主要生產?因爲這關係到是否能構成奴隸制生產關係的問題。

《盂鼎》曾記載周王一次賞給盂兩批"人鬲",共 1 709 人,看來不可能全是家内奴隸而不從事主要生產。李亞農同志説:"我們要請問這位盂先生把將近兩千的奴隸擱在家裏做什麽?家内那有許多工作來給這些奴隸做?讓他們游手好閒地吃白飯麽?這不大合理。何況銘文上寫得很清楚,這將近兩千奴隸是跟疆土同時賞賜的,難道不十分明白嗎?這些奴隸是耕田種地的,他們是農業生產的直接擔當者"②。這話很對。前面我們已經證明,這 1 709 位"人鬲"原來全是戰場上的俘虜,處於敵對的地位,勞動時就需要很大的監督力量,不勞動時要戴上手拷關在牢裏,如何能全數用來充當家内奴隸呢?

我們説西周奴隸從事農業生產,還有確切的證據。當時國王賞給臣下的土地,主要有兩大類:一類叫做"土"、"采"、"邑"、"里","土"和"采"的範圍大,可以包括若干"邑"和"里",這類土地賞賜時是連同居民在内的,國王有時可以收回來改賞他人。這在西周金文中有明證。另一類土地叫做"田",一般都以"田"爲單位,稱爲"一田"、"十田"、"五十田"等。不但周王用來分賞臣下,大貴族也有用來分賞臣下的。分賞時"田"上都不附帶有居民,偶或有連帶"臣妾"的。這類"田"的性質不同於"邑"和"里",貴族間可以轉讓、交換和作賠償之用,其中比較大塊

---

① 《文物》1959 年第 5 期,雲南省博物館:《晉寧石寨山出土有關奴隸社會的文物》。
② 李亞農:《欣然齋史論集》上海人民出版社版,662—663 頁。

的"田",也有不以"田"作單位計數,而以封疆爲界的。在這類可以轉讓、交換和作賠償用的"田"上,同樣不附帶有居民。《格伯簋》記述格伯以良馬四匹交換得"卅田"後,曾親自踏查田的疆界,而不見點查耕作者。《散氏盤》銘文是矢國把"田"轉交給散國的一件契約,契約上詳細記載了這塊"田"的封疆,記載了雙方派員勘定疆界和點交經過,點交方面的田官還立了誓,除了點交"濕田、壯田"以外,還點交了"田器"(田上附屬器物),又轉交了"圖"("田"的地圖),獨没有談到耕作的人。《曶鼎》記述匡季先用"五田"和四個奴隸來賠償"禾十秭",曶不答應,再次控告到東宫,接着匡季加賠了"二田"和奴隸"二夫",共賠給"田七田、人五夫"了事。由此可見,這類"田"上不附着居民,轉讓時不附帶有耕作者,用來抵償時"田"和奴隸是要分别計數的。這類不附帶有耕作者的"田",原來由誰耕作的呢?貴族在轉讓或交换中得到後使用誰耕作呢?無疑的,是使用奴隸耕作的,如同改革前涼山彝族奴隸社曾中的"娃子耕作地"一樣。因爲這類"田"和奴隸同樣是奴隸主貴族完全佔有的,同樣被看做一種物件可任意處理的,奴隸並不附着於土地上,因此奴隸主在"田"的轉讓和交换時只作一種物件來處理,不附帶有任何耕作者。《曶鼎》記述匡季賠償"禾十秭"時,用"田"和奴隸一起賠償,《不嬰簋》記述伯氏賞給他"臣五家,田十田",以"臣"和"田"一起賞賜,該就是因爲這類"田"是使用奴隸耕作的。《大克鼎》説:

易(賜)女(汝)田于埜,易(賜)女(汝)田于渒,易(賜)女(汝)井(邢)家㯱田于畍,以(與)厥臣妾,易(賜)女(汝)田于康,易(賜)女(汝)田于匽,易(賜)女(汝)田于陣原,易(賜)女(汝)田于寒山。……易(賜)女(汝)井(邢)、㝨、㯱人,鞖易(賜)女(汝)井(邢)人奔于暠。

這裏值得注意的是:周王賞賜給克許多地方的"田"中,只有在畍的"邢家㯱田"上是"與厥臣妾"的。可知一般賞"田"上不附帶有人,只有這塊"田"上連帶有"臣妾",因而特爲説明。爲什麼獨有這塊賞"田"上曾連帶有"臣妾"呢?看來是有特殊原因的,這塊在畍的"㯱田"原來屬於"邢家"貴族的,這時不知爲了怎樣一件事,"邢家"貴族被滅亡了。這塊田,原來"邢家"是使用"臣妾"耕作的,這時周王一起没收來了,因而賞給克的時候,獨有這塊田是"與厥臣妾"的。更值得注意的是:周王在賞給克這麼許多"田"的同時,賞給了克"井(邢)、㝨、㯱人",這三批氏族或部族奴隸,該就是給克在許多"田"上充當農業奴隸的。其實,西周有大量農業奴隸是不足怪的,在西周之前的殷代,已使用俘虜來的羌人耕作,在甲骨文上有明文記載,在西周之後的春秋時代也還有農業奴隸,叫做"隸農",《國語‧晉語一》記述郭偃説:"其猶隸農也,雖穫沃田而勤易之,將不克饗,爲人而已。"

西周的奴隸從事於手工業生產是很顯著的。《伊簋》記述周王叫"命尹"(官名)命令伊掌管"康宫"的"王臣妾百工",該即王所有的"臣妾百工"居住在"康宫"的,其中"百工"當爲各種手工業奴隸。《師嫠簋》記載伯龢父命令他掌管伯龢父家"西偏、東偏"的"僕御、百工、牧、臣妾",該即伯龢父所有的"僕御、百工、牧、臣妾"居住在"西偏"和"東偏"的,其中"僕御"該是管理車馬與駕御的家内奴隸,"牧"即從事畜牧的奴隸,"百工"即各種手工業奴隸。由此可見,在西周大貴族所有的奴隸中是有分工的,除了"臣妾"大多作爲農業奴隸以外,還有稱爲"僕御"的家内奴隸,稱爲"牧"的畜牧奴隸,稱爲"百工"的手工業奴隸,是被集中在某些地方,派有專職官員來管理的。西周的各種主要手工業如冶銅、製造骨器和玉器、紡織等,都是使用奴隸勞動的,這在西周以前的殷代和以後的春秋時代都是如此。我們只要看西周製作的大銅器如《盂鼎》、《大克鼎》、《散氏盤》、《虢季子白盤》等,製作得那麼雄偉和精致,就可想見當時冶銅手工業的奴隸作坊規模的巨大,其中使用的奴隸一定很多。所有考古出土和博物館所陳列的西周的各種手工業品和工藝品,全是出於當時奴隸之手,奴隸是我國古代物質財富和物質文化的主要創造者。

當時手工業奴隸中,也有婚配成家的,有個特殊名稱叫做"貯"。"貯"原是積貯財富的意思①,也用來指實用的財物。《頌鼎》説:"王曰:頌,今(命)女(汝)官司成周貯廿家,監司新造貯,用宫御。"這是説:周王命令頌掌管居住在成周的"貯廿家",監督管理新造出來的"貯",以供王宫中應用。該是由於這種手工業奴隸是專門替貴族製造"貯"(實用財物)的,同時這種奴隸本身就是奴隸主貴族的財產,因而"貯"就成爲他們的專門名稱。

西周的奴隸也被大量使用於山林川澤的開發。從西周後期起,由於勞動工具的改進,勞動人民生產技能的提高,開發山林川澤的能力比前增加,國王和大貴族都設置有場、林、虞、牧等官,圈佔原來公共的山林川澤之地,迫使奴隸加以開發。周厲王任用榮夷公實行所謂"專利",就是這種措施的進一步擴大,古人所

---

① 例如《它簋》(或稱《沈子簋》),説他用"貯積"來製作這銅器。

謂"專利"向來是指山川之利的①。《同簋》說：周王命令一個叫同的貴族，幫助吳大父管理場、林、虞、牧等官，"自淲東至于河，厥逆(朔)至于玄水"，所記的就是圈佔山林川澤的事。這種圈佔的山林川澤之地是迫使奴隸來開發的，到春秋時代各國還是如此，所謂"若夫山林川澤之實，器用之資，皂隸之事，官司之守"②。當時不僅周王設置有場、林、虞、牧等官，迫使奴隸從事山林川澤的開發，許多大貴族也是如此。例如《散氏盤》記述矢氏派出勘定"田"的疆界的十五個官吏中，就有"豆人"的"虞"和"彔"（麓）以及"原人"的"虞"，他們都是掌管開發山林川澤的官。

我們列舉了上述許多事實，可以清楚地看到西周有相當大量的奴隸，從事於農業、手工業和開發山林川澤等主要生產。因此就得肯定當時的生產關係還是奴隸制。

三 保留有"村社"殘餘形態的"井田"單位——"邑"和"里"，實質上已成爲被奴役、榨取的單位，居民已成爲一種集體奴隸

前節已經證明，西周的生產關係基本上是奴隸制，奴隸主貴族及其國家奴役着大批生產奴隸，奴隸的來源是依靠戰爭。他們不僅把俘虜作爲奴隸，也還把征服的氏族或部族充當奴隸。是不是西周把征服的各地居民全部改變爲前節所說各種生產奴隸呢？看來不是的。春秋時代處理滅亡的國家或氏族的辦法有三種，公元前597年楚軍攻入鄭國，鄭襄公袒着衣，牽着羊，出來投降，請求說："其俘諸江南，以實海濱，亦唯命；其翦以賜諸侯，使臣妾之，亦唯命；若惠顧前好，……使改事君，夷於九縣，君之惠也。"③這裏共提出了處理滅亡國家的三個方案，該是在這以前經常採用的。一個辦法是全部俘虜去分賞給諸侯當奴隸，即所謂"使臣妾之"；一個辦法是把征服的居民遷到需要充實的地方，加以奴役和剝削，即所謂"以實海濱"；另一個最輕的處理辦法是原封不動，保存原來的居住和生產組織情況，就地加以奴役和剝削，即所謂"使改事君"。當然，"夷於九縣"的辦法在西周時還沒有，但是，看來這三種辦法在春秋以前都已經常應用。"使臣妾之"的辦法，即前節所謂第三類奴隸。把滅亡國家的居民遷移到需要充實地方

---

① 《晏子春秋》卷三說："山林陂澤，不專其利。"
② 《左傳》隱公五年臧僖伯語。
③ 《左傳》宣公十二年。

去奴役和剝削的辦法，西周也常應用。例如《左傳》定公四年説：周初分封魯國時，曾分給"殷民六族"，"使帥其宗氏，輯其分族，將其類醜（按'醜'爲奴隸）"，遷到魯國，"是使之職事於魯"，就是這種辦法。至於使征服的居民保留原來生産組織"使改事君"的辦法，也是西周比較普遍應用的，我們想比較詳細的加以説明。

《左傳》定公四年説：周初分封魯國，在分給"殷民六族"的同時，還曾"分之土田陪敦"，使"因商奄之民"。所謂"土田倍敦"，就起"土田附庸"①，"倍"和"附"古聲同通用，"敦"因古字和"庸"相近，是讀了別字。什麼叫"土田附庸"呢？從新出土的《詢簋》銘文"商（嫡）官司邑人，先虎臣後庸"的話看來，"庸"是一種低於"虎臣"的人。"土田附庸"就是説在這些"土田"上"附"有作爲"庸"的人，以區別没有"附庸"而使用奴隸耕作的"土田"。《左傳》説魯國"因商奄之民"，"商民"是指遷去的"殷民六族"，"奄民"就是指"土田附庸"，因魯的封地原是奄的土地，這時奄被征服，土著居民就成爲魯所有"土田"上的"附庸"了。《大雅・崧高》篇記述周宣王分封申伯的情況説："王命申伯，式是南邦，因是謝人，以作爾庸。"所謂"因是謝人"，如同《左傳》所謂"因商奄之民"；所謂"作庸"，就是説原來土著的"謝人"，這時作爲申伯的"土田附庸"了。爲什麽要叫做"庸"呢？"庸"就是一種"附"着於"土田"的被奴役、剥削者。《大雅・韓奕》篇記述周宣王把北方的追族貊族賜給韓侯的情況説：

> 溥彼韓城，燕師所完，以先祖受命，因時（是）百蠻。王錫韓侯，其追其貊，奄有北國，因以爲伯。實墉實壑，實畝實籍，獻其貔皮，赤豹黄羆。

所謂"因時（是）百蠻"，如同"因商奄之民"和"因是謝人"。所謂"實墉實壑，實畝實籍，獻其貔皮，赤豹黄羆"，就是作爲"土田"上附着的"庸"的主要負擔，也就是要從事工程勞役和農業勞役，並要貢納生産物。《五年召伯虎簋》記述君氏之命説：

> 余老（考）止公僕墉（庸）土田，多誎（賡），弋（必）白（伯）氏從（縱）許。

這裏的"僕庸土田"，也即"土田附庸"，古"僕"和"附"聲同通用。該是這時止公

---

① 《魯頌・閟宮》篇記述分封魯國情況也説："乃命魯公，俾侯于東，錫之山川，土田附庸。"

"土田"上作爲"附庸"的居民,有抗交貢納的事情發生,所以君氏要說這些"附庸土田多債"了。前面我們講到,西周國王分賜給臣下的土地,有一類是"土"、"采"、"邑"、"里","土""采"的範圍較大,可以包括若干"邑"和"里",是土地連同居民一起分賞的,該即屬於"土田附庸"一類的。例如《中方鼎》說:因爲"裒人"臣服於周武王,周王把"裒土"賞給了中,作爲中的"采"地。很明顯,這種所謂"采"是把土地連同人民一起賞賜的。《融從盨》曾詳細記述周王賞給十三個邑的經過。郭沫若同志說:"言邑,則邑人當自在其中"①,這話很對。《召卣》(圓筒形器)說:"賞畢土方五十里。"這樣以"方里"來計算的"土"的賞賜,該是連同居民在內的。《趞鼎》說"易(錫)趞采曰埶"。這裏,周天子以"采"賞給趞,也該和《中方鼎》所載周天子以"裒土"賞給中差不多,連同居民在內的。《人保簋》載:"易(錫)休栝土。"這個"栝土"的賞賜,也該和"裒土"的賞賜差不多,連同居民在內的。《大簋》記載:周天子把原來賞給豑斝的"里",改賞給大。周天子先命令善夫(官名)豕通知豑斝,豑斝表示同意,於是由豕和豑斝加以執行。這兒所賞的"里",該如同賞"邑"一樣,是包括居民在內的。《宜侯矢簋》載:

　　易(錫)土:厥川三百△,厥△百又△,厥△邑卅又五,△△百又卌。易(錫)才(在)宜王人△(十)有七△,易(錫)奠七白(伯),厥△△又五十夫。易(錫)宜庶人六百又△六夫。

這樣把"錫土"和"錫人"分開,是不是所賜的邑就不包括居民呢?看來不是的。在這樣一大塊土地的賞賜中,勞動生產者決不曾只有這樣一些以"夫"來計數的單身漢。

　　中國古代實際上長期處於不統一狀態,又由於中國土地廣大,各地社會經濟的發展極端不平衡,到春秋時代中原地區還多分布夷戎部落。在奴隸主國家(包括殷代和西周)征服各地的過程中,必然曾遇到很多具有一定生產水平而保存有"村社"組織的地區,在當時把土地連同居民一起分封時,由於生產力水平比較低下,奴隸主貴族監督生產能力不夠強大,不可能一下子建立很多大農場和手工業作坊,把他們集中起來改變爲奴隸,原來的"村社"也不可能完全破壞,因而自然地曾保存原有"村社"的殘餘形式,使它變質,成爲一種便於奴役和剝削的單位。

---

① 郭沫若:《兩周金文辭大系考釋》125頁。

很顯然，中國奴隸制社會曾同樣有"古代東方型"保留有"村社"殘餘形態的特點。從古文獻上記載的"井田"制度來看，春秋以前確實有不少地區保存有"村社"的一些舊制度和舊習慣，如平均分配耕作的"份地"制度，所謂每家"私田"百畝；又如按年齡受田和歸田制度，《漢書·食貨志》所謂"民年二十受田，六十歸田"；又如定期平均分配更換"份地"制度，《公羊傳》宣公十五年何休注所謂"三年一換土易居"；又如"村社"由長老管理的制度，到春秋以後還有所謂"三老"；有的已固定分配份地由自己輪流休耕，《漢書·食貨志》所謂"三年更耕之，自爰其處"；當時稱爲"庶民"、"庶人"的"村社"農民的主要財富是家畜，《禮記·曲禮下》所謂"問庶人之富，數畜以對"。所有這些，都不能不使我們確認中國古代有"村社"的殘餘形態存在①。但是必須指出，這已不是原始的"村社"性質，它在奴隸主貴族的奴役剝削和壓迫下，早已變了質，成爲奴隸主及其國家進行奴役剝削的一種單位。奴隸主貴族及其國家早已把"村社"原來的"公田"改變成貴族的"籍田"，並大加擴充，甚至圈佔山林川澤之地，"村社"農民僅保留虛有其名的土地定期平均分配制度。奴隸主貴族利用"村社"的組織形式，加以勞動編組，迫使農民共同擔負如同奴隸一樣的繁重勞役，並貢納生產物。奴隸主國家以高居於"村社"之上的最高所有者的資格出現，實質上代表奴隸主階級對勞動人民進行着專制的統治。原來"村社"的"三老"，表面上還是"村社"的代表者，實質上已成爲奴隸主貴族的下級官吏。原來的"村社"農民名義上保存有"村社"的殘餘形態，保存有"井田"制度，實質上已被集體奴隸化，和奴隸受到同樣的鞭策和奴役。

這時保留有"村社"殘餘形態(即"井田"制度)的單位，無論稱爲"邑"或"里"，實質上已轉化爲被奴役、榨取的單位。郭沫若同志認爲"井田"是榨取奴隸勞力的工作單位，又是賞賜奴隸管理者的報酬單位，應該是對的，但不能否認這些單位中保留有"村社"殘餘形態。因爲奴隸主國家在征服保存有"村社"組織的部族後，就是利用這些原始"村社"的組織形式加以勞動編組，使他們成爲被奴役、榨取單位的，因而在他們内部還保存有"村社"殘餘形態。過去主張西周"古代東方型"奴隸制論者，認爲"邑"和"里"是"村社"組織的單位而不是奴隸集中地，而反對者又認爲這是奴隸集中地而不是"村社"組織單位，我們認爲這兩種説法都還看得不夠全面，"邑"和"里"實質上是保留有"村社"殘餘組織形式的被奴役的單位。郭沫若和李亞農同志認爲中國古代存在着種族奴隸制或集體奴隸制，我們

---

① 參看拙作《試論中國古代的井田制度和村社組織》，今收入本集。

也認爲是對的。當時耕種"井田"的"庶民"或"庶人",實質就是一種保留有"村社"殘餘形態的種族奴隸或集體奴隸。他們和改革前的凉山彝族奴隸社曾中人數最多的"曲諾"有相類之處,據研究,彝族奴隸社曾中這種黑彝奴隸主貴族對"曲諾"的奴役關係,是在唐代由於黑彝的祖先"盧鹿"征服"白蠻"農業部落後逐漸形成的,同時也是當時當地的生產力發展水平所決定的。"曲諾"和古代的"庶民"不同的,只是"曲諾"沒有保留"村社"殘餘形態,而保留有"家支"(氏族組織的殘餘)組織[1]。當時保存有"村社"殘餘形態的"庶民"或"庶人",雖然身份等級要比奴隸高,奴隸主不能加以買賣和任意屠殺,他們不但有家,還有一些工具和家畜等財產,但是他們人身受到嚴重的束縛,不能自由遷居,貴族可以隨同土田作爲一個單位來分賞給臣下,實質上他們的人身權利已被剝奪,已成爲奴隸主所有的一種集體奴隸,和土地同樣成爲奴隸主佔有和爭奪的一種財物。所以《大雅·瞻卬》說:"人有土田,女(汝)反有之;人有民人,女(汝)復奪之。"

過去原始"村社"的"公田",是農民的公共土地,這時已被貴族佔有,作爲"籍田"。周王的"籍田"是任命"司土"掌管的,《𢦏簋》說:"𢦏,令(命)女(汝)作司土,官司籍田。"過去"村社"的"公田"上共同耕作所得,是作爲祭祀、救荒等公共開支的,這時貴族迫使農民集體耕作"籍田",名義上還說是爲了祭祀等公共開支,周王把自己的"籍田"稱爲"帝籍田",把自己的糧倉稱爲"神倉",說是爲了祭祀上帝,爲了"求福"才"用民"的。同時還保存着"村社"集體耕種"公田"時由長老帶頭親耕的習慣,有所謂"籍禮",由天子在農耕前舉行親耕儀式,外表上表示他是"村社"的最高共同體的代表者,實質上是代表奴隸主階級監督"庶人"進行集體的無償勞動。不僅當時國王迫使農民在"籍田"上無償勞動,剝削農民的勞力,所有貴族都是如此。參看拙作《籍禮新探》。

那麼,是不是可以把這樣對"村社"農民的奴役和剝削,看作封建剝削呢?是不是可以認爲"村社"農民處於這樣的奴役和剝削之下是農奴呢?不可以,這和封建剝削有着本質的區別,也不能認爲當時農民本質上已農奴化。當時各家奴

---

[1] 詳《教學與研究》1956年第8、9期合刊,胡慶鈞:《凉山彝族的奴隸制度》。在我國兄弟民族的奴隸社曾中,勞動、生產者所保留原始的社曾殘餘形態是不一致的。據樊綽《蠻書》記載,唐代雲南由烏蠻"蒙舍詔"部落征服"白蠻"所建立的奴隸制國家"南詔",被奴役的農業生產者也都有家。當時"南詔"統治者派"蠻官"普遍監督生產,"收刈已畢,蠻官據佃人家口數目,支給禾稻,其餘悉輸官"。在晉寧石寨山出土的戰國、西漢間彝族奴隸社曾的文物中,有一件貯貝器上陰刻有"領口糧圖",圖上刻着每人領一小包口糧,正離開倉庫成隊出去。可能他們還保留着家長制大家庭公社的殘餘形式,生產全是共同進行的,還沒有份地的分配制度,被分配的只有口糧。

隸主貴族的"籍田"雖然不止一處,周天子的"籍田"也不止一處,《令鼎》說:"王大耤農於諆田","諆田"當即周王的"籍田"之一。但規模比較巨大,同時奴隸主已把奴役農業奴隸的一套手段運用到"籍田"上,對待"村社"農民如同奴隸一樣的殘暴。當時奴隸勞動有兩個特點:一是由於大批奴隸集中在奴隸主國家和奴隸主貴族手中,往往大規模的利用簡單勞動協作,集中很多奴隸一起勞動;一是由於奴隸和奴隸主的對立性很大,奴隸主採用最殘暴的手段監督強迫奴隸勞動,不時加以鞭策,稍不如意就施以酷刑。這時由於貴族把這種奴役奴隸的辦法強加到"村社"農民身上,"籍田"的規模已擴充得很大,要調集遠近各地的農民前來集體耕作,孔子曾說:"先王制田,籍田以力,而砥(平)其遠邇(近)"①。同時規定在一定地區內所有各地農民都必須參加,所以國家統計人口,只要在"籍田"上統計,所謂"王治農於籍","耨穫亦於籍","皆所以習民數也"②。因此在"籍田"上集體耕作的農民,數量眾多,和農業奴隸集體耕作的情況差不多。《周頌》的《載芟》篇,據《詩序》說是"春籍田而祈社稷也",那裏就有"千耦其耘"(成千對人集體耘田)的大場面。農民在"籍田"上的集體耕作,是在許多奴隸主貴族的嚴厲監督下進行的。國王的"籍田"上就有國王親自帶了大官在那裏監督巡查,還有叫做"稷"的農官發布命令說:"土不備墾,辟在司寇。"③"司寇"是當時掌管偵察、刑罰和監獄的官,主要職責在於維護奴隸主階級的統治和剝削,鎮壓人民對奴隸主階級的反抗,他是奴隸主階級的劊子手,這時就成為農業勞動的主要督責者,如果農民稍有怠慢和疏忽,所謂"土不備墾",就要被他施以殘暴的刑罰,所謂"辟在司寇"。很顯然,這樣比較大規模的強迫農業勞役的辦法,是奴隸制的剝削方式,與封建主剝削勞役地租的辦法是有區別的。

當時奴隸主貴族,不但把強迫農業奴隸耕作的一套辦法,運用到了"籍田"上來奴役農民,還把強迫奴隸各種勞役的辦法推行到農民中去,被奴役的農民同樣以"夫"來計數,孔子所謂"任力以夫,而議其老幼"。而且還把奴役手工業奴隸的一套辦法用來奴役農民,因為原來"村社"農民是以農業和手工業生產相結合的。前面我們談過,西周有一種婚配成家的手工業奴隸叫做"貯",是專門製造"貯"(實用財物)來供貴族享用的。這時奴隸主也同樣要向農民徵收一種財物稅,叫做"貯"。周宣王曾告誡毛公說:"勿雍律(累)庶民,貯,母(毋)敢靠橐,靠橐迺

---

① 見《國語‧魯語下》。
② 《國語‧周語上》。
③ 《國語‧周語上》。

(乃)敄(侮)鰥寡"①,周宣王如此告誡臣下,教他們不要過分累害庶民,在徵收"貯"的時候不要飽入私囊,不要欺侮鰥夫寡婦,反映了當時貴族在徵收"貯"時敲詐勒索的嚴重。究竟所謂"貯"是徵收些什麼呢?主要是農民的農業和手工業產品。即孔子所謂"賦里以入,而量其有無"。這種徵收辦法曾一直沿用到春秋時代,《左傳》襄公三十年記述子產執政時,"輿人"說:"取我衣冠而褚之,取我田疇而伍之","褚"就是"貯"的假借字,《呂氏春秋·樂成》篇就引作"我有田疇,子產賦之,我有衣冠,子產貯之"。可知衣冠之類都要作爲"貯",在徵收之列。這時奴隸主貴族對農民奴役和剝削,主要是工程和農業上的無償勞動和農業、手工業生產品,就是"力"和"貯"。到有軍事行動時還要攤派到軍事費用,孔子所謂"有軍旅之出則徵之,無則已"。

奴隸主貴族還曾把這種奴役、剝削辦法,推行到被他們征服的夷戎部落中去,通過夷戎部落的酋長對夷戎部落人民加以奴役和剝削。西周國王不但時常征伐夷戎部落,捕捉俘虜充當奴隸,在戰勝夷戎部落後,還要迫使他們整個部落成爲"貟晦臣",不但要貢納"其貟、其責(積)",還要"進人"(進貢奴役勞動者)和貢獻"貯","進人"要送到一定的服役地點,"貯"要送到一定的積貯地點,如果稍有怠慢,就要受到殘暴的征伐。周宣王時製作的《兮甲盤》說:

> 王令(命)甲(按即兮甲)政(征)嗣(司)成周四方責,至于南淮尸(夷),淮尸(夷)舊我貟晦(賄)人,母(毋)敢不出其貟、其責(積)。其進人、其貯,母(毋)敢不即餗(次)、即㟏(寺)。敢不用令(命),則即井(刑)屢(撲)伐。

這使我們瞭解到:(一)南淮夷早被西周征服,成爲西周的"貟晦(賄)人",即《師寰簋》所說"貟晦(賄)臣"。凡經西周征服而成爲"貟晦臣"的部族,都需要向西周貢獻人力和物力。(二)貢獻的人力和物力,有奴役勞動者,即所謂"進人";有生產的各種財物,所謂"責"(積)和"貯","進人"要送到服役地點,即"次";納"貯"要送到積貯處所,即"寺"。(三)如不遵守這種規定,不履行這種強加的責任,立刻要受到征伐。所謂"征司四方責",就是迫使四方部族履行其責任。"責"、"積"、"債"古本一字,在當時剝削者看來,被剝削者提供積貯是應盡的責任,也就是被剝削者所欠的債。(四)成周是西周"征司四方責"的中心地點之一,它一直要征

---

① 見《毛公鼎》。詳郭沫若:《兩周金文辭大系考釋》135,138頁。

到南淮夷。周宣王時製作的《師寰盤》又說：

> 王若曰：師寰叕（父），淮尸（夷）繇（舊）我𪨶畮（賄）臣，今敢博（搏）厥衆叚（暇），反厥工吏，弗速（積）我東𢦏（國）。今余肇令（命）女（汝）……正（征）淮尸（夷），即𧶲厥邦嘼（酋）……

這裏說：這時淮夷的"邦酋"迫使他所派來的"衆"暇着不作工（即怠工），反叛西周監督勞動的"工吏"，又不把"積"送到"東國"（即東部地區），違反了做"𪨶畮臣"應盡之責，因此周宣王命令師寰統率將士征伐淮夷，討伐其"邦酋"。西周奴隸主國家就是這樣運用暴力來迫使周圍部族提供人力和物資的。《兮甲盤》又說：

> 其隹（唯）我者（諸）灰（侯）百生（姓），厥貯母（毋）不即㱿（寺），母（毋）敢或入繺（蠻）宎（宄）貯，則亦井（刑）。

這裏所說的"蠻"，即指四周的夷戎部族，《虢季子白盤》把征伐嚴允稱爲"用征蠻方"，可證。所謂"入蠻宄貯"，就是說進入夷戎部族敲詐勒索"貯"。這時周宣王發布命令說：諸侯百姓（即貴族）經手收到的"貯"必須送到國家的"寺"（積貯的官署），不能進入夷戎部族敲詐勒索"貯"，否則要處刑。可知這時西周奴隸主貴族對征服的夷戎部族敲詐勒索非常厲害。很清楚的，西周奴隸主貴族及其國家，不但把一套奴役農業奴隸和手工業奴隸的辦法，推行到原來保存有"村社"殘餘形式的農民中去，使原來的"村社"轉化爲被奴役、剥削的單位，使農民集體奴隸化，同時還把這套辦法推行到征服的夷戎部落中去，對夷戎部落人民加以奴役。

西周的主要軍隊是三支駐屯軍，分駐在宗周、成周、殷（即衛）三地，即"西六𠂤"、"成周八𠂤"和"殷八𠂤"，就是用來統治、奴役國內人民和征伐、奴役四周夷戎部落，執行奴隸主階級這種奴役人民的政策的。《競卣》說："隹（唯）白（伯）犀（辟）父以成𠂤（按即'成周八𠂤'的簡稱）即東，命伐南夷。"《彔卣》說："𢦏淮夷敢伐内國，女（汝）其以成周師氏戍於𦎧𠂤"。可知"成周八𠂤"常被用來征伐南方夷族。《䛸簋》說："𢦏東夷大反，白（伯）懋父以殷八𠂤征東夷。"可知"殷八𠂤"還被用來征伐東方夷族。《兮甲盤》說："王令甲政（征）䣝（司）成周四方責，至於南淮夷。"可知成周不僅駐屯"成周八𠂤"用來征伐南方夷族，同時又是征治"四方責至於南淮夷"的重鎮。他們軍事上的出"征"，目的就在於達到"四方責"的"征司",迫使四方夷戎部族"進人"和"出其貟、其責(積)"。由此可知,西周主導的生產關係確是奴隸制,西周的國家政權確是奴隸主性質。

從上述情況看來,當時奴隸主國家在征服各地部族的過程中,利用遺留的原始"村社"組織形式,把"邑"和"里"改變成了奴役、榨取的單位。奴隸主貴族及其國家把一套奴役奴隸的辦法強加到了被征服的部族人民身上,使他們實質上成爲一種集體奴隸,他們和各種奴隸受到了相同的奴役和壓迫。

四 結 語

我們認爲,西周的社曾性質應該屬於奴隸制,當時奴隸制生產關係是和當時的生產力水平相適應的。根據上文論述,西周的奴隸有三類,數量相當大,主要來自掠奪和征服戰爭,他們從事於農業、手工業和開發山澤等主要生產,受着奴隸主貴族及其國家的奴役和榨取。與此同時,奴隸主國家在征服各地的過程中,又繼續利用各地遺留的原始"村社"組織形式,對農民加以勞動編組,使原來的"村社"轉化爲被奴役、榨取的單位,使農民轉化成爲一種集體奴隸,和奴隸受到同樣的奴役和榨取。但是在這些單位內部還依然保留有"村社"殘餘形態,這該是"古代東方型"奴隸制的一個主要特點,在中國古代奴隸制社曾中同樣存在着。在當時奴隸主貴族集中和力量強大的地區,可能佔有的各種生產奴隸比較多,在其周圍地區以及邊緣地區,可能保留"村社"殘餘形態的集體奴隸比較普遍。這時社曾的主要矛盾,是各類奴隸、集體奴隸和奴隸主貴族之間的矛盾,實質上如同所有奴隸主國家一樣,是奴隸階級和奴隸主階級之間的矛盾。毛主席説:

事物的性質,主要地是由取得支配地位的矛盾的主要方面所規定的[1]。

奴隸制社曾中取得支配地位的矛盾的主要方面是奴隸主階級。從上面論述的情況來看,西周時代奴隸主階級顯然是取得支配地位的矛盾的主要方面,他們用大體相同的榨取辦法奴役着各種類型的奴隸,因此斷定當時的社曾是奴隸制性質,是無可置疑的。

在古代東方各國,確有由村社成員被集體轉化爲奴隸的。馬克思指出:古代東方國家,既是"高居在所有這一切小集體(指村社——引者)之上的結合的統

---

[1] 《毛澤東選集》第一卷 1952 年人民出版社版 310 頁。

一體"的資格而出現的,又是"以作爲這許多集體(指村社——引者)之父的專制君主實現出來的統一體"的形式表現的,更是"以最高的所有者或唯一的所有者的資格而出現"的。"實際的公社因此不過作爲承襲的佔有者而出現",村社中"每一個單獨的人事實上已經失去了財產"。在這樣的財產支配形態下,"公社的一部分剩餘勞動屬於這個最終作爲一個人(指專制君主——引者)而存在的最高集體(指國家——引者),而這種剩餘勞動在貢賦等等形式中表現出來,也在集體勞動中表現出來"①。就村社成員來說,"在這種財產的形態下,單獨個人從來不能成爲財產的所有者,而只不過是一個佔有者,所以事實上他本身即是財產,即是公社的統一體人格化的那個人(指專制君主——引者)的奴隸"②。這裏精闢地分析了古代東方各國在奴隸制下原始村社成員被轉化爲集體奴隸的根本原因。

村社土地的被剝削階級佔奪,村社形式被轉化爲被奴役的小集體,這是村社形式在階級社會中被長期保留的根本原因。雲南西雙版納傣族地區在民主改革前,在其封建領主制社會結構中,還保留有許多村社組織形式,名義上的村社土地公有制也還保留,有分配調整份地的習慣,還有一套足以獨立自存的組織,也還有"村社議事會"和"村社民衆會"的原始民主殘餘。但是,土地所有權實際上已屬於最高領主,村社組織已變爲分配負擔、進行封建剝削的便利工具。在那裏,分給村社農民耕作的份地叫"寨公田",因爲原來是村社公有的田地;而農民又把它稱爲"負擔田",因爲土地實際上早已被剝削階級佔奪,並由此帶來了負擔。那裏的村社農民叫"傣勐",意即"本地人"或"建寨最早的人";他們自稱爲"波海咩納",直譯爲"地之父、田之母";因爲他們原是自由的村社農民,確是土地所有者。而剝削階級稱他們爲"卡瀾卡領",意即"水的奴隸、土的奴隸",因爲他們在剝削階級奴役下,確實早已轉化爲奴隸了。這些在封建社會結構中的被奴役的村社農民,並不是直接由原始的村社農民變來的,曾經歷過奴隸制階段而被轉化爲集體奴隸。

奴隸制社會的特點,就是奴隸主不僅佔有一切生產資料,而且佔有"人"作爲奴隸,奴隸就是奴隸主所完全佔有的一種財物。馬克思指出,這種由村社農民轉化成的集體奴隸,不但"從來不成爲財產所有者","事實上他本身即是財產",很

---

① 《資本主義生產以前各形態》1956 年人民出版社版 5—6 頁。
② 前引書 30 頁。

清楚的,他們基本上已成爲奴隸主的一種財物,確實成爲奴隸佔有制生產方式下的奴隸了。這是東方型奴隸制的關鍵所在。所有這些村社農民,如何曾失去財產而本身成爲奴隸主貴族的財產的呢?我們認爲,古代東方各國和世界上許多民族一樣,經歷着奴隸制產生和形成的基本過程,奴隸主貴族及其國家同樣佔有許多生產奴隸,比較顯著的特點是,他們還佔有和奴役着許多集體的奴隸。個體奴隸首先是從戰爭中的俘虜變成的,這種集體奴隸首先也是從征服部落變成的。由於生產力的發展,剩餘產品的出現,生產資料私有制的發展,奴隸制的成長,奴隸主貴族及其國家的產生,作爲奴隸主貴族的暴力機構的國家,就運用暴力來爲奴隸主利益服務,不但使用戰爭這類暴力的最尖銳的形式去鎭壓國內人民的革命,還通過掠奪戰爭捕捉俘虜來作爲奴隸,同時對征服的具有一定生產力水平的部落(即其生產率已能達到創造剩餘產品的程度)也開始加以奴役,使轉變成爲集體奴隸了。奴隸佔有制本來是歷史上最粗暴的一種掠奪和剝削方式:

馬克思說:

> 假如與土地一起,也征服了作爲土地有機從屬物的人本身,那末,他們就也征服了作爲生產的條件之一的人,這樣便產生了奴隸制和農奴制,奴隸制和農奴制迅速改造和改變一切集體的原始形態,本身就變成它們的基礎。①

可知在奴隸制下,奴隸主階級征服了具有"集體的原始形態"的單位,包括土地以及"作爲土地有機從屬物的人",就可以"迅速改造和改變一切集體的原始形態",使他們喪失土地和人身自由,成爲被奴役的單位,"變成它們的基礎"。當然,這種征服的"集體的原始形態"的單位,必須生產率已經能夠達到創造剩餘產品的程度,才能加以迅速改造成爲被奴役的單位。否則,僅僅依靠這個征服的因素,決不可能如此的。馬克思還指出:

> 建立在部落制度(集體的結構最初歸結爲部落制度)上的財產的基本條件——是作爲部落的一個成員——使得被一部落所征服和服從的那個別的部落喪失財產,而且使這個部落本身淪落於集體把它們當作自己的來對待

---

① 《資本主義生產以前各形態》1956年人民出版社版27頁。

的那些再生產的無機條件之列。所以奴隸制和農奴制只是這種建立在部落制度上的財產的繼續發展。它們都不可避免地要改變所有部落制度的形態。在亞細亞的形態下，它們所能改變的最小①。

這是說在部落制度形態下，一個部落因爲被征服而喪失財產，就使得這個部落的成員集體淪落到被奴役的地位，集體的奴隸制就是在這種財產支配情況下繼續發展而形成的。在這種部落被轉化爲集體奴隸之後，就無可避免地要改變它們原來的部落制度形態，因爲在古代東方各國，被征服和奴役的基本單位很多是原始的村社，奴隸主貴族往往剝奪了他們的"土地財產"，利用原來村社組織來加以勞動編組，使轉化成爲被奴役的從事農業勞役的"小集體"，而原來的村社組織形式還被保留下來，所以馬克思說："在亞細亞的形態下，它們所能改變的最小。"當然，這種村社也可能不經過征服，由於它的內部的階級分化，逐漸改變它的性質的。但是，古代東方較大規模的奴隸主國家，領土的擴大，往往是通過對四周部落的征服的，因此許多地區被奴役的"小集體"，往往是在一定經濟情況下通過征服形成的。這種通過征服而形成的集體奴隸，和把俘虜變成奴隸一樣，不是暴力支配經濟情況，而是相反地，奴隸主貴族利用暴力來爲他們的經濟利益服務。

我們認爲，我國古代奴隸制社曾和古代東方各國具有同樣的特點，同樣存在着不少由村社農民轉化成的集體奴隸。

(《學術月刊》1960 年 9 月號，今大加修改補充。)

追記：

《曶鼎》第二段，記載曶與限交易五個奴隸的事：曶先用一匹馬和一束絲向限購買"五夫"，限失約；後來曶再用金百寽向限購買"五夫"，經過訴訟，才成交。據記載，在交易完成之後，"曶迺每于䢼△(曰)：我其舍䵼矢五秉，曰：弌尚卑處厥邑，田△(厥)田"。譚戒甫先生在《西周曶器銘文綜合研究》(《中華文史論叢》第三輯)，讀"每"爲"謀"，解釋說："此曰下二句應是曶向䢼謀議轉求䵼相助的語。弌尚，此讀'必當'，因'必'本從弌聲，'當'本從尚聲，故皆通用。卑，同俾，謂使五夫。處，居住。……上田是動字，謂耕種；下田是名詞，謂土田。據此二語，可知曶買五夫是用來耕種田地的。"這也是西周時奴隸用於農業生產

---

① 《資本主義生產以前各形態》1956 年人民出版社版 29—30 頁。

之一證。

1964 年 6 月

附錄一　釋"臣"和"鬲"

　　西周金文中,常有賞賜"臣"和"鬲"的記載。解釋清楚有關這方面的記載,將有助於我們對當時社曾性質的認識。本文試圖對這方面作些解釋,請大家指教。

　　"臣"在殷周時代,本來是奴隷的稱謂。《尚書·費誓》記述伯禽在費的誓辭,命令所屬部隊不准追逐逃亡的馬牛和臣妾,也不准引誘偷竊人家的馬牛和臣妾,很嚴厲地説:"馬牛其風,臣妾逃逋,勿敢越逐,祇復之,我商(賞)賚汝;乃越逐不復,汝則有常刑。無敢寇攘;踰垣牆,竊馬牛,誘臣妾,汝則有常刑。"這樣把"臣妾"和"牛馬"相提並論,其爲奴隷的性質,無可置疑。西周金文中的"臣妾",同樣是指奴隷,如《克鼎》載:"易(賜)女(汝)井(邢)家𥢶田於畯,以(與)厥臣妾。"這個連同田地一起賞賜的"臣妾",當然是奴隷。西周金文中被用作賞賜物品的"臣",屬於奴隷性質,很是明顯。

　　現在我們所要談的,就是西周金文中常見賞賜"臣若干家",這個"臣"的"家"應作如何解釋。在西周、春秋文獻中,"家"常被用來指貴族的宗族組織,也常被用來稱呼貴族的政治組織,因爲在宗法制度之下,貴族的政治組織是和宗族組織密切結合在一起的。這個"臣若干家"的"家",是否也能解釋爲宗族呢? 不能。在西周時代,天子只有在分封大塊土地時,才曾臣民整族的分賞。《左傳》定公四年記載周成王分封魯、衞、晉等國,曾分賞給"殷民六族"、"殷民七族"、"懷姓九宗"作爲"職事"的人。至於西周金文中有關"臣若干家"的賞賜,都是由於某種恩典或某種功勞而臨時分賞的,其賞賜的規模比較小,是不能和分封土地時的賞賜相提並論的。例如矢令因爲"尊俎於王姜",王姜賞給他"貝十朋,臣十家,鬲百人"。又如令因爲"王歸自諆田",與奮"先馬走",受到王的賞賜"臣十家"。又如不嬰因爲對玁狁作戰有功,受到伯氏賞給"弓一,矢束,臣五家,田十田"。如果把"臣若干家"解釋爲"臣若干族"的話,那麼,矢令等人僅僅因爲"尊俎"、"先馬走"等,所受到的賞賜就相當於魯衞受封時的賞賜,甚至還要超過,豈不是太不近情理了。當時各種物品的賞賜,應該是相互配稱的。《左傳》定公四年載魯國受封時,除了賞得"殷民六族"之外,還賞得"大路、大旂、夏后氏之璜、封父之繁弱(大弓名)","祝宗卜史、備物典策,宗司彝器"等,這是相互配稱的。矢令除了賞得

"臣十家"之外,只有"貝十朋"和"鬲百人";不嬰除了賞得"臣五家"之外,只有普通的弓一把、矢一束和"田十田"。如果把"臣十家"和"臣五家"解釋爲"臣十族"和"臣五族",就和其他的賞賜物品太不相稱了。"田"在西周金文中是一個較小的面積單位,如《昏鼎》記載匡季用"田七田、人五夫"來賠償"禾十秭"。如果"臣五家"是"臣五族"的話,這和"田十田"顯得太不相稱了。如果不嬰僅因一次戰功,就分賞得"臣五族",何以分賞得的"臣"如此其多?而同時分賞得用來生產的田只有"十田",何以又如此其少?還有《麥尊》説:"侯易(錫)者玼臣二百家",不管是把"臣二百家"賞給也好,交給管理也好,如果把"臣二百家"解釋爲"臣二百族",這個數字就未免太大了。從種種方面來考察,這個"臣若干家"是不能解釋爲"臣若干族"的。

西周、春秋時代,貴族的組織是以宗族爲主要單位的,因而貴族的所謂"家"是指宗族而言的。至於國都中的"國人"和在鄙野的勞動人民,則以小家庭爲其基本單位的,則其所謂"家"應該是指小家庭而言的。例如《國語·齊語》記載管仲制定國都和鄙野的户口編制,在"國"中以五家爲軌,十軌爲里;在"鄙"中以三十家爲邑。這些"家"都該是指小家庭的。西周金文"臣若干家"的"臣",既然是奴隸的性質,他們的"家"當然也只是小家庭。所謂"臣若干家",正確的解釋,應該就是成家的奴隸若干"户"。在西周金文中,"田"是田地中較小的單位面積,分賞時,有時很零碎,東"一田",西"一田",有時用整數來分賞,賞給"十田"或"五十田",其中以"十田"較多。同樣的,"臣"的"家"是指小家庭,是較小的單位,分賞時,也常用整數,有賞給"五家"、"十家"以至"二百家"的,其中以"十家"較多。

西周金文中,確也有把"臣"整個族來賞賜的。例如《井(邢)侯簋》説:"䵼井(邢)侯服,易(錫)臣三品:州人、東人、墉人"。所謂"臣三品",就是指三個品種的"臣",也就是指州人、東人、墉人等三個部族的人。因爲《井侯簋》所載,正是周天子賜封邢侯時的大賞賜。《中方鼎》説:"中,兹褭人入史(事),易(錫)于斌(武)王作臣,今兄(貺)畀女(汝)褭土,作乃采。"這裏説:因爲"褭人"的臣服於周武王,作爲"臣",周王把"褭土"賞給了中,作爲中的采地。很明顯,周天子把"褭土"賞給中作采地時,是連同作爲"臣"的"褭人"在内的。這個"褭人"如同"州人、東人、墉人"一樣,是指整族的人。因爲《中方鼎》所載,是賞給采地,也是個大賞賜。這樣以整族的"臣"來賞賜的例子,在西周金文中不多見。

從西周金文看來,當時作爲奴隸性質的"臣",被用作賞賜或賠償的物品時,多數是以"家"(小家庭)爲單位的,也有以整個部族爲單位的,同時也還有以"夫"

爲單位的。《曶鼎》載:"昔饉歲,匡衆、厥臣廿夫,寇曶禾十秭。"又説:"匡稽首于曶:用五田,用衆一夫曰益,用臣曰疐、曰朏、曰奠、曰用兹四夫。"這裏把"臣"和"衆"同樣以"夫"來計數,而且同樣用作賠償物資,同樣屬於奴隸性質,但是,"臣"的身份要較"衆"低一等。前引《矢令簋》説王姜賞賜"臣十家,鬲百人",又把"臣"和"鬲"同樣作爲賞賜的物品,但是有"家"的"臣",其身份要較"鬲"高一等。"臣"在西周金文中,除用作一般奴隸的稱謂以外,也用來專指某一種奴隸,其身份要比"衆"低一等,比"鬲"高一等。

上面解釋西周金文中有關"臣"的記載完畢,接着解釋有關"鬲"的記載。

"鬲"又稱"人鬲",《大盂鼎》載:"易(錫)女(汝)邦司四白(伯),人鬲自馭(御)至于庶人六百又五十又九夫,易(錫)尸(夷)司王臣十又三白(伯),人鬲千又五十夫。"許多學者都認爲"鬲"就是《逸周書·世俘》篇的"磿",《世俘》篇説:"武王遂征四方,凡憝(敦)國九十有九國,馘磿億有七萬七百七十有九,俘人三億萬有二百三十。"按古時"鬲"確與從"厤"之字音同通用,如《周書·大誥》:"嗣無疆大歷服",魏三體石經"歷"作"鬲"。

從來解釋"磿"和"鬲"的學者,有兩種不同的解釋。一種認爲"人鬲"即《尚書·大誥》的"民獻",如方濬益《綴遺齋彝器款識》卷二説:"鬲疑獻之省,《書·大誥》:民獻有十夫,與此語合。"另一種,認爲"磿"和"鬲"是俘馘的名册。孫詒讓的《周書斠補》、《周禮正義》、《古籀餘論》,就是如此主張。他引《周禮·地官·遂師》:"抱磿"(鄭注:"磿者,適歷執綍者名也"),來證明"磿"是名册;又認爲"磿"和"歷"同聲假借,取其歷歷可數之意,並引《禮記·月令》:"命宰歷卿大夫至於庶民土田之數"、《禮記·郊特牲》:"簡其車賦而歷其卒伍"作爲佐證。因此認爲《世俘》篇的"馘磿"是"謂所執俘馘之名籍",而《大盂鼎》的"鬲"也即《世俘》篇的"磿"。

上述兩種解釋,我們認爲都是不確切的。《尚書·大誥》説:"民獻有十夫,予翼,以于敉寧(應作'文')武圖功。"又説:"爽邦由哲,亦惟十人迪知上帝命。"《尚書大傳》"民獻"作"民儀",《漢書·翟方進傳》載王莽仿造的《大誥》作"民獻儀",注引孟康説:"民之表儀爲賢者。"所謂"民獻有十夫",很明顯,是指周公最重要的十個助手,即十位大臣,猶如古本《泰誓》所説:"予有亂(司)臣十人,同心同德"(《左傳》昭公二十四年引,杜注:"武王言我治臣十人,雖少,同心也")。可知"民獻"和西周金文中用作賞賜物品的"鬲",性質根本不同,兩者不容混爲一談的。至於《周禮·地官·遂師》"抱磿"的"磿",性質上也和《逸周書·世俘》篇"馘磿"的"磿"不同,也是不可混爲一談的。如果把"馘磿"作爲"所執俘馘之名籍"解釋,那麼,武王攻伐九十九國,所得的將不是俘馘,而僅僅是俘馘的名册,這就很不近情理了。我們認爲,《世俘》篇所載武王攻伐所得"馘磿億有七萬七百七十有九",就是指戰爭中所得俘虜,至於"俘人三億萬有二百三十",那是戰勝之後俘得的一般敵國人民,包括男女老少在内。猶如《師寰簋》記載師寰征伐淮夷,除了在戰場上"折首執訊"之外,還曾"毆孚(俘)士女羊牛,孚(俘)吉金"。

關於"鬲"和"磿"的舊有解釋既然都不確切,現在我想提出另一種解釋。

西周金文的"鬲"和"人鬲"我們認爲即是《尚書·梓材》的"歷人"。《尚書·梓材》説:"肆往奸宄殺人歷人宥,肆亦見厥君事戕敗人宥"。孫詒讓《尚書駢枝》解釋説:"歷人謂搏執平民而歷其手(《説文》木部云:櫪㭊,押指也。歷即櫪之省)。《莊子·天地》篇云:罪人交臂歷指,《吕氏春秋·順民》篇云:劇其手,劇亦歷之借字也(當從磿,傳寫誤從磨)。"這個解釋是比較可取的。《一切經音義》引《通俗文》也説:"考囚具謂之櫪㭊"。"人鬲"、"鬲"、"歷人"、"磿"的名義,該就是由"櫪"得名的。殷墟曾出土三件陶俑,雙手都是用手銬銬起來的,同時甲骨文"執"字正像俘虜被執後雙手用手銬銬住的樣子,甲骨文"圉"字又像雙手銬住後被關住的樣子。

櫪㭊原是指並列着的木條,在古時不僅用來作手銬,也還用來作爲關閉俘虜和奴隸的欄栅,這種欄栅就被稱爲"櫪㭊"或"櫪"。《墨子·備城門》篇説:"城四面四隅,皆爲高磿㭊(原誤作'磨㭊',從王引之校正)。"洪頤煊認爲"磿㭊即欄檻"(《讀書叢錄》卷十三),這是正確的。這是指當時城上四角所建的高欄栅,是爲了防禦用的;但是在古時,這種栅欄的建置,多數是用來養家畜和關閉俘虜、奴隸的。《方言》卷五説:"櫪,梁宋齊楚北燕之間或謂之樎,或謂之皁"。《方言》卷三又説:"苙,圂也。""苙""櫪"聲同,豬圈叫做苙,猶如馬棧叫做"櫪"。《方言》郭注説:"皁隸之名于此乎出",這個解説是正確的。皁隸之所以稱爲"皁",就是因爲被關在稱爲"皁"的欄栅裏。由此可見,西周的俘虜和奴隸的所以稱爲"鬲"或"磿",該是由於這種俘虜和奴隸,被稱爲"櫪"的手銬銬起來,和被關在稱爲"櫪"的栅欄中。"人鬲"和"鬲"正是一種這樣被監禁着的俘虜和奴隸,他們都是單身漢,所以用"人"和"夫"來計數。

《考古》1963年12月號

附錄二 "人鬲"、"訊"、"臣"是否即是奴隸？

我在《學術月刊》1960年9月號上發表《論西周時代奴隸制生產關係》之後，金兆梓先生就在《學術月刊》1960年12月號上發表《關於西周社曾形態討論中的幾個問題》一文，其中第一節"人鬲、訊、臣是否即是奴隸"，就是和我商討的。他分四點來否認人鬲、訊、臣是奴隸，現在我也分四點來加以討論。

一、金先生從容庚、郭沫若兩先生之説，以爲"人鬲"即是《尚書·大誥》"民獻有十夫"的"民獻"，"民獻"是用人祭獻之稱，其中包括殘傷人體的"馘"和活口的"俘"。又據《尚書·多方》，認爲西周處理俘虜的方法，除了獻俘、贖俘之外，還可以有(1)"大罪殛之"，(2)"迪簡在王廷，有服在大僚"，(3)讓他們"宅爾宅、畋爾田"。《大盂鼎》所説"人鬲自馭至于庶人六百又五十九夫"，其中"庶人"就是"宅爾宅、畋爾田"的人，自"庶人"以上、"馭"（御）以下就是"迪簡在王廷，有服在大僚"的人。因此，他斷言"人鬲"只能是俘虜，不應是奴隸。

我認爲"人鬲"並非"民獻"。"民獻"是貴族的意思而不是俘虜。有下列三點足以證明：

第一，《尚書·大誥》説："民獻有十夫，予翼，以于敉寧（文）武圖功。我有大事休？朕卜并吉。""民獻"《尚書大傳》作"民儀"，"獻"是"古文"，"儀"是"今文"。過去注釋家把"民儀"解釋爲"民之表儀"，把"民獻"解釋爲賢者。《大誥》是周公興師東征時發表的講話。這時周武王剛去世，被征服的殷貴族又在武庚率領下反叛，同時周公的兄弟管叔、蔡叔和東方部族也跟着叛亂，形勢很是緊急。《大誥》所説"西土人亦不静，越兹蠢"，指的就是管叔、蔡叔等人的叛亂；《大誥》所説"殷小腆，誕敢紀其敍"，指的就是武庚率領殷貴族叛亂。在這樣緊急的形勢下，周公經過占卜，下了東征的動員令，可是所屬國君和官員都強調困難大，不敢出征，要求取消動員令。《大誥》説："予惟以爾庶邦，于伐殷逋播臣。爾庶邦君越庶士、御事罔不反曰：艱大，民不静！亦惟在王宫、邦君室，越予小子考翼，不可征。王害不違卜？"國君和官員們公然以"艱大，民不静"爲理由，表示"不可征"，主張違反占卜的結果，也就是取消動員令。由此可見，這次周公東征，去鎮壓殷貴族的叛亂，遇到阻力是很大的。《大誥》這篇周公的講話，目的就在於説服這些國君和官員一同東征的。周公在這裏説："民獻"中有十個人輔助我，一同前往完成文王和武王的功業。無非表示在東征中已得到得力的助手，已有勝利的把握，以振奮人心，鼓勵士氣。如果"民獻"是俘虜或歸順的敵人，那麽，周公作爲得力助手，依靠來完成文王和武王功業的,竟是歸順的敵人了!在對敵鬥爭的形勢十分緊急,所屬國君和官員強調困難而害怕出征的情況下,周公如此説法,豈不是要張敵人的聲勢,滅自己的威風嗎?因此,我們斷言"民獻有十夫"的"民獻",決不是指俘虜或歸順的敵人。

第二,就《大誥》的内容來看,前後主張是一貫的。周公在這裏首先分析了所以遭難的原因,他説遭難的主要原因是:"弗造哲,迪民康,矧曰其能格知天命!"就是説:遭難是由於没有得到明哲的助手,使人民安樂,又不能夠知道天命。所以,此後周公在全篇講話中特别强調天命,同時,當他在占卜禱告時,就説明:"民獻有十夫,予翼",無非表示已經得到了明哲的助手。《大誥》在末段説:"嗚呼!肆我告爾庶邦君越爾御事,爽邦由哲,亦惟十人迪知上帝命。"就是和上文相呼應的。這裏告訴所屬國君和官員説:振興國家要依靠明哲之人,那十人就是知道天命的。"爽邦由哲"這句話,是和上文"弗造哲"相呼應的,表示過去由於"弗造哲"而遭到國難,如今得到"哲"就可以"爽邦"了。"亦惟十人迪知上帝命",是承接"爽邦由哲"而言的,這"十人"就是"爽邦由哲"的"哲",所以他們"迪知上帝命"。"迪知上帝命"也是和上文"矧曰其能格知天命"相呼應的,表示過去没有"哲"而不能知天命,如今得到"哲"就可以知天命了。從上下文來看,周公要依靠來"爽邦"的"哲"十人,也就是周公要依靠來"敉文武圖功"的"民獻有十夫"。很明顯,這十人是周公得力的助手,是西周貴族中所謂明哲之人,決不是什麽俘虜或歸順的敵人。這和《左傳》昭公二十四年引《泰誓》説:"余有亂(嗣)臣十人,同心同德",是差不多的意思。當然,《泰誓》所載是武王伐殷時的話,《大誥》所載是周公東征時的話,所指"十人"不曾完全相同的。

第三,"民獻"或作"獻民",《逸周書·作雒》:"凡所征熊盈族十有七國,俘維九邑,俘殷獻民,遷於九畢。"孔注:"獻民,士大夫也。"《逸周書·商誓》一則説:"告爾……及百官、里居(君)、獻民",再則曰:"百姓、里居(君)、君子,其周即命",三則曰:"百姓、獻民,其有綴艿。"劉師培《周書補正》以上下文比較,認爲"百姓即百官,君子即獻民",並解釋説:"獻民者,世禄秉禮之家也。"這是對的。古時"百姓""君子"都是指貴族而言的,"獻民"亦當指貴族而言。《尚書·洛誥》説:"其大惇典殷獻民,亂(嗣)爲四方新辟"。所謂"殷獻民",亦是指殷貴族而言的。至於《大誥》"民獻有十夫,"單稱"民獻"而不稱"殷獻民",當指周本族的貴族而言。

根據上述三點,可知"民獻"是指貴族而言,並非指獻於宗廟的俘虜,這和《大盂鼎》賞賜用的"人鬲"根本没有關係的。

據《大盂鼎》記載，在賞賜器用服飾的同時，賞賜"邦嗣四白（伯），人鬲自馭至于庶人六百又五十又九夫"，又賞賜"尸（夷）嗣王臣十又三白（伯），人鬲千又五十夫"。所有賞賜的"人鬲"都以"夫"計數，都是單身漢，其來源確應是俘虜。也許有人認爲這裏所説的"夫"不是指單身漢，而是以"夫"代表"家"的。如古文獻上記載井田制度中土地的分配，"一夫百畝"（《孟子·萬章下》），也就是"家百畝"（《周禮·大司徒》）。我們知道，井田制度中"份地"的分配，是以農夫作爲分配對象的，而當時農夫都只有小家庭，因而"一夫百畝"也就成爲"家百畝"了。這種情況是不能和《大盂鼎》所載"人鬲"的賞賜相提並論的。《大盂鼎》所載"人鬲"的賞賜，如同賞賜物品一樣，所記的數目和單位，都是十分明確的，多少"夫"就是多少個單身漢。《令簋》載："王姜賞令貝十朋，臣十家，鬲百人"，就可以明證。"鬲"就是"人鬲"，"百人"的"人"與"夫"是同樣的意思。《大盂鼎》所説"人鬲"多少"夫"，也就是"人鬲"多少"人"，如果他們有"家"的話，那就應該如同"臣十家"一樣，稱多少"家"而不稱爲多少"夫"了。

據《尚書·多方》，周在征服其他國家後，對其貴族的處理，確有讓他們繼續"宅爾宅，畎爾田"的，也確有"迪簡在王廷，尚爾事，有服在大僚"的。但是，像《大盂鼎》上所載的"人鬲"，是由周天子把他們當作物品來賞給臣下的，而且是以"夫"計數的，都是單身漢，連家庭都没有，當然不可能繼續"宅爾宅，畎爾田"的了，更不用説"迪簡在王廷"，"有服在大僚"了。如果已經被選拔到王廷，擔任大官職，怎會被用作賞賜物品，再賞給臣下呢？

在古代社曾，奴隸的主要來源之一是俘虜。金先生既承認"人鬲"是俘虜，而這些俘虜又是被用作賞賜品來賞賜給臣下的，這些得賞的貴族，都是依靠剥削爲生的，不曾不把他們當作奴隸而從事生産的，否則，將成爲一個沉重的負擔，不僅要養活他們，而且要有大批人來監督他們。這是不可能的。

二、《詩·小雅·出車》"執訊獲醜"，《詩·大雅·皇矣》"執訊連連"。金先生認爲兩處"訊"字皆當釋爲"言問"，是動詞而非名詞。《不嬰簋》："女（汝）多禽（擒），折首墊（執）嚇（訊）"，《敔簋》："武公入右敔告禽（擒），馘（馘）百嚇（訊）卌。"金先生又認爲"禽"下再言"折首"和"馘"，是説擒了敵人來殺頭，"禽"下再言"執訊"和"訊"，"執"疑是"鞫"的誤讀，即訊究俘虜。因此"訊"不但説不上奴隸，并也未必就可説是俘虜，只是對俘虜或罪囚的鞫訊而已。金文有"訊訟罰"等語可證。

金先生把《詩經》和金文的"執訊"的"訊"，解釋爲"言問"或"訊究"，認爲是動詞而不是名詞。這是很牽强難通的。《虢季子白盤》説："搏伐厰（嚴）軟（狁）于洛之陽,折首五百,執噝五十。""折首五百"是説斬首五百人,"執訊五十"就是説捉到俘虜五十人,決不是説在戰場上除了將敵人斬首五百人以外,還設了法庭,在那裏訊究五十人。《敔簋》説:"王令敔追御于上洛悆谷,至于伊,班。長榜戜(截)首百,執噝(訊)卌。"也是説在戰場上斬首百人,捉得俘虜四十人。下文説:"王各(格)于成周大廟,武公入右敔告禽:或(馘)百噝(訊)卌。""告禽"也就是《禮記·王制》所説"以訊馘告"。這是説敔在舉行獻俘典禮,把斬得的首級一百和捉得的俘虜四十在宗廟中獻給周天子,決不是説擒了敵人來殺頭和訊究。上文言"戜首百,執訊卌",下文言"馘百訊卌",足見"戜首"所得的是"馘","執訊"所得就是"訊",也就是俘虜,不可能作其他解釋的。《不嬰簋》先説:"女(汝)多折首埶(執)噝(訊)",再説:"女(汝)多禽(擒),折首埶(執)噝(訊)。"意思是相同的。"多禽"言有很多擒獲,"折首執訊"是説在擒獲中,有的斬了首,有的捉到了活口。

《詩·大雅·文王》記述文王伐崇的戰果説:"執訊連連,攸馘安安。""攸馘安安"是指殺傷敵人的情況,"執訊連連"是指俘虜敵人的情況。《詩·小雅·出車》記載南仲征伐嚴允的戰果,《詩·小雅·采芑》記載方叔征伐嚴允的戰果,都説"執訊獲醜"。《詩·大雅·常武》記載征伐淮夷的戰果是:"仍執醜虜。""訊"和"醜虜"的意義是相同的,都是指俘虜而言。鄭箋解釋"執訊"爲"執所生得者而言問之",解釋"執訊獲醜"爲"執其可言問所獲之衆"。"訊"全文作"噝",就像捉到了活口,反綁着,用繩索牽起來的樣子。"訊"是指捉到的可以訊究的活口,以區別於已經殺傷的"馘"。古人常把俘虜當作罪犯的,《禮記·王制》説:"出征執有罪,反,釋奠于學,以訊馘告。"出征的目的是爲了"執有罪",其結果,得到了"訊馘","訊"既是俘虜,也是"有罪"的人,當然應該審訊判罪的,所以"訊"又可以作動詞用,有訊問的意義。但是,我們不能因此而否認"訊"的本義,是俘虜到的活口。

三、金先生認爲,從"臣"的字形和經傳中"臣"字的用法綜合看起來,"臣"只是一種供人使令或給役於人的人,身份可上可下。"臣"的對稱是"君"或"主",連文並稱的是"民"。"君"與"臣","主"與"民",似乎只是領導和被領導之分。

我們認爲,金先生這個解釋,不能用來解釋金文中用來賞賜的"臣幾家"的"臣"。如果"臣幾家"的"臣",只是一種供人使令或給役於人的自由人,主人可以隨便把他們賞賜給他人嗎?"臣"的本義是"囚俘",後來也被用作"君臣"之"臣"。楊樹達《不嬰簋三跋》(《積微居金文説》卷二)説:

> 按臣即今俘虜，《禮記・少儀》云："臣則左之"，鄭注云："臣謂囚俘"，此臣字之本義也。臧字甲文作戕，金文《白戕父鼎》戕字亦然，字皆從臣從戈，今作臧者，後加聲旁爿耳。此字當以臧獲爲本義，《漢書・司馬遷傳》晉灼云："臧獲，敗敵所被虜獲爲奴隸者"，是其義也。字從臣從戈，義顯白無疑，此可旁證臣字之義也。

這個解説是對的。

四、《曶鼎》載："我既賣女(汝)五△(夫)△(效)父用匹馬束絲"，又説："用償征(徙)賣絲(兹)五夫用百寽。"金先生認爲，"賣"應從清人錢玷、吴大澂讀爲"贖"，"寽"即"鍰"，是贖罪之款，因爲西周時贖罪照例是罰鍰的。《曶鼎》上文明説："曶使小子△以限訟于井(邢)叔"，是曶與限明是在涉訟所，以限寧願罰鍰贖罪而將馬和絲還了曶。《曶鼎》説："凡用即曶田七田、人五夫，曶免匡卅秭。""即"作"趨就"義用，應解作：匡季派五人到曶田裏去耕作以代償禾，曶因之也免他償禾三十秭。這七塊田和五名奴隸也就説不上是十秭禾的代價了。

按"賣"字，近人識爲"賫"，《説文》説，"賫，衒也"，"讀若育"。是"鬻"的古字。段注："《周禮》多作儥，儥訓買，亦訓賣，……葢即《説文》之賫字。"楊樹達也認爲：這是"贖"的初文，《説文》："贖，貿也"，貿訓易財(《積微居金文説》卷二《曶鼎再跋》)。總之，無論這個字應識爲"賫"或"贖"，其意義總是指買賣而言，決不是像金先生所説那樣是指贖罪的。《曶鼎》所説："我既贖女(汝)五夫效父用匹馬束絲"，很明顯是説：我曾買定你的"五夫"(奴隸)在效父手中，用了一匹馬和一束絲。《曶鼎》又説："用償征(徙)贖兹五夫用百寽"，很明顯是説：用"償"來改買這"五夫"，用了"百寽"。分明是先用一匹馬和一束絲來交换"五夫"奴隸，後來改用"百寽"來交换"五夫"奴隸。據《曶鼎》這段記載，曶因限在這兩次交换中失約，訴訟到邢叔那裏，經過邢叔判決，曶在訴訟中得勝，終於成交，得到了這"五夫"奴隸。如果按照金先生的説法，把"贖"字解釋爲贖罪，那顯然是講不通的。

《曶鼎》末段記載，曶因匡季的奴隸"廿夫"盜取了他的"禾十秭"，把匡季告到了東宫，東宫判斷説："求乃人，乃(如)不得，女(汝)匡罰大。"匡季於是向曶賠禮，"用五田，用衆一夫曰嗌，用臣曰疐，曰朏，曰奠，曰用丝(兹)四夫"。這樣的"用五田"，"用兹四夫"，分明是賠償性質。後來曶不肯罷休，再度告到東宫，東宫判斷要加倍償還，爲"廿秭"，如來年不償還，要再加倍爲"卌秭"。後來匡季加賠"田"二塊，"臣"一夫，共計賠給曶"田七田，人五夫"了事。《曶鼎》説："迺或(又)即曶用田二,臣△(一)。凡用即旨田七田、人五夫,旨免匡卅秭"。楊樹達認爲"即者,今言付與",和《散氏盤》"迺即散用田"文句一律(《積微居金文説》卷一《散氏盤跋》)。即使"即"字不作"付與"解釋,也不能像金先生那樣把全句解釋爲:匡季派五人到旨田裏去耕作以代償禾。從《旨鼎》這段記載的上下文看來,分明是匡季用田和奴隸來賠償禾,先用"田"五塊和"人"四夫,後來加賠"田"二塊和"人"二夫,共"田"七塊和"人"五夫。那裏有匡季派五人到旨田裏去耕作這個意思呢?當匡季提出用"田"五塊和"人"四夫來賠償之後,旨不允許,説:"弋(必)唯朕△(禾)賞(償)",堅決要求把禾償還,再度告到東宫。等到東宫判斷説:來年不償還,要再加倍爲"四十秭",匡季就加賠了"田"二塊和"人"一夫,共計"田七田,人五夫",作爲賠償禾十秭之用,至於所要加罰的"禾卅秭",旨應允匡季免除了。由此可見,當時"田"五塊和"人"四夫,尚不足以賠償"禾十秭",而"田"七塊和"人"五夫已相當於"禾十秭"的代價了。

根據上面的討論,我們不能接受金先生所提出的意見。我們仍然堅持原有的論斷,"人鬲"和"訊"既是俘虜,也是奴隸。所有作賞賜品和賠償用的"臣",也應是奴隸。這些奴隸在當時的價值是比較低廉的。

試論中國古代的井田制度和村社組織

原始的農村公社,是原始氏族公社制度向階級社曾過渡過程中的產物。它的變質的形態,曾長期留存在奴隸社曾和封建社曾中,直到商品交換關係有力的發展,使它瓦解爲止。農村公社牢固地留存,是古代東方各國社曾制度中最突出的特徵。至於古代西方各國,本身的這種制度雖早已瓦解,但因爲在奴隸制晚期有"蠻族"的入侵,又廣泛地傳佈了這種村社制度。到中世紀前期,在整個封建化的過程中,除了封建佔有土地制的發展,奴隸的逐步轉化,是其主要內容以外;村社的隸屬於領主或大地主,村社的分化與村社農民的農奴化,也成爲封建化的主要內容的一部分。而且在村社分化瓦解以後,它的殘餘形態對整個封建社曾的歷史還有深遠的影響。由此可見,我們研究古代村社的發生、變化、解體的過程,對於研究古代歷史具有重大的意義。恩格斯就曾對德國的"馬爾克"作專題研究,寫成了這方面的經典著作。

中國古代社曾中有沒有村社組織呢？如果有,它的發生、變化、解體的過程怎樣呢？它和中國古代歷史發展的關係怎樣呢？這個問題在目前我國史學界還在討論之中,在看法上存在着很大的分歧。有的同志在研究我國古代史時根本沒有談到這個問題,有的同志根本否認中國古代有村社組織的存在,有的同志大談其村社但沒有提出多少具體而確切的資料,缺乏具體的內容,因而也不能令人滿意,有的認爲井田制就是村社的制度,有的認爲井田制不是村社制度,而是榨取奴隸勞力的工作單位和賞賜奴隸管理者的報酬單位。這個問題還牽涉到中國奴隸社曾屬於何種類型及其特點的問題,也還牽涉到中國奴隸制社曾如何轉變爲封建制社曾問題。爲此,作者試圖就這個重要的歷史問題,提出一些初步的看法,請大家指教。

我認爲井田制確是古代村社的土地制度。本文將先論證井田制是古代村社的制度,繼而具體地論述井田制的產生和實行地區、井田制中的定期平均分配份地的制度、在井田制基礎上的村社組織以及村社中的公共生活,以便具體地說明我國古代村社發生、變化的過程,以求解決這個古代歷史上的重要問題。

一　論井田制是古代村社的土地制度

作者認爲我國古代的井田制,確是村社的制度。因爲我國古代歷史上,確實存在過這種整齊劃分田地而有一定畝積的制度,也確實存在過按家平均分配份地的制度。

《國語·魯語下》記述孔子論古時征軍賦説:"其歲收,田一井,出稷禾、秉芻、缶米,不過是也。"很明顯的,古時曾以"井"作爲田的計算單位,並作爲征收軍賦的計算單位。《國語·鄭語》記述周幽王時史伯説:"故王者九畡之田,以食兆民,收經入,以食萬官。"《國語·楚語下》記述觀射父也説:"天子之田九畡,以食兆民,王取經入焉,以食萬官。"他們所説的畡、兆、經、萬,都是數字,《太平御覽》卷七五〇引《風俗通》説:"十億謂之兆,十兆謂之經,十經謂之垓。"俞樾在《羣經平議》中解釋説:"民之數曰兆,而田之數曰畡,正一夫百畝之制。田之數曰畡,而王所取之數曰經,正什而取一之制。"孫詒讓在《籀廎述林》卷三有一篇"國語九畡義",對此更有詳細的解説。當然,上述史伯和觀射父的話,是泛泛之論,並不是真的在"王畿千里"之内,有畡田、兆民、經入、萬官,但是,一定確實存在過"一夫百畝之制",史伯和觀射父才曾這樣説的。

我們再看戰國的史料。儘管戰國時代井田制度早已破壞,但是戰國早期的李悝、戰國中期的孟子和戰國後期的荀子,他們談到農户耕田,總説是百畝。李悝説:"今一夫挾五口,治田百畝"(《漢書·食貨志》),孟子又常説:"五畝之宅","百畝之田","八口之家"(《孟子·梁惠王》篇等),荀子又曾説:"家五畝宅,百畝田"(《荀子·大略》篇),幾乎是衆口一辭。《吕氏春秋·樂成》篇記述魏襄王時的鄴令史起説:"魏之行田也以百畝,鄴獨二百畝,是田惡也。"可知當時魏國一般農民的耕作畝積都是百畝,只因鄴的田壞,實行着二田制,才一夫二百畝。《周禮·大司徒》曾説:"不易之地家百畝,一易之地家二百畝,再易之地家三百畝",《周禮·遂人》也説:"上地夫一廛、田百畝、萊五十畝","中地夫一廛、田百畝、萊百畝","下地夫一廛、田百畝、萊二百畝"。這也是由於田有上下,有的實行着年年耕作制,有的實行着三田制、二田制,有的實行着三年輪耕制,所以配合了不同數目的休耕田(即萊田),而基本也是"家百畝"。直到西漢初期,鼂錯還是説:"今農夫五口之家,……其能耕者不過百畝"(見《漢書·食貨志》)。這種戰國時代農田"家百畝"的情况,應該是過去井田制度平均分配份地的遺存。因爲戰國時代這種遺存還多存在,所以大家還是在這樣說。到西漢初期,情況就不同,這種遺存已大多破壞,所以鼂錯就說:"其能耕者不過百畝",沒有像李悝、孟子、荀子那樣說得肯定了。如果說古代沒有井田制度,這種現象就不好解釋。

《孟子》談井田制度,一則說:"周人百畝而徹",再則說:田一井中"八家皆私百畝"。"百畝"該是西周以來井田制中份地的標準面積,也就是當時村社中分配份地的標準面積。古時所謂"畝",是指高畦,所謂"壟上曰畝,壟中曰甽"。古時"六尺爲步,步百爲畝",是指一條六尺寬、六百尺長的高畦;"百畝之田",就是把一百條高畦並列着,正好是整整四方的一塊田。根據洛陽金村出土戰國銅尺和商鞅量來推算,當時一尺合今 0.23 公尺,六尺爲步,步百爲畝,百畝合今 31.2 畝,大概這樣大的面積,正適合當時生產力情況下一家農户耕作。

井田制度是古代村社制的土地制度,是很明顯的,不可能作其他的解釋。在古代村社中,主要耕地屬於集體"佔有",有集體耕作的耕地,也有平均分配於各户使用的份地,集體耕作的收入原先是用來支付公共費用的,這時已被剝削階級掠奪去,成爲他們的剝削收入。井田制度正是如此。《孟子·滕文公上》說:

> 方里而井,井九百畝,其中爲公田,八家皆私百畝,同養公田,公事畢然後敢治私事。

井田制度確是由於田畝劃分成方方整整的井字形而得名的①,但是不必如孟子所說那樣中間一塊"公田",四周八塊"私田",如此整齊劃一。至於井田制有"公田"和"私田"之分,當是事實。"公田"也稱"籍田"或"耡",就是集體耕作的耕地,"私田"就是平均分配於各户的份地,這正是村社的土地制度。

在古代村社中,分配給各户的份地,是按勞動力平均分配的,有按一定年齡的還受制度。井田制度正是如此。《漢書·食貨志》記述井田的還受制度說:

> 民至二十受田,六十歸田;七十以上,上所養也;十歲以下,上所長也;十一以上,上所強也。
>
> 農民户一人已受田("一"字從王念孫校補),其家衆男爲餘夫,亦以口受

---

① 《釋名·釋州國》說:"周制九夫爲井,其制似井字也。"《周禮·小司徒》鄭注也說:"其制似井之字,因取名焉。"

田如比。

《公羊傳》宣公十五年何休注又說：

> 聖人制井田之法而口分之，一夫一婦受田百畝，以養父母妻子，五口爲一家……多於五口名曰餘夫，餘夫以率受田二十五畝。……男年六十、女年五十無子者，官衣食之。

這樣在井田制度之下，以結婚的一夫一婦爲分配份地的對象，二十歲受田①，六十歲還田，以二十到六十歲作爲分得份地和出一户負擔的時期，這正是村社中還受份地的制度②，不可能作其他的解釋。

這是我們要談的第一點，說明我國春秋時代以前確實存在整齊劃分田地而有一定畝積的井田制度，並且確實存在平均分配"百畝"份地的制度。在井田制度中，既有集體耕作的"公田"，又有平均分配給各户的"私田"（份地），"私田"又有按一定年齡的還受制度，這無疑是古代村社的土地制度。

二　論井田制的實行地區

接着要討論到：這種古代村社性質的井田制爲什麼要劃成方方整整？實行在那些地方？我們的答案是：是和統一治理和管理水利灌溉的需要有一定的關係，實行在河流灌溉的平原地區。

在古代盛行河流灌溉農業的國家，統一治理和管理水利，是全部經濟和社會生活中頭等重要任務。在最初原始氏族公社制度下，這種水利灌溉是由各個公社自行治理和管理的。隨着生產力的增長，階級的形成，國家權力的產生，這種水利灌溉工程就由國家來統一管理。在我國古代也是如此，無論王畿和諸侯的

---

① 應劭《風俗通義》引《春秋井田記》說："人年三十，受田百畝，以食五口，五口爲一户，父母妻子也"（《全後漢文》卷三十七）。《禮記‧内則》說："三十而有室，始理男事"，鄭注："男事，受田給政役也。"《國語‧魯語》韋注又說："三十者受田百畝，二十者受田五十畝，六十還田。"陳奐、孫詒讓都據此認爲年二十受餘夫之田，年三十受正夫之田。事實上，古代民間結婚年齡較早，並不如《禮記》《周禮》等書所說，一般到二十歲都已經結婚。《墨子‧節用上》說："昔者聖王爲法曰：丈夫年二十，毋敢不處家，女子年十五，毋敢不事人。"《韓非子‧外儲說右下》載齊桓公下令於民曰："丈夫二十而室，婦人十五而嫁。"

② 雲南西雙版納傣族地區，在民主改革前，保留村社制度，每個農民從十五歲到結婚前爲學習負擔時期，應分得1/2到1/4份地；結婚後到五十歲爲正式負擔時期，分得一份份地，出一户負擔；五十以後爲卸却負擔時期，退還份地。井田的還受制度正與此相類。

封國,最初都設在有河流灌溉的肥沃地區,例如周的王畿在渭水流域,晉的封國在汾水流域,齊的封國在濟水流域,魯的封國在泗水洙水流域,漢陽諸姬在漢水流域。在這樣河流灌溉的肥沃地區,必須要經常治理和管理水利,如果放鬆或停止治理和管理,肥沃之地就會淹沒或者變成沼地。在當時生產力較低的水平下,由各户單獨治理和管理水利灌溉是不可能的。井田制所以要劃得方整,首先是由於統一治理和管理水利灌溉的需要。春秋戰國之際齊國的著作《考工記》,就曾詳細談到井田制度中水利灌溉的結構,大小溝渠有澮、洫、溝、遂、畎等。雖然各地的井田不一定都有這樣的規模,但是這樣統一的排水系統是必須的①。

自從西周時代起,田畝就有"東畝""南畝"之分,《詩經·周頌》的《載芟》篇、《良耜》篇,《小雅》的《大田》篇、《甫田》篇,都曾説到"南畝",《信南山》篇還説:"我疆我理,南東其畝。"所謂"南畝"是行列南向的畝,"東畝"是行列東向的畝②。這時所以要把田畝分別開墾成"南畝"和"東畝",是爲了適應地勢和河流。《考工記》在講到井田的溝渠時説:"凡溝必因水勢,防必因地勢",又説:"凡溝逆地阞,謂之不行;水屬不理孫,謂之不行"。這是説:開溝渠如果不順地的脉理,水就不能流暢,水的灌注如果不順地理,水也不能流暢。爲了使得水利灌溉適合地勢和水勢,就必須對一個地區溝渠的開鑿和田畝的開墾,作統一的安排,分別開墾成"南畝"和"東畝"。這種情況到春秋時代還是如此。《韓非子·外儲説右上》篇、《吕氏春秋·簡選》篇、《商君書·賞刑》篇都曾説:晉文公在戰勝衛國後,曾"東衛其畝"。《左傳》載公元589年(魯成公二年)鞌之戰,齊國大敗,齊派賓媚人(即國佐)向晉求和,晉國以"使齊之封内盡東其畝"作爲講和條件。賓媚人爲此質問説:

先王疆理天下,物土之宜而布其利,故詩曰:我疆我理,南東其畝。今吾子疆理諸侯,而曰盡東其畝而已,唯吾子戎車是利,無顧土宜,其無乃非先

---

① 程瑶田《溝洫疆理小記》的《井田溝洫名義記》説:"鄭氏注《小司徒》云,溝洫爲除水害,余亦以爲備潦非備旱也。……若以備旱,則宜瀦之,不宜溝之;宜蓄之,不宜泄之。"

② 胡承珙《毛詩後箋》説:"古人制田始於一畝,行水始於一畎。姑以一畝之畎言之,畎順水勢,畝順畎勢。畎縱則畝縱,畎橫則畝橫,此自然之理也。南北曰縱,東西曰橫。畎自北而注南爲縱,則畝之長亦隨畎而南,曰南畝。畎自西而注東,畝之長亦隨畎而東,曰東畝。"程瑶田《溝洫疆理小記·阡陌考》説:"天下之川皆東流,故川橫則澮縱,洫又橫,溝又縱,遂又橫,遂橫者,其畎必縱,而畝陳於東,是故東畝者天下之大勢也。"又説:"天下之川,大勢雖皆東流而河東之川獨南流,河爲川之最大者,而或南流,則其畝必南陳而爲南畝矣。"

王之命也乎？

由此可見,古時爲了"物土之宜而布其利",把田畝開墾成"東畝"和"南畝"的,而這種"東畝""南畝"的安排,即所謂"疆理天下"的事,是由國家統一辦理的。到春秋時代,鄭國子産還曾使"田有封洫,廬井有伍"。因爲山川和田邑有着密切關係,所以在古時分封大塊土地時,往往連山川一起分封。《魯頌·閟宫》説:"乃命魯公,俾侯于東,錫之山川,土田附庸。"《矢簋》銘又説:"易(錫)土:厥川二百△,厥△(邑)百又△,厥宅邑卅又五。"都把"川"放在首要的地位。

這種方整的井田制既是由於統一水利灌溉需要而設立的,所以一般只實行在有水利灌溉的平原地區。同時,山林沼澤地帶是不可能劃分得這樣整齊的。

《漢書·食貨志》説:"此謂平地可以爲法者也,若山林藪澤原陵淳鹵之地各以肥磽多少爲差。"這個説法是有根據的。《國語·齊語》記述管仲説:"陸阜陵墐井田疇均,則民不惑",這裏把"井田"和"陸阜陵墐"區别開來講,就足以證明井田不設在"陸阜陵墐"之地。《左傳》記述公元前548年(魯襄公二十五年)楚國司馬蒍掩爲了"量入修賦","書土田:度山林,鳩藪澤,辨京陵,表淳鹵,數疆潦,規偃(堰)豬(瀦),町原防,牧隰皋,井衍沃"。其中只有"衍沃"之地採用"井"的統計方法,其餘山林藪澤之地,則分别採用了度、鳩、辨、表、數、規、町、牧等統計方法。很清楚的可以看到,只有水利灌溉的平原地區,即所謂"衍沃"之地,才實行井田制。《周禮·小司徒》説:"乃經土地而井牧其田野",也以"井""牧"連言,除了"井"的劃分方法之外,也還有"牧"的計算方法。

這種情況不是我國古代獨有的現象,在口耳曼也有同樣的情况。恩格斯在《馬爾克》一文中説:

> 還有另一種村,在這種村裏,不單是宅地,就是耕地,也從公有財産中,從馬爾克中劃分了出來,作爲世襲財産分配給各個農民。不過這只是發生在由於地形的限制可以説不得不這樣做的地方,例如在貝爾格區的峽谷裏,或者在威斯特伐里亞那樣的窄狹、平坦、兩邊都是沼澤地的山背上。以後,也發生在奧登林山和幾乎全部阿爾卑斯山脈的山谷裏。……後來,當可以處理家宅和園地、把它們轉讓給第三者的權利獲得重要意義的時候,這類園地的所有者便佔了便宜。想同樣得到這種便宜的願望,可能使許多實行耕地公社佔有制的村停止了通常的定期分配辦法,因而使社員的各塊份地同

樣成爲可以繼承和轉讓的產業。(《馬克思恩格斯全集》第十九卷 1963 年人民出版社版,356—357 頁)

大概中國古代也因爲地形的限制,在山林沼澤地帶不可能劃分成井田,在那些地方的村社就採用了不規則的劃分方法,也就不可能實行定期平均分配份地的制度,因而村社成員的份地首先成爲世襲財産。

這是我們要談的第二點,説明中國古代和其他古代盛行河流灌溉農業的國家一樣,在便於水利灌溉的平原地區,長期保存着村社組織,實行着井田制。同時由於地形的限制,在山林沼澤地區便没有實行井田制。

三　論井田制中的定期平均分配份地制度

上面我們既然説井田制度是古代村社的制度,那麽,它是怎樣平均分配份地的呢?這種定期分配份地的情況,我們從古代的月令一類的書中還可以看到它的踪跡。因爲古代月令一類的書,是陸續增訂而成的,在這些"老皇曆"上曾留下很古老的陳跡。

《孟子》説:"夫仁政必自經界始,經界不正,井田不均,穀禄不平。"孟子這段話,雖然由於他把井田制作爲"仁政",想推行這種"仁政"而説的,但是,不是毫無根據的。當古代實行井田制時,爲了定期平均分配份地,的確需要很整齊地劃分份地的經界。《禮記・月令》篇和《吕氏春秋・孟春紀》説:

　　王命布農事,命田舍東郊,皆修封疆,審端經術……田事既飭,先定準直,農乃不惑。

《月令》篇是春秋戰國間增訂成的[①],它説在正月修正田地的封疆經術,目的爲了使農民"不惑",這該是一種傳統的老規矩。王念孫認爲這就是管仲所説的"井田疇均則民不惑"(見《經義述聞》卷二十),應該是對的。比《月令》篇説得簡單的《大戴禮・夏小正》,至少是春秋時代的月令,他説:正月"農率均田",鄭玄曾把這句話來作《月令》篇這節的注解,也應該是對的。所謂"農率均田",這是説農民相率進行均田。過去注釋《夏小正》的人,因爲不瞭解這點,有的把"均田"解作

---

① 詳拙作《月令考》,1941 年 7 月出版《齊魯學報》第 2 期。

"除田",是講不通的,"均"從來没有"除"的意義,有的讀"均"爲"芛",認爲"均田"就是"耘田",但是"芛"是草根之義,而且正月也不是耘田之時。從《夏小正》正月要"農率均田"看來,我國早期的村社如同各國早期的村社一樣,每年要把份地重新分配一次的。

我國古代的井田,因爲要定期平均分配,所以有一定的疆界劃分,這種疆界也就是孟子所説的"經界"。大概一大塊井田的四周都是有"封疆"的,也或簡稱爲"疆"。在井田之内是有"阡陌"來劃分的,這種"阡陌"也或稱爲"畔",又或稱爲"徑術"。細分起來,又有徑、畛、涂、道等名稱。《周禮·遂人》説:"凡治野,夫間有遂,遂上有徑,十夫有溝,溝上有畛,百夫有洫,洫上有涂。"程瑶田《溝洫疆理小記》有"阡陌考",認爲"阡陌之名,從遂人百畝千畝百夫千夫生義",他引《風俗通》"南北曰阡,東西曰陌"解釋説:

> 遂上有徑,當百畝之間,故謂之陌,其徑東西行,故曰東西曰陌也;遂上之徑東西行,則溝上之畛必南北行,畛當千畝之間,故謂之阡,故曰南北曰阡也。

這個解釋很是正確,"阡陌"是用來劃分千畝和百畝的。這樣用阡陌來劃分,就是爲了便於平均分配份地。

古時爲了便於平均分配份地,所以田畝劃分得很整齊劃一。所謂井田,就是外有封疆内有阡陌的田。古人爲了維持這種井田制,從來就很注意封疆阡陌的修理和整頓。《周書·梓材》篇説:"惟曰若稽田,既勤敷菑,惟其陳（田）修,爲厥疆畎（畮）"。這裏把"若稽田"和"若作室家"相提並論,"稽田"當是計劃開墾田地的意思。這是説:在計劃開墾田地時,既要勤於開墾,更要注意修治疆界溝洫。《國語·周語上》記虢文公的話,也説:"民用莫不震動,恪恭于農,修其疆畔,日服其鎛,不解（懈）于時。"也把"修其疆畔"作爲耕耘前重要的事。《月令》説孟春之月、春耕之前,要"修封疆,審端徑術",在當時是有此必要的。《左傳》襄公二十五年記述子産説:"政如農功,……行無越思,如農之有畔,其過鮮矣。"這裏也把"農之有畔"看成"農功"中最重要的事。封疆阡陌是劃分井田的主要結構,所以在商鞅變法時,爲了廢除井田,就"爲田開阡陌封疆"了。

《荀子·王霸》篇説:

《傳》曰：農分田而耕，賈分貨而販，百工分事而勸，士大夫分職而聽，建國諸侯分土而守。

這裏荀子所引的《傳》，該是一種古書，所說的"農分田而耕"，該就是指井田制平均分配田地而言的。《荀子·王霸》篇又說：

人主者以官人爲能者也，匹夫以自能爲能者也。人主得使人爲之，匹夫則無所移之。百畝一守，事業窮，無所移也。

這裏所說的"百畝一守"，就是說農夫"分田而耕"，一夫只有百畝之守。在井田制度"分田而耕"的情況下，每人平均分配份地百畝，即所謂"百畝一守"。

我們前面說過，我國古代村社的井田制度，有着定期平均分配份地的辦法。這種辦法，古時叫做"換土易居"，或者叫做"趄田易居"。《說文解字》解釋"趄"字說："趄田易居也。"《公羊傳》宣公十五年何休注說：

是故聖人制井田之法而口分之，一夫一婦受田百畝……司空謹別田之善惡，分爲三品，上田歲一墾，中田二歲一墾，下田三歲一墾，肥饒不能獨樂，墝埆不得獨居，故三年一換土易居，財均力平。

何休這個說法，該是有依據的，不是憑空能虛構的[①]。這種"三年一換土易居"的辦法，正是古代村社中定期分配份地的制度。馬克思說：

村社的成員們並沒有學過地租理論的科學課程，可是他們了解，在自然豐度不同、位置不同的各種土地上消耗等量的勞動，曾得到不等的結果。爲了平均他們的勞動機會，他們以土壤的自然差別和經濟差別爲標準，而把土地分成一定數量的地段，再按農民的人數把這些比較寬闊的地段裁成零塊份地，然後，每一成員分得每一地段中的一塊份地（《答維拉·查蘇里奇的信和草稿》，《史學譯叢》1955 年第 3 期 24—25 頁）。

[①] 《漢書·地理志》顏注引張晏說："周制三年一易田，以同美惡。商鞅始割裂田地，開立阡陌，令民各有常制。"又引孟康說："三年爰土易居，古制也。末世浸廢，商鞅相秦，復立爰田，……爰自在其田，不復易居也。"都認爲商鞅實行"爰自在其田"的"爰田"制之前，有"三年爰土易居"的制度。

何休注所説"謹別田之善惡,分爲三品",就是"以土壤的自然差別和經濟差別爲標準,而把土地分爲一定數量的地段";所謂"肥饒不能獨樂,墝埆不能獨居",就是"爲了平均他們的勞動機會"。恩格斯在《馬爾克》一文中説:

> ……至少,塔西佗(在凱撒之後 150 年)就只知道由各個家庭耕種土地。但是,分配給這些家庭的耕地,期限也只有一年;每隔一年,又要重新進行分配和更換。
>
> 這是怎樣進行的,我們今天還可以在摩塞爾河畔和霍赫瓦爾特山脈的所謂農户公社中看得出來。在那裏,雖然不再一年分配一次,但是每隔 3 年、6 年、9 年或 12 年,總要把全部開墾的土地(耕地和草地)合在一起,按照位置和土質,分成若干大塊。每一大塊,再劃分成若干大小相等的狹長帶狀地塊,塊數多少,根據公社中有權分地者的人數而定;這些地塊,採用抽簽的辦法,分配給有權分地的人。……没有開墾的土地、森林和牧場,仍然共同佔有,共同利用。(《馬克思恩格斯全集》第十九卷 1963 年人民出版社版,355 頁)

日耳曼人的馬爾克公社,最初是一年重新分配一次,接着改爲三年、六年、九年或十二年分配一次。中國古代的村社也正是如此,起初是每年要"均田",接着就"三年一換土易居"了。

這是我們要談的第三點,説明中國古代村社性質的井田制度,和古代各國的村社一樣有定期平均分配更換份地的制度,起初是一年分配更換一次,接着是三年分配更換一次。爲了要平均分配份地,井田有着平均劃分田地的封疆阡陌的結構。原始村社中實行定期平均分配更換份地的制度,是爲了勞逸平均,使所得生產品均勻。後來隸屬於國君和貴族的村社,也還實行定期平均分配更換份地的制度,主要的是爲了確保對貴族提供負擔,均分對貴族的負擔。井田制度正是如此,所以《漢書·食貨志》論述井田制度的作用説:"力役生產可得而平也。"

四　論井田制基礎上的古代村社組織

接下來,我們想討論一下我國古代井田制基礎上的村社組織。究竟在井田制下多少家合成一井呢?孟子説:八家共一井,《考工記》又説:"九夫爲井,井間廣四尺深四尺謂之溝",而《周禮·遂人》又説:"十夫有溝。"我們認爲十家一井之説,比較符合實際情況。因爲古代村社是由氏族公社、家庭公社變化來的,原來氏族組織是十進制的。春秋戰國間各國編制户籍,以伍什爲單位,例如鄭國子產曾使"田有封洫,廬井有伍",秦國在公元前 375 年"爲户籍相伍",也該是按照村社的老習慣。春秋時代有所謂十室之邑、百室之邑、千室之邑,也是以十進計算的。金鶚《求古録禮説》卷九《邑考》説:

> 孟子云:鄉里同井,出入相友,守望相助,疾病相扶持,則百姓親睦。此可見一井亦可爲邑矣。論語謂十室之邑,即一井之邑。

這個説法很有見識,所謂"十室之邑",該是當時最普遍的小村社。"邑"是古人居住地的通名,大的都市可以稱爲邑,小的村社也可稱爲邑。古時最小的居住單位叫里,貴族所居的都邑古時也有稱爲"里"的,有所謂"里君"。《令彝》、《史頌簋》、《尚書·酒誥》和《逸周書·商誓》篇都曾提到"里君"(《酒誥》和《商誓》篇今本已誤作"里居"),這種"里君"和"諸尹""百官""百姓"(貴族)連稱,當是貴族所居"里"的官長。但是,"里"原來應該是農民居住單位的名稱,所以從田從土。西周金文中,除了有賞賜"田"和"邑"的記載之外,也還有賞賜"里"的。《大簋》銘説:

> 王乎(呼)吴師召大易(錫)趞嬰里,王令善(膳)夫豕曰(謂)趞嬰曰:"余既易(錫)大乃里"……嬰令豕曰(謂)天子:"余弗敢斁(婪)",豕以(與)嬰覿(履)大易(錫)里。

這是記述周王把原來屬於趞嬰的"里",改賞給大的經過。古書上也常以"田里"連稱,例如《左傳》襄公三十年記述鄭國大夫"豐卷奔晉",後來又"反其田里及其入焉"。《國語·魯語下》記述孔子説:"賦里以入",《墨子·尚同》篇也以"里"爲"鄉"以下的居民的單位。《爾雅·釋言》説:"里,邑也","里"該就是小邑,也就是"十室之邑"。"里"的作爲長度和面積的單位,該也是由此而起的。孟子説:"鄉里同井",又説:"方里而井",因爲一"里"是"十室之邑","十室之邑"有一井之田,因而把一井之田的長度面積也稱爲"里"了。

古書上還有把這種"邑"和"里"稱爲"社"和"書社"的,這是由於"里"或"邑"中設有"社"或"書社"的關係。《戰國策·齊策五》説:"通都、小縣、置社有市之邑",可爲明證。大概我國古代村社的大小是不一致的,最普遍的是十家,也還有百家的,千家是極少數的,單位名稱在各個地區也是不同的,有稱邑和里的,有稱社或書社的,也有稱鄉的,又有稱聚的,商鞅變法時就曾把鄉、邑、聚合併成縣。自從春秋戰國間有縣制的設立,就逐漸把這些鄉里的組織統一起來。

最初村社中管理公務的領導,該是選舉出來的。《公羊傳》宣公十五年何休注記述井田制度時說:"選其耆老有高德者名曰父老,其有辯護伉健者爲里正。"秦漢時代的鄉官,有三老"掌教化",嗇夫"職聽訟,收賦稅",游徼"徼巡禁賊盜"。所有這些鄉官,究其原始,該是由村社中選舉出來的,後來才成爲國君和貴族選派的。《漢書·高帝紀》記二年二月詔説:"舉民年五十以上有修行能帥衆爲善,置以爲三老",《東觀漢記》説秦彭做山陽太守,"擇民能率衆者,以爲鄉三老",《漢書·文帝記》記十二年詔説:"三老,衆民之師",當然這時封建統治階級所説的這些話是騙人的,但是,原來村社中三老,確是"衆民之師","年五十以上有修行能帥衆爲善"的。到西漢末年農民大起義時,樊崇起兵於莒,還"自號三老"。這"三老"和"嗇夫"等鄉官,有着很古的淵源,例如《左傳》昭公三年記述晏嬰説:由於當時齊國剝削的嚴重,"民參(三)其力,二入於公而衣食其一,公聚朽蠹而三老凍餒"。又如《左傳》昭公十七年引《夏書》説:"辰不集于房(日食),瞽(樂師)奏鼓,嗇夫馳,庶人走。"原來在原始的農村公社中,這些三老和嗇夫等,是村社的領袖,等到村社隸屬於國君和貴族以後,這些官吏就由國君和貴族任命,成爲國君和貴族的屬吏,也就代表國君和貴族來統治和剝削村社的成員了。

原始村社中的長老,負有領導、組織和監督社内成員勞動的責任的。後來隸屬於國君和貴族的村社,"三老"就代表國君和貴族來進行監督和壓迫了。我們在有關井田制的論述中,也還可以見到一些這種情況。《儀禮經傳通解》卷九引《尚書大傳》説:

> 上老平明坐于右塾,庶老坐于左塾,餘子畢出,然後皆歸,夕亦如之,餘子皆入。父之齒隨行,兄之齒雁行,朋友不相逾,輕任并,重任分,頒白者不提攜,出入皆如之。

《白虎通》卷六《論庠序之學》部分也有相類的敍述。這些雖出於後人的傳述,應該不是憑空虛構的。《公羊傳》宣公十五年何休注在論述井田制時也説:

> 民春夏出田,秋冬入保城郭。田作之時,父老及里正旦開門,坐塾上,晏

出後時者不得出,莫(暮)不持樵者不得入。五穀畢入,民皆居宅,里正趨緝績,男女同巷,相從夜績,至于夜中,故女功一月得四十五日作,從十月盡正月止。

《漢書·食貨志》也有相同的説法,惟"男女同巷"作"婦人同巷"。這時村落的周圍是有泥牆保衛着的,稱爲"保"或"都",所以《月令》篇説:孟夏之月"命農勉作,毋休于都",又常説:"四鄙入保"。在"保"或"都"的兩頭有門,叫做"閭",在"閭"旁有個門房,叫做"塾"。在農忙季節,父老和里正就坐在"塾"裏,監督人們早出晚歸。何休注和《食貨志》都説在里正的監督下,在夜長的冬天,婦女"相從夜績,至于夜中",一天要做十八小時工作,可見當時在男女不平等情況下,對婦女的壓迫更厲害。

這時"籍田"或"公田"上集體勞動所得,已被貴族侵佔,因而貴族對這種集體勞動監督特別嚴厲。"籍禮"就是貴族在"籍田"上進行監督勞動的儀式和制度,詳拙作《"籍禮"新探》。孟子在論述井田制中説:八家"同養公田,公事畢,然後敢治私事"。所謂"公事"即指被監督的集體勞動。《周禮》記述里宰的職司:

掌比其邑之衆寡與其六畜兵器,治其政令,以歲時合耦于鋤,以治稼穡,趨其耕耨,行其秩敍,以待有司之政令,而徵斂其財賦。

這個里宰已是國家的屬吏,也還要"以歲時合耦于鋤,以治稼穡,趨其耕耨",負責協作耕耨的組織工作和監督工作。所謂"鋤",鄭玄認爲是"里宰治處也,若今街彈之室,于此合耦,使相佐助,因放以爲名"。其實"鋤"就是孟子所説"同養公田"的"公田",也是孟子所説"惟助爲有公田"的"公田"。因爲在"公田"的被監督的集體耕作叫"助",這種"公田"就叫做"助"或"鋤";猶如在"公田"的被監督的集體耕作叫"籍","公田"又叫做"籍田"或"籍"。"合耦于鋤",就是説:集體耕作於"公田"。這種鄉官監督和組織農業勞動的習慣到漢代還流行,叫做"彈勸"。《水經注》卷二十九載:平氏縣故城內有南陽都鄉正衛彈勸碑,《水經注》卷三十一又載:魯陽故城內有南陽都鄉正衛碑,王應麟《困學紀聞》卷四認爲《水經注》的"衛"字都是"街"字之誤。《金石錄》卷十八又載昆陽城中有中平二年正月都鄉正街彈碑。惠士奇《禮説》卷五解釋"南陽都鄉正街彈勸碑"説:

    彈勸者，既彈之又勸之也。洪氏《隸釋》載其文亦云："縣令愍縣役之苦"，而其頌有"勸導有功"及"耕于耦，梵梵黍稷"之語，則知彈勸不獨平縣，且合耦矣。

還有酸棗令劉熊碑說："愍念烝民，勞苦不均，爲作正彈，造設門更"（《隸釋》卷五、《全後漢文》卷一百六）。所謂彈勸，是對農民的工作加以組織和監督，以免"勞苦不均"，也就是《逸周書》所謂"興彈"。《逸周書·大聚》篇說：

    發令以國爲邑，以邑爲鄉，以鄉爲閭，禍災相恤，資（助）喪比（合）服（事），五户爲伍，以首爲長，十夫爲什，以年爲長，合閭立教，以威爲長，合旅同親，以敬爲長，飲食相約，興彈相庸，耦耕俱耘。

  這裏所說的，大概也是根據古代村社的協作情況。所謂"興彈相庸，耦耕俱耘"，也就是《周禮》所說"合耦于鋤"。

  這是我們所要談的第四點，說明中國原始的村社和各國的村社組織一樣，有長老作爲他們的領導，負責組織和監督勞動生產以及其他公務，在成員之間有着相互協作的習慣。等到階級社會出現，村社隸屬於國君和貴族，長老就成爲國君和貴族的屬吏，雖然外表上仍具有村社代表的身份，負有督促成員生產和互助之責，實質上已代表貴族來統治和剝削成員，成爲貴族派在鄉里中的直接監督者和統治者。

五　論古代村社的公共生活

  接着我們要討論的是：在古代村社組織中有怎樣的公共生活。孟子在論井田制時說："設爲庠序學校以教之，庠者養也，校者教也，序者射也。"實際上，這裏所謂庠、序、校是古代村社中的公共建築，是村社成員公共集會和活動的場所，兼有會議室、學校、禮堂、俱樂部的性質。因爲村社的父老經常在這裏主持一切，受人尊敬和供養，所以有的稱爲庠。又因爲這裏是村社羣衆習射之所，也或稱爲序。孟子說："序者射也。"《周禮·州長》又說："春秋以禮會民而射于州序。""序"古時也或作"豫"作"榭"，《鄉射禮》鄭玄注說："今言豫者，謂州學也，讀如宣謝災之謝，周禮作序。"同時又是村社中父老教育子弟的場所，《公羊傳》何休注說："中里爲校室，……十月事訖，父老教于校室。"

這種稱爲庠、序、校的公共建築,因爲是羣衆活動場所,是建築成廳堂式樣的,是"㷉前無壁"的,是建築在土堆成的平台上的。《爾雅·釋宫》說:"闇謂之台,有木者謂之榭。"又說:"無東西廂,有室曰寢,無室曰榭。"《左傳》宣公十六年杜預注也說:"宣榭,講武屋,謂屋㷉前。"《鄉射禮》鄭玄注說:"序,無室,可以深也。"當時國君和貴族建築的榭或序,要講究些,至於村社中的序,該是十分簡陋的,只是建築在土台上的一個四周無壁的大茅草棚而已。《史記·封禪書》記述漢武帝時濟南人公玉帶所獻的明堂圖,"中有一殿,四面無壁,以茅蓋,通水圜宫垣",實際上就是村社中"序"的建築式樣,可能所謂明堂也是由此發展而成的。

吕思勉先生在《燕石續札》中有"鄉校"一條,引述過去"滇西之俗"說:

> 村必有廟,廟皆有公倉,衆出穀以實之。廟門左右,必有小門,時日茶舖,衆所集會之所也。議公事,選舉鄉保長,攤籌經費,辦理小學皆於此。婚喪祝壽等事亦於此行之。故是廟也……村之議會也,公所也,學校也,禮堂也,殯儀館也,而亦即其俱樂部也。

吕先生認爲"此正古之學校"。我們認爲這確是古代村社中序、庠、校的遺存。《左傳》襄公三十一年記述鄭國"鄉校"情况說:

> 鄭人游于鄉校,以論執政。然明謂子產曰:毁鄉校如何?子產曰:何爲?夫人朝夕退而游焉,以議執政之善否。其所善者,吾則行之;其所惡者,吾則改之;是吾師也,若之何毁之?

吕先生解釋說:"惟僅冬日教學,餘時皆如議會公所,亦如俱樂部,故人得朝夕游其間也。"可見這種序、庠、校的制度,到春秋時在中原地區還是很流行的。當時除了村社中有這種序、庠、校的制度以外,國都中貴族和近郊"國人"所居的鄉里,也設有序、庠、校,更有小學和大學(稱爲辟雍、泮宫),是貴族成員公共集會和活動的場所,也是貴族子弟學習的學校,另詳拙作《我國古代大學的特點及其起源》。這時鄭國的"鄉校",該屬於"國人"的學校性質。

這時村社中最熱鬧的羣衆集會是祭社。社就是土地之神,後世的城隍廟、土地廟就是由此演變出來的。這時村社的土地所有制是間接的,"是因爲有國家的存在,因之也因爲有被看作神授的等的前提"(馬克思《資本主義生産以前各形態》中譯本9頁)。因爲他們認爲土地原是社神所有的,《說文解字》所謂"社,地主也",所以每年仲春季節要祭社,《月令》說:仲春之月"擇元日,命民社"。在當時,因爲土地層層的佔有,從天子、諸侯、卿大夫到國人,也都有"社"。祭社的目的,是爲了祈求甘雨和豐年。《小雅·甫田》篇說:"以我齊明,與我犧羊,以社以方。我田既臧,農夫之慶,琴瑟擊鼓,以御田祖,以祈甘雨,以介我稷黍,以穀我士女。""社"也或稱爲"田祖"和"祖",在宋又稱爲"桑林"。《墨子·明鬼下》篇說:"燕之有祖,當齊之社稷,宋之桑林,楚之雲夢,此男女所屬而觀也。"

這時"社"設置在樹林中,是一個土壇,土壇上陳列着石塊或木塊作爲"社主"。祭社時男女齊集,殺牛殺羊祭祀,奏樂歌舞。既有羣衆性的文娛活動,也是男女交際的場所。民間有許多動聽的音樂,美妙的舞蹈,生動的詩歌,都在這裏表演。這種情況到漢代也還流行,《淮南子·精神》篇說:"今夫窮鄙之社,叩盆拊瓴,相和而歌,自以爲樂矣。"在祭社的禮節完畢以後,羣衆也就聚餐一頓,《史記·陳丞相世家》說:"里中社,(陳)平爲宰,分肉食甚均,父老曰:善,陳孺子之爲宰。"當聚餐時,是由主管宰殺犧牲的社宰來平均分配給大家吃的。

其次的羣衆集會是臘祭。臘祭是在收穫以後,對各種鬼神的酬謝和慶祝豐收。臘祭原在十月,後來改在十二月,也或稱爲"蠟祭"。《月令》說:孟冬之月"臘先祖五祀,勞農以休息之"。《禮記·郊特牲》篇說:"蠟也者索也,歲十二月合聚萬物而索饗之也。蠟之祭也,主先嗇(農神)而祭司嗇也,祭百神以報嗇也,……息田夫也。"蠟祭時也非常熱鬧,"一國之人皆若狂",這樣的"百日之蠟,一日之澤",即終年辛勤,一日得到休息娛樂,孔子認爲符合於"一張一弛,文武之道也"(《禮記·雜記下》)。臘祭時也殺牛殺羊,《韓非子·外儲說右上》篇記述秦昭王時因王病愈而"殺牛賽禱",公孫衍說:"非社臘之時也,奚自殺牛而祠社?"可知祭社祭臘是同樣要殺牛祭祀的。《史記·秦始皇本紀》記述"三十一年十二月更名臘爲嘉平,賜黔首里米六石二羊"。所謂"賜黔首里米六石二羊",也是爲村社祭臘之用。在祭臘完畢後,也同樣要在村社的公共建築——"序"裏聚餐,聚餐要按年齡大小來排席次。《周禮·黨正》說:"國索鬼神而祭祀,則以禮屬民而飲酒于序,以正齒位。"除了祭社祭臘以外,其他的祭祀還有"嘗新"等。這種酒會熱鬧得很,男女老少的農民都一起在歡樂,還有"六博""投壺"等娛樂,《史記·滑稽列傳》記淳于髡說:"若乃州閭之會,男女雜坐,行酒稽留,六博投壺,相引爲曹,握手無罰,目眙不禁,前有墮珥,後有遺簪,髡竊樂此,飲可八斗而醉二參(三)。"

最初村社的"土地一部分屬於個別的農民,由他們獨立去耕作。別一部分是共同耕作的,……那是部分地被用來應付公共的支出,部分地當作歉收等等情況下的準備"(馬克思《資本論》第三卷 1953 年人民出版社版 1048—1049 頁)。在奴隸主和封建主的統治壓迫下,共同耕作的公共地全部被掠奪,這種祭祀等公共的支出,就由個別農民分擔,成爲農民的一種格外負擔。戰國初期李悝計算農民生活,一家五口,百畝歲收一百五十石,除去十一之税十五石和吃糧九十石,餘下四十五石,每石三十錢,共一千三百五十錢,其中"社閭嘗新春秋之祠用錢三百",可知這時村社的祭祝,已成爲農民很沉重的負擔。

這是我們要談的第五點,説明中國原始的村社中有着公共集會和活動的場所,兼有會議室、學校、禮堂、俱樂部的性質。祭社和祭臘是當時最熱鬧的羣衆性活動。後來,村社隸屬於國家和貴族,原來共同耕作的收入已被全部掠奪去,祭社、祭臘等羣衆活動的習慣雖還保存着,但其費用已成爲村社成員的沉重負擔。

六 結 語

上面我們論證了我國古代井田制度和村社組織情況。同時我們必須指出:在古代東方國家中,這種孤立而細小的村社實質上已成爲被奴役的"小集體"。因爲奴隸主貴族及其國家在對各部落征服和掠奪的過程中,已使原來村社成員"不能成爲財産的所有者,而只不過是一個佔有者,所以事實上他本身即是財産"(《資本主義生産以前各形態》中譯本三〇頁)。當時奴隸主貴族及其國家,除了佔有和奴役各種生産奴隸之外,還實際上成爲許多村社的土地和人民的所有者,他們利用原來村社組織加以勞動編組,把村社轉化成了被奴役的"小集體",使再生産在極悲慘條件下進行,於是這種變質的村社組織便被長期保留下來。在商和西周奴隸制國家的統治下,這些村社成爲奴隸制國家的基層組織,村社的長老已成爲國王和貴族的屬吏,村社成員和奴隸同樣受到壓迫和剥削。到春秋戰國間,由於社會經濟的發展,村社的份地開始賣買,井田制度瓦解,村社組織就進一步分化。這個問題牽涉中國古代歷史的分期問題,需要另外詳細討論。

自從春秋戰國間井田制度瓦解,村社的份地開始賣買,村社組織進一步分化,村社內部成員間的不平等就更顯著。從中出現了稱爲"豪民"的地主,出現了少地的貧苦農民[1],也出現了"耕豪民之田見税十五"的佃農,也出現了"庸耕"的

---

[1] 例如秦漢間陳平"家貧","有田三十畝",見《史記·陳相國世家》。

雇農，也還有出賣妻子兒女做奴隸的，也還有奴隸性質的"贅婿"。《史記·貨殖列傳》說："凡編戶之民，富相什則卑之，伯則畏憚之，千則役，萬則僕，物之理也。"也就是說：由於貧富的不均，必然會産生隸屬和奴役的關係。在村社中這樣階級分化的情況下，閭里中居住的不平等情況也就跟着産生。因爲古人是重右而輕左的，於是在閭里之中所有無地的貧苦農民，都被迫住到"閭左"①。秦始皇在連年不斷的戰爭中，首先謫發罪人、贅婿、商人，接着謫發曾做過商人的、父母和祖父母做過商人的。等到秦二世元年七月，因爲罪人、贅婿、商人早謫發完了，就"入閭取其左"。在"發閭左"這一役中，因爲陳勝原是"傭耕"的雇農，也住在閭左，因而也在謫發之列。自從井田制廢棄，村社内部分化，村社組織就只能逐漸解體了。

　　這個問題到目前爲止，還没有人作過有系統的探討。這篇文章只是一個試探，希望大家批評和指教。

　　《學術月刊》1959 年 6 月號，又收入《中國封建社會土地所有制形式問題討論集》，今大加修訂

---

① 《史記·陳涉世家》索隱對"發閭左"有兩種不同解釋，一說秦時免役者居閭左，發閭左就是把住在閭右的該服役的人征發完了，這時把不當服役的閭左居民也徵發了。另一說秦時富强的人居閭右，貧弱的人居閭左，這時富强的人徵發完了，徵發到了居閭左的貧弱居民。《漢書·食貨志》注引應劭說："秦時以適發之名適（謫）戍，先發吏有過及贅壻、賈人，後以嘗有市籍者發，又後以大父母、父母嘗有市籍者。戍者曹輩盡，復入閭取其左發之，未及取右而亡。"在上述三種解釋中應以應劭之說爲是。應劭之說是根據鼂錯的。《漢書·鼂錯傳》載錯說："臣聞秦時，……戍者死於邊，輸者償於道。秦民見行，如往棄市。因以謫之，名曰謫戍。先發吏有謫及贅壻、賈人，後以嘗有市籍者，又後以大父母、父母嘗有市籍者，後入閭取其左。"古人居處重右而輕左，詳趙翼《陔餘叢考》卷二十一《尚左尚右》條、崔述《豐鎬考信別録》卷三《周制度雜考》等。

試論西周春秋間的鄉遂制度和社會結構

鄉遂制度,是西周春秋間社會結構的重要特徵之一。"鄉"與"遂"不僅是兩個不同的行政區域,而且是兩個不同階級的人的居住地區。從這兩個地區的社會組織的不同,居民在經濟上和政治上所處的地位不同,在社會勞動組織中所起作用的不同,可以幫助我們瞭解當時的社會結構和階級關係。

這種鄉遂制度,《周禮》中有比較詳細的敘述。《周禮》雖是春秋、戰國間的著作,其所述的制度已非西周時代的本來面目,夾雜有許多拼湊和理想的部分,但是其中鄉遂制度,基本上還保存着西周春秋時代的特點。因此,要從這方面作深入探索,還必須從《周禮》談起。

一 《周禮》中的鄉遂制度

《周禮》把周天子直接統治的王畿,劃分爲"國"和"野"兩大區域,對整個王畿的經營佈置,稱爲"體國經野"。在這"國"和"野"兩大區域中,"郊"是個分界線,"郊"以內是"國中及四郊","郊"以外即是"野"。"郊"的得名,就是由於它是"國"和"野"的交接之處。

"國"的本義,是指王城和國都。在王城的城郭以內,叫做"國中";在城郭以外,有相當距離的周圍地區,叫做"郊"或"四郊"。在"國"以外和"郊"以內,分設有"六鄉",這就是鄉遂制度的"鄉"。從"郊"的廣義而言,所有"六鄉"地區,都可以稱爲"郊"或"四郊"①。對"野"而言,以王城爲中心,連同四郊六鄉在內,可以

---

① 段玉裁《四與顧千里書論學制備忘之記》(收入《經韻樓集》)說:"郊之爲言交也,謂鄉與遂相交接之處也,故《說文》曰:'距國百里爲郊',此郊之本義也,謂必至百里而後爲郊也。而《爾雅》曰:'邑外謂之郊',《說文》門下本之,亦曰:'邑外謂之郊。'邑者,國也,是則自國中而外,至於百里,統謂之郊矣,此引伸之義也。何以引伸也?國外郊內六鄉之地,故《周禮》立文,多言'國中及四郊',以包六鄉。其有單言六鄉者,其事不涉國中者也。言四郊可以包鄉,……《粊誓》三郊三遂,即三鄉三遂。"

總稱爲"國"①。

在"郊"以外,有相當距離的周圍地區叫"野"。在"郊"以外和"野"以內,分設有"六遂",這就是鄉遂制度的"遂"。此外,卿大夫的采邑稱爲"都鄙",細分起來,有甸、稍、縣、都、鄙等名目。就"野"的廣義而言,指"郊"外所有的地區,包"六遂"和"都鄙"等。

大體說來,王城連同四郊六鄉,可以合稱爲"國";六遂及都鄙等地,可以合稱爲"野"。六鄉和六遂是分布在兩個不同的行政區域。《周禮·比長》載:"徙于國中及郊,則從而授之;若徙于他,則爲之旌節而行之。若無授無節,則唯圜土内之"(鄭注:"圜土者,獄城也")。這因爲"國"和"郊"屬於同一地區,六鄉的居民,要在"國中及郊"的範圍內遷居,手續比較簡便;如果要遷出這個地區,就要鄭重其事,"爲旌節以行之",沒有節是要被拘捕的。

"鄉"和"遂",不僅所居地區有"國"和"野"的區別,而且居民的身份亦有不同。在《周禮》中,"鄉"和"遂"的居民雖然都可以統稱爲"民",但是"六遂"的居民有個特殊的稱呼,叫"甿"、"氓"或"野民"、"野人";"六鄉"的居民則可稱爲"國人"。

《周禮·遂人》載:

> 凡治野,以下劑致甿,以田里安甿,以樂昏(婚)擾甿(注:"擾,順也"),以土宜教甿稼穡,以興耡利甿,以時器勸甿(注:"鑄作耒耜錢鎛之屬"),以強予任甿(注:"強予,謂民有餘力,復予之田,若餘夫然"),以土均平政。

鄭注:"變民言甿,異內外也。"這裏談"治野"的方法,一連串談到七次"甿",其中大多數是關涉農業生產的。"甿",古本或作"氓",或作"萌"②,本是指"田民"、"野

---

① 焦循《羣經宮室圖》卷上説:"隱公五年傳云:'鄭人伐宋,入其郛,公聞……問於使者曰:師何及?對曰:未及國。公怒乃止。'按公聞其入郛而使者對以未及國,公以其始己而怒,則當時謂郛內爲國也。"又説:"《齊語》:'參其國而伍其鄙',韋昭注云:'國,郊以内也;鄙,郊以外也。'孟子云:'請野九一而助,國中十一使自賦。'《周禮·遂人》'掌邦之野',注云:'郊外曰野',……準此,則近郊遠郊爲國中也。"又説:"經典國有三解:其一,大曰邦,小曰國,如惟王建國,以佐王治邦國是也。其一,城中曰國,《小司徒》稽國中及四郊都鄙之夫家,《載師》以廛里任國中之地,……是也。蓋合天下言之,則每一封爲一國;而就一國言之,則郊以内爲國,外爲野;就郊以内言之,則城內爲國,城外爲郊。"

② 宋本《經典釋文》作"氓",宋本《白氏六帖事類集》卷二十三"給授田第十六"引作"氓",《説文·耒部》"耡"字下引《周禮》:"以興耡利萌。"鄭注亦作"萌"。清代學者都認爲古本應作"萌"。

民"或"野人"①。《墨子·尚賢上》説:"國中之衆,四鄙之萌人,聞之皆競爲義","國中之衆"即是"國人","四鄙"即是"野","萌人"即是"甿"或"萌"。《周禮》也稱"六遂"的居民爲"野民",如《周禮·縣正》説:

> 若將用野民,師田行役,移執事,則帥而至,治其政令。

"野民"也即"甿"或"氓"的别稱,古書上或稱爲"野人"、"鄙人"。如《孟子·滕文公上》説:"無君子莫治野人,無野人莫養君子。"

"六遂"因爲處於"野"的地區,其居民被稱爲"甿"、"氓"或"野民"、"野人"。那麽,六鄉處於"國"的地區,其居民就可以稱爲"國人"了。《周禮·泉府》載:"國人、郊人從其有司",賈疏:"國人者,……即六鄉之民也。"②

"六鄉"和"六遂"居民的社會組織也有不同。《周禮·大司徒》載六鄉的鄉黨組織是:

> 令五家爲比,使之相保;五比爲閭,使之相受;五閭爲族,使之相葬;五族爲黨,使之相救;五黨爲州,使之相賙;五州爲鄉,使之相賓。

《周禮·遂人》載六遂的鄰里組織是:

> 五家爲鄰,五鄰爲里,四里爲酇,五酇爲鄙,五鄙爲縣,五縣爲遂。

從"六鄉"的鄉黨組織,分爲比、閭、族、黨、州、鄉六級來看,可知"六鄉"居民還多採取聚族而居的方式,保持有氏族組織的殘餘形式,在一定程度上仍以血統關係作爲維繫的紐帶。從"六遂"的鄰里組織,分爲鄰、里、酇、

---

① 《説文·田部》把"甿"訓爲"田民",《戰國策·秦策》高注:"野民曰氓。"《孟子·滕文公》篇趙注:"氓,野人之稱。"《管子·山國軌》篇尹注也説:"萌,田民也。""甿"或"氓"、"萌"的身份和地位遠較"國中"的"鄉人"爲低。《周禮·旅師》載:"凡新甿之治皆聽之",這對新遷來的農業生産者叫"新甿",因爲其身份地位亦低。《吕氏春秋·高義》篇載墨子説:"翟度身而衣,量腹而食,比於賓萌,未敢求仕。""賓萌"即是"新甿"。至於"民"是通稱,"六鄉"居民可稱"民","六遂"的"甿"亦可通稱爲"民"。金鶚《求古録禮説》卷八《釋民》認爲"甿""氓""萌"與"民"相同,説:"萌與民義同,而鄭謂異外內,則未必然。遂人、遂大夫、旅師雖言萌,而上下文又皆言民,是知萌即民,民即萌,無他義也。"這是不正確的。

② 孫詒讓《周禮正義》説:"案國即國中,謂城郭中;郊,六鄉外之餘地。經言國人,以晐國外之六鄉;言郊人,以晐郊外之六遂公邑。秋官,鄉士掌國中,遂士掌四郊,亦其比例也。"

鄙、縣、遂六級來看，可知"六遂"居民已完全以地域關係、鄰居關係代替了血統關係①。

爲什麽"六鄉"組織還多保持血統關係，而"六遂"組織已多是地域關係呢？因爲"六鄉"居民都是"國人"，具有國家公民的性質，屬於當時統治階級，依舊沿用傳統習慣，用血統關係作爲團結的手段。而"六遂"居民是"甿"或"野人"，是勞動者、被剝削者和被壓迫者，他們的社會組織，只是勞動編組的性質，爲了便於貴族和官吏的監督和鞭策而已。據《周禮》所載，所有統治"六遂"的各級官吏，都有監督耕作之責，如遂人"以歲時稽其人民而授之田野，簡其兵器，教之稼穡"；遂師"巡其稼穡，而移用其民，以救其時事"；遂大夫"正歲，簡稼器，修稼政"；縣正"趨其稼事而賞罰之"；鄾長"趨其耕耨，稽其女功"；里宰"以歲時合耦于耡，以治稼穡，趨其耕耨，行其秩叙，以待有司之政令，而徵斂其財賦"。

"六遂"居民是農業生産的主要擔當者，所以有一套分配耕地的制度。《周禮·遂人》載：

> 辨其野之土，上地中地下地，以頒田里；上地，夫一廛，田百晦（畝），萊五十晦；餘夫亦如之。中地，夫一廛，田百晦，萊百晦；餘夫亦如之。下地，夫一廛，田百晦，萊二百晦；餘夫亦如之。

對"六遂"居民所以要如此平均分配耕地，無非是爲了確保對貴族提供負擔，和均分對貴族的負擔。"六鄉"雖然也有平均分配耕地的制度，却是爲了保持公民之間的平等權利，維持他們提供兵役和勞役的能力。《周禮·小司徒》載：

> 乃均土地，以稽其人民而周知其數。上地家七人，可任也者家三人；中地家六人，可任也者二家五人；下地家五人，可任也者家二人。凡起徒役，毋過家一人，以其餘爲羨，唯田與追胥竭作。

---

① "六鄉"的鄉黨組織中，族、黨等名稱顯然帶有濃厚的血緣關係。所謂"五閭爲族，使之相葬"，更是同族合葬的傳統習慣。《周禮·大司徒》所載"以本俗六安萬民"中，其二曰："族墳墓"，也是指同族合葬。"六遂"的鄰里組織，鄰、里、酇、鄙、縣、遂等名稱，都是表現鄰居關係和地域關係的稱謂。

《周禮·大司馬》也有類似的記載：

> 凡令賦，以地與民制之，上地食者參之二，其民可用者家三人；中地食者半，其民可用者二家五人；下地食者參之一，其民可用者家二人"（鄭注引鄭司農云："上地謂肥美田也。食者參之二，假令一家有三頃，歲種二頃，休其一頃。下地食者參之一，田薄惡者所休多。"）

"上地食者參之二"，即是《遂人》所説"上地，夫一廛，田百畮，萊五十畮"。這裏所説"中地，""下地"也和《遂人》所説相同。可知"六鄉"居民和"六遂"同樣有平均分配"份地"制度，但是"六鄉"居民主要的負擔是兵役和力役。

因爲"鄉"和"遂"的居民，階級地位不同，負擔也大有不同。《孟子·滕文公上》載滕文公使畢戰問井地，孟子説："請野九一而助，國中什一使自賦。"這該是根據舊有的制度來説的。六鄉居民主要提供的是軍賦，而"六遂"居民主要負擔的是農業生產上的無償勞動，即所謂"助"，亦作"耡"，又稱爲"耤"或"籍"。《周禮·里宰》載："以歲時合耦于耡。""合耦"是指相互合作，實行"耦耕"；"耡"當即指井田制中的"公田"，即一里二十五家共同耕作的田。這種"合耦"於公田的辦法被稱爲"助"，即孟子所謂"唯助爲有公田"；因爲這種"公田"是實行"助"法的田，就稱爲"耡"，猶如實行"籍"法的田，稱爲"籍田"或"籍"①。里宰"以歲時合耦于耡"，就是按農業時令的需要，督促里中居民在"公田"上集體耕作。在"公田"上集體耕作所有的收穫，實際上已是貴族和官吏的剥削收入，名義上還是用於救濟的。所以《周禮·旅師》説：

> 掌聚野之耡粟、屋粟、閒粟而用之，以質劑致民，平頒其興積，施其惠，散其利，而均其政令。凡用粟，春頒而秋斂之。

"耡粟"即是"合耦于耡"而收穫的粟，在春荒時借出，秋收時收回，名義上"施其

---

① 參看拙作《籍禮新探》第三節。今收入本集。

惠，散其利"，也就是《周禮·遂人》所説："以興鋤利甿"①。實際上，"六遂"居民在"公田"上的被監督的集體耕作，是一種無償勞動，是一種嚴重的剥削，"公田"上的收穫已完全爲貴族和官吏所佔有。

《周禮·遂人》説："以下劑致甿"，鄭注："民雖受上田、中田、下田，及會之，以下劑爲率，謂可任者家二人。"好像在徵發力役方面，"六遂"要減於"六鄉"，凡是家七人受上田的，家六人受中田的，一律按照家五人受下田的役法徵調，即每家抽二人。其實，對貧苦人民來説，每家要抽二人去服役，已是很苛刻了。

"六遂"居民不僅要在"公田"上從事無償勞動，即所謂"助"；所耕"份地"（即上田、中田、下田），也還要出貢賦。《周禮·司稼》説："巡野觀稼，以年之上下，出斂法。"司稼根據在"野"所巡視的結果，按照年成上下所定的"出斂法"，其徵斂的對象顯然是在"野"的居民。"六遂"居民除了提供力役（即"野役"）之外，還要提供貴族祭祀所需的犧牲，提供在野的一切物產，包括鳥獸、草木、玉石之類，有所謂"野牲"、"野職"、"野賦"。可知"六遂"居民所受的剥削，是極其繁重的。

"六鄉"居民對國家最主要的負擔是軍賦、兵役和力役。《周禮》上軍隊的組織編制，完全是和"六鄉"居民的鄉黨組織結合起來的。《周禮·小司徒》説：

> 乃會萬民之卒伍而用之：五人爲伍，五伍爲兩，四兩爲卒，五卒爲旅，五旅爲師，五師爲軍，以起軍旅，以作田役，以比追胥，以令貢賦。

據規定，在"六鄉"居民中，"凡起徒役，毋過家一人"。"五家爲比"，每家抽一人入伍，就成爲"五人爲伍"。依此類推，"五比爲閭"，就成"五伍爲兩"；"四閭爲族"，

---

① 《周禮·遂人》載治野之法，十夫有溝，百夫有洫，千夫有澮，萬夫有川。《周禮·小司徒》又載"井牧其田野"之法，九夫爲井，四井爲邑，四邑爲丘，四丘爲甸，四甸爲縣，四縣爲都。鄭玄據此，認爲《遂人》所載是鄉遂之制，用溝洫法；《小司徒》所載是采地都鄙之制，用井田法。後人對此，聚訟紛紜，大體不外三説：（一）從鄭玄之説，認爲鄉遂用溝洫制，即用貢法，都鄙用井田制，即用助法。（二）反對鄭玄之説，認爲全用井田之制，並據《周禮·遂人》"以興鋤利甿"，以爲遂亦用助，與都鄙相同，而與鄉用貢法不同。（三）以爲《小司徒》所説"九夫爲井"，其中無公田，《周禮·司稼》又説"巡野觀稼，以年之上下出斂法"，都鄙所用的應爲徹法。這些説法中，從第二説爲是。古時所謂井田之制，並非限於八家同井、其中有公田的制度，這原是村社的土地所有制，除了集體耕作的公田之外，每家都分到大體相同的"份地"，"份地"分布的方法可以有種種方式。關於"遂"用助法，宋人葉時《禮經會元》卷二"井田"説："案孟子曰：請野九一而助，國中什一使自賦。國中言鄉，野言遂也。分而言之，是鄉用貢法，遂用助法矣。蓋六鄉于王畿爲近，而皆君子，故使之什一自賦其粟而藏之倉人。六遂于王畿爲遠，而皆野人，故使之九一而助，其粟則聚于旅師。……故遂人曰：以興鋤利甿，謂興起衆民共治公田也；里宰曰：以歲時合耦于鋤，謂合衆力耦耕公田也；旅師曰：掌野之鋤粟，謂公田所收之粟也。……助之一字，惟見于六遂之官，是六遂爲助法明矣。"

就成"四兩爲卒";"五族爲黨",就成"五卒爲旅";"五黨爲州",就成"五旅爲師";"五州爲鄉",就成"五師爲軍"。這樣,"六鄉"居民就可編制成"六軍",成爲國家機器的主要部分,不僅用於戰爭,還用於田獵和力役,用於追捕"寇賊";同時對"六鄉"軍賦的徵收,也在這個組織中進行。

"六鄉"居民是編制成"六軍"的基礎,是貴族政權的有力支持者。"六遂"居民則不同,他們沒有經常的軍隊編制,沒有被編入正式的軍隊①,他們被徵發去參加"師田行役",只是隨從服勞役而已。

由於"六鄉"居民是貴族政權的有力支柱,國家有重大事故,就要被召集去從事保衛工作。《周禮·大司徒》說:"若國有大故,則致萬民於王門,令無節令者不行於天下。""萬民",孫詒讓《周禮正義》認爲"專指六鄉之正卒",對的;把他們召集到宮門來,就是擔任保衛的。《周禮·小司徒》說:"凡國之大事致民,大故致餘子。"國之大事是指軍事和祭祀,所謂"國之大事,在祀與戎","致民"也是指召集六鄉的正卒。"大故",鄭注:"謂災寇也","致餘子"是指召集六鄉的餘子羨卒。

國家有重大事故時,不僅要召集六鄉正卒去保衛,還常要徵詢他們的意見。《周禮·鄉大夫》載:"國大詢於衆庶,則各帥其鄉之衆寡而致於朝。"鄭注:"大詢,詢國危,詢國遷,詢立君。"鄭玄這個注解是根據《周禮·小司寇》的。《小司寇》說:"掌外朝之政,以致萬民而詢焉,一曰詢國危,二曰詢國遷,三曰詢立君。""詢國危"是說國家遇到重大危難時徵詢意見,"詢國遷"是說國家需要遷都時徵詢意見,"詢立君"是說國君繼立發生問題時徵詢意見。這三個方面,確是古代政權機構中最重要的大事。從這點,也可見"六鄉"居民有參與政治的權利。至於"六遂"居民,就不能享受這種權利。

"六鄉"居民還有接受教育的權利。《周禮·大司徒》說:"以鄉三物教萬民而賓興之,一曰六德:知、仁、聖、義、忠、和;二曰六行:孝、友、睦、姻、任、恤;三曰六藝:禮、樂、射、御、書、數。"其中"六藝"是"六鄉"居民主要的教育課程,在"六藝"之中尤以"禮"和"射"爲重要。《周禮·鄉師》說:"正歲,稽其鄉器,比共吉凶二服,閭共祭器,族共喪器,黨共射器,州共賓器,鄉共吉凶禮樂之器。"《周禮·黨正》說:"凡其黨之祭祀、喪紀、昏冠、飲酒,教其禮事,掌其戒禁。"可知"六鄉"居民對於昏、冠、喪、祭、鄉飲酒等禮,都很重視。在這些禮之中,尤以鄉飲酒禮和鄉射禮爲重要。《周禮·黨正》載:"國索鬼神而祭祀,則以禮屬民而飲酒於序,以正齒

---

① 《周禮》中沒有"六遂"的軍制,鄭玄注:"遂之軍法,追胥起徒役,如六鄉。"這是毫無根據的。

位。"所謂"飲酒於序"即指鄉飲酒禮。《周禮·州長》又説:"春秋以禮會民而射於州序。""射於州序"即指鄉射禮。鄉飲酒禮和鄉射禮,都是以"鄉"爲名,"鄉飲酒禮"或者單稱爲"鄉",很明顯是"六鄉"居民所行的禮。鄉飲酒禮不僅是尊敬長老和加强團結的酒會,而且具有商定大事的議會性質,是一鄉的諮詢機關。鄉射禮不僅具有軍事教練的性質,而且具有選拔人才的目的。詳見拙作《鄉飲酒禮與饗禮新探》和《射禮新探》。所有這些禮的舉行,都是和他們的政治權利和兵役義務,密切相關的。

"六鄉"居民更有被選拔的權利。《周禮·鄉大夫》載:

> 三年則大比,攷其德行道藝,而興賢者能者。鄉老及鄉大夫帥其吏與其衆寡,以禮禮賓之。厥明,鄉老及鄉大夫羣吏獻賢能之書于王,王再拜受之,登于天府,内史貳之,退而以鄉射之禮五物詢衆庶:一曰和,二曰容,三曰主皮,四曰和容,五曰興舞。此謂使民興賢,出使長之;使民興能,入使治之。

在"六鄉"中三年有一次"大比",由鄉中官吏挑選出賢者、能者,寫在書上獻給國王,又要"退而以鄉射之禮五物詢衆庶",通過鄉射禮來請羣衆評議,可知選拔的"賢能"還是武藝高强的人。因爲"六鄉"本是戰士集居之區,選拔出來擔任鄉中的各級官吏,同時也是軍中的各級將領①。至於"六遂"居民,雖然同樣也"三歲大比",《周禮·遂大夫》載:"三歲大比,則帥其吏而興甿",但是不能像"六鄉"那樣鄭重其事,推薦到國王那裏去,擔任"出使長之"、"入使治之"的官職。

根據上面的探討,不難看出,"六鄉"和"六遂"的居民,顯然是不同的兩個階級。"六鄉"居民是自由公民性質,有參與政治、教育和選拔的權利,有服兵役和勞役的義務。"六遂"居民則没有這些權利,而是農業生產的主要擔當者,需要在農業生產上提供無償勞動,並提供種種生產物品和服勞役,是被剥削和被壓迫者。

---

① 俞正燮《鄉興賢能論》(《癸巳類稿》卷三)説:"周時鄉大夫三年比於鄉,考其德行道藝而興賢者,出使長之,用爲伍長也;興能者,入使治之,用爲鄉吏也。其用之止此。……太古至春秋,君所任者,與共開國之人及其子孫也,……上士中士下士府史胥徒,取諸鄉興賢能,大夫以上皆世族,不在選舉也。……周則王族輔王,公族治國,餘皆功臣也。分殷民大族以與諸侯,所謂興之爲伍長鄉吏者,於其中興之,而無美仕大權,此則周之制也。"

二　春秋時代各國的鄉遂制度

春秋時代有許多國家保留有這種鄉遂制度，其中以齊國最爲顯著。

據《國語·齊語》記載，齊國在桓公時，管仲施行"參(三)其國而伍(五)其鄙"的政策，以"定民之居，成民之事"。他把"國"分爲二十一鄉，其中工商之鄉六個，士鄉(《管子·小匡》篇作"士農之鄉")十五個。十五士鄉即相當於《周禮》的"六鄉"。他又把"鄙"分爲"五屬"，"鄙"相當於《周禮》的"野"，"五屬"即相當於《周禮》的"六遂"。

十五士鄉和《周禮》的"六鄉"一樣，以居民的鄉里組織和軍隊的編制結合起來的。以五家爲軌，每家抽一人入伍，就成五人爲伍，由軌長統率；十軌爲里，就成五十人爲小戎，由里有司統率；四里爲連，就成二百人爲卒，由連長統率；十連爲鄉，就成二千人爲旅，由鄉良人統率；五鄉一師，就成一萬人爲軍，由五鄉之師統率。如此，十五士鄉編制成三軍，中軍由齊桓公親自統率，上下兩軍分別由上卿國子、高子統率。當時齊國主要軍隊就是這三軍，全部由十五士鄉居民編制而成。與《周禮》的六軍全部由六鄉居民編制而成，性質相同①。

當時齊國在鄙野地區，以三十家爲邑，邑設有司；十邑爲卒，卒設卒帥；十卒爲鄉，鄉設鄉帥；三鄉爲縣，縣設縣帥；十縣爲屬，屬設大夫。五屬分設五大夫。這與《周禮》"六遂"的組織，性質相同。"五屬"居民和"六遂"居民一樣，是農業生產的主要擔當者，所以管仲對於"五屬"的政策是："相地而衰征則民不移，政不旅舊則民不偷，山澤各致其時則民不苟，陵阜陸墐井田疇均則民不憾(惑)，無奪民時則百姓富，犧牲不略則牛羊遂。"這樣主張按土地等級徵賦，平均分配耕地，減輕徭役而不奪民時，不略取家畜等等，對"五屬"居民作讓步措施，無非爲了維持農業生產。

管仲在"國"的"鄉"中有選拔人才的辦法，基本精神也和《周禮》"六鄉"中"三年大比"相同。其選拔的標準有二，一叫"明"，即"爲義好學、聰慧質仁"；二叫"賢"，即"有拳勇股肱之力，秀出於衆者"。由鄉長推舉，桓公親自接見，使擔任官職。一年之後，由官長書面報告其工作成績，並挑選其中賢者向上推薦，由桓公

---

① 江永《周禮疑義舉要》已説："管仲變成周之制，以士鄉十五爲三軍，則猶是六鄉爲六軍之遺法。"崔述《三代經界通考》説："《齊語》：參其國而伍其鄙，士鄉十五二千家，而爲萬人之軍者三。是所謂三軍者，皆鄉遂也。"崔氏以"參其國而伍其鄙"爲鄉遂制度，是對的；把鄉遂混而爲一，認三軍出於鄉遂，是錯的。

召見，當面識別。再退而問其鄉，察看其平日的才能行爲，如果和做官時的作爲不相違背，便可升爲"上卿之贊"。這叫做"三選"。"五屬"雖然也有選拔人才的制度，但没有這樣上選爲"上卿之贊"的"三選"辦法，顯然是因爲"五屬"居民身份低下的緣故。

十分明顯，齊國這種"參其國而伍其鄙"的政策，是鞏固其原有的"國""鄙"分治的制度的。這種"國""鄙"分治的制度，基本上是和《周禮》的鄉遂制度相同的。

春秋時代其他各國，雖然缺乏這方面有系統的記載，但是從其全國總動員的事件中，也還可以看出它們保留有鄉遂制度。

例如宋國，《左傳》襄公九年載：

> 宋災，樂喜爲司城以爲政……使華臣具正徒（注："華臣，華元子，爲司徒。正徒，役徒也，司徒之所主也"），令隧正納郊保，奔火所（注："隧正，官名也，五縣爲隧，納聚郊野保守之民，使隨火所起往救之"）……二師令四鄉正敬享（注："二師，左右師也。鄉正，鄉大夫"），祝宗用馬于四墉，祀盤庚于西門之外。

這時宋國因火災，實行全國總動員。由執政樂喜派擔任"司徒"的華臣準備好"正徒"，司徒所直接調遣的"正徒"，當即"國"中"四鄉"的正卒；又命令"遂"的長官"隧正"調遣役夫納入郊内從事保衛①，隧正所調遣的役徒，當即郊外"遂"的居民。同時左師、右師又命令四鄉正去祭祀，四鄉正即是"國"中"四鄉"的長官。於此可見宋國在這時還保留有鄉遂制度。

再如魯國，從西周初期起，就有鄉遂制度。《尚書·費誓》説："魯人三郊三遂"，三郊三遂即是三鄉三遂。《史記·魯世家》引"遂"作"隧"。這種制度到春秋時依然存在。《左傳》襄公二十三年載：

> 孟氏將辟，藉除于臧氏，臧孫使正夫助之，除于東門。

這時臧孫擔任司寇之官，所調遣的"正夫"，當即"國"中"鄉"的正卒，即宋國所謂

---

① 王引之《經義述聞》卷十八："保謂小城也。……謂納國外及縣邑小城之民，使奔救火也。……《月令》'由鄙入保'，《晉語》'抑爲保障乎'，鄭韋注並曰：小城曰保。"

"正徒"①。《左傳》襄公七年載:

> 南遺爲費宰,叔仲昭伯爲隧正,欲善季氏,而求媚於南遺,謂遺請城費,吾多與而役,故季氏城費。

這時叔仲昭伯擔任"隧正",所調遣的役徒,當即郊外"遂"的居民。

魯國三桓"作三軍,三分公室而各有其一",具體措施是:

> 季氏使其乘之人以其役邑入者無征,不入者倍征(注:"使軍乘之人率其邑役入季氏者無公征,不入季氏者則公家倍征之,設利病欲驅使入己,故昭五年傳曰:季氏盡征之。民辟倍征,故盡屬季氏"),孟氏使半爲臣若子若弟(注:"取其子弟之半也"),叔孫氏使盡爲臣(注:"盡取子弟,以其父兄歸公")(《左傳》襄公十一年)。

後來"四分公室,季氏擇二,二子各一,皆盡征之而貢於公"(《左傳》昭公五年)。由此可知魯國的軍隊組織是和鄉邑組織密切結合,軍隊即抽調鄉邑的父兄子弟組成,軍賦也在這個組織中徵取。"三分公室"的時候,季孫氏用加倍徵賦的辦法,迫"使其乘之人以其役邑入",就是迫使軍隊成員帶同其提供兵役的鄉邑組織(即役邑)一起臣屬於季孫氏,做到了"盡征之"。"四分公室"的時候,孟孫氏和叔孫氏就仿效季孫氏的做法,做到了"皆盡征之而貢於公"②。

又如鄭國,《左傳》昭公十八年載:

> 火作……(子產使)司馬司寇列居火道,行火所焮;城下之人伍列登城;明日,使野司寇各保其徵,郊人助祝史除于國北,禳火于玄冥、回禄,祈于

---

① 杜注:"正夫,隧夫。"是錯誤的。沈欽韓《春秋左氏傳補正》卷七認爲"正夫"是"鄉遂之正卒"。按此當指鄉之正卒。

② 江永《羣經補義》說:"魯之作三軍也,季氏取其乘之父兄子弟盡征之,孟氏以父兄及子弟之半歸公而取其子弟之半,叔孫氏盡取子弟而以其父兄歸公。所謂子弟者,兵之壯者也;父兄者,兵之老者也;皆素在兵籍隸之卒乘者,非通國之父兄子弟也。其後舍中軍,季氏擇二,二子各一,皆盡征之而貢於公,謂民之爲兵者盡屬三家,聽其貢獻於公也。若民之爲農者,出田税,自是歸之於君,故哀公云:二吾猶不足,三家雖專,亦惟食其采邑,豈能使通國之農民皆之已哉。魯君無民,非無民也,無爲民之兵耳。以此觀之,兵農豈不有辨乎?三家之采邑固各有兵,而二軍之士卒車乘皆近國都,故陽虎欲作亂,壬辰戒都車,令癸巳至,可知兵常近國都,其野處之農,固不爲兵也。"

四鄘。

這時鄭執政子產在大火中實行全國總動員,和宋執政樂喜所採取措施相同。所謂"城下之人伍列登城",如同樂喜"使華臣具正徒"一樣,"伍列登城"的"城下之人",當即城外"鄉"中的正卒。所謂"使野司寇各保其徵",如同樂喜"令隧正納郊保"一樣,野司寇從"野"所徵發來的役徒,當即"遂"的居民。所謂"郊人助祝史除于國北"等等,也如同"四鄉正敬享,祝宗用馬于四墉"。"郊人"即是郊內"鄉"的長官[①],猶如宋國的"鄉正"。《左傳》襄公三十一年載:

> 鄭人游于鄉校,以論執政。然明謂子產曰:毀鄉校如何?子產曰:何爲?夫人朝夕退而游焉,以議執政之善否。其所善者,吾則行之;其所惡者,吾則改之;是吾師也,若之何毀之?

鄉人有參與政治的權利,所以能够在鄉校中議論執政之善否。這都是鄭國存在鄉遂制度的明證。

春秋時代各國保留鄉遂制度,還有顯著的一點,就是像《周禮》所說"六鄉"居民性質的"國人"在各國普遍存在。

春秋時代各國軍隊的編制,除了由國君和卿大夫的宗族作爲骨幹以外,主要是由"國人"編制而成的。"國人"有納軍賦的義務,壯丁必須充當甲士,一旦遇到戰爭,要召集入伍時,只須"授甲"或"授兵"。《左傳》閔公二年記載:狄人伐衛,因衛懿公愛鶴,鶴有乘軒的,"國人受甲者"都説"使鶴",結果衛軍大敗。又如《左傳》隱公十一年記載,鄭國伐許,曾"授兵於大宮"。這和《周禮》所説"六鄉"居民編制成的軍隊,武器平時由國家保藏,到戰時"授兵",完全相同[②]。由於"國人"是當時國家的戰士,各國很注意對他們的訓練。例如《左傳》宣公十二年載晉國欒武子説:楚國自從滅庸以來,"其君無日不討(治)國人而訓之","在軍無日不討軍實而申儆之。"

春秋時各國軍隊主要由"國人"編制而成,"國人"是各國政治和軍事上的重

---

① 孔穎達正義:"《周禮》鄉在郊內,……郊人當謂郊內鄉之人也。"今案:郊人當爲官名,是鄉的長官。以宋國"命四鄉正敬享"例之,郊人即相當於鄉正。
② 據《周禮》記載,車由車僕掌管和供給,兵器由司兵、司弓矢、司戈盾等掌管和供給。出兵時有"授兵甲之儀"。

要支柱。因此各國國君和大臣遇到危難,就召"國人"來徵詢意見。《左傳》僖公十八年記載:邢和狄伐衛,衛文公要把君位讓給父兄子弟,朝"衆"來徵詢意見,"衆不可,而從師于訾婁,狄師還"。這些反對衛文公讓位而"從師于訾婁"的"衆",即是"國人"。《左傳》定公八年記載:衛靈公苦於晉國逼迫,企圖反抗,朝見"國人"而使公孫賈徵詢説:"若衛叛晉,晉五伐我,病何如矣?""國人"都回答説:"五伐我,猶可以戰。"於是衛國決定反抗晉國。《左傳》哀公元年又載:吳王夫差攻入楚國,派人來召陳懷公,要求陳國服從吳國,懷公朝見"國人"而問道:"欲與楚者右,欲與吳者左。"結果"陳人從田,無田從黨"。這就是《周禮·小司寇》所説"詢國危"①。從"陳人從田,無田從黨"的情況看來,當時陳的"國人",既有田地,又有鄉黨組織,只是當時他們佔有田地已不均,有的已"無田"了。

　　春秋時各國貴族在君位繼承上發生問題時,也常徵詢"國人"的意見。《左傳》僖公十五年載:晉惠公被秦俘虜後,派郤乞"朝國人而以君命賞",並且説:"孤雖歸,辱社稷矣,其卜貳圉(指太子圉)也!""衆"因此都哀哭,晉國於是"作爰田"。《左傳》昭公二十四年載:王子朝與周敬王爭奪君位,晉景公派士景伯到周,"立於乾祭(王城北門)而問於介(當從王引之校作其)衆",從此晉國便和王子朝斷絕關係。《左傳》哀公二十六年又載:越國接受衛侯輒的請求,派兵護送他回國。衛大夫公孫彌牟召集"衆"而問道:"君以蠻夷伐國,國幾亡矣,請納之。""衆"都説:"勿納。"公孫彌牟又説:"彌牟亡而有益,請自北門出。""衆"都説:"勿出。"結果衛侯輒不敢進入衛國。這就是《周禮·小司寇》所説"詢立君"②。

　　當時不僅國君的廢立要徵詢"國人"意見,卿大夫的廢立也常徵詢"國人"意見。例如《左傳》哀公二十六年載:宋國由大尹(閹官之長)專權,常假託君命以遂其私欲,"國人惡之"。這年十月宋景公去世,大尹立宋景公養子啓爲君,然後再發喪。大司馬皇非我、司城樂茷等"皆歸授甲",圖謀驅逐大尹,並且"使徇於國"説:"大尹惑蠱其君,以陵虐公室,與我者,救君者也。""衆"都説:"與之。"大尹又"徇於國"説:"戴氏(即樂氏)、皇氏將不利公室,與我者,無憂不富。""衆"都説:"無别"(杜注:"惡其號令與君無别")。結果由樂得"使國人施(加罪)於大尹",迫使大尹帶同啓出奔楚。

　　春秋時代有些國家國君的廢或立,"國人"經常起着決定性的作用。以莒國

---

①　這點,江永、孫詒讓等已見到。詳見孫詒讓《周禮正義》。
②　這點,惠士奇、孫詒讓等已見到。詳見孫詒讓《周禮正義》。

為例，如莒紀公的被殺（《左傳》文公十八年），展輿的殺莒犂比公而自立（《左傳》襄公三十一年），莒郊公的被逐而庚輿的被迎立（《左傳》昭公十四年），庚輿的被逐（《左傳》昭公二十三年），都是由於"國人"的向背。

春秋時代有些國家的貪暴的卿大夫，也常被"國人"逐出或殺死。例如陳國司徒轅頗的被逐（《左傳》哀公十一年），鄭國執政子孔的被殺（《左傳》襄公十九年），都是如此。在各國貴族的内訌中，勝負都常由"國人"的向背來决定的，其例不勝枚舉。

不僅在春秋時代，"國人"在政治上起這樣重要的作用，在西周時代早已如此。據《國語·周語》記載，由於周厲王的"專利"，弄得"民不堪命"，於是"國人謗王"，周厲王招徠了一個衛巫，命他檢舉，大加殺害，使得"國人莫敢言，道路以目"，"三年乃流王於彘"①。

由此可見，西周春秋時代"國人"的性質，基本上和《周禮》的"六鄉"居民是相同的，是當時各國的自由公民。

春秋時代各國農業生産者的主要擔當者，叫"庶人"。所謂"其庶人力於農穡"（《左傳》襄公九年），"庶人食力"（《國語·晉語四》），"自庶人而下，明而動，晦而休，無日以怠"（《國語·魯語下》）。從西周時代起，庶民已被迫在"籍田"上從事無償勞動，統治者在"籍田"上舉行"籍禮"之後，要"庶人終于千畝"（《國語·周語上》）。魯國在宣公十五年"初稅畝"以前，"籍"仍是對庶人的主要剝削辦法（《春秋》三傳）。這又和《周禮》的"六遂"居民受到"合耦于耡"的剝削，基本上相同。

根據本節所分析，春秋時各國還多保留有鄉遂制度，這種鄉遂制度就是其社會組織的主要結構。把它和《周禮》作比較，可知《周禮》的鄉遂制度不是没有來歷的，還基本上保存着西周春秋時代的特點。

三　西周時代的"六自"、"八自"和鄉遂制度的關係

西周時代存在有鄉遂制度是無疑的。《尚書·費誓》說："魯人之郊三遂"，説明魯國在西周初年已有三鄉三遂的制度。魯國是以奉行"周禮"著稱的諸侯國家，可以推想，周天子的王畿之内一定早就實行着這種制度。

---

① 《逸周書·芮良夫》篇雖然出於戰國時人的擬作，也該有根據的。它記述芮良夫勸諫周厲王和執政者說："下民胥怨，財力單竭，手足靡措，弗堪戴上，不其亂而！"又說："時爲王之患，其惟國人。"

《周禮》所説王畿的鄉遂制度,其中基本特點該西周時已有,但是許多具體制度已被改變、擴大和增飾,並加以理想化和系統化。其中顯然被改變和擴大的就是軍隊的編制。《周禮·夏官·序官》説:"凡制軍,萬有二千五百人爲軍,王六軍,大國三軍,次國二軍,小國一軍。"其實,"軍"的編制在西周時還没有。據西周文獻看來,當時只有六師而没有六軍。如《尚書·顧命》:"張皇六師";《詩·小雅·瞻彼洛矣》:"韎韐有奭,以作六師";《大雅·棫樸》:"周王於邁,六師及之。"《大雅·常武》:"大師皇父,整我六師。"到春秋時,諸侯才有"軍"的編制,大國都編三軍,於是有"成國不過半天子之軍,周爲六軍"(《左傳》襄公十四年)之説,《周禮》就是根據這種説法的。

西周文獻中的"六師",在西周金文中稱爲"六𠂤"。如:

唯巢來伐,王令東宫追以六𠂤之年(《㽙貯簋》)。
王乎(呼)作册尹册命柳,嗣(司)六𠂤牧陽、大△,嗣羲、夷、陽佃史(《南宫柳鼎》)。

"六𠂤"之外,還有"八𠂤",如:

王命善(膳)夫克舍令于成周、遹正八𠂤之年(《小克鼎》)。

有稱"殷八𠂤"的,如:

白懋父以殷八𠂤征東尸(夷)(《小臣謎簋》)。

有稱"成周八𠂤"的,如:

王乎尹氏册命舀曰:更(賡)乃祖考作冢嗣(司)土于成周八𠂤(《舀壺》)。

有簡稱"成周八𠂤"爲"成𠂤"的,如:

唯白犀(辟)父以成𠂤即東,命伐南尸(夷)(《競卣》)。

有以"六𠂤"和"八𠂤"並舉的,如:

> 王册令尹易(錫)盠赤巿、幽亢、攸勒,曰:用嗣(司)六𠂤、王行,參(三)有嗣(司):嗣土、嗣馬、嗣工。王令盠曰:𢼈嗣六𠂤眔八𠂤𦩻(《盠尊》)。

還有以"西六𠂤"和"殷八𠂤"並舉的,如:

> 王廼命西六𠂤、殷八𠂤曰:"△伐噩(鄂)矦馭(御)方,勿遺壽幼。"肄𠂤……弗克伐噩。肄武公廼遣禹率公戎百乘,斯馭二百,徒千,曰:"……叀(惠)西六𠂤、殷八𠂤,伐噩矦馭方,勿遺壽幼(《禹鼎》)。

"西六𠂤"當即"六𠂤",因"六𠂤"屯駐於西土的都城豐鎬,也稱"西六𠂤"。據此推類,那麽,"殷八𠂤"該因屯駐於殷(即衛)而得名,"成周八𠂤"該因屯駐於成周而得名①。

西周在西土和東土都建立有統治中心,屯駐大軍,不僅是爲了加強國家的統治力量,而且是爲了征服附近的夷戎部落。如"成周八𠂤"曾被用於征伐南夷,見前引《競卣》;"殷八𠂤"曾被用於征伐東夷,見前引《小臣謎簋》。不僅如此,西周在統治中心屯駐大軍,是作爲奴役和剝削當地人民及附近夷戎部落的主要工具的。如《兮甲盤》載:

> 王令甲政(征)嗣(司)成周四方責,至於南淮尸(夷)。淮尸(夷)舊我𪔅(帛)畮(賄)人,母(毋)敢不出其𪔅、其責(積)。其進人、其貯,母(毋)敢不即餗(次)、即岺(寺)。敢不用令(命),則即井(刑)𢾿(撲)伐。

成周既是西周在東土的統治中心,屯駐有"成周八𠂤"作爲統治的工具,同時又是"征司四方責"的中心。他們在軍事上的出征,目的就在於達到"四方責"的"征司"。凡是夷戎部落一經征服,即成爲西周國家的"𪔅畮人"或"𪔅畮臣"(即是貢納之"臣")。既要貢納幣帛、積貯,更要"進人"(即進貢供奴役的勞動者)。"進

---

① 一説"殷八𠂤"即"成周八𠂤",因"八𠂤"是用殷的投降軍隊編成,故稱"殷八𠂤",又因屯駐於成周,故稱"成周八𠂤"。但尚無確據。

人"一定要送到指定的軍隊駐防地(即"次"),貢納積貯一定要送到指定的積貯官署(即"寺")。如果不服從這樣的規定,就要受到討伐。《師袁簋》就是記載淮夷因不服從這種規定而命令師袁討伐的事。

　　甲骨文和西周金文都稱王室的師旅爲"𠂤"。其經常的駐防地稱爲"某𠂤","𠂤"上一字即是原有地名,"𠂤"則因經常駐"𠂤"而得名。古書上稱國都爲"京師",西周金文作"京𠂤"(見《克鐘》、《晉姜鼎》、《晉公盦》),亦當由於"𠂤"的拱衛而得名。

　　西周金文對統率"𠂤"的軍官稱爲"師氏",簡稱爲"師";又常連同人名,稱爲"師某"。其職務除統率師旅出征或防守以外,還參與重要的射禮,擔任貴族子弟的軍事教練①。更重要的,他們還親自掌管鄉邑和降服的夷戎部落。《師酉簋》載:

　　　　王乎(呼)史䛊册命師酉:嗣(司)乃且(祖)啻(嫡)官邑人、虎臣、西門尸(夷)、𣊭尸(夷)、秦尸(夷)、京尸(夷)、昇△尸(夷)、新。

《詢簋》又載:

　　　　今余令女(汝)啻(嫡)官嗣(司)邑人,先虎臣後庸:西門尸(夷)、秦尸(夷)、京尸(夷)、𣊭尸(夷)、師笭側新、△華尸(夷)、由△尸(夷)、匡人、成周走亞、戍秦人、降人服夷。

　　詢是師酉之子,世襲師氏的官職,所以兩人所司大體相同。這裏"邑人"與"虎臣"同爲師氏所職掌,"虎臣"是武官名,"邑人"亦當爲官名,乃鄉邑的長官。鄉邑的長官稱"邑人",猶如齊稱鄉的長官爲"鄉良人",《禮記‧鄉飲酒義》稱鄉大夫爲"鄉人"。《師瘨簋》載:"王乎(呼)内史吳册命師瘨曰:……今余唯䚃先王命,女(汝)官嗣(司)邑人、師氏"(《文物》1964年第7期24頁)。這裏"邑人"與"師氏"同爲師瘨所職掌。"師氏"是師旅的長官,同時又是鄉邑的長官,因爲當時師旅即抽調京師近郊鄉邑公民編制而成。同樣的,"邑人"這個鄉邑的長官,同時又是師旅的長官。所以"邑人"可以成爲"師氏"所屬的主要官員,地位在"虎臣"之上。

---

　　① 參見拙作《我國古代大學的特點及其起源》第四節,今收入本集。

同時,"邑人"與"師氏"可以同爲某些高級軍事長官所屬的主要官員。

特別值得重視的,《師晨鼎》載:

> 王乎(呼)乍(作)册尹令(命)師晨疋師俗嗣(司)邑人隹(與)小臣、善夫、守△、官犬,眔奠人、善夫、官守友。

這裏周王命令師晨幫助師俗掌管"邑人"和"奠人"之官,可知"師氏"所屬,除了"邑人"之外,還有"奠人"。"邑人"之官下有小臣、善夫等,而"奠人"之官下亦有善夫等,可知"奠人"是和"邑人"相類的官。"奠人"當讀爲"甸人",即相當於《周禮》的"遂人"。《爾雅·釋地》説:"邑外謂之郊,郊外謂之牧。"《經典釋文》引李巡本,"牧"作"田",《素問·六節藏義論》王冰注引作"甸","田""甸"古通用。《周禮·春官·序官》鄭注和《通典·凶禮》引《禮記》盧植注,都説:"郊外曰甸。"以此與《周禮》郊外稱"遂"相比較,可知"甸"即是"遂"。"甸"就是因"治田"而得名①,這和《周禮》把"遂"作爲治田之區,把"遂"的居民稱"甿",也正相合。

《師晨鼎》的"邑人"和"奠人",職掌有"邑"與"甸"之別,亦即"國"與"野"之別。"邑人"當即相當於《周禮》的鄉大夫,"奠人"當即相當於《周禮》的遂人。由此可見,西周確實存在着鄉遂制度。但是西周的"邑人"和"奠人"都屬"師氏"掌管,這是和《周禮》不同的。爲什麼"師氏"在掌管"邑人"之外,又要掌管"奠人"呢?因爲郊外的"甸"是徵發力役和物產的對象,可以從中徵發軍隊所需的力役和物資。據《尚書·費誓》所載,伯禽率師征伐淮夷徐戎,對"魯人三郊三遂",也是都徵發到的。

《詢簋》"先虎臣後庸"的"庸",當是奴僕,即是指西門夷以下許多夷族部落②。這時這些夷族部落已都降而爲"庸",亦歸"師氏"所掌管。爲什麼"師氏"在掌管"邑人"、"奠人"之外,還要掌管這些集體奴隸性質的夷族部落呢?因爲,

---

① 古代有所謂"甸服",即是從"甸"引伸出來的。《國語·周語上》載祭公謀父説:"先王之制,邦内甸服","甸服者祭"。《國語·周語中》載周襄王又説:"昔先王之有天下也,規方千里以爲甸服,以供上帝、山川、百神之祀,以備百姓、兆民之用。"《禮記·王制》説:"千里之内曰甸"(注:"服治田出穀税"),又説:"千里之内以爲御"(注:"御謂衣食")。"甸"的得名,由於"治田"。《尚書·禹貢》説:"五百里甸服,百里賦納總,二百里納銍,三百里納秸,服,四百里粟,五百里米。"也因爲"甸"是"治田"之區,"賦納"都要糧食。這樣把王畿之内整個地區(除了國都和近郊)稱"甸","甸服"是指畿内封國,《左傳》昭公十三年載子產説:"卑而貢重者,甸服也。"

② 參看郭沫若《弭叔簋及訇簋考釋》,收入《文史論集》。

除了可以奴役之外,還可以用來充當警衛隊。警衛隊原來也是屬"師氏"指揮的。《周禮·師氏》載:

  使其屬率四夷之隸,各以其兵服,守王之門外,且蹕。朝在野外,則守內列(注:"蹕,止行人不得迫王宮也")。

《周禮·司隸》也説:"掌帥四翟之隸,使之皆服其邦之服,執其邦之兵,守王宮和野舍之廩禁。"這種"四夷之隸"或"四翟之隸",就是《詢簋》所説包括各種夷族部落降服人的"庸",他們"守王宮和野舍之廩禁",監督行人,就是警衛隊的性質。

  在古代雅典,統治用的軍隊也是由自由公民編制而成的。自由公民的地域組織也是和軍事組織密切結合的。當時雅典公民居住的自治區叫"得莫",十個"得莫"構成一個部落,這種"地域部落"不只是一種自治的政治組織,而且也是一種軍事組織。我國西周春秋時代王城和諸侯國都中"鄉"的組織,性質上是和雅典的"地域部落"相同的。雅典除了由"地域部落"公民編制成的軍隊以外,也有由奴隸編制的警察部隊。恩格斯分析雅典國家的主要特徵説:

  我們已經看到,國家底主要特徵,便是脱離人民大衆的公共權力。雅典在當時僅握有由人民直接補充的人民軍與艦隊,此種軍隊和艦隊用以外抗敵人,內制奴隸,奴隸在當時已佔人口底大多數了。對於公民,這種公共權力起初不過當作警察而已,警察,像國家一樣,也是很古的了……所以,雅典人跟他們的國家同時,並創辦了警察,由步行與騎馬的攜帶弓矢之人……組成的真正憲兵隊。不過,這種憲兵隊是由奴隸編成的。這種警察的服務,在自由的雅典人看來是卑賤的。所以,他們寧願叫武裝的奴隸逮捕自己,而自己不願幹此種賤事。這仍是舊的氏族生活底思想方式。國家如無警察就不能存在,不過它還很年輕,還未享有充分的道德的權威,足以使人對於舊氏族社會成員必然要視爲卑賤的職務,加以尊敬(《家庭、私有制和國家的起源》1955年人民出版社113—114頁)。

西周時代國家的主要特徵也是如此。
  西周時代的"六自"和"八自",既是國家的軍事組織,又是自由公民的地域組織。統率這些軍隊的長官"師氏",既是高級的軍事長官,又具有地方行政長官的性質，其直屬的主要官員就有鄉邑的長官"邑人"。《周禮》上的"六鄉"和"六軍"制度，也是地域組織和軍事組織密切結合的，但是，鄉邑的長官已和"師氏"不發生關係，"師氏"已不是"六軍"的長官，"師氏"的職務僅是警衛隊長，僅能指揮警衛部隊，隨時擔任天子的侍從和貴族子弟的教師了。

西周時代"六𠂤"和"八𠂤"，是一種軍隊編制和鄉邑編制相結合的組織，我們從他們設有"冢司土"等官職也可看出。前引《舀壺》記述：國王命令舀繼承祖父和父親的職司，"作冢嗣土于成周八𠂤"。"司土"原來主要是掌管土地的官，因兼管徵發徒役的事，後來也稱"司徒"①。"成周八𠂤"既然設有"冢司土"之官，必然"八𠂤"駐屯地有關涉土地和徒役的事需要管理。《周禮》有大司徒和小司徒之職，大司徒主要掌管整個邦的土地和居民，小司徒則主要掌管"六鄉"的土地和居民，主要工作在於分配耕地和調發民力，所謂"乃均土地以稽其人而周知其數"，"乃會萬民之卒伍而用之"。鄭玄注說："司徒掌六鄉"，如同"遂人掌六遂"一樣，基本上是對的。我們認爲，"成周八𠂤"的設有"冢司土"，其職掌也當如此，因爲"成周八𠂤"同樣是軍隊編制和鄉邑編制相結合的組織。

《盠尊》說："𩁹嗣六𠂤眔八𠂤埶"。于省吾同志認爲："埶"是"藝"的初文，像雙手植草木於土中，本義爲種植草木而加以扶持，典籍中"藝"訓種植者習見，這是說王令盠掌管六𠂤及八𠂤的穀類種藝之事，"司藝"當爲"冢司土"的屬官。

《南宮柳鼎》稱："王乎册尹册命柳，嗣六𠂤牧陽、大△，嗣羲、夷、陽佃史。"于省吾同志認爲：史與事古字通用，佃史即佃事。這是說，命柳掌管"六𠂤"放牧於陽、大△等地，和羲、夷、陽等地農佃之事。

于省吾同志根據"六𠂤"和"八𠂤"設有"冢司土"、"司藝"、"司牧"、"司佃事"等官職，以掌管土地和有關生產事務，認爲"這是我國歷史上最初出現的軍事屯田制"，而且以爲"這樣一來，就打破了典籍所稱，以爲我國屯田制開始於漢代昭、宣之世的一貫說法，而現在應該把它提早到西周時代了"②。我們認爲，于同志

---

① 司土原爲掌管土地之官。有的專門掌管籍田，《載簋》稱："王曰：載，令（命）女（汝）作嗣（司）土，官嗣耤田"。也有掌管林、虞、牧等官的，如《免簋》稱："令（命）免作嗣土，嗣奠還㭫（林）、眔吳（虞）、眔牧"。因爲當時貴族政權已圈佔山林川澤之區，設置林、虞、牧等官，掠取山川之利。如《同簋》載："王命同：差（左）右吳（虞虢之虞）大父，嗣場（場）、林、吳（虞）、牧，自淲東至於洞（河），厥逆（朔）至于玄水。"既然林、虞、牧等官要圈佔大塊土地，所以他們也歸司土隸屬。"司土"在西周後期金文中又作"司徒"，見《揚簋》和《無叀鼎》。因爲司土又兼徵發徒役之職。《詩·大雅·緜》記述公亶父遷到岐周營建的情況說："乃召司空，乃召司徒，俾立室家。"鄭箋："司空掌營國邑，司徒掌徒役之事，故召之。"

② 見于省吾《略論西周金文中"六𠂤"和"八𠂤"及其屯田制》，刊於《考古》1964 年第 3 期。

對"六自"和"八自"沒有掌管土地和農業生產的官,作了比較詳細的闡釋,這對西周史的研究是有益的;但是,就此斷定這是我國歷史上最初出現的軍事屯田制,是可以商討的。西周"六自"和"八自"設有"冢司土"等掌管土地和生產的官,只是因爲"六自"和"八自"是軍事編制和鄉邑編制相結合的組織。

《尚書·牧誓》載:

> 王曰:嗟我友邦冢君、御事,司徒、司馬、司空,亞旅、師氏、千夫長、百夫長,及庸、蜀、羌、髳、微、盧、彭、濮人,稱爾戈,比爾干,立爾矛,予其誓。

王鳴盛認爲此處周武王所列舉的,全是各級軍事長官,司徒、司馬、司空"自爲軍中有職掌之人"①,這與《䚂壺》所說成周八自設有冢司土之官,正相符合。此處以"師氏"爲師旅的長官,亦與西周金文符合。此處以"師氏"以下的軍官爲"千夫長"、"百夫長",可能相當於金文所說的"邑人"。因爲當時鄉邑組織和軍隊編制相結合,鄉邑組織的長官"邑人",列入軍隊編制即爲"千夫長"、"百夫長"了。當時鄉邑組織是由十進制的氏族組織轉變而成,所以其軍隊編制也都採用十進制。

四 鄉遂制度和社會結構

根據上面的論述,可知從西周初期起,直到春秋時代,天子的王畿和諸侯的封國都存在有鄉遂制度,這種鄉遂制度就是當時社會的主要結構。

這種鄉遂制度,有些清代學者認爲這是一種兵農分治的制度。江永《羣經補義》的《春秋》部分有一段説:

> 春秋之時兵農固已分矣。管仲參國伍鄙之法……是齊之三軍悉出近國都之十五鄉,而野鄙之農不與也。……是此十五鄉者,家必有一人爲兵,其中有賢能者,五鄉大夫有升選之法,故謂之士鄉,所以別於農也。其爲農者處之野鄙,別爲五鄙之法……專令治田供税,更不使之爲兵,故桓公問伍鄙之法,管仲對曰:相地而衰征則民不移……豈非兵農已分乎? 十五鄉三萬家,必有所受田,而相地衰征之法惟施於伍鄙,則鄉田但有兵賦、無田税,似

---

① 王鳴盛《尚書後案》説:"此時出師征伐,六卿且不必盡從,又何用三公徧攝六卿以行,則知此經三卿,自爲軍中有職掌之人,所以舉之。"

後世之軍田、屯田,此外更無養兵之費也(按:江永此說是根據《文獻通考》所引林氏之說,而加以闡釋的)。

這裏,江永認爲管仲的"參國伍鄙"之法,即兵農分治的制度,而"鄉田但有兵賦、無田稅",猶如後世的軍事屯田制。江永《周禮疑義舉要》,更進一步把《周禮》的鄉遂制度和管仲的"參國伍鄙"之法結合起來考察,他說:

> 天子六軍,取之六鄉。……管仲變成周之制,以士鄉十五爲三軍,則猶是六鄉爲六軍之遺法。他國軍制大約相似。雖云寓兵於農,其實兵自兵而農自農;雖云無養兵之費,而六鄉之田即是養六軍之田,猶後世之屯田也。六鄉之民,六軍取於斯,興賢能亦取於斯,齊之士鄉亦如此,則古今制度大不相同者也。

江永確認管仲的"參國伍鄙"之法即是鄉遂制度,目光很是銳利。他一方面認爲"鄉""軍"合一的制度猶如後世的屯田制,一方面又認爲與屯田制大不相同。

朱大韶有"司馬法非周制說"(《實事求是齋經義》卷二),曾竭力稱贊江永之說"發前人所未發",認爲《周禮》的鄉遂制度即是兵農分治,他說:"六軍之眾出於六鄉,……其六遂及都鄙盡爲農,故鄉中但列出兵法、無田制,遂人但陳田制、無出兵法,兵自爲兵,農自爲農。"其實,這樣把鄉遂制度歸結爲兵農分治,只是從表面現象在分析,並未觸及這個制度的本質。

我們前面已經提及,這種"鄉"和"遂"對立的制度(也即"國"和"鄙"或"野"對立的制度),實質上就是當時社會結構中階級對立的制度。國都附近"鄉"中居民是當時國家的自由公民性質,實際上就是統治階級的一個階層。因而他們有參與政治、教育、選拔的權利,有服兵役的義務。郊外鄙野之中"遂"的居民,是當時被奴役的階級。因而他們沒有任何政治權利,也沒有資格成爲正式戰士。

西周春秋間被稱爲"國人"的"鄉"中居民,是具有完全公民權的統治階層。他們的社會組織,長期保留有"村社"的因素,"村社"的一切成員都被視爲有平等的權利,其主要的物質基礎就是土地。他們還保留有村社土地所有制的形式,每個成員可以有一塊質量和數量大體相等的份地。當時國家和執政的貴族,爲了統治被奴役的廣大羣眾,很注意這羣公民的團結一致,防止他們中間發生顯著的財產分化,特別是佔有耕地不平均。所以《周禮》記載小司徒"乃均土地以稽其人民而周知其數",要按每家人口多少授以上中下三等之地。這和古代斯巴達公民的"平等人公社"有類似之處。所不同的,斯巴達"平等人公社"的成員用抽籤法分得一定"份地"的同時,還要分得耕種這塊"份地"的人;而當時的"國人"所分得的只有"份地"。

這種"國人"有時被稱爲"士",即是甲士、戰士。管仲實行"參國伍鄙"之法,就把這種"國人"所居之鄉稱爲"士鄉"(《國語·齊語》),又稱爲"士農之鄉"(《管子·小匡》)。因爲這種"士"還沒有脱離農業生産。《禮記·曲禮》說:"四郊多壘,此卿大夫之辱也;地廣大,荒而不治,此亦士之辱也。"吕思勉先生解釋說:"士則戰士,平時肆力於耕耘,有事則執干戈以衞社稷者也"(《先秦史》293頁)。這是對的。《禮記·少儀》說:"問士之子長幼,長則曰能耕矣,幼則曰能負薪、未能負薪。"可知"士"這個階層從幼就要學習農業生産。因爲士大多參與農業生産,大規模的軍事演習,就必須於農隙舉行。《左傳》隱公五年載:"春蒐,夏苗,秋獮,冬狩,皆於農隙以講事也。"

西周春秋間稱爲"國人"這種自由公民,雖然没有像古代希臘、羅馬的公民那樣,有參加"民衆大會"表決國家大事的權利,但是,遇到國家有危難、國君要改立等大事,國君或執政者常召集"國人"來徵詢意見,有所謂"詢國危,詢國遷,詢立君";還有"大蒐禮",帶有"國人"大會的性質,在進行軍事演習的同時,常把建置或變更軍制、選定將帥和執政、制定法律等國家大事,在大會上公布,這都是對"國人"政治權利的尊重。參見拙作《大蒐禮新探》。同時,他們還享有被選擔任低級官職的權利。

當時"國人"所以要建立經常的軍事組織,這是由於加強對奴役居民的統治上的需要,同時也由於對外戰爭上的需要。因爲在這時尖鋭的階級矛盾中,只有這種自由公民是當時政權的有力支柱。他們的軍事組織,所以要和鄉里組織密切結合,一方面,是沿襲氏族制末期的老習慣,一方面是爲了便於訓練指揮和加強團結①。當時國家和執政的貴族,爲了加強其戰鬥力,很注意對他們的教育和訓練,許多"禮"的舉行就是爲了加強團結和加強戰鬥力的。在"鄉"中所以特別要舉行"鄉飲酒禮"和"鄉射禮",目的也是如此。

居於"遂"或"野"、"鄙"的被奴役居民,也長期保留有"村社"的組織形式,有

---

① 《國語·齊語》說:"伍之人,祭祀同福,死喪同恤,禍災共之,人與人相疇,家與家相疇,世同居,少同遊,故夜戰聲相聞,足以不乖,晝戰目相見,足以相識,其歡欣足以相死,居同樂,行同和,死同哀,是故守則同固,戰則同強。"

平均分配耕地的習慣,前面所引《周禮·遂人》"以頒田里"的制度,平均分配上中下三等之地,充分表明了這點;管仲的"伍鄙"之法,主張"陵阜陸墐井田疇均則民不憾(惑)",也足以説明這點。所謂井田制度,就是古代村社的土地制度。當時奴隸主貴族及其國家,實際上已成爲許多村社的土地和人民的所有者,他們利用原來的村社組織加以勞動編組,把村社轉化成爲被奴役的小集體,使再生産在極悲慘的條件下進行。這些村社農民不僅要在"籍田"或耡田上提供集體的無償勞動,所耕的"份地"也還有賦税的負擔,還要提供極其繁重的勞役,提供家畜和在野的一切物産。

試論西周春秋間的宗法制度和貴族組織

宗法制度是中國古代維護貴族統治的一種制度。它由原始的父系家長制血緣組織，經過變質和擴大而成。這是爲了適應奴隸主階級專政的需要，用來作爲鞏固貴族組織，統一統治階級力量，加強奴役人民的一種手段。

宗法制度不僅是當時貴族的組織制度，而且和政權機構密切結合着的。它不僅制定了貴族的組織關係，還由此確立了政治的組織關係，確定了各級族長的統治權力和相互關係。

按照宗法制度，周王自稱天子，王位由嫡長子繼承，稱爲天下的大宗，是同姓貴族的最高族長，又是天下政治上的共主，掌有統治天下的權力。天子的衆子或者分封爲諸侯，君位也由嫡長子繼承，對天子爲小宗，在本國爲大宗，是國內同宗貴族的大族長，又是本國政治上的共主，掌有統治封國的權力。諸侯的衆子或者分封爲卿大夫，也由嫡長子繼承，對諸侯爲小宗，在本家爲大宗，世襲官職，並掌有統治封邑的權力。卿大夫也還分出有"側室"或"貳宗"。在各級貴族組織中，這些世襲的嫡長子，稱爲"宗子"或"宗主"，以貴族的族長身份，代表本族，掌握政權，成爲各級政權的首長。

這種以各級族長爲領導核心的宗法制度，是由父系家長制的氏族組織變質和擴大而成，很是明顯。因爲它把父系家長制氏族許多特徵的軀殼都沿襲了下來，只要加以比較，便很清楚。

恩格斯分析古代希臘氏族的特徵，有下列十點：（一）公共的宗教節日及舉行神聖儀式來紀念一定的神的祭祀獨佔權。這神假定爲氏族的祖先並取獨特的別名以表明其地位。（二）公共墓地。（三）相互繼承權。（四）當受侵害時彼此予以幫助、保護及支援的相互義務。（五）在某種場合下（特別是有關孤女或繼承人的時候），在氏族內部結婚之相互權利與義務。（六）至少在若干場合下，共同財產之掌有，及自設氏族長和管賬。（七）父權的血統。（八）除與女繼承人結婚以外，禁止族內結婚。（九）氏族收容養子的權利。（十）選舉並罷免首長的權利。再據恩格斯分析古代羅馬氏族的特徵來看，大體也相同，只是多了一點，就是氏族成員有用氏族名稱的權利。這些不僅是古代希臘、羅馬的氏族的特徵,而且是父系氏族普遍存在的特徵。

現在我們以這些父系氏族的特徵,和宗法制度作比較研究。企圖從這些特徵的質變和發展過程中,闡明宗法制度的性質和特點,説明當時貴族組織的基本情況。

一　宗　廟　制　度

祖先崇拜,産生於發展較高的氏族制階段,相信祖先是他們的庇護者。這種宗教迷信,曾長期流行於階級社會中,並有所發展。西周、春秋時貴族的大小宗族,都建有宗廟祭祀祖先,並作爲舉行重大典禮的場所。

周族建造宗廟,和他們建造宫室的歷史一樣悠久。《詩·大雅·緜》記述太王(古公亶父)遷居到岐山時開始營建的情况説:

乃召司空,乃召司徒,俾立室家;其繩則直,縮版以載,作廟翼翼。

太王在遷居到岐山後,改變住窰洞的習慣,開始建築"室家",同時就"作廟翼翼"。周族的習慣,廟和寢造在一起,廟造在寢的前面,這到春秋時還是如此,例如"子大叔之廟在道南,其寢在道北"(《左傳》昭公十八年),廟都是南向的,寢既在其北,也就是寢在廟後了。古人所以要把廟和活人住的寢造在一起,因爲他們認爲廟是歷代宗主的住宅,寢是現任宗主的住宅,兩者必須密切聯繫的。他們把死人看得和活人一樣,所謂"事死如事生,禮也"(《左傳》哀公十五年),廟就是按照活人住的寢的式樣造的,區别不大。《爾雅·釋宫》説:"室有東西廂曰廟,無東西廂有室曰寢。"廟只是比寢多出了東西廂。因爲宗廟造得和寢一樣,同樣可以用來住宿,甚至留宿貴賓。往往在宗廟舉行重要典禮之前,地位高的主人或貴賓就留宿在宗廟裏①。

---

①　王國維《明堂廟寢通考》説:"《望敦》云:'唯王十有三年六月初吉戊戌,王在周康宫新宫,旦,王格太室。'《寰盤》云:'唯廿有八年五月既望庚寅,王在周康穆宫,旦,王格太室。'《頌鼎》云:'唯三年五月既死霸甲戌,王在周康邵宫,旦,王格太室。'此三器之文,皆云旦王格太室,則上所云王在某宫者,必謂未旦以前王所寢處之地也。且此事不獨見于古金文,雖經傳亦多言之。《左傳》昭公二十二年:'單子逆悼王於莊宫以歸,王子還,夜取王,以如莊宫。'二十三年:'王子朝入于王城,鄩羅納諸莊宫。'案莊宫,莊王之廟,而傳文曰逆、曰如、曰納,皆示居處之意。《禮運》:'天子適諸侯,必舍其祖廟。'《周語》:'襄王使太宰文公及内史興賜晉文公命,上卿逆於境,晉侯郊勞,館諸宗廟。'《聘禮記》:'卿館于大夫,大夫館于士,士館于工商',鄭注:'館者必于廟,不於敵者之廟,爲太尊也。'以此觀之,祖廟可以舍國賓,亦可以自處矣"(《觀堂集林》卷三)。看來,在宗廟舉行重要典禮之前,地位高的主人或貴賓往往留宿在宗廟裏,以表示對典禮的重視。

"宗法"的"宗",从"宀"从"示",本義即爲宗廟,"宀"是宫室的形象,"示"是其中所住神主的象徵,所以《説文》説:"宗,尊,宗廟也。"《沈子簋》載:"作于綌周公宗",周公宗即是周公廟。因爲古人認爲廟是祖先住的宫室,常常把廟稱爲宫,例如魯國的"桓宫"即桓公廟,"煬宫"即煬公廟,這類稱呼很是普遍。廟也稱爲室,如魯的伯禽廟稱爲"太室"或"世室"(《公羊傳》和《穀梁傳》文公十三年)。廟又稱爲寢,如《周禮・夏官・隸僕》所談到的五寢、小寢、大寢,都是指廟。又因爲廟堂是舉行大典和宣布大事的場所,如同朝廷一樣,亦稱爲朝,廟就是由此得名的。如《趞鼎》説:"王各(格)于大朝",大朝即是太廟。

古代貴族以爲鬼神和活人一樣需要飲食,所謂"鬼猶求食"(《左傳》宣公四年),祭祀就是供給鬼神飲食。他們又以爲鬼神和活人一樣離不開宗族的關係,所謂"鬼神非其族類,不歆其祀"(《左傳》僖公三十一年),"神不歆非類,民不祀非族"(《左傳》僖公十年),因此奉祀祖先就成爲子孫應盡之責,舉行"祭禮"就成爲團結本族成員的重要手段。在宗法制度下,宗子都繼承其祖先的地位、權力和職司,需要向祖先報恩,也需要向祖先學習,所謂"不敢弗帥井(型)皇祖考"(見《番生簋》等),還常需要向祖先請示和報告,有所謂"告廟",更希望得到祖先的幫助和保佑。在他們的宗教觀念中,祖先必須要子孫祭祀,子孫要祖先降福,活人離不了死人,死人亦離不了活人。宗子不僅是一族之長,又是宗廟之主,所以稱爲"宗廟主"或"宗主"。如果宗子因放出奔,就叫"失守宗廟"(《左傳》宣公十年);如果宗族滅亡,宗廟也就絶祀,他們認爲這是最大的不孝,所謂"滅宗廢祀,非孝也"(《左傳》定公四年)。

宗廟内安置有代表祖先的木主,叫做主。木主都保藏在石函中,叫"宗祏"(《左傳》莊公十四年)、"主祏"(《左傳》昭公十八年)或"祏"(《左傳》哀公十六年)①。

宗廟内,分建多少個"廟",要看宗主的等級地位而定。《禮記・王制》説:

---

① 許慎《五經異義》説:"公羊傳:卿大夫非有土之君,不得祫享昭穆,故無主"(陳壽祺輯本)。這是不正確的。《左傳》哀公十六年載:孔悝"及西門,使貳車反祏于西圃"。杜注:"使副車取廟主。西圃,孔氏廟所在。祏,藏主石函"。孔悝所要帶走的廟主,當然是孔氏宗廟之主,足見卿大夫亦有主。鄭玄《駁五經異義》認爲"大夫無主,孔悝之反祏,所出公之主耳"。顯然是一種曲解。孔氏姞姓,春秋時只有南燕姞姓,孔氏仕衛已歷多世,不知出於何國,怎會有"所出公之主"? 這點孔穎達《正義》已反駁。但是孔氏又認爲孔悝的"主","是僭爲之",也還是一種曲解。卿大夫既建有宗廟,廟中不能無主。

> 天子七廟,三昭三穆與太祖之廟而七;諸侯五廟,二昭二穆與太祖之廟而五;大夫三廟,一昭一穆與太祖之廟而三;士一廟。

此處説"天子七廟",也還有説"天子五廟"的。《禮記·喪服小記》説:

> 王者禘其祖之所自出,以其祖配之而立四廟(注:"高祖以下,與始祖而五")。

究竟天子七廟還是五廟,七廟的内容怎樣,歷來經學家有很多的爭論。看來五廟之説比較正確,七廟乃是後來擴大的説法①。

值得注意的,當時宗廟中,除太祖外,祖先是按左昭右穆的次序排列的。就是從太祖之後,父叫昭,子叫穆,孫又叫昭,叫昭的排在左列,叫穆的排在右列,祖和孫同在一列,而父與子分開在兩列。這不僅宗廟中如此排列,"公墓"上也照這樣的行列埋葬。不僅死人如此,所有貴族成員羣衆性的活動,也按照這樣的行列作次序的。《禮記·祭統》説:"是故有事于大廟,則羣昭羣穆咸在,而不失其倫。"又説:"凡賜爵,昭爲一,穆爲一,昭與昭齒,穆與穆齒。"這是説,宗族成員參加宗廟中的典禮的時候,或者賜爵的時候,都要按左昭右穆來排列次序。《禮記·大傳》還説:"合族以食,序以昭繆(穆)。"這又説,宗族成員聚餐或舉行酒會時,也要按照左昭右穆爲次序。看來這是周族很早就有一種生活習慣②,李亞農同志認爲這是周族的亞血族羣婚制的遺迹,該是可信的。因爲當時周族流行這種生活習慣,就在宗廟中採取同樣的排列方式了。

宗廟不僅是祭祀祖先之處,重要典禮都要在這裏舉行,重大決定也要在這裏

---

① 七廟之説,禮書的記載不一致。《禮記·祭法》認爲七廟是二祧(遠祖廟)和五廟(自考至祖考),五廟中除了始祖,應是二昭二穆。而《禮記·王制》又認爲七廟是太祖和三昭三穆。鄭玄又調停其説,以爲"七者,太祖及文王武王與親廟四"。七廟之説還不見于《周禮》,恐出現較遲。《吕氏春秋·諭大》篇引《商書》説:"五世之廟可以觀怪。"《周禮·夏官·隸僕》説:"掌五寝之埽除糞晒之事。"鄭注:"五寝,五廟之寝也。"都是古有五廟之證。清代學者頗多調停其説,如焦循《羣經宫室圖》認爲"蓋五廟之制,自虞至周,自天子至附庸皆同。周于五廟之外,更立二祧"。"周天子七廟,惟祧無寝"。也只是一種臆斷。

② 《左傳》僖公五年載:"太伯、虞仲,太王之昭也;……虢仲、虢叔,王季之穆也。"如此説太王之子太伯、虞仲屬昭,則太王應屬穆;王季之子虢仲、虢叔屬穆,則王季應屬昭。《左傳》僖公二十四年載:"管、蔡、郕、霍……,文之昭也;邗、晉、應、韓,武之穆也。"《國語·晉語四》也説:"康叔,文之昭也;唐叔,武之穆也。"如此則文王應屬穆,武王應屬昭。這種昭穆之制,在春秋時各國貴族中,説法一致,必是很古老的一種習慣。

宣佈。

成年男子的"冠禮"必須在宗廟舉行,據説是爲了"尊先祖"(《禮記·冠義》)。"士昏禮"的納采、問名、納吉、納徵、請期,都要在女方宗廟中舉行,據説因爲"將以先祖之遺體許人,故受其禮于禰廟也"(《儀禮·士昏禮》鄭注)。"士昏禮"的親迎,壻又必須到女方宗廟中拜見女父,由女父親自把女兒授給壻。卿大夫的婚禮也相同,親迎之前要"告廟",親迎時,壻也必須到女方宗廟中。例如楚的公子圍(即楚靈王)聘問鄭國,娶妻于公孫段氏,事先"告于莊共之廟而來",親迎時,從豐氏之祧(即公孫段的宗廟)"入逆而出"(《左傳》昭公元年)。如果先迎娶而後再"告廟",叫做"先配而後祖",要被認爲"非禮"的(《左傳》隱公八年)。

政治上的大典,也必須在宗廟行之。《尚書·顧命》就是記載太子釗(康王)在先王廟中接受成王遺命而即位的事。據《左傳》記載,晉文公、晉成公、晉悼公即位,都曾"朝于武宮","武宮"就是建立在晉都絳的始祖武公之廟。不僅國君即位要朝于廟,卿大夫就任新的官職也要"告廟",例如周公之子明保接受王命"尹三事四方",就"令矢告于周公宫"(《令彝》),周公宫即是周公廟。諸侯朝見天子的"覲禮",卿大夫會見鄰國國君的"聘禮",都必須在祖廟舉行,詳見凌廷堪《禮經釋例·賓客之例》。天子對臣下任命官職或賞賜的"策命"禮,多數都在天子的祖廟舉行,少數在臣下的宗廟舉行,西周金文中這類記載很多。到春秋時也還如此。《禮記·祭統》説:"古者明君爵有德而祿有功,必賜爵祿于太廟,示不敢專也。"

祖廟還成爲國中結盟的地方。當單穆公擁立王子猛(悼王)的時候,曾"使王子處守于王城,盟百工于平宫(注:'平宫,平王廟')"(《左傳》昭公二十二年)。當崔杼殺死齊莊公,聯合慶封擁立景公的時候,"盟國人于大宫(齊太公廟)曰:所不與崔慶者……"(《左傳》襄公二十五年)。這類例子很多。

宗主有大事,需要到宗廟請示和報告。如果要出行,有一系列的禮節要在宗廟舉行。所謂"凡公行,告于宗廟;反行,飲至、舍爵策勳焉,禮也"(《左傳》桓公二年)。不論爲了朝聘、會盟、出征或出奔,出行前,都要向祖先報告[①];回來後,要舉行酒會向祖先報到,叫做"飲至",酒會畢,就要把功勞寫在簡策上,叫做"策

---

① 《左傳》定公八年載:"子言(即季寤,季桓子之弟)辨(徧)舍爵于季氏之廟而出。"可見大夫出奔同樣有告廟、舍爵之禮。

動"。魯桓公十六年"公至自伐鄭,以飲至之禮也"(《左傳》),就是在宗廟舉行"飲至"禮。魯襄公十三年"公至自晉,孟獻子書勞于廟"(《左傳》,就是舉行了"策勳"禮。如果有重大事故和災難,也要向祖先報告,例如鄭國火災,執政子產使祝史徙主祐于周廟,告于先君(《左傳》昭公十八年)。如果國家有危急,還有哭廟之舉。《左傳》宣公十二年載:楚圍鄭十七天,鄭國占卜的結果,"臨于大宮"得到"吉"兆(注:"臨,哭也。大宮,鄭祖廟"),於是"國人大臨"。

當時國家最重要的大事是軍事,所有軍事行動,照禮都要向祖先請示和報告。出師前,要先請示和"受命",所謂"帥師者,受命于廟,受賑于社"(《左傳》閔公二年)。作戰策略決定後,要在太廟發布命令,例如晉國伐宋,"乃發令于大廟,召軍吏而戒樂正"(《國語·晉語五》)。所以古時把作戰的策略,稱爲"廟算"(《孫子·計篇》)。出師時,要舉行把兵器授予戰士的"授兵"禮,也在太廟行之,例如鄭國伐許,"授兵于大宮"(《左傳》隱公十一年)。行軍時,要載廟主和社主從軍而行,例如武王伐紂,"爲文王木主,載以車,中軍,武王自稱太子發,言奉文王以伐,不敢自專"(《史記·周本紀》)。戰勝之後,有的還替從軍的廟主建造臨時的宗廟來告捷,如邲之戰,楚得勝,楚文王就在前線"作先君宮,告成事而還"(《左傳》宣公十二年)。凱旋後,獻俘禮也常在宗廟舉行。如《小盂鼎》就是盂在周廟向王獻俘的長篇記載,《虢季子白盤》也載有在周廟"獻馘于王"的事,《敔簋》又載有在周太廟"告禽(擒)"的事①。

宗廟在宗族中具有禮堂的性質。爲什麼族中的重要禮節和政治上的重大典禮都要在宗廟舉行?所有政治和軍事上的大事都到宗廟請示和報告呢?因爲宗主不僅是宗族之長,而且是政治上的君主和軍事上的統帥。這樣在宗廟舉行典禮和請示報告,無非表示聽命于祖先,尊敬祖先,並希望得到祖先的保佑,得到神力的支持。其目的,就在于借此鞏固宗族的團結,鞏固君臣的關係,統一貴族的行動,從而加強貴族的戰鬥力量和統治力量。

二 族 墓 制 度

西周、春秋時貴族都有公共墓地,這也是氏族制階段沿襲下來的習慣。因爲他們認爲這是宗族在另一世界的住宅,死人應該和活人一樣聚族而居。

---

① 《左傳》襄公十年載:晉侯"以偪陽子歸,獻于武宮"。武宮爲始祖武公之廟。《左傳》昭公十七年載:晉滅陸渾之戎,"宣子夢文公攜荀吳而授之陸渾,故使穆子帥師獻于文宮"。可知春秋時還多獻俘于宗廟。

據《周禮·春官》記載，族葬的墓有兩種：一種叫"公墓"，歸冢人掌管，葬的是貴族，"先王之葬居中，以昭穆爲左右，凡諸侯居左右以前，卿大夫士居後，各以其族"。一種叫"邦墓"，歸墓大夫掌管，"令國民族葬而掌其禁令"。"國民"即是國家公民，亦即"國人"，也是古代的一個統治階層。

從考古發掘的情況來看，西周、春秋間貴族確實有族墓制度。中國科學院考古研究所在河南三門峽市上村嶺發掘的虢國墓地，就是個典型的例子。這個墓地規模宏大，墓葬密集，有數百座（共掘了二百三十四座），當是虢國貴族族葬之地，即是虢國的"公墓"。棺槨有重槨單棺、一槨一棺、無槨一棺、無槨無棺四等，棺槨的多少有無與墓的大小、隨葬品的多少大致相適應，該與各等貴族的身份地位有關。隨葬品的放置有一定的規律，大概與當時他們的葬禮的規定有關。詳見《上村嶺虢國墓地》發掘報告。

春秋時晉國的"公墓"在九原。《國語·晉語八》載：趙文子與叔向遊于九原（韋注："晉墓地"），曰："死者若可作也（注：'作，起也'），吾誰與歸？"接着就評論到陽處父、舅犯、隨武子等卿大夫的爲人（《禮記·檀弓下》同）。春秋時曹國也有族葬的墓地。當晉文公率軍包圍曹的國都的時候，進攻城門的士卒多戰死，曹人把這些屍體陳列在城上，使晉文公很難堪。晉文公聽了輿人之謀，把晉軍遷到曹人墓上去宿營，準備發掘，結果"曹人兇懼"（注："兇兇，恐懼聲"），晉軍"因其兇而攻之"，攻破了曹的國都（《左傳》僖公二十八年）。這個曹人的"墓"當是"邦墓"[①]，所以晉軍正擬發掘，曹人便兇懼起來。

春秋時代有些國家沒有國君和卿大夫都葬在一起的"公墓"，但是，國君和卿大夫的宗族都各自有其族墓。《左傳》定公元年載：魯昭公去世，因季孫氏怨恨昭公，"季孫使役如闞公氏（注：'闞，魯羣公墓所在也'），欲溝焉"（注："欲溝絕其兆域，不使與先君同"），經榮駕鵝勸止，"葬昭公于墓道南"。所謂"闞公氏"，當是在"闞"這個地方的魯"公"整個"氏"的墓地。《左傳》昭公二年記載：這年齊豹作亂失敗，齊氏被滅，後來衛靈公"賜析朱鉏諡曰成子，而以齊氏之墓予之"（注："皆未死而賜諡及墓田，傳終而言之"）。這個"齊氏之墓"，當是衛國齊氏整個氏的墓地，這時因齊氏滅亡，墓地被改賞給別族。

按禮，所有族人都應葬在族墓，只有凶死的人不得入葬，這被看作一種嚴重

[①] 沈欽韓《春秋左氏傳補注》以爲這曹人墓即是《周禮》的"邦墓"。"曹人"當指曹的"國人"。春秋時軍隊多以"國人"爲主力，因晉欲發其祖先之墓，故而兇懼。

的處罰。《周禮·春官·冢人》説:"凡死于兵者,不入兆域。"這是從氏族制階段長期流行下來的習慣①。春秋時有不少被殺死的國君,都不得葬入"公墓"的兆域,另葬到他處,文獻上都特别加以記載。例如齊莊公被崔杼殺死,"側"于北郭(沈欽韓謂"側"是"有棺無椁"),葬于士孫之里(《左傳》襄公二十五年)。安(晏)孺子被殺,葬于翼東門之外,以車一乘(《左傳》成公十八年、《國語·晉語六》)。楚王麇(或作卷、員)被殺,葬于郟,稱爲郟敖(《左傳》昭公元年)。楚王比被殺,葬于訾,稱爲訾敖(《左傳》昭公十三年)。"敖"是比王低一等的稱呼。《左傳》哀公二年載趙簡子立誓説:"若其有罪,絞縊以戮,桐棺三寸……無入于兆,下卿之罰也。"所説"無入于兆",就是不能葬入族墓的兆域。

這種族墓是宗族的第二個聖地。宗主除了有事要向宗廟請示和報告以外,有緊急事故,常要到墓地向祖先報告。例如鄭軍攻破了陳國,"陳侯扶其太子偃師奔墓",陳大夫賈獲"與其妻扶其母以奔墓",接着陳侯抱着社主出來投降(《左傳》襄公二十五年)。這時陳侯和陳大夫等"奔墓",是去向祖先報告快要亡國的情況。又如吴國借口納聘,攻入蔡國,蔡侯"哭而遷墓"(注:"將遷,與先君辭,故哭"),接着蔡被遷往州來(《左傳》哀公二年)。這是蔡侯在被迫遷國之前,去向祖先哭而辭行。又如魯昭公伐季孫氏失敗,"與臧孫如墓謀(注:'辭先君,且謀所奔'),遂行"(《左傳》昭公二十五年)。這是魯昭公在出奔之前,去向祖先辭行,並謀奔向何處。所以《禮記·檀弓下》記述顔淵説:"吾聞之,去國則哭于墓而後行,反其國,不哭,展墓而入"(注:"展,省視之")。

這種族墓制度,是和宗廟制度相輔而行的,目的也在借此鞏固貴族的團結,以增强其統治力量。

三 姓氏、名字制度

在氏族制階段,每個氏族都有特定的名字或一連串的名字,作爲氏族的標識。他們往往通過對成員的命名,來授予氏族的權利和義務。西周、春秋時代貴族的姓氏、名字制度,即是從氏族的命名辦法轉變而來,以"氏"作爲貴族的宗族的標識,用命"字"的方式來表示貴族特權的授予。

原來姓和氏有區别。姓是出生于同一遠祖的血缘集團的名稱。"姓"字原是

---

① 鄭注:"戰敗無勇,投諸塋外以罰之。"鄭玄以"戰敗無勇"釋"凡死于兵者",不確切。凶死不得入葬于族墓,氏族制階段已有此種習慣。雲南永寧地區納西族的習慣,凶死的人實行土葬,兩、三年再補行火葬,不拾骨灰,不能葬入公共墓地。見宋兆麟:《雲南永寧納西族的葬俗》(《考古》1964年第4期)。

由"生"字變化出來的,"百姓"在西周金文中就作"百生"。《説文》説:"姓,人之所生也,因生以爲姓。"氏是姓的分支。天子、諸侯分封給臣下土地,就必須新立一個"宗",即所謂"致邑立宗"(《左傳》哀公四年),新立的"宗"需要有一個名稱,就是氏。《左傳》隱公八年載:

> 天子建德,因生以賜姓,胙之土而命之氏。諸侯以字爲氏("氏"舊誤作"諡",今從顧炎武據《駁五經異義》校正),因以爲族。官有世功,則有官族。邑亦如之。

這是説,天子、諸侯分封土地給臣下,就要"命之氏"。諸侯對卿大夫命"氏"的辦法有三種:一是"以字爲氏",就是以祖父的"字"作爲"氏";二是以官爲氏,就是以祖先的官名作爲"氏";三是以邑爲氏,就是以分封的邑名爲氏。這樣由上級貴族命"氏"的辦法,只見這年魯隱公命無駭爲展氏一例,可能使用得很不普遍。但是,這樣"以字"、"以官"、"以邑"爲氏,確是當時貴族命氏的主要方法。以字爲氏,大多用于公族。大凡諸侯之子稱公子,公子之子稱公孫,公孫之子即以其祖的"字"爲"氏"。但也有以祖的名爲氏的,更有以父的名或字爲氏的。以官和以邑爲氏,多數用于異姓卿大夫。但是同姓卿大夫也有採用的。此外,還有以國名、爵名、行輩等爲氏的。

氏是西周、春秋時貴族所特有。《左傳》襄公二十四年載穆叔説:"若夫保姓受氏,以守宗祊,世不絶祀,無國無之,禄之大者。""氏"代表着宗族,能夠"保姓受氏",世代相承不斷,就能保住宗廟而世不絶祀,成爲"禄之大者"。如果宗族滅亡,"氏"也跟着滅絶。鄭樵《通志·氏族略序》説:

> 氏所以别貴賤。貴者有氏,賤者有名無氏。今南方諸蠻,此道猶存。古之諸侯詛辭多曰:"墜命亡氏,踣其國家"(按此見《左傳》襄公十一年所載盟書——引者),以明亡氏則與奪爵失國同,可知其爲賤也。

鄭樵以當時少數民族情況來作比較,得出這樣的結論是正確的。

我們現在還可以少數民族作比較。例如四川涼山彝族地區在民主改革前,貴族黑彝還保存有嚴格的家支制度。每個黑彝男子的全名,都有"家"、"支"、"父名"、"本名"四個組織部分,例如阿侯·布吉·吉哈·魯木子,意思即是阿侯"家"

的布吉"支"的足洛吉哈的兒子魯木子。通過這樣一連串的名字,便可確定他在貴族血緣的連索中處于那個環節,藉以表示他屬于何等"高貴"的血緣系統和等級地位。每個黑彝男子幾乎自幼都受背誦譜系的訓練,因此他們聽到一個人的名字,就能知道他的身份和地位。西周、春秋時代貴族的"氏",性質上是和黑彝的"支"相同的。貴族們所以要把祖父的字、官名、邑名等爲"氏",無非爲了明確表示其身份和地位。當時貴族所以重視稱爲"世"或"世繫"的族譜,原因也和黑彝重視譜系相同。

　　西周、春秋時代的貴族,每個人都有兩個名字,即幼年取的"名"和成年取的"字"。幼年的"名"由父題取,成年的"字"是在舉行"冠禮"或"笄禮"時由來賓題取的。"字"的題取,需要在字義上和"名"有聯繫,使人們可以由"名"而推想"字",由"字"而推想到"名"。在成年男子舉行"冠禮"時,題取"字",無非表示授予貴族應得的特權和應盡的義務。成年婦女因爲要服從夫權,並作爲夫家的成員,故其"字"應在許嫁而舉行"笄禮"時題取。這種習慣,曾在後世地主階級中長期流傳。

　　當時貴族男子的"字",全稱有三個字,第一字是長幼行輩的稱呼如伯、仲、叔、季之類,第二字是和"名"相聯的"字",末一字是"父"字。如果連同官名或氏來稱呼,就有四個字,例如"兮(氏)甲(名)"或稱爲"兮(氏)伯吉父(字)",也稱爲"尹(官名)吉甫"("甫"是"父"的假借字)。女子取"字"的方式和男子相類,只是末一字作"母"或"女",伯、仲、叔、季之下要標出"姓"。如果連同氏來稱呼,可以多到五個字,如"虢孟姬良母"。這樣的稱呼,包函有姓氏、長幼行輩、本人的"字"、男女性別等組成部分,無非爲了明確表示其身份和地位。其所以要標明長幼行輩,因爲當時實行嫡長子繼承制,很重視長幼行輩的區別。其所以要標明男女性別,因爲當時男尊女卑,地位不同。男子所以都用"氏"來稱呼,因爲男子是貴族的主要成員,而"氏"是貴族的標識。女子所以要標明"姓",因爲當時同姓不婚,對女子的姓看得特別重要。

　　這樣"字"連同"氏"或"姓",多到四、五個字,很麻煩,因此有多種簡稱辦法。春秋時代貴族,習慣上多用簡稱,又因"父"和"母"已多作父親、母親解釋,多數省去了末尾的"父"或"母"這個字。男子又多用"子某"的命"字"方式,"子"也是男子的美稱。而女子都只以姓和伯仲相配,作爲"字"的簡稱,如稱孟姬、孟姜等。

　　當時貴族男子成年時,舉行"冠禮"而命"字",無非表示授以統治人民的特權,參與祭祀和典禮的權利等,同時也授以服兵役的義務,傳宗接代的責任等。目的就在于團結貴族成員,維護貴族利益,加強統治力量。詳見拙作《冠禮新探》。

四 族外婚制和貴族的等級內婚制

氏族制階段禁止族內通婚,周代貴族還是保留有這種族外婚的傳統。《禮記·大傳》說:"繫之以姓而弗別,……雖百世而昏姻不相通者,周道然也。"這確是一種"周道",爲周代貴族所特別注意的。

春秋時有些貴族對這種族外婚制有所解釋。有的認爲是爲了防止"不殖"和"生疾",例如叔詹說:"男女同姓,其生不蕃"(《左傳》僖公二十三年);子產說:"其生不殖,美先盡矣,則相生疾"(《左傳》昭公元年)。這是自古相傳的一種說法。有的認爲是爲了防止族內發生淫亂,例如司空季子說:"同姓……男女不相及,畏黷敬也。黷則生怨,怨亂毓(育)災,災毓滅姓。是故娶妻避其同姓,畏亂災也"(《國語·晉語四》)。這又認爲,允許同姓男女相及,會造成本族內亂甚至滅亡。這該是當時貴族所以要保留族外婚制的原因之一。有的認爲異姓相婚可以結好外姓,例如《禮記·坊記》說:"取妻不取同姓,以厚別也。"也就是所謂"合二姓之好"(《穀梁傳》桓公三年引孔子語)。這確是當時貴族結外援的一種手段。

當時貴族一方面實行同姓不婚之制,所謂"男女辨姓,禮之大司也"(《左傳》昭公元年載子產語);另一方面爲了保持貴族的等級地位,實行着貴族的等級內婚制。諸侯、卿大夫都要在相同的等級之內,迎娶異姓之女。因爲天子找不到相同的等級,只能求婚於諸侯,王姬也多下嫁於諸侯。國君的正妻叫"夫人",或稱"元妃",大致是從異姓之國娶來。因爲當時貴族實行一夫多妻制,他們嫁女有一種叫"媵"(陪嫁)的制度,"媵"大致是正妻的姊妹和姪女等;有時是正妻的同姓的友好國家送來的陪嫁。他們遵守同姓不婚的制度,只要不同姓,世代層是可以輕忽的,所以姪女可以從姑母同嫁一夫。卿大夫的正妻叫"內子",多數迎娶於異姓卿大夫和別國的卿大夫,有時也上娶於國君。卿大夫也實行多妻制,正妻之下還有次一等的妻,更有妾。

五 嫡長子繼承制

在宗法制度下,繼承宗嗣的,必須是嫡夫人所生的長子。《公羊傳》隱公元年說:"立適(嫡)以長不以賢,立子以貴不以長。"就是說,立嫡夫人之子應選取其長者,如果嫡夫人無子而要立其他的子,應選取其貴者。"貴"是貴族選取繼承人的主要標準。

這種嫡長子繼承制,有些國家在初期沒有嚴格執行。例如魯國在莊公以前,常有弟接兄位的。《史記·魯世家》載叔牙説:"一繼一及,魯之常也"(《集解》引何休説:"父死子繼,兄死弟及")。秦國在初年,有些國君也是"兄死弟及"的。他們到春秋中期以後才遵守嫡長子繼承制。

　　一般説來,這種制度曾爲貴族所重視和遵守。例如晉襄公去世時,太子(即晉靈公)年少,趙盾因爲晉國多難,要立年長的國君,理由是"置善則固,事長則順",決定把公子雍從秦迎接回來,但因襄公夫人抱着太子啼哭于朝,卿大夫"皆患穆嬴(即襄公夫人),且畏逼(注:'畏國人以大義來逼己')",仍然立了晉靈公(《左傳》文公六年、七年)。又如楚平王去世時,令尹子常要立子西,理由是"立長則順,建善則治",但是子西認爲"亂嗣不祥",仍然立了楚昭王(《左傳》昭公二十六年)。

　　這種嫡長子繼承制的確立,很明顯,是爲了把"宗子"繼承的制度固定下來,防止發生爭奪和内亂從而鞏固宗族組織及其統治力量。如果沒有嫡長子,他們還定出了一種補充辦法。例如説:

　　　　昔先王之命曰:王后無適(嫡),則擇立長;年鈞以德,德鈞以卜;王不立愛,公卿無私,古之制也(《左傳》昭公二十六年載王子朝語)。

　　　　太子死,有母弟則立之;無則長立,年鈞擇賢,義鈞則卜,古之道也(《左傳》襄公三十一年載穆叔語)。

這兩段話,内容大體相同,該是當時流行的一種補充的繼承辦法。

　　當時由於貴族間爭權奪利,改立太子、宗子和爭立國君、卿大夫的事不斷發生,貴族内部不斷因此發生内亂。春秋時代"臣弑其君"、"子弑其父"的很多,在内亂中"殺嫡立庶"的事也屢見不鮮。例如楚國常因内亂,君位改由少子繼承。所謂"楚國之舉,恒在少者"(《左傳》文公元年載子上語),"羋姓有亂,必季實立"(《左傳》昭公十三年載叔向語)。魯國東門遂殺死公子惡而擁立宣公,更是件著名的"殺嫡立庶"的事,當時人就一再提到(見《左傳》文公十八年、宣公十八年、襄公二十三年、昭公三十二年)。

六　族長主管制

　　西周、春秋間貴族中的大小宗族,都設有宗子或宗主作爲族長,掌有主管全族的一切權力。當是由父系氏族的氏族長的制度變質和發展而成。

宗子主管有本族的共同財產,主要是土地和人民。《禮記·禮運》說:

> 故天子有田以處其子孫,諸侯有國以處其子孫,大夫有采以處其子孫,是謂制度。

當時實行着土地分封制,隨着土地的層層分封,大小宗族的分立,土地和人民是按着貴族的等級而層層佔有的,這就叫做"制度"。天子爲"天下"的大宗,是"天下"的共主,就成爲"天下"土地和人民的最高所有者。所謂"溥天之下,莫非王土,率土之濱,莫非王臣"(《詩·小雅·北山》)。諸侯爲本國的大宗,是一國之君,就成爲國內土地和人民的最高所有者。所謂"封略之內,何非君土?食土之毛,誰非君臣"(《左傳》昭公七年載申無宇語)?卿大夫是采邑土地和人民的所有者。按禮,他們佔有采邑多少是有制度的,如公孫免餘說:"唯卿備百邑"(《左傳》襄公二十七年);他們有俸禄田多少也是有規定的,如叔向說:"大國之卿,一旅之田(注:'五百人爲旅,爲田五百頃'),上大夫一卒之田(注:'百人爲卒,爲田百頃')"(《國語·晉語八》)。"一卒之田"也就是"百人之餼"(《左傳》昭公元年,注:"百人,一卒也,其禄足百人")。但是實際上,卿大夫都竭力侵佔田邑,並没有什麽制度。

當時各國卿大夫的宗族組織,就是統治機構,掌管全族財產和各種政務、事務,叫做"宗"、"家"或"室"。其中規模大的,"宗"之下分爲"家"或"族","家"或"族"之下又分爲"室"。這種"室",因爲掌有全族財產,又成爲一種財產單位,宗子有權可以使用和處理。如果宗族滅亡,"室"就跟着被人兼併或分取。春秋時貴族間因爭奪和侵佔"室"而發生内亂的例子,不勝枚舉。

一個宗室就包括着宗族所有的一切財富。既包括着宗族所有的土地和人民,又包括奴隸和器用財物,更包括所有私屬人員和武裝力量以及軍賦的收入。《國語·晉語六》記述鄢陵之戰時,范文子在欒武子面前批評晉厲公說:

> 今我戰又勝荆與鄭,吾君將……大其私暱而益婦人田。不奪諸大夫田,則焉取以益此?諸臣之委室而徒退者,將與幾人?

下文又記述:

> 欒武子不聽,遂與荆人戰于鄢陵,大勝之。於是乎君……大其私暱,殺三郤而尸諸朝,納其室以分婦人。

"納其室以分婦人",就是范文子所説"益婦人田"而奪諸大夫田,可知"室"的主要財産是"田"。《左傳》在敍述某些卿大夫滅亡後,"室"都被兼併或分取,没有述及其"田"的下落,因爲"田"即包括在"室"之中。田邑是每個宗族建立其"室"的財富基礎。一個宗子或一個宗族的消滅或建立,關鍵就在於田邑的佔有或喪失。例如晉國討滅趙氏的時候,趙武(莊姬之子)跟着莊姬(晉成公之女,趙朔之妻)畜養在公宫,"以其田與祁奚",後來由於韓厥請求晉侯,"乃立武而反其田焉"(《左傳》成公八年)。又如鄭大夫豐卷(子張)被逐,出奔在晉,"子産請其田里,三年而復之,反其田里及其入焉"(《左傳》襄公三十年)。所謂"田"或"田邑",是指土地及其附着的人民。

《左傳》襄公十年載:

> 子西聞盜,不儆而出……乃歸授甲,臣妾多逃,器用多喪。子産聞盜,爲門者,庀羣司,閉府庫,慎閉藏,完守備,成列而後出兵車十七乘。

從此可知卿大夫的"室",包括有"羣司"(各種職司的家臣)、臣妾(奴隷)和私屬軍隊,財物都有府庫保藏。諸侯的"公室",更包括有以"國人"爲主力的軍隊以及軍賦的收入,所以魯國三桓"三分公室",主要就是分取了魯國"三軍"的成員和軍賦。

當時各級貴族,都有其宗族成員和私屬人員所組成的軍隊。例如《明公簋》説:"隹(唯)王令(命)明公遣三族伐東或(國)。"《班簋》説:"以乃族從父征。"春秋時,楚王有其私屬的左右兩"廣",每"廣"兵車十五乘(《左傳》宣公十五年);楚太子的東宫另有"宫甲";楚的卿大夫也各自有其族兵或私卒,如若敖氏之族有"若敖氏之六卒"(《左傳》僖公二十八年),大夫子彊、息桓、子捷、子騈、子孟也各有其"私卒"(《左傳》襄公二十五年)。晉的卿大夫也有私屬部隊,如晉卿郤克曾"請以其私屬"伐齊(《左傳》宣公十七年)。邲之戰,晉的知罃被俘,其父親"知莊子以其族反之"(《左傳》宣公十二年,注:"反,還戰")。其他各國的情況也差不多。

這種貴族軍隊,各國在對外作戰中,往往配合在"國人"編制成的國家軍隊中,作爲骨幹。例如鄢陵之戰,楚的中軍以王族爲骨幹,左右二軍以二穆之族(即子重、子辛之族)爲骨幹;晉的中軍以公族和欒氏、范氏之族爲骨幹,上下兩軍和新軍以中行氏、郤氏之族爲骨幹。所以當時苗賁皇替晉國計謀說：

> 楚師之良，在其中軍王族而已，若塞井夷竈成陳以當之，欒范易行以誘之，中行、二郤必克二穆，吾乃四萃於其王族，必大敗之（《左傳》襄公二十六年）。

當時各級貴族的宗子，不僅是本族軍隊的主帥，而且是國家軍隊的統帥。春秋時晉國的卿，就是各"軍"的將佐，所以他們又有"將軍"之稱。當對外作戰時，就由國君率領卿大夫帶同族兵，配合在"國人"編制的各"軍"中，由國君鳴鼓指揮作戰。後來因爲國君的大權下落，國家軍隊爲卿大夫所控制，指揮權也逐漸落到卿大大手中。

宗子不僅掌有財權和兵權，還掌有神權，成爲宗廟的主祭者。這點在前面論述宗廟制度時，已詳加說明。當衛靈公被逐在外時，曾派子鮮向掌實權的大臣寧喜請求："苟反，政由寧氏，祭則寡人"（《左傳》襄公二十六年）。衛靈公就是想只留祭權，把政權交給寧喜，以這樣的讓步來求得回國。

宗子對本族成員，有統率、管理和處分之權。例如趙嬰因和莊姬（嬰姪趙朔之妻）通姦，被宗子趙同、趙括"放于齊"（《左傳》成公四年）。又如楚將釋放俘虜的知罃時，知罃對楚共王說：

> 以君之靈，累臣得歸骨於晉，寡君之以爲戮，死且不朽。若從君之惠而免之，以賜君之外臣首（指荀首——知罃之父），首其請於寡君而以戮於宗，亦死且不朽（《左傳》成公三年）。

可見一個被俘的貴族成員，被釋放回國，不但有被國君判罪處死的可能，還有被宗主"戮於宗"的可能。宗主有處分本族人員之權，但在手續上須經國君的批准，以表示對君權的尊重。如果國家要處分卿大夫宗族中人，在手續上也須咨詢于宗主，以表示對族權的尊重。例如鄭國將放逐游楚，"子產咨于大叔，大叔曰：吉（大叔名）不能亢身，焉能亢宗？"（《左傳》昭公元年）

宗子亦有庇護宗族成員之責。卿大夫在國家擔任官職的目的之一，就是庇護宗族。所謂"守其官職，保族宜家"（《左傳》襄公三十年）。例如宋的公子壽因國君無道，深怕累及，辭去司城之官，但是還使其兒子如意去做，他説："棄官則族無所庇"（《左傳》文公十七年）。如果宗子有所作爲，也就"族可以庇"。例如劉康公聘問魯國,見季文子、孟獻子都很節儉,回來稱讚說:"今夫二子者儉,其能足用矣,用足則族可以庇"(《國語·周語中》)。

當時一個宗子的得失,關係着整個宗族的興亡。宗子得勢,整個宗族得到庇護;宗子得罪,常常整個宗族被驅逐或滅亡。例如晉人因邲之戰失敗,赤狄又伐晉到清,於是"歸罪于先縠",殺死了先縠,還"盡滅其族"(《左傳》宣公十三年)。又如宋昭公被殺後,武氏之族利用昭公之子作亂,宋文公使戴、莊、桓之族攻武氏;又因穆族支持武族,"盡逐武、穆之族"(《左傳》文公十八年、宣公三年)。這類例子很多。春秋後期由於貴族間爭權奪利,不斷互相兼併,被陸續驅逐和滅亡的宗族很多。

這種族長主管制,使大小宗族長擁有本族的財權、兵權、法權和神權,對本族成員有統率、管理和處分之權,當然對於所屬勞動人民,更有生殺之權。當時政治組織體系,是和宗法組織體系緊密結合在一起的,大小宗族長的專制權力,在政治組織上就表現爲君主和卿大夫的專制權力。

七 家 臣 制 度

在西周、春秋間的貴族中,各國的卿大夫是個比較重要的階層。他們世襲着卿大夫的等級地位,世襲着封土和采邑,世代擔任各種重要官職,操縱着國家的兵權和政權。他們在封土內,立有宗廟,築有城邑,設有軍隊。他們有以宗族組織爲基礎的統治機構,稱爲"宗"、"家"、"室"等。

宗子被稱爲"主"或"宗",是一"家"之主,手下有宗親和家臣幫助進行統治,形成一套家臣制度。

春秋時代卿大夫的"家臣"中也有等級,地位高的稱"家大夫"(《禮記·檀弓下》),如公叔文子之臣有大夫僎(《論語·憲問》)。有些權力大的"家臣",也有宗族和封土或封邑,又有臣屬。

幫助宗子掌管宗族內部事務的"家臣",主要有"室老"和"宗老"。室老也單稱老,宗老也稱宗人或宗。如《左傳》襄公二十二年載:"鄭公孫黑肱有疾,歸邑于公,召室老、宗人立段,而使黜官薄祭。"室老負責照顧宗子的生活,掌管賓客所送的贄幣[1]。

---

[1] 例如《左傳》昭公二十六年載:"臧昭伯如晉……臧氏老將如晉問"(注:"問昭伯起居")。《儀禮·聘禮》載卿大夫"授老幣"。胡匡衷《儀禮釋官》説:"《特牲》注云:宰,羣吏之長。此注(指《士昏禮》注)云:老,羣吏之尊者。老與宰當即一人。以其主家之政教,謂之宰;以其爲家之貴臣,謂之老。宰者其職也。老優其名也。"此説没有確據。

宗老掌管各種禮儀,如夫人、宗子繼立的禮儀、婚禮、祭禮及祈禱等①。此外,還有卜、祝、史之類,掌管占卜等事。

幫助卿大夫統治人民的家臣有"宰"。宰有家宰和邑宰二種,家宰掌管全家的政務,邑宰則掌管某個邑的政務,包括財政和軍政②。"宰"之下,分設有各種職司的家臣。《論語·子路》載:"仲弓爲季氏宰,問政,子曰:先有司,赦小過,舉賢才。"這時仲弓做季孫氏的家宰,向孔子請教如何掌管政務,孔子首先主張挑選賢才來充當所屬"有司",因爲"有司"直接統治着人民。宰所屬"有司",可考的有以下幾個:(一)司徒掌管土地和徵發徒衆之官。《禮記·檀弓上》記載:"孟獻子之喪,司徒敬子使旅歸四方布"(此從足利本)。注:"司徒使下士歸四方之賻布。"這個司徒當爲孟獻子的家臣。(二)司馬或馬正,掌管軍賦和統率徒衆作戰。例如,當魯昭公討伐季孫氏時,"叔孫氏之司馬鬷戾言于其衆,……帥徒以往,陷西北隅以入",驅逐公徒,使得魯昭公失敗(《左傳》昭公二十六年)。可知司馬是個小軍官。這個官,不僅在卿大夫的"家"中設置,邑中也有設置,叫做馬正。例如《左傳》定公十年有郈馬正侯犯,即是叔孫氏所屬郈邑的馬正。馬正也是小軍官,所以侯犯有叔孫氏之甲,能够"以郈叛"。(三)工師,《左傳》定公十年有郈工師駟赤,當爲郈邑掌工匠和製造之官。

還有專爲卿大夫生活上服務的家臣:(一)司宮,掌宮室中雜務之官。(二)饔人,掌飲食之官③。(三)車或差車,主車之官。(四)御驂,掌馬兼掌御之官④。(五)工,即樂工⑤。(六)閽人、寺人、豎等内官。

---

① 例如《左傳》哀公二十四年載:"公子荆之母嬖,將以爲夫人,使宗人釁夏獻其禮。"《國語·魯語下》載:"公父文伯之母欲室文伯(注:'室,妻也'),饗其宗老……老請守龜卜室之族(注:'守龜,卜人。族,姓也'),師亥聞之曰:善哉!……宗室之謀不過宗人。"《國語·楚語上》載:"屈到嗜芰,有疾,召其宗老而屬之曰:祭我必以芰。"

② 例如冉有爲季氏宰,"爲之聚斂而附益之"(《論語·先進》)。又曾"帥左師","以武城人三百爲己徒卒",用矛攻入齊師(《左傳》哀公十一年)。因爲家宰掌管全家政務,有時可作卿大夫的代表,如王叔陳生與伯輿爭訟,"王叔之宰與伯輿之大夫瑕禽坐獄于王庭"(《左傳》襄公十三年)。家宰的權力是比較大的,例如衛的齊豹和北宫喜等共謀作亂,"齊氏之宰渠子召北宫子(即北宫喜),北宫氏之宰不與聞謀,殺渠子,遂伐齊氏滅之"。又如"仲由(子路)爲季氏宰,將墮三都"(《左傳》定公十二年)。因爲這時季孫氏正掌握魯的國政,季孫氏之宰就有權力掌管魯國的大事。

③ 《左傳》昭公五年載:"仲(仲壬)至自齊,季孫欲立之……南遺使國人助豎牛以攻諸大庫之庭,司宫射之,中目而死。"這個司宫參與叔孫氏之亂,當爲家臣。《左傳》昭公二十五年載"及季姒與饔人檀通",注:"季姒,公鳥妻,鮑文子女。饔人,食官"。這個饔人當爲季孫氏的家臣。

④ 《左傳》哀公十四年載:"叔孫氏之車子鉏商獲麟"。《正義》引服虔注:"車,車士。"《左傳》哀公六年:"鮑子醉而往其臣差車鮑點。"杜注:"差車,主車之官。"《左傳》襄公二十三年有孟氏之御驂豐點,《正義》認爲御驂是掌馬兼掌御之官。

⑤ 《左傳》襄公二十八年:"叔孫穆子食慶封……使工爲之誦《茅鴟》"。杜注:"工,樂師。"

更值得注意的,卿大夫家人中有圉人之官。過去注釋家以爲即是《周禮·夏官》的圉師、圉人,爲養馬之官。圉人本來確是養馬官,所以《禮記·檀弓上》説:"圉人浴馬。"其所屬奴隸叫圉,也專門養馬,《左傳》昭公七年所謂"馬有圉,牛有牧"。但是實際上,這時的圉人已成爲卿大夫家的奴隸總管,圉已成爲下等奴隸的通稱。《左傳》僖公十七年説:"男爲人臣,女爲人妾,故名男曰圉,女曰妾。"可知圉已成爲男奴的通稱,如同女奴通稱爲妾一樣。《左傳》定公八年載:"孟氏選圉人之壯者三百人,以爲公期築室于門外。"孟氏所選圉人之壯者三百人,當即從圉人所屬奴隸中選出壯者三百人,可知當時圉人所屬的奴隸數量不少。如果專門用來養馬,恐怕用不到這麽多的人,而且也不可能一下子抽出來"築室"。《左傳》襄公二十八年載:"陳氏鮑氏之圉氏爲優",亦當爲奴隸表演笑劇以供貴族娱樂①。

如上所述,可知卿大夫的家臣,有幫助掌管族内事務的,有爲卿大夫生活上服務的,有掌管全"家"和各個邑的政務而統治人民的,也有監督管理奴隸的。其整個家臣組織,已是奴隸主貴族用來壓迫和奴役人民的工具。其目的在于保衛本宗族的既得利益,加強對勞動人民的剥削和統治,以供貴族奢侈的享受。這種家臣組織,實際上就是奴隸主國家的基層政權,完全是依靠暴力來維持其統治的。所以不僅卿大夫的"家"設有司馬這個武官,各個邑也都設立有馬正這個武官。

當時家臣是由宗主任免的,但是君臣關係的確立,也還有一套制度。君臣關係的確立,自上而下,必須經過"策命"禮,由主上授給命書,表示授予官職、任務和權利;同時由下而上,必須經過"委質"禮,由臣下委贄而退,表示對主上的臣服、忠心和義務的承擔。所謂"委質爲臣,無有二心,委質而策死,古之法也"(《國語·晉語九》)。詳見拙作《贄見禮新探》。

按禮,家臣必須效忠于主上,不得有二心。如果有二心,主上可以處罰。當時有不少家臣,確實很講究效忠于主上的道義。例如晉國在欒盈出奔之後,下令不許欒氏的家臣跟從,跟從的要處死,而欒氏的家臣辛俞還是跑了,後來捉回來審問,他説:

---

① "牧圉"爲當時對下等奴隸的通稱。如衛成公出奔後回國,寧武子與國人結盟説:"不有居者,誰守社稷,不有行者,誰扞牧圉"(《左傳》僖公二十八年)。衛獻公出奔後回國,責備大叔文子,大叔文子對答説:"不能負羈絏以從扞牧圉,臣之罪一也。"這二處所謂"牧圉",都是指國君出奔時所帶走的奴隸,當然不全是養牛養馬的。

臣聞之,三世事家,君之;再世以下,主之。事君以死,事主以勤,君之明令也。自臣之祖,以無大援于晉國,世隸于欒氏,於今三世矣,臣故不敢不君。今執政曰:不從君者爲大戮。臣敢忘其死而叛其君,以煩司寇(《國語·晉語八》)。

辛俞這樣的説法,確是當時貴族中流行的一種傳統思想。孔子的弟子子路就是強烈地懷有這種思想的人,當子路做衛大夫孔悝的邑宰的時候,太子蒯聵強逼孔悝驅逐衛出公,發生内亂,子路聞訊,一定要去救難,並且説:"食焉不避其難","利其禄必救其患",結果戰鬥而死(《左傳》哀公十五年)。

因爲家臣必須效忠于"家",就只知有"家"而不知有"國"。例如李孫氏的費邑宰南蒯,謀幫助公室驅逐季孫氏失敗,出奔到齊。當南蒯將反對季孫氏時,鄉人有知道的,就諷刺説:"家臣而君國,有人矣哉!"(《左傳》昭公十二年)後來在齊國侍奉齊景公飲酒,景公駡他是叛夫,南蒯説:"臣欲張公室也。"齊大夫子韓晢説:"家臣而欲張公室,罪莫大焉"(《左傳》昭公十四年)。當魯昭公討伐季孫氏時,叔孫氏之司馬鬷戾言于其衆曰:"我家臣也,不敢知國。凡有季氏與無,于我孰利?"(《左傳》昭公二十五年)

在這樣的家臣制度下,各個宗族的統治機構,首先保護的,是其本"家"的利益及其特權,要不斷加强對所屬人民的奴役和壓迫。而各個宗族之間爲了争權奪利,又無可避免地要發生衝突。

八 宗法制度下貴族的各種相互關係

根據上面的論述,可知宗法制度確是由父系家長制變質和擴大而成。氏族制末期的祖先崇拜,此時擴展爲宗廟制度;氏族的公共墓地,此時變爲族墓制度;氏族成員使用氏族名稱的權利,此時發展爲姓氏、名字制度;氏族的族外婚制,此時變爲同姓不婚制和貴族的等級内婚制;氏族的相互繼承權,此時變爲嫡長子繼承制;氏族長掌管本族公共事務的制度,此時變爲族長(宗主)主管制;氏族所設管賬等人員,此時變爲家臣制度,實質上成爲奴隸主貴族的基層政權組織。至於氏族"彼此予以幫助、保護及支援的相互義務",此時變爲宗族内部以及大小宗族之間相互幫助、保護及支援的義務。

在宗法制度支配下,宗子有保護和幫助宗族成員的責任,而宗族成員有支持和聽命于宗子的義務。大宗有維護小宗的責任①,而小宗有支持和聽命于大宗的義務②。惟其如此,大宗和宗子對宗族組織起着支柱的作用,所以《詩·大雅·板》説:"大邦維屏,大宗維翰,懷德維寧,宗子維城。"而小宗對大宗起着輔助的作用,所以《左傳》襄公十四年説:"是故天子有公,諸侯有卿,卿置側室,大夫有貳宗,士有朋友……以相輔佐也。"

西周、春秋間貴族,很講究同姓、同宗、同族之間的關係。舉行宗教儀式時要講究這些,例如"凡諸侯之喪,異姓臨于外,同姓于宗廟,同宗于祖廟,同族于禰廟"(《左傳》襄公十二年)。政治活動也要講究這些,例如"周之宗盟,異族爲後"(《左傳》隱公十一年)。在統治人才的選用也要區别内姓和外姓,所謂"内姓選于親,外姓選于舊"(《左傳》宣公十二年)。還必須以"親親"、"貴貴"作爲選拔人才的標準,做到"親不在外,羈不在内"(《左傳》昭公十一年)。如果"棄親用羈",是要爲宗族成員所反對的。例如周的卿士單獻公因"棄親用羈",被公族所殺(《左傳》昭公七年)。周的卿士鞏簡公因爲"棄其子弟而好用遠人",被羣公子所殺(《左傳》定公元年、二年)。

西周、春秋間奴隸主貴族的統治,就是以周天子爲首的姬姓貴族爲主,聯合其他異姓貴族的專政。周天子分封同姓諸侯之外,又封異姓諸侯,諸侯也分封同姓和異姓卿大夫。由於實行同姓不婚制和貴族的等級内婚制,異姓貴族都成爲姬姓貴族的姻親。周天子稱同姓諸侯爲伯父、叔父,稱異姓諸侯爲伯舅、叔舅,諸侯也稱異姓卿大夫爲舅。周天子與諸侯,諸侯與卿大夫,固然有着政治上的組織關係,同時也存在着宗法和姻親的關係,以加強彼此之間的團結和聯合。奴隸主貴族如此實行其聯合的統治,無非爲了有效地鎮壓人民的反抗,加強對人民的掠奪。

當時貴族爲了加強内部團結和統治人民的力量,依據舊有習慣,加以改變和發展,制定了許多"禮",用來維護宗法制度和君權、族權、夫權、神權。策命禮、覲

---

① 《左傳》昭公二十八年載:"梗陽人有獄,魏戊不能斷,以獄上(注:'上魏子'),其大宗賂以女樂(注:'訟者之大宗')。"這是大宗維護小宗的例子。

② 在春秋時貴族的觀念中,多認爲小宗應尊重和支持大宗,否則就是"非禮"。《左傳》昭公二十五年載:"叔孫婼聘于宋,桐門右師見之(注:'右師樂大心居桐門'),語卑宋大夫而賤司城氏(注:'司城,樂氏之大宗也')。昭子告其人曰:右師其亡乎!……今夫子卑其大夫而賤其宗,是賤其身也,能有禮乎?無禮必亡。"《左傳》哀公八年載:"吳爲邾故,將伐魯,問于叔孫輒,叔孫輒曰:'魯有名而無情,伐之必得志焉。'退而告公山不狃,公山不狃曰:'非禮也。……今子以小惡而欲覆宗國,不亦難乎'(注:'輒,魯公族,故謂之宗國')。"《國語·晉語八》載陽畢説:"且夫樂氏之誣晉國久也,樂書實覆宗,殺厲公以厚其家(注:'覆,敗也。宗,大宗也。謂殺厲立悼'),若滅樂氏,則民威矣。"

禮、聘禮、即位禮、委質禮等，都是爲了維護君權，加強貴族之間政治上的組織關係的。

按禮，天子的命令叫做"王命"，諸侯必須聽從。諸侯的重大事件，必須聽從"王命"來辦理。諸侯必須定期朝覲，納職貢。如果不這樣，就叫"不王"和"不共王職"，天子可以用王師會同諸侯來討伐。到春秋初期，天子已無實力，但當晉國公室和別封的曲沃發生內訌時，周桓王還曾多次以"王命"出兵干預。

按禮，"大國三卿皆命于天子"，"次國三卿，二卿命于天子"（《禮記·王制》）。這種制度是用來幫助天子控制諸侯的，看來曾實行過。到春秋時，周天子號令不行，但是有時在形式上，諸侯的上卿還由天子任命。這種由天子任命的卿，就叫做"命卿"和"王之守臣"①。

按禮，卿大夫對諸侯也有許多必須服從的義務，大體上和諸侯必須服從天子的義務相同。同時，諸侯有對卿大夫討伐處分之權，所謂"君討臣，誰敢讎之，君命天也"（《左傳》定公四年）。

禮所以要作這些規定，無非爲了加強上級貴族對下級貴族的控制，團結大小宗族的力量，以便加強奴隸主階級的專政。

當時貴族中的大小宗族，有上級控制下級和相互聯合的關係。爲了加強奴隸主階級的統治力量，加強奴隸主階級的專政，便于對外從事掠奪，或者抵抗戎翟部族，諸侯很需要天子統一號令，卿大夫很需要諸侯統一指揮，卿大夫之間很需要聯合起來。特別是天子、諸侯的力量比較強大的時候，"王命"和"君命"還能實行，大小宗族間的聯合還比較鞏固。

但是大小宗族間也有相互矛盾的關係。由於各個宗族的自私利益，奴隸主貴族的掠奪成性，各個宗族間不可能不發生衝突。特別是在卿大夫力量逐漸強大，天子、諸侯力量逐漸衰弱的時候，上級對下級失却了控制，比較強大的卿大夫之間的兼併戰爭，就越來越劇烈。在這樣的相互兼併中，正孕育着新舊勢力的鬪爭；整個兼併過程中，正逐漸發展爲新舊勢力的更替。關於這方面，將另文再加

---

① 例如在晉國，曲沃武公曾對欒共子説："苟無死，吾以子見天子，令子爲上卿"（《國語·晉語一》）。晉景公又"請于王，戊申以黻冕命士會將中軍，且爲太傅"（《左傳》宣公十六年）。晉景公使上軍大夫鞏朔"獻捷于周"，周定王使單襄公辭謝，理由之一就是鞏朔不是"命卿"，"未有職司于王室"（《左傳》成公二年）。晉的下卿欒盈出奔，路過周的西鄙被劫掠，對王的行人説："天子陪臣盈（注：'諸侯之臣稱爲天子陪臣'），得罪于王之守臣（注：'范宣子爲王所命，故曰守臣'），將逃罪"（《左傳》襄公二十一年）。又如在齊國，齊桓公使管仲"平戎于王"，周襄王饗以上卿之禮，管仲辭謝説："臣賤有司也，有天子之二守國、高在（注：'國子、高子，天子所命爲齊守臣，皆上卿也'），……陪臣敢辭"（《左傳》僖公十二年）。

闡述。

　　根據本文的論述，十分清楚地可以看出，宗法制度原是奴隸主貴族用來鞏固貴族組織和加強奴隸主階級專政的一種有力工具。

我國古代大學的特點及其起源

我國古代學校教育,起源很早。大概商代貴族已有學校,到西周時,已有比較完備的學校制度。本文試圖將西周時代大學的特點加以探討,並探索其起源。想來,對於我國古代教育史的研究,是有幫助的。

一　我國最早的小學和大學

商代貴族已有學校教育制度。《龜甲獸骨文字》卷二第二十五頁九片:

丙子卜,貞,多子其徙學,版不冓大雨?

《甲骨續存》下編四五九片:

△亥卜,△,多子△學△,版△冓△。

陳邦懷先生認爲:"徙"是"徒"的或體,見於《說文》,"徒學"就是"往學","版"借爲"反",與"返"相通,這是貞問:多子其往學乎?返時不冓大雨乎?又說:"以前辭日辰'丙子'參證,蓋爲'乙亥'、'丙子'連續兩日所卜者,是知殷代貴族子弟每日往學,必預卜其返時有無遇雨之事也。"①這個解說如果正確,則商代貴族已有學校教育。

西周貴族教育子弟的學校,已較完備,有所謂小學和大學,這在許多講"周禮"的書上時常談到。如《大戴禮·保傅》篇說:"及太子少長,知妃(配)色,則入於小學,小者所學之宮也。"又說:"古者年八歲而出就外舍,學小藝焉,履小節焉;束髮(注:'謂成童')而就大學,學大藝焉,履大節焉。"所謂"八歲而出就外舍",就

---

① 《殷代社會史料徵存》卷下。

是入小學,所謂"束髮而就大學",束髮謂成童,一般是指十五歲以上。這個八歲入小學和十五歲入大學的説法,爲後來許多學者所遵信。如《公羊傳》僖公十年何休注説:"諸侯之子,八歲受之少傅,教之以小學";"十五受之太傅,教之以大學"。《白虎通·辟雍》篇也説:"八歲入學,學書計,十五成童志明,入大學,學經籍。"《禮記·内則》説得更詳細:

> 六年教之數與方名……九年教之數日,十年出就外傅,居宿於外,學書記……朝夕學幼儀,請肄簡諒;十有三年學樂,誦詩,舞《勺》;成童(注:"十五以上")舞《象》,學射御;二十而冠,始學禮……博學不教,内而不出。

這裏把貴族兒童教育分爲三個階段:(一)六至九歲在家中學習,學習簡單的數字、方名、干支等。(二)十歲"出就外傅,居宿於外",便是入小學,學習以書計、音樂(包括舞蹈等)爲主;這和前引各書所説八歲入小學略有出入。(三)十五歲爲成童,以學習音樂、射御爲主。這時該已入大學,音樂、射御正是大學的主要課程。到二十歲舉行"冠禮"後,便爲"成人",開始學禮。

關於西周貴族入小學和大學的年齡,各書記述略有出入,有的説八歲入小學,有的説十歲入小學。又如《尚書大傳》説:"古之帝王者必立大學小學,使王太子、王子、羣后之子以至卿大夫、元士之適(嫡)子,十有三年始入小學","年二十入大學"(陳壽祺輯本)。但是各書所談,幼年入小學,成童入大學,基本上是一致的。

禮書所説的西周小學、大學的制度,並非出於虛構,金文中有明證。《大盂鼎》記述周康王對盂説:

> 女(汝)妹辰又有有大服,余隹(惟)即朕小學。

郭沫若同志在新刊《兩周金文辭大系》上有眉批説:

> 今案妹與昧通,昧辰謂童蒙知識未開之時也,盂父殆早世,故盂幼年即承繼顯職,康王曾命其入貴胄小學,有所深造。

足見西周貴族確有小學,爲蒙昧的兒童學習之處,與禮書幼年入小學説正合。

《禮記·王制》篇說：

　　天子命之教，然後爲學。小學在公宫南之左，大學在郊，天子曰辟廱（雍），諸侯曰頖（泮）宫。

西周的大學叫辟雍，在金文中也有明證。《麥尊》說：

　　王客（格）莽京彤祀，霉（粵）若翌（翌）日，才（在）璧（辟）廱（雍），王乘于舟，爲大豐，王射大龏（鴻），禽（擒）。

《静簋》又說：

　　惟六月初吉，王才（在）莽京，丁卯，王令（命）静司射學宫，小子眔（暨）服眔小臣眔尸（夷）僕學射。雩（於）八月初吉庚寅，王以（與）吴（虞）㔈、呂𠟭（犅）卿（合）獻盩𦥑、邦周射于大池。静學（教）無罪（斁），王易（錫）静鞞剢。

楊樹達以上述兩段金文作比較，認爲《麥尊》的辟雍，即是《静簋》的學宫，也就是大學。因爲兩器都說王在莽京，地點相同；《静簋》說王"射于大池"，《麥尊》也說"王射大龏"，"龏"即是"鴻"，是一種水鳥，所射的情況也相同；《周禮·師氏》說："以三德教國子"，又說："凡國之貴游子弟學焉"，而《静簋》說小子、小臣、服、夷僕學射，小子即是"國子"或"國之貴游子弟"，可見學宫確爲當時學校①。這個比較，很是確切，可見西周貴族確有大學，或稱學宫，或稱辟雍，與禮書記述西周大學稱辟雍之說正合。

由此可見，許多禮書所談的"周禮"，其中部分確實保存了西周時代的真實情況，不能一概否定的。

二　西周時代大學（辟雍）的特點

西周時代貴族的大學，根據可靠的史料，參合禮書的記述，很清楚的，有下列三個特點：

---

① 《積微居金文說》卷七《静簋跋》。

第一個特點,建設在郊區,四周有水池環繞,中間高地建有廳堂式的草屋,附近有廣大的園林。園林中有鳥獸集居,水池中有魚鳥集居。

　　《大雅·靈台》毛傳説:"水旋丘如璧曰辟雍。"漢代學者類似這樣的解釋很多,是可信的。"辟"與"璧"本是一字,辟法之辟,古只作辟,從辛從人;辟字從辟從○,○即玉字(如《鄂侯鼎》的"穀"字作"穀"),可知辟是玉璧之璧的本字。辟雍的所以稱辟,就是表明其形狀如圓璧。"雍"和"邕"音同通用,《説文》説:"邕,邑四方有水,自邕成池者",就是指環於水中的高地及其建築。"雍"字,甲骨文和金文從巛(或省作く)、從㠯(或省作甶、作囗)、從隹。從巛,像四周環繞有水;從㠯,像水中高地上的宮室建築;從隹,像有鳥集居其上,因爲辟雍和泮宮的附近有廣大園林,爲鳥獸所集居,《魯頌·泮水》所謂"翩彼飛鴞,集於泮林"。《大雅·靈台》談到辟雍時,所説靈台是指高地上的建築,靈囿是指有鳥獸集居的園林,靈沼是指四周環繞的水池。

　　辟雍中高地上的建築,也叫明堂。《大戴禮·盛德》説:"明堂者,……以茅蓋屋,上圓下方,……外水曰辟雍。"《韓詩説》也説:辟雍"圓如璧,雍之以水","立明堂於中","蓋以茅"①。《吕氏春秋·召類》篇説:"明堂茅茨蒿柱,土階三等。"《吕氏春秋·慎大》又説:"周明堂外户不閉。"《淮南子·主術》篇又説:"明堂之制,有蓋而無四方。"《史記·封禪書》記述漢武帝時公玉帶所獻明堂圖,"中有一殿,四周無壁,以茅蓋,通水圜宫垣,爲複道,上有樓,從西南入"。基本上和《大戴禮》、《韓詩説》、《吕氏春秋》、《淮南子》相合。辟雍四周環繞的水,是開鑿出來的,也叫做池。"池"本來指逶迤曲折的小河,也有"穿地通水"②的意思,所以環城的河也叫池,如《陳風·東門之池》毛傳:"池,城池也。"辟雍因爲四周環繞有池,也或稱爲辟池。《史記·封禪書》説:"澧(酆)滈(鄗)有昭明、天子辟池",《索隱》説:"天子辟池即周天子辟雍之池。"

　　上述辟雍的特殊結構,在金文中也有明證。《静簋》説:"王令静司射學宫",又説:"射于大池",分明大池即在學宫之中。《遹簋》説:"穆王才(在)莽京,乎漁于大池",這個在莽京的大池,也該指辟雍中的大池,《麥尊》説:"才(在)璧(辟)廱(雍),王乘于舟",一定辟雍中有大池,王才能乘於舟。

　　《禮記·王制》説:"大學在郊","諸侯曰頖宫"。《禮記·明堂位》也説:"頖

---

①　《大雅·靈台》正義引《五經異義》。
②　《禮記·月令》篇鄭注。

宫,周學也。"泮宫的結構也和辟雍差不多,從來有四種不同説法:一種認爲西南兩面有水環繞,《説文》説:"泮,諸侯鄉射之宫,西南爲水,東北爲牆。"一種認爲東西南三面有水環繞,《魯頌·泮水》鄭箋説:"泮之言半也,半水者,蓋東西門以南通水,北無也。"一種認爲西北兩面有水環繞,劉向《五經通義》説:"諸侯不得觀四方,故缺東以南,半天子之學,故曰頖宫。"①一種認爲只有南面有弧形的水,《白虎通·辟雍》篇説:"諸侯曰泮宫者,半於天子宫也,……半者象璜也,獨南面禮儀之方有水耳,其餘壅之。"後世稱學宫爲黌,即取義於象璜。在這四種説法中,聞一多採取了三面圍水之説,並認爲泮宫和辟雍是異名同實的。他説:

　　辟、泮雙聲,義復相通(《廣雅·釋詁四》:辟,半也。《泮水》箋:泮之言半也),其爲一語之轉甚明。卜辭雍作𤕩,宫作𠈮,並從𠙴(金文皆變作𠃜),是雍與宫亦本一語,宫聲變而爲雍,猶之籀文容從公聲也。

他還以《大豐簋》"王又(有)大豐,王凡三方"爲證,認爲"《麥尊》記王在辟雍乘舟爲大豐,此亦言大豐,則凡疑讀爲汎,謂王在辟雍中汎舟也"。所謂"王汎三方",因爲辟雍和泮宫一樣三面圍水②。

第二個特點,西周大學不僅是貴族子弟學習之處,同時又是貴族成員集體行禮、集會、聚餐、練武、奏樂之處,兼有禮堂、會議室、俱樂部、運動場和學校的性質,實際上就是當時貴族公共活動的場所。

東漢末年學者盧植、蔡邕、穎容、賈逵、服虔等,都認爲太廟、大學、辟雍、明堂、靈台是"異名而同事"。蔡邕《明堂月令論》③對此有比較詳細的論述。清代學者惠棟著《明堂大道錄》一書,對此有更詳細的考證。從西周金文看來,西周時宗廟和辟雍顯已不是一物,但是,很清楚的,辟雍確是當時貴族成員公共活動的場所和貴族子弟學習的場所。

《韓詩説》説:"辟雍者,天子之學,……所以教天下春射秋饗,事三老五更。"《白虎通·辟雍》篇説:"大學者,辟雍,鄉射之宫。"《説文》又説:"廱,天子饗飲辟廱也。""泮,諸侯饗射之宫"。"侯,春饗所射侯也"。各書的所謂"饗"或"鄉",便是鄉飲酒禮,《説文》:"饗,鄉飲酒也。"所謂"射",是指鄉射禮。當時辟雍和泮宫,

---

① 《藝文類聚》卷三十八和《初學記》卷十二引。
② 聞一多:《古典新義·大豐段考釋》。
③ 《續漢書·祭祀志》劉昭注引。

是天子、諸侯帶同貴族舉行鄉飲酒禮和鄉射禮之處。古時鄉飲酒禮和鄉射禮往往是聯類舉行的,《禮記·射義》所謂"卿大夫士之射也,必先行鄉飲酒之禮"。這兩種禮,雖然具體目的有些不同,鄉飲酒在於"尚齒"和養老,鄉射在於"尚功"和練武,《禮記·王制》所謂"習射上功,習鄉上齒",但是總目的還是相同的,就是在於加強貴族的團結和戰鬥力,所以《禮記·樂記》說:"射鄉食饗,所以正交接也";《仲尼燕居》說:"射鄉之禮,所以仁鄉黨也";《昏義》說:"和於射鄉。"段玉裁著《說文饗字解》(收入《經韻樓集》),曾對此有較詳細的闡釋。他認爲:《說文》所說"泮,諸侯饗射之宫",是兼鄉飲酒和鄉射兩禮而言的;《說文》所說"廱,天子饗飲辟廱",是以鄉飲酒禮概括鄉射禮而言的;《說文》"侯,春饗所射侯",是把兩禮聯類而言的。

西周、春秋時,貴族確把大學作爲舉行鄉飲酒禮之處。《禮記·樂記》說:"食三老五更於大學,天子袒而割牲,執醬而饋,執爵而酳,冕而總干,所以教諸侯之弟也。"這就是大學中行鄉飲酒禮時尊老的具體表現。其實,舉行這種鄉飲酒禮的目的,原來不僅在於尊老,更重要的,是爲了商量國家大事。《禮記·王制》篇說:"天子將出征……受命於祖(注:'告祖也'),受成於學"(注:"定兵謀也")。怎樣"受成於學",在學校中"定兵謀"呢?就是通過這種"鄉飲酒禮"方式的酒會,與貴族的長老們會商決定的。《魯頌·泮水》說:"魯侯戾止,在泮飲酒,既飲旨酒,永錫難老,順彼長道,屈此羣醜。"鄭箋:"在泮飲酒者,徵先生君子,與之行飲酒之禮,而因以謀事也。"魯侯召集先生君子們在泮宮行飲酒之禮,所謀的就是"屈此羣醜"的事,也就是征伐淮夷的事,所以下文談的都是有關征伐淮夷的事。由此可見,這種鄉飲酒禮實際上是一種商討大事的酒會。參見拙作《鄉飲酒禮與饗禮新探》。《左傳》襄公二十　年記載:"鄭人游於鄉校,議論執政。"這種"鄉校"只是"國人"的學校,但是,因爲"校"是公共活動和學習的場所,"國人"也經常在這裏議論國家大事,甚至評論到執政所推行各種政策的好壞。

古時確又把大學作爲舉行射禮和習射之處。《周禮·諸子》說:"凡國之政事,國子存游倅(萃),使之修德學道,春合諸學,秋合諸射,以考其藝而進退之。"《禮記·燕義》篇同,鄭注都說:"學,大學也;射,射宫也。"其實,射宫就是大學中的廳堂,前後兩句,前稱"學",後稱"射",只是行文的變化。《禮記·射義》篇又說:"天子將祭,必先習射於澤。……已射於澤,而後射於射宫。"所謂"澤",即是辟雍的大池;所謂"射宫",就是辟雍中的廳堂,因常爲習射之所,故名,猶如學校之或稱爲序,或稱爲榭。

古時貴族射獵,有兩個主要目的:一是練習武藝,具有軍事演習、檢閱軍隊或部署戰鬥的性質,所謂"天子乃教於田獵,以習五戎"(《禮記‧月令》篇季秋之月);"大田之禮,簡衆也"(《周禮‧大宗伯》)。一是供給祭祀,所謂"惟君用鮮,衆給而已"(《左傳》襄公三十年,杜注:"鮮,野獸");"四時之田,皆爲宗廟之事也"(《穀梁傳》桓公四年)。《尚書大傳》卷三(陳壽祺輯本)對此有詳細說明:

> 傳曰:已有三牲必田狩者……所以共(供)承宗廟,示不忘武備,又因以爲田除害。鮮者何也?秋取嘗也。……習鬭也者,男子之事也……故於搜狩以閑之也。……凡祭,取餘獲陳於澤(鄭注:"澤,射宮也"),然後卿大夫相與射。……鄉之取於囿中,勇力之取也;於澤,揖讓之取也。

這裏說:在園囿中習射是"勇力之取",有練習武藝性質;在學宮中習射是"揖讓之取",有行禮的性質。實際上,在當時貴族看來,練習武藝和行禮,應該是結合在一起的。《穀梁傳》昭公八年也有相類的論述:

> 因蒐狩以習用武事,禮之大者也。……面傷不獻,不成禽(擒)不獻,禽雖多,天子取三十焉,其餘與士衆,以習射於射宮。

在蒐狩中"面傷不獻","不成禽不獻",便是禮的規定。

《射義》所說"天子將祭,必先習射於澤",在西周金文中也有明證。《靜簋》所說的"射于大池",即是"射於澤"。《麥尊》說:"在辟雍,王乘于舟,爲大豐,王射大龔(鴻),禽(擒)。"就是說:天子爲了"大豐"的祭祀,親自到辟雍中射於澤,射中了大鴻,而且擒住了。所以必須說明在"射"之後"禽"住,因爲按禮"不成禽不獻"的。"大豐",或者釋爲"大禮",或者釋爲"大封",都不確切,疑即祈求大豐年的祭典,猶如商代的"秦年"之祭。《禮記‧月令》篇記季春之月說:

> 命舟牧覆舟,五覆五反,乃告舟備,具于天子焉。天子始乘舟,薦鮪于寢廟,乃爲麥祈實。

所說"爲麥祈實",也即祈求麥的豐收。舉行祈求大豐的典禮,需要"天子始乘舟",親自射擒水生動物,所以《麥尊》特別說明:"王乘于舟,爲大豐";《大豐簋》又特別敍述:"王又(有)大豐,王凡(汎)三方"。這種祈求"大豐"的典禮,大概起源於原始社會的漁獵生產活動中。後來我國有些少數民族還保留有這種禮俗，例如遼代有頭鵝宴和頭魚宴，就是用來表示遼主帶頭從事漁獵，并把遼主首次親自擒獲的鵝和魚用來祭祀，以祈求豐收的。程大昌《演繁露》卷十二"牛魚"條説："遼主達魯河釣牛魚，以其得否，爲歲占好惡。"

在西周的大學中，除了舉行飲酒禮、射禮以外，也還舉行獻俘的慶功典禮。《禮記·王制》説：

出征執有罪反，釋奠于學，以訊馘告。

這個説法是有根據的。《泮水》説："明明魯侯，克明其德，既作泮宫，淮夷攸服。矯矯虎臣，在泮獻馘，淑問如皋陶，在泮獻囚。"即是《王制》所説"以訊馘告"。《泮水》又説："烝烝皇皇，不吴不揚，不告於訩，在泮獻功。"可知古代獻俘的慶功典禮，除了在宗廟舉行外，確有在學宫舉行的。

古代學宫中也還舉行尊敬先師的典禮。《吕氏春秋·尊師》説："天子入大學，祭先聖，則齒嘗爲師者，弗臣，所以見敬學與尊師也。"

古代在學宫中舉行的禮，如飲酒禮、射禮等，帶有敬老養老、會商大事、練習武藝、選拔人才的性質，祭祀先師具有尊師的性質，獻俘禮具有慶功的性質。鄉飲酒禮和鄉射禮都用樂陪奏的。祭祀先師的禮叫"釋菜"，也用樂舞，《禮記·月令》仲春之月"命樂正習舞釋菜"。獻俘的凱旋禮也有愷樂和愷歌，城濮之戰，晉國勝利後，曾"振旅愷以入于晉，獻俘，授馘，飲至，大賞"(《左傳》僖公二十八年)。"愷"即是"豈"，《説文》："豈，還師振旅樂也。"所有這些歡慶的禮節，都必須有音樂或舞蹈。因此在學宫中，在講究"禮"的同時，很講究"樂"。《大雅·靈台》説："虡業維樅，賁鼓維鏞，於論鼓鐘，於樂辟雍。……鼉鼓逢逢，矇瞍(樂官名)奏公(工)。"這裏所敍述辟雍中弦歌不輟的情況，確是十分熱鬧。

《孟子》論述井田制時説："設爲庠序學校以教之，庠者養也，校者教也，序者射也。"其實不僅"序"的原意是習射之所，"校"的原意也是射獵練武的場所。孟子所謂庠、序、校，是古代村社成員集會和活動的場所，兼有禮堂、會議室、俱樂部和學校的性質。詳拙作《試論中國古代的井田制度和村社組織》[①]。西周貴族的學校，也是貴族成員集會活動的場所，並爲貴族子弟學習的地方。其建築所以要

---

① 已收入本集。

造成廳堂式,就是爲了便於羣衆活動,更是爲了便於習射;其所以要建有園林和水池,也是爲了習射的需要。

第三個特點,西周大學的教學内容以禮樂和射爲主要。

上面已經談過,西周大學是貴族成員集會、行禮、作樂、聚餐、習射的場所,因此,貴族子弟要學習成人的社會生活方式和必要的知識、技能,這裏是最好的實習地方。當時貴族生活中必要的知識和技能,有所謂"六藝":禮、樂、射、御、書、數,但是,因爲"國之大事,惟祀與戎",他們是以禮樂和射御爲主的。又因爲在禮樂和射御中,樂和射的技術性較強,需要多加練習。

《禮記·月令》篇載:孟春之月"命樂正入學習舞",仲春之月"上丁命樂正習舞釋菜","仲丁又命樂正入學習舞",秋季之月"上丁命樂正入學習吹"。這裏把學校作爲練習音樂舞蹈之處,而由樂官擔任教導。《周禮·大司樂》説:"掌成均(韵)之法,以治建國之學政而合國之子弟焉",又説用"樂德"、"樂語"、"樂舞"來教授國之子弟。也同樣把樂官作爲治理"學政"的教官,以音樂作爲主要的教學内容。《禮記·王制》説:樂正"順先王詩書禮樂以造士,春秋教以禮樂,冬夏教以詩書"。這不僅把樂官作爲教官,而且把教學内容擴大到了"禮"和"詩書"。俞正燮著《君子小人學道是弦歌義》,認爲"通檢三代以上書,樂之外無所謂學,《内則》學義亦正如此,漢人所造《王制》《學記》亦止如此"①。當時貴族大學以"弦歌"爲教學的主要内容之一,當是事實,所以《左傳》昭公九年説:"君徹宴樂,學人舍業。"但不能説"樂之外無所謂學",因爲西周大學的教學,在禮樂之外更有射,而且射更爲重要。

前面已經談過,辟雍是西周貴族經常射獵之所,因此也是貴族子弟學習射獵之所。前引《静簋》銘文,就是説:周天子命令静在學宫中司射,由小子、服、小臣、夷僕等學射;後來周天子和小子等到大池會射,以考驗静的教學效果。經考驗,静的教學效果很不差,周王因把鞞剎賞賜給他。可知當時大學由周天子直接管理,時常要命令臣下去教學,也還要檢查呢!

從上述西周大學的三個特點來看,其設施是比較原始的,以茅草蓋的廳堂爲主,周圍有園林和水池;其規模也是比較原始的,兼有禮堂、會議室、俱樂部的性質,爲貴族公共活動的場所,説明這時學校還没有專業化,是和貴族的社會活動結合在一起的。西周大學中的貴族公共活動,以射獵、行禮、奏樂、舞蹈爲主,其

---

① 《癸巳存稿》卷二。

教學的主要内容也以樂與射爲主,尤以射爲重要。這是和貴族教育子弟的目的有關的,因爲貴族要把子弟培養成爲統治者,而禮樂正是當時貴族鞏固内部組織和統治人民的重要手段,同時貴族要把子弟培養成爲軍隊的骨幹,用來保護既得的特權,而射獵正是軍事訓練,舞蹈也帶有軍事訓練的性質。所舉行的"射禮",就是以進行軍事訓練和選拔軍事人才爲目的,詳拙作《射禮新探》。所以到春秋時代,有的國家還把"敬教勸學"作爲"富國強兵"的重要政策之一。例如《左傳》閔公二年載:"衛文公大布之衣,大帛之冠,務材訓農,通商惠工,敬教勸學,授方任能,元年革車三十乘,季年乃三百乘。"

三 大學(辟雍)的起源

上述的我國古代學校教育制度,如果要推溯其來源,很清楚的,是由過去氏族公社的原始教育制度發展來的。

在原始氏族公社中,兒童教育大體上可以分爲三個階段:幼年女孩一般由婦女教養,男孩則由男子教養,在母權制下由舅父教養,在父權制下由父親或伯叔父教養。到六歲或八歲以後,開始離開長輩,住到另外的小屋中,學習各種生產,並參與具有狩獵和軍事性質的運動和游戲。到快成年時,在連續幾年中,必須經歷一定程序的訓練和考驗,使具有必要的知識、技能和毅力,具備充當正式成員的條件。如果訓練被認爲合格,成年後便可參與"成丁禮",成爲正式成員。這種在"成丁禮"前的訓練制度,可以説是一種原始的教育制度,也是學校的起源。

我國古代貴族的學校教育制度,規定男孩在"昧辰"(童年)進入小學,要"出就外傅,居宿於外",就是沿襲氏族公社訓練孩童要住宿在外的方法;規定男孩到成童時進入大學的制度,也該是沿襲氏族公社中訓練成童的辦法而有所發展的。氏族公社訓練成童的目的,在於培養公社成員,使取得應有的氏族權利和應盡的義務,因此,其訓練是和"成丁禮"密切結合在一起的。西周貴族教育成童的目的,在於培養貴族成員,因此,其教育是和"冠禮"聯繫在一起的,前引《禮記·内則》的話,很清楚地可以看到這點[①]。

不僅西周貴族的學校教育制度,是由原始教育制度發展而來,甚至西周大學的建築規模和式樣,也是沿襲原始的學校而來。爲什麽西周大學要建造得廳堂

---

① 參看拙作《冠禮新探》,已收入本集。

式樣、周圍環繞有水呢？阮元解釋説：

　　上古未有衣冠，惟用物遮膝前後，有衣冠之制，不肯廢古制，仍留此以爲韍，與冕並重，此即明堂辟雍之例也。上古未有宫室，聖人制爲棟宇以蔽風雨……其制如今之蒙古包帳房，而又周以外水，如今村居必有溝繞水也。古人無多宫室，故祭天、祭祖、軍禮、學禮、布月令、行政、朝諸侯、望星象，皆在乎是。故明堂、太廟、大學、靈台、靈沼，皆同一地，就事殊名。三代後制度大備，王居在城内……而別建明堂於郊外，以存古制，如衣冠之有韍也（見《問字堂集·贈言》。《揅經室集》有《明堂論》大體相同）。

阮氏認爲辟雍原來起源於上古剛有宫室之時，其制如今之蒙古包，四周有溝繞水，後來制度大備，還沿襲古風，在郊外建有這種式樣的明堂和辟雍。猶如野蠻時代没有衣服之時，人們用一塊皮束在下身遮蓋，後來衣冠大備，也還沿襲古風，在衣裳之外束有這樣的一塊皮叫做韍。這個説法，能够比較用發展的觀點來分析，是對的，皮錫瑞曾大加稱贊，認爲這是"古禮有聚訟千年，至今日而始明者"（《經學通論》卷三《論明堂、辟雍、封禪當從阮元之言爲定論》）。吕思勉先生又解釋説：

　　蓋我國古者，亦嘗湖居，如歐洲之瑞士然，故稱人所居之處曰州，與洲殊文，實一語也（洲島同音，後來又造島字）。以四面環水言之則曰辟，以中央積高言之則曰雍。斯時自衛之力尚微，非日方中及初晨猶明朗時，不敢出湖外，故其門必西南向。漢時公玉帶上明堂圖，水環宫垣，上有樓，從西南入①。

我國氏族制末期渭水流域的居民，不一定都是湖居。從西安東郊半坡村仰韶文化遺址來看，當時氏族聚落的周圍確實掘有一道大水溝，以防外來的侵襲。西周貴族學校制度既然是由氏族制末期的原始教育制度發展而來，其建築很自然的，會保存原始的規模和式樣。大概最初的學校同氏族制末期的居住遺址差不多，四面掘有水溝環繞着的，即所謂"水旋丘如璧"，僅有一面有橋可與外界相通。後來，防禦外來侵襲作用消失，只保存其古老的形式，就築成三面環水，一面

---

① 《燕石續札》，《古學制》，1958年上海人民出版社版。

無水而與外界相通,如泮宮的"東西門以南通水"那樣。再後來,水溝開得更形式化,只在一面掘有弧形的水溝,象璜的形式,象徵着三面環水。此後歷代封建王朝所建的學校和孔廟,就是沿襲這種形式的。前述辟雍的建築,"以茅蓋屋","上圓下方","土階三等","外户不閉"等,很明顯,都是沿襲原始的建築式樣的。

為什麼辟雍除了周圍建築水溝外,附近還要有廣大園林呢?主要是為了便於練習漁獵,以訓練武藝。同時也該是保留了原始學校的遺風。

為什麼西周大學還不是一個專門的教育機構,而兼有禮堂、會議室、俱樂部的性質呢?這也還是沿襲原始的學校的性質而來。從我國氏族制末期的居住遺址來看,其聚落的布局已有一定的規模,在周圍氏族成員居住的許多小屋中,有一個公共活動用的大型房屋。以半坡村遺址為例,中間長方形的大屋,結構十分特殊,南北長 12.5 米,東西殘長 10 米,牆寬 1 米,殘高 0.5 米,牆四隅呈圓弧形,牆上有三十多個柱洞,室內為光硬的灰面,中間有四個大柱子洞,現存三個,柱洞的直徑有 0.45 米,看來是很大的。這完全是一個廳堂的式樣,可以推斷它是氏族聚落的公共活動場所,兼有禮堂、會議室、俱樂部和學校的性質。西周貴族的學校,正因為是從這樣原始的學校發展來的,所以也還保存有這種原始的特點。

對原始社會文化遺址的發掘,對處於原始階段的少數民族的調查研究,都能提供我們關於原始社會研究的重要資料;如果我們能夠把它和古代有關的制度聯繫起來討論,不但有助於我們對古代社會的探究,也會有助我們對原始社會的理解。上面有關大學的起源的探討,就是個顯著的例子。

四　教師稱"師"的來歷

我國古代大學的設立,起於西周時,我國古代學校的教師稱"師",也起於西周時。俞正燮說:"《周官》大司樂、樂師、大胥、小胥皆主學,古人學有師,師名出於學。"[1]劉師培也說:"觀舜使后夔典樂,復命后夔教胄子,則樂官即師。……周代樂官名太師,或即因是得名"[2]。他們都以為古代教學由樂官擔任,樂官的稱為樂師,即由於擔任教學而來。樂官的稱"師",確起於西周時。《輔師嫠簋》說:"熒白(伯)入右輔師嫠。王乎(呼)乍(作)册尹册令(命)嫠曰:更(賡)乃且(祖)、考嗣(司)輔。"《師嫠簋》又記述周王對師嫠說的話:"師嫠,在昔先王小學(教)女

---

[1] 《癸巳存稿》卷二《君子小人學道是弦歌義》。
[2] 《左盦集》卷一"成均釋",《劉申叔遺書》第卅七册。

(汝),女(汝)敏可吏(使),既令(命)女(汝)更(賡)乃且(祖)、考嗣(司)小輔;今余唯龖(重)臺(敦)乃令(命),令(命)女(汝)嗣(司)乃且(祖)舊官小輔眔鼓鐘。"郭沫若同志認爲:"此言司輔,並稱嫠爲輔師,則輔當讀鎛,輔師即《周禮》《春官》之鎛師也"①,很是正確。據《周禮》,"鎛師掌金奏之鼓",所謂"金奏"就是指打擊鐘鎛等金屬樂器的演奏,所以周宣王又叫嫠兼任"鼓鐘"的官職。嫠世襲其祖父、父親的官職爲小輔(鎛),也簡稱爲輔,又稱爲輔師,當如俞正燮所說,是由於樂官兼任教師之故。

但是,西周的大學教師爲什麽要叫"師"? 俞正燮、劉師培都沒有作進一步的解說。商代沒有"師"的稱呼,只有"自"的稱謂。卜辭中常見有某自,"自"即是古"屯"字,就是軍隊經常的駐屯地的稱謂(臨時的駐防地叫陳或次);也常用作王室師旅的稱呼,如說:"王作三自"②;又常用作軍官的稱號,連其名稱爲自某,如自般、自毋、自貯、自戈、自辟等。到西周時,自仍作軍隊經常駐屯地的稱謂,也作王室師旅的單位的稱呼,如"殷八自"、"西六自"、"成周八自"等,但其高級軍官的稱號,大多數不稱"自"而稱爲"師氏",也或簡稱爲"師"。我們認爲,西周時教師的所以稱"師",就是由於教師起源於軍官,最初的大學教師由這類稱爲"師氏"的高級軍官擔任之故。

《尚書·牧誓》以師氏和千夫長、百夫長連稱,《尚書·顧命》和《毛公鼎》以師氏和虎臣連稱,《害鼎》說:"以師氏眾有司……伐朕",《彔威卣》說:"女(汝)其以成周師氏戍於甘自",這些,都足以證明師氏是高級軍官。師氏在金文中常簡稱爲師,以師和人名連稱爲師某,如《師衰簋》記述師衰父奉命率虎臣等征淮夷,《師旅鼎》記述師旅因"衆僕不從王征于方"而被處罰,《遇甗》、《稱卣》、《臤觶》都說師雍父戍於甘自,很清楚,這些稱爲師某的,都是統率軍隊出征或防守的軍官。他們對周王來說,都是王的爪牙,《師詢簋》記述周王對師詢說:"乃聖且(祖)考克左右先王,作厥爪牙";《師克盨》也說:"乃先且(祖)考又(有)勞於周邦,干(扞)吾(敔)王身,作爪牙。"師氏是捍衛王身的高級軍官,是王的爪牙,所以他們所屬就有虎臣等。據《師酉簋》和《詢簋》,在師酉和師詢所屬部下,有着各種服從的夷人。

"大師"原來也不是樂官的稱呼,而是比"師氏"更高級的武官。例如齊國的

---

① 郭沫若:《輔師嫠簋考釋》。收入《文史論集》。
② 郭沫若:《殷契粹編》第五九七片。

始祖吕尚,又稱師尚父,《詩·大雅·大明》説:"維師尚父,時維鷹揚,涼彼武王,肆伐大商。"他是武王伐商時的高級統帥,正式官職就是大師①。又如《大雅·常武》説:"王命卿士,南仲大祖,大師皇父,整我六師,以修我戎。"所説的"大師",也分明是武官②。到春秋時代,大師和大傅除了是國君的師傅以外,仍然有推薦將帥的權力。例如晉國"蒐于夷",使狐射姑爲中軍之將,趙盾爲中軍之佐,後來太傅陽處父回來,"改蒐于董",改使趙盾爲中軍之將(《左傳》文公六年)。又如"楚既寧,將取陳麥,楚子問帥于大師子穀"(《左傳》哀公十七年)。同時大師和大傅還有執行法律和修訂法律之權,例如晉國在趙盾執政後,修訂了法律和典章制度,"以授太傅陽子(即陽處父)與太師賈佗,使行諸晉國,以爲常法"(《左傳》文公六年)。晉悼公即位,又使士渥濁爲太傅,"使修范武子之法"(《左傳》成公十八年)。大師和大傅有時還兼任軍事長官,如楚穆王立時,使潘崇"爲太師,且掌環列之尹"(《左傳》文公元年),杜注:"環列之尹,官衛之官,列兵而環王宫。"又如"晉侯請於王,以黻冕命士會將中軍,且爲太傅"。太傅的地位尊於中軍的元帥。

《周禮·師氏》説:

> 師氏,掌以媺(美)詔王,以三德教國子。……居虎門(路寢門)之左,司王朝,掌國中失之事,以教國子弟,凡國之貴遊子弟學焉。凡祭祀、賓客、會同、喪紀、軍旅,王舉則從。聽治亦如之。使其屬帥四夷之隸,各以其兵服,守王之門外,且蹕。朝在野外,則守内列(厲)。

這裏説:師氏除了擔任國王的警衛隊長,居守宫門以外,也還參與國家大事,隨從國王參與祭祀、招待賓客、會同、喪紀、軍旅等大事,更掌管教育,要以善道稟告國王,以德行教導貴族子弟。從上引金文來看,《周禮》這段論述,在一定程度上是有依據的。師氏原是高級軍官,是王的爪牙,負有捍衛王身的責任,其所屬部

---

① 《左傳》成公二年載單襄公説:"夫齊,甥舅之國也,而大師之後也。""大師"即指齊的始祖吕尚。《左傳》襄公十四年載周王派劉定公"賜齊侯命"説:"昔伯舅大公,右我先王,股肱周室,師保萬民,世胙大師,以表東海。""大師"也是指齊的始祖太公的官職。

② 從西周金文來看,"大師"亦應爲武官。《善鼎》説:"王在宗周,王格大師宫,王曰:善,昔先王既命女(汝),左疋彔侯,今余唯肇醽先王命,命女(汝)左疋彔侯,監豨師戍,易(錫)女(汝)乃且(祖)旂,用事。"西周時大臣接受册命,有時在大臣的祖廟,這個"大師宫"當爲善的祖廟,因其祖任"大師"之職而得名。這時周王繼續"先王命",命善輔助彔侯,監理師戍,並賜給其祖的旗而"用事"。很明顯,是命令善世襲其祖的官職。其祖的官職既是"大師",而這時命他監理師戍,可見"大師"確爲武官。

下確有各種夷人,即《周禮》所謂"四夷之隸"。

師氏既然是高級軍官,就有負責指導軍事訓練的責任。當時主要的軍事訓練就是"射",最隆重的會射,常由國王親自帶頭,師氏也得參與。《令鼎》記載:"王大耤農於諆田,餳,王射,有司眾師氏、小子卿(合)射"。這是國王和大官在舉行籍田典禮後會射,師氏和小子也都參與。《師湯父鼎》說:"王才(在)周新宫,才(在)射廬,王乎(呼)宰雁易(錫)△弓象弭、矢臺彤欨(栝)。"這位擔任師氏官職的湯父,在射廬受到弓矢的賞賜,該也是參與會射後得賞的。

西周貴族的大學主要的教學內容是"射",是屬於軍事訓練性質,目的在於把貴族子弟培養成為軍隊的骨幹。因此,當時的大學教師就得由師氏來兼任,師氏就由軍官兼任了大學的教官,"師"就成為教師的稱呼了。西周大學的主要教學內容,除了射以外,還有樂,樂的教學由樂官擔任,因此到西周後期樂官也開始稱為師,如前引《輔師嫠簋》和《師嫠簋》,就稱嫠為輔師或師。再後,"師"就成為教師的通稱了,擔任教導手工業技術的工官也帶有師的稱呼,女子的教導人員也稱為師氏,如《周南·葛覃》:"言告師氏,言告言歸",《毛傳》:"師,女師也。"

我們從"師"的稱呼起源於"師氏"看來,西周大學的教學,以軍事訓練為主,是很顯然的;其目的在於培養貴族軍隊的骨幹,也是很顯然的。因為軍隊是國家最重要的統治工具,當時貴族設立大學的目的,就是為了加強其統治力量的。

同時還要連帶說明的,古時對教師尊稱為"夫子",與教師稱為"師"的起源相同。"夫子"之稱,最早見於《尚書·牧誓》。《牧誓》是周武王在商郊牧野"誓師"的報告,報告的對象是各級的軍事長官。《牧誓》開頭說:

> 王曰:嗟我友邦冢君、御事、司徒、司馬、司空、亞旅、師氏、千夫長、百夫長,及庸、蜀、羌、髳、微、盧、彭、濮人,稱爾戈,比爾干,立爾矛,予其誓!

很清楚,這個"誓師"報告的對象,上至友邦冢君,下至師氏、千夫長、百夫長,旁及庸、蜀等八族的長官,無非是當時在前線統率大軍、指揮作戰的各級軍官。《牧誓》結尾說:

> 夫子勖哉!不愆於四伐、五伐、七伐,乃止齊焉!
> 勖哉夫子!尚桓桓,如虎如貔,如熊如羆,于商郊,弗迓克奔,以役西土!
> 勖哉夫子!爾所弗勖,其於爾躬有戮!

這樣的"夫子勗哉"、"勗哉夫子",反復訓戒,很明顯,所謂"夫子"就是指前述的各級軍官。到春秋時,"夫子"還相沿爲統率軍隊的卿大夫的稱謂,《左傳》上這類例子很多。汪中《述學別錄》的"釋夫子"説:"稱子而不成詞,則曰夫子。夫者,人所指名也。""以夫配子,所謂取足以成詞爾。凡爲大夫,自適以下,皆稱之曰夫子。"黃以周《儆季雜著》的《禮説》卷四"先生夫子"條,解釋"夫子"説:"夫即千夫長、百夫長之夫,夫子者千夫、百夫以上尊者稱也。"在這兩個解釋中,應以後一説爲是。因爲千夫長、百夫長以上的軍官,"大夫"以上的官爵,通稱爲"夫子"的,原來就兼教官,也是最早的教師,後來"夫子"作爲教師的尊稱,當即起源於此①。

《學術月刊》1962年8月號,今略加修訂

---

① 在《左傳》和《國語》所記當時貴族談話中,對卿大夫都當面稱"子",在背後對他人談論時稱"夫子","子"常被用作第二位稱謂,"夫子"常被用作第三位稱謂。因此有人認爲,"夫子"的"夫"是指事之詞,就是"那個"的意思。在《論語》所記的對話中,前十篇對"子"和"夫子"的用法和《左傳》相同,後十篇才有把"夫子"作爲第二位稱謂的;在《孟子》所記的對話中,"子"和"夫子"都用作第二位稱謂,而且"夫子"尊於"子"。因此有人認爲"夫子"開始被用作尊稱,出於孔門後學。我們認爲,"夫子"被普遍地用作對老師的尊稱,確是出於孔門後學,但是把"夫子"的"夫"解釋爲指事之詞,是不妥當的,《牧誓》可爲明證。春秋以前,貴族在對話中,習慣上確是當面稱"子",背後才稱"夫子","子"比較有親切之感,但是誓辭與對話不同,比較莊嚴,不適宜當面稱"子",故在《牧誓》中,當面對軍官訓戒稱"夫子"。有人懷疑《牧誓》的著作年代出於《論語》之後,因而當面有"夫子"之稱。這個説法也不確,孔門後學把老師尊稱爲"夫子",如果《牧誓》作於《論語》之後,怎會叫周武王當面對所屬軍官尊稱爲"夫子"呢?

"籍禮"新探

"籍"是西周、春秋時代貴族階級對農業生産者的一種主要剝削辦法。要探明這種剝削辦法的起源和性質,非要對"籍禮"作一番探索不可。"籍禮"原來不僅是一種統治者親耕的儀式,更重要的,它就是維護"籍"這種剝削辦法的制度。"籍"這種剝削辦法,就是貫串在"籍禮"的舉行中的。在西周、春秋時代,各種"禮"的舉行,目的不僅在於維護當時貴族的統治制度,同時更要維護當時貴族的剝削制度,這種"籍禮"就是個顯著的例子。本文就試圖通過對"籍禮"的探索,進一步闡明"籍"這種剝削辦法的起源和性質,請大家指教。

一 "籍禮"的具體禮節及其性質

根據《國語·周語上》的記載,當周宣王即位時,忽然廢止"籍禮",即所謂"不籍千畝",大臣虢文公爲此大加勸諫,在勸諫中詳細敍述了"籍禮"的儀式及其作用。據他説,"籍禮"的儀式,有下列五個禮節:

(一) 行禮前的準備:在立春前九天,由太史觀察天時和土壤的變化,把情況報告給稷(掌管農業的官),由稷再報告國王,説:"距今九日,土其俱動,王其祗祓,監農不易。"隨後,由國王派司徒通告公卿、百吏、庶民,作好行禮的準備。由司空在"籍田"上設壇,命令農大夫準備好農具。在立春前五天,由瞽(樂師)報告有"協風"來到,國王和百官分別到所齋之處,齋戒三天。

(二) 舉行"饗禮":到舉行"籍禮"的日期,由鬱人(官名)把鬯(香酒)陳列出來,犧人把醴(甜酒)陳列出來,於是"王祼鬯(灌香酒),饗醴乃行,百吏庶民畢從"。"饗禮"是一種高級的鄉飲酒禮,目的在於分別貴賤、長幼的等次,整頓好行禮的秩序,以爲舉行"籍禮"的序幕。

(三) 正式舉行"籍禮":舉行時,由后稷負責監督,膳夫、農正負責佈置,太史作爲王的引導。主要禮節是:"王耕一墢,班三之,庶人終于千畝。""王耕一墢",就是王執耒耜耕田,掘起一坯土塊;"班三之",就是公卿百吏依次增加三倍,如公耕三墢,卿耕九墢等;"庶人終于千畝",就是由庶人把這塊"籍田"一直耕作到終了。當"庶人終于千畝"時,公卿百官要嚴加監督和檢查,所謂"后稷省功,太史監之;司徒省民,太師監之"。"后稷省功"就是由后稷視察耕作成績,"司徒省民"就是由司徒監督庶民勞動。"司徒"在西周金文中多作"司土",原是掌管土地的官。這時國王所有土地中,"籍田"是主要的一部分,因而"籍田"就成爲"司土"所掌管的主要田地,如《裁鼎》載:"女(汝)作司土,官司耤田。"這種"籍田"的耕作,是徵發庶人來擔當的,因而這項徵發和監督庶人耕作的任務,主要也要由"司土"擔任,"司土"因而又稱作"司徒"。

(四)禮畢後的宴會:由宰夫負責佈置,膳宰加以監督,膳夫作爲王的引導。主要禮節是:"王歆太牢,班嘗之,庶人終食。"就是先由王聞一下太牢(三牲)的香味,再由公卿百官依次"嘗"一下滋味,最後由庶人全部吃完。《令鼎》載:"王大耤農于諆田,饎,王射,有司眔(暨)師氏小子卿(合)射。"所謂"王大耤農于諆田",就是說國王在諆田舉行"籍禮";饎,楊樹達說:"當讀爲觴,《呂氏春秋·達鬱》篇云:觴,饗也"(《積微居金文說》卷一),就是指"籍禮"完畢後的宴會。"王射"云云,又是在宴會之後舉行"大射禮"。

(五)廣泛的巡查和監督庶人耕作:在"籍田"舉行"籍禮"完畢後,"稷則徧誡百姓,紀農協功,曰:'陰陽分布,震雷出滯,土不備墾,辟在司寇。'乃命其旅(衆)曰:徇(巡行)"。這是說:要在廣大地區普遍通告貴族,去監督庶人耕作,如果土地有未開墾好的,就應由司寇嚴加判罪處罰。司寇原是當時負責鎮壓人民反抗、搜捕"盜賊"和掌管刑獄的官,這時他的主要任務在於責罰那些"土不備墾"的庶人,可見當時貴族監督庶人耕作的嚴厲。不僅如此,所有各級官員還要分批不斷出動巡查,所謂"農師一之,農正再之,后稷三之,司空四之,司徒五之,太保六之,太師七之,太史八之,宗伯九之。王則大徇"(韋注:"大徇,帥公卿大夫親行農也")。這樣由低級到高級,一層層官吏出動巡查,一而再,再而三,三而九,最後由天子親率大臣出來大巡查。當時貴族監督庶人耕作的嚴厲,於此又可見[①]。

---

① 《禮記·月令》孟春之月,也載有這種"籍禮":"是月也,天子乃以元日祈穀于上帝,乃擇元辰,天子親載耒耜,措之于參、保介之御間,帥三公九卿諸侯大夫躬耕帝籍。天子三推,三公五推(陳昌齊、王念孫謂'三'字涉上而衍),卿諸侯九推。反,執爵於太寢,三公九卿諸侯大夫皆御,命曰勞酒。"《呂氏春秋·孟春紀》略同,惟"于參"作"參于","卿諸侯九推"作"卿諸侯大夫九推"。這和《國語·周語上》虢文公所談"籍禮"不同的是:這裏不是"王耕一墢,班三之",而是"天子三推,公五推,卿諸侯九推",這裏在禮畢後不採用當場舉行宴會的辦法,而是采用回到太寢"勞酒"的辦法。這可能因爲《月令》的著作年代較遲,它所記的已是春秋、戰國間的"籍禮",所以和虢文公所談西周的"籍禮"不同。

上述這種"籍禮",不但在開始春耕時要舉行,在耨耘、收穫時也要舉行,只是舉行的儀式略有不同。《國語·周語上》載虢文公說:"耨穫時如之。"仲山父也說:"王治農於籍","耨穫亦於籍"(韋注:"言王亦於籍考課之")。當時貴族就是運用"籍禮"對庶人各種農業勞動進行監督,從監督春耕,而監督耕耘,直到監督收穫,沒有放鬆其中任何一步的監督。當時貴族監督庶人耕作的嚴厲,於此更可見。

"籍禮"具有監督庶人從事無償勞動的性質,很是明顯。當開始作行禮的準備、稷把行禮日期報告國王時,就說:"王其祇祓,監農不易",明確地指出行"籍禮"的目的在於"監農不易"。王引之解釋說:"易當讀爲慢易之易,易者輕也……監農不易者,民之大事在農,監之不敢輕慢也。"(《經義述聞》卷二十)虢文公談"籍禮"時,確曾說過"民之大事在農",又曾說"王事唯農是務",好像當時"籍禮"的舉行,確是爲了"民之大事在農",其實這完全是幌子,我們只要從他們對庶人的監督如此嚴厲,就可明白。所謂"監農不易",就是要對庶人的農業勞動嚴加監督,不得絲毫放鬆。當"籍禮"舉行時,"王耕一墢,班三之",所謂"親耕"完全是象徵性的儀式,貴族們如此象徵性的一墢或幾墢,却要"庶人終于千畝",把"籍田"上全部艱苦的農業勞動自始至終負擔起來,很是明顯,貴族就是要通過這樣一種儀式,強制庶人進行無償的勞動。而且在行禮完畢後,還要普遍通告貴族去監督庶人耕作,要司寇去責罰"土不備墾"的庶人;更要派出各級官吏四出巡查,天子也要親率大臣出外大巡查。不僅在春耕時要進行如此監督,耨耘時,收穫時,都要如此。不難看出,當時天子諸侯舉行"籍禮"的實際目的,不僅在於強迫庶人在天子諸侯的"籍田"上作無償勞動,更重要的,是要迫使庶人在所有貴族的田地上作無償勞動。《呂氏春秋·上農》說:

> 是故天子親率諸侯,耕帝籍田,大夫士皆有功業,是故當時之務,農不見於國,以教民尊地產也。

這時舉行"籍禮",說是爲了"教民尊地產",當然也只是幌子,其目的就在迫使庶人全到田野去勞動,使"農不見於國(都邑)",努力於"當時之務"。

在西周、春秋間,不僅天子、諸侯有籍田,有這種稱爲"籍"的剝削收入,所有貴族都是把"籍"作爲其主要的一種剝削收入的。《國語·魯語下》載孔子說:"先王制土,籍田以力而砥其遠邇",認爲按照周代的土地制度,是採用"籍"的辦法來剥削庶人的勞動力的。孔子又認爲這種"籍"法是出於周公制定,如説:"若子季孫欲其法也,則有周公之籍矣。"(韋注:"籍田之法,周公所制也")①《春秋》三傳,也都認爲在魯宣公十五年"初税畝"之前,實行的是"籍"法:

> 初税畝,非禮也。穀出不過籍,以豐財也(《左傳》)。
> 譏始履畝而税也……古者什一而籍(《公羊傳》)。
> 古者什一,籍而不税。初税畝,非禮也(《穀梁傳》)。

三傳都採取頑固的反動立場,反對"初税畝"的改革,主張維持原來的"籍"法,認爲"初税畝,非禮也"。"籍"確是西周、春秋間對庶人的一種主要剥削辦法,"籍禮"就是維護這種稱爲"籍"的剥削辦法的。

二 "籍田"和"籍禮"的來歷

古時"籍田"上的收穫,按禮是要用於祭祀的。《孟子·滕文公下》説:"禮曰:諸侯耕助(籍),以供粢盛。"《禮記·祭統》也説:"是故天子親耕於南郊,以共(供)齊(粢)盛";"諸侯耕於東郊,亦以共齊盛"。據説天子諸侯所以親耕,把親耕的田上的收穫用來祭祀,以表示對鬼神和祖先的恭敬。如《禮記·祭義》説:

> 是故昔者天子爲籍千畝,冕而朱紘,躬秉耒;諸侯爲籍百畝,冕而青紘,躬秉耒,以事天地山川社稷先古(祖先),以爲醴酪齊盛,於是乎取之,敬之至也②。

在《禮記·月令》和《吕氏春秋·孟春紀》所載的"籍禮"上,特别重視對上帝的祭祀。在行禮之前,由天子"以元日祈穀于上帝",而且把"籍田"稱爲"帝籍"。行禮時,由天子"帥三公九卿諸侯大夫躬耕帝籍,天子三推,公五推,卿諸侯大夫九推"。爲什麽要叫"帝籍"呢?高誘注説:"天子籍田千畝,以供上帝之粢盛,故曰帝籍。"當時祭祀的不僅是個上帝,又爲什麽獨稱"帝籍"呢?《周禮》賈公彦疏

---

① "籍"又或稱"助",孟子認爲助法起於殷商時代,曾説:"殷人七十而助。"又認爲周文王時已行助法,如説:"昔者文王之治岐也,耕者九一"(《孟子·梁惠王下》)。"耕者九一"就是指助法,孟子曾勸滕文公説:"請野九一而助"(《孟子·滕文公上》),可證。

② 《禮記·樂記》也説:"耕藉然後諸侯知所以敬。"

说:"籍田之穀,衆神皆用,獨言帝籍者,舉尊言之。""籍田"的收穫,既然按禮是祭祀鬼神用的,因此收藏"籍田"收穫的倉廩,或稱爲"神倉"。如《禮記·月令》和《吕氏春秋·季秋紀》説:"乃命冢宰藏帝籍之收於神倉。"高誘注説:"於倉受穀,以供上帝神祇之祀,故謂之神倉。"

春秋時代各國都設有"甸人"掌管"籍田"。《左傳》成公十年杜注:"甸人,主爲公田者。""甸人"在《周禮》稱爲"甸師"。《周禮·甸師》説:"甸師掌帥其屬而耕耨王籍,以時入之,以共齍盛。"這裏雖然把"籍田"稱爲"王籍"而不稱爲"帝籍",依然認爲其收穫主要是供給祭祀的。春秋時魯國收藏"籍田"收穫的倉廩,雖然稱爲"御廩"而不稱"神倉",名義上還是用於宗廟祭祀的。據説當時"籍田"上收穫的粟,先要由甸人送納到"三宫",經過"三宫"舂成米,再送入"御廩"保藏。《穀梁傳》桓公十四年載:"天子親耕以共粢盛,……甸粟而内(納)之三宫,三宫米(舂成米)而藏之御廩。"范甯注:"甸,甸師,掌田之官也。三宫,三夫人也。宗廟之禮,君親割,夫人親舂。"

"籍田"的收穫,名義上除了供給祭祀以外,據説還要隨時布施給窮困的農夫,用於救濟方面。《國語·周語上》載虢文公説:

廩于籍東南,鍾而藏之,而時布之于農。

俞樾認爲這三句是錯簡,"于農"二字是衍文,三句應該接連在下文"民用莫不震動,恪恭于農"之上,"于農"二字涉下句"恪恭于農"而衍。他還提出理由説:"且王所籍田以奉齍盛,何以布之于農乎?"(《羣經平議》卷二十八)其實,俞樾這個校勘完全錯了。最初"籍田"的收穫,名義上除了"以奉齍盛"之外,確是還要"時布之于農"的。虢文公在下文中談到"籍禮"的作用時,就曾説:"若是乃能媚於神而和於民矣,則享祀時至而布施優裕也。""享祀時至"就是指"以奉齍盛","布施優裕"就是指"時布之于農";"媚於神"是指"享祀時至"的效果,"和於民"是指"布施優裕"的效果。由虢文公看來,"籍禮"的舉行,表示"王事唯農是務",在"籍禮"舉行後廣泛的巡查和監督勞動,可使庶人"恪恭於農"和"不懈於時",達到"財用不乏,民用和同";"籍田"的收穫用來享祀和布施,可以"享祀時至而布施優裕",做到"媚於神而和於民"。

"籍田"的收穫,其次的用途就是提供國君"嘗新"之用。《左傳》成公十年載:"六月丙午晉侯欲麥(杜注:"周六月,今四月,麥始熟"),使甸人獻麥,饋人爲之。"

周正的六月,正是夏正的四月,這時麥剛熟,晉侯要甸人從"籍田"上收取新熟的麥來吃,就是"嘗新"。《禮記·月令》和《吕氏春秋·孟夏紀》載有這種"嘗新"之禮説:"農乃登(升)麥,天子乃以彘嘗麥,先薦寢廟。"高誘注:"升,獻。麥始熟,故言嘗。"

這樣把"籍田"上剥削所得,宣稱用於祭祀、救濟、嘗新等,和他們宣稱"籍禮"是表示"王事唯農是務","以教民尊地産",同樣是掩飾其剥削行爲的一種欺騙手段。他們所以會採用這樣的欺騙手段,是有其來歷的。這個來歷,和"籍禮"這種儀式的起源一樣的古老,一直可以追溯到原始公社制末期。"籍禮"如同當時貴族所實行的許多"禮"一樣,是由原始公社制末期的"禮"轉變而來。

在原始公社末期的氏族聚落中,當他們以農業爲主要生産時,所有集體耕作,都是由族長和長老帶頭進行的。在每種重要的農業勞動開始時,往往由族長主持一種儀式,以組織和鼓勵成員的集體勞動。因爲當時確是"民之大事在農",而族長的主要任務確是"唯農是務",有着"教民尊地産"的責任。我們以海南島黎人在解放以前部分地區保存的"合畝"制爲例。"合畝"在黎語中是"有血緣關係的集體"的意思,原先本是男系的血緣親屬組織,基本上統一經營土地,共同勞動,平均分配産品。每個"合畝"有個"畝頭",黎語叫"俄布籠",意即"家長",他們原是集體生産的領導者和組織者,同時又是富有生産經驗和傳統知識的人,負有傳授經驗和知識的責任。黎人的各種農業勞動,開始時都有一定的儀式和禁忌,"畝頭"又是各種儀式的主持者,當耕田儀式舉行時,"畝頭"要先作幾下象徵性的挖土動作。由此,我們不難推想到,周天子在舉行"籍禮"時要帶頭"耕一墢",就是起源於這樣的耕田儀式的。

在原始公社制末期,集體生産所得,除了部分留作公共開支以外,是平均分配的。黎族"合畝"的集體産品的分配也正如此,他們除了"留穀種"、"留公家聚餐的穀子"、"稻公稻母"、"留公家糧"以外,原是按户平均分配的。所謂"稻公稻母",名義上作爲祭祀用的,實際上已成"畝頭"的剥削收入①。"留公家糧"是補助、救濟用的,如補助畝衆結婚、蓋屋、救濟缺糧户等。"留新禾"是作爲"畝頭"的

---

① 黎族舊風俗,收穫時由畝頭到每塊田捆取一兩把稻子(多則六把),在捆扎處放一小團飯粒,表示給祖宗吃的,認爲祖宗吃飽了才能幫助子孫看管稻穀,使來年稻穀豐收、牲畜興旺和人口平安。他們把這種祭祀用的稻穀,稱爲"稻公稻母";實際上,這種"稻公稻母"已被畝頭收取去,成爲畝頭的一種剥削收入了。

"嘗新"用的①。由此,我們不難推想到,我國古代貴族宣稱"籍田"收穫用於祭祀、救濟、嘗新等,作爲掩飾其剥削行爲的欺騙手段,確是有其來歷的。

在原始公社制末期,隨着經濟不平衡的增長,生産資料私有制的産生,父系家庭公社崩潰,分化出了個體的家庭單位,形成了以個體生産爲主的村社制度。從此不再採用集體耕作和平均分配的辦法,只有公共開支的需要還是依靠集體耕作所得。在村社中,土地已分爲兩部分,一部分平均分配於各户,由各户獨自耕作和收穫;另一部分則仍由村社成員集體耕作,其收穫儲藏起來以供各種公共開支之用,包括祭祀、聚餐、救濟、嘗新等。也就是把過去集體生産所得,留作公共開支的部分,現在仍然由村社成員集體生産來解决。在村社的集體耕作地上,村社的頭腦仍是集體生産的領導者和組織者,又是各種耕作儀式的主持者,既要帶頭從事耕作,又要帶頭執行儀式,如同過去的族長差不多。等到剥削階級形成,剥削階級所組成的國家出現,原來村社集體耕作的土地被剥削者所侵佔,原來集體生産的成果變爲剥削者的收入,原來在集體耕作地上舉行的鼓勵大家生産的儀式,這時也轉變爲監督勞動的儀式和制度了。我國古代的"籍田",就是貴族所侵佔的村社集體耕作的公有地,"籍"的剥削辦法就是由此産生的。"籍禮"就是貴族把原來的鼓勵耕作儀式,經過改造,使成爲監督勞動的儀式和制度。但是他們爲了掩飾其剥削行爲,外表上仍以"村社"最高共同體的代表者身份出現,也還宣稱"唯農是務","以教民尊地産",甚至"籍田"的收穫在名義上還作爲祭祀、救濟、嘗新之用②。

我國古代的井田制度,本是一種變質的村社制度。井田制度也把土地分爲兩部分,一部分平均分配於各户耕作,即所謂"私田";一部分是集體耕作的,即所謂"公田";只是"公田"已被貴族侵佔去,其生産物已成爲貴族的剥削收入。這種剥削辦法叫做"助",也叫做"籍"。孟子解釋井田制度説:"八家皆私百畝,同養公田,公事畢然後敢治私事。"又説:"惟助爲有公田","助者籍也。"(《孟子·滕文公上》)指的就是這種情况。井田制度中有"公田",不是孟子一家之言。《夏小正》記載:正月"農及雪澤,初服於公田"。《管子·乘馬》也説:"正月令農始作,服於

---

① 黎族舊風俗,每年稻穀初熟時,由畝頭妻子到田中割取一、二十把稻子(每把約有净穀二斤八兩),用來釀酒、煮飯,以供畝頭夫妻一日的飲食,作爲"嘗新",餘下的由畝衆在次日同吃。
② 《續漢書·禮儀志》劉注引《周禮》干寶注説:"古之王者,貴爲天子,富有四海,而必置藉田,蓋其義有三焉:一曰以奉宗廟,親致其孝也;二曰以訓於百姓在勤,勤則不匱也;三曰聞於子孫,躬知稼穡之艱難,無違也。"

公田,農耕及雪澤,耕始焉,芸卒焉。"所謂"初服於公田","令農始作,服於公田",當即孟子所説"公事畢然後敢治私事"。孟子既説"唯助爲有公田",又説"助者籍也",所以"公田"也叫"籍田"。《吕氏春秋·上農》引古農書《后稷》的話,把"天子親率諸侯耕帝籍田"和"后妃率九嬪蠶於郊,桑於公田",相提並論,可知在這時,"籍田"和"公田"性質是相同的。這時貴族所有的"籍田",所以又稱爲"公田",就是因爲它原來就是村社中的"公田",還沿用着舊名稱。

三 "籍"、"租"、"助"的變化

"籍"這種剥削辦法的產生,由於貴族侵佔原來村社中的"公田",並迫使原來村社成員進行無償的勞動。這個變化,我們從"籍"這個稱謂的來源及其演變中,也可看到。

"籍田"和"籍禮"的"籍",古時或作"藉",原來應作"耤"。從來注釋家對此有三種不同解釋:

(一)"籍"是"耕"的意思。《後漢書·明帝紀》李注引《五經要義》説:"藉,蹈也。言親自蹈履於田而耕之。"《續漢書·禮儀志》劉注引《月令》盧植注説:"藉,耕也。"《漢書·文帝紀》顔注引臣瓚説:"本以躬親爲義,不得以假借爲稱也。藉謂蹈藉也。"

(二)"藉"是"借"的意思。《説文解字》説:"耤,帝耤千畝也。古者使民如借,故謂之耤。"《詩·周頌·載芟》鄭玄注説:"籍之爲言借也,借民力治之,故謂之籍田。"其他類似的解説很多,從略。

(三)"籍"是"典籍"的意思。《漢書·文帝紀》顔注引應劭説:"藉者,帝王典籍之常也。"

在上述三説中,除第三説出於牽強附會外,第一、第二兩説都是有根據的。清代學者大都贊成第二説而反對第一説,其實第一説正是"耤"字的本義,甲骨文"耤"字正像一人執耒蹈着耕作的樣子。"耤"字本來是躬親耕作的意思,"耤田"原是由領導帶頭而集體耕作的田,"耤禮"原是由領導帶頭而鼓勵集體耕作的儀式。等到"耤田"被貴族侵佔,"耤田"成爲迫使庶人提供無償勞動的田地,"耤禮"成爲徵發和監督庶人耕作的儀式,於是"耤"就有了"借民力治之"的意思。

"租"的名稱的起源和變化,看來也和"籍田"收穫的用途及其變化有關。在最早的文獻上,"租"字僅寫作"且",與"祖"同字。如《曶攸从鼎》載:"迺(乃)使攸衛牧誓曰:我弗其付曶从其且(租),射(謝)分田邑,則殊(誅)。"這是説:經過訴

訟,使得攸衛牧向㝬攸从宣誓説:如果我不付給㝬攸从田租,來酬謝分給田邑,情願受到嚴重的處罰。爲什麽最早的田租會稱爲"且"(祖)呢?看來,"且"原來是指"籍田"上集體生產出來的糧食,主要是用來祭祀祖宗的,如同黎人把共同生產出來的祭祖用的稻子,稱爲"稻公稻母"一樣。後來爲了區別於"祖"字,才應用有"禾"旁的"租"字。高翔麟《說文字通》引《長箋》說:"且古祖字,田賦以給宗廟,故從且。"高氏這個解說是正確的,"租"原是指"公田"上集體生產出來、供祭祖用的糧食,後來"公田"被貴族所侵佔,"公田"上的收穫成爲貴族的剥削收入,貴族也還宣稱這種收入是供祭祖用的,仍然稱爲"租"。再後來,貴族把這種剥削收入認爲應得的利益,於是"租"字的本義漸漸不爲人所知道,而解釋爲租稅了。但是,剥削階級也還時常宣稱租稅收入主要用於祭祀,例如《墨子·貴義》就說:"今農夫入其稅於大人,大人爲酒醴粢盛,以祭上帝鬼神,豈曰賤人之所爲而不享哉?"

"助"的稱謂的起源和變化,看來也和"籍田"上的集體耕作有關。"助"字和"祖"字同從"且","助"字的原義,該是指"籍田"上協作勞動。"籍田"上的協作勞動,主要是爲了提供祭祖用的糧食,因而稱爲"助"。自從"籍田"被貴族侵佔,貴族迫使村社成員進行無償勞動,仍然稱爲"籍"或"助","助"就成爲一種剥削辦法的稱謂。"助"字也或作"鋤",見於《周禮》和《說文解字》。

前面我們談到,原來在村社制時期,村社中集體耕作的"公田",其收穫主要用於祭祀和救濟的。進入階級社會之後,"公田"多數被貴族侵佔。許多貴族奪取了原來"公田"上集體生產的收穫,依然把用於祭祀作爲幌子。或者奪取了原來"公田"上集體生產的收穫,以救濟爲幌子,而實際上多用於放債。《周禮》上記載:

> 里宰……以歲時合耦于鋤,以治稼穡,趨其耕耨……而徵斂其財賦。
> 遂人……以興鋤利甿。
> 旅師……掌聚野之鋤粟、屋粟、閒粟而用之,以質劑致民,平頒其興積,施其惠,散其利,而均其政令。凡用粟,春頒而秋斂之。

這裏"合耦于鋤"、"興鋤""鋤粟"的"鋤",杜子春讀爲"助",解釋爲"相佐助",鄭玄又把"合耦于鋤"的"鋤",解釋爲"里宰治處"。孫詒讓《周禮正義》說:"謂里宰治處名鋤者,亦兼取合耦相佐助之義,以里宰爲親民之官,合耦於民事尤重,故因以耡名其處。猶王侯親耕之田,藉民力治之,即謂之籍也。"我們認爲,"合耦于耡"的"耡",當指貴族所侵佔的"公田",它之稱爲"耡",猶如"籍田"的稱爲"籍"。這時"耡"田既被貴族侵佔,里宰仍然按照老習慣,"以歲時合耦于耡",其生產的粟,就稱爲"耡粟",名義上還是用於救濟的,實際上已成爲借貸性質,要通過借貸手續來借給里民,所謂"以質劑(債券)致民";而且明白規定:在春荒時借給,到秋收時收回,所謂"春頒而秋斂之"。這種借貸,雖説要"平頒其興積,施其惠,散其利",即所謂"以興耡利甿",江永解釋説:"此粟補民不足,貸而無息,是惠利也,施之散之,農民皆蒙惠利也"(《周禮疑義舉要·地官二》),但是這不免是空話,在階級社會中,代表剝削階級進行統治的地方官吏怎可能通過借貸來惠利人民呢?這種"合耦于耡"而生產的"耡粟",操縱在剝削階級的地方官吏手中,只會成爲剝削人民的一種手段。

四 結 語

上面的分析,可以歸結爲下列四點:

(一)"籍田"或稱"公田",原是原始社會末期村社中集體耕作的公有地,其收穫是用於祭祀、救濟、嘗新等公共開支的。由於剝削階級及其國家的產生,這種公有地被剝削者和國家官吏侵佔,其生產物連同被掠奪,原來在這公有地上的勞動者變成被剝削者,要從事集體的無償勞動。

(二)"籍""藉"原本作"耤",本是躬親耕作的意思,"耤田"原是指集體耕作的田;等到"耤田"被侵佔,其生產物被作爲剝削收入,"耤"便成爲一種剝削辦法,於是"耤"就有"借民力治之"的意思。"耤田"上的生產物,原來主要是供給祭祖用的,所以稱爲"且"(祖)或"租";等到這種生產物被作爲剝削收入,就成爲租稅的"租"了。"耤"又稱爲"助",原是指"耤田"上的協作勞動,主要是爲了提供祭祖的生產物,等到這種生產物被作爲剝削收入,"助"便和"耤"一樣成爲一種剝削辦法的稱謂。

(三)"籍禮"原是村社中每逢某種農業勞動開始前,由首腦帶頭舉行的集體耕作儀式,具有鼓勵集體耕作的作用。等到"籍田"被侵佔,其生產物被作爲剝削收入,"籍"成爲一種剝削辦法,"籍禮"就被加以改造,變成剝削者監督庶人從事無償勞動的儀式和制度了。通過"籍禮"的舉行,對各種農業勞動進行着嚴厲的監督,並對貴族所有田地上所有農業勞動進行着嚴厲的監督,以確保"籍"這種剝削辦法的執行。同時還利用這種儀式,掩飾其剝削行爲,仍然虛偽地宣稱其目的在於鼓勵耕作,並虛偽地宣稱其生產物仍然用於祭祀、救濟、嘗新等。

(四)原來村社中集體耕作的公有地,有些被國家官吏侵佔,其生產物名義上仍然用於救濟,實際上已被用於放債了。

上述這種變化,並不是我國古代獨有的現象。馬克思在《資本論》中談到波蘭、羅馬尼亞等地村社土地制破壞時的情況說:

> 土地一部分屬於個別的農民,由他們獨立去耕作。別一部分是共同耕作的,它會形成一種剩餘生產物,那是部分地被用來應付公共的支出,部分地當作歉收等等情況下的準備。但剩餘生產物這兩個最後的部分,並且最後全部剩餘生產物,連生長這種剩餘生產物的土地,都漸漸爲國家官吏和私人所掠奪;原來自由的但對這種土地仍然有共同耕作義務的自耕土地所有者,因此變爲負有義務要做徭役勞動或繳納實物地租的人;共有地的掠奪者,則變爲地主(《資本論》第三卷,人民出版社 1953 年版,第 1048—1049 頁)。

這和我國古代"籍田"和"籍禮"的產生的情況,有些類似。至於"籍禮",不僅我國古代有,在古代埃及也是有的。在埃及極古時代權杖的一個碎片上,就畫有舉行"籍禮"的儀式:國王頭戴王冠,手拿着最古的農具——鋤頭,準備鋤第一道壟溝。在國王面前低身鞠躬的人手裏拿着籃子,他準備把其中的種子撒到國王犁出的第一道溝裏。儀式是在水渠的岸上舉行的。這和周天子在舉行籍禮中親執耒耜,"耕一墢"的情況,基本上是相同的。

根據本文的論證,"籍禮"是貴族用行"禮"的方式,在"籍田"上監督"庶人"進行無償的農業勞動,以確保其稱爲"籍"的剝削制度的。當時貴族推行"禮"的目的,本來在於"安上治民"。《禮記·經解》引孔子曰:"安上治民,莫善於禮。"皮錫瑞《經學通論》卷三"論禮所以復性節情、經十七篇於人心世道大有關繫"說:

> 據此可見古之聖人制爲禮儀……非故以此爲束縛天下之具。蓋使人循循於規矩,習慣而成自然,囂陵放肆之氣,潛消於不覺。……後世不明此旨……不肖者無所檢束,遂成犯上作亂之風。

其實,"禮"就是剝削階級用來束縛人民的工具,企圖使人民遵循他們所制定的

"規矩","習慣而成自然",使反抗的鬭志"潛消於不覺",俯首聽命,忍受種種嚴重的剝削和壓迫,而不起來"犯上作亂"。當時貴族舉行"籍禮"的目的就是如此。由此可見,古代貴族所制定的"禮"的功用,並不是"不下庶人"的。所謂"禮不下庶人",只是指那些在貴族內部舉行、用來鞏固貴族組織的"禮",不允許庶人參加而已。

這種"籍禮"的歷史很是悠久,我國歷代封建王朝的皇帝,都曾按照故事舉行"籍禮"。因爲當時早已不採用這種"籍"的剝削方法,其目的只是爲了虛偽地表示對農業生產的關心而已。

"冠禮"新探

"禮"的起源很早,遠在原始氏族公社中,人們已慣於把重要行動加上特殊的禮儀。原始人常以具有象徵意義的物品,連同一系列的象徵性動作,構成種種儀式,用來表達自己的感情和願望。這些禮儀,不僅長期成爲社會生活的傳統習慣,而且常被用作維護社會秩序、鞏固社會組織和加強部落之間聯繫的手段。進入階級社會後,許多禮儀還被大家沿用着,其中部分禮儀往往被統治階級所利用和改變,作爲鞏固統治階級內部組織和統治人民的一種手段。我國西周以後貴族所推行的"周禮",就是屬於這樣的性質。

西周時代貴族所推行的"周禮",是有其悠久的歷史根源的,許多具體的禮文、儀式都是從周族氏族制末期的禮儀變化出來的。西周貴族爲了鞏固其貴族組織,加強對人民的統治,把過去父系家長制的血緣紐帶保存下來,轉化成爲宗法制度,用來維護君權、族權、夫權和神權。與此同時,他們又把父系家長制時期的各種傳統習慣和禮儀,加以改變和補充,用來作爲維護宗法制度和"四權"的手段,這樣,就形成了"郁郁乎文哉"的"周禮"。這方面,李亞農同志在《周族的氏族制》中,已曾作深刻的分析,這裏不再細談。

有關"周禮"的史料,留存到今天的很多。這些史料雖然多數出於春秋、戰國時人的編定,沒有把西周時代的"禮"原樣保存下來,但是,由於"禮"的本身具有很頑固的保守性,所謂"禮也者,反本循古,不忘其初者也"(《禮記·禮器》),我們不僅可以從中探索出部分西周的情況來,甚至還可由此摸索到一些氏族制末期的情況。如果我們能夠對其起源和流變,作系統的探索,將大有助於我們對古代歷史和文化的理解。本着這個宗旨,本文試圖對其中最基本的"禮"——"冠禮"(《禮記·冠義》所謂"冠者禮之始也"),作一次新的探索,請大家指教。

一 "冠禮"的起源及其作用

西周、春秋時代貴族所應用的"周禮",其由父系家長制時期的"禮"轉變而來,是無可否認的事實。其"冠禮"之由氏族制時期的"成丁禮"變化而來,就是個顯著的例證。

"成丁禮"也叫"入社式",是氏族公社中男女青年進入成年階段必經的儀式。按照當時習慣,男女青年隨着成熟期的到來,需要在連續幾年內,受到一定程序的訓練和考驗,使具有必要的知識、技能和堅強的毅力,具備充當正式成員的條件。可以説是一種原始的教育制度,也是學校的起源。如果訓練被認爲合格,成年後,便可參與"成丁禮",成爲正式成員,得到成員應有的氏族權利,如參加氏族會議、選舉和罷免酋長等,還必須履行成員應盡的義務,如參加主要的勞動生產和保衛本部落的戰鬥等。

"冠禮"是和"成丁禮"具有同樣的特徵的。根據《儀禮·士冠禮》和《禮記·冠義》,貴族男子到二十歲時,要在宗廟中由父親主持舉行冠禮,即孟子所謂"丈夫之冠也,父命之"(《孟子·滕文公下》),在行禮前,要選定日期和選定加冠的來賓,叫做"筮日""筮賓",所謂"筮日筮賓,所以敬冠事"。行禮時,嫡長子必須在序(阼階上)舉行,表示成人後可以代爲主人,所謂"冠於阼(即阼階上),以著代也"。舉行的儀式,主要是由來賓加冠三次,初加緇布冠,再加皮弁,三加爵弁,叫做三加。"三加"後,經過來賓敬酒,再去見母親。隨後,再由來賓替他取"字",接着就去見兄弟姑姊;在更換玄冠、玄端後,再手執禮品(摯),去見國君、鄉大夫和鄉先生。最後由主人向來賓敬酒,贈送禮品,送出賓客,才算禮成。男孩在未行"冠禮"前,作孩兒的打扮,行"冠禮"時由來賓加冠,穿上貴族的成年服裝,無非表示開始成爲"成人"了。男孩原來只有父親所取的"名",行"冠禮"時由來賓替他取"字","字"是貴族中"成人"尊敬的稱號,也無非表示開始成爲"成人"了。《冠義》所謂"三加彌尊,加有成也;已冠而字之,成人之道也";《士冠禮》所謂"三加彌尊,諭其志也;冠而字之,敬其名也"。加冠後,要往見母親、親屬和國君、鄉大夫、鄉先生,無非讓大家公認他是"成人"。《冠義》解釋説:"見於母,母拜之,見於兄弟,兄弟拜之,成人而與爲禮也;玄冠玄端,奠摯於君,遂以摯見鄉大夫、鄉先生,以成人見也。"十分明顯,"冠禮"實質上就是古代貴族的"成丁禮",所以《穀梁傳》文公十二年説:"男子二十而冠,冠而列丈夫。"

"冠禮"和"成丁禮"相同之處,不僅同樣是青年進入成年階段的儀式,而且同樣需要經過一定程序的教育和訓練。《禮記·曲禮上》説:"人生十年曰幼學,二十曰弱冠。"《禮記·內則》又説:"十年出外就傅,宿於外,學書記;……十有三年學樂,誦詩,舞勺;成童舞象,學射御;二十而冠,始學禮。"有所謂"小學"和"大學"。同時,舉行儀式後,也一樣可以得到成員應得權利和應盡的義務。所不同的,"冠禮"是古代貴族中實行的"成丁禮",其目的在於鞏固貴族組織,維護宗法制度,加強對人民的統治,因此他們在"冠禮"後得到的主要權利,就是統治人民的特權。所以《冠義》說:行冠禮後"孝弟忠順之行立,而後可以爲人,可以爲人而後可以治人也"。他們在"冠禮"後所應盡的義務,就是服兵役,爲保護本貴族特權而戰鬥。《鹽鐵論·未通》篇記御史說:"古者十五入大學,與小役;二十冠而成人,與戎事。"又記文學說:"二十而冠,三十而娶,可以從戎事。""戎事"就是服兵役。西周、春秋時代的軍隊,主要是由貴族和"國人"組成的,其中的"甲士"該就是貴族和"國人"中舉行過"士冠禮"的壯丁。《周禮·鄉大夫》:"國中自七尺以及六十……皆征之",從來注釋家認爲七尺即二十歲,該是自古相傳的舊說。

"冠禮"是當時貴族青年成爲"成人"必經的儀式。按禮,成爲"成人"才"可以爲人","可以爲人"才"可以治人",取得"治人"的貴族特權。因此所有貴族,包括天子、諸侯、卿大夫、士在內,都必須舉行這個儀式,《士冠禮》所謂"天子之元子猶士也,天下無生而貴者也"。按禮,任何貴族中人都不是"生而貴者",必須經過"冠禮",才能取得"治人"的特權,就是天子、諸侯也不例外。所以《荀子·大略》說:"古者天子諸侯子十九而冠,冠而聽治,其教至也。"①但是實際上,天子、諸侯、卿大夫都出世襲,都是"生而貴者",舉行"冠禮"與否,與他們關係不大,因此多數未能認真舉行。在春秋史料中,諸侯中只見魯襄公在十二歲時,由於晉侯的建議,舉行過"冠禮",晉侯建議的理由只是"國君十五而生子,冠而生子,禮也"(《左傳》襄公九年)。卿大夫中只有晉國的趙文子舉行過"冠禮",趙文子在"冠禮"後,曾徧見卿大夫,即《冠義》所謂"以成人見也"。趙文子見同朝的卿大夫時,欒武子教他"務實",中行宣子教他"戒驕",韓獻子說:"此謂成人,成人在始與善",智武子教他要"有宣子(趙盾)之忠而納之以成子(趙衰)之文"(《國語·晉語六》)。所有這些,無非因爲趙文子已"成人",將繼任卿大夫的職位,教以如何治國和"爲人。"

在戰國以前,只有秦國國君認真舉行過"冠禮"。按照秦國的"禮","冠禮"在二十二歲時舉行,秦惠文王、昭襄王都是"生十九年而立"(《史記·秦始皇本紀》

---

① 《說苑·建本》篇說:"周召公年十九,見王而冠,冠則可以爲方伯諸侯矣。"這和《荀子·大略》篇所說相同。

末節),又都是"三年王冠"(《史記·秦本紀》)的。秦始皇年十三歲而立,到"九年四月,上宿雍,己酉,王冠帶劍"(《秦始皇本紀》),也是二十二歲舉行"冠禮"。秦始皇要"宿雍"後舉行"冠禮",因爲這禮必須在祖廟舉行,而秦的祖廟在雍。他在舉行"冠禮"的同時要"帶劍",因爲行"冠禮"後,就成爲貴族中的"成人",就可以武裝起來,成爲統治者了。他就是在舉行"冠禮"後,開始聽政,即所謂"冠而聽治"的,在聽治後,就先後消滅了嫪毐和呂不韋兩大集團,把政權集中到自己手中的。

按禮,貴族男子在結髮加冠後,才可娶妻;貴族女子在許嫁後,才可結髮加笄,所謂"男子幼娶必冠,女子幼嫁必笄"(《太平御覽》七百十八引《白虎通》)。所以禮書上常以"昏冠"連稱,如説:"以昏冠之禮,親成男女"(《周禮·大宗伯》),"凡其黨之昏冠,教其禮事"(《周禮·黨正》)。這個"結髮"後結婚的風俗,曾流傳很久。《文選》卷二十九蘇子卿詩:"結髮爲夫妻,恩愛兩不疑。"李善注:"結髮,始成人也,謂男年二十、女年十五時,取冠笄爲義也。"我國古代貴族爲成年男女舉行冠笄儀式,另外一個意義,就是表示已經"成人",即將男婚女嫁,負起傳宗接代的責任,所謂"冠而生子,禮也"。其目的就在於延續和鞏固貴族的血統組織,維護其宗法制度。

二 "字"的來源及其意義

根據古禮,嬰兒生下三月後,要擇日剪髮,"妻以子見於父",由父"執子之右手,咳而名之"(《禮記·內則》)。男子到二十歲舉行"冠禮",才由賓客取"字",所謂"男子二十冠而字"(《禮記·曲禮上》)。女子則在十五歲許嫁時,舉行"笄禮"取"字",所謂女子"十有五年而笄"(《禮記·內則》),"女子許嫁笄而字"(《禮記·曲禮上》),所以舊時習俗上,當女子將許嫁時,叫做"待字"。"字"的題取,需要在字義上和"名"有聯繫,不管是正是反。後世"冠禮"雖然不行了,但是這個成年取"字"的習慣曾長期流傳着。

《士冠禮》記述古代男子取字的方式説:

曰:伯某甫,仲、叔、季,唯其所當。

這是説:男子"字"的全稱有三個字,第一字是長幼行輩的稱呼如伯、仲、叔、季之類,第二字是和"名"相聯繫的某一個"字",末一字都用"甫"的稱呼。其實

"甫"是"父"的假借字。從古文獻來看,西周時確實流行着這種取"字"的方式(在金文中尤爲常見),春秋時也還有沿用這種習慣的。見於西周文獻的,如白(伯)丁父(《令簋》)、白懋父(《小臣謎簋》等)、白家父(《伯家父簋》)、程伯休父(《大雅·常武》)、伯陽父(《國語·周語上》)、中(仲)㫃父(《逸周書·作雒》)、仲山甫(《大雅·烝民》等)、王中皇父(《王中皇父簋》)、中叡父(《仲叡父盤》)、弔(叔)向父(《叔向父簋》)、弔邦父(《㠱盨》)、弔家父(《叔家父簋》)等,其例不勝枚舉。列國的情況也是如此,如晉有白郄父(《伯郄父鼎》)、桓伯林父(《左傳》成公十八年正義引《世本》),魯有白愈父(《魯伯愈父鬲》)、弔獸父(《魯士商叡簋》),齊有成伯高父(《禮記·檀弓》正義引《世本》),鄭有召弔山父(《召叔山父簋》)、弔賓父(《叔賓父盨》等),陳有叔原父(《陳公𩰬》),戴有弔慶父(《戴叔慶父鬲》)等,例子也很多。

按照當時的習慣,男子的"字"可以不用全稱。有省去伯、仲等行輩稱呼的,如白懋父或稱懋父(《懋父簋》、《師旅鼎》),兮白吉父(《兮甲盤》)或稱吉甫(《小雅·六月》),白蘇父或稱蘇父(《邢人妄鐘》),白俗父或稱俗父(《南季鼎》)。有省去"父"的稱呼的,如吳大父(《同簋》)或稱吳大(《師西簋》),又如周公長子,或稱禽父(《左傳》昭公十二年),一般多省稱父而稱爲伯禽,其全稱應爲伯禽父;孔子的"字",或稱尼父(《禮記·檀弓上》、《左傳》哀公十六年),或單稱尼(《韓非子·外儲說左下》),一般多稱爲仲尼,其全稱應爲仲尼父。也有省去伯、仲等行輩而連同官名稱呼的,如太公望或稱師尚父(《大雅·大明》),白雍父或稱師雍父(《窺鼎》、《遇甗》等),白蘇父或稱師蘇父(《師兌簋》、《師𣪘簋》)等,"師"即是"師氏"官名的簡稱;又如兮白吉父或稱尹吉父(《漢書·古今人表》),"尹"即"尹氏"官名的簡稱。也有省去"父"而連同官名稱呼的,又有省去伯、仲等行輩和"父",而連同官名稱呼的,如內史叔興父(《左傳》僖公二十八年)或稱內史叔興(《左傳》僖公十六年),又稱內史興(《國語·周語上》)。更有省去"某父",單以伯仲等行輩連同官名、氏或稱號來稱呼的,如仲山甫或稱樊仲(《國語·晉語四》),或稱樊穆仲(《國語·周語上》);伯陽父或稱太史伯陽(《史記·周本紀》),或稱太史伯(《史記·鄭世家》),又或稱史伯(《國語·鄭語》);又如慶父的"字"全稱爲仲慶父(《左傳》莊公八年),又或稱爲共仲(《左傳》莊公三十二年、閔公二年)。由此可見,西周、春秋史料中,有稱某父的,有連同官名稱某父的,有連同官名、氏或稱號而稱伯、仲等行輩的,都是"字"的簡稱。《禮記·檀弓上》說:"幼名,冠字,五十以伯仲,死諡,周道也",就是說:習慣上到五十歲以後,可以單稱伯、仲等行輩而省去

"某父"的稱呼①。

西周貴族男子取"字",個別也有不用"伯某父"方式而稱"子某"的,如唐叔虞,字子于(《史記·晉世家》)。到春秋時,多數用"子某"的方式取"字",採用"伯某父"方式的逐漸減少,詳見王引之《春秋名字解詁》(《經義述聞》卷二十二、二十三)。

古代女子取"字"的方式,《儀禮》中没有談到。我們在西周、春秋金文中發現了下列許多貴族女子的稱呼:囟孟嬀婤母(《陳伯元匜》)、屌孟嬀毂母(《陳子匜》)、△嬀囧母(《陳侯鼎》)、孟妊車母(《鑄公簠》)、叔△(此字從女,亦女姓)斐母(《伯侯父盤》)、中(仲)姬客母(《干氏叔子盤》)、虢孟姬良母(《齊侯匜》)、辛中姬皇母(《辛仲姬鼎》)、中姞義母(《仲姞匜》)、郘(許)弔姬可母(《蔡大師鼎》)。這些稱呼,除了有的冠有國名或氏以外,第一字是長幼行輩的稱呼,第二字是姓,第三字和第四字都作"某母"。王國維認爲:"此皆女字,女子之字曰某母,猶男子之字曰某父。"(《觀堂集林》卷三《女字説》)郭沫若同志曾經認爲王國維在這方面"揭破三千年來之祕密"(《甲骨文字研究·釋祖妣》)②。此外也有不作"某母"而作"某女"的,如成姬多女(《白多父簠》)、京姜庚女(《京姜鬲》),楊樹達又認爲:"古文母女二字本通用","古人於女子不但以母爲其字,亦以女爲其字"(《積微居金文餘説》卷二《京姜鬲跋》)。這個看法也很正確。

我們進一步研究一下,很清楚地可以看到,當時女子的"字"也可以不用全稱。有省去伯、仲等行輩稱呼的,如虢妃魚母(《蘇冶妊鼎》)、姬△母(《王作鬲》)、

---

① 賈公彦疏説:"周文,二十爲字之時,未呼伯仲,至五十乃加而呼之,故《檀弓》云五十以伯仲,周道也。是呼伯仲之時,則兼二十字而言,若孔子呼尼甫,至五十去甫以尼配仲,而呼之曰仲尼是也。"據金文看來,許多人都以伯仲連同某父稱呼,賈公彦之説不可信。孔穎達疏又説:"年二十有爲人父之道,朋友等類不可復呼其名,故冠而加字。年至五十曰艾,轉尊,又舍其二十之字,直以伯仲別之。《士冠禮》二十已有伯某甫、仲叔季,此云五十以伯仲者,二十時雖云伯仲,皆配某甫而言,五十時直呼伯仲耳。"這個説法比較可信,西周、春秋文獻中僅稱伯仲而略去某父的例子,很常見。習慣上到五十歲後可以單稱伯仲,帶有敬老的意思。

② 郭沫若同志在《兩周金文辭大系》的《蔡大師鼎》下,考釋又説:"古人女子無論已嫁未嫁,均稱某母。……某母當是女名,或省去'母'字。古者女子無字,出嫁則以其夫之字爲字,就見乎彝銘者言:如《頌鼎》'皇考龏叔,皇母龏姒',《召伯虎簋》'幽伯幽姜',《䣄鎛》'皇祖聖叔,皇妣聖姜,皇祖又成惠叔,皇妣又成惠姜,皇考遺仲,[皇母子仲姜]',均其例證。"郭老在此又不同意王國維之説,認爲"某母"乃女子之名,非字,無論已嫁未嫁都可稱某母。我們以當時貴族女子"孟某母"的取"字"方式以及簡稱方法,和當時貴族男子"伯某父"的取"字"方式及簡稱方法作一比較,可知"某母"確爲女子之字,非名。西周、春秋時女子在許嫁舉行"笄禮"時取"字",以丈夫的稱號或字作爲字的,只是女子稱字的一種方式,郭老所舉的幾個例證,就是以丈夫的稱號爲字的,但不能説當時女子"無字",全是"以其夫之字爲字"。實際上,婦女出嫁後都用字,不以名行,因此在文獻上婦女的名很少見。

姬大母(《戲伯鬲》)、姬原母(《應侯簋》)、姬䢅母(《姬䢅母鬲》)、姬芇母(《姬芇母鬲》)、姜林母(《姜林母簋》)、郳始△母(《郳始鬲》)、妣貍母(《南旁簋》)等。也有省去"母"的稱呼的，如孟妃𦉢(《番匊生壺》)、邛(江)仲嬭(芈)南(《楚王鐘》)、中姬䑝(《仲姬俞簋》)、帚(叔)姬霝(《叔姬簋》)、帚妊襄(《薛侯盤》)、季姬牙(《魯大宰原父盤》)等。也有省去伯仲和姓而連同官名稱呼的，如保侃母(《保侃母簋》《保侃母壺》《南宫簋》)、保㚢母(《保㚢母簋》)，"保"是官名，即是"保母"。也有省去伯仲和姓而單稱"某母"或"某女"的，如壽母(《魯生鼎》)、茲女(《茲女盤》)、帛女(《帛女鬲》)、之女(《女姬罍》)等。又有連省去"某母"或"某女"，而單以伯仲和姓連稱的，如孟姬(《不嬰簋》)、中姬(《叔家父簋》)等，這是最普遍的一種省稱方法，例子不勝枚舉。可見當時女子的"字"的省稱方法，基本上和男子一樣。

上面我們把周代貴族女子的"字"和男子的"字"比較了一下，就可見女子取"字"的方式基本上和男子相同，仿效《儀禮》的話，就是：

曰：伯(或作孟)某母(或作女)，仲、叔、季，唯其所當。

只是因爲當時實行外婚制，同姓不婚，對女子的姓看得很重，就必須在伯、仲下把姓標出。《白虎通·姓名》篇説："婦人姓以配字何？明不娶同姓也。"又因當時以父系爲中心，成年的女子應該作爲夫家的一個成員，女子"以許嫁爲成人"(《禮記·曲禮》鄭注)①，所以女子的"字"必須在許嫁時題取，女子的姓字上就往往標上了夫家的國名或氏。因此婦女的簡稱，也有以夫家的國名或氏連同姓來稱呼的，又有以丈夫的稱號連同姓來稱呼的。甚至有以丈夫的"字"爲其"字"的，如成姬多母就以其丈夫白多父的"多"爲"字"(《白多父簋》)。這都是夫權的具體體現。只有少數以母家的國名或氏連同姓，作爲女子的簡稱的。《禮記·喪大記》説："凡復(招魂辭)，男子稱名，婦人稱字。"(鄭注："婦人不以名行")所以"婦人稱字"，不以名行，因爲"名"是母家所取，"字"才表示隸屬於夫家的一個成員。《禮記·喪服小記》又説："復與書銘，自天子達於士，其辭一也。男子稱名，婦人書姓與伯仲。"一般學者都根據這點，認爲"姓與伯仲即婦人之字"(夏炘《學禮管釋》卷一《釋婦人稱字》)，其實姓與伯仲相配，其中只有伯仲是婦人"字"的簡稱，

---

① 《禮記·喪服小記》説："許嫁笄而字之，死則以成人之禮。"《公羊傳》文公十二年也説："婦人許嫁，字而笄之，死則以成人之喪治之。"這是女子"以許嫁爲成人"的具體表現。

如同當時男子簡稱伯仲,與氏相配一樣。

爲什麽當時男女的"字"都要冠上伯仲等行輩的稱呼呢?因爲取"字"以後就表示"成人",正式加入了貴族組織的序列,在宗法制度下,有大宗、小宗的區分,長幼行輩的排列,關係重大。爲什麽男子的"字"要加上"父"或"子"的稱呼,女子的"字"要加上"母"或"女"的稱呼呢?無非表示已具有男性成員或女性成員的貴族權利和義務。其間,也還有區別男女的性質,《禮記·樂記》所謂"昏姻冠筓,所以別男女也"。

"冠禮"既是由氏族制時期的"成丁禮"轉變而來,"冠禮"取"字"的方式也該是沿襲周族"成丁禮"的習慣的。西周貴族男子取"字"所以稱"父",女子取"字"所以稱"母",王國維解釋説:"蓋男子之美稱莫過父,女子之美稱莫過母,男女既冠筓,有爲父母之道,故以某父某母字之也"(《觀堂集林》卷三《女字説》)。王國維因缺乏對社會發展史的認識,這個解釋並不恰當。郭沫若同志解釋説:

> 知古有亞血族結婚制而行之甚久,則知男字何以均可稱父,女字何以均可稱母之所由來。蓋當時之爲兒女子者均多父多母,故稱其父均曰父某,而稱其母均曰母某。周人習之,故男女之自爲名,亦自稱曰某父某母也。周人用此名而不嫌……後世制改則名涉於嫌,故某母之稱絶跡於世,而某父之字亦改用某甫。(《甲骨文字研究·釋祖妣》)

我們認爲西周貴族取"字"的習慣,起於父系家長制時期的"成丁禮",不必與亞血族婚姻有關。"父"與"母",本來是成年男女的稱呼。西周、春秋時貴族男子舉行"冠禮"後,所戴的冠或稱爲"章甫",《士冠禮》鄭注:"甫或爲父,今文爲斧。"其實,"甫"是"父"的假借字,"父"原爲"斧"的初字,就像手執斧形。石斧原是石器時代最重要的利器,到父系家長制時期,主要的勞動生產由成年男子擔任,家族在父系權力下組成,石斧便成爲當時成年男子的象徵物品,故借爲成年男子的稱謂。"母"字的結構,是"女"字中有二點"象乳子"(《説文》),用以表示女子的成年,故作爲成年女子的稱謂。周族在舉行"成丁禮"取"字"時,男子稱"父",女子稱"母",無非表示已具有成年男女的權利和義務。西周貴族的"冠禮"起源於"成丁禮",所以還沿用這種取"字"的方式。後來"父""母"已習慣爲父母親的稱謂,逐漸"名涉於嫌",所以春秋時"某母"之稱逐漸稀少,"某父"之稱也漸少見,而"子某"的取"字"方式大爲流行。"子"字像人形,也是男子的美稱。

周族在氏族制時期舉行"成丁禮"的習俗,因史料缺乏,無從詳知,但是,我們以易洛魁族舉行"成丁禮"的習俗比較一下,也可推知其大概。

處於氏族制階段的易洛魁族,每人都有兩個名字。初生時由母親取名,經近親同意後,由部落會議公布,這是幼年的名字。到十六歲或十八歲時,通常由酋長來舉行儀式,宣布廢除幼年名字,授予成年名字。青年男子必須在戰鬥中表現出英勇行爲後,才具有取得成年名字的資格。在成年名字授予後,一經部落會議公布,就取得了成員的權利和義務。酋長的授予成年名字,就意味着氏族授予名字,也標志着授予氏族權利(莫爾根《古代社會》,三聯書店 1957 年版,第 82—83 頁)。因爲"氏族有一定的名字或一連串名字,在全部落内只有該氏族本身才能使用這種名字,因之,氏族個別成員底名字也就指出了他屬於哪一氏族。氏族的權利自然是跟氏族的名字密切聯繫在一起的"(恩格斯《家庭、私有制和國家的起源》,人民出版社 1957 年版,第 83 頁)。

周族人的"名",相當於易洛魁族的幼年名字;周族人的"字",相當於易洛魁族的成年名字。上述"伯某父"或"孟某母"的取"字"方式,就是周族所特有的"字",原來只有這族人才能使用這種"字"的。周族在舉行"成丁禮"時,這種"字"的授予,不僅指出了他屬於周族,同時也表示着氏族權利的授予。到西周時,建立國家組織以後,周族成爲統治的貴族,其父系家長制轉變爲宗法制度,其"成丁禮"隨着變爲"冠禮",這時這種"字"的授予,就表現爲貴族特權的授予。易洛魁族成員在取得成年名字時,要廢除幼年名字;而周族男性成員在取得"字"時,依然保留幼年的"名",並使"字"和"名"在字義上有所聯繫,使人們可以由"名"而推想到"字",由"字"而推想到"名",《白虎通·姓名》篇所謂:"或旁其名爲之字者,聞名即知其字,聞字即知其名。"至於周族的女性成員則因服從夫權的關係,要在許嫁後舉行"笄禮"取"字",出嫁後便經常用"字",不以"名"行了。

西周在滅殷和東征後,推行宗法制度,不斷分封同姓和異姓諸侯,用禮作爲一種統治手段,"冠禮"就由姬姓推行到了異姓貴族,其舉行"冠禮"取"字"的方式也推行到了異姓貴族。前面已舉出很多例子,説明當時列國許多異姓貴族已多採用周族的取"字"方式。我們再以宋國爲例,許多貴族都已改變了殷人的習慣,改從周的取"字"方式,如戴公一系,有樂甫(字)術(名)、石甫願繹、夷父傾、碩甫澤、季甫、夷甫須、好父説、華父督等;孔子的祖先,有弗父(字)何(名)、宋父周、正考父、孔父嘉、木金父、祁父、防叔、伯夏、叔梁(字)紇(名)等(以上據雷學淇輯校《世本》)。連孔子本人,字仲尼父,也不例外,真是"郁郁乎文哉,吾從周"。當時異姓貴族改從周的取"字"方式,無非表示服從周天子的統轄,接受了"周禮",參加到以周天子爲首的貴族統治集團中,與姬姓貴族一樣取得了貴族特權。

三　三次加冠弁的意義

周族的男子在成年時要加冠,是和他們成年"結髮"的習俗有關的。當時男孩的頭髮,或者兩邊分梳,長齊眉毛,叫做"兩髦"(《鄘風·柏舟》);或者把"兩髦"總束起來,狀如兩角,叫做"總角"。到成年時,才把頭髮盤結到頭頂上,安上笄,戴上冠,《齊風·甫田》所謂"婉兮孌兮,總角丱兮,未幾見兮,突而弁兮"(鄭箋:"突而加冠爲成人也。")周族人有露髮的習慣,所戴的冠并沒有把頭髮全部套住,只起着套住髮髻的作用,并帶有髮飾的性質,所以《説文》説:"冠,絭也,所以絭髮。"但是,"冠禮"的加冠,不僅在於套住髮髻,是有其更重大的意義的。

根據《士冠禮》,要先後三次加冠弁服:

(一) 初次加緇(黑色)布冠,身穿玄(黑色)端、緇帶、爵(赤黑色)韠。

(二) 再次加皮弁,身穿素(白色)積、緇帶、素韠。

(三) 三次加爵(赤黑色)弁,身穿纁(淺絳色)裳、純(讀爲"黗",黑色)衣、緇帶、韎(赤黃色)韐。

後來,往見親戚和國君、卿大夫時,又要廢棄緇布冠,改戴玄冠。上述三種服裝的主要區別,就是冠弁形式和服色的不同。這些服裝,都是由很原始的服飾逐漸轉變來的,例如其中的韠,也叫韍(一作"市")或韐,是一幅腰圍,在西周時,是貴族服飾中很重要的部分,蓋在裳的前面的,周天子常把它連同車馬服飾賞賜給大臣,而它的起源,僅是野蠻時代圍住下身的一塊皮。《易緯乾鑿度》鄭玄注説:"古者田漁而食,因衣其皮,先知蔽前,後知蔽後,後王易之以布帛,而獨存其蔽前者,重古道而不忘本也"(《左傳》桓公二年《正義》引)。

各種冠弁的起源也很古老。行"冠禮"時初次戴上的緇布冠,原是周族人太古時戴的一種帽子。太古時絲帛還沒有,只有麻布,一般都用白麻布製成冠,只有齋戒時才戴黑麻布製的冠,叫做緇布冠。這時爲了保存古禮,初次加的冠就是緇布冠,而且從諸侯到士一律如此。《禮記·玉藻》説:"始冠緇布冠,自諸侯下達。"《士冠禮》説:"太古冠布,齊(齋)則緇之。"因爲這僅是保存古禮,所以緇布冠只在儀式上應用一下,用過後就廢棄,所謂"冠而敝之可也"。到實際應用時,就改戴玄冠。玄冠就是由緇布冠發展而來,它只是改用黑帛製成,結構略有改變而已(關於這方面清代學者已有詳細考證)。

玄冠是當時貴族通常應用的禮帽,又叫委貌、章甫、毋追。《士冠禮》說:"委貌,周道也;章甫,殷道也;毋追,夏后之道也。"委貌該是周族傳統的稱呼,據鄭玄注,"委猶安也,言所以安正容貌"。委貌也或簡稱委,它常和玄端(通常禮服)連稱爲"端委"或"委端"。章甫,據鄭玄注,"章,明也","言以表明丈夫也,甫或作父"。前面談到,行"冠禮"時,男子取"字"的方式是"伯某父"或"仲某父"等,用來表示其具有男性成員的權利,加冠後,其所戴玄冠又稱爲"章甫(父)",很明顯,同樣是用來表示其具有男性成員的權利的。《士冠禮》說:"章甫,殷道也",是否章甫之名起於殷代,"冠禮"在殷代已有呢?清代學者多數不信章甫出於殷道之說,如江永《鄉黨圖考》說:

> 　　公西華言端章甫(按見《論語・先進》),猶云端委,未必有取於殷冠。孔子言:少居魯,衣逢掖之衣,長居宋,冠章甫之冠(按見《禮記・儒行》),似章甫與委貌亦有微異。魯人歌,袞衣章甫,爰得我所,又似當時章甫與委貌亦通行,可通稱,未必夫子以殷人常服章甫也。

　　我們前面談到,西周以後許多宋的貴族已服從周禮,改用周族"伯某父"的取"字"方式,其所冠"章甫(父)",爲了表明爲"父",也該是服從周禮的。孔子少居魯,還未成年,因穿逢掖之衣,長居宋,已過成年,因戴章甫之冠。後來儒家講治周禮,沿用古服,章甫又成爲儒服。《墨子・公孟》載:"公孟子戴章甫,搢笏,儒服",公孟子說:"君子必古言服而後仁",墨子反駁說:"子法周而未法夏也,子之古非古也。"可知章甫還是"法周"的"古服"。但是也可能,西周、春秋時宋人所戴禮帽,通用章甫的名稱,其式樣也還保存着殷人的遺風。

　　委貌和玄端合稱"端委"或"委端",到春秋時貴族還經常用作禮服,用來參加各種政治活動。如晉文公接受周襄王的册命,曾"端委以入"(《國語・周語上》);"陽穀之會,桓公委端、搢笏而朝諸侯"(《穀梁傳》僖公三年);劉定公對趙文子說:"吾與子弁冕端委以治民,臨諸侯"(《左傳》昭公十年),董安于說:"及臣之長也,端委韠帶,以隨宰人,民無二心"(《國語・晉語九》);子貢說:"太伯端委以治周禮。"(《左傳》哀公七年)由此可見,"冠禮"的所以加冠,無非表示授予貴族"治人"的特權,表示從此可"以治民"和"以治周禮"了。所以《冠義》說:"冠者禮之始也。"

　　行"冠禮"時再次戴上的皮弁,也是周族人上古時的一種帽子。《士冠禮》:

"皮弁服,素積緇帶,素韠。"鄭玄注説:"皮弁者,以白鹿皮爲冠,象上古也。"孔穎達正義説:"上古也者,謂三皇時,冒覆頭,句(鉤)領繞項。"《白虎通·紼冕》篇又説:"皮弁者……上古之時質,先加服皮,以鹿皮者,取其文章也。……積素以爲裳也,言腰中辟(襞)積,至質不易之服,反古不忘本也。"這種服裝,主要有兩部分:皮弁用白鹿皮製成,取其有花紋,其形式"冒覆頭,鉤領繞項",很明顯,是上古野蠻時代的一種皮帽,所謂"古之王者有務(鍪)而拘領者矣"①;素積是素色的布積疊製成的裳,腰部依靠用摺疊的襞積構成,也是上古一種原始的服裝。

看來,周族在氏族制末期,就是穿着這種服裝從事打獵和戰鬥的。《白虎通·紼冕》篇又説:皮弁素積"征伐田獵,此皆服之"。《公羊傳》何休注也認爲"皮弁,武弁"(宣公元年);"禮,皮弁以征不義,取禽獸行射"(昭公二十五年),徐彦疏又説:"韓詩傳亦有此文。"(成公二年)在比較原始的部落中,戰鬥和狩獵確是用着相同的服裝的。到西周建立國家以後,禮節上所用的服裝,還多保存着舊有的形式。但逐漸有些變化和分化,後來這種皮帽就分化成了韋弁、皮弁、冠弁等三種。《周禮·司服》説:"凡兵事,韋弁服;胝朝,則皮弁服;凡甸,冠弁服。"他們把"韋弁"用於有關軍事的儀式,"皮弁"則已用到朝廷上去,只有"冠弁"仍然用於田獵上。孫詒讓《周禮正義》認爲田獵用的"冠弁",就是"玄冠而加弁",這種皮弁即所謂皮冠,該是正確的。春秋時各國貴族田獵時所戴皮冠,也還和行"冠禮"時所戴的皮弁一樣,保持着原始的式樣②,同時還保存着原始的風習,有下列三個故事足以證明:

---

① 孔穎達認爲皮弁起於上古三皇時,"冒覆頭,句領繞項",是有根據的。《荀子·哀公》載:"魯哀公問冠於孔子,……孔子對曰:古之王者有務而拘領者矣,其政好生而惡殺焉。"這是説在冠没有創制前,已有"務(鍪)而拘領者"。《淮南子·氾論》篇根據這點也説:"古者有鍪而綣領以王天下者矣,其德生而不辱。"高誘注:"古者,蓋三皇以前也,鍪,頭著兜鍪帽,言未知制冠也。綣領,皮衣屈而袂之,如今胡家韋襲反褶以爲領也。"《尚書大傳·略説》又説:"周公對成王云:古人冒而句領",鄭玄注:"古人謂三皇時,以冒覆頭,句領繞頸,至黄帝則有冕也。"(《禮記·冠義》正義引,《荀子·哀公》楊注引略同)可知上古最早的帽子是兜鍪形式的,是把頭頂完全冒覆起來的,其形式如同鍋子,故稱"鍪"或"務",原是用來保護頭部的。古時作爲武裝的胄,當即由此發展而來。胄也是兜鍪形式。安陽西北岡出土有殷代銅胄,正是"以冒覆頭"的兜鍪形式,見《考古學報》第七册,陳夢家:《殷代銅器》,圖五五。

② 孫詒讓《周禮正義》説:"《孟子·萬章》篇:萬章曰:敢問招虞人何以?曰:以皮冠。趙注云:皮冠,弁也。孔廣森云:《左傳》責衛侯不釋皮冠;楚靈王雨雪皮冠,右尹子革夕,王見之,去冠。皮冠可釋可去,則必别有一物,加於冠上矣。案:皮冠蓋猶方相氏之蒙熊皮,孔謂别有一物加於冠上,其説近是。趙氏以弁釋皮冠,蓋即據此經。……以弁加於冠上,謂之冠弁服。"今案:這種田獵用的皮冠,曾長期保持原始的形式,孫氏謂"蓋猶方相氏之蒙熊皮",甚是。狩獵戴皮冠,不僅爲了預防傷害,兼有擾亂野獸耳目,或誘獸入網的意思。輝縣琉璃閣戰國墓第一號墓所出舞樂狩獵紋奩,奩壁上刻有戴獸頭帽而射獵的人,見《山彪鎮與琉璃閣》六五頁。這種獸頭帽該是一種誘使獸近身的皮冠。

（一）有一次衛獻公請孫文子、甯惠子來共進食，二人都穿着朝服侍候在朝，誰知天色很晚，衛獻公再不召請，却獨自在園囿中射鴻，二人跟從到園囿去見他，他"不釋皮冠而與之言，二子怒"（《左傳》襄公十四年）。

（二）有一次楚靈王在州來狩獵，後來趕到乾谿。"王皮冠、秦復陶（杜注："秦所遺羽衣"）、翠被（杜注："以翠羽飾被"）、豹舄（杜注："以豹皮爲履"），執鞭以出，僕折父（杜注：楚大夫）從，右尹子革夕（杜注："子革，鄭丹；夕，暮見"），王見之，去冠被，舍鞭（杜注："敬大臣"），與之語"（《左傳》昭公十二年）。

（三）有一次齊景公在沛澤田獵，用弓來招呼虞人（掌山澤之官），虞人不進，景公派人把他捉來，他説："皮冠以招虞人，臣不見皮冠，故不敢進"（《左傳》昭公二十年）。

楚靈王見右尹子革，"去冠被"，所以表示敬大臣；孫文子和甯惠子到園囿中去見衛獻公，獻公"不釋皮冠"，二人就發怒。可知皮冠不僅是田獵的帽子，原來該是武裝的帽子，所以在禮節上，即使與臣下相見也要脱帽。古時只有戴武裝的帽子，見客要脱帽，如"郤至見客免胄"（《左傳》成公十六年）[①]。

這樣看來，行"冠禮"時再次戴上皮弁，原來的意義就是把他武裝起來，以便從事田獵和戰鬥，因爲"二十冠而成人"，需要"與戎事"了。

行"冠禮"時，第三次所加的爵弁，是一種祭服。《白虎通·紼冕》篇説："爵弁者，周人宗廟之冠也。"它是一種平頂的帽子，與冕略同，所不同的，冕頂前低後高，爵弁則前後平，冕前有旒，弁没有旒。《禮記·雜記上》説："大夫冕而祭於公，弁而祭於己；士弁而祭於公，冠而祭於己。"可知弁在禮節中，與冕的用處有相同之處，只是低一等而已。

《士冠禮》解釋三次加冠弁説："三加彌尊，諭其志也。"諭些什麽志呢？從上面的論述，可知初次加冠，無非表示授予貴族"治人"的特權；再次加皮弁，無非表示從此要參與兵役，有參與保護貴族權利的責任；三次加爵弁，無非表示從此有在宗廟中參與祭祀的權利。因爲當時"國之大事，惟祀與戎"（《左傳》成公十三年），"冠禮"的舉行，就是表示已具有參與"大事"的大志了。當時貴族的"冠"，既代表着他們身份和特權，又代表着他們參與"大事"的大志，因此十分重視，直到死，還是要戴着，不能"免冠"。《左傳》哀公十五年記載：衛國發生内亂，"下石乞

[①] 許地山《禮俗與民生》："歐洲的脱帽禮原是武士入到人家，把頭盔脱下，表示解除武裝，不傷害人的意思。"（《國粹與國學》九七頁）這和我國古代將士"見客免胄"的原由相同。

孟黶敵子路,以戈擊之,斷纓,子路曰:君子死,冠不免。結纓而死"。

在西周金文中,我們常見周天子把服飾車馬等賞賜給大臣,其用途不外乎"用事"、"用獸(狩)"、"用政(征)"、"用歲",例如:

  易(錫)女(汝)玄衣黹屯(純)、赤巿(韍)、朱黃(珩)、䜌旂、攸勒,用事(《頌鼎》)。

  易(錫)女(汝)鬯一卣、冂(冕)衣巿(韍)舄、車馬,易(錫)乃且(祖)南公旂,用遒(狩)(《大盂鼎》)。

  易(錫)女(汝)䎽鬯一卣、祼圭瓚(瓚)寶、朱巿(韍)、悤黃(珩)、玉環、……,易(錫)女(汝)兹(兹)关(贈),用歲用政(征)(《毛公鼎》)。

周天子在對臣屬下令的時候,賜給許多服飾車馬,不僅是表示恩寵,更重要的是表示具體地授予了特權和任務。所謂"用事"是指所擔任的職官的任務,所謂"用歲"是指周年祭典,所謂"用政(征)"是指出征,所謂"用獸(狩)"是指狩獵,古人是用狩獵作爲軍事訓練的。所謂"因蒐狩以習用武事,禮之大者也"(《穀梁傳》昭公八年)。當時周天子賞賜服飾的用途,不外乎"用事"、"用歲"、"用征"、"用狩",同樣因爲"國之大事,惟祀與戎"。當"冠禮"舉行時,由賓客三次加冠弁,當然不同於周天子賜予服飾,但是,其實際意義,也是代表貴族具體地表示授予特權和任務。

四 結 語

按照易洛魁族的氏族制度,通過"成丁禮"的儀式,給予成員的權利和義務共有下列十點:(一)選舉世襲酋長及普通酋長的權利。(二)罷免世襲酋長及普通酋長的權利。(三)遵守在氏族內禁止婚姻的義務。(四)氏族成員死亡者遺產繼承之相互的權利。(五)援助、防衛及復仇之相互的義務。(六)對於氏族成員命名的權利。(七)收養外人爲氏族成員的權利。(八)有權參加宗教上的共同儀典。(九)有權葬於氏族公共墓地。(十)有權參與氏族會議。由於有了"這些功能與職權,對於氏族組織予以活力和個性,並且保障了氏族人員的個人權利"(莫爾根《古代社會》中譯本七十三——七十四頁)。我們根據前面三段的論述,可知周族在氏族制時期舉行"成丁禮"時,給予成員的權利和義務是和易洛魁族差不多的。易洛魁族是通過對成員命名的方式,來授予氏族的權利和義務的;

而周族除了通過對成員命名方式以外，更通過加冠的方式，來授予氏族的權利和義務的。

西周貴族所應用的"冠禮"，雖然其儀式和習慣是由氏族制時期的"成丁禮"變化而來，但是由於貴族、私有制和國家的產生，"冠禮"已成爲鞏固貴族組織和保障貴族成員特權的手段。所以當時"庶人"一般是不舉行"冠禮"的①。貴族通過"冠禮"給予成員的特權和義務，根據上面的論述，主要的有下列六點：

（一）開始享有貴族成員參與各種政治活動和各種禮儀的權利。按禮，國君與卿大夫行"冠禮"後，才可親理政務。

（二）開始享有貴族成員統治人民的特權。

（三）經過"結髮"和加冠笄等後，可以男婚女嫁，負起傳宗接代的責任，但須遵守"同姓不婚"的古禮。成年婦女應服從夫權，並作夫家的成員，故其"字"應在許嫁時題取。

（四）取得宗法制度所規定的繼承權。嫡長子與庶子所取得的繼承權利不同，嫡長子在東序舉行加冠儀式，即表示具備了繼承"宗子"的資格。

（五）開始有服兵役的義務，負有保護本貴族特權的責任。

（六）取得了參加本族共同祭祀的權利。

這些權利和義務的給予，具體表現在成年名字和三種冠弁服飾的授予上。西周、春秋時貴族舉行"冠禮"，這樣的給予貴族成員特權和義務，很明顯，其目的是爲了鞏固貴族組織，維護宗法制度，保護貴族利益。所以，這種禮必須在宗廟中隆重舉行，《禮記·冠義》說："是故古者重冠，重冠故行之於廟……所以自卑而尊先祖也。"②

《中華文史論叢》第一輯，今略加修訂

---

① 《禮記·文王世子》說："五廟之孫，祖廟未毀，雖爲庶人，冠取妻必告。"這裏所說的"庶人"，是指由貴族下降而爲"庶人"的，還保持有傳統的"冠禮"，並不是說當時"庶人"亦有冠禮。

② 春秋時諸侯行冠禮，不但必須於祖廟舉行，還要舉行隆重的饗禮，用鐘磬之樂。《左傳》襄公九年記季武子說："君冠，必以祼享之禮行之，以金石之樂節之，以先君之祧處之。"

"大蒐禮"新探

當西周、春秋時代,許多經濟、政治、軍事上的重要措施和制度,往往貫串在各種"禮"的舉行中。因此要深入探究當時的社會制度,就非要對各種"禮"作一番探索不可。當時的"大蒐禮",具有軍事檢閱、軍事演習和軍事部署的性質,李亞農同志著有《大蒐解》一文(《學術月刊》1957年1月號),已作詳細解説。這種"禮"既然具有這樣的軍事性質,當然是當時很重要的一種"禮",可惜《儀禮》中沒有這種禮儀的詳細記載足供研究。但是,我們把古文獻中有關資料搜集起來,也還能對其起源、演變和性質、作用等各方面,作進一步的探索。這種探索將有助於我們對古代社會的深入瞭解。

一 "大蒐禮"原爲借用田獵來進行的軍事檢閱和軍事演習

先從"大蒐禮"的具體禮節談起。我們從《周禮·大司馬》、《穀梁傳》昭公八年記載和《詩·小雅·車攻》的《毛傳》中,可以看到這種"禮"的具體禮節。

《周禮·大司馬》所載"大蒐禮",是按四季分述的,每季又分前後兩個部分,前半部是教練和檢閱之禮,後半部是借用田獵演習之禮。據説,仲春的教練之禮叫"振旅",由"司馬以旗致民",着重於"辨鼓鐸鐲鐃之用","以教坐作進退疾徐疏數之節";仲春的借用田獵演習之禮叫"蒐田",要"表貉"(立表而祭祀)、"誓民",然後鳴鼓用火圍攻。仲夏的教練之禮叫"教茇舍"(軍舍),着重於夜間訓練,由羣吏選數車徒,着重於"辨名號之用","以辨軍之夜事";仲夏的借用田獵演習之禮叫"苗田",用車圍攻。仲秋的教練之禮叫"教治兵",着重於"辨旗物之用";仲秋的借用田獵演習之禮叫"獮田",用羅網獵取。仲冬的教練之禮叫"教大閲",車徒有比較完備的訓練;仲冬的借用田獵演習之禮叫"狩田",有比較完備的圍獵方式。《周禮》這部分記載,雖然不免有勉強湊合、整齊劃一的地方,也還能具體反映"大蒐禮"的真實情況。

根據《周禮·大司馬》仲冬"教大閱"一節,可見"大蒐禮"前半部教練之禮(即"閱兵式")大體如下:

(1) 建築教場,樹立標木:在場一邊樹立標木四根,叫做"表",以便校正軍隊行列和指揮其行動。

(2) 建旗集合,排列陣勢:由司馬建旗於後"表",作爲集合信號,由羣吏率領所屬集合。到"質明"(鷄鳴後、食時前)時,把旗收下,檢點人員,排列陣勢,全體坐下。

(3) 陣前誓師:由羣吏在陣前聽誓。宣誓前要斬牲。宣誓大意是:"不用命者斬之。"

(4) 教練進退和作戰:由中軍元帥擊鼙(小鼓)指揮。元帥擊鼙,鼓人就擊鼓三次,司馬就振鐸,羣吏就舉旗,於是"軍徒皆作(起)"。等到鼙鼓打着"行"的音節,就鳴鐲,於是"車徒皆行",從末一根"表"前行到第二"表"爲止。再經鼓人三鼓、司馬振鐸、羣吏下旗,於是"車徒皆坐"。接着又由鼓人三鼓、司馬振鐸、羣吏舉旗,"車徒皆作"。等到鼙鼓打着"進"的音節,就鳴鐲,於是"車驟徒趨",這比"車徒皆行"要快些,從第二"表"前進到第三"表"爲止。隨後又如前一樣"車徒皆坐",接着又如前一樣"車徒皆作"。等到鼙鼓打着"馳"的音節,於是"車馳徒走","走"是"奔"的意思,《釋名·釋姿容》說:"疾趨曰走",也即《左傳》宣公十二年所謂"車馳卒奔",這比"車驟徒趨"又要快些,從第三"表"向前馳奔到最前"表"爲止。這樣,就象徵地到了最前線,於是鼓發出"戒"的信號三通,車上甲士就拉弓發矢三次,步卒用戈矛刺擊三次,所謂"鼓戒三闋,車三發,徒三刺",這樣操練才算完畢。隨後,鼓打着"退"的音節,鳴鐃,車徒逐步退却,退到末一根"表"爲止。從這裏,使我們不但具體地看到當時車從的操練情形,也還具體地可以看到車戰時指揮進退和作戰的情況。這都可以補史書記載的不足。

至於"大蒐禮"後半部借用田獵演習的情況,根據《周禮》、《穀梁傳》和《毛傳》,大體如下:

(1) 建築圍獵場所:在獵場周圍建造有柵欄,作爲圍牆,叫做"防"。《穀梁傳》說:"艾蘭以爲防。""艾"當讀爲"刈","蘭"當讀爲"闌"或"欄",即斬割木條編成柵欄作爲圍牆的意思。《毛傳》所說"大芟草以爲防",《穀梁傳》舊注把"蘭"解釋爲"香草",都是錯誤的。鄂溫克人在一百多年前還採用造柵欄來圍獵的方法。漢代天子"校獵",也還"以木相貫穿,總爲闌校,遮止禽獸而獵取之"(《漢書·司馬相如傳》顏注)。

(2) 建置軍舍和軍門：軍舍係臨時拔除野草後建置，《周禮》稱爲"茇舍"，也即《左傳》僖公十五年的"拔舍"（杜注："拔草舍止"）。這種軍舍當是帳篷，即《周禮·幕人》所謂"凡田役，共其帷幕幄帟綬"，《周禮·掌次》所謂"師田則張幕"，亦即《左傳》昭公十三年所説"幄幕"（杜注："幄幕，軍旅之帳"）。在軍舍周圍建有壁壘，叫做"和"。在"和"的東西兩面用旗竿作爲門柱，設有左右二個軍門，《周禮》所謂"以旌爲左右和之門"，《穀梁傳》所謂"置旃以爲轅門"，《毛傳》所謂"褐纏旃以爲門"。

(3) 依次出軍門，分列左右，排列成陣：陣勢排列時，由有司端正其出入行列，由羣吏執旗率領所屬，劃分區域而屯駐，每支以車徒分別爲前後二屯。在較險的荒野以步兵爲主，徒居前，車居後；在平易的荒野以車爲主，車居前，徒居後。

(4) 獵場周圍設置驅逐之車：目的在驅逐禽獸，使便於圍獵，不逃出"防"外①。

(5) 陣前立"表"祭祀，並誓師：立"表"祭祀叫"表貉"。"誓"中具體發布禁令，具有法律的性質。《禮記·月令》季秋之月説："天子乃教於田獵，以習五戎，……司徒搢扑，北面誓之。"誓師時司徒要在腰中插扑，扑就是處罰的刑具②。

(6) 進軍狩獵：由中軍元帥擊鼙，鼓人三鼓，司馬振鐸，於是"車徒皆作"。等到鼓打着"行"的音節，"車從皆行"。隨後，車徒前進，射擊禽獸。按規定，追逐野獸不能出"防"，《穀梁傳》所謂"過防弗逐，不從奔"，《毛傳》所謂"田不出防，不逐奔"③。發射時應按等級爲次序，《毛傳》所謂"天子發然後諸侯發，諸侯發然後大夫士發"。否則將被認爲失禮。按禮，射殺禽獸還應射中一定部位，要不傷面部，不碰壞毛，完整地擒住。《穀梁傳》所謂"面傷不獻，踐（剪）毛不獻，不成禽（擒）不獻"。《毛傳》還把射殺的方法分爲上中下三等：從左膘（小腹左邊肉）射到右腢（右肩前的骨），中心對穿，死得快而鮮潔，這是"上殺"；如果從右膘射到右耳下根，沒有射中心，這是"中殺"；如果從右髀射到右䯗，中了腸胃，有污泡流出，這是"下殺"。

(7) 凱旋：凱旋時，擊鼓奏"馻"樂，車徒都歡呼。所謂"鼓皆馻，車徒皆噪"。

---

① 《周禮·田僕》也説："掌馭田路，以田以鄙，掌佐軍之政，設驅逆之車，令獲者植旌。"
② 《周禮·鄉師》也説："凡四時之田……治其政令刑禁，巡其前後之屯，而戮其犯命者，斷其爭禽之獄。"
③ 《説苑·修文》篇也説："百姓皆出，不失其馳，不抵禽，不詭遇，逐不出防，此苗、獮、蒐、狩之義也。"

"駴"本亦作"駭"(《經典釋文》),當即"陔","陔"亦稱"陔夏"、"祴夏"(《儀禮》鄭注),"陔夏"原爲用鼓或鐘鼓節奏的樂調,《儀禮·鄉射禮》鄭注說:"陔夏者,天子諸侯以鐘鼓,大夫士鼓而已。"這種樂調的特點是聲響而短促,又連續不斷,以表示歡樂。所以《周禮》鄭注說:"疾雷擊鼓曰駴。"

(8)獻禽:如同戰勝後獻俘一樣。《周禮》說:"大獸公之,小禽私之,獲者取左耳。""取左耳"也和戰爭時取"馘"相同。"馘"字從"首",或從"耳",《說文》說:"軍戰斷耳也。"《大雅·皇矣》《毛傳》又說:"馘,獲也。不服者殺而獻其左耳。"《周禮》說仲春"獻禽以祭社(社神)",仲春"獻禽以享礿(宗廟的夏祭)",仲秋"獻禽以祀祊(四方之神)",仲冬"獻禽以享烝(宗廟的冬祭)",這和戰勝後獻俘於社和宗廟是相同的。

(9)慶賞和處罰:《左傳》僖公二十八年載晉軍在城濮之戰後,有獻俘、授馘之禮,還有"飲至、大賞、徵會、討貳"。"大蒐禮"除了有獻禽和獻左耳之禮外,同樣有酒會、賞賜、處罰等節目。《左傳》隱公五年:"三年而治兵,入而振旅,歸而飲至",杜注:"飲於廟以數車徒器械及所獲也。"足見"大蒐禮"同樣有"飲至"之禮。"大蒐禮"也必須用軍法處罰違法者①。

這種借用田獵來進行軍事演習的"大蒐禮",至少到春秋時代,還有如此舉行的。因爲這樣以車戰爲主的戰爭方式,到戰國時代已經沒有了。從這裏,使我們不但具體地看到當時借用田獵來進行軍事演習的情形,也還可以推想到當時戰爭前排列陣勢、誓師等情況,以及凱旋後獻禽、慶賞等情況。

《周禮》把春、夏、秋、冬四季的"大蒐禮",分別稱爲"蒐田"、"苗田"、"獮田"、"狩田",是有根據的。《爾雅·釋天》也說:"春獵爲蒐,夏獵爲苗,秋獵爲獮,冬獵爲狩。"《左傳》隱公五年載臧僖伯說:"春蒐,夏苗,秋獮,冬狩,皆於農隙以講事也。"所謂"講事","講"的是軍事。《國語·齊語》也說:"春以蒐(一作獀)振旅,秋以獮治兵。"《國語·周語上》載仲山父又說:"王治農於籍,蒐於農隙,耨穫亦於籍,獮於既烝,狩於畢時,是皆習民數也。""獮於既烝",是說"獮"在秋季新穀登場之後舉行;"狩於畢時",是說"狩"在冬季農務完畢之後舉行;同樣把"獮"作爲秋季田獵的名稱,"狩"作爲冬季田獵的名稱。只是《公羊傳》和《穀梁傳》上存有異說。《公羊傳》桓公四年說:"春曰苗,秋曰蒐,冬曰狩。"而《穀梁傳》桓公四年又

---

① 《隋書·禮儀志》載:"梁陳時依宋元嘉二十五年蒐宣武場……獵訖宴會享勞,比校多少,戮一人以懲亂法。"是沿襲古制的。

説:"春曰田,夏曰苗,秋曰蒐,冬曰狩。"看來,當《公羊傳》和《穀梁傳》在漢初寫定時,對四季田獵的名稱已不很清楚了。

蒐、苗、獮、狩等四季田獵名稱的得名,據説是由於田獵方式的不同。據《周禮·大司馬》的叙述,仲春"蒐田"用火,仲夏"苗田"用車,仲秋"獮田"用網,仲冬"狩田"用車徒列陣圍獵。《説苑·修文》篇曾解釋説:

> 苗者毛也取之,春蒐者不殺小麛及孕重者,冬狩皆取之。
> 苗者毛也取之,蒐者搜索之,狩者守留之。

關於"苗",除了這裏用"毛也取之"解説外,還有用"爲苗除害"解説的(《左傳》杜注、《爾雅》郭注、《穀梁傳》范注)。關於"獮",多數注釋家都按《爾雅·釋詁》用"殺"來解説,如《周禮·大司馬》鄭注説:"獮,殺也。……秋田主用罔(網),中殺者多也。"至於"蒐",或作"搜",如《淮南子·泰族》篇説:"時搜振旅,以習用兵也。"《漢書·刑法志》也説:"春振旅以搜。""蒐"與"搜",並聲近義同。《白虎通》解釋説:"秋謂之蒐何?搜索肥者也。"(《左傳》隱公五年《正義》引)至於"狩",古與"獸"通用,《爾雅·釋天》説:"火田爲狩",許多注釋家都用圍獵來解説,很對。如《國語·周語上》韋注説:"冬田曰狩,圍守而取之。"《左傳》隱公五年杜注也説:"狩,圍守也,冬物畢成,獲而取之,無所擇也。"

這樣的把蒐、苗、獮、狩作爲四季不同的狩獵名稱,同時又作爲不同方式的狩獵名稱,是有根據的。原始部落以狩獵作爲其生產手段的時候,大規模的集體狩獵是按季節來進行。他們按照長期累積的經驗,適應當時各個季節野獸生長和活動的規律,分別安排不同的狩獵地區、狩獵對象和採取不同的狩獵方式。例如居住在大、小興安嶺一帶的鄂溫克族和鄂倫春族,把二月、三月的春季稱爲"打鹿胎期",五月至七月的夏季稱爲"打鹿茸期",九月到落雪的秋季稱爲"鹿圍期",落雪以後的冬季稱爲"打皮子期"或"打灰鼠期"①。從他們把春天作爲"打鹿胎期"看來,"春蒐"原來也該是搜索獸胎的,所謂"春蒐者不殺小麛及孕重者",當是後來改進的辦法。

"蒐"和"狩"一樣,原來都是一種田獵的名稱,後來所以會成爲軍事訓練和演

---

① 吕振羽:《史前期中國社會研究》補編之一《我國若干少數民族的原始公社制或其殘餘》、秋浦:《鄂溫克人的原始社會形態》第二章第一節。

習的名稱,因爲我國古代早期的軍事訓練和演習,就是借用田獵來進行的。《穀梁傳》昭公八年説:"因蒐狩以習用武事,禮之大者也。"《禮記·仲尼燕居》也説:"以之田獵有禮,故戎事閑也。"①

爲什麽軍事訓練和演習可以借用田獵來舉行呢? 戰争最初出現於原始公社制瓦解時期,所用武器就是狩獵工具,戰争方式也和集體圍獵相同。等到國家産生,軍隊成爲國家統治工具,進攻成爲掠奪手段,軍隊組織有進一步加强,戰争方式有進一步發展,但在很長一個時期内,戰争武器還和田獵工具相同,戰争方式還和田獵方式相同。古時"田"字和"陳"字同音通用,如齊國的陳氏或作田氏,《小雅·信南山》:"維禹甸之",《韓詩》"甸"作"陳",《説文》説:"田,陳也。""田"的原義是田獵,其所以會和"陳"音同通用,因爲出於同一語源,原先集體田獵是和戰争一樣要排列陣勢的。這到春秋時代還是如此,《左傳》文公十年載宋、鄭兩國君追隨楚王"田孟諸"的情况,"宋公爲右盂,鄭伯爲左盂"。杜注:"盂,田獵陳名。"沈欽韓説:"盂取迂曲之義,蓋圓陳也②。"不僅田獵和戰争用着同樣的裝備,同樣要排列陣勢,進攻時同樣要駕車追逐射擊,對目的物又同樣要采用搜捕方式,《鄭風·大叔於田》所描寫的,就是田獵中駕車追逐射擊和搜捕的情况。狩獵時如同戰争一樣,必須服從指揮,違命者要依軍法處罰。這到春秋時也還如此,《左傳》文公十年載:宋、鄭兩國君隨從楚王"田孟諸","期思公復遂爲右司馬,子朱及文子無畏爲左司馬,命夙駕載燧,宋公違命,無畏抶其僕以徇"。這時由楚國大臣當左右司馬來指揮田獵,因爲宋君違命,殺了宋君的僕人,爲了"當官而行",雖是國君也不能免罰。田獵時,把所要搜捕的目的物叫"醜",如《小雅·吉日》説:"田車既好,四牡孔阜,升彼大阜,從其羣醜";作戰時也把所要搜捕的敵人叫"醜",如《小雅·出車》和《小雅·采芑》在敍述戰争勝利和取得俘虜時,都説"執訊獲醜"。田獵時把擒獲鳥獸稱爲"禽"或"獲",戰争時也把擒獲敵人稱爲"禽"或"獲"。古時田獵和戰争方式基本相同,因此很自然的,會借用田獵來作爲進行軍事訓練和演習的手段,形成了"大蒐禮"。

在我國古代,"大蒐禮"最初舉行時,應該如古文獻所載,是按季節進行的。其中以冬季農隙時間舉行的規模較大,比較重要。類似的情况,我們從後世少數

---

① 《韓詩内傳》説:"春曰畋,夏曰搜,秋曰獼,冬曰狩。……夫田獵因以講道,習武簡兵也。"(《太平御覽》卷八三一引)《尚書大傳》也説:"戰鬥不可不習。教於蒐狩以閑之也。"(《儀禮·鄉射禮》鄭注引)蔡邕《月令章句》更説:"寄戎事之教於田獵,武事不空設,必有以誠,故寄教於田獵"(據輯本)。

② 《春秋左氏傳補注》卷四。

民族中還能看到。清朝在沒有入關之前,每年要舉行三四次大規模的狩獵,這種狩獵同樣具有軍事訓練和演習的性質。最常見的集體行獵時節是在冬季農隙的時間,春秋兩季也有,夏季較少,夏季中五月已少,六月則絶無。每次行獵時間,最常見的是十天左右,少則三四天,多則二十至三十天。他們行獵隊伍的組織也采用軍隊的編制,太祖時把部衆每三百個人立一牛録厄真管理,就是後來的佐領,爲八旗制度的基本單位。他們行獵的紀律也和行軍紀律一樣,違反紀律的也要按輕重處罰。入關以後這種禮俗逐漸衰替。康熙三十一年五月十九日《上諭》説:"圍獵以講武,必不可廢。亦不可無時,冬月行大圍,臘底行年圍,春夏則看馬之肥瘠酌量行圍。……所獲禽獸,均行分給。圍獵不整肅者照例懲治。"也還保存着原始禮俗的殘餘①。清朝這種借用行獵來進行軍事訓練的禮俗,和我國古代早期的"大蒐禮"是差不多的。

看來,季節性的"大蒐禮",西周時代還在舉行。前引《國語·周語上》仲山父的話:"蒐於農隙","獮於既烝,狩於畢時",可爲明證。《盂鼎》記述周王説:

易(錫)女(汝)鬯一卣、冂(冕)衣、市(韍)、舄、車(車)、馬。易(錫)乃且(祖)南公旂,用遷。

"遷"當讀爲"獸",也即"狩"。周王如此鄭重地把服裝、車馬,連同盂的祖父南公的旂,賞給盂,用於"狩"。這個"狩"一定不是一般的狩獵,而是具有軍事訓練性質的"大蒐禮"②。商器《宰甾簋》説:

王來獸,自豆彔(麓),才(在)褔餗(次),王鄉酉(酒),王姿(即"光",讀爲"貺")宰甾貝五朋。

這個"獸"也當讀爲"狩"。這裏既説:"王來狩",又説:"自豆麓,在褔餗(次)","餗(次)"是指軍隊駐防地,很明顯,這次商王"來狩",並非一般狩獵性質,是爲了校

---

① 詳鄭天挺:《滿洲入關前後幾種禮俗之變遷》,收入《清史探微》。
② 《左傳》昭公十五年載:"密須之鼓,與其大路,文所以大蒐也;闕鞏之甲,武所以克商也;唐叔受之,以處參虛,匡有戎狄。"周文王曾把攻滅密須時奪得的鼓和車,在"大蒐禮"中應用。當周成王分封唐叔時,把文王在大蒐禮上應用的鼓和車,武王在克商時應用的甲,授給唐叔,也是給唐叔用於大蒐和戰爭,用來對付戎狄的。

閱駐防在浹一帶的軍隊,也是舉行"大蒐禮"。"王鄉酉(酒)",是説在"大蒐禮"完畢後,舉行酒會,也就是舉行"鄉飲酒禮"。可知"大蒐禮"在商代已在舉行。

《左傳》定公四年述及成王分封康叔於衛的情況説:

> 取於有閻之土,以共王職;取於相土之東都,以會王之東蒐。

"王之東蒐",杜注:"王東巡守(狩)以助祭泰山。"孔疏:"王巡守者,諸侯爲王守土,天子以時出巡行之。今言蒐,則王之巡守,亦因田獵以教習兵士。"我們認爲"東蒐",即指王到東土舉行"大蒐禮",也就是"巡狩"。西周在衛國駐有八師軍隊,即《禹鼎》所説"工迺命西六自、殷八自"的"殷八自","殷八自"駐防在東土,是用來統治東土和征伐東夷的,如《詢簋》説:"敵東夷大反,伯懋父以殷八自征東夷。"西周在衛既然駐有八師重兵,那末"王之東蒐",顯然就是舉行具有軍事檢閲和演習性質的"大蒐禮"了。

每年按季節舉行的"大蒐禮"不知在何時取消的。到春秋時,已只有臨時舉行的"大蒐禮"了。春秋時臨時舉行的"大蒐禮",有的仍然借用田獵來進行的,《穀梁傳》昭公八年用"因蒐狩以習用武事"來解釋"秋蒐於紅",並且詳細敍述了"大蒐禮"中狩獵的禮節,應該是有根據的。《毛傳》所説"大蒐禮"中"諸侯發然後大夫士發"的禮節,在春秋時一般狩獵中也還有實行的。《左傳》成公十七年載:

> (晉)厲公田,與婦人先殺而飲酒,然後使大夫殺(杜注:"傳言厲公無道,先婦人而卿佐")。

這就是因爲晉厲公没有按照這種禮節,在"與婦人先殺"之後"使大夫殺",便被認爲"無道"了。同時,不借用田獵、純粹是軍事檢閲和演習的"大蒐禮"也已出現。春秋時又把"大蒐"稱爲"大閲"、"治兵",如《春秋》魯桓公六年載:八月壬午"大閲",《左傳》也説這年"秋大閲";《春秋》魯莊公八年又載:正月甲午"治兵"。也有把凱旋回來時的檢閲稱爲"振旅"的,如《左傳》隱公五年説:"三年而治兵,入而振旅。"《公羊傳》莊公八年也説:"出曰祠(治)兵,入曰振旅。"《國語·晉語六》又説:"邲之戰,三軍不振旅。"韋注:"師敗軍散,故不能振旅而入。"這種稱爲"大閲"、"治兵"、"振旅"的檢閲禮,就不必有借用田獵來演習的部分。《公羊傳》桓公六年説:"大閲者何? 簡車徒也。"同時有些稱爲"大蒐"的,也不必有借用田獵來演習的部分。《公羊傳》昭公八年也説:"蒐者何?簡車徒也。"《左傳》昭公十八年記載:子産爲了火災所主持的一次"大蒐簡兵",在鄭的國都舉行,因檢閱的"庭"(大蒐之場)小,拆除了子太叔所有宗廟北邊的牆,當"火之作也,子産授兵登陴"。這個在鄭的國都一個"庭"上舉行的"大蒐禮",顯然已與田獵無關,而是一種純粹的軍事檢閱了①。"大蒐禮"由借用田獵來進行,變爲純粹的軍事檢閱與演習,應該是一個重大的發展。上述《周禮》所載"大蒐禮"有前後兩部分,前半部屬於教練和檢閱性質,稱爲"振旅"、"治兵"、"大閱"等,大概春秋時代稱爲"大閱"、"治兵"和"大蒐簡兵"的,就是着重地舉行了前半部,而略去了後半的田獵部分。

根據上面的論述,關於"大蒐禮"的演變,可以歸結成下列三點:

(一)原來"大蒐禮"的具體禮節,除了檢閱軍隊以外,還借用田獵來進行軍事演習。因爲當時田獵方式與戰爭方式基本相同,很方便的可以借來訓練戰士。

(二)最初"大蒐禮"沿襲過去集體狩獵的習慣,按季節舉行,以冬季農隙時間舉行的較爲重要,春秋兩季也有,夏季較少。各個季節狩獵方式略有不同,有"蒐"、"苗"、"獮"、"狩"等稱謂。

(三)春秋時按季節舉行的"大蒐禮"已衰落,只有臨時爲了政治和軍事上的需要而舉行的。其中仍有借用田獵來舉行的,但已多不用田獵,成爲純粹的軍事檢閱和演習的性質。

二 "大蒐禮"具有"國人"(公民)大會的性質,是當時推行政策、加強統治、準備戰爭的重要手段

西周、春秋時代貴族所實行的"禮",是由父系家長制時期的"禮"轉變而來,是無可否認的事實,這點我在《冠禮新探》中已有所闡釋。"大蒐禮"的起源也當如此,它是從軍事民主制時期的武裝"人民大會"變化而來的。

軍事民主制時期,是原始社會末期、國家形成之前的一個社會發展階段。這

---

① 秦蕙田《五禮通考》卷二百四十《校閱》説:"講武之義,即寓於游田之内,故校閱即田獵,田獵即校閱,二者不可分也。然觀《月令》講武飾事之文,則其事亦有不爲田獵者。……至《春秋》一經所書,大閱、治兵之事尤多,蓋列國多故,臨戰而習武,以是爲權禮也。"秦氏認爲古時校閱"寓於田獵",是對的;又認爲古時校閱也有"不爲田獵"的,也是對的。但必須認識到:由"寓於田獵"到"不爲田獵",應是"大蒐禮"進一步發展的結果。黃以周《禮書通故》卷四十一《田禮通故》説:"後世尚武,簡閱既繁,不能不於田獵之外另行之。……古未有不田獵而徒講武者矣。春秋時列國兵爭,乃有不因田獵而治兵"。這個看法是正確的。同時還必須指出:古時貴族常有把田獵作爲娛樂而不爲"校閱"的,這類例子很多,詳《左傳》桓公六年《孔疏》。

时"军事首长、议事会及人民大会构成了由氏族制度中發展起來的軍事民主主義底各機關。所以稱爲軍事民主主義者,因爲戰爭及進行戰爭的組織現在成了人民生活底正常的職能了①。"在歐洲歷史上,荷馬時代的希臘、王政時代的羅馬以及古日耳曼人等,都屬於這個階段。"議事會"是當時常設的權力機關,最初由氏族的長老組成,後由氏族顯貴中選出的代表組成,能對一切公共事務和重大問題作出決定。"人民大會"是當時最高和最後的權力機關,由全體部落男的成員即全體戰士組成,因爲這時部落中每個成年男子已都是戰士。"人民大會"一般由"議事會"召開,有權用舉手或喊聲通過或否決"議事會"所作的決定;有權表決選舉軍事首長和高級公職人員,有權表決"議事會"制訂的法律並授予執法權,還有權對重要的刑事訴訟進行最後審判;更有權決定一切大事,包括討論本部落有關生產和生活以及保衛本部落的安全等問題,如對其他部落進行談判、宣布戰爭、任命使者和出征將帥等。這種武裝的"人民大會",就是當時作爲"人民生活底正常的職能"的"進行戰爭的組織",其組織是按照軍隊組織編制的,會議往往在廣場上舉行,在議決重大問題的同時,還具有軍事檢閱的性質。

等到國家成立,貴族掌握政權,過去的"軍事首長"就成爲國家元首,過去的"議事會"變成了貴族的元老院,過去的"人民大會"也變成了公民的"民衆大會",都成爲維護剝削階級利益的統治機構。以古代羅馬爲例,庫里亞大會(大氏族會)和森都里亞大會(百人團大會)都是這種"民衆大會"性質,他們原來都有權表決國家大事。森都里亞大會完全按照軍隊組織"百人團"編制的,百人團就是軍事、政治與納稅的單位,也是大會表決時投票的單位。森都里亞大會同時具有軍事檢閱性質,"在塞維阿·塔力阿之下第一次的檢閱,八萬公民兵都一律武裝起來集合於馬齊烏斯廣場,各個人均在自己的百人團"。② 後來有些國家的軍事檢閱和演習的制度,都是由過去軍事民主制時期的武裝"人民大會"變化出來的。例如法蘭克王國有所謂"三月校場",每年一次對民衆武裝進行檢閱,就是過去的武裝"人民大會"的殘餘形態。因爲常時組成法蘭克社會的基本公民仍是自由農民,他們仍然全是戰士,照老例,每年要到"三月校場"集合檢閱一次。

我國古代的"大蒐禮",具有軍事檢閱、軍事演習和軍事部署性質,同樣是由軍事民主制時期的武裝"人民大會"演變來的。我們從春秋時代的"大蒐禮",特

---

① 恩格斯:《家庭、私有制和國家的起源》,人民出版社1955年版,第158頁。
② 莫爾根:《古代社會》,三聯書店1957年版,第375頁。

別是晉國的"大蒐禮"中,還清楚地可以看到它起源於武裝"人民大會"的痕迹。

根據《左傳》記載,晉國在春秋時代共舉行"大蒐禮"四次,即魯僖公二十七年(晉文公三年)"蒐於被廬"、魯僖公三十一年(晉文公七年)"蒐於清原"、魯文公六年(晉襄公七年)"蒐於夷"和魯襄公十三年(晉悼公十三年)"蒐於綿上"。從晉國這四次"大蒐禮",結合其他國家的情況,可以明顯地看到"大蒐禮"具有下列五點功能:

(一)建置和變更軍制　魯僖公二十七年晉文公"蒐於被廬,作三軍",爲晉國創建了上、中、下"三軍"的編制。魯僖公三十一年"蒐於清原,作五軍以禦狄",在"三軍"之外又增加了"新上軍"和"新下軍"。魯文公六年晉襄公"蒐於夷,舍二軍",又取消了上下"新軍",恢復了"三軍"的編制。魯成公三年晉厲公爲了賞賜鞌之戰的功勞,"作六軍",在"三軍"之外,又增加了上、中、下"新軍"。魯襄公十三年晉悼公"蒐於綿上",因爲"新軍無帥","使其什吏率其卒乘官屬以從於下軍",把"新軍"實際上并到了"下軍"中。次年就正式"舍新軍",又恢復"三軍"的編制。此後直到春秋末年晉國軍制沒有改變。在晉國軍制的重大變革中,只有魯成公三年爲了賞賜戰功,臨時"作六軍",沒有經過"大蒐禮"。一般説來,晉國軍隊的重大建置和變更都是通過"大蒐禮"的。這是"大蒐禮"的主要功能之一。

(二)選定和任命將帥與執政　魯僖公二十七年被廬之蒐,在"作三軍"的同時,曾"謀元帥"。據《左傳》記載"謀元帥"時的情況:"趙衰曰:'郤縠可。……'乃使郤縠將中軍,郤溱佐之;使狐偃將上軍,讓於狐毛而佐之;命趙衰爲卿,讓於欒枝、先軫,使欒枝將下軍,先軫佐之"。到魯僖公三十一年清原之蒐,又使"趙衰爲卿"。值得我們注意的,就是在"大蒐禮"上,將帥選定的過程中,大夫們有彼此推讓的風氣,這是他處很難看到的。《國語·晉語四》對被廬之蒐和清原之蒐兩次選定將帥的情況,敍述得更詳細:

> 文公問元帥於趙衰,對曰:"郤縠可。……"公從之。公使趙衰爲卿,辭曰:"欒枝貞慎,先軫有謀,胥臣多聞,皆可以爲輔佐,臣弗若也。"乃使欒枝將下軍,先軫佐之。取五鹿,先軫之謀也,郤縠卒,使先軫代之,胥臣佐下軍。公使原季(趙衰)爲卿,辭曰:"夫三德者,偃之出也,……"使狐偃爲卿,辭曰:"毛之智賢於臣,其齒又長,……"乃使狐毛將上軍,狐偃佐之。狐毛卒,使趙衰代之,辭曰:"城濮之戰,先且居之佐軍也善。……"乃使先且居將上軍。……以趙衰之故,蒐於清原,作五軍,使趙衰將新上軍,箕鄭佐之,胥嬰

將新下軍,先都佐之。子犯卒……乃使趙衰佐新上軍。

這裏詳細敍述了晉國大夫在"大蒐禮"的選定將帥過程中相互推讓的情況,其中以趙衰最爲突出,曾多次的推讓。晉文公因爲趙衰多次推讓,特爲舉行清原之蒐來加以提拔。爲什麼晉文公不下令提拔趙衰,必須要在"大蒐禮"上提拔呢?因爲按禮,選定和任命將帥是必須經過"大蒐禮"的。《左傳》記載魯襄公十三年晉悼公"蒐於綿上以治兵",大夫們也多推讓:

使士匄將中軍,辭曰:"伯游長……請從伯游。"荀偃將中軍,士匄佐之。使韓起將上軍,辭以趙武,又使欒黶,辭曰:"臣不如韓起,韓起願上趙武,君其聽之。"使趙武將上軍,韓起佐之;欒黶將下軍,魏絳佐之。新軍無帥,晉侯難其人,使其什吏率其卒乘官屬以從下軍。禮也。晉國之民是以大和。

綿上之蒐,晉國大夫在任命將帥時,都如此相互推讓,最後《左傳》稱贊説:"禮也。晉國之民是以大和。"看來,在"大蒐禮"中任命將帥時,大夫間相互推讓,是"禮"所當然的,而且推讓的結果可以使民衆"大和"。特別值得我們注意的,綿上之蒐所選定的將帥次序,曾長期爲晉國貴族所尊重。在荀偃去世後,由士匄、趙武、韓起以次出任中軍元帥,因爲欒黶、魏絳先死,欒黶之子欒盈又被范氏驅逐,後由魏絳之子魏舒代韓起爲中軍之將。

再從《左傳》記載魯文公六年夷之蒐的情況來看,在"大蒐禮"中選定將帥時,太傅和太師是有較大的推薦權力的。《左傳》魯文公六年載:

蒐于夷,舍二軍,使狐射姑將中軍,趙盾佐之。陽處父至自溫,改蒐于董,易中軍。陽子(陽處父),成季(趙衰)之屬(屬大夫)也,故黨於趙氏,且謂趙盾能,曰:使能,國之利也。是以上之。宣子(趙盾)於是乎始爲國政……

陽處父當時任太傅之職,太傅原爲國君的師傅,具有元老的性質,其政治地位較高,故能在推選將帥過程中起着重要的作用。

這種"大蒐禮"中具有選定和任命將帥的功能,所選定的將帥名次還長期爲貴族所尊重,應是自古保留下來的遺風。在"大蒐禮"的選定將帥過程中,卿大夫間彼此推讓,屬於元老性質的太傅有較大的推薦權力,也該是自古保留下來的遺風,決不是偶然的。春秋時代貴族的軍權和政權是合一的,軍隊中的將帥就是政府中的執政,這時"大蒐禮"中對將帥的選定,也就是對執政的選定;卿大夫間對將、帥的推讓,也就是對執政的推讓。

(三)制定和頒布法律　春秋時晉國時常通過"大蒐禮"制定和頒布法律。魯僖公二十七年"蒐于被廬",就制定和頒布了"被廬之法";魯文公六年"蒐于夷",又制定和頒布了"夷之法";後來執政范宣子就根據"夷之法"來著作《刑書》,更後來趙鞅、荀寅等又把《刑書》鑄在鐵鼎上公布。《左傳》昭公二十九年載:

> 晉趙鞅、荀寅帥師城汝濱,遂賦晉國一鼓鐵,以鑄刑鼎,著范宣子所爲《刑書》焉。仲尼曰:"……貴賤不愆,所謂度也。文公是以作執秩之官,爲被廬之法,以爲盟主。今棄是度也,而爲刑鼎。……且夫宣子之刑,夷之蒐也,晉國之亂制也。若之何以爲法?"

晉國在"夷之蒐"頒布的法律,可以用作《刑書》,鑄在鐵鼎上作爲成文法公布,可知"大蒐禮"中所制定和頒布的法,不限於戰爭時所用的軍法,也包括經常統治用的法律。《左傳》昭公六年載:鄭人鑄刑書,叔向給子産的信説:"昔先王議事以制,不爲刑辟",杜注:"臨事制刑,不豫設法也。"古時采用"臨事制刑"的辦法,所謂"事",主要是指軍事,因此每當"大蒐禮"舉行時,常有臨事制定的刑法頒布。後來由於統治上的需要,要求進一步制定"常法","大蒐禮"就成爲制定和頒布"常法"的所在。《左傳》文公六年載:"改蒐於董,……宣子(趙盾)於是乎始爲國政,制事典,正法罪,辟刑獄,董逋逃,由質要,治舊洿,本秩禮,續常職,出滯淹。既成,以授大傅陽子(陽處父)與大師賈陀,使行諸晉國,以爲常法。"在春秋時代,貴族的軍權與政權是合一的,晉國的中軍元帥就是執政,他臨時制定的軍法就是統治用的"常法"①。

(四)對違法者處刑　《左傳》文公六年載:"夷之蒐,賈季戮臾駢。"賈季即狐射姑,在"夷之蒐"時任中軍元帥,掌握賞罰之權,大概臾駢有違反軍令行爲,其部下有被狐射姑處刑的。《左傳》僖公二十七年載:

> 楚子將圍宋,使子文治兵於睽,終朝而畢,不戮一人。子玉復治兵於蒍,

---

① 吕祖謙曾看到這點。《東萊吕太史春秋左傳類編》在"兵制"部分説:"晉常以春蒐禮改政令。"

終日而畢,鞭七人,貫三人耳。

這裏所説的"鞭"和"貫耳",都是"治兵"禮中因違反軍令而受到的軍刑。可知楚國"治兵"禮的情況,大體上和晉國"大蒐禮"差不多的。

（五）救濟貧窮和選拔人才及處理重大問題 "大蒐禮"也稱爲"簡兵"。《左傳》魯昭公十四年載楚國"簡兵"的情況説：

> 楚子使然丹簡上國之兵於宗丘,且撫其民,分貧振窮,長孤幼,養老疾,收介特（單身民）,救災患,宥孤寡,赦罪戾,詰姦慝,舉淹滯,禮新敘舊,祿勳合親,任良物官。使屈罷簡東國之兵於召陵,亦如之。好於邊疆,息民五年,而後用師,禮也。

楚平王在這年派出然丹、屈罷,分別到上國和東國舉行"簡兵"禮,在"簡兵"禮上進行了許多"撫其民"的工作,包括救濟貧窮,撫養孤幼老病,收養單身民,救濟災難,寬宥孤寡的賦稅,赦免罪犯,詰究奸細,選拔埋没的人才,尊敬外人新來者,進敘舊人未用者,施祿於有功勳者,使親族和合,按照才能任予官職。幾乎把所有關於"國人"間重大的問題,都放在這個"簡兵禮"上處理了。《周禮·大宗伯》説：

> 以軍禮同邦國：大師之禮,用衆也；大均之禮,恤衆也；大田之禮,簡衆也；大役之禮,任衆也；大封之禮,合衆也。

這裏把"軍禮"分爲"大師之禮"、"大均之禮"、"大田之禮"、"大役之禮"和"大封之禮"五種,其實,這五種禮並不是分別舉行的。"大田之禮"就是"大蒐禮","大蒐禮"的舉行,有時爲了出師"用衆",就是"大師之禮"；有時就是爲了"恤衆",就是"大均之禮",也就是《左傳》所説："撫其民,分貧振窮,……"云云。

"大蒐禮"既然是軍事檢閱和演習的"禮",爲什麽會具有這樣多的功能呢？爲什麽建置和變更軍制,選定和任命將帥,制定和頒布法律,對違法者處刑,救濟貧窮和選拔人才以及處理重大問題,都要在這種"禮"上辦呢？因爲"大蒐禮"就是由軍事民主制時期的武裝"人民大會"變化而來,就帶有"民衆大會"性質。軍事民主制時期的武裝"人民大會",是個軍事民主機關,羣衆有表決選舉軍事首長和高級公職人員之權,有通過法律之權,有最後審判之權,有決定一切生産和生活上大事之權。等到國家成立,軍權和政權掌握於貴族之手,武裝"人民大會"轉變而爲"大蒐禮",所有戰士雖然已經沒有上述這些大事的表決權,但是也還按照老習慣,在"大蒐禮"上公布這些大事。而且貴族内部還多少保存有一些殘餘的"軍事民主"風氣,當選定將帥和執政時,貴族間有彼此推讓之風。

參與這種"大蒐禮"的戰士,除了貴族以外,主要是"國人"(國家公民),"國人"是當時軍隊的主力,例如齊國在齊桓公時,其三軍即由"國"中十五個"士鄉"的壯丁編制而成①。因爲"國人"是當時軍隊的主力,是貴族政治和軍事上的支柱,在歷史事變中常起重要作用。春秋時各國國君和卿大夫的立和廢,"國人"往往起着決定性作用;在各國卿大夫的內訌中,誰勝誰負也往往由"國人"的向背而決定。我國古代的"國人",雖然沒有像希臘、羅馬那樣比較經常的"民衆大會",有權投票表決國家大事,但是遇到國家有危難,國君要改立等大事,常有召集"國人"來徵詢意見而作出決定的,即《周禮·小司寇》所謂"詢國危"、"詢國遷"、"詢立君"②。所謂"大蒐禮",實質上就是帶有"國人"大會的性質的。貴族所以要把建置和變更軍制、選定將帥和執政、制定法律等大事在這裏公布,無非表示對"國人"的重視,並有要求大家公認的目的。《左傳》僖公二十七年載:

> 晉侯(晉文公)始入而教其民二年,欲用之……子犯曰:"民未知禮,未生其共。"於是乎大蒐以示之禮,作執秩以正其官,民聽不惑而後用之。

《國語·晉語四》也説:子犯"對曰:'民未知禮,盍大蒐備師尚禮以示之?'乃大蒐於被廬,作三軍"。據此,晉文公所以要在被廬行"大蒐禮",是因爲"民未知禮,未生其共",目的就在於使民"知禮"而"生其共",也就是説,要通過這種禮的舉行,使大家懂得這種禮節而產生共同的認識。"大蒐禮"上所以要公布變更軍制、選定將帥和執政、制定法律等大事,就是爲了使大家對軍隊的組織、領導和有關法制取得一致認識,以便統一指揮和行動。《左傳》襄公十三年杜注説:"爲將命軍帥也,必蒐而命之,所以與衆共。"也是説:在這禮上選定和任命將帥,是爲了向羣衆公布,讓羣衆公認。在這禮上有時要做救濟貧窮和選拔人才等工作,又無非是爲了團結"國人",防止"國人"没落下去,以加強這個貴族政治和軍事上的

---

① 見《國語·齊語》。
② 參見拙作《試論西周春秋間鄉遂制度和社會結構》第二節,已收入本集。

支柱。

　　古代羅馬把"民衆大會"的決議稱爲"法律",我國古代雖然沒有見到這種情況,但是最初的法律,也是在具有"國人"大會性質的"大蒐禮"上公布的,而且就以舉行"大蒐禮"的所在地命名,如稱爲"被廬之法"、"夷之法"等。我國最早公布的一種成文法——晉國范宣子所爲《刑書》,就是根據"夷之蒐"所公布的"夷之法"的。

　　"大蒐禮"既然具有政治和軍事上的"大會"性質,所以西周時天子舉行"大蒐禮",又常召集諸侯會盟。《左傳》昭公四年載:"周武有孟津之誓,成有岐陽之蒐,康有酆宮之朝,穆有塗山之會。"周成王這個"岐陽之蒐",就曾召集諸侯會盟,《國語·晉語八》載:"昔成王盟諸侯於岐陽,楚爲荆蠻,置茅蕝,設望表,與鮮卑守燎,故不與盟。"該就指"岐陽之蒐"這會盟事。到春秋時,霸主也有借"大蒐禮"來召集諸侯會盟的。如《左傳》文公十七年載:"晉侯蒐于黃父,遂復合諸侯于扈,平宋也。"

　　前節我們談到,早期的"大蒐禮"是借用田獵來進行軍事檢閱和軍事演習的。爲什麽由軍事民主時期武裝"人民大會"變來的"大蒐禮",會借用田獵來進行軍事檢閱和演習呢?看來,我國遠古的軍事民主時期的武裝"人民大會",如同其他民族一樣,既具有"人民大會"的性質,具有表決通過一切重大問題的政治權力,同時也有集合進行軍事訓練的性質,而這種軍事訓練就是借用當時尚流行的狩獵來進行的。因而到國家產生以後,武裝"人民大會"轉變成爲"大蒐禮",既具有借用田獵來進行軍事演習的性質,也還保存有武裝"人民大會"的殘餘形態。

　　"大蒐禮"就其本身禮節來看,即所謂閱兵式和軍事演習,其具有練習戰爭的作用,是很顯然的。"大蒐"也或稱爲"治兵"、"振旅"、"大閱"等,《公羊傳》和《穀梁傳》在莊公八年,解釋"治兵"和"振旅",都説是"習戰也"。其具有檢閱軍事實力的作用,也是很顯然的。《左傳》和《公羊傳》在桓公六年,解釋"大閱",都説是"簡車徒也"。其具有耀武揚威的作用,又是很顯然的。《左傳》襄公二十四年載:

　　　　齊侯既伐晉而懼,將欲見楚子,楚子使薳啓強如齊聘,且請期,齊社蒐軍實,使客觀之。

所謂"社蒐軍實",就是在社神面前舉行"大蒐禮",以檢閱軍事實力。所謂"使客觀之",就是使楚國使者參與閱兵式,以誇耀其軍事力量。

在戰爭前後，舉行"大蒐禮"，就具有軍事部署和整頓部隊的性質，因此戰爭中常有所謂"蒐乘補卒"或"簡兵蒐乘"，如《左傳》成公十六年載：鄢陵之戰，苗賁皇曾説："蒐乘補卒，秣馬利兵，修陳固列，蓐食申禱，明日再戰。"襄公二十六年晉楚之戰，也有"簡兵蒐乘，秣馬蓐食"的記載。哀公十一年又有魯國武叔"退而蒐乘"，決心對齊抗戰之事。"大蒐禮"既常是戰爭之前的軍事部署性質，因此在某種場合舉行這個禮，就具有武力威脅性質。如《左傳》宣公十四年載："晉侯伐鄭，爲邲故也（杜注：晉敗於邲，鄭遂屬楚），告於諸侯，蒐焉而還。"這在伐鄭之後，再舉行"大蒐禮"而還，分明具有武力威脅的作用。《左傳》文公十七年載："晉侯蒐於黃父，遂復合諸侯于扈，平宋也。"這裏所説的"蒐"，也具有軍事部署和武力威脅的意義。

"大蒐禮"是按照一定制度，徵調士卒前來集合參加的，它除了直接爲練習戰爭和準備戰爭以外，也還可以借此來統計壯丁人數。前引《國語·周語上》所載仲山父的話，曾説："蒐""獮""狩"，"是皆習民數者也"。同時，更具有訓練"禮"的作用。

因爲春秋時代各國的軍隊，是以貴族成員作爲骨干的，三軍的甲士就是按貴族和"國人"的組織情況編制而成的，在"大蒐禮"中，各級指揮都有一定的車服、旌旗和鼓鐸鐲鐃，其陣勢和行列也必須按照貴賤、少長來排列。《左傳》隱公五年載臧僖伯説：

> 三年而治兵，入而振旅，歸而飲至，以數軍實，昭文章（杜注："車服旌旗"），明貴賤，辨等列（杜注："等列，行伍"），順少長，習威儀也（注："出則少者在前，還則在後，所謂順也"）。

《爾雅·釋天》也説："振旅闐闐，出爲治兵，尚威武也（郭注：'幼賤在前，貴勇力'）。入爲振旅，反尊卑也。"（郭注："尊老在前，復常儀也。"）由此可見，"大蒐禮"和當時其他的"禮"一樣，可以"昭文章，明貴賤，辨等列，順少長，習威儀"，對維持宗法制度和鞏固貴族組織，起着重要的作用。

根據上面的論述，可知這種由軍事民主制時期武裝"人民大會"變化而來的"大蒐禮"，已完全成爲維護剥削階級利益和推行其政策的一種重要手段，在當時國家職能上起着很重要的作用：

（一）就内政來看，通過這種武裝的"民衆大會"，可以重新整頓和編制軍隊，選定和任命將帥,制定和頒布法律,對違法者處刑,並可借此救濟貧窮和選拔人才,公布國家大事,統計壯丁人數,還能使大家學習分辨貴賤少長的禮儀。這是當時國家用來鞏固貴族組織、團結"國人"和加強統治的一種重要手段。

（二）同時,這種閱兵式和軍事演習,具有練習戰爭、檢閱兵力、耀武揚威、部署軍事、整頓軍隊、武力威脅等作用。這是當時國家用來加強統治和準備戰爭的一種手段。

《學術月刊》1963 年 3 月號,今加修訂

"鄉飲酒禮"與"饗禮"新探

一 "鄉飲酒禮"的特點

"鄉飲酒禮"是我國周代鄉學中舉行酒會的禮節,秦漢以後曾長期爲士大夫所沿用,只是在禮節上略爲增減而已,如宋代曾特爲撰樂章,明代曾加入讀律節目。直到清代道光二十三年,清政府爲了要把行禮經費撥充糧餉,才命令廢止。這個禮沿用至三千年之久,其起源若何?其性質和作用若何?頗值得加以探討。爲了探討方便起見,我們根據《儀禮·鄉飲酒禮》,先把禮節簡述如下:

(一) 謀賓、戒賓、速賓、迎賓之禮

(1) 謀賓:由主人(鄉大夫)就鄉先生(庠中教師)商謀賓客名次,分爲賓、介(陪客)、衆賓三等。賓、介都只一人,衆賓有多人,並選定其中三人爲衆賓之長。

(2) 戒賓:戒是告知的意思。由主人親自告知賓客。

(3) 陳設:布置酒席的席次,陳列酒尊和洗(水盆)等。

(4) 速賓:由主人親自催邀賓客,賓客都跟着前來。

(5) 迎賓:主人帶同一"相"(擯相)在庠門外迎接,經過三揖三讓,把賓迎入庠中堂上。

(二) 獻賓之禮

(1) 主、賓之間的"獻"、"酢"、"酬";在賓客迎入後,先由主人取酒爵到賓席前進獻,叫做"獻";次由賓取酒爵到主人席前還敬,叫做"酢";再由主人把酒注觶,先自飲,勸賓隨着飲,叫做"酬"。這樣的"獻"、"酢"、"酬",合稱爲"一獻"之禮。獻酒時,必須有食物陳設,陳設有脯醢(乾肉片和肉醬)與折俎(盛有折斷的牲體的俎)。

(2) 主、介之間的"獻"、"酢":先由主人向介獻酒,次由介對主人還敬。

(3) 主人"獻"衆賓:主人向衆賓獻酒,由衆賓之長三人代表拜受飲酒,衆賓也隨着飲酒。

(三) 作樂

(1) 升歌：在主人之吏一人舉觶向賓敬酒後，由樂工四人(鼓瑟者二人、歌者二人)升堂，在堂上歌唱《小雅》的《鹿鳴》、《四牡》、《皇皇者華》，用瑟陪奏，叫做"升歌"。歌罷，主人向樂工獻酒。

(2) 笙奏：由吹笙者入堂下，吹奏《小雅》的《南陔》、《白華》、《華黍》，叫做"笙奏"。奏罷，主人向吹笙者獻酒。

(3) 間歌：堂上升歌和堂下笙奏，相間而作，叫做"間歌"。先歌唱《小雅》的《魚麗》，次笙奏《由庚》；再歌唱《南有嘉魚》，再笙奏《崇丘》；又歌唱《南山有臺》，又笙奏《由儀》。

(4) 合樂：升歌和笙奏相合，奏唱《周南》的《關雎》、《葛覃》、《卷耳》，《召南》的《鵲巢》、《采蘩》、《采蘋》。歌罷，由樂工報告樂正："正歌備"，再由樂正報告賓。正式的禮樂，到此完備。

(四) 旅酬：主人爲了留住賓客，使"相"(擯相)擔任"司正"，奉主人之命"安賓"。隨即由賓"酬"主人，主人"酬"介，介"酬"衆賓，再由衆賓按長幼以次相"酬"，稱爲"旅酬"。旅酬是由尊者酬于卑者，《中庸》所謂"旅酬，下爲上，所以逮賤也"。

(五) 無算爵、無算樂：由主人之吏舉觶向賓敬酒，司正奉主人之命請賓客升坐。隨即將原來陳列的折俎撤去，稱爲"徹俎"，以便賓客坐下。賓主脱履坐下，即進牲肉，于是連續不斷的舉爵飲酒，不計其數，醉而後止，叫做"無算爵"。同時樂工不斷的陪奏和歌唱，不計其數，盡歡而止，叫做"無算樂"。

(六) 送賓及其他：賓出時，奏《陔夏》，主人送于門外。明日，賓有前來拜謝之禮。

在上述六項禮節中，以獻賓之禮爲最主要，用來表示對賓客的尊敬。《小雅·瓠葉》説：

幡幡瓠葉，采之亨(烹)之，君子有酒，酌言嘗之。
有兔斯首，炮之燔之，君子有酒，酌言獻之。
有兔斯首，燔之炙之，君子有酒，酌言酢之。
有兔斯首，燔之炮之，君子有酒，酌言醻(酬)之。

這首詩，除首章談主人自嘗其酒外，後三章，依次談到了獻、酢、酬，正是"一獻"之禮。《左傳》昭公元年記載：鄭伯要用饗禮招待趙武、叔孫豹（即叔孫穆子）、曹大夫，由子皮去"戒賓"，先"戒"趙武，趙武賦了《瓠葉》這首詩，子皮再去"戒"叔孫豹，把趙武賦《瓠葉》的事告訴他，叔孫豹説："趙孟（即趙武）欲一獻。"趙武賦了《瓠葉》這首詩，叔孫豹便知道他要行"一獻"之禮，就是因爲這首詩所談的主要内容是"一獻"之禮。《瓠葉》至少是西周、春秋間的詩歌，由此可見，在西周、春秋間，像鄉飲酒禮中那樣的獻賓之禮，的確實行過①。

僅次于獻賓之禮的節目，就是作樂唱歌，用來表示對賓客的尊敬和慰勞，并使賓客歡樂。無論"升歌"、"笙奏"、"間歌"和"合樂"等節目，樂工所奏唱的歌曲，都是有其用意的。《左傳》襄公四年載：晉悼公用饗禮招待叔孫穆子，樂工唱到《鹿鳴》、《四牡》、《皇皇者華》三首詩的時候，叔孫穆子才三拜，他解釋説：

> 《鹿鳴》，君所以嘉寡君也，敢不拜嘉；《四牡》，君所以勞使臣也，敢不重拜；《皇皇者華》，君教使臣曰：必諮于周。臣聞之，訪問于善爲咨，咨親爲詢，咨禮爲度，咨事爲諏，咨難爲謀，臣獲五善，敢不重拜。

《國語·魯語下》也有類似的記載。叔孫穆子所説的，雖是用饗禮招待使臣時候歌唱這三首詩的用意，但也可由此推想到，鄉飲酒禮中招待賓客所以要歌唱這些詩的原因。因爲《鹿鳴》有"我有嘉賓，德音孔昭"，"我有旨酒，以燕樂嘉賓之心"云云，可以借來作爲迎賓之辭；《四牡》有"王事靡盬，不遑啓處"，"不遑將父"，"不遑將母"云云，可以借來贊揚賓客的勤勞；《皇皇者華》有"周爰咨諏"，"周爰咨謀"，"周爰咨度"，"周爰咨詢"云云，無非借此表示要對賓客諮詢請教之意。春秋時人們在交接中歌唱《詩》和賦《詩》，都是這樣斷章取義的。至於笙奏、間歌、合樂所奏唱的詩歌，同樣是有其用意的，《鄉飲酒禮》鄭玄注曾有所解釋（雖然不一定解釋得完全符合當時人的用意）。因爲這些歌唱，都是鄉飲酒禮中的正式節目，所以合稱爲"正歌"。

到"正歌"完畢，樂正報告"正歌備"，正式的禮樂已完備，此後的"旅酬"和"無

---

① 鄭玄作《箋》時，看到詩中用瓠葉和小兔作爲飲酒的菜餚，不像貴族擺場，便斷言"此君子謂庶人之有賢者"。但是詩中行着一獻之禮，而"禮不下庶人"的，於是鄭玄又解釋爲"庶人依士禮"，並且説是："其農功畢，乃爲酒漿，以合朋友，習禮講道藝也。"其實，這些解釋都不通，在春秋以前，"君子"都指貴族而言，把"君子"作爲"有賢行者"，乃是春秋末年以後事。瓠也叫匏，又叫壺，它的葉只有嫩時可以做羹，到八月就成爲苦葉（見《邶風·匏有苦葉·傳》），"農功畢"時瓠葉早已不能作飲酒菜了。《瓠葉》這詩的内容，我們認爲應是敍述低級貴族舉行飲酒禮的情況。

算爵"、"無算樂",是爲了使賓客聯歡,盡歡而止,因此,就不必由主人親自主持,只要設立司正來負責管理了。《小雅·賓之初筵》説:

> 凡此飲酒,或醉或否,既立之監,或佐之史,彼醉不臧,不醉反恥。

鄭玄曾把這裏的"監"來注釋"司正",很是合適。春秋時貴族飲酒,確有設立司正來管理的。《國語·晉語一》記載:晉獻公"飲大夫酒,令司正實爵與史蘇,曰:飲而無肴。……史蘇卒爵"。韋注:"司正,正賓主之禮者也。"

春秋時貴族飲酒,確實有獻賓之禮和旅酬等節目。《左傳》襄公二十三年載:季武子沒有嫡子,庶子中公彌年長,悼子年幼,季武子愛悼子,想立悼子爲繼承人,訪問臧孫紇(即臧武仲),臧孫紇説:"飲我酒,吾爲子立之。"於是季武子召集大夫飲酒,以臧孫紇爲客(上賓)。在舉行飲酒禮中,臧孫紇採取了下列措施,使悼子成爲嫡子和繼承人:

> 既獻(注:"已獻酒"),臧孫(即臧孫紇)命北面重席(按即兩重之席),新樽絜之(注:"酒樽既新,復絜澡之"),召悼子,降逆之(注:"臧孫下迎悼子"),大夫皆起。及旅(注:"獻酬既畢,通行爲旅"),而召公鉏(按即公彌),使與之齒(注:"使從庶子之禮,列在悼子之下")。

在這個飲酒會上,季武子爲主人,臧孫紇爲賓,諸大夫爲衆賓。所謂"既獻"的"獻",就是獻賓之禮;所謂"及旅"的"旅",就是"旅酬"。臧孫紇爲了幫助季武子立悼子爲繼承人,在獻賓禮後,就"北面重席,新樽絜之",隆重地把悼子迎接來,等到"旅酬"排定席次時,又把公彌召來,使列席在悼子之下,這樣就重新確定了長幼次序,把悼子提升到嫡子地位,把公彌降爲次於悼子的庶子。因爲按照鄉飲酒禮,如果有"尊者"參加,"席于賓東,公三重,大夫再重"(《儀禮·鄉飲酒禮》),這時臧孫紇把悼子迎上堂來,"北面重席",給予大夫的地位,就明確了他是季武子的繼承人。又按"旅酬"的禮節,"介酬衆賓,少長以齒"(《禮記·鄉飲酒義》),臧孫紇就是借這個"少長以齒"的機會,把悼子提升爲"長",公彌下降爲"少"。沈欽韓又解釋説:"《鄉飲酒禮》云:既旅則士不入,士入當旅酬,節也,旅而召公鉏,以士禮待之,明其不得嗣爵"(《春秋左氏傳補注》卷七)。從這個故事,使我們清楚地看到,鄉飲酒禮在當時鄉中舉行,具有辨別尊卑、長幼的作用。

根據上面的論述,可知《儀禮・鄉飲酒禮》所記的主要禮節,曾在春秋以前應用,并且曾推廣到其他的飲酒禮節中。

這種禮按規定應在什麽時候和什麽地方舉行的呢?孔穎達認爲在四種情況下舉行:"一則三年賓賢能,二則鄉大夫飲國中賢者,三則州長習射飲酒也,四則黨正臘祭飲酒"(《禮記・鄉飲酒義》正義)。這都是根據《周禮》立説,并不完全符合實際。看來,這禮在習射前舉行是事實,《禮記・射義》所謂"鄉大夫士之射也,必先行鄉飲酒之禮"。禮書中常以鄉飲酒禮與鄉射禮聯類并提。古時在社祭、臘祭後,往往舉行集體的酒會,也當舉行這個禮。所謂"鄉人飲酒",原來在"庠"(鄉的學校)舉行,由鄉大夫主持的;隨着國家機構的成立,國家統治上的需要,這種禮也舉行於國都中,國都附近的大學——辟雍、泮宫也成爲舉行這禮的場所,天子、諸侯也成爲行禮的主人,所以《説文》在"廱"字下説:"天子饗飲辟廱",在"泮"字下又説:"諸侯饗射泮宫。"①

西周時國王確實在辟雍中舉行鄉飲酒禮的。周穆王時制作的《遹簋》説:

隹(惟)六月既生霸,穆穆王才(在)莽京,乎(呼)漁于大池,王鄉酉(酒)。遹御,亡遣(譴)。穆穆王親(親)易(錫)遹鞞。

這裏的"大池",近來不少學者認爲即是辟雍的大池,很對。《麥尊》説:"王客(格)莽京酯祀。翌(粵)若翌(翌)日,才(在)辟(辟)廱(雍),王乘舟爲大豐,王射大龏(鴻),禽(擒)。"《静簋》又説:"隹(惟)六月初吉,王在莽京,丁卯,王令静司射學宫,……雩(于)八月初吉庚寅,王以……射于大池。"《麥尊》的辟雍,當即《静簋》

---

① 《韓詩説》説:"辟雍者,天子之學,……所以教天下春射秋饗,事三老五更。"(《詩・大雅・靈台》正義引《五經異義》)《白虎通・辟雍》篇也説:"大學者,辟雍,鄉射之宫。"這都和《説文》相合。段玉裁《説文饗字解》申論説:"飲賓祭祀皆不於大學,則辟雍泮宫之饗,非飲賓神格可知也。然則此三饗,其爲鄉飲酒之本義可矣。辟雍饗飲者天子行鄉飲酒之禮也。泮宫饗射者,諸侯行鄉飲酒之禮也。"段氏還列舉《魯頌・泮水》等,以證天子、諸侯在辟雍、泮宫確行鄉飲酒之禮,並且批評了當時有些人主張"鄉飲酒斷不行于小學大學"的説法。也有人把《韓詩説》"秋饗"的"饗",《白虎通》"鄉射之宫"的"鄉",都解釋爲"饗禮"的。如孫詒讓《周禮正義》卷五十九説:"案鄉大夫之射,不得在辟雍,而班氏以辟雍爲鄉射之宫者,鄉與饗通,即《詩・大雅・靈台》孔疏引《韓詩説》所謂春射秋饗也,依其説,則辟雍爲天子大射之宫。"這個説法是可商的。饗禮是天子、諸侯、卿大夫臨時舉行的招待貴賓之禮,既没有規定在春秋兩季,也不在學校中舉行。近人余嘉錫《晉辟雍碑考證》(收入《余嘉錫論學雜著》),根據《禮記・鄉飲酒義》注,説:"然則鄉飲酒禮,古惟鄉大夫行之於鄉,至漢則太守諸侯相與令長行之於郡國,未聞以天子饗羣臣而謂之鄉飲酒者。……鄉飲酒禮行於辟雍,僅見於西晉武惠之世,以後歷代皆不復舉,豈非知其失禮之甚乎?"這個説法也不正確。

的學宫,楊樹達已有論證,所謂"大池",即是辟雍周圍的水池。《遹簋》既説周穆王在"大池"射魚後,舉行"鄉酒"禮,那末這個"鄉酒"禮就在辟雍中舉行,其爲鄉飲酒禮無疑,即《説文》所説"天子饗飲辟廱"。這種禮商代已有,商王曾在軍隊駐防地多次舉行。商末銅器《尹光鼎》説:

王△才(在)彙餗(次),王鄉酉(酒),尹光遹,隹(惟)各(愙),商(賞)貝。

這次"王鄉酒"雖不在辟雍,而在一個叫做彙的軍隊駐防地,但是情况和《遹簋》所記很相似,"尹光遹"猶如"遹御",遹因在旁侍奉得不差(所謂"無譴"),得到了賞賜;尹光也因在旁侍奉得很恭敬(所謂"惟愙"),也得到了賞。商代銅器《宰凿簋》説:

才(在)禒餗(次),王鄉酉(酒),王姿(光,讀如貺)宰凿貝五朋。

這次"王鄉酒",又在一個叫禒的軍隊駐防地,宰凿大概也因在旁侍奉恭敬,得到了貝的賞。看來金文所説"鄉酒",確是指鄉飲酒禮。過去考釋金文的學者,都讀"鄉"爲"饗",認爲"鄉酒"就是饗禮,其實不然,金文中稱"鄉酒"的應指鄉飲酒禮,稱"鄉醴"的才是饗禮,《左傳》、《國語》等書除單稱饗禮爲"饗"或"享"以外,也稱饗禮爲"饗醴"。

二 "鄉飲酒禮"的起源及其作用

鄉飲酒禮也單稱"鄉",如《禮記·鄉飲酒義》説:"孔子曰:吾觀于鄉而知王道之易易也",鄭注:"鄉,鄉飲酒也。"也稱爲"饗",《説文》説:"饗,鄉人飲酒也。"《説文》還有三處有"饗"字,如説:"廱,天子饗飲辟廱也";"泮,諸侯饗射泮宫也";"侯,春饗所射侯也";也都把"饗"字作爲"鄉人飲酒"來用的。爲什麽鄉飲酒禮可以單稱爲"鄉"或"饗"呢?"鄉"和"饗"原本是一字,甲骨文和金文中只有"鄉"字,字作"𗂞",其中𠨘像盛食物的簋形,整個字像兩人相向對坐、共食一簋的情况,其本義應爲鄉人共食。因爲"鄉"的本義是鄉人共食,所以鄉人的酒會也稱爲"鄉"了。禮書在不少地方把鄉飲酒禮單稱爲"鄉",也還保存着它的本義。後來因爲"鄉"常被用作鄉黨、鄉里的"鄉",於是另造出从食的"饗"字,以與"鄉"區别。《説文》把"饗"解釋爲"鄉人飲酒",也同樣保存着它的本義(段玉裁著有《説文饗字解》，收入《經韻樓集》，可參看)。

《說文》對"鄉"字又解釋說：

> 鄉，國離邑，民所封鄉也。嗇夫別治。封圻之内六鄉，六卿治之。从𨛜，良聲。

其中"封鄉"二字頗不易解，段玉裁注説："封猶域也，鄉者，今之向字"，這樣解釋很是勉強。孫詒讓又認爲"封"乃"對"字之誤，曾説："《釋名·釋州國》云：鄉，向也，衆人所向也，即用許義。封對字形相似，又涉下封圻而誤"(《籀廎述林》卷十《與海昌唐端夫文學論説文書》)，也不能作爲定論。總之，《説文》沒有把鄉邑之所以稱"鄉"的來歷説明白。段玉裁對此曾作進一步解釋説：

> 其字从𨛜，良聲。从𨛜者，言其居之相鄰也。《周禮》令一鄉中相保，以至于相賓，《孟子》言：死徙無出鄉，相友相助，相扶持親睦。名曰鄉者，取其相親。禮莫重于相親，故鄉飲、鄉射原非專爲六鄉制此禮也，而必冠之以鄉字。鄉大夫、鄉先生者，謂民所親近者也(《經韻樓集·與黃紹武書論千里第三札》)。

段玉裁認爲鄉邑的名"鄉"，取義於鄉人"相親"，鄉飲酒禮和鄉射禮的冠以"鄉"字，也由於"禮莫重於相親"；甚至鄉大夫、鄉先生的冠以"鄉"字，也是"謂民所親近者"。其實，"鄉"字并不从𨛜，而像兩人相對共食，看來鄉邑的稱"鄉"，不僅由於"相親"，實是取義於"共食"。其來源很是古老，大概周族處於氏族制時期已經用"鄉"這個稱呼了，是用來指自己那些共同飲食的氏族聚落的。進入階級社會以後，周族成了統治者，他們還把郊内"國人"(國家公民)居住的聚落稱爲"鄉"。西周、春秋時，各國把國都稱爲"國"，國都的四郊地區稱爲"郊"，四郊以外的地區稱爲"野"，在郊以内的鄉邑分設爲"鄉"，在野的聚落分設爲"遂"。《尚書·費誓》説："魯人三郊三遂"，三郊即是三鄉。《國語·齊語》説管仲"制國以爲二十一鄉"，也還把"鄉"作爲"國"(國都)的基本組織單位。

《説文》説："封圻之内六鄉，六卿治之"，是根據《周禮》的。《周禮·地官·序官》説："鄉老，二鄉則公一人，鄉大夫，每鄉卿一人。"賈疏："六鄉則卿六人，各主一鄉之事。"《漢書·食貨志》也説："鄰長位下士，自此以上，稍登一級，至鄉而爲卿也。"根據《周禮》記載,在王城的郊内分設六鄉,六鄉中每家出一人爲兵,一鄉即編成一軍,六鄉共編成六軍。六軍的各級將官,即由六鄉的各級官吏擔任。《周禮·夏官·序官》説:"軍將皆命卿",因爲一軍的統帥即是一鄉的長官,一鄉的長官"鄉大夫"即是六卿之一。這樣把"鄉"的長官稱爲"卿",不是没有來歷的,在金文中"鄉"和"卿"的寫法無區别,本是一字。《儀禮·士冠禮》和《禮記·冠義》:"遂以摯見于鄉大夫、鄉先生","鄉大夫"也或作"卿大夫",清代學者爲此曾發生争論①,其實"鄉"和"卿"原本就是一字。看來"卿"的得名,和"鄉"一樣的古老,"卿"原是共同飲食的氏族聚落中"鄉老"的稱謂,因代表一"鄉"而得名。進入階級社會後,"卿"便成爲"鄉"的長官的名稱。《國語·齊語》載齊的國都中有士鄉十五個,每鄉有二千家,因爲"寄政教于軍令",每家出壯丁一人,合二千人爲旅,設有"鄉良人"統率,每五鄉合爲一軍,除齊桓公親自統率五鄉和一軍外,上卿國子和高子都分别統率五鄉和一軍。這該已是春秋時擴展的制度,溯其源,確應是一卿主管一鄉,"卿"的稱呼即起源於"鄉"。

"鄉""饗""卿"既然原本一字,鄉邑的稱"鄉",原是指共食的氏族聚落,那末,稱爲"鄉"或"饗"的鄉飲酒禮,一定也起源於氏族聚落會食的禮儀。其所以要由鄉大夫來主持,因爲鄉大夫原來就是一鄉之長。

《禮記·禮運》説:"夫禮之初,始諸飲食。"禮的"始諸飲食",不外乎兩個方面,一是把鬼神看作活人一樣,給以飲食,在給以飲食時,講究尊敬的方式,這就産生了祭禮。《禮運》篇所謂"其燔黍捭豚汙尊而抔飲,蕢桴而土鼓:猶若可以致其敬于鬼神"。一是在聚餐和宴會中講究對長老和賓客尊敬的方式,鄉飲酒禮該即由此産生。《鹽鐵論·散不足》説:"古者燔黍食稗而燀豚以相饗,其後鄉人飲酒,老者重豆,少者立食,一醬一肉,旅飲而已。""鄉人飲酒"之禮,確是從原始氏族制社會中人們的"相饗"發展形成的。起初的禮節該是很簡的,後來貴族在不斷舉行中,就越來越繁,《儀禮·鄉飲酒禮》記述的,該已是春秋、戰國間比較繁複的一種。

段玉裁著《鄉飲酒禮與養老之禮名實異同考》(收入《經韻樓集》),認爲"鄉飲酒禮之起,起於尚齒"。"尚齒"確是這個禮的重點,主要表現在兩個方面,一是"老者重豆,少者立食",《禮記·鄉飲酒義》説得很具體:"六十者坐,五十者立,侍

---

① 見盧文弨《鍾山札記》卷一《冠義鄉大夫當作卿大夫》條,王引之《經義述聞》卷十《遂以摯見于鄉大夫鄉先生》條。

以聽政役,所以明尊長也;六十者三豆,七十者四豆,八十者五豆,九十者六豆,所以明養老也。"一是旅酬時按照年齡長幼爲次,《鄉飲酒禮記》説:"樂正與立者皆薦以齒。"《鄉飲酒義》解釋旅酬又説:"賓酬主人,主人酬介,介酬衆賓,少長以齒。"這禮的重點在於尚齒,所以《禮記·王制》篇説:"習射上功,習鄉上齒"(注:"鄉謂飲酒也");《射義》和《經解》都説:"鄉飲酒之禮,所以明長幼之序也";《仲尼燕居》又説:"鄉射之禮,所以仁鄉黨也。"《論語·鄉黨》篇也説:"鄉人飲酒,杖者出,斯出矣"(注:"杖者,老人也");《鹽鐵論·未通》篇也説:"鄉飲酒之禮,耆老異饌,所以優者耋而明養老也";《白虎通·鄉射》篇也説:"所以十月行鄉飲酒之禮何? 所(以)復尊卑長幼之義。"所有這些,都一致認爲這禮着重於敬老和養老。《周禮·黨正》説:"國索鬼神而祭祀(注:"謂歲十二月大蜡之時"),則以禮屬民而飲酒於序,以正齒位,一命齒於鄉里,再命齒於父族,三命而不齒。"所謂"飲酒於序",即指鄉飲酒禮,也以"正齒位"爲主。

前面已經談到,鄉飲酒禮起源於氏族聚落的會食中,那末,這種禮很自然的,會着重於尊長和養老。因爲在原始社會裏,"國家並不存在,公共聯繫、社會本身、紀律以及勞動規則,全靠習慣和傳統的力量來維持,全靠族長或婦女享有的威信或尊敬來維持"(《列寧全集》第二九卷,人民出版社 1956 年版,第 432 頁)。鄉飲酒禮原來就是周族在氏族社會末期的習慣,在這個禮中充分表現了長老的享有威信和爲人尊敬。周族自從進入中原,建立王朝,多數成爲統治階級,其父系家長制已轉化成爲宗法制度,原來習慣上應用的禮儀也轉化爲維護宗法制度和貴族特權的手段,鄉飲酒禮也就被作爲維護貴族統治的一種手段。《禮記·鄉飲酒義》解釋其作用説:

尊讓絜敬也者,君子之所以相接也;君子尊讓則不争,絜敬則不慢,不慢不争則遠於鬥辨矣;不鬥辨,則無暴亂之禍矣。這是説:當時"君子"舉行鄉飲酒禮,是爲了防止内鬨,加強内部的團結。《鄉飲酒義》記述傳爲孔子的一段話,分析貴族推行這禮的作用共有五點:(一)行迎賓禮時,把賓、介、衆賓分爲三等,是爲了分别"貴賤之義";(二)行獻賓禮時,對賓有"獻"、"酢"、"酬",對介有"獻"、"酢"而無"酬";對衆賓有"獻"而無"酢"、"酬",是爲了分别"隆殺之義";(三)作樂歌唱是爲了"和樂而不流";(四)旅酬是爲了使"能弟長而無遺";(五)無算爵是爲了使"能安燕而不亂"。很明顯,其目的在於分别貴賤、長幼的等次,以求維護當時貴族的統治秩序和特權。

特别值得我們注意的,這種由國君主持的禮,不僅是酒會的性質,而且具有議會的性質。既要通過酒會的儀式,表示對貴者、長者的尊敬,分別貴賤、長幼;又要通過議會的方式,商定國家大事,特別是"定兵謀"。《禮記·王制》說:"天子將出征,……受命于祖,受成于學。"鄭注:"定兵謀也。"怎樣"受成于學"而"定兵謀"呢?《魯頌·泮水》說:"魯侯戾止,在泮飲酒,既飲旨酒,永錫難老,順彼長道,屈此羣醜。"鄭箋:"在泮飲酒者,徵先生君子,與之行飲酒之禮,而因以謀事也。"魯侯召集先生君子在泮宮舉行飲酒之禮,爲的就是"定兵謀",商討如何"屈此羣醜",亦即這詩後面所敍征伐淮夷的事。魯侯這樣在泮宮行鄉飲酒禮,商討出征淮夷的事,也就是《王制》所說"受成于學"。前節談到,舉行這種禮的禮節,在行"獻賓之禮"後,要作樂表示歡迎和慰勞,歌唱《鹿鳴》是表示歡迎嘉賓,歌唱《四牡》是表示慰勞來賓,接着要歌唱《皇皇者華》,是爲了表示要"咨諏"、"咨謀"、"咨度"、"咨詢",因爲這種禮不僅是個歡迎貴賓、尊敬長老的儀式,而且具有商定國家大事的議會性質。它是和尊敬長老的酒會相結合的一種元老會議,是當時執政者的一種諮詢機關。這種禮在鄉中舉行,不僅是個歡迎貴賓、尊敬長老的儀式,而且是鄉的一種諮詢機關。

在古代希臘、羅馬的政權機構中,設有貴族的元老院,能對國家大事特別是法律和軍事上的大事作出初步決定,再交公民的"民衆大會"表決。這種貴族的元老院,溯其源,是由軍事民主制時期的"議事會"轉變來的。我國古代雖然沒有常設的貴族元老院,但是這種由國君主持、商定國家大事的鄉飲酒禮,實質上就具有元老會議的性質。溯其源,也當起源於軍事民主制時期的"議事會"的,所以他們主要的任務還是"定兵謀"。看來,周族在軍事民主制時期,"議事會"就在食桌上舉行的,和聚餐會和酒會是結合的,如同荷馬時代的希臘差不多。荷馬時代希臘的"議事會",慣常在主要的巴西琉斯的宮廷舉行,在食桌上討論王所提出的問題。周族在軍事民主制時期的"議事會",是在"庠"、"校"、"序"以及"辟雍"、"泮宮"中的食桌上舉行的,原來"庠"、"校"、"序"等公共建築,是兼有禮堂、會議室、俱樂部、運動場和學校的性質的(參看拙作《我國古代大學的特點及其起源》)。等到西周的國家成立,"議事會"就成爲貴族的元老會議,還是和酒會結合着舉行的,稱爲"鄉酒"。前節談到,西周時國王所行的鄉飲酒禮,在辟雍舉行,商代國王更有到軍隊駐防地點舉行的,因爲原來鄉飲酒禮的主要目的就是在"定兵謀"。隨着天子、諸侯和執政的卿的權力逐步加強,元老的權力就逐漸縮小,元老的集會就不再商議軍國大事,不再對軍國大事有任何決定之權,於是只剩下一種敬老的酒會儀式。

根據上面的論述，可知鄉飲酒禮原來不僅僅是一種酒會中尊敬長老的儀式，而且具有元老會議的性質，它在我國古代政權機構中佔有一定地位。它的具有貴族元老會議的性質，和大蒐禮的具有"國人"的"民衆會議"性質，是同樣的來源。（詳拙作《大蒐禮新探》）

三　"饗禮"爲高級的"鄉飲酒禮"

　　西周、春秋時，天子、諸侯、卿大夫間流行着一種饗禮，作爲招待貴賓的隆重禮節。饗禮是爲了招待某一個（或幾個）貴賓，特別隆重舉行的，這和鄉飲酒禮在某種規定場合舉行的不同，和鄉飲酒禮在賓、介之外還有許多所謂"衆賓"的情況也不同。但是，饗禮原來也單稱爲"饗"或"鄉"，如《儀禮·聘禮》鄭注："今文饗皆作鄉"，《公食大夫禮》鄭注："古文饗或作鄉"，這和鄉飲酒禮單稱爲"鄉"或"饗"完全相同。究竟兩者的關係如何呢？因爲禮書上缺乏有關饗禮的系統記載，經學家所謂"饗禮已亡"，從來學者沒有把它分析清楚。其實，西周金文和《左傳》、《國語》等書述及饗禮的很多，是可以研究清楚的。

　　饗禮與鄉飲酒禮的關係，過去學者有三種不同看法。第一種看法，認爲饗禮與鄉飲酒禮不同，饗禮的稱爲"饗"，是採用"饗"字的引伸之義。如段玉裁説："鄉飲酒，古謂之饗，凡飲賓之饗，皆此義引伸之"（《經韵樓集·鄉飲酒禮與養老之禮名實異同考》）。第二種看法，認爲饗禮即是鄉飲酒禮，兩者沒有區別。如惠棟説："鄉人飲酒謂之饗，然則鄉飲酒即古之饗禮，先儒謂饗禮已亡，非也"（《惠氏讀説文記》）。第三種看法，認爲饗禮起源於鄉飲酒禮，而禮節基本相同。劉師培認爲"饗與鄉飲酒禮，其獻數雖有多寡不同，至於獻、酬、酢及奏樂，其禮儀節次，大概相符"。"饗禮舍天子饗諸侯別用房烝外，均設俎，與鄉飲同"。"饗禮均以立成，其徹俎而後，則行燕禮，……鄉飲禮之末亦同燕禮。"又説："蓋凡飲酒之禮，備有賓介，兼備獻、酢、酬三節，獻由主人躬親，且其禮惟行於晝者，皆本於鄉飲禮者也"（《禮經舊説》卷四）。在上述三説中，以後一説比較合理，但還説得不够完善。就其歷史發展過程來看，饗禮確是起源於鄉飲酒禮而有所發展的；就其內容來看，確實有許多基本相同之點，饗禮實際上是一種高級的鄉飲酒禮。現在按照行禮次序，進一步説明如下：

　　（一）戒賓、迎賓之禮

　　饗禮多數以前來聘問的諸侯與卿大夫爲貴賓，也有以本國卿大夫爲賓的。所招待的貴賓多數是一人，也有數人的，如果是數人，其中就有賓、介之別。例如

《左傳》襄公二十七年:"宋人享趙文子,叔向爲介。"在迎賓之前也有戒賓之禮,如《左傳》昭公元年:"趙孟(即趙武)、叔孫豹、曹大夫入于鄭,鄭伯兼享之。子皮戒趙孟,禮終,趙孟賦《瓠葉》,子皮遂戒穆叔(即叔孫豹),且告之,……乃用一獻,趙孟爲客。"所謂"趙孟爲客",是以趙孟爲上賓,叔孫豹爲介,所以子皮"戒賓",先趙孟,後叔孫豹。這裏說:"子皮戒趙孟,禮終,趙孟賦《瓠葉》",可知"戒賓"時還有一套禮節,還要賦詩來表達自己的意思,這比鄉飲酒禮的"戒賓"爲隆重。國君主持饗禮,不親自"戒賓",而派卿大夫代爲"戒賓",該是由於國君勢位較尊的緣故。

鄉飲酒禮只有主人設有"相",幫同主持禮節,而賓只有介。饗禮則賓、主雙方都設有"相"。如周定王饗晉景公,由原襄公相禮(《左傳》宣公十六年、《國語·周語中》);楚共王饗晉卿郤至,"子反相"(《左傳》成公十二年);楚靈王饗魯昭公於新臺,"使長鬣者相"(《左傳》昭公七年);這都是主人設有"相"。《左傳》襄公二十六年載:"齊侯、鄭伯爲衛侯故,如晉,晉侯兼享之,晉侯賦《嘉樂》,國景子相齊侯賦《蓼蕭》,子展相鄭伯賦《緇衣》";《國語·晉語四》載"秦伯享公子","子余相";這又是賓設有"相"。此外,主持饗禮的主人還可帶有許多隨從,如《左傳》襄公二十七年:"鄭伯享趙孟于垂隴,子展、伯有、子西、子産、子太叔、二子石從。"饗禮還設有掌管席次的"執政",《左傳》昭公十六年:"晉韓起聘于鄭,鄭伯享之,……孔張後至,立于客間,執政御之,適客後,又御之。"杜注:"執政,掌位列者,御,止也。""執政"正相當於鄉飲酒禮的"司正"。

(二) 獻賓之禮

鄉飲酒禮,賓主之間有獻、酢、酬三個步驟,稱爲一獻之禮。饗禮則視賓客的尊卑分等,最尊者有九獻。春秋時,招待國君的饗禮即用九獻,如《左傳》僖公二十二年:"楚子入饗于鄭,九獻。"又如晉公子重耳到楚,楚成王用招待國君的禮招待他,"以周禮享之,九獻"(《國語·晉語四》)。較次的用五獻,如前面談過的,鄭伯用饗禮招待趙孟、叔孫豹、曹大夫,行禮時"具五獻之籩豆于幕下",因趙孟辭謝,改用一獻(《左傳》昭公元年)。更次的用三獻,如季武子說:"小國之事大國也,……得貺不過三獻"(《左傳》昭公六年)。

饗禮中獻賓用的是"醴",和鄉飲酒禮獻賓用"酒"的不同,所以古文獻上或稱鄉飲酒禮爲"鄉人飲酒",或稱饗禮爲"饗醴"。西周金文也稱鄉飲酒禮爲"鄉酒",而稱饗禮爲"鄉醴",有着嚴格的區別。《說文》說:"醴,酒一宿熟也";《周禮·酒正》鄭注說:"醴猶體也,成而汁滓相將,如今恬酒矣";《呂氏春秋·重己》篇高注說:"醴以糵黍相體,不以麴也,濁而甜耳。"可知醴是用糵(麥芽)釀造成的甜白酒,糖化的程度大而酒化的程度小,而且是連酒糟在一起的,即今所謂酒釀。醴常被用在儀式上,只是給嘴裏啐一下,不是給喝的,《士冠禮》中"賓醴冠者",《士昏禮》中"女父醴使者"和"舅姑醴婦",《聘禮》中"主君醴聘賓",都是"啐之而已,不卒爵也"(詳凌廷堪《禮經釋例·飲食之例下》"凡醴皆用觶不卒爵"條)。饗禮中獻賓時用醴也是如此,可以說,這是獻賓之禮的進一步形式化。《尚書·顧命》說:"王三宿三祭三咤,上宗曰饗。"這是周康王即位時所舉行的饗禮。《通典》卷九十三引《白虎通》,所引《顧命》"三咤"作"三嚌",《通典》卷七十二引魏尚書奏,引鄭玄解釋說:"即位必醴之者,以神之,以醴嚌成之也。以醴嚌成之者,醴濁,飲至齒不入口曰嚌,既居重喪,但行其禮而不取其味。"其實,不居重喪,舉行饗禮用醴時也是"飲至齒不入口"的。《顧命》所說的"嚌",也就是《儀禮》所說的"啐"。饗禮的獻醴,只啐不飲,就用不到坐下,所以《國語·周語下》說:"夫禮之立成者為飫","飫"即是饗禮。饗禮因為是立着舉行的,也或稱為立飫,如《國語·周語中》說:"王公立飫則有房烝。"這種隆重的獻醴之禮,是以立着不飲為其特點的,所以《左傳》昭公五年說:"是以聖者務行禮……設机而不倚,爵盈而不飲。"《顧命》說:"王三宿三祭三咤",可知周初最隆重的饗禮只有"三獻",春秋時饗禮有"五獻"和"九獻"的,當是出於進一步的擴展。

　　饗禮的獻賓之禮,不僅比鄉飲酒禮次數增多,而且在開始獻酒之前,還有所謂"祼",這是一種最隆重的獻禮的序幕,只有在饗禮和祭禮中才有。"祼"或作"果",也叫做"灌",就是用鬱鬯(一種配合香料煮成的香酒)來灌,讓賓客嗅到香氣。《禮記·禮器》說:"諸侯相朝,灌用鬱鬯,無籩豆之薦。"因為"灌"在"獻"之前,還沒有把食物陳設出來①。《禮記·郊特牲》說:"至敬不饗味,而貴氣臭也。

---

① 《周禮·大行人》:上公之禮"王禮再祼而酢,饗禮九獻";諸侯之禮"王禮壹祼而酢,饗禮七獻";"諸伯……如諸侯之禮",諸子"王禮壹祼不酢,饗禮五獻";"諸男……如諸子之禮"。秦蕙田《五禮通考》卷一五六說:"饗禮之祼,經無明文,以饗賓之節推之,上公九獻,則王一獻,後亞獻皆祼,伯七獻,子男五獻,則惟王祼而已,王祼用圭瓚。"孫詒讓《周禮正義》也以為"祼"即包括在"獻"之中,說:"凡九獻者,再祼,後有七獻;七獻者,一祼,後有六獻;……"這個說法是錯誤的。據《周禮·大行人》原文,"祼"應在"獻"之前,不包括"獻"之內。《周禮·内宰》:"凡賓客之祼獻瑶爵皆贊",也以"祼""獻"為二事,故說"皆贊"。金鶚《天子宗廟九獻辨》(《求古錄禮說》卷十三)認為在宗廟祭祀中"祼"不在"獻"内,"獻必有俎,而灌時尚未迎牲(《郊特牲》云既灌然後迎牲),未有俎也,獻尸必飲,而灌鬯用以灌地,尸不飲也。……灌第可通稱為獻,實非正獻之禮,安得并數之以為九獻乎? 饗禮中的"祼"大體也相似,是在"獻"之前,未設薦俎時舉行的。《禮記·禮器》說:"諸侯相朝,灌用鬱鬯,無籩豆之薦",可為明證。《國語·周語上》說:"王祼鬯,饗醴乃行",也把"祼鬯"敍述在"饗醴"之前。黃以周《禮書通故》卷二十四《燕饗通故》據《周禮·大行人》和《内宰》之文,認為"祼"與"獻"有區別,很對。黃以周著《饗禮》(《儆季雜著·禮說》卷四)又認為行"祼"禮的稱"飫",也稱"禮",行"獻"禮的稱"饗",把"祼""獻"區分為兩種完全不同的禮,並且說:"飫有祼酢,不獻,饗有獻,獻有殽",這就錯誤了。

諸侯爲賓,灌用鬱鬯,灌用臭也。"這種"貴氣臭"的"至敬"的禮,只給賓客嗅到香氣,也不是給飲的。"祼"只有在饗禮和祭禮應用,同樣是用來表示隆重的敬獻之意的,所以《禮記·祭統》篇説:"夫祭有三重焉,獻之屬莫重於祼。"《國語·周語上》載虢文公説:"王乃淳濯饗醴。及期,鬱人薦鬯,犧人薦醴,王祼鬯,饗醴乃行。"可見在饗禮開始時,在獻醴之前確有"祼鬯"之禮。《左傳》襄公九年記季武子説:"君冠,必以祼享之禮行之,金石之樂節之,以先君之祧處之。"杜注:"享,祭先君也",該是錯誤的,行"冠禮"時并無祭祝先君的節目,《左傳》常以"享"假作"饗"。王國維説:"諸侯冠禮之祼享,正當士冠禮之醴或醮"(《觀堂集林》卷一《再與林博士論洛誥書》),是正確的,"祼享"即指具有"祼"的儀式的饗禮。士冠禮中對冠者的醴或醮,是當作賓客招待的,即所謂"醮于客位",到諸侯冠禮中,爲隆重起見,就改用饗禮,饗禮要先"祼鬯",所以也稱爲"祼饗之禮"①。

饗禮又稱爲飫,不僅獻酒儀式隆重,同時陳設的食物也較闊綽,而且花色繁多。隆重的,陳列有"半解其體"的牲,叫做體薦,也稱房烝。所謂"王享有體薦"(《左傳》宣公十六年),"王公立飫則有房烝"(《國語·周語中》)。較次的,如同鄉飲酒禮一樣,陳列有折斷的牲,叫做折俎,如《左傳》襄公二十七年:"宋人享趙文子,叔向爲介,司馬置折俎。"據禮書,最隆重的陳列十二牢,《周禮·掌客》:"王合諸侯而饗禮,則具十有二牢,庶具百物備。"也還有陳列腥魚和膴脩(經過捶治而加薑桂的乾肉)的,所謂"大祭祀饗食,羞牲魚"(《周禮·大司馬》);"大饗尚膴脩"(《禮記·郊特牲》)。也還有"薦五味,羞嘉穀,鹽虎形",陳列有昌歜(昌蒲)的,所謂"饗有昌歜("歜"王引之校作"歊")、白黑、形鹽(即虎形鹽)"(《左傳》僖公三十年)。大體上陳設品種的好壞和多少,和獻酒次數的多少是相適應的。這些食物都陳列在青銅製的禮器中,《國語·周語中》記述周定王的話,描寫得很具體:"擇其柔嘉,選其馨香,潔其酒醴,品其百籩,修其簠簋,奉其犧象(按指犧尊、象尊),出其樽彝,陳其鼎俎,浄其巾冪,敬其祓除。"

饗禮的每次獻賓之禮,如同鄉飲酒禮一樣,有"獻"、"酢"、"酬"三個步驟,比較隆重的"酢",又叫做"宥"或"侑"、"右"、"友"。在《左傳》上都稱爲"宥",在《國

---

① 凌廷堪《禮經釋例·飲食之例中》引《左傳》莊公十八年"王饗醴",解釋説:"饗謂饗禮,醴謂醴賓,馬者蓋謂饗及醴賓之庭實,故《聘禮》禮賓亦云:賓執左馬以出也。杜預注以馬爲饗禮先置醴酒,恐誤。《士昏禮》婦見舅姑,贊醴婦,婦饋舅姑,舅姑饗婦,亦分醴饗兩事。"這個説法是錯誤的,西周金文和《左傳》、《國語》等書,多數稱爲"饗醴"或"鄉醴",分明是指一件事,因爲"饗"禮以獻醴爲主,所以連稱爲鄉醴。《儀禮·覲禮》:"饗禮乃歸",《漢書·匡衡傳》載衡疏作"饗醴迺歸",是匡衡所見《覲禮》"饗禮"作"饗醴"。饗醴也可簡稱爲饗或醴,猶如鄉飲酒也可簡稱爲鄉或飲酒。

語》上或稱爲"胙侑":

  虢公、晉侯朝王,王饗醴,命之宥(《左傳》莊公十八年)。
  晉侯獻楚俘于王……王享(饗)醴,命晉侯宥(《左傳》僖公二十八年)。
  晉侯朝王,王享(饗)醴,命之宥(《左傳》僖公二十五年,《國語·晉語四》作:"王饗醴,命公胙侑")。

王引之《經義述聞》卷十七,根據《爾雅·釋詁》:"酬,酢,侑,報也",認爲"侑與酬酢同義,命之侑者,其命虢公晉侯與王相酬酢與?""命之者,所以親之也"。"胙即酢之借字,蓋如賓酢主人之禮,以勸侑于王,故謂之酢侑與?"在《詩經》上"宥"又作"右",《小雅·彤弓》説:

  彤弓弨兮,受言藏之,我有嘉賓,中心貺之;鐘鼓既設,一朝饗之。
  彤弓弨兮,受言載之,我有嘉賓,中心喜之;鐘鼓既設,一朝右之。
  彤弓弨兮,受言櫜之,我有嘉賓,中心好之;鐘鼓既設,一朝醻(酬)之。

這詩首章説"一朝饗之",次章説"一朝右之",末章説"一朝酬之",孫詒讓《詩彤弓篇義》(《籀𢈪述林》卷二)認爲"此右即《左傳》之宥,亦即《國語》之胙宥","即報飲之酢也"。"首章饗之,即獻,次章右之,即酢,合之三章云醻之,正是獻、酢、酬之禮"。在西周金文中,"右"又作"友":

  噩(鄂)侯馭(御)方内△于王,乃僎之,馭方䞈(友)王(《鄂侯鼎》)。
  王才(在)周康帚(寢),鄉禮,師遽蔑厤䞈(友)(《師遽方彝》)。

王國維《釋宥》(《觀堂別集補遺》)讀"䞈"(友)爲"宥"和"侑",也解釋爲酢,認爲"此不云酢而云侑者,以諸侯之於天子,不敢居主賓獻酢之名","侑之名,義取諸副尸","若曰天子自飲酒,而諸侯副之,如侑之于尸云爾"。我們認爲王引之、孫詒讓、王國維的解釋,都合理,只是有一點還沒有解釋清楚。"宥""侑"等字既然是"酢"的意思,酢是對主人還敬酒,爲什麼一定要如《左傳》所説那樣"命之"才"宥"呢?因爲按禮,賓和主地位相當的,在主人"獻"賓後,才能"酢"主人,既然諸侯地位在天子之下,所以必須天子"命之"才能"酢"。猶如晉文公接受周襄王的册命,最初"端委(通常禮服)以入","太宰以王命,命冕服,内史贊之,三命而後即冕服"(《國語·周語上》)。

饗禮中對賓客舉行"酬"的禮節時,按禮要酬以禮品,稱爲酬幣。《儀禮·聘禮》:"致饗以酬幣",鄭注:"酬幣,饗禮酬賓勸酒之幣也。"西周金文《師遽方彝》載周王"鄉醴"後,"錫師遽琿圭一、環章四";《效卣》載:"公東宫内鄉(饗)于王,王錫公貝十朋";所有這些賞賜,都應屬於酬幣性質。春秋時也還流行這種禮節,"虢公晉侯朝王,王饗醴,命之宥,皆賜玉五穀、馬四匹"(《左傳》莊公十八年);"晉侯獻俘於王……王享醴,命晉侯宥……賜之大輅之服、戎輅之服,彤弓一、彤矢百、旅弓矢千、秬鬯一卣"(《左傳》僖公二十八年);魯襄公"享晉六卿于蒲圃,賜之三命之服;軍尉、司馬、司空、輿尉、侯奄,皆受一命之服;賄荀偃束錦加璧乘馬,先吳壽夢之鼎。"(《左傳》襄公十九年)魯襄公饗范獻子,"展莊叔執幣。"(《左傳》襄公二十九年)按禮,每一次"酬"都應有"幣",如果行九獻之禮,要九次"酬",就得酬給九次幣。如秦"后子享晉侯,造舟于河,十里舍車,自雍及絳,歸取酬幣,終事八反"(《左傳》昭公元年)。杜注:"備九獻之義,始禮自齎其一,故續送其八酬酒幣。"

在當時飲酒的禮節中,在彼此相互"獻"、"酢"、"酬"之間,還要講究"席"的重次,重次越多就越表示尊重。如前引《左傳》襄公二十三年記載,季武子召集大夫飲酒,臧孫紇爲了幫助季武子把悼子立爲繼承人,"命北面重席"去迎接他。饗禮對此更爲講究,《禮記·郊特牲》說:"大饗,君三重席而酢焉(注:'言諸侯相饗獻酢,禮敵也'),三獻之介,君專席而酢焉,此降尊以就卑也(注:'三獻,卿大夫來聘,主君饗燕之,以介爲賓,賓爲苟敬,則徹重席而受酢也,專猶單也')。"這是說:諸侯之間舉行饗禮,地位相當,獻、酢都該用三重席,如果國君用饗禮招待卿大夫(即所謂"三獻之介"),國君進"獻"時用三重席,到受"酢"時就徹去兩重席,只留單層席,因爲"此降尊以就卑也"。

(三) 作樂

饗禮既是高級的鄉飲酒禮,行禮時陪奏的音樂和歌唱,也就更隆重和繁複。一般的鄉飲酒禮行於大夫和士之間,送賓時有樂,迎賓時無樂,行禮時陪奏的樂,以"升歌"爲第一節,"笙奏"爲第二節,"間歌"爲第三節,"合樂"爲第四節。饗禮都行於天子、諸侯、卿大夫之間,迎送賓客時都有"金奏"之樂,行禮時所用的樂,同樣有"升歌",但是没有"笙奏"、"合樂",而有"管"和"舞"。因爲"金奏"、"管"、"舞",都較"笙奏"、"合樂"爲隆重。

饗禮在迎送賓客時,都用"金奏","金奏"就是用鐘鼓演奏的樂曲,作爲行步的節奏。如楚王用饗禮招待晉卿郤至,在地下室中懸着鐘鼓,"郤至將登,金奏作於下"(《左傳》成公十二年)。按禮,天子行饗禮招待諸侯,才能用"金奏《肆夏》之三",所謂"《肆夏》之三"是指《肆夏》的樂章三章,即《樊》《遏》《渠》,所以也稱爲《三夏》,《左傳》襄公四年記叔孫穆子説:"三夏,天子所以享元侯也",《國語·魯語下》作:"夫先樂金奏《肆夏》——《樊》、《遏》、《渠》,天子所以饗元侯也。"到春秋中期以後,卿大夫才有奏《肆夏》的,《禮記·郊特牲》説:"大夫之奏《肆夏》也,由趙文子始也。"

饗禮所用的"升歌",如果是諸侯招待使臣,便和鄉飲酒禮一樣,歌唱《鹿鳴》、《四牡》、《皇皇者華》。如果諸侯相互招待,就得歌唱《文王》、《大明》、《緜》,《國語·魯語下》記叔孫穆子説:"夫歌《文王》、《大明》、《緜》,則兩君相見之樂也。"鄉飲酒禮的"升歌"主要用瑟伴奏,而饗禮則有用簫伴奏的,如《國語·魯語下》説:"今伶簫詠歌及《鹿鳴》之三","伶"是歌者,"簫"是指吹簫者。

《禮記·仲尼燕居》篇説:

> 大饗有四焉:……兩君相見,揖讓而入門,入門而縣興(注:"縣興,金作也")。揖讓而升堂,升堂而樂闋,下管《象》,《武》《夏籥》序興。……客出以《雍》,徹以《振羽》。……入門而金作,示情也。升歌《清廟》,示德也。下而管《象》,示事也。

這是説:貴賓入門時即用"金奏",升堂後,便用升歌《清廟》,接着用"管"吹奏《象》(樂曲名),然後再舞《武》(即《大武》)和《夏籥》(即《大夏》),《武》是武舞,《夏籥》是文舞,到禮完畢,客出時歌唱《雍》,"徹俎"時歌唱《振羽》。這裏説兩君相見,"升歌《清廟》",和《左傳》、《國語》載叔孫穆子所説"歌《文王》《大明》《緜》"不同。看來叔孫穆子所説的,是兩君相見的通禮,而《仲尼燕居》所説的,是魯國的特殊情況。升歌《清廟》、下管《象》以及舞《大武》《大夏》,原是"大嘗禘"所用,"此天子之樂"(《禮記·祭統》),魯國因"世世祀周公以天子之禮樂",在太廟也升歌《清廟》(《禮記·明堂位》)。《左傳》襄公十年載荀偃、士匄説:"魯有禘樂,賓祭用之。"孔穎達《正義》曾引用《祭統》和《仲尼燕居》來證明魯國確用禘樂,賓祭確是同用。魯國因爲是周公後代,得用天子之樂,所以饗禮有升歌《清廟》等"禘樂"的節目。同時,宋國因爲商的後代,也曾用天子之樂來行饗禮,如《左傳》襄公十年載:"宋公享晉侯於楚丘,請以桑林(注:桑林,殷天子之樂名)。"

(四) 正式禮樂完備後的宴會和習射

鄉飲酒禮在正式的禮樂完備後,爲了使賓客盡歡,還有"旅酬"和"無算爵",這都具有宴會的性質。同樣的,饗禮在正式禮樂完備後,也還要舉行宴會。如《國語·晉語四》載:"秦伯享(饗)公子,如享國君之禮","卒事,秦伯謂其大夫曰:爲禮而不終,恥也"(注:"言此,爲明日將復宴")。於是"明日宴"。所謂"卒事",是指饗禮的正式禮樂已完畢;所謂"爲禮而不終",因爲按禮,在饗禮正式禮樂完備後,還應舉行宴會招待。《左傳》昭公元年載:鄭伯饗趙孟、叔孫豹等,"禮終乃宴"。所以要"禮終乃宴",因爲按禮應該如此。《鄂侯鼎》說:

噩(鄂)侯駿(御)方内△于王,乃儐之,駿方荟(友)王。王休㝨(宴),乃射。駿方卿王射。駿方休闌,王宴,咸會(飲)。王寴(親)昜(錫)駿〔方玉〕五穀、馬四匹、矢五〔束〕。

這裏,頭段記的是饗禮,後面記的,就是饗禮完備後,按禮應進行的宴會和習射。《長由盉》説:

穆王才(在)下減应,穆王鄉豊(醴),即井(邢)白(伯)大祝射,穆王蔑長由。

"穆王鄉醴"是説周穆王舉行饗禮,"即邢伯大祝射"是説在饗禮之後,就和邢伯、大祝一起習射。在饗禮之後往往要舉行習射之禮,這和在鄉飲酒禮之後要舉行鄉射禮也相同。

根據上面的論證,可知饗禮有着和鄉飲酒禮同樣的獻賓儀式,同樣把"獻"、"酢"、"酬"合成一獻之禮,只是獻賓不用酒而用醴,不喝而嘴上啐一下,而獻禮的次數加多,有重複三次至九次的,在"獻"之前有比"獻"更隆重的"祼",在"酢"的時候有比"酢"更隆重的"侑",在"酬"之後又有"酬幣"。在禮節增加的同時,"樂"也相應的增加,迎送賓客都有"金奏",行獻賓禮時除用"升歌"以外,還用"管"和"舞"代替了"笙奏"和"合樂",其奏唱的曲調和詩歌也要看貴賓的身份而定,身份越高就越隆重。在正式禮樂完備後,如同鄉飲酒禮一樣,常要連續舉行宴會和習射之禮。總之,饗禮的基本禮節是和鄉飲酒禮是相同的,只是禮節加重,陳設舖張,花色添增,更加形式化而已。很明顯的可以看出,饗禮是在鄉飲酒禮原有禮節的基礎上加工而成的,就是一種高級的鄉飲酒禮。古文獻上把饗禮和鄉飲酒禮同樣稱爲"鄉"或"饗",因爲饗禮就是由鄉飲酒禮發展出來的,所以饗禮還沿用着和鄉飲酒禮相同的名稱。禮書上把饗禮或者稱爲"大饗",就是因爲這是一種高級的鄉飲酒禮,猶如禮書把高級的鄉射禮稱爲"大射"一樣。古人爲了把兩者區别起見,把鄉飲酒禮稱爲"鄉酒"或"鄉人飲酒",而把饗禮稱爲"饗醴"或"享醴"。

　　饗禮和鄉飲酒禮舉行的目的也是差不多的。鄉飲酒禮具有酒會和議會的性質,目的在於尊敬賓客,分别貴賤、長幼的等次,以求維護貴族的統治秩序和特權,更重要的是要商定國家大事。饗禮舉行的目的也是如此,《禮記·樂記》曾把兩者歸爲一類,説:"射、鄉(指鄉飲酒禮)、食、饗(指饗禮),所以正交接也。"《禮記·仲尼燕居》説:"食饗之禮所以仁賓客也。"《國語·周語中》記述周定王的話,説得最詳細:

　　　　夫王公諸侯之有飫(指饗禮)也,將以講事成章,建大德,昭大物也(韋注:"講,講軍旅,議大事;章,章程也。大德,大功也。大物,大器也")。

所謂"大德"、"大物",無非擺出大的場面,大加鋪張,用來講究貴賤、長幼的等次;所謂"講事成章",就是商定國家大事。饗禮不僅是一種尊敬貴賓的儀式,同時還具有會談國事的性質。

四　由"鄉飲酒禮"和"饗禮"推論"禮"的起源和"禮"這個名稱的來歷

　　根據上面對"鄉飲酒禮"和"饗禮"的論述,很具體的可以看到:我國古代的"禮"起源於氏族制末期的習慣。在氏族制時期,人們有一套傳統的習慣,作爲全體成員在生產、生活中自覺遵守的規範。等到貴族階級和國家產生,貴族就利用其中某些習慣,加以改變和發展,逐漸形成各種"禮",作爲加强貴族階級統治的一種制度和手段,以維護其宗法制度和加强君權、族權、夫權和神權。

　　"鄉飲酒禮"是由軍事民主制時期的"議事會"轉變來的,它不僅是尊敬長老的酒會,而且具有長老會議的性質,是借用酒會來商討和決定軍政大事的,也可以説是執政者的諮詢機關,這在維護貴族統治上當然有其一定的作用。後來元老的政治權力縮小,這種"禮"成爲單純的酒會儀式,用來尊敬貴賓和族長,着重於分别貴賤、長幼的等次,依然是維護貴族統治秩序的一種手段。至於"饗禮",實質上是一種高級的"鄉飲酒禮",是在"鄉飲酒禮"原有的基礎上加工制訂而成的。看來,西周的高級貴族爲了招待貴賓、舉行會談以及維持貴族統治秩序的需要,就在"鄉飲酒禮"原有禮節的基礎上,進一步加重禮節,增添花色,逐漸制定成了比"鄉飲酒禮"更高級的"饗禮"。舊説周公制禮作樂,未必可信,西周的禮樂未必周公一人所制定,但是西周的高級貴族爲了統治上的需要,在原有禮俗上增添花色,加以系統化,逐漸制訂成各種符合於他們需要的禮樂,當是事實。"饗禮"就是其中之一。

"禮"這個名稱的來歷,是和這種飲酒禮的"禮"有密切關係的。原來"醴"和"禮"本是一字,同作"豊",像兩玉盛在器内之形。其所以會演變分化出"醴"和"禮"兩字,王國維在《釋禮》(《觀堂集林》卷六)中解釋説:

> 盛玉以奉神人之器謂之曲若豊,推之而奉神人之酒醴亦謂之醴,又推之而奉神人之事,通謂之禮。其初,當皆用曲若豊二字,其分化爲醴禮二字,蓋稍後矣。

這個解釋基本上是正確的,但是還没有把"醴"與"禮"的關係分辨清楚。前面談過,"饗禮"是由"鄉飲酒禮"加工制訂而成,"饗禮"的獻給賓客的是"醴",不同於"鄉飲酒禮"獻的是"酒",而且"饗禮"獻醴之禮要比"鄉飲酒禮"獻酒之禮隆重得多,"醴"是當時高貴敬獻禮品,如同盛在禮器中所獻的玉一樣,因而同樣稱爲"豊",或從"酉"稱爲"醴"。同時獻"醴"之禮已更形式化,只是給賓客嘴裏啐一下,不是給喝的,已純粹成爲一種敬獻的儀式,如同用玉盛在禮器中敬獻一樣,因而這種敬獻儀式也稱爲"豊"。當時貴族專門設有"饗禮",用"醴"來敬獻貴賓,成爲一種隆重的尊敬儀式,既用之於貴賓,又推廣到貴神,因而"豊"又從"示"而稱爲"禮"。推而廣之,一切儀式的舉行中,也常用"醴"來敬賓,凡是用"醴"來敬賓的,也都稱爲"禮"了。凌廷堪《禮經釋例》的《賓客之例》中,有一例説:

> 凡賓主人行禮畢,主人待賓用醴,則謂之禮;不用醴,則謂之儐。

凌氏曾列舉《儀禮》的《士昏禮》、《聘禮》等,詳爲證明,這裏不重複了。禮書中這樣把"待賓用醴"稱爲"禮",該是沿襲古老的習慣的。《禮記・禮運》說:"夫禮之初,始諸飲食。"大概古人首先在分配生活資料特別是飲食中講究敬獻的儀式,敬獻用的高貴禮品是"醴",因而這種敬獻儀式稱爲"禮",後來就把所有各種尊敬神和人的儀式一概稱爲"禮"了。後來更推而廣之,把生産和生活中所有的傳統習慣和需要遵守的規範,一概稱爲"禮"。等到貴族利用其中某些儀式和習慣,加以改變和發展,作爲維護貴族統治用的制度和手段,仍然叫做"禮"。

西周時代這種敬獻酒醴的儀式的産生,還可能與當時禁酒有關。《禮記・樂記》說:

> 夫豢豕爲酒,非以爲禍也,而獄訟益繁,則酒之流生禍也,是故先王因爲酒禮。一獻之禮,賓主百拜,終日飲酒而不得醉焉,此先王之所以備酒禍也。故酒食者所以合歡也,樂者所以象德也,禮者所以綴淫也。

的確,西周初年周王朝鑒於殷貴族沉迷酒中,腐化墮落,曾積極禁酒。《尚書・酒誥》曾明白指出,只有祭祀和敬獻長老和君長時能喝酒,如說:"飲惟祀,德將無醉","羞耇惟君,爾乃飲食醉飽";還嚴禁合羣飲酒,告誡康叔說:"羣飲,汝勿佚,盡執拘以歸于周,予其殺。"西周制定的獻酒之禮,採用"嚌"或"啐"的方式,只"飲至齒不入口",該與當時"備酒禍"有關的。前面已談過,周康王即位時所舉行的"饗禮",已採用"嚌"的方式。《儀禮》所記述的獻"醴"禮節,也是"啐之而已,不卒爵";同時所記述的比較隆重的獻"酒"禮節,如鄉飲酒禮、燕禮、鄉射禮、大射儀等,主人獻賓,在"卒爵"之前都要"啐酒告旨",詳凌廷堪《禮經釋例》的《飲食之例上》"凡獻酒禮,盛者則啐酒告旨"條。《鄉飲酒義》解釋說:

> 祭薦祭酒,敬禮也;嚌肺,嘗禮也;啐酒,成禮也;於席末,言是席之正,非專爲飲食也,爲行禮也。

這裏把"啐酒"看得很重要,作爲"成禮"的一個步驟,而不以"卒爵"作爲"成禮"的步驟,看來也與"備酒禍"有關的。

《中華文史論叢》第四輯,今略加修訂

"射禮"新探

西周、春秋時代貴族所舉行的"射禮",共有四種,即"鄉射"、"大射"、"燕射"、"賓射"。"鄉射"是由鄉大夫和士在鄉學中行鄉飲酒禮之後舉行的,"大射"是天子或諸侯會集臣下在大學舉行的,"燕射"是大夫以上貴族在行燕禮(宴會之禮)之後舉行的,"賓射"是特爲招待貴賓而舉行的。後二種,是爲了招待貴賓和舉行宴會而舉行,着重在敍歡樂,《周禮·大宗伯》所謂"以賓射之禮親故舊朋友"。前二種,就着重在行禮,通過行禮的方式來進行"射"的練習和比賽。因爲這二種禮比較重要,《儀禮》就有《鄉射禮》和《大射儀》兩篇來詳細敍述。本文就想通過這兩種禮的探討,來闡明射禮的性質和作用及其起源。

一 "鄉射禮"具有軍事教練的性質

鄉射禮是古代鄉學中舉行的一種重要禮節,具有軍事教練的性質,當時學校就是把軍事教練作爲重點課程的。我在《我國古代大學的特點及其起源》一文中已經談過,古代貴族的學校,不僅是貴族子弟學習的場所,而且是貴族成員公共活動的場所,貴族們集體行禮、集會和練武,都在這裏。鄉射禮實際上就是"國人"在所居的"鄉"中舉行的一種以"射"爲内容的運動會,不僅鄉中成員在此進行"射"的練習和比賽,所有子弟也在此實習。在原始社會後期發明弓箭以後,拉弓射箭長期成爲戰爭中重要的技術。我國古代的軍隊,是以貴族成員作爲骨幹、"國人"作爲主力的,每個貴族和"國人"中的成員就是武士,因此他們都要練習"射",他們的子弟都要學習"射","射"是他們學習和練習的主要課程,鄉射禮就是用行禮的方式來教學這種主要課程的。

鄉射禮的具有軍事教練性質,我們從其舉行的場所可以看到。據《儀禮·鄉射禮》,這種禮是在"豫"中舉行的。"豫"又作"序",《周禮·州長》和《儀禮·鄉射記》都作"序"。又或作"榭",《春秋》宣公十六年載"成周宣榭災"。"榭"也可作

"廝"和"射",西周金文有"宣廝"和"宣射",即是宣榭①。"豫"、"序"、"榭"原是土臺上廳堂式的建築。《爾雅·釋宫》說:"無室曰榭",又説:"闍謂之臺,有木者謂之榭。"李巡注説:"臺,積土爲之,所以觀望,臺上有屋謂之榭"(《左傳正義》引)。又説:"但有大殿無室,名曰榭"(《禮記正義》引)。其所以要建築成廳堂式樣,是爲了講武用的。《國語·楚語上》記伍舉説:"先王之爲臺榭也,榭不過講軍實。"可爲明證。"序"、"廝"、"榭"等稱謂,該就是從"射"分化出來的,《孟子·滕文公》說:"序者射也",是有根據的。不僅西周金文有把"宣榭"寫作"宣射"的,古文獻中也有把"序"、"榭"稱爲"射"的,如《周禮·諸子》和《禮記·燕義》都説:"春合諸學,秋合諸射",鄭注:"學,大學也;射,射宫也。"其實,"射"該即"榭"或"序"。當時鄉學有稱爲"序"或"豫"的,因爲鄉學主要是習射的場所。

鄉射禮具有軍事教練的性質,我們從其禮的具體舉行過程中也可看到。這種禮的主要程序是三番射:

第一番射,由鄉學中弟子參加,着重於射的教練,其禮節如下:

(一) 請射:由主人挑選一人掌管射事,叫做"司射"。當射禮正式開始時,由司射向來賓請射。

(二) 納射器:由司射命令弟子送納各種射器進堂,如弓、矢等,以便應用。

(三) 比三耦:由司射把挑選出來的弟子六人,相配成三組,每組有上射一人、下射一人,稱爲"三耦",即上耦、次耦、下耦。

(四) 張侯倚旌:這時總管飲酒禮的"司正",改任爲"司馬",開始總管有關射禮的事務。命令弟子張"侯"(布製箭靶),命令"獲者"(射中的報告員)取旌倚靠在"侯"的正中,使大家注意。

(五) 遷樂:由樂正命令弟子幫助樂正把樂器遷到堂下,以便堂上行射禮。

(六) 俟射:由司射命令"三耦"接取弓矢,"三耦"都手執弓,腰帶插矢三枝,手指挾矢一枝,前進而俟射。

(七) 誘射:司射作示範教學,叫做"誘射"(鄭注:"誘猶教也")。由司射帶弓矢升堂,把四矢依次盡發,然後把"扑"(教鞭)插在腰帶,回到原位,指揮和監督射事。

---

① 《儀禮·鄉射禮》說:"豫則鉤楹内",鄭注:"今言豫者,謂州學也。讀如成周宣榭災之榭,《周禮》作序",又説:"今文豫作序。"《儀禮·鄉射記》正序,如説:"序則物當棟。""宣廝",西周金文作"宣廝"或"宣射",如《虢季子白盤》說:"王孔加子白義,王各(格)周廟宣廝爰鄉(饗)。"《𦅫簋》説:"正月初吉王在周邵宫,丁亥王各(格)于宣射。"

（八）命射：先由司馬命令"獲者"執旌背着"侯"而立；次由司射引導"上耦"升堂，合足俟射；再由司馬命令"獲者"執旌躲藏到"乏"（避矢用的小屏風）後，準備觀察和報告射中情況；于是由司射發布發射命令說："無射獲，無獵獲。"就是說：不能射中"獲者"，不能射到"獲者"身旁。

（九）三耦射：由"上耦"的"上射"先射，"下射"再射，各發四矢；接着"次耦"和"下耦"依次各發四矢。然後司射放去"扑"，升堂告賓說："三耦卒射。"當"獲者"見到有人射中"侯"的質的時，揚旌唱"獲"，當旌旗舉起時，唱聲要高，當旌旗放下時，唱聲隨着降低，所謂"舉旌以宫，偃旌以商"。因爲這番射是學習性質，雖然"獲者"揚旌唱獲，"釋獲者"（射中的統計員）並不用籌算統計，所謂"獲而未釋獲"（鄭注："但大言獲，未釋其算"）。

（十）取矢委福：由司馬命令弟子把"福"（即"箙"，箭囊）設置中庭，搜求發射出來的矢，裝到"福"中。於是第一番射完畢。

上述第一番射，由鄉學中弟子相配成"三耦"，先由司射"誘射"，再由"三耦"依次發射，射中的只揚旌唱獲而不加統計，不算勝負，其屬于教學性質，顯而易見。《鄉射記》說："三耦者使弟子，司射前戒之。"鄭注："前戒，謂先射請戒之。""戒"就有訓戒的意思。

第二番射，參加者除了原來由弟子配合的"三耦"外，還有主人、賓和衆賓參加，着重于射的比賽。其禮節如下：

（一）請射：如同第一番射。

（二）比耦：由司射告于賓，再告于主人，使主人與賓配合成耦。接着告于大夫，使大夫與士配合成耦，再使衆賓配合成"衆耦"。

（三）三耦拾取矢：由原先的"三耦"依次到中庭，從"福"中拾（更）取矢，退回原位。就是取回第一番射所發出的矢，以便再射。

（四）衆賓受弓矢：衆賓接受弓矢前進，繼"三耦"之南，依次而立，俟射。

（五）請釋獲：司射去"扑"升堂，向來賓"請釋獲"，即計算射中次數而分勝負。隨即命令"釋獲者"設置"中"（盛籌算的器具），並前往視察。"釋獲者"把"算"（籌算）八根插入"中"中，以便計算。如果行禮時，有人射中"侯"的質的，"獲者"揚旌唱獲，"釋獲者"就把"算"抽出一根，釋放在地上以待統計，故稱"釋算"（《周禮·太史》作"舍算"）或"釋獲"。

（六）命射：司射發布發射命令說："不貫不釋。"就是說：如果不貫穿"侯"的質的，不能"釋算"計數。

（七）耦射：先由"三耦"射，次由賓和主人配耦而射，大夫配耦而射，衆賓配耦而射。如果射中一次，則由"釋獲者"釋放一根"算"于地，"上射"射中的放在右邊，"下射"射中的放在左邊。等到全體射畢，由"釋獲者"報告賓說："左右卒射。"

（八）取矢委福：如同第一番射。對於大夫的矢，則用茅束在手所握處，加以保護。

（九）數獲：在司射監視下，"釋獲者"統計射中次數。先計算"右獲"，即每耦中"上射"射中的次數；次計算"左獲"，即"下射"射中的次數。再看左右兩方誰所"獲"的多，以"獲"多的爲勝。由"釋獲者"把勝負的結果報告賓，若右方勝，說："右賢于左"；若左方勝，說："左賢于右"；如左右均等，說："左右鈞。"

（十）飲不勝者：由司射命令弟子奉豐（安放爵觶的器座）升堂放置，由勝者弟子洗觶，安放在豐上，給不勝者飲酒。

（十一）獻"獲者"和"釋獲者"：由司馬用爵獻酒給"獲者"，司射用爵獻酒給"釋獲者"，以表示慰勞。于是第二番射完畢。

上述第二番射，要統計射中次數，分別勝負，不勝者要被罰飲酒，其屬于比賽性質，顯而易見。值得注意的是，這不是個人的比賽，而是集體的比賽。他們雖然把所有參加的人相配成對而比賽，即所謂"比耦"和"耦射"，好像是兩個人在比賽，但在統計時，不分各耦，只是按"上射"和"下射"，分爲左右兩方，總起來統計的，只計算左右兩方的勝負，不計較個人的得失。很清楚的，這樣的比賽還是爲了加强集體的訓練。

第三番射的參加人員與基本節目，都和第二番射相同，同樣要"釋獲"，具有比賽性質，但比第二番射更進一步，射箭時要用音樂來節奏，射者必須按照音樂的節奏來行動和發射。當一切"射"的準備工作做好後，司射就升堂"請以樂（音樂）樂（歡樂）於賓"，並對樂正發出命令，隨即到堂下發布發射命令說："不鼓不釋。"就是說：如果不按鼓的節奏發射，不能"釋算"計數。接着退回原位，命令大師（樂師）說："奏《騶虞》，間若一。"就是說：奏《騶虞》這首歌曲，節奏的間隙要均匀一律。于是樂工便奏《騶虞》，三耦、賓和主人、大夫、衆賓依次聽從鼓音的指揮而發射。隨後也有"取矢委福"、"數獲"、"飲不勝者"等節目，如同第二番射。最後，由司射命令"拾取矢"，司馬命令弟子解脫"侯"，"獲者"帶旌退，弟子帶福退，司射命令"釋獲者"帶"中"和"算"退，于是第三番射完畢。

上述第三番射，既要求射中"侯"，又要求聽從鼓音的節奏來發射，可以說達到了"射"的最高要求。《鄉射記》說："始射，獲而不釋獲；復，釋獲；復，用樂行之。""始射"指第一番射,雖然唱"獲",但是"不釋獲",即不統計射中次數;前一個"復"指第二番射,就着重於"釋獲",即要統計射中次數而分別勝負;後一個"復"指第三番射,就必須按照音樂的節奏來進行。在三番射中,爲了訓練"射"的技巧,要求是逐步提高的,鄉射禮的具有軍事教練性質,非常明顯。

在三番射的過程中,司射不僅是個指揮員,也還是個教練員。在第一番射開始時,司射要"誘射",即是示範教學。當他指導大家發射時,腰中插着"扑","扑"就是教鞭,《尚書·堯典》所謂"扑作教刑",是用來責打犯錯過的射者的,《鄉射記》明確説:"射者有過則撻之。"方苞認爲"扑"就是"平時庠序之所用也,至習射,則必大過而後撻"(《周禮析疑》)。很對。

在三番射的過程中,弟子不僅是學生,也還是服務員。弟子除了被挑選出來配合成"三耦",參與"射"的練習和比賽之外,還分別聽命於司射、司馬、樂正,擔任"納射器"、"張侯"、幫助"遷樂"、"取矢委福"、"設豐實觶"等工作,爲參與射禮的人服務。鄭玄把弟子解釋爲"賓黨之年少者",並不確當。吴廷華認爲:"弟子斷應在習禮之内,蓋鄉學中之學士"(胡培翬《儀禮正義》引),是正確的。弟子中被選出配成"三耦"的,固然直接得到習射的機會;許多擔任服務工作的弟子,也能從旁得到觀摩的好處。

除了這些弟子以外,所有參加"射"的成員,包括主人、賓和衆賓在内,通過對"射"的觀摩和比賽,特别是通過逐步提高要求的比賽,當然對提高"射"的技術是有幫助的。

據此可見,這種禮是把鄉學中的弟子的軍事學習和鄉中成員的軍事訓練密切結合的,是通過行禮的方式把軍事教練的課程固定下來的,既是鄉學中教育弟子的一種軍事教練課程,又是鄉中成員進行集體軍事訓練的一種社會活動。

鄉射禮既然是進行軍事訓練和軍事教練的性質,爲什麽要在鄉中舉行呢?因爲鄉既是"國人"鄉黨組織的單位,同時又是國家軍事組織的單位,當時軍隊組織是和鄉黨組織密切結合的。《周禮·大司徒》載:五家爲比,五比爲閭,四閭爲族,五族爲黨,五黨爲州,五州爲鄉。《周禮·小司徒》又載:五人爲伍,五伍爲兩,四兩爲卒,五卒爲旅,五旅爲師,五師爲軍。以一比組成一伍,一閭組成一兩,一族組成一卒,一黨組成一旅,一州組成一師,一鄉組成一軍。同時各級鄉黨組織的長官,也就是各級將官。《周禮》所載,未必就是西周初期的制度,但是西周的軍事組織確是和鄉黨組織密切結合的,這到春秋時各國還是如此。《國語·齊語》載齊的國都中有十五個士鄉,每鄉二千家,每家出壯丁一人,合二千人爲旅,每五鄉合爲一軍,由國君或上卿統率。這該已是春秋時擴展的制度,溯其源,應是一卿主管一鄉,"卿"的稱呼即起源於"鄉"。詳拙作《鄉飲酒禮與饗禮新探》。"鄉"既是軍事組織的主要單位,所以當時的軍事訓練和軍事教練也是以"鄉"爲單位的。

二 "大射儀"爲高級的"鄉射禮"

我們把《儀禮》的《大射儀》和《鄉射禮》作比較,很清楚地可以看到,這兩種禮節基本相同,同樣有三番射的步驟和內容。只是由於主持和參加大射儀的貴族身份較高,在場掌禮和服務人員的官職也較高,人數也較多,禮節更表現得繁複。

鄉射禮的主人是卿大夫(或作鄉大夫),賓和衆賓是大夫和士,參與者還有鄉學中的弟子,鄉學便是行禮的場所。大射儀的主人是國君,賓和衆賓是諸公卿、大夫,還有士參與,國都近郊的大學便是行禮的場所。《儀禮·鄉射記》説:"君國中則皮樹中,于郊則閭中。"鄭注:"國中,城中也,謂燕射也;于郊,謂大射也,大射于大學。"鄭玄認爲燕射在城中公宮中舉行,大射則在近郊大學中舉行,很對。《韓詩説》説:"辟雍者,天子之學……所以教天下春射秋饗"(《大雅·靈臺》正義引《五經異義》)。《白虎通·辟雍》篇也説:"大學者,辟雍,鄉射之宫。"在辟雍舉行的射禮應即大射。《禮記·射義》説:"天子將祭,必先習射于澤……已射于澤,而後射于射宫。"這種天子主持的"習射",過去學者都認爲是大射,其"習射"的"澤"和"射宫",當即辟雍。"澤"即辟雍周圍的水池,"射宫"即中間高地上廳堂式的建築。可見大射儀和鄉射禮同樣在學校中舉行,就是同樣在講武堂上舉行。

鄉射禮的掌禮和服務人員,主要有二個系統:司射指揮和掌管"射"的事,司馬總管有關事務。有獲者聽命于司馬,揚旌唱獲,報告射中情況;有釋獲者聽命于司射,計算射中次數,分別勝負;有樂正聽命于司射,指揮大師、樂工陪奏音樂,使射者隨着節奏發射;還有鄉學中弟子分別聽命于司射、司馬、樂正,擔任各項雜務。大射儀的掌禮和服務人員雖然官職較高,人數較多,但其組織系統也還和鄉射禮相同。司射由大射正擔任,有小射正輔助,通稱爲"射人"。司馬由司馬正擔任,有司馬師輔助。獲者也叫負侯者,其首長稱爲"服不"。釋獲者由太史擔任,有小史輔助。樂正之下,還有小樂正;大師之外,還有少師、上工等。此外,還有擔任事務的小臣正、小臣師、僕人正、僕人士、量人、巾車、隸僕人等。其中有些職官,是爲了行禮的需要而臨時制定的。胡匡衷《儀禮釋官》曾對此詳加考證。

接下來，我們把兩種禮節作個比較。大射儀三番射的禮節，基本上是和鄉射禮相同的。第一番由"三耦"射，同樣唱獲而不加統計；第二番除"三耦"外，有國君和賓、公卿、大夫及衆賓參加，同樣統計左右兩方射中次數而分勝負；第三番也用音樂節奏，使大家按節奏而發射。所不同的，鄉射禮所射的只一個"侯"，大射儀則公、大夫、士各有一個"侯"，即公射"大侯"，大夫射"參侯"，士射"干(豻)侯"，用以區別尊卑。如果射者不按規定的"侯"去射，射中也不算。如果卑者和尊者合爲一耦，就可以合射一侯。對國君則特別優待，只要射到"侯"的角和繩，或者飄着觸到"侯"，或者射到"侯"而跌落了，都一概算中；在三個"侯"中射到任何一個，也一概算中。可知大射儀的三番射，除了對國君表示尊重和優待以外，基本內容是和鄉射禮相同的。

大射儀的司射要負起教練的責任，這也是和鄉射禮相同的。第一番射時司射也要"誘射"，因爲共有三"侯"，第一矢射干(豻)侯，第二矢射參侯，第三、第四矢連射大侯。在指揮和監督發射時，同樣要執"扑"(教鞭)。但是爲了幫助國君，當國君發射時，大射正要立在國君背後，觀察國君發射的矢的動向而報告，射得偏下，要叫聲"留"(當從黃以周讀爲"溜")；射得偏上，叫聲"揚"；偏在左右，叫聲"方"(當從盛世佐讀爲"旁")。司射這樣的報告發射的矢的動向，目的就在輔導國君"習射"。

兩種禮在第三番射中奏的樂，有些不同。鄉射禮用鼓來節奏，大射儀所用樂器有鐘、鏞(鎛)、磬、鼓、應鼙、朔鼙、鼗、籈等。鄉射禮奏的樂章是《騶虞》，大射儀則奏《貍首》。其所以不同，也是由于大射儀中主人和賓的地位較高。《鄉射禮》鄭注："鐘鼓者，天子諸侯備用之，大夫士鼓而已。"

兩種禮最顯著的不同，是"請"和"告"的禮節。在鄉射禮中，司射和"釋獲者"的"請"和"告"，都是面對賓的。第一番射"請射"時，由司射到西階上告賓，再到阼階上告主人；射畢，由司射升堂告賓。第二番"請射"和第一番相同，"請釋獲"時，由司射請于賓；射畢，由"釋獲者"到西階上告賓；"數獲"後，由"釋獲者"把勝負告賓，第三番射"請樂"時，由司射"請以樂樂于賓"。大射的禮節不同，司射和"釋獲者"的"請"和"告"，都是對國君的。第一番射"請射"時，由司射到阼階前，請于公；射畢，又在阼階下，告于公。第二番射"請射"時，司射升自西階請于公；"請釋獲"時，又到阼階下，請于公；射畢，由"釋獲者"到阼階下，告于公；"數獲"後，又到阼階下，告于公。第三番"請射"時，司射也到阼階下，請于公。其所以不同，因爲鄉射禮的賓和主人，地位對等，因而在禮節上以尊賓爲主；大射儀的主人是國君,賓和衆賓都是他的臣下,因而在禮節上以尊君爲主①。

根據上面比較的結果,可知大射儀和鄉射禮的内容基本相同,只是因爲大射儀的主人是國君,身份較高,禮儀的規模較大,對國君特别尊敬和優待。實際上,大射儀就是一種高級的鄉射禮,用來維護國君的地位和尊嚴的。

《儀禮·大射儀》所述,是諸侯(公)的大射禮,没有述及天子(王)的大射禮。大概《儀禮》出于戰國時代儒家編輯,那時天子早已徒有空名,天子的大射禮早已不行,編者没有搜集到這方面有系統的資料。據《周禮·射人》載:

> 王以六耦射三侯,三獲三容(即乏),樂以《騶虞》九節,五正。
> 諸侯以四耦射二侯,二獲二容,樂以《貍首》七節,三正。
> 孤卿大夫以三耦射一侯,一獲一容,樂以《采蘋》五節,二正。
> 士以三耦射豻侯,一獲一容,樂以《采蘩》五節,二正。

這裏説諸侯四耦射二侯,和《儀禮·大射儀》所載諸侯三耦射三侯不合。《左傳》襄公二十九年載:"范獻子來聘……公享之……射者三耦。"可知春秋時諸侯也用三耦,因此從來經學家就把《周禮》的"四耦"算作畿内諸侯應用的禮,但也没有什麽證據。看來《周禮》所載這種整齊而有系統的制度,有些不免出于拼湊而成。

但是《周禮》所載,並不是全出虚構的。《周禮·射人》載:

> 若王大射,則以貍步張三侯。王射,則令去侯,立于後,以矢行告,卒令取矢。祭侯則爲位。與太史數射中。佐司馬,治射正。

這和《大射儀》所載司射的職掌完全相同。《周禮·服不氏》載:"射則贊張侯,以旌居乏而待獲。"《周禮·太史》又載:"凡射事,飾中舍(釋)算,執其禮事。"也和《大射儀》所載服不、太史的職掌相合。如果《周禮》這些記載可靠的話,那末,天子的大射禮大概和諸侯的大射禮相差不多的,只是一種更高級的鄉射禮。

---

① 凌廷堪《禮經釋例·射例》説:"鄉射告于賓者,尊賓也;大射告于公者,尊公也。鄉射初射告賓,復告主人者,賓、主人敵也。大射再射告于公,遂命賓者,尊賓以耦公也。告賓于西階者,賓在西階也;告公于阼階者,公在阼階也。大射再射升自西階請射于公者,便于命賓也。告賓于階上,告公于階下者,君臣之義也。此鄉射、大射之别也。"

前節曾詳細論證鄉射禮具有軍事教練的性質。大射禮既然是一種高級的鄉射禮，其具有軍事教練性質是相同的。邵懿辰在《禮經通論》中有一條"論十七篇中射禮即軍禮"説：

> 鄉射、大射亦寓軍禮之意。男子有事四方，桑弧蓬矢初生而有志焉。……五兵莫長于弓矢也，故射御列于六藝。而言聘射之義者，以爲勇敢強有力，天下無事則用之于禮義，天下有事則用之于戰勝。澤官選士，各射己鵠，有文事必有武備也。

根據上面的分析，足以證明邵氏認爲射禮即軍禮，是對的。邵氏説："天下無事則用之于禮儀，天下有事則用之于戰勝"，也是對的。

三 "射禮"起源於借田獵來進行的軍事訓練

《儀禮》中射禮的記載，大概出于春秋戰國間儒家的編輯，因爲《大射儀》和《鄉飲酒禮》中談到諸侯之臣有所謂"諸公"的，這在春秋末年以前是没有的①。但是從《詩經》中有關射禮的詩歌看來，這種禮的基本特點，在西周、春秋時早已形成。

《齊風·猗嗟》説："儀既成兮，終日射侯，不出正兮。""射侯"即是射禮所射的"侯"，"正"即是"侯"中部的標的。《猗嗟》又説："射則貫兮，四矢反兮，以禦亂兮。""貫"即是射禮中"不貫不釋"的"貫"，"四矢"即是射禮中所説"乘矢"，按禮每個射者射一次，都必須射完四矢。《大雅·行葦》説：

> 敦弓既堅，四鍭既鈞，舍矢既均，序賓以賢。敦弓既句，既挾四鍭，四鍭如樹，序賓以不侮。

"舍矢既鈞"是説發射四矢都已射中了"侯"，"四鍭如樹"是説發射四矢都已貫穿"侯"中，竪立在"侯"中。《小雅·賓之初筵》説：

> 大侯既抗，弓矢斯張，射夫既同，獻爾發功，發彼有的，以祈爾爵。

---

① 崔述《豐鎬考信録》説："所謂諸公，即晉三家、魯三桓之屬。"

"射夫既同"是説許多射者都已經"比耦","獻爾發功"是説大家都要奏其發射中的之功,"發彼有的"是説發射到"侯"的鵠的,"以祈爾爵"是説射中的目的在于祈求辭讓酒爵,因爲射禮要"飲不勝者"。《禮記·射義》解釋説:"《詩》云:'發彼有的,以祈爾爵',祈,求也;求中以辭爵也。"從西周金文看來,由司射來教射的習俗也由來已久。《静簋》説:"王令(命)静司射學宮,小子眔服眔小臣眔尸(夷)僕學射",又説:"静學(教)無斁(斁)。"可見西周學校中確已設有"司射",教導"小子"等學射。

古人經常借用狩獵來進行軍事訓練和演習。"大蒐禮"就是一種借狩獵來進行的軍事演習,詳拙作《大蒐禮新探》。這種射禮,同樣起源于借用狩獵來進行的軍事訓練,我們從其禮節也還能看出來。其中最顯著的一點,就是射禮把射中目標稱爲"獲",觀察和報告射中情況的報告員就叫"獲者","獲者"看到有人射中"侯"的鵠的要揚旌唱"獲";同時計算射中次數和勝負的統計員就叫"釋獲者","釋獲者"要根據"獲者"的唱"獲"來計算射中次數叫做"釋獲"。"獲"原是指狩獵中對鳥獸的擒獲(不論是生擒或死擒),甲骨文中述及"隻"(獲)得某種野獸的記録很多,在古文獻上也多稱狩獵所得爲"獲",如《易·解九二》説:"田獲三狐。"《易·巽六四》説:"田獲三品。"①狩獵的目的在"獲",而射禮的射中目標也叫"獲",很明顯,射禮如同大蒐禮一樣,是起源于借用田獵來進行的軍事訓練。《鄉射禮》説:"獲者坐而獲",鄭注:

  射者中,則大言獲。獲,得也。射,講武師田之類,是以中爲獲也。

鄭玄這個解釋,很中肯綮。

大概古人最初借用田獵來進行軍事演習,後來發展爲大蒐禮。同時在辟雍(大學)附近設有廣大園林,以便練習射獵;也有在宫中建築射廬來習射的,如《趙曹鼎》説:"龏(恭)王才(在)周新宫,王射于射盧(廬)";《匡卣》説:"懿(懿)王才(在)射盧(廬)。"更有把田獵中擒獲的野獸作爲習射的目標的。《尚書大傳》説:

  習鬥也者,男子之事也。然而戰鬥不可空習,故于蒐獵閑之也。閑之者,

---

① 《左傳》襄公三十一年載子産説:"譬如田獵,射御貫(慣)則能獲禽,若未嘗登車,射御則敗績,厭覆是懼,何暇思獲?"

貫（慣）之也；貫之者，習之也。已祭，取餘獲陳于澤，然後卿大夫相與射，命中者雖不中也取，命不中者雖中也不取。何以也？所以貴揖讓之取，而賤勇力之取也。鄉（嚮）之取也于囿中，勇力之取也；于澤，揖讓之取也（陳壽祺輯本）。

《穀梁傳》昭公八年也説：

因蒐狩以習用武事，禮之大者也。……禽雖多，天子取三十焉，其餘與士衆以習射于射宫。射而中，田不得禽，則得禽；田得禽，而射不中，則不得禽。是以古之貴仁義而賤勇力也。

《穀梁傳》所説"其餘與士衆以習射于射宫"，即是《尚書大傳》所説"取餘獲陳于澤"而"相與射"，"澤"與"射宫"應在一地，即指辟雍。這樣拿擒獲的野獸用來習射，就是要大家練習射得"命中"，因此特別規定：儘管在田獵中沒有擒獲，只要這時射得"命中"就算"獲"；如果田獵中有擒獲而這時射不"命中"，還是不算"獲"。"射"的算不算"獲"，主要不在看田獵時有何擒獲，却要看習射時是否"命中"。這就是射禮把射中目標稱爲"獲"的來歷。

射禮把射中目標稱爲"獲"，因爲射禮起源于狩獵，狩獵是以射中禽獸爲"獲"的。射禮把觀察和報告射中情況的報告員稱爲"獲者"，究其原始，"獲者"就是狩獵中掌管擒獲禽獸的人，也就是"虞"。《周禮·山虞》載："乃弊田，植虞旗于中，致禽而珥焉。"鄭注："弊田，田者止也。植猶樹也。田止，樹旗令獲者皆致其禽而校其耳，以知獲數也。"《周禮·澤虞》又載："及弊田，植虞旌以屬禽。"射禮中"獲者"要揚旌唱獲，怕就是沿襲虞人"植旌以屬禽"的習慣。在大射儀中，"獲者"稱爲"服不"。《周禮·服不氏》載：

服不氏掌養猛獸而教擾之，凡祭祀，共（供）猛獸；賓客之事，則抗皮；射則贊張侯，以旌居乏而待獲。

爲什麽這個在射禮中掌管揚旌唱獲的官員，又是掌養猛獸、提供猛獸和獸皮的官員呢？怕也是由于射禮起源于狩獵的關係吧！看來服不氏原是狩獵中掌管擒獲野獸的官員，有時擒獲活的野獸就需要養着，以便祭祀上需用，因而同時成爲掌養猛獸的官員。

古時"習射"，大別有二，即"禮射"和"主皮之射"。"禮射"張"侯"來射，着重于按照一定的禮儀;"主皮之射"張獸皮來射,着重于"獲"(射中),不講究禮儀。"禮射"採取按禮依次"比耦"而射的辦法,"主皮之射"則採取淘汰制的比賽辦法,勝者能够再射,敗者則被淘汰。所以《儀禮·鄉射記》説:"禮射不主皮。主皮之射者,勝者又射,不勝者降①。""禮射"着重在訓練,"主皮之射"着重于比賽勝負。《論語·八佾》説:"射不主皮,爲力不同科,古之道也。"意思是説:"古之道"所以要"射不主皮",因爲主皮之射講究"力",而人們的"力"原來就有强弱之分。

"禮射"和"主皮之射"雖有區別,但是究其原始,"禮射"該即起源于"主皮之射"。因爲從"習射"的發展過程來看,"主皮之射"以射獸皮爲目標,比用擒獲來的野獸來習射要簡便得多,"禮射"用"侯"來代替獸皮爲目標,比"主皮之射"更爲進步。《禮記·樂記》説:

> 武王克殷……散軍而郊射,左射《貍首》,右射《騶虞》,而貫革之射息也。

所謂"郊射",要奏《貍首》和《騶虞》,當即"禮射"。"貫革之射"是否即是"主皮之射",過去經學家還有不同意見,但都是純粹的習武之射,是無疑的。這裏説:周武王克殷後,因推行"禮射",就代替了純粹的習武之射。"禮射"不一定是武王開始推行的,但是,由于"禮射"的推行,代替了純粹的習武之射,該是事實。《周禮·鄉大夫》鄭注:"庶民無射禮,因田獵分禽,則有主皮。主皮者,張皮射之,無侯也。"鄭玄認爲"禮射"屬于貴族,庶人没有"禮射",因而有"主皮之射"。其實,"禮射"就是起源于"主皮之射",因爲"禮不下庶人",庶民依然行着"主皮之射"。

"禮射"的起源于"主皮之射",從"禮射"用"侯"來代替"主皮之射"所用的獸皮,也可看到。據《周禮·司裘》,天子"大射"用虎侯、熊侯、豹侯,諸侯"大射"用熊侯、豹侯,卿大夫用麋侯,都設有"鵠"。據《考工記·梓人》,大射"張皮侯而棲鵠",賓射"張五采之侯",燕射"張獸侯"。據《儀禮·鄉射記》,天子用熊侯,諸侯用麋侯,大夫用布侯畫虎豹,士用布侯畫鹿豕。據鄭玄注解,虎侯、熊侯等,即所謂"皮侯",是用各種獸皮加以裝飾的;畫有虎、豹、鹿、豕的"布侯",即所謂"獸侯",是在布製的"侯"上畫有各種獸的圖象的。《儀禮·大射儀》説諸侯"大射"所

---

① 鄭注:"禮射,謂以禮樂射也,大射、賓射、燕射是矣。不主皮者,貴其容體比于禮,其節比于樂,不待中爲雋也。言不勝者降,則不復升射也。主皮者無侯,張獸皮而射之,主于獲也。"

用的"侯",有大侯、參侯、干侯。鄭玄認爲大侯即熊侯,"參"應讀爲"糝",即"雜侯","豹鵠而糜飾";"干"應讀爲"豻",即《周禮·射人》"士以三耦射豻侯"的"豻侯","豻鵠豻飾"。各種禮書上所談禮射用的"侯",雖然有些出入,基本上還是一致的,就是比較高級的"侯"直接用獸皮爲裝飾和製作"鵠",比較低級的"侯"就只畫上某種野獸圖象。爲什麽"禮射"用的"侯"一定要用某種獸皮來裝飾或者畫上某種獸形呢? 因爲它原來就是用來代替獸皮的。《周禮·司裘》鄭注說:"謂之鵠者,取名于鳲鵠,鳲鵠小鳥而難中,是以中之爲雋。"鳲鵠,據《淮南子·氾論》篇高注、《廣雅·釋鳥》是鵲,《說文》認爲是山鵲,確是一種"小鳥而難中"的。《考工記》說:"張侯而棲鵠","棲"原是鳥息止的意思,"鵠"而稱"棲",其原始本爲小鳥可知。那末,不僅"侯"的製作,起源于代替獸皮,而且"侯"中設"鵠",其原始,就是在獸皮中心放着鳲鵠作爲標的。射禮"張皮侯而棲鵠",就是沿此風習而來。

"禮射"起源于"主皮之射",其目的也在習射講武,所以"禮射"除了講究禮節以外,也還包函有"主皮之射"的内容。《周禮·鄉大夫》載:

> 退而以鄉射之禮五物詢衆庶:一曰和,二曰容,三曰主皮,四曰和容,五曰興舞。

凌廷堪著有《周官鄉射五物考》(《禮經釋例·射例》附錄),對此有詳細的解說。他認爲,"一曰和,二曰容",是指第一番射,這時不統計射中次數,但取其容儀合于禮節,所以稱爲"和"與"容";"三曰主皮",是指第二番射,這時講究射中貫穿,所以稱爲"主皮";"四曰和容,五曰興舞",是指第三番射,這時既要容儀合于禮節,步伐和發射都要合乎音樂的節奏,所以既要有"和容",又要能"興舞"。凌氏這個解說,比較通達。但是,既然"禮射不主皮",爲什麽射禮的第二番射又叫"主皮"呢? 鄉射禮射的是布侯而不是皮侯,爲什麽不叫"主布"而叫"主皮"呢? 我們認爲,射禮的第二番射有和"主皮之射"不同之處,前面已經談過,"主皮之射"着重在比賽勝負,採取淘汰制的比賽辦法,勝者能夠再射,敗者則被淘汰;而"禮射"着重在訓練,採用輪流比射的辦法。但是,射禮的第二番射也有和"主皮之射"相同之處,即主皮之射要射中而貫穿,射禮的第二番射也是如此,司射在第二番射時發布命令說:"不貫不釋",就是以"貫"作爲主要要求的。因爲射禮的第二番射有着"主皮之射"要貫穿的特點,亦稱爲"主皮"。

方苞認爲"習射尚功"(《禮記·王制》),當以貫革爲賢,因而"疑士大夫雖畫布爲侯,必以木爲匡,蒙以布,實草于其中,而著于侯之背面以受矢"(《儀禮析疑》)。這個推想很對。故宫博物院藏有一件刻紋燕樂畫象壺,上列的畫象中,就有舉行射禮的情況,描寫有一對射者(所謂"比耦")正從堂上向堂下之"侯"發射,"侯"有相當的厚度,射中的矢正貫穿于"侯"中。上海博物館藏有一件刻紋燕樂畫象橢杯,其中也畫有舉行射禮的情況,描寫有一對射者剛向"侯"射畢,有一矢中"侯"之"的",另一矢稍偏,二矢射中後都貫穿在"侯"中。

故宫博物院藏刻紋燕樂畫象壺所刻畫象中的射禮圖

鄉射禮的第三番射以用樂節奏爲特點,奏的是《騶虞》。爲什麽要奏《騶虞》呢?《召南·騶虞》説:

> 彼茁者葭,壹發五豝,于嗟乎騶虞! 彼茁者蓬,壹發五豵,于嗟乎騶虞!

騶虞,有的説是掌鳥獸的官,有的説是"白虎黑文"①。但這是一首描寫田獵的詩,是可以無疑的。這詩描寫的,是在壯盛的蘆葦和蓬蒿中田獵,一發而射中五頭野豬的情況②。"一發五豝"和"一發五豵",是形容田獵所"獲"的多。鄉射禮的第三番射要奏這樣描寫田獵獲

上海博物館藏刻紋燕樂畫象橢杯所刻畫象中的射禮圖

---

① 今文《韓詩》《魯詩》都以爲騶虞是"天子掌鳥獸官",《周禮·鍾師》正義引《五經異義》、賈誼《新書·禮論》從之,《禮記·射義》也説:"《騶虞》者,樂官備也。"古文《毛詩》又以爲"義獸,白虎黑文",《説文》從之。

② "一發"的"發",方玉潤《詩經原始》認爲即《周禮·大司馬》敍述"大閲"禮中"車三發"的"發",是指田獵車上射者一次發射而言。

得多的詩歌作爲節奏,很清楚,也是因爲射禮起源于借用田獵來進行的軍事訓練。

四 "射禮"具有選拔人才的目的

古代貴族不但用比射的方法來進行軍事訓練和軍事教學,而且用比射的方法來選拔所需要的統治人才。

《禮記·射義》中有下列四節話:

> 射之爲言者,繹也,或曰舍也。繹者,各繹己之志也。……故射者各射己之鵠,故天子之大射,謂之射侯。射侯者,射爲諸侯也,射中則得爲諸侯,射不中則不得爲諸侯。
>
> 是故古者天子以射選諸侯、卿大夫、士。射者,男子之事也……故聖王務焉。
>
> 是故古者天子之制,諸侯歲獻貢士于天子,天子試之于射宮……而中多者得與于祭,……而中少者不得與于祭……
>
> 天子將祭,必先習射于澤,澤者所以擇士也,已射于澤而後射于射宮,射中者得與于祭,不中者不得與于祭。

這四節話有個共同之點,就是說天子在舉行射禮時,用"射"來選拔貴族,上至諸侯、卿大夫,下至士。射中的才得參與祭祀。在古代,"國之大事,唯祀與戎",貴族最初選拔的是軍事人才,因此就採用比"射"的辦法來選拔。

這裏首先牽涉到的,是所射的"侯"和諸侯的"侯"的關係問題。《説文》説:"侯"字"象張布,矢在其下","医古文侯"。很對。甲骨文和金文正有作"医"的,像張的布射中矢的樣子。殷周時代確有諸侯的稱呼,包括侯、田(甸)、男等[①]。這個作爲箭靶用的"侯"和諸侯的"侯"的關係,近人有不同的看法。楊樹達先生認爲諸侯的"侯"確由射箭用的"侯"得名。他認爲在原始社會中,有強力善射的人能夠保衛其羣的,羣衆便會擁戴他做領袖,因爲古人樸素,見他能發矢中"侯",便

---

① 見于《矢令彜》、《盂鼎》和《尚書》的《康誥》《酒誥》《召誥》《君奭》《顧命》等。

稱之爲"侯"①。而徐中舒先生則認爲，侯甸的"侯"起于斥候的意思，古代各國邊疆有斥候的官叫"候"，"侯"和"候"古字通用②。這兩個説法都有見解。諸侯的"侯"該即由"候人"的"候"發展擴大形成的。"候人"原是邊疆上的偵察和守衛隊長，帶有全副武裝，《曹風·候人》説："彼候人兮，何(荷)戈與祋(殳)"。《左傳》宣公十二年杜注："候人謂伺候望敵者。"因爲他們防守在邊疆，也兼任國賓的接待人員，如《國語·周語中》説："故國賓至，……候人爲導。"又因爲他們負有邊疆地區防守和治安的職任，于是"各掌其方之道治與其禁令"（《周禮·候人》），實際上已成爲邊疆地區某方的統治者。很可能，諸侯的"侯"即由此發展擴大而形成。這種"侯"原是邊疆地區的偵察和守衛隊長，是一種重要的武官，最初可能是通過射"侯"的比賽而挑選出來的。《禮記·射義》所説"天子以射選諸侯"，該是一種誇大的説法。

我們進一步把主持射禮的官職考查一下，也可以看出射禮和"射選"確有密切關係。《周禮·射人》載：

> 掌國之三公、孤、卿大夫之位……其摯，三公執璧，孤執皮帛，卿執羔，大夫執雁。……若有國事，則掌其戒令，詔相其事，掌其治達。以射法治射儀……佐司馬，治射正。祭祀則贊射牲，相孤卿大夫之法儀。會同朝覲，作大夫介，凡有爵者。大師，令有爵者乘王之倅車。有大賓客，則作卿大夫從，戒太史及大夫介。大喪，與僕人遷尸，作卿大夫掌事，比其廬，不敬者，苛罰之。

《周禮》所載"射人"，即是《人射儀》所説"射人"，即因"以射法治射儀"而得名。但是據《周禮》所載，他除掌管"射儀"和"贊射牲"之外，掌管着許多重要的人事工

---

① 楊樹達《矢令彝三跋》説："蓋草昧之世，禽獸逼人，又他族之人來相侵犯，其時以弓矢爲武器，一羣之中如有強力善射之士能保衛其羣者，則衆必欣戴以爲雄長。古人質樸，能其事者即以其事或物名之，其人能發矢中侯，故謂之侯也。《禮記·射義》曰：'故天子之大射，謂之射侯。射侯者，射爲諸侯也，射中則得爲諸侯，射不中則不得爲諸侯。'鄭康成注《周禮·司裘》曰：'所射正謂之侯者，天子中之則能服諸侯，諸侯以下中之則得爲諸侯。'此後世演變之説，非復初義，然諸侯之稱源于射侯，則猶存古初命名之形影也"（《積微居金文説》卷一）。

② 徐中舒《井田制度探源》説："四服命名之義，據《逸周書》孔晁注云：'侯服，爲王斥侯也。'……《周禮·地官·職方氏》賈疏云：'侯者，候也。爲天子伺候非常'……此兩説簡賅易明。……候爲斥候，侯候古字通用。古代斥候必在邊疆，故《周語》單襄公見候不在疆而斷陳之必亡。……在外邊疆爲侯服，侯田在邊外，故《盂鼎》稱'殷邊侯田'。又甲骨文所稱周侯、崇侯、紀（冀）侯、杞侯亦在邊疆"（《中國文化研究彙刊》第四卷上册）。

作。當公卿大夫初見王時,朝儀的席位及其所執見面禮品,都由他管;如有會同朝覲,由他使大夫作介,使有爵者作衆介;如王出征,由他選取有爵者乘王的副車;如有大賓客,由他使卿大夫隨從于王,告戒太史和大夫爲介;如有大喪,由他和僕人一起遷尸,使卿大夫各掌其事。《禮記·檀弓上》也説:"扶君,卜人師扶右,射人師扶左,君薨以是舉。"鄭注:"卜當爲僕,聲之誤也。僕人、射人皆平生時贊正君服位者。"如此説來,射人不僅是天子的親信侍從,也還掌管重要的人事工作,國家大事中有關人事的調排,都由他調度。爲什麽掌管射儀的射人會兼管如此重要的人事工作呢?因爲射禮不僅在于軍事訓練和軍事教練,還要從中選拔人才。原來許多重要的武官,都是通過比射選拔出來的。因此,掌管射儀的官兼有考選人才的責任,並有調排人事工作的職務。《漢官儀》(孫星衍輯本)説:

    僕射,秦官也。僕,主也。古者重武事,每官必有主射以督課之。

《漢書·百官公卿表》也説:

    僕射,秦官。自侍中、尚書、博士、郎,皆有。古者重武官,有主射以督課之。

秦漢時代這個督課臣下的主射的官,該就是沿襲古代"射人"的職務而來①。
    《周禮·地官·鄉大夫》載:

    鄉老及鄉大夫、羣吏獻賢能之書于王,王者再拜受之(注:"獻猶進也,王拜受之,重得賢者")……退而以鄉射之禮五物詢衆庶(注:"鄭司農云:詢,謀也,問于衆庶,寧復有賢能者")……此謂使民興賢,出使長之;使民興能,入使治之。

---

① 當西周時代,射確爲司馬的屬官,如《趞鼎》説:"命女(汝)乍(作)豰自家司馬,啻官僕、射、士……"。僕與射處于同等地位,即後來的僕人與射人,見前引《禮記·檀弓上》。到戰國時,射人稱爲中射、中射之士或中謝,是國王左右的侍從官,見于《呂氏春秋·去宥》、《韓非子·説林上》、《戰國策·楚策四》和《史記·張儀列傳》等。到秦漢時代,又稱爲僕射,仍爲侍從官。這種稱爲"射"的官,所以會成爲侍從官,該就是由于過去掌管人事工作的職司演變而來。

這裏,鄉老和鄉大夫等,既然把"賢能"推薦給王,又要"退而以鄉射之禮五物詢衆庶",就是要通過鄉射禮和鄉中"國人"一起挑選出"賢能"來。可知古代確有用"射"來選拔人才的。古時貴族所謂"賢能",原是指有勇力和武藝的人。鄉射禮在計算勝負的時候,如右方勝,稱"右賢于左",如左方勝,稱"左賢于右";《大雅·行葦》説:"舍矢既均,序賓以賢。"鄭箋説:"序賓以賢,謂以射中多少爲次第",所説的"賢"還保存着這種意思。古時執政者從"國人"中選拔人才,着重于挑選有勇力和武藝者,這到春秋前期還是如此。例如管仲在齊國進行改革時,其所謂"選",也只是"于子之鄉有拳勇股肱之力、秀出于衆者,有則以告;有不以告,謂之蔽賢"(《國語·齊語》)。"賢"的標準,還是"有拳勇股肱之力、秀出于衆者"。古時既然把勇力和武藝的高下,作爲選"賢"的標準,就無怪他們採用比"射"的方法來選拔人才了。他們要以"鄉"爲單位來用"射"選拔人才,因爲"鄉"就是軍事組織的主要單位,戰士集中居住的地區。

"射禮"具有選"賢"的目的,"賢"不僅是指有勇力和武藝的人,而且是指善于擒獲的人。《石鼓文》丁鼓説:"△△△虎,獸(即狩)鹿如△,△△多賢,迺禽(擒)△△,△△允異。"王紹蘭《説文段注訂補》解釋"多賢"的"賢"説:"尋其上下文,理當爲獲獸衆多之義",是不錯的。《説文》于"臤"字下説:"古文以爲賢字","臤"字見于《臤觶》等,當是"賢"的初文,"臤"字從"臣"從"又","臣"即是俘虜,從"又"象用手擒獲俘虜。猶如"獲"的初文作"隻",從"隹"從"又",象捕鳥在手之形①。"射禮"中把射中多的稱爲"賢",看來還是沿襲古代狩獵和戰爭中把擒獲多稱爲"賢"的習慣。

由此可見,古代貴族重視射禮,就是爲了適應貴族統治上的需要。因爲射禮具有軍事訓練和軍事學習的性質,對于加強貴族軍隊的戰鬥力,加強他們的統治能力,有其重大的作用;同時射禮還具有選拔軍事人才的目的,對于加強貴族的統治力量,也有其很大的作用。

附錄　關於射"不來侯"或"不寧侯"問題

《史記·封禪書》上有個離奇的故事:

---

① 古時稱"虜獲爲奴隸者"叫"臧獲","臧"的初文作"戕"。楊樹達《不嬰殷三跋》説:"臧字甲文作戕,金文《白戕鼎》戕字亦然,字皆從臣從戈,今作臧者,後加聲旁爿耳。……字從臣從戈,義顯白無疑,此可旁證臣字之義也"(《積微居金文説》卷二)。按"戕"字從"臣"從"戈",像用戈擒獲俘虜,與"臤"字從"臣"從"又"相類。

是時萇弘以方事周靈王，諸侯莫朝周，周力少，萇弘乃明鬼神事，設射狸首。狸首者，諸侯之不來者。依物怪以致諸侯，諸侯不從，而晉人執殺萇弘。

這事也見于《漢書·郊祀志》，惟"設射狸首"作"設射不來"。這個故事是不符合歷史事實的。據《左傳》哀公三年記載，萇弘原是周的劉文公的屬大夫，周的劉氏和晉的范氏世爲婚姻，因此萇弘在周執政，就和范氏相親。晉的范氏、中行氏既和趙氏衝突，就對周責難，周人爲了討好趙氏，就殺死萇弘。魯哀公三年當周敬王二十八年。可知萇弘並不死于周靈王時，也不是因爲"設射狸首"而爲"晉人執殺"。

《狸首》這首詩早已散失，前人有種種推測之辭。《儀禮·大射儀》鄭注說：

《狸首》，逸詩《曾孫》也。狸之言不來也，其詩有射諸侯首不朝者之言，因以名篇，後世失之，謂之《曾孫》。《曾孫》者，其章頭也。《射義》所載詩曰："曾孫侯氏"，是也。以爲諸侯射節者，采其既有弧矢之威，又言："小大莫處，御于君所，以燕以射，則燕則譽"，有樂以時會君事之志也。

鄭玄把《禮記·射義》所載《詩》："曾孫侯氏，四正具舉；大夫君子，凡以庶士，小大莫處，御于君所，以燕以射，則燕則譽"，作爲《狸首》的首章，是沒有什麼根據的。《大戴禮·投壺》篇所載"曾孫侯氏"的《詩》，比《射義》多出二段，過去有些經學家認爲即是《狸首》，也沒有根據。至于鄭玄認爲《狸首》的《詩》"有射諸侯首不朝者之言"，一方面是根據《史記·封禪書》所說："狸首者，諸侯之不來者"；另一方面則根據《考工記》所載祭"侯"之辭。《考工記·梓人》載：

祭侯之禮，以酒脯醢，其辭曰：惟若寧侯。毋或若女（汝）不寧侯，不屬于王所，故抗而射汝。強飲強食，詒女（汝）曾孫諸侯百福。

《大戴禮·投壺》篇也載有這段辭，文句略有不同：

嗟爾不寧侯，爲爾不朝于王所，故亢而射汝。強食食（?），詒爾曾孫侯氏百福。

《白虎通·鄉射》篇也說：

> 名爲侯何？明諸侯有不朝者，則當射之。故禮射，祝曰：嗟爾不寧侯，爾不朝于王所，故亢而射爾。

《說文》"侯"字下所引祝辭略同。《論衡·亂龍》篇也說："名布爲侯，示射無道諸侯也。"《楚辭·大招》王逸注也說："侯謂所射布也。王者當制服諸侯，故名布爲侯而射之。"《儀禮·大射儀》鄭注又說："侯謂所射布也。尊者射之，以威不寧侯；卑者射之，以求爲侯。"許多漢代學者都認爲作爲箭靶用的"侯"的得名，由於"射之"用來表示"射無道諸侯"，顯然出於附會。

但是從古文獻上所載祭"侯"的辭看來，有時確有因"不寧侯"不來朝而製作"侯"來射的。《太平御覽》卷七三七引《六韜》說：

> 武王伐殷，丁侯不朝。太公乃畫丁侯于策，三箭射之。丁侯病困，卜者占云：祟在周，恐懼，乃請舉國爲臣。太公使人甲乙日拔丁侯着頭箭，丙丁日拔着口箭，戊巳日拔着腹箭，丁侯病稍愈。四夷聞，各以來貢。

《藝文類聚》卷五九等引《太公金匱記》略同。這些故事出於後世編造，當然並非事實。但是不能否認，我國古代確有射擊敵國國君的畫像或雕像的事。《戰國策·燕策二》載蘇子對齊王說：

> 今宋王射天笞地，鑄諸侯之像，使侍屏匽，展其臂，彈其鼻。

又載蘇代約燕王說：

> 秦欲攻安邑，恐齊救之，則以宋委于齊，曰："宋王無道，爲木人以寫寡人，射其面，寡人地絶兵遠，不能攻也。"

這裏，既說宋王鑄造諸侯的像來彈射，又說宋王雕木人寫秦王名字來射其面，該是事實。《史記·殷本紀》又載：

>   帝武乙無道,爲偶人,謂之天神,與之博,令人爲行,天神不勝,乃僇辱之,爲革囊盛血,仰而射之,命曰射天。

這裏所謂"天神",實際上是指敵國的"天神"。武乙這個"射天"的故事,基本上和戰國時代宋王偃"射天"的故事一樣。《呂氏春秋·過理》篇説:

>   宋王築蘗帝轆臺鴟夷血高懸之,射著甲胄,從下血墜流地,左右皆賀。

我們認爲,《史記·封禪書》等所説設射"諸侯之不來者",《考工記》等所載祭"侯"之辭所説射不朝于王的"不寧侯",和上述射擊敵國國君畫像、雕像及大神的事,基本上性質是相同的。爲什麽古時會有這種射"不寧侯"和射敵國國君人像的事呢?因爲當時流行着一種巫術。彝族奴隸主在解放前還流行着這種巫術,他們要同敵人作戰時,要先請巫師來祝詛敵人,往往紮草人多個上面寫着敵人姓名,一面由巫師念咒,一面由大家騎馬執槍,繞着草人加以打擊。上面所説宋王偃爲木人寫上秦王姓名,射其面,很顯然,就是使用着同樣的巫術。古時有把"不來侯"或"不寧侯"作爲"侯"來射的,也同樣是祝詛的巫術而已。

這個問題與射禮有關,還涉及到"侯"這個名稱的來歷問題,因而附論于此。

"贄見禮"新探

西周、春秋間貴族很講究煩瑣的交際禮節，《禮記·表記》所謂"無辭不相接也，無禮不相見也"。怎樣以"禮"相見呢？鄭玄注說："禮謂摯也。"當時貴族彼此初次相見，或者有要事而相見，來賓都要按照自己身份和特定任務，手執一定的見面禮物，舉行規定的相見儀式。這種手執的見面禮物，叫做"摯"，一作"贄"，也叫"質"。這種執"贄"相見之禮，我們稱之爲"贄見禮"，當時被廣泛應用於貴族各個階層的社會活動和政治活動中。例如士在行"冠禮"後，就要作爲"成人"執"贄"去見國君、卿大夫和鄉先生。"昏禮"中各個禮節，凡是需要彼此會見的，也都有一定的"贄見禮"。如果士與士初次相見，就得舉行特定的"贄見禮"，叫做"士相見禮"。士初次見大夫，大夫初次相見，士和大夫初次見國君，也分別有規定的"贄見禮"。如果卿大夫奉君命去會見鄰國國君，則稱爲"覜"或"聘"①；諸侯朝見天子，則稱爲"覲"或"朝"②；不論"覲禮"或"聘禮"，貴賓也都要執"贄"以相見，其實就是一種高級的"贄見禮"。

粗看起來，這種執"贄"相見之禮，好像只是爲了表示禮貌；其實他們所用"贄"的品級，"贄"的授受儀式，都具體表現了賓主的身份以及他們的親族關係和政治上的組織關係。在西周、春秋時代，貴族的親族關係和政治上的組織關係，都是依靠"禮"作爲制度來確立和維護的，這種"贄見禮"就是確立和維護貴族組織關係的一種重要禮節，也是當時維護貴族階級統治和鞏固貴族組織的重要制度。爲了探明古代的政治制度，有必要對此作一番新的探索。

---

① "聘"古或稱"覜"，也或誤作"頫"或"朓"，如《國語·齊語》說："以驟聘朓於諸侯。"《説文》說："諸侯三年大相聘曰覜。"《周禮·典瑞》鄭注又說："大夫衆來曰覜，寡來曰聘。"其實，古書上"聘覜"時常連言，意義是差不多的。

② "朝"古或稱"覲"。《周禮·大宗伯》說："春見曰朝，夏見曰宗，秋見曰覲，各見曰遇。"《周禮·大行人》也有"春朝諸侯"和"秋覲"、"夏宗"、"冬遇"的說法。《禮記·曲禮》又說："天子當依而立，諸侯北面而見天子，曰覲；天子當宁而立，諸公東面，諸侯西面，曰朝。"這樣，硬把"朝""覲"區別開來，實在缺乏根據。其實，古書上"朝覲"時常連言，意義是差不多的。

一 "贄見禮"的特點

"贄見禮"的特點，主要表現在所用"贄"的品級和"贄"的授受儀式上。

古時用來作爲"贄"的禮物，主要有玉、帛、禽三等。《尚書·堯典》説：

> 修五禮、五玉、三帛、二生（牲）、一死贄①。

"五玉"，《白虎通·瑞贄》篇説是珪、璧、琮、璜、璋；《史記正義》又認爲是桓圭、信圭、躬圭、穀璧、蒲璧。"三帛"，鄭玄以爲是赤繒、黑繒、白繒（《史記集解》引）。"二生"，馬融和鄭玄都認爲是羔和雁，爲卿大夫所執。"一死"，馬融和鄭玄又都認爲是雉，爲士所執，因爲雉不容易馴養（《史記集解》和《史記正義》引）。所有這些解釋，大體上都是根據禮書的。

《周禮·大宗伯》對貴族各階層所用的"贄"，有具體的記述：

> 以玉作六瑞，以等邦國：王執鎮圭，公執桓圭，侯執信圭，伯執躬圭，子執穀璧，男執蒲璧。以禽作六摰，以等諸臣：孤執皮帛，卿執羔，大夫執雁，士執雉，庶人執鶩，工商執雞。

五等爵之説不見於西周文獻，形成於春秋後期，《周禮》這個"以玉作六瑞"之説，採用五等爵，該已是春秋後期的制度；"諸臣"中"孤"的稱謂，也不是西周所有，《周禮》這個六等臣分執六等"摰"之説，也該是春秋後期的制度。《周禮·射人》記載射人掌管朝儀中公卿大夫的席位和朝見禮節，也説："其摰，三公執璧，孤執皮帛，卿執羔，大夫執雁。"《禮記·曲禮下》又説：

> 凡摰，天子鬯，諸侯圭，卿羔，大夫雁，士雉，庶人之摰匹，童子委摰而退。……婦人之摰椇、榛、脯、脩、棗、栗。

這裏説天子執鬯，與《周禮》説"王執鎮圭"不同。"鬯"是一種用香草和秬黍釀成的香酒，鄭玄解釋説："天子無客禮，以鬯爲摰者，所以唯用告神爲至也。"其實，當

---

① 《史記·五帝本紀》引《堯典》"贄"作"摯"，《説文》又引作"贄"，説："贄，至也，一曰《虞書》雉贄。"

時"鬯"不僅用於告神,也還用於招待貴賓,《禮記·禮器》説:"諸侯相朝,灌用鬱鬯,無籩豆之薦。"《禮記·郊特牲》説:"諸侯爲賓,灌用鬱鬯,灌用臭也。"都是明證。《曲禮下》所説天子以鬯爲摯,該是指招待貴賓而言的。《曲禮下》所説"庶人之摯匹",也和《周禮》"庶人執鶩"之説不同。鄭玄解釋説:"説者以匹爲鶩",《白虎通·瑞贄》篇也説:"匹謂鶩也",實際上"匹"從來不能解釋爲"鶩"的。黄以周《禮書通故》卷四十九《名物通故》,認爲"匹謂匹敵",是在説:"其或用摯者,亦惟用之匹敵而已。"比較合理。

上述禮書所説"贄"的品級,雖然略有出入,大體上還是一致的。就是高級貴族以玉爲贄,有圭、璧等,稍次用帛;次等貴族則用禽爲贄,有羔、雁、雉等。羔是小羊,雁據方苞、王引之的考證,即《爾雅》所説舒雁,也就是鵝①,雉即野雞。女子則以乾果與乾肉爲贄,有榚、榛、脯、脩、棗、栗等。

《儀禮》是春秋、戰國間貴族行禮儀式的匯編,由此可以看到當時各種品級的"贄"的具體應用情況,以及"贄"在各種禮中不同的授受儀式。爲了便於進一步探討起見,現在簡要敘述如下:

據《儀禮·士相見禮》記述,賓客初次會見主人時,必須執"贄",冬天執雉,夏天執腒(乾雉),要"左頭奉之"。會見時,賓奉"贄"入門左,主人再拜受"贄",賓再拜送"贄"。因爲禮尚往來,主人照禮要回見,回見時,主人要執前此賓客帶來的"贄"奉還。因爲士與士相見,彼此地位對等,主人受"贄"之後,回見時必須還"贄"。受贄和還贄,是"士相見禮"的主要禮節。若是士往見大夫,大夫地位較士爲高,就用不到回見,那末,當士初次奉"贄"來見時,就該當場辭謝而不受。如果這個士以前曾做過那個大夫的臣屬,有過君臣關係,就應按臣禮往見,要"奠摯再拜",就是把"贄"安放在地上而不親授;主人要待賓回出時,派"擯者"還其"贄"於門外。至於大夫相見,大體上與士相見禮相同,因爲彼此地位也對等,只是所用的"贄"不同,"下大夫相見以雁,飾之以布,維之以索,如執雉;上大夫相見以羔,飾之以布,四維之,結于面,左頭,如麛執之。"要是士和大夫初次見君,就得嚴格地按照臣禮:

始見於君,執摯,至下,容彌蹙。……士大夫則奠摯,再拜稽首,君答

---

① 王引之《經義述聞》卷八"膳用六牲、雁宜麥、大夫執雁"條,又卷十"納采用雁、下大夫相見以雁"條,有詳細考訂。

壹拜。

王引之解釋"至下"的"下"爲"堂下"(《經義述聞》卷十),很對。執贄到堂下,奠贄再拜稽首,是臣見君的重要禮節,《論語・子罕》篇所謂"拜下,禮也。"

按禮,賓主初次相見,或者有要事相見,都要行贄見之禮。古時貴族男女婚配,是要靠媒人從中説合的。當男家使者到女家接洽時,都要行"贄見禮"。據《儀禮・士昏禮》記述,"納采"時,使者要執雁到堂上兩楹(柱)之間,授給主人;"問名"和"納吉"時也都要如此。至於"納徵",具有訂婚性質,比較重要,使者所執就不用雁,而用玄纁束帛(五匹帛)、儷皮(一對鹿皮)。"請期"時仍用雁。當壻前往"親迎"時,也要執雁前往,"奠雁再拜稽首",因爲女父是尊長,按禮只可"奠摯"而不能親授。成婚後,新婦見舅姑(公婆),所用的"贄"是盛於筓中的棗栗和腶脩,都要"奠於席"而不親授,因爲舅姑也是尊長。如果壻在成婚前未親迎,就得在三月後請見女父,見女父時,先要"奠摯再拜,出"。再經過女父的擯者把摯送出來,請求改行授受之禮,壻經過推辭一番,才能再受摯進入,由"主人再拜受,壻再拜送"。

聘禮是貴族高級的會見禮,"贄"的授受儀式,當然遠比士相見禮繁複。據《儀禮・聘禮》記述,當使者受君命將出國聘問時,要由賈人(官名)開櫝(藏玉之匣)取圭,授給宰,宰再授給使者。使者在受圭的同時,要接受君命,以便出國行聘禮時轉致鄰國國君。接着要接受"束帛加璧",以便出國行聘禮後舉行享禮時應用;還要接受璋和"束帛加琮",以便對鄰國國君的夫人行聘禮和享禮時應用。到鄰國行聘禮時,使者要"執圭"往見,由擯者入告主人(國君),再出來"辭玉",使者要升堂後,才能轉致其君之命,由主人"受玉于中堂與東楹之間"。接着舉行享禮,使者要奉"束帛加璧"往見,升堂後,致其君之命,由主人再拜受幣。隨後,對夫人行聘禮,要執璋往見;對夫人行享禮,又要奉"束帛加琮"往見。這樣用圭、璧、璋、琮四種寶玉作爲"贄"而行禮,是聘禮中的主要禮節,《聘禮記》所謂"凡四器者,惟其所寶以聘可也"。最後,由"君使卿皮弁還玉於館",使者在堂上"自左南面受圭退"。並由大夫還璋以及其他的禮玉、束帛、乘皮等。這樣的"執玉"、"辭玉"、"受玉"、"還玉",是這種高級"贄見禮"中四個重要步驟。

聘禮中除了上述的主要的贄見禮以外,還有許多贄見禮節。當使者初到近郊時,要行"郊勞"之禮,由國君派卿用束帛來慰勞,叫做"勞";使者用束錦來回謝卿，叫做"儐"；夫人派下大夫用棗栗來"勞"，使者又用束錦來"儐"；所有這些"勞"和"儐"，都具有"贄見禮"的性質。行聘禮後，使者還有"私覿"或"私面"之禮，用束錦、乘馬（四匹馬）爲"幣"，進見時要"奠幣再拜稽首"，要經過擯者辭謝，請求改行授受之禮，才"振幣進授，當東楹北面"。這種幣也同樣具有"贄"的性質。此外，還有卿大夫"勞"賓之禮，由"大夫奠雁再拜"；賓有"問卿"之禮，由賓奉束帛入，"受幣堂中西"。

覲禮是貴族最高級的"贄見禮"。據《儀禮·覲禮》記述，當侯氏（諸侯）到近郊時也有"郊勞"之禮，由王（天子）派使者用璧來"勞"，使者要"執玉"升壇，侯氏要"受玉"和"還玉"，還要用束帛、乘馬來"儐"使者。朝覲的主要儀式是：

> 侯氏入門右，坐奠圭，再拜稽首，擯者謁（注："謁猶告也，上擯告以天子前辭，欲親受之如賓客也"），侯氏坐取圭，升致命，王受之玉。侯氏降階東，北面再拜稽首，擯者延之曰升，升成拜，乃出。

侯氏所以要"奠圭再拜稽首"，因爲侯氏是天子的臣屬，按禮應行臣禮，要經過"擯者"請改行授受之禮，才由王"受玉"。朝覲後舉行享禮，侯氏奉"束帛加璧"，也要"奠幣再拜稽首"，要待"擯者"傳呼王命，改行授受之禮，再由"侯氏升致命，王撫玉，侯氏降自西階，東面授宰幣"。這裏除"受玉"以外，又多出"撫玉"這個禮節，該是表示尊者對臣下慰勉之意，猶如《士昏禮》新婦見舅時，新婦把贄"奠於席，舅坐撫之"。

根據上述禮書所載，各種"贄見禮"的特點，包括"贄"的品級及其授受儀式，主要可以歸納爲下列五點：

（一）賓客初次會見主人，或者爲了要事相見，都必須執"贄"進見。賓主間還有一定的授受"贄"的儀式。

（二）賓客執"贄"進見時，必須按照賓客的身份和特定的任務，手執不同品級的"贄"。高級貴族執玉及帛，次級貴族執禽及幣，婦人則執乾果及乾肉。各種"贄"的手執的方式，也有特別規定。

（三）"贄"的授受儀式的舉行地點，則按賓主的身份、等級和地位關係而有所不同。隆重的授受儀式舉行於堂上，賓主地位對等者，舉行於堂上兩楹（柱）之間的中心地點；如果賓的地位較次於主人者，則舉行於中堂之東、東楹之西,即不在兩楹之間的中心地點,而略爲偏東,以表示遷就立於東楹之東的主人①。禮節較次的,授受儀式則不在堂上而在庭上舉行。

(四)舉行"贄"的授受儀式時,一般都親相授受。如果是小輩初次見長輩,臣下初次見君上,則將"贄"安放地上而不親授,即所謂"奠摯",以表示身份的低下。如果尊長有所推辭,然後再行授受之禮。

(五)"贄"的授受儀式舉行後,主人按禮應把"贄"還給賓客。高級的"贄見禮"如覲禮、聘禮,在授受儀式中有"執玉"、"辭玉"、"受玉"、"還玉"等禮節。如果是小輩初次見長輩,臣下初次見君上,尊長可以受"贄"而不還,以表示接受其爲小輩或臣下。

從上述五點看來,"贄"的品級及其授受儀式,不僅用來表示來賓的身份,賓主之間的關係,更用來確立親族和君臣關係,成爲建立和維護貴族組織關係的一種重要手段。《禮記·樂記》說:"朝覲然後諸侯知所以臣"。《祭義》也說:"朝覲所以教諸侯之臣也。"其實,不僅朝覲之禮用來鞏固君臣關係,凡是臣下贄見君上之禮,都是爲了確立和鞏固君臣關係的。有些"贄見禮"是爲了確立和鞏固親族關係的,如昏禮中壻贄見女父之禮,是爲了確立岳父與女壻的關係的;新婦贄見舅姑之禮,是爲了確立公婆與媳婦的關係的。《禮記·經解》說:"故朝覲之禮,所以明君臣之義也;聘問之禮,所以使諸侯相尊敬也;……聘覲之禮廢則君臣之位失,諸侯之行惡,而倍(背)畔侵陵之敗起矣。"這僅就高級的贄見禮——覲禮和聘禮的作用而言,其實所有的"贄見禮"無不如此,行於君臣之間,所以明君臣之義;行於同輩之間,所以使相尊敬;目的就在於鞏固貴族的組織關係,維護貴族統治的秩序,以加強貴族階級統治的力量。

二 "贄見禮"的源流

上節根據禮書所載"贄見禮"的特點,對"贄"的品級和授受儀式,作了分析。如今,就可進一步根據可靠史料,來探索一下"贄見禮"的起源和流變了。

《左傳》哀公七年記季康子說:"禹合諸侯於塗山,執玉帛者萬國。"諸侯執玉

---

① 凌廷堪《禮經釋列·通例》說:"凡授受之禮,敵者于楹間,不敵者不于楹間。"這是根據賈公彦之說。這個說法不確切,黃以周《禮書通故》卷二十一《相見禮通故》中已有駁正。黃氏說:"古人授受之禮,殺者行于庭,通行之禮皆在堂上兩楹間,不敵者亦在兩楹,不過東西有別耳。凡賓臣主君,行禮在東楹西。《聘禮》賓覿,進授幣當東楹;又禮賓,受幣當東楹;皆謂東楹西也。時賓在西序,以西言之,故曰當,則不敵者之授受亦在兩楹明矣。《聘禮》公受玉于中堂與東楹之間,謂中堂東、東楹西也。時公位在東楹東,賓趨就之,敬君也。歸饔餼及問卿,受幣堂中西,趨君命,亦敬也。"

帛來朝見天子之禮，雖不必起於夏禹時，其起源應該是很早的。《大雅·韓奕》説：

> 韓侯入覲，以其介圭，入覲於王，王錫韓侯。

介圭即是韓侯入覲時所執的"贄"，可知諸侯入覲時以圭爲贄之禮，西周時已經實行。《夨伯簋》説：

> 隹（唯）王九年九月甲寅，王命益公征眉敖，益公至，告。二月，眉敖至，見，獻賁。

這裏記載：這年九月因爲眉敖不服，周王命令益公率軍征伐，得勝而歸，向周王獻功。次年二月，眉敖來到朝見，獻賁。眉敖當爲當時南方部族的君長，"見"當謂朝見，朝見而獻賁，"賁"自應從楊樹達讀爲"帛"（《積微居金文説》卷一《兮甲盤跋》），即玉帛之帛。由此可知西周時諸侯也已用帛爲"贄"。

前節談到，在《儀禮》的《覲禮》和《聘禮》中，有"郊勞"之禮，由國君派使者帶了玉帛到近郊對來賓慰勞，叫做"勞"；來賓用幣帛來回敬使者，叫做"儐"，"勞"和"儐"都有"贄見禮"的性質。從西周金文看來，這種稱爲"勞"和"儐"的"贄見禮"，在西周時已有。西周金文中有"安"（或稱"寧"）和"賓"之禮，見於下列記載：

> 弔（叔）氏史（使）貯安吴白（伯），吴白賓貯馬𠦪乘（《貯鼎》）。
> 王姜令乍（作）册睘安尸（夷）白（伯），尸白賓睘貝、布。（《睘卣》，《睘尊》大體相同，惟"王姜"作"天君"）。
> 王令盂寧登（鄧）白（伯），賓貝（《盂爵》）。
> 王才（在）宗周，令（命）史頌𤕨（省）穌。……穌賓章（璋）、馬三（四）匹、吉金（《史頌簋》）。
> 王吏（使）小臣守吏（使）于夷，夷賓馬兩、金十鈞（《小臣守簋》）。
> 王命蔑眔弔（叔）䭾父歸吴姬飤器，自黃賓章（璋）一、馬兩，吴姬賓帛束（《蔑簋》）。
> 王乎（呼）吴師召大易（錫）趞曹里，王令（命）善（膳）夫豕曰（謂）趞曹曰：余既易（錫）大乃里。曹賓豕章（璋）、帛束……大賓豕韍章（璋）、馬兩，賓曹

瑴章（璋）、帛束（《大簋》）。

中（仲）幾父史幾吏（使）于者（諸）侯者（諸）監，用氒賓乍（作）丁寶簋（《中幾父簋》）。

前三條所謂"安"和"寧"，即禮書所說"撫"，《周禮·大行人》說："王之所以撫邦國諸侯者，歲徧存，三歲徧覜，五歲徧省"，鄭注："撫猶安也，存、覜、省者，王使臣於諸侯之禮，所謂間問也。"《史頌簋》所謂"省"，亦當即"五歲徧省"之"省"，與"安"、"寧"意義略同。金文的所謂"賓"，即禮書的所說"儐"，"賓"即是"儐"的初字。卜辭"賓"字作"㓷"，原來從"止"，不從"貝"，像人到屋下；金文及小篆改從"止"爲從"貝"，是後起的字。王國維說："古者賓客至，必有物以贈之，其贈之之事謂之賓，故其字從貝，其義即禮經之儐字也。……後世以賓爲賓客字，而別造儐字以代賓字"（《觀堂集林》卷一《與林浩卿博士論洛誥書》）。這說很對。《儀禮》的《覲禮》和《聘禮》中所謂"勞"和"儐"，當即沿襲西周時代的"安"和"賓"而來。據西周金文，西周時用作"賓"的禮物，有璋、束帛、布、馬匹、貝、金等，而《儀禮》所載用作"儐"的禮物，僅有玉和幣，沒有貝和金。看來，西周時用作"賓"的禮物範圍較廣，春秋以後就只用玉和幣而不用貝和金了。

禮書有以幣附加於玉的禮俗。《周禮·小行人》說：

　　合六幣：圭以馬，璋以皮，璧以帛，琮以錦，琥以繡，璜以黼。此六物者，以和諸侯之好故。

這以馬和皮、帛、錦、繡、黼，同樣作爲附加於玉的幣，是有根據的。但是，這樣以六種幣分別附加於六種玉的規定，就未必是事實了。據前引西周金文，"賓"所用的玉和幣，《痶簋》是璋一、馬兩和帛束，《大簋》是璋、帛束，又是璋、馬兩，《史頌簋》是璋、馬四匹、吉金，可知西周時用馬和帛附加於璋，這和《周禮》"圭以馬，璋以皮，璧以帛"之說不合。《五年琱生簋》（或稱《召伯虎簋》）說："余叀（惠）君氏大章（璋），報寑（婦）氏帛束、璜"，這樣以束帛加璜，也和《周禮》"璜以黼"之說不合。《左傳》襄公十九年載：魯襄公"賄荀偃束錦加璧，乘馬先吳壽夢之鼎"，這樣以束錦加璧，也和《周禮》"璧以帛，琮以錦"之說不合。看來，西周、春秋間確有用幣加玉的禮俗，玉所附加的幣是可以隨意配合的，《周禮》所說以六幣配合六玉的辦法，乃是出於《周禮》作者整齊劃一的結果，並不符合實際應用的情況。

前節談到，據《聘禮》記載，使者行聘禮後，還有"私覿"或"私面"之禮，用束錦、乘馬，也是屬於"贄"的性質。這種"私面"之禮，在春秋時也確已實行。《左傳》昭公六年載：楚公子棄疾路過鄭國，鄭大夫子皮、子產、子大叔隨從鄭伯"以勞諸祖"，棄疾辭謝，不肯相見，子皮等堅持請他出見，他用見楚王之禮來見鄭伯，"以其乘馬八匹私面；見子皮如上卿，以馬六匹；見子產以馬四匹；見子大叔以馬二匹"。所説乘馬八匹、六匹、四匹、二匹，都是"私面"之幣。

前節談到，高級的"贄見禮"如覲禮和聘禮，很重視"贄"的授受儀式，有着"執玉"、"辭玉"、"受玉"、"還玉"等一套禮節。這些禮節，在春秋時也確已實行。如《左傳》定公十五年載："邾隱公來朝"，"邾子執玉高"，"受玉卑"；《左傳》成公三年載："齊侯朝於晉，將授玉"，杜注："行朝禮。"這已把"執玉"和"授玉"、"受玉"，作爲朝聘禮中重要的節目。《左傳》文公十二年載：

> 秦伯使西乞術來聘，且言將伐晉，襄仲辭玉，曰："君不忘先君之好，照臨魯國，鎮撫其社稷，重之以大器，寡君敢辭玉。"對曰："不腆敝器，不足辭也。"主人三辭，賓客曰："寡君願徼福於周公魯公以事君，不腆先君之敝器，使下臣致諸執事，以爲瑞節，要結好命，所以藉寡君之命，結二國之好，是以敢致之。"襄仲……厚賄之。

這裏把"辭玉"禮節記載很詳，連彼此對答之辭也有記述。所謂"主人三辭"，看來"辭玉"之禮，按禮也要三次推讓。

相見用禽鳥和乾果、乾肉爲"贄"之禮，在春秋時貴族中還是流行。《春秋》莊公二十四年載："八月丁丑，夫人姜氏入，戊寅大夫宗婦覿用幣。""覿用幣"即是行"贄見禮"。《左傳》記載這時御孫説：

> 男贄，大者玉帛，小者禽鳥，以章物也；女贄不過榛栗棗脩，以告虔也。今男女同贄，是無別也。

《國語·魯語上》記這時宗人夏父展之説，大體相同。《穀梁傳》也説："男子之贄羔雁雉腒，婦人之贄棗栗腶脩。用幣，非禮也。"御孫等所説，基本上和前節所引禮書所説相合。他們根據這種"禮"，來批評這時"宗婦覿用幣"爲"非禮"，可知在這以前，這樣的"贄見禮"已很流行。

《左傳》定公八年又載：

公會晉師于瓦，范獻子執羔，趙簡子、中行文子皆執雁，魯於是始尚羔。

這裏説魯國由於晉國卿大夫范獻子、趙簡子等前來，"執羔"和"執雁"相見，才開始在"贄見禮"中"尚羔"①。如果禮書所載，卿和上大夫執羔，下大夫執雁之説，確是西周以來的制度，那末，魯國的卿早已執羔，何待范獻子前來執羔，才開始"尚羔"？從《左傳》看來，男贄用玉帛禽鳥，該沿用已久，但是用羔爲贄，似乎是春秋後期才流行的。禮書所載"卿執羔"之説，正是記的春秋後期以後流行的制度。《白虎通·瑞贄》篇根據《儀禮·士相見禮》所説："上大夫相見以羔，……左頭，如麛執之"，認爲"卿大夫贄，古以麛鹿，今以羔雁"，當是事實。原來卿大夫是用野生的小鹿爲"贄"的，後來爲了方便，才改用家畜家禽——羔、雁(鵝)。章炳麟《重定魯於是尚羔説》(《春秋左氏讀》卷九)就據此解釋説："言魯始尚羔者，葢魯卿本不以羔爲摯，而用麛鹿爲摯，至此始尚羔者。"這是很可能的，原來貴族用來作爲贄的動物，都是野獸野禽，不僅卿大夫以麛鹿爲贄，士也以雉爲贄。

爲什麽當時貴族不用别的東西，而很特别的，要用玉、帛、禽、鳥作"贄"呢？儒家對此曾作許多解釋。《禮記·聘義》説："昔者君子比德於玉焉；温潤而澤，仁也；縝密以栗，知也；廉而不劌，義也；……"董仲舒《春秋繁露·執贄》篇又認爲：羔取其"執之不鳴，殺之不啼，類死義者"；"食於其母，必跪而受之，類知禮者"；雁取其"俶然有行列之治"。《白虎通·瑞贄》篇又認爲，士以雉爲贄，取其"必死不可生畜"；婦人以棗栗腶脩爲贄，因爲"職在供養饋食之間"。這些解釋，完全着眼於道德方面，顯然出於儒家的附會。

西周、春秋時代貴族所應用的"禮"，很多是由父系家長制時期的"禮"轉變而來，"贄見禮"也是如此，應該起源於氏族社會末期的交際禮節。其所以會很特殊的手執玉、帛、野獸、野禽爲"贄"，就是起源於原始人手執石利器的習慣，和互相贈送獵得禽獸的風俗。古代貴族們在禮儀上應用的玉器，是由石製生産工具演變來的。原始人隨身佩帶石利器，或是手執石利器，原是爲了便於利用，但是到

---

① 《左傳正義》引賈逵説："《周禮》公之孤四命執皮帛，卿三命執羔，大夫再命執雁，魯廢其禮，三命之卿皆執皮帛，至是乃始復禮尚羔。"又引鄭玄説："天子之卿執羔，大夫執雁，諸侯之卿當天子之大夫，故傳曰：唯卿爲大夫，當執雁而執羔，僭天子之卿也，魯人效之而始尚羔，記禮所從變。"杜預注又説："禮，卿執羔，大夫執雁，魯則同之，今始知執羔之尊也。"這三個説法，都没有什麽根據，如同猜謎一樣。

後來，手執石利器逐漸成爲某種身份的象徵和某種權威的代表。甲骨文和金文的"父"字，原是"斧"字的初文，像手中執斧之狀，在父系家長制時期，主要勞動由成年男子擔任，家族在父系權力下組成，"斧"便成爲當時成年男子的象徵，成了成年男子和父系家長的稱謂。又如甲骨文和金文的"尹"字，像手執長柄武器之狀，原是族長權力的象徵，成了族長的稱謂，後來又成爲官長的稱謂。等到冶金術發明和發展，利器多改用青銅鑄造，但是他們在舉行各種禮儀時，還多沿用舊習慣，用着石利器。因爲這種石利器只在儀式上應用，並不實用，往往就挑選精美石料，施以藝術加工，這樣就產生了玉禮器。原來手執石利器作爲某種身份的象徵和某種權威的代表的，這時就改執玉禮器來作爲象徵或代表了。西周、春秋時用來作爲"贄"的玉禮器如圭、璧、璋、琮等，當即由此而來。近來許多研究玉器的學者，認爲璧起源於環狀石斧，圭起源於有孔石斧，璋起源於有孔石刀①，是正確的。璧由環狀石斧演變而來，其名爲"璧"（"璧"的初文作"辟"），因爲環狀石斧是劈削器，即取義於它的功效——"劈"。圭由長方形的有孔石斧演變而來，其名爲"圭"，因爲這種有孔石斧是割殺器，即取義於它的功效——"刲"，即是《易·歸妹》"士刲羊"的"刲"。

　　前面談到，春秋中葉以前低級貴族用來作爲"贄"的禽，原是野獸野禽。《管子·揆度》篇有一段話，談到了堯舜時代用"贄"的情況，據說當時"令諸侯之子將委質者，皆以雙虎之皮，卿大夫豹飾，列大夫豹幨"，於是"大夫散其邑粟與其財物，以市虎豹之皮，故山林之人剌其猛獸，若從親戚之仇"。這個故事不一定是事實，但是最初的"贄"是獵得的野獸，該是事實。我們認爲，這也是起源於氏族制末期的傳統習慣，所有麇、雉等，都是他們打獵中經常得到的野獸和野禽，常被用作見面禮物的。原始人不但習慣於把獵得的好東西分給同族中的成員，同時愛好交際，在部落之間也常長途跋涉，互相聘問。他們總是把友人來訪的日期安排在食品豐富的季節，慇懃招待。賓客也不空手而來，總是帶着自製的物品和親自生產的物品，作爲見面禮物，這就是"摯"或"贄"的起源。而且禮尚往來，主人在招待賓客之後，也不讓賓客空手回去，必須回贈來賓一些財物，這就是"賓"或"儐"的起源。到西周、春秋間，農業生產和手工業生產已有較大的發展，不但農產品的品種已很多，各種手工藝品也很精美，照例，貴族很方便的可用農產品和

---

　　① 外國資產階級學者如勒孚所著《玉》一書（芝加哥一九一四年出版），林泰輔《從中國上代石器玉器所見之漢民族》（日本《史學雜誌》三十八篇七號、八號），濱田耕作《古玉概説》（我國有胡肇椿譯本，中華書局一九三六年出版），在這方面有大體相同的見解，但是都未能確明切説其演變的原由。

手工藝品作爲"贄",他們還用禽獸執在手中作爲"贄",很明顯,是沿襲原始的風俗習慣。《禮記·禮器》所謂:"禮也者,反本循(舊誤作"修",從王引之校正)古,不忘其初者也。"

至於婦女用乾果與乾肉爲贄,看來也和氏族制末期男女分工有關。氏族制末期男子擔任狩獵,女子則擔任採集野生果實,並料理家務。後來貴族男子以禽獸爲"贄",而婦女以乾果與乾肉爲"贄",也該沿襲原始的風俗習慣而來。

根據上面的論述,關於"贄見禮"的起源和流變,主要可以歸納爲下列六點:

(一)氏族制末期人們慣於手執石利器作爲權力和身份的象徵,後來貴族用作"贄"的玉禮器即由此演變而來。圭即起源於有孔石斧,璧即起源於環狀石斧,璋即起源於有孔石刀。

(二)氏族制末期男子從事狩獵,常以獵得禽獸爲禮物;女子從事採集,常以採得果實爲禮物。後來貴族男子以鹿、雉等爲"贄",女子以乾果、乾肉爲"贄",當是沿襲原始風習而來。

(三)"贄"按貴族中等級的身份而分品級,由來已久。西周時諸侯已多用玉、帛爲"贄"。西周、春秋間的"贄",還有用各種幣帛附加於各種玉禮器的。在春秋中葉以前卿大夫多用麋鹿爲贄,春秋後期以後才改用羔、雁(鵝)。士用雉爲"贄",亦當由來已久。

(四)"贄"的授受儀式,到春秋時已很繁複。高級的"贄見禮"如覲禮和聘禮,"贄"的授受儀式,春秋時已有"執玉"、"辭玉"、"受玉"、"還玉"等節目。

(五)西周時,天子、王后、王臣派使者到諸侯國去慰問,叫"安"或"寧"、"省";諸侯、臣屬對天子的使者回敬禮物,叫做"賓"。也是一種"贄見禮"。後來聘禮的"郊勞"禮中有所謂"勞"和"儐",當即由此演變而來。

(六)聘禮中有"私覿"或"私面"之禮,也是一種"贄見禮"。這在春秋時也已實行。

由此可見,禮書所載的"贄見禮",雖然出於春秋、戰國間人編定,並沒有把西周時代的原樣保存下來,但是由於"禮"具有很頑固的保守性,這種禮的主要特點,如"贄"按身份而分品級、"贄"有一定的授受儀式等,應該很早就確立了,只是在儀式上,後來的比原始的較爲繁複而已。

三 "贄"的作用與"命圭"制度

在西周、春秋間貴族舉行的"贄見禮"中,"贄"實際上就是一種身份證,而且具有徽章的作用。它不僅用來表示來賓的身份,用來識別貴賤,並用作貴族中等級的標志。《左傳》莊公二十四年所謂"男贄,大者玉帛,小者禽鳥,以章物也",杜注:"章所執之物別貴賤。"《禮記·郊特牲》論到昏禮時也說:"執摯以相見,敬章別也。"《國語·周語上》所載内史過的話,說得更詳細:

> 古者先王既有天下……以教民事君。諸侯春秋受職於王,以臨其民;大夫士日恪位著,以儆其官。……猶恐其有墜失也,故為車服旗章以旌之,為贄幣瑞節以鎮之,為班爵貴賤以列之,為令聞嘉譽以聲之。

這裏把"贄幣瑞節",和"車服旗章"、"班爵貴賤"相提並論,看得很重要。所謂"為贄幣瑞節以鎮之",就是把"贄幣瑞節"作為自重之物,也作為被人尊重之物;既以此表示自己的身份,也用來表示與上下級之間的關係。内史過因為晉惠公"執玉卑",曾大發議論說:

> 夫執玉卑,替其贄也(韋注:"替,廢也")……替贄無鎮……欲替其鎮,人亦將替之。

就是說:晉惠公把"贄"執得卑下而不恭敬,就是廢黜了"贄",廢黜"贄"就是廢棄了自重之物,自己廢棄自重之物,就會使人們不尊重而廢棄他了。内史過把贄看得如此重要,因為贄就是一種用來自重和被人尊重的身份證,廢黜了贄就等於喪失了自己原有的貴族的等級和身份。當時貴族如此重視贄見禮,重視贄的執法和授受,因為這種贄,代表着他們自命"高貴"的等級和身份;這種禮的舉行,具有表明他們的統治地位和特權、維護他們的組織關係、鞏固階級統治的作用。

"贄"是當時貴族用來代表身份的信物,在貴族的政治生活和社會生活中都很重要,因而就產生了上級貴族對下級貴族頒給"贄"的制度。其中最重要的,就是頒給"命圭"的制度。

《考工記·玉人》把諸侯所執的圭,稱為"命圭",鄭注:"命圭者,王所命之圭也,朝覲執焉,居則守之。"這種"命圭"制度,西周、春秋間確有實行的。《大雅·崧高》記述周宣王時把申伯分封到南土說:

> 王遣申伯,路車乘馬,我圖爾居,莫如南土。錫爾介圭,以作爾寶,往近

王舅,南土是保。

這裏說得很清楚,在分封土地的同時,賞賜給"介圭",作爲鎮國之寶,即鄭玄所說"王所命之圭"。《大雅·韓奕》說:"韓侯入覲,以其介圭。"韓侯這樣用"介圭"行入覲之禮,即鄭玄所說"朝覲執焉"。《尚書·堯典》說:"輯五瑞,既月乃日,覲四岳羣牧,班瑞于羣后。"《堯典》作於戰國時,所說"班瑞"制度雖不必是堯舜時的情況,但是,也可證明我國古時確有"命圭"制度存在。《吕氏春秋·重言》篇說:"成王與唐叔虞燕居,援梧葉以爲珪,而授唐叔虞,曰:余以此封女。"《史記·晉世家》也有類似的說法,這雖是後世編造出來的故事,不必是事實,但也可見古時確有"命圭"制度,把圭作爲受封土地的信物的。因爲一個貴族在受封土地之後,身份就有提高,作爲高級身份證的圭當然有頒發的必要。

到春秋時,這種"命圭"制度也還在實行。上面所引《國語·周語上》内史過的話,說"古者先王既有天下","爲贄幣瑞節以鎮之,爲班爵貴賤以列之",也是把"贄"看作是王所頒發的。《左傳》文公十二年載:"郕太子以夫鍾與郕圭來奔"("圭"舊誤作"邽",從惠士奇、王引之校正)。服虔注:"一曰郕邦之寶圭,……太子以其國寶與地夫鍾來奔也"(《太平御覽》卷一四六引)。王引之說:"圭爲郕國之寶,故謂之曰郕圭"(《經義述聞》卷十七)。這個郕太子帶同出奔的圭,叫做"郕圭",很顯然是郕國的"命圭"。春秋時這種"命圭"制度還推行到了卿大夫這個階層中。《左傳》哀公十四年載宋國"司馬牛致其邑與珪焉而適齊"。杜注:"珪,守邑信符。"

圭不僅是分封土地時的信物,又是受策命的信物。《國語·吴語》記載晉大夫董褐說:"夫命圭有命,固曰吴伯,不曰吴王",韋注:"命圭,受錫圭之策命。"當重要的策命頒賜時,是要同時授給"命圭"作爲信物的。《儀禮·聘禮》記述使者受命出使說:"使者受圭,同面,垂繅以受命","受圭"是和"受命"同時的,這個圭就是"受命"的信物。行聘禮時,使者"襲執圭","升西楹西,東面","賓致命(鄭注:'致其君之命也'),公左還北鄉"。其所以要執着圭而致其君之命,因爲這個圭就是君命的信物。《禮記·郊特牲》所謂"大夫執圭而使,所以申信也"。前引《左傳》文公十二年所載"秦伯使西乞術來聘","襄仲辭玉"一節,西乞術在申說他所以要"致玉"的理由時,既說要"以爲瑞節,要結好命",又說"所以藉寡君之命,結二國之好",也是把"致玉"看作"致其君命"的信物。

《左傳》僖公十一年載:

    天王使召武公、内史過賜晉侯命,受玉惰。過歸,告王曰:"晉侯其無後乎？王賜之命,而惰於受瑞,先自棄也已,其何繼之有？"……

《國語·周語上》又載:

    襄王使邵公過(按即召武公)及内史過賜晉惠公命,……晉侯執玉卑,拜不稽首。内史過歸,以告王曰:"晉不亡,其君必無後。……"

  上述二段記載,記的是一件事,内容有些出入,該是傳聞異辭。《左傳》説"賜晉侯命,受玉惰",又記内史過説:"王賜之命而惰於受瑞",可知當時周襄王賜晉惠公策命,同時還賜給寶玉。晉惠公在接受寶玉時失敬,即所謂"受玉惰"。《國語》所説"執玉卑",當即《左傳》所謂"受玉惰",就是説晉惠公受玉時執得很卑下。這樣在賜策命時,同時賜給作爲"贄"的寶玉,也同樣是把這種寶玉作爲"受命"的信物的。

  圭不僅是"受命"的信物,據説還具有"合符信"的作用。《尚書大傳》説:

    古者圭必有冒……天子執瑁以朝諸侯,見則覆之。故冒圭者,天子所與諸侯爲瑞也。……無過行者得復其圭,以歸其國,有過行者留有圭,能改過者復其圭,三年圭不復,少黜以爵,六年圭不復,少黜以地,九年圭不復而地畢〔削〕,此所謂諸侯朝於天子也(據陳壽祺輯本)。

這樣完備的"復圭"、"留圭"的制度,恐出於後世潤飾,但是"冒圭"的制度也還有所依據。《白虎通·瑞贄》篇也説:"合符信者,謂天子執瑁以朝,諸侯執圭以覲天子,瑁之爲言冒也,上有所覆,下有所冒也。"天子執瑁以朝的説法,是根據《考工記》的,《考工記·玉人》説:"天子執冒四寸,以朝諸侯。"據説瑁的形狀像犁冠,因而可以用來冒在圭上。《説文》説:"瑁,諸侯執圭朝天子,天子執玉以冒之,似犁冠。"關於瑁的應用,最早見於《尚書·顧命》。《顧命》記述周康王即位時接受"册命"典禮説:

    王麻冕黼裳,由賓階隮。卿士、邦君麻冕蟻裳,入即位。太保、太史、太宗皆麻冕彤裳,太保承介圭,上宗奉同瑁,由阼階隮。太史秉書,由賓階隮,御王册命……王再拜興……乃受同瑁,三宿三祭三咤,上宗曰饗。太保受同降,盥,以異同秉璋以酢。授宗人同,拜,王答拜。太保受同,祭嚌宅。授宗人同,拜,王答拜。

這一段,王國維著有《周書顧命考》、《周書顧命後考》、《書顧命同瑁説》等三篇文章(《觀堂集林》卷一),加以注釋。這時成王剛去世,由太保爲册命之主,把成王的遺命傳授給康王,由太宗爲儐,太史執策宣讀命書。其所以要由太保承介圭,上宗奉瑁,太史秉命書,因爲圭和瑁就是成王遺命的信物,也就是傳王位的信物,以便康王即位後執以朝諸侯的。在西周時代,政治上重要的策命,常授以玉器作爲信物,所以這時太保把成王遺命傳授給康王,同時太宗也把天子的瑞信——瑁傳授給康王。《顧命》的"同"字,《今文尚書》作"銅",《白虎通·爵》篇引作"銅",虞翻説:"今經(指《今文尚書》)益'金'就作'銅'字,詁訓言天子副璽"(《三國志·虞翻傳》注引《虞翻別傳》)。王國維解釋説:"上經言太保承介圭,今文家蓋以爲天子正璽,此釋銅云天子副璽,則與《考工記》之冒,正相當矣"(《書顧命同瑁説》)。今文家認爲這種圭和瑁,性質上和後世的璽相同。《顧命》的"瑁"字,古文又作"玥",《説文》説:"玥,古文从月",也或省作"月"。虞翻又引鄭玄説:"古月似同,从誤作同。"則又以爲"同"字爲"月"字之誤,今本"上宗奉同瑁",是兼存了"月"的誤字"同"和"月"的繁體字"瑁"。鄭玄又把"月"解釋爲"酒杯",王國維又解釋説:

余謂同瑁一物,即古圭瓉。蓋圭瓉之制可合可分,天子之瓉與諸侯之命圭相爲牝牡,諸侯朝天子,天子受其命圭(《聘禮》有受玉之事,朝覲禮亦宜然,《堯典》所謂輯瑞也),冒之以瓉,因以行祼將之禮。以其冒圭之首,故謂之瑁;以其盡冒公侯伯三等之圭,故謂之同。此説雖無根據,然味經文"以異同秉璋以酢"一語,古秉柄一字,大保自酢,以璋爲同柄,其獻王時自必以介圭爲同柄矣。

這個説法溝通今古文二家之説,很有見解,但是認爲"以其盡冒公侯伯三等之圭,故謂之同",終不免缺乏根據,還是把"同"字認爲"月"字之誤,較爲合理。

根據上面的論述,關於"贄"的作用與"命圭"制度,主要可以歸納爲下列四點:

（一）不同品級的"贄"，具有身份證、徽章的作用，用來識別貴賤，表明貴族的等級和特權。

（二）"命圭"爲高級貴族的身份證和徽章，具有代表一定的特權的性質。"命圭"往往由上級貴族在分封土地或策命時頒賜，作爲受封土地或受命的信物，甚至具有符信的作用。

（三）諸侯的使者受命出使時，同時受圭作爲受命的信物。聘問他國君主時，要執圭往見，作爲致其君命的信物。

（四）天子去世後，舉行傳授王位的典禮，當大臣把遺命傳授給繼承人時，也常以圭和瑁作爲遺命的信物，把瑁傳授給繼承人。

這種"命圭"制度，可能是西周時逐漸形成的。《左傳》定公四年記載成王分封魯、衛、晉等國情況，記述賞賜物品很詳細，並沒有圭在內，可知當時"命圭"制度尚未確立。但據《尚書·顧命》看來，成王去世後，舉行傳授王位典禮時，已用圭和瑁作爲傳授遺命的信物，這時當已產生"命圭"制度。根據本節所引史料來看，從西周後期到春秋時代，這種"命圭"制度確已流行。這是春秋末年和戰國時代推行璽印制度以前，在貴族的政治組織中確立和維護人事關係的一種重要制度。戰國時代楚國大臣的高級爵位有所謂"執珪"、"上執珪"（詳拙作《戰國史》第六章第五節），還是沿襲這種"命圭"制度而來的；他們所執的代表爵位和特權的珪，還該出於楚王所頒賜。

四 "贄"的授受儀式的作用與"委質爲臣"制度

"贄"在"贄見禮"中，用來表示來賓的身份和地位；而"贄"的授受儀式，就進一步用來表示賓主之間的關係。不僅授受的地點，用來表示賓主之間地位的高下；執"贄"的手法，授受的方式，受而是否歸還，都用來表示賓主之間的地位關係。因而被用作確立和維護貴族組織關係的一種手段。

第一節談到"贄"的授受的地點，是按賓主的身份而有所不同的。這在春秋時已很注意到這點。《左傳》成公六年載：

> 鄭伯如晉，拜成，子游相，授玉於東楹之東（杜注："禮，受玉兩楹之間，鄭伯行疾，故東過"）。士貞伯曰："鄭伯其死乎！自棄也已，視流而行速，不安其位，宜不能久。"

按禮,鄭伯與晉君的地位相當,授玉應該在兩楹之間的中心地點,這時因爲鄭伯走得快了些,到了東楹之東授玉,地點偏東,這是地位較次於主人的賓客授玉之處,這樣,鄭伯就降低了自己的地位和身份,所以士貞伯要説他"自棄"和"不安其位",甚至"不能久"而"死"了。

"執玉"的手法,尤爲春秋時貴族所注意。《左傳》定公十五年記載有邾隱公到魯朝見的事:

> 邾隱公來朝,子貢觀焉。邾子執玉高,其容仰,受玉卑,其容俯。子貢曰:"以禮觀之,二君者皆有死亡焉。夫禮,死生存亡之體也……今正月相朝而皆不度,心已亡矣,嘉事不體,何以能久?高仰,驕也;卑俯,替也;驕近亂,替近疾,君爲主,其先亡乎?"

從子貢這一席話,可知"執玉"高低,按禮有一定分寸,即所謂"度",太高和太低都是"不度",太高表現爲驕傲,太低表現爲自卑。而且是否合"度",關係十分重大,甚至關係到"死生存亡"。《論語·鄉黨》篇説:"執圭,鞠躬如也,如不勝,上如揖,下如授,勃如戰色,足蹜蹜如有循。"如此説來,執圭不但高低要有分寸,身體的姿勢、神色、脚步,都要鄭重其事,戰戰兢兢,合乎一定的規矩。《禮記·曲禮下》説得更詳細:

> 凡奉者當心,提者當帶。執天子之器則上衡,國君則平衡,大夫則綏之,士則提之。凡執主器,執輕如不克。執主器,操幣圭璧,則尚左手,行不舉足,車輪曳踵。

根據這個記述,不僅執法有"上衡"、"平衡"、"綏"(稍下)、"提"等區别,行路時還不得舉足,要起前拽後,使脚跟如同車輪一樣,曳地而行。爲什麽"執玉"要如此講究,而且看得關係如此重大呢?因爲當時貴族舉行"贄見禮"的目的,在乎鞏固和加強彼此之間的組織關係和友好關係,要鞏固和加強這種關係,首先需要彼此能够"敬"和"讓"。《禮記·聘義》説:"敬讓也者,君子之所以相接也,故諸侯相接以敬讓,則不相侵陵。"在朝聘之禮中,"執玉"所以要小心謹慎地合於規矩,就是爲了表示敬讓。更重要的,是爲了正確表明雙方的地位、等級和名分以及彼此之間的關係,從而維護當時原有的統治秩序,鞏固貴族階級的統治。

在贄見禮中,最足以表示雙方地位關係的,就是初見面時的送贄方式。按禮,賓主地位相當的,採取親自授受的方式;如果是小輩會見長輩,臣下拜見君上,就必須採用"奠贄"和"委質"的方式。"奠贄"就是把贄陳放在地上,表示尊卑懸殊,不敢親相授受。"委質"就是把贄付給主人,不再收還。

這種小輩對尊長的奠贄、委質之禮,春秋時貴族間確實普遍實行的。《左傳》昭公元年載:

> 鄭徐吾犯之妹美,公孫楚聘之矣,公孫黑又使強委禽焉。

杜注:"禽,雁也。納采用雁。"其實,"委禽"就是"委質",女壻到女父家"親迎"是要"委質"的,因為女父是壻的尊長,"強委禽"就是要強迫行迎娶之禮。《禮記·曲禮下》說:"童子委摯而退。"因為童子年幼,見先生的尊長,按禮要把贄陳放地上,付給主人而退。《史記·仲尼弟子列傳》說:

> 孔子設禮,稍誘子路,子路後儒服委質,因門人而請為弟子。

因為要自"請為弟子",就得行拜見老師的禮,老師是尊長,拜見時就必須"委質"。拜見老師所執的贄,就是"束脩",即十脡乾肉。《論語·述而》篇說:"自行束脩以上,吾未嘗無誨焉。"許多學者都認為這個"束脩",是拜見老師的"贄"①。

這種"委質"的儀式,更重要的,是被運用在君臣關係的確立上。它和"策命"禮,同樣成為確立君臣關係的重要禮節。《左傳》僖公二十三年載:

> 九月晉惠公卒,懷公命無從亡人(重耳),期期而不至,無赦。狐突之子毛及偃從重耳在秦,弗召。冬,懷公執狐突,曰:"子來則免。"對曰:"子之能仕,父教之忠,古之制也。策名委質。貳乃辟也。今臣之子,名在重耳有數年矣,若又召之,教之貳也。……"乃殺之。

---

① 凌廷堪《禮經釋例·器物之例上》對此表示懷疑,認為"禮經膴脩,婦人之摯,男子無用之者",古書中談到的束脩,"疑是饋問之物,非摯也"。但是,我們認為弟子猶如童子,其摯自應較成人為輕,可以用束脩的。

從狐突這席話,可知當時君臣關係的確立,有"策名委質"的制度①。"策名"就是指"策命"禮,亦稱"錫命"禮,"委質"就是指"委贄"禮。西周、春秋之際,政治上君臣關係的確立,自上而下,按禮必須經過"策命"禮,由史官當場宣讀任命官職的命書,並將命書授給臣下,命書有一定的程式,如同國王當面用口語下命令一樣,先呼受命者之名,再任命官職或再敘明任命的理由,並加賞賜,用以表示官職、任務和權利的授予。同時君臣關係的確立,由下而上,按禮必須經過"委質"禮,由臣下拜見君上,"奠摯再拜稽首",以表示對君上的臣服、忠心,並對君上應盡義務的承擔。這由上而下和由下而上的兩種確立君臣關係的必要禮節,合稱起來,就叫做"策名委質"。《國語·晉語九》載:

> 中行穆子帥師伐狄,圍鼓。……中行伯既克,以鼓子宛支來。令鼓人各復其所,非僚勿從。鼓子之臣曰夙沙釐,以其孥行,軍吏執之。……穆子召之……對曰:"臣委質于狄之鼓,未委質于晉之鼓也。臣聞之,委質爲臣,無有二心,委質而策死,古之法也。君有烈名,臣無叛質,敢即私利,以煩司寇,而亂舊法,其若不虞何?"穆子歎……

夙沙釐這席話,可和上述狐突的話互相印證。狐突說:"策名委質,貳乃辟也",就是說經過了"策命"和"委質",確立了君臣關係,做臣下的必須效忠,不能有二心,如有二心,即是犯罪行爲。夙沙釐說:"委質爲臣,無有二心,委質而策死,古之法也。"同樣的,認爲既經"委質"成爲臣屬,必須效忠而無二心,直到死爲止,不能爲了私利,對自己的"質"有所反叛。由此可見,"委質"之禮在當時確立君臣關係上的重要性。《孟子·滕文公下》載:

> 周霄問曰:"古之君子仕乎?"孟子曰:"仕。傳曰:孔子三月無君,則皇皇如也,出疆必載質。……"……"出疆必載質何也?"曰:"士之仕也,猶農夫之耕也,農夫豈爲出疆而舍其耒耜哉。"

---

① 《左傳》杜注解釋"策名委質"說:"名書于所臣之策,屈膝而君事之,則不可以貳。"孔穎達《正義》據此,把"質"解釋爲"形體",把"委"解釋爲"屈膝而委身體于地",顯然是錯誤的。清代學者駁斥此說的很多,不列舉。《史記·仲尼弟子列傳》《索隱》引服虔注說:"古者始仕,先書其名于策,委死之質于君,然後爲臣,示必死節于其君也。"《國語》韋注解釋"委質"說:"質,摯也,士贄以雉,委贄而退。"又解釋"委質而策死"說:"言委質於君,書名於册,示必死也。"這些解說都比較確切,但還不夠完善。

孔子所以在"無君"之後，要"皇皇如也，出疆必載質"，因爲要出仕爲臣，必須對君上行"委質"之禮，"質"是必不可少的東西。孟子竟把士的"質"和農夫的"耒耜"，相提並論，無非想説明其重要性①。

到戰國時代，君臣關係的確立和解除，已創立了一套"璽""符"的制度，但是"委質爲臣"的舊習慣也還沿用着。《吕氏春秋·執一》篇載吴起對商文説："今日置質爲臣（高注：置猶委也），其主安重；今日釋璽辭官，其主安輕；子與我孰賢？"商文對答説："吾不若子。"這是明證。同時，在臣屬對君上朝見的禮節中，也還沿用"委質"的儀式。例如魏國在馬陵之役被齊國大破之後，魏惠王聽從惠施的策略，"變服折節而朝齊"（《戰國策·魏策二》），所謂"梁王抱質執珪，請爲陳侯臣"（《戰國策·魏策四》），就是採用了"委質爲臣"的方式。後來只有魯國的儒士，講究着古禮，曾用"委質爲臣"的方式，參與農民起義領袖陳涉建立的張楚政權。《史記·儒林傳》載：

> 陳涉之王也，而魯諸儒持孔氏之禮器，往歸陳王，於是孔甲爲陳涉博士，卒與涉俱死。……搢紳先生之徒負孔氏之禮器，往委質爲臣者何也？以秦焚其業，積怨而發憤於陳王也。

《鹽鐵論·褒賢》篇記大夫言，也有相同的叙述。孔子的八世孫孔鮒（字甲），在秦末農民起義中，也還沿用孔子"出疆必載質"的辦法，帶同魯國儒士，採用"委質爲臣"之禮，出任張楚政權的博士。

一般賓、主之間行"贄見禮"，主人在受贄之後，是要還贄的。只有"委贄"而成爲臣下的，或者成爲小輩的（如壻拜見女父），或者成爲弟子的（如弟子拜見老師），尊長是受贄而不還的。夏炘《釋昏禮不還贄》（《學禮管釋》卷九）説："五雁及納徵之束帛，……以求昏於主人，主人受之而不還，所以許之也。"君臣之間也是如此，臣下以贄自求隸屬於君上，君上受之而不還，也是"所以許之也"。如果以禽和乾肉爲贄的，尊長接受後，就用以充膳。《周禮·膳夫》説："凡祭祀之致福

---

① "委質爲臣"，古時也或稱爲"傅質爲臣"，《孟子·萬章下》説："庶人不傳質爲臣，不敢見於諸侯，禮也。"趙岐注："傳，執也。"不確。"傳"當爲"佈"的意思，與"委"意義相同。也或稱爲"錯質爲臣"，《荀子·大略》篇説："錯質之臣不息雞豚。""錯"當讀爲"措"，與"委"意義相同。楊注："錯，置也，質讀爲贄。……謂執贄而置於君，……或曰：置質猶言委質，言凡委質爲人臣，則不得與下争利。"

者,受而膳之。以摯見者亦如之。"《周禮·司士》又說:"掌擯士者膳其摯。"①如果以幣帛之類作爲贄的,或者用其他財物作爲贄的,既接受而不還,當然也可作爲財物來應用。《士昏禮記》說:"摯不用死,皮帛必可制。"昏禮中女父家接受的贄"不用死",也可以充膳;所接受的皮帛合於制度,就可用來製作衣服。尊長和君上這樣的接受"贄",實際上就成爲接受貢獻。《禮記·聘義》說:"已聘而還圭璋,此輕財而重禮之義也。"反過來說,這樣接受貢獻"贄",就具有接受貢獻財物的性質。本來"贄"就具有財物的性質,不僅幣帛禽鳥是財物性質,玉禮器更具有寶貴的財物性質,所以《儀禮·聘禮》說使者所執的圭是由賈人保管的②。《周禮·人行人》說:"九州之外謂之蕃國,各以其所貴寶爲贄。"這樣以貴寶爲贄,更明顯爲貢獻財物性質。

舉行"委質爲臣"之禮,不僅表示確立君臣關係,並由此確定了臣下貢獻財物的責任。據前引《𠫑伯簋》,這年九月,周王命令益公率軍征伐眉敖,得勝而歸,次年二月眉敖即來朝見,獻貴。很明顯,眉敖原先不服王命,由於周的征伐,迫使他不得不前來朝見,所謂"獻貴",也就是"委質爲臣"。凡是一經"委質爲臣",就必須負起貢獻人力和物力的責任,所謂"淮夷舊我負晦(賄)人(臣),毋敢不出其貟,其責(積),其進人,其貯,毋敢不即餗即岑"(《兮甲盤》)。《魯頌·泮水》說:"憬彼淮夷,來獻其琛,元龜象齒,大賂南金。"情況也相同。到春秋時,霸主成爲諸侯之長,當霸主召集諸侯會盟時,諸侯前來朝聘的,也要按自己不同的身份執"贄",更要按等級來貢獻財物。《左傳》哀公十三年記載黃池之會的情況說:

> 吴人將以公見晉侯,子服景伯對使者曰:"王合諸侯則伯帥侯牧以見于王,伯合諸侯則侯帥子男以見于伯。自王以下,朝聘玉帛不同,故敝邑之職貢,於吴有豐於晉,無不及焉,以爲伯也。"

由於賓主的地位不同,朝聘所用的"贄"也不同,所謂"朝聘玉帛不同";由於"朝聘玉帛不同",所負擔的"職貢"也就不同。春秋時霸主所採用的這種制度,該就是"委質爲臣"之禮的進一步擴展。

---

① 《周禮·膳夫》鄭注:"鄭司農云:以羔雁雉爲摯見者,亦受之以給王膳。"《周禮·司士》鄭注又說:"鄭司農云:'膳其摯者,王食其所執羔雁之摯。'玄謂膳者入於王之膳人。"
② 據《儀禮·聘禮》,使者所執之圭,由賈人保管,鄭注:"賈人在官知物價者。"《周禮·玉府》有賈八人,掌"凡王之獻金玉兵器文織良貨賄之物,受而藏之。"執圭既由賈人保管,就當作重要財物的。

由此可見,"委質爲臣"之禮,不僅表示在政治上確立了君臣關係,臣下必須效忠於君上;同時還表示在經濟上確立了貢納關係,臣下必須按規定貢獻於君上。同時,小輩對長輩行"委質"之禮,不僅表示確立了長幼的親屬關係,也還表示對尊長負有侍奉和服役的責任①。即使師生關係也是如此,弟子對老師行"委質"之禮,以"束脩"獻給老師,不僅表示確立了師徒關係,也還表示要爲老師服勞役,和承擔納學費的責任②,所以"束脩"就成爲學費的名稱。

　　西周、春秋間,不僅確立君臣關係有"委質"或獻贄之禮;如果兩國相戰,戰敗國的國君不得不屈服時,更有一種表示投降的"贄見禮"。

　　《左傳》僖公六年載:蔡穆侯帶了許僖公到武城見楚成王,許僖公"面縛銜璧,大夫衰絰(喪服),士輿櫬(棺)",楚成王問逢伯,逢伯説:"昔武王克殷,微子啓如是。武王親釋其縛,受其璧而祓之,焚其櫬,禮而命之,使復其所。"③楚王就照這樣辦了。《左傳》昭公四年載:楚國滅賴,賴君"面縛銜璧,士輿櫬從之"。楚靈王問椒舉,椒舉又説:"成王克許,許僖公如是,王親釋其縛,受其璧,焚其櫬。"楚王又照樣做了。這二次投降的贄見禮,都是"面縛銜璧",以"璧"爲贄的。杜預解釋"面縛銜璧"説:"縛手於後,唯見其面,以璧爲贄,手縛故銜之。"《左傳》宣公十二年載:楚軍攻克鄭國,"鄭伯肉袒牽羊以逆"。這個投降的贄見禮,又用"肉袒牽羊"的儀式,肉袒是袒衣裸體,"牽羊"就是以羊爲贄。《禮記·曲禮上》説:"效馬效羊者右牽之,效犬者左牽之,執禽者左首,飾羔雁以繢。"所談的,就是以禽獸爲贄來進獻的方式。這時鄭伯行投降的"贄見禮",牽羊來迎接,因爲按禮,獻羊

---

① 《左傳》桓公二年載師服説:"吾聞國家之立也,本大而末小,是以能固。故天子建國,諸侯立家,卿置側室,大夫有貳宗,士有隸子弟,庶人工商各有分親,皆有等衰,是以民服事其上而下無覬覦。"服虔注:"士卑,自其子弟爲僕隸"(《儀禮·既夕禮》正義引)。有人據此,認爲周代貴族的家長可以把子弟當作奴隸來使用。其實,從上下文來看,"士有隸子弟",是説"士"這個階層的"宗子"(即家長)所屬有"子弟",猶如"大夫有貳宗"、"庶人工商各有分親",並不是説家長可以把子弟當作奴隸。但是當時貴族的小輩,對于尊長確有侍奉和服役的責任。《論語·爲政》載:"子夏問孝,子曰:色難。有事,弟子服其勞,有酒食,先生饌,曾是以爲孝乎?"此處所謂先生即指長輩,所謂弟子即指幼輩。
② 《吕氏春秋·尊師篇》説:"治唐(場)圃,疾灌寖,務種樹,織葩屨,結置網,捆蒲葦;之田野,力耕耘,事五穀;如山林,入川澤,取魚鱉,求鳥獸;此所以尊師也。視輿馬,慎駕御,適衣服,務輕煖;臨飲食,必蠲絜;善調和,務甘肥;必恭敬,和顏色;審辭令,疾趨翔,必嚴肅;此所以尊師也。"很具體説明當時弟子對老師有貢獻和服役的責任。
③ 《史記·宋世家》載:"周武王伐紂克殷,微子乃持其祭器,造於軍門,肉袒面縛,左牽羊,右把茅,膝行而前以告,於是武王乃釋微子,復其位如故。"這個記載與《左傳》逢伯所説,頗有出入,"肉袒""牽羊"則與《左傳》宣公十二年所記鄭伯迎降的情況相同。

是要牽着的①。在上述這種投降的"贄見禮"中,多數用"面縛銜璧"的方式,勝利者都"釋其縛,受其璧,焚其櫬","釋其縛"和"焚其櫬",無非表示採取寬大的處理辦法,"受其璧",更是表示接受其"委質爲臣"。

　　根據上面的論述,關於"贄"的授受儀式的作用與"委質爲臣"制度,可以歸納爲下列三點:

　　(一)"贄"的授受儀式,包括授受地點、執"贄"手法、授受方式以及受而是否歸還,用來表示確立和維護貴族的等級、名分以及彼此關係,從而鞏固貴族組織,維護貴族統治的秩序。

　　(二)陳放地上而不親相授受的"奠贄"方式,把"贄"付給主人而不再收還的"委質"方式,是小輩見尊長的"贄"的授受儀式。用來確立長幼的親族關係、弟子與老師的師徒關係、臣下與君上的君臣關係等。

　　(三)"委質爲臣",不僅用來表示君臣關係的確立,還用以表示對君上的臣服、忠心,並對君上應盡義務(包括人力和財物的貢獻)的承擔。同樣的,用"束脩"作爲"贄","委質"請爲弟子,不僅表示確立師徒關係,還表示願爲老師服勞役,和學費的承擔。

　　西周、春秋時,許多政治上重要的制度,往往貫串在各種"禮"的舉行中。根據本文的論述,很清楚地可以看到,這種"贄見禮"不僅是一種交際的儀式,更重要的,是一種確立和維護貴族的組織關係的人事制度,其作用在於表明貴族的各等身份和地位,確立和維護貴族內部的各種組織關係如君臣關係、親族關係,師徒關係等,明確相互關係中彼此應盡的責任和應得的權利,從而鞏固貴族的組織,加強貴族階級的統治。這是在戰國時代確立官僚制度和集權的政治組織以前②,貴族統治組織中的一種重要制度。

《中華文史論叢》第五輯

---

　　① 《呂氏春秋·行論》篇載:楚莊王"興師圍宋九月","宋公肉袒執犧,委服告病,……乃爲却四十里,而舍于盧門之闔,所以爲成而歸也。"所謂"肉袒執犧,委服告病",即行投降的"委贄禮","執犧"就是以犧爲贄。但是《左傳》宣公十五年記載這事,説是"使華元夜入楚師,登子反之牀,起之曰:寡君使元以病告,……"。

　　② 關於戰國時代的官僚制度和集權的政治組織,詳拙作《戰國史》第六章。

外　　編

目　錄

西周中央政權機構剖析 …………………………………………… 284
西周王朝公卿的官爵制度 ………………………………………… 299
論西周初期的分封制 ……………………………………………… 319
西周春秋時代對東方和北方的開發 ……………………………… 339
西周初期東都成周的建設及其政治作用 ………………………… 357
釋何尊銘文兼論周開國年代 ……………………………………… 370
論周武王克商 ……………………………………………………… 377
重評 1920 年關於井田制有無的辯論 …………………………… 409
釋青川秦牘的田畝制度 …………………………………………… 419
先秦墓上建築和陵寢制度 ………………………………………… 423
黄河之水天上來
　　——黄河之源昆侖山的神話傳説 …………………………… 432
楚帛書的四季神像及其創世神話 ………………………………… 436
秦《詛楚文》所表演的"詛"的巫術 ……………………………… 449
論《逸周書》
　　——讀唐大沛《逸周書分編句釋》手稿本 ………………… 463
《穆天子傳》真實來歷的探討 …………………………………… 473
《古史新探》述要 ………………………………………………… 488

西周中央政權機構剖析

自從武王克商,周就建立統治四方的中央政權。等到周公東征勝利,營建東都成周,使宗周和成周的王畿連成一片,進一步形成統治四方的政治中心,中央政權機構就逐步健全。西周之所以能成爲疆域遼闊的王朝,能成爲奴隸制的全盛時期,該與它擁有比較健全的中央政權機構有關,而且西周這種中央政權的組織形式,對此後政治制度有着深遠影響,因此很有必要作深入的探討。本文試圖依據可靠文獻,結合金文,對西周中央政權機構的首要部分加以剖析。

一 大保、大師和長老監護制度

西周初期的中央政權,十分明顯,是以太保和太師作爲首腦的。太保和太師掌握着朝廷的軍政大權,並成爲年少國君的監護者。

這種政治上的長老監護制度,是從貴族家内幼兒保育和監護的禮制發展起來的。原來貴族家内,不論對於男孩或女孩,同樣有一套保育和監護的禮制①。"保"原是指保姆,或者稱爲"阿""娶""姆"。《説文》解釋"姆""娶",都説"女師也",又説娶"讀若阿"。《禮記·内則》講到保育孺子,必須從"諸母"和"可者"中選出"子師""慈母""保母"來負責。所謂"可者",就是"阿",也就是"娶"。"阿"從"可"聲,"可""阿"同音通用。毫無疑問,"保"和"阿"的官職名稱,就是從貴族家中保育人員的稱謂發展來的。原來貴族家中這種保育人員,是族中的長老,由此發展形成的官職,也具有長老監護的性質。這種政治上的長老監護制度,商代已經產生。《詩·商頌·長發》説:"實維阿衡,實左右商王。"《書·君奭》説:"在太甲,時則有若保衡。""阿衡"即是"保衡","阿"即是"保",原爲教養監護的官,後來

---

① 《詩·周南·葛覃》:"言告師氏,言告言歸。"《毛傳》:"師,女師也。"《春秋》襄公三十年:"宋災,宋伯姬卒。"《左傳》:"侍姆也。"杜注:"姆,女師。"《公羊傳》《穀梁傳》都説伯姬在火災中因等待保母或母而死。"保"字,金文象抱子之形,原義爲保養幼子。保母原由女子擔任,西周時女子官職有稱"保"的,見於保侃母簋、保妥母彝銘文。

發展爲國君的輔佐大臣。

"師"原爲高級軍官,亦稱"師氏"。師氏在軍隊中是指揮作戰的軍官,同時又爲軍事訓練的教官。師氏在宮廷内是守衛宮門以及保護君王的警衛隊長,同時又是教導子弟的教官。《周禮·地官》有師氏和保氏的官職,師氏"掌以媺(美)詔王,以三德教國子",統率所屬"守王之門外"(鄭注:門外,中門之外);保氏"掌諫王惡,而養國子以道","使其屬守王闈"(鄭注:闈,宮中之巷門)。《周禮》的説法,在一定程度上是有依據的。"師氏"和"保氏"的性質相同,只是保氏守於内,師氏守於外。因爲保氏是從保育人員發展成的教養監護之官,師氏原是從警衛人員發展成的教養監護之官。① 這就是太保和太師官職的起源。

西周初期大保和大師的官職,具有對太子和年少國君教養監護的責任,具有輔佐國君掌握政權的職責,是很明顯的。《大戴禮·保傅》和賈誼《新書·保傅》,都説成王有"三公","召公爲太保,周公爲太傅,太公爲太師"。"三公"的稱謂是後起的,但是當時確有"公"的稱謂。②《書·金縢》講到武王生病,二公要爲武王的病占卜,而周公祈禱,請求以自身代替武王去死,等到武王死去,管叔和群弟散布流言,説周公"將不利於孺子(指年少的成王)",周公於是告二公説:"我之弗辟(辟謂以法治之),我無以告我先王。"成王因此懷疑周公。後來成王和大夫發現周公要以自身代武王死去的祝辭,二公及成王詢問史官,得到證實,才使成王感悟。全文除周公以外,四次講到"二公"。據《史記·魯世家》,"二公"是太公望、召公奭。從《金縢》上下文看,武王末年,太公、召公都已執政,都已擔任師保之職,因而有"公"的尊稱。《左傳》襄公十四年記晉國的樂師曠説:

> 天生民而立之君,使司牧之,勿失其性。有君而爲之貳(杜注:貳,卿佐),使師保之,勿使過度。是故天子有公,諸侯有卿,卿置側室……以相輔佐也。善則賞之(杜注:賞謂宣揚),過則匡之,患則救之,失則革之。自王

---

① 參看拙作《我國古代大學的特點及其起源》第四節《教師稱師的來歷》,收入《古史新探》,中華書局1965年版。
② 《周禮·地官》序官保氏下,賈公彦疏引《鄭志》:"趙商問:'案成王《周官》,立大師、大傅、大保,兹惟三公。即三公之號,自有師保之名。成王《周官》是周公攝政三年事。此《周禮》是周公攝政六年時,則三公自名師保,起之在前,何也?'鄭答曰:'周公左,召公右,兼師保,初時然矣。'"按周公作《周官》,見於《書序》《史記·周本紀》以及《魯世家》。段玉裁《古文尚書撰異》依據上引《鄭志》,斷定《周官》是古文,"有立大師云云十一字,作僞者襲之"。孫詒讓《周禮正義》也説:"案《書·周官》,漢時今古文兩家併亡,趙商所引,蓋其殘語之見之它書者,即僞古文所本也。"如果此説可信,西周初期已有三公之稱。《史記·燕世家》也説:"其在成王時,召公爲三公。"但是,太傅之官不見於西周金文,因此尚難證實。

以下，各有其父兄子弟以補察其政。

這段話，雖是春秋時代樂師説的，當是西周以來相傳的説法。所説"各有其父兄子弟以補察其政"的制度，由來已久。我們把他所説"有君而爲之貳，使師保之"，和"是故天子有公"結合起來看，可知天子用來"補察其政"的父兄子弟，不是別人，就是"師保"，就是太師和太保，也就是稱爲"公"的輔佐大臣，這種政治上的長老監護制度，西周初期確曾認真實行。召公、周公和太公，確實都曾擔任師、保之職而輔佐成王。

召公名奭，采邑在召（今陝西岐山西南），是周族中的長老。周初銅器有不少與太保召公有關的。大保方鼎、大保鴞卣、大保簋、史叔彝銘文都稱"大保"，旅鼎、御正良爵銘文都稱"公大保"，作册大方鼎銘文又稱"皇天尹大保"。"公大保"當爲尊稱，因爲召公稱公，官爲大保，連稱爲"公大保"。"皇天尹大保"更爲尊稱，"尹"是君長之意，猶如周公召公爲"君奭"或"君"，"皇天尹"是説由上天所命的君長。① 從金文來看，召公不僅以大保之職執政，還常奉命率軍出征。大保簋銘文："王伐録子耴"，"王降征令於大保"，這是説成王下征伐録子耴的命令給大保。旅鼎銘文："惟公大保來伐反尸(夷)年"，這是以大保來征伐反叛的東夷這件大事用作紀年。從《書·召誥》中召公長篇教導成王的話來看，大保確是以長老、監護者的身份，對年少君王諄諄告誡的。直到成王病危，臨終遺囑，還是由大保召公帶頭受命。等到康王舉行即位典禮，也由太保下令布置，並由太保爲册命之主，授給康王介圭（大圭），作爲授給遺命的信物，也就是傳給王位的信物。②

吕尚，姜姓，名望，字尚父。官爲太師，稱師尚父。後來成爲諸侯齊國的始祖，因有太公之稱。太師原是高級統帥的稱謂。《詩·大雅·大明》説："維師尚父，時維鷹揚，涼彼武王，肆伐大商。"吕尚爲太師，既爲伐商的最高統帥，同時又於宫廷内負有"師保"的責任，成爲輔佐大臣。《左傳》襄公十四年記載周靈王派劉定公"賜齊侯命"説："昔伯舅大（太）公，右我先王，股肱周室，師保萬民，世胙大師，以表東海。"所謂"師保萬民"，就是説太師有"師保"的職責。因此在《書·金縢》中他和召公並稱"二公"。他是因功高善戰，被任爲太師的。在當時重視宗法的貴族政權中，師保之職應由父兄輩出任的，所謂"自王以下，各有其父兄子弟以

---

① 于省吾《雙劍誃吉金文選》卷下一，引吴北江説："皇天尹大保者，言太保乃天所命之尹，猶言天吏、天牧，謂召公之德格於皇天也。"

② 《書·顧命》。

補察其政"。儘管姬、姜二姓長期聯盟，互通婚姻，關係密切，但是呂尚畢竟是異姓，雖然官爲太師，不可能和召公、周公同樣受到重視。這在文獻中是可以看得很清楚的。

周公名旦，采邑在周（今陝西岐山北），是武王之弟，原爲太宰①，曾助武王克商。武王死後，成王年少，一度由他攝政稱王。等到平定三監和武庚叛亂，東征勝利，建成東都成周，就歸政成王。成王命他留守成周，主持東都政務，任爲"四輔"。② 偽《孔傳》把"四輔"解釋爲"四維之輔"，孔穎達《正義》又解釋爲"四方輔助"。從上下文看，解釋爲"四方之輔"比較適當。因爲成王任命周公爲"四輔"的原由是"四方迪亂"，又説："公勿替刑（型），四方其世享。""四輔"不是官名。以"四輔"爲官名是後起的傳説。《帝王世紀》説"周公爲冢宰攝政"，又説成王"始躬政事，以周公爲太師"③。周公歸政成王以後，成王命他留守成周，主持東都政務，官職當爲太師。④

文獻上有"召公爲保、周公爲師"之説。《史記·周本紀》説："召公爲保，周公爲師，伐淮夷，殘奄。"《書序》又説："召公爲保，周公爲師，相成王爲左右，召公不説（悦），周公作《君奭》。"同時，文獻上又有周、召二公"分陝而治"之説。《禮記·樂記》記載描寫武王克商的《大武》樂章，共有五成，最後"五成而分，周公左，召公右"。《史記·樂書》作"五成而分陝，周公左，召公右"。這樣把周克商的結局説成周、召二公"分陝而治"，是有依據的。《史記·燕世家》也説："成王時，召公爲三公，自陝以西，召公主之；自陝而東，周公主之。"爲了湊合"三公"之説，《公羊傳》隱公五年説："自陝而東，周公主之；自陝而西，召公主之；一相處於內。"在周、召二公"分陝而治"之説以外，附加"一相處於內"，顯然是不正確的⑤。自從東都成周建成，周公歸政成王，成王命令周公留守東都而主持成周政務，西都宗周的政務就由召公輔佐成王治理。當時西都和東都的王畿是通連的，東西長而南北短，有所謂"邦畿千里"，而以"陝"作爲其分界綫，"陝"指陝陌，在今河南三門峽市

---

① 《左傳》定公四年。
② 《書·洛誥》。
③ 《藝文類聚》卷十二引。
④ 參看拙作《西周初期東都成周的建設及其政治作用》，《歷史教學問題》1983年第4期。
⑤ 漢代又有二伯之説。《禮記·王制》："屬於天子之老二人，分天下爲左右，曰二伯。"鄭玄注即引《公羊傳》來解釋。《白虎通·封諸侯篇》引用《王制》，解釋説："所以分陝者，是國中也。"《白虎通·巡狩篇》又引《傳》曰："周公入爲三公，出作二伯，中分天下，出黜陟。"《風俗通義》卷一又説，召公"入據三公，出爲二伯，自陝以西，召公主之"。二伯之説，當是因爲不符合三公之説而添補的。

西南,正當東西都王畿的中心點①。所謂"分陝而治",實際上就是召公爲太保,周公爲太師,以長老身份,分別成爲西都和東都的輔佐大臣,仍然是長老監護制度的進一步的發展。

二 卿事寮和太史寮的職掌

從西周金文來看,西周中央政權有兩大官署,即卿事寮和太史寮。毛公鼎銘文:

> 叕(及)兹卿事寮、大(太)史寮,于父即尹。命女(汝)龏嗣(司)公族雩(與)參(三)有嗣(司)、小子、師氏、虎臣雩(與)朕褺事。

在這樣一系列官職中,卿事寮和太史寮居於首位,而且只有他們稱"寮",説明這是當時中央政權的兩大官署。此外公族掌管公族的事,三有司即司土(司徒)、司馬、司工(司空),師氏和虎臣是軍官,褺事是國君的近臣。

金文的"卿事",即是文獻的"卿士",古"士""事"音義俱近。《説文》:"士,事也。"卿事或卿士,或者用作卿的通稱,如《書·洪範》説:"王省惟歲,卿士惟月,師尹惟日。"或者專指總領諸卿的執政大臣。如《詩·小雅·十月之交》的"皇父卿士",官職在司徒、太宰、膳夫、内史之上,當爲執政大臣。② 周厲王因任用"好專利"的榮夷公爲卿士而被驅逐。③ 周幽王因任用"讒諂巧從"的虢石父爲卿士而政治敗壞。④ 執政大臣的稱爲卿士或卿事,是卿事寮長官的簡稱,其正式官職,西周初期即是太保或大師,西周中期以後爲大師。《詩·大雅·常武》説:

> 赫赫明明,王命卿士,南仲大祖,大師皇父:"整我六師,以修我戎;既敬既戒,惠此南國。"

---

① 崔述:《豐鎬考信録》卷五認爲,"分陝而治"的"陝",是"郟"字之誤,古稱洛邑爲郟或郟鄏,"洛邑天下之中,當於此分東西爲均"。按崔説出於推想,没有根據。郟即是洛邑北面的邙山。東西兩都的王畿的分界,當在東都以西,不應以邙山作爲分界綫。
② 《詩·小雅·十月之交》説:"皇父卿士,番維司徒,家伯維宰,仲允膳夫,聚子内史,蹶維趣馬,楀維師氏,艷妻煽方處。"這一批大臣,又見於《漢書·古今人表》下下等,計有皇父卿士、司徒皮(皮與番音同通用)、太宰家伯、膳夫中術(《鄭箋》以爲仲允之字)、内史掫子(掫與聚音同通用)、趣馬蹶、師氏萬(萬與楀音同通用),列在幽王、褒姒、虢石父之後,申侯、平王之前,作爲幽王時人。
③ 《國語·周語上》。
④ 《國語·鄭語》。

"大祖"是説祖廟。這是説宣王册命卿士於南仲的祖廟。所説"大師皇父",大師即是卿士,皇父即是南仲,他以南爲氏,字仲皇父,可以簡稱南仲,也可稱爲皇父,他以大師之職爲卿事寮的長官,《毛傳》以爲南仲和皇父爲兩人,《鄭箋》以爲南仲是皇父的太祖,都不確。①

《詩·小雅·節南山》説:"赫赫師尹,民具爾瞻";"赫赫師尹,不平謂何。""尹氏大師,維周之氏,秉國之均(鈞),四方是維,天子是毗,俾民不迷。"從上下文看,這個"師尹"即是大師尹氏的簡稱。尹氏大師既是赫赫有聲威,爲人民所注視,又是周朝的柱石,掌握着國家的權柄,無疑是執政大臣。尹氏,王國維認爲即指内史尹或作册尹,金文稱内史之長爲内史尹或作册尹,亦單稱尹氏。他還引用《節南山》,作出論斷説:"百官之長皆曰尹,而内史尹、作册尹獨單稱尹氏者,以其位尊而地要也。尹氏之職,掌書王命及制祿命官,與大師同秉國政。"②這一論斷十分正確。太師和尹氏所以能够同秉國政,因爲太師是卿事寮的官長,而尹氏是太史寮的官長。

《國語·周語上》記載宣王即位,不籍千畝,虢文公因此進諫,講到籍禮舉行的情况説:

> 及籍,后稷監之,膳夫、農正陳籍禮,太史贊王,王敬從之。王耕一坺,班三之,庶人終於千畝。其后稷省功,太史監之;司徒省民,太師監之。

舉行籍禮要掌握時令和管理耕作,所以歸太史寮主持,由"太史贊王"(韋注:贊,導也)。后稷、膳夫、農正等官,都該是太史寮所屬的官吏。等到"庶人終於千畝"的時候,所以要"后稷省功,太史監之;司徒省民,太師監之"。因爲耕作的技

---

① 《毛傳》:"王命南仲於大祖,皇父爲大師。"此以大祖爲太祖廟,甚是。但以南仲與皇父爲兩人,不確。不應同時對兩人用同樣的策命之辭。《鄭箋》:"南仲,文王時武臣也,宣王之命卿士爲大將也,乃用其南仲爲大祖者,今大師皇父是也。"此又以南仲爲文王的武臣,是皇父的太祖,這是依據《詩·小雅·出車》的《毛傳》的。《詩·小雅·出車》:"王命南仲,往城於方","赫赫南仲,玁狁於襄。""赫赫南仲,薄伐西戎。"《毛傳》:"王,殷王也。南仲,文王之屬。"其實,《出車》所叙寫的,亦爲宣王時事,《常武》和《出車》的南仲當爲一人。《常武》説:"王命卿士,南仲大祖,大師皇父:'整我六師,以修我戎,既敬既戒,惠此南國。'"這是説宣王册命卿士於南仲的祖廟,後四句是概括册命之辭。所謂"大師皇父",是重復申説,大師即是卿士,皇父即是南仲,他以南爲氏,字仲皇父,也可以簡稱南仲。這是當時稱"字"的通例。參看拙作《冠禮新探》第二節"字的來源及其意義",收入《古史新探》。南仲見於《漢書·古今人表》上下等,在召虎、方叔之後,正當宣王時。

② 《觀堂别集》卷一《書作册詩尹氏説》。

藝必須由農官監督，農官是屬於太史寮的。同時人民的勞役的徵發必須由司徒監察，司徒是屬於卿事寮的。由此可知，司徒、司馬、司空等"三有司"，都該是卿事寮的屬官。

卿事寮的職掌，主管"三事"和"四方"，金文有明證。令彝銘文説：

> 惟八月，辰才(在)甲申，王令周公子明保，尹三事四方，受(授)卿事寮。丁亥，令矢告於周公宫。公令出同卿事寮。惟十月月吉癸未，明公朝(早)至於成周，出令：舍三事令，眔卿事寮、眔者(諸)尹、眔里君、眔百工；眔者(諸)侯，侯、田(甸)、男，舍四方令。

銘文開頭講成王命令周公之子明保主管"三事四方"，授給卿事寮。明保的"保"當是官職，即是太保。下文出於明保的臣下矢令的叙述，所以一連五處都稱爲"明公"，以"公"爲尊稱。明公就是以太保之職主管卿事寮。明公接受卿事寮而"尹三事四方"，説明卿事寮的職務就是主管"三事四方"。所謂"三事"，就是指王畿以内的三種政務。所謂"四方"，就是指王畿以外所分封的四方諸侯地區的政務。

"三事"這個稱謂，見於《書・立政》和《詩・小雅・雨無正》等。《書・立政》記周公説：

> 王左右常伯、常任、準人、綴衣、虎賁。
> 宅乃事，宅乃牧，宅乃准，茲惟後矣。
> 立政：任人、準夫、牧，作三事。
> 文王惟克厥宅心，乃克立兹常事司、牧人，以克俊有德。
> 繼自今，我其立政，立事、準人、牧人。
> 自古商人，亦越我周文王立政，立事、牧夫、準人。

依據上下文看，"常伯"就是"牧"，他的政務是"牧"，是指王畿以内的地方官。鄭玄解釋説："殷之州牧曰伯，虞夏及周曰收。"① 伯或牧是對地方官的統稱。"常任"就是"任人"，他的政務是"事"，是指王畿以内掌管軍政大事的行政官。"準

---

① 《書疏》引。

人"就是"準夫",他的政務是"準"。僞《孔傳》說:"準人平法,謂士官。"孫星衍又說:"'準'字熹平石經作'辟',辟亦法也。"①

《詩·小雅·雨無正》說:

> 正大夫離居,莫知我勩;三事大夫,莫肯夙夜;邦君諸侯,莫肯朝夕。

胡承珙認爲"三事大夫"即是《書·立政》所說"作三事"、"任人是任事之官,準夫是平法之官,牧謂養民之官","三事大夫疑爲在內卿大夫之總稱,對下邦君句,爲在外諸侯之統稱"②。這是正確的。令彝銘文:"舍三事令,眾卿事寮、眾諸尹、眾里君、眾百工。"諸尹、里君、百工,即是王畿以内官員的總稱,就是"三事大夫"。諸尹相當於"任人"或"常任",里君相當於"牧"或"常伯",只是"百工"泛指各種官吏,和《立政》所謂"準人"有出入。《雨無正》所說"三事大夫",是指王畿以内統治的官吏,即《書·酒誥》所謂"内服";所說"邦君諸侯",是指王畿以外統治四方的諸侯,即《書·酒誥》所謂"外服"。令彝銘文:"眾者(諸)侯,侯、甸(甸)、男,舍四方令",是倒裝句法,就是說四方令發佈到四方的諸侯,包括侯、甸、男在内。③ 這又和《雨無正》所說"邦君諸侯"相當。

卿事寮不僅主管王畿以内的"三事",所屬有"三事大夫",而且主管王畿以外"四方"的事,四方的諸侯也由他們管理。《左傳》定公四年說:"周公相王室,以尹天下。"所謂"以尹天下",就是管理四方諸侯。卿事寮可以說是周王的辦公廳和參謀部,掌管着政治、軍事、刑法等等。古代是兵刑不分的。卿事寮的長官,無論大師或大保都掌握軍政大權,所以召公和周公都曾出征。周公還曾作《誓命》,主管刑罰,說"在九刑不忘(妄)"④。

太史寮的官長是太史,掌管册命、制祿、圖籍、記錄歷史、祭祀、占卜、禮制、時令、天文、曆法,耕作等等。太史寮可以說是周王的秘書處和文化部,太史可以說是周王的秘書長,同時又是歷史家、天文學家、宗教家。既是文職官員的領袖,又是神職官員的領袖。其地位僅次於主管卿事寮的大師或太保。

《禮記·曲禮》講到天子有"六大"和"五官":

---

① 《尚書今古文注疏》。
② 《毛詩後箋》卷十九。
③ 楊樹達:《積微居金文說》卷一《矢令彝三跋》。
④ 《左傳》文公十八年。

> 天子建天官，先六大，曰：大宰、大宗、大史、大祝、大士、大卜，典司六典。天子之五官，曰：司徒、司馬、司空、司士、司寇，典司五衆。

這些官制，雖然出於後人記述，但是它的來源比較原始。它把"六大"稱爲"天官"，看作神職，是有來歷的。它把大史作爲六大之一，其實大史就是"六大"之長，"六大"都該屬於太史寮，而太史就是太史寮的官長。至於"天子之五官"，都是治民之官，該屬於卿事寮。《左傳》昭公十七年記載郯子談到少皞"以鳥名官"的傳說，也是比較原始的：

> 鳳鳥氏，歷正也；玄鳥氏，司分者也；伯趙氏，司至者也；青鳥氏，司啓者也；丹鳥氏，司閉者也。祝鳩氏，司徒也；鴡鳩氏，司馬也；鳲鳩氏，司空也；爽鳩氏，司寇也；鶻鳩氏，司事也。五鳩，鳩民者也。

前面五種官，都是掌管天文曆法的官，相當於"天官"。後面五種以鳩爲名的官，相當於"天子之五官"，只是"司士"和"司事"有差別。其實，"士"和"事"音義俱近，"司事"就是"司士"。原始官職不外乎"天官"和治民之官兩大系統，西周中央政權之所以分設太史寮和卿事寮兩大官署，當即由此而發展形成。

三　宗周和成周分設卿事寮的問題

自從東都成周建成，成王命周公留守成周，主持東都政務以後，宗周和成周就都設有中央政權機構，都設有卿事寮。令彝銘文先說成王任命周公之子明保主管卿事寮，接着明公派矢到周公宮報告，周公命令明公"出同卿事寮"，"同"是說舉行殷見禮，大會內外臣工（從郭沫若先生之說），隔了兩個月（從八月甲申到十月癸未），明公到成周就職，就發佈"三事令"和"四方令"。說明在周公活着的時候，成王就命令周公之子明公到成周，接替周公的職務，接受卿事寮，周公當因年老而退休，回到豐了。就是《尚書大傳》所說，"三年之後周公老於豐"。根據這點，可知成周如同宗周一樣設有卿事寮，主管"三事四方"。所謂召公和周公"分陝而治"，實質上就是兩人分別以太保、大師之職，分管了宗周和成周的卿事寮。據令彝銘文，周公生前，曾由其子明公以太保的官職，接替他主管成周的卿事寮。《書序》又說："周公既沒，命君陳分正東郊成周，作《君陳》。""分正"是說分別整頓，目的在於加強對成周東郊所住殷貴族的監督和管理，當時君陳當已主管成周的卿事寮。鄭玄以爲君陳是周公次子,是否即是令彝銘文所説的明保,尚無確證。君陳得尊稱爲"君",其官職一定很高,當官爲太師或太保,如同召公得尊稱爲君奭一樣。

西周在成周設置執政大臣、專管成周卿事寮的時間可能不長。《史記·周本紀》説:"康王命作策畢公分居里成周郊,作《畢命》。"《書序》相同,"作策"作"作册"。"分居里"是説"分別民之居里",目的也在加強對成周東郊所住殷貴族後裔的管理。郭沫若先生《周官質疑》①,認爲"作策、作册乃史官之通稱",又根據《書·顧命》所載成王死後,康王即位典禮,由"太史秉書",儀式完畢後,"太保率西方諸侯入應門左,畢公率東方諸侯入應門右",斷定畢公當時擔任太史之職,很是正確。這時成周的事,已命令宗周的太史來兼管了。

《書·顧命》記載成王死後,康王即位典禮:

王麻冕、黼裳,由賓階(西階)隮(昇);卿事(指一般掌管政事的卿)、邦君(諸侯)麻冕、蟻(玄色)裳;入即位。太保、太史、太宗皆麻冕、彤(赤色)裳,大保承介圭(大圭),上宗(即太宗)奉同瑁(瑁是用來冒諸侯朝見所用圭的玉器),由阼階(東階)隮。太史秉書(書指先王遺命),由賓階隮,御王册命。

在隆重的康王即位典禮上,太保以輔佐大臣成爲舉行册命禮之主;太宗因掌管宗族事務,成爲儐。所以太保以大圭作爲授給先王遺命的信物,太宗配合奉着瑁,從阼階(東階)昇登。而太史手執先王遺命,從賓階(西階)昇登。這樣隆重的即位典禮,所以要由太保和太史主持,因爲他們就是卿事寮和太史寮的長官,太保即是召公,主管宗周的卿事寮,太史即是畢公,主管宗周的太史寮,並兼管成周的事。行禮完畢後,太保所以要率西方諸侯入應門左,因爲召公主管宗周卿事寮,西方諸侯正是他所管理;畢公所以要率東方諸侯入應門右,因爲畢公以宗周太史寮的長官而兼管成周的事。《書序》説:"成王將崩,命召公畢公率諸侯相康王,作《顧命》。"這是有根據的。

《書·顧命》記載成王臨終前,曾召見大臣,寫成臨終遺命。《顧命》説:

惟四月哉生魄,王不懌。甲子……乃同召太保奭、芮伯、彤伯、畢公、衛

---

① 收入《金文叢考》。

侯、毛公、師氏、虎臣、百尹、御事。

成王召見的六位大臣,鄭玄以爲即是六卿,"芮伯入爲宗伯,畢公入爲司馬"①。僞《孔傳》以爲召公領冢宰,芮伯領司徒,彤伯領宗伯,畢公領司馬,衛侯領司寇,毛公領司空。他們都是以《周禮》的六官來比附,除了衛侯(康叔)爲司寇有根據②以外,其他都是出於附會,而且畢公爲太史,不可能是司馬,彤伯姒姓③,不可能爲宗伯。郭沫若先生《周官質疑》認爲:"此六人乃六大之天官,知者,以下言近侍之臣有太史、太宗和太保同出也。"但是《顧命》所列六臣,能明確其在朝廷官職的,召公爲太保,畢公爲太史,衛侯爲司寇,因此與《曲禮》天官"六大"相比,只有太史一人相合。而且《顧命》明確稱召公爲太保奭,"六大"中就没有太保。郭沫若先生解釋説,"大率太保兼領大宰而爲冢卿"。但是"兼領大宰"之説出於推想,並無確實根據。因此郭沫若先生所作進一步推論,認爲"卿事寮當指此天官六大","六大均在王之左右",是難以成立的。我們認爲,《顧命》所説在王左右的六臣,應該包括以太保召公爲首的卿事寮和太史畢公爲首的太史寮中的重要大臣。

從成王臨終、召見大臣、寫成遺命以及康王即位典禮的情況看來,當時諸侯雖有西方、東方之分,而執政大臣已無西都、東都之别。太保召公以宗周卿事寮的長官統率西方諸侯,太史畢公以宗周太史寮的長官統率東方諸侯。東都成周的卿事寮已爲宗周的執政大臣所兼管。看來這種宗周執政大臣兼管成周的制度,曾一直沿用到西周晚期。兮甲盤銘文記載周宣王命令兮甲"政(徵)司成周四方責(積),至於南淮尸(夷)",因爲南淮夷是貢賦之臣,必須貢獻幣帛、積儲,更要"進人",即提供服役者。這樣在成周對四方徵收貢賦,是成周卿事寮主管的大事。周公營建東都成周的主要目的之一,就是爲了便於向四方徵收貢賦。所謂"此天下之中,四方入貢道里均"④。但是這個兮甲,不是别人,就是周宣王時的執政大臣尹吉甫,兮是氏,名甲,字伯吉父,尹是官名。⑤《詩·小雅·六月》就是叙寫尹吉甫奉宣王命令北伐玁狁而取得勝利的事蹟。《六月》説:"文武吉甫,萬

---

① 《詩·衛風·淇奥》序疏引。
② 《左傳》定公四年。
③ 《顧命》引《世本》。
④ 《史記·周本紀》。
⑤ 《觀堂別集》卷二《兮甲盤跋》。

邦爲憲",又説:"王於出征,以佐天子。"可知尹吉甫當爲王的輔佐大臣,亦當官爲太師。當時玁狁"整居焦獲,侵鎬及方,至於涇陽",已經使宗周感到十分危急。尹吉甫既奉命在宗周附近出征玁狁取得勝利,又奉命在成周主持徵收四方貢賦,説明他同時兼管宗周和成周的軍政大事。

從現有資料來看,周公建成東都成周以後,曾奉命留守成周,主管東都卿事寮;後來周公之子曾繼承這個官職,"尹三事四方"。但是到成、康之際,成周的政務已由宗周的執政大臣兼管,此後便不見有執政大臣長期留守成周、主管東都政務的,可能是周王爲了便於集中權力而採取的措施。

四　總論西周中央政權機構的特點

西周的中央政權機構,以卿事寮和太史寮爲首腦。西周初期由於沿用長老監護制度,卿事寮以太保或太師爲其長官,太史寮以太史爲其長官。自從東都成周建成,成周曾與宗周同樣設有卿事寮,由召公以太保之職主管宗周卿事寮,周公以太師之職主管成周卿事寮,實行"分陝而治"。後來周公之子曾繼承周公主管成周卿事寮。但是到成、康之際,成周的政務,已由畢公以太史之職兼管,並統率和管理東方諸侯;宗周的政務,仍由召公以太保之職主管,並統率和管理西方諸侯。所以到成王臨終、召見大臣、寫成遺命的時候,到成王死後,舉行康王即位典禮而接受遺命的時候,都是由太保召公和太史畢公主持,並帶同大臣和東西方諸侯參與的。

西周中期以後,就不見有太保擔任執政大臣的,但是太師仍然爲卿事寮的長官,掌握軍政大權。《詩・大雅・常武》叙寫宣王派大將統率大軍征服南方的徐國,首先命令卿士南仲,即是大師皇父,"整我六師","惠此南國";其次是,"王謂尹氏,命程伯休父","左右陳行,戒我師旅,率彼淮浦,省此徐土"。前面已經談到,卿士南仲,即是大師皇父,因爲皇父即是南仲,大師即是卿士,就是卿事寮的長官。大師掌握軍政大權,是"六師"的統帥,因此要出動大軍,必須首先由周王向大師發佈動員令。程伯休父,就是派到南方去征服徐國的大將。要任命新的出征的大將,按照禮制,必須由周王指示太史舉行册命禮。所謂"王謂尹氏",尹氏即是太史,説明當時仍然以大師和太史作爲卿事寮和太史寮的長官。過去一些注釋者把"尹氏"解釋爲以尹爲氏的大臣,是錯誤的。

前面也已經講到,《詩・小雅・節南山》所説"秉國之均"的"尹氏大師",就是主管太史寮和卿事寮的執政大臣。《節南山》末章説:"家父作誦。"《詩序》説:

"《節南山》,家父刺幽王也。"家父,《漢書·古今人表》作嘉父,在中上等,列在共伯和之後,說明直到西周晚期,仍以大師和太史爲執政大臣。《詩·小雅·十月之交》講到"皇父卿士",說:"抑此皇父,豈曰不時?胡爲我作,不即我謀?"又說:"皇父孔聖,作都於向,擇三有事,亶侯多藏。"所謂"作都於向",就是在向(今河南濟源南)建設自己的都邑。所謂"擇三有事",就是有權選拔人擔任"三事大夫"。正因爲他是主管"三事四方"的卿事寮長官。《詩序》說,"《十月之交》,刺幽王也"①。可知西周晚期的執政者仍然是卿事寮長官是無疑的,所以統稱爲卿士。其官職當爲大師。

西周中央政權機構的特點是軍政合一。卿事寮以大師爲長官,大師就是軍隊的最高統帥。吕尚官爲大師,就是伐商大軍的統帥。善鼎銘文記載周王在大師廟中對善册命,命令他繼續奉行先王之命,輔佐𦈡侯,監司𠂤的"師戍"。大師宫是善的祖廟,善的祖先官爲大師,這時周王命令善繼續奉行先王之命而監司"師戍",說明大師主管軍務。春秋初年,周天子的執政大臣統稱"卿士"。不見有擔任大師官職的,但是仍然爲軍隊的統帥。桓王十三年率諸侯之師伐鄭,王爲中軍,虢公休林將右軍,周公黑肩將左軍。因爲虢公爲右卿士,周公爲左卿士。②

西周之所以會產生軍政合一的中央政權機構,因爲當時軍隊是徵發"國人"編制而成的,"國人"的軍隊編制是和鄉邑編制相結合的。正因爲軍隊編制和鄉邑編制相結合,統率軍隊的"師氏",掌管"邑人"的官,"邑人"當爲鄉邑的長官;也還掌管"奠人"的官,"奠人"即是"甸人"。③ 柞鐘銘文記載"仲大師右柞",柞得到周王賞賜的物品,又得到任命的職務,"司五邑甸人吏(事)",因而"柞拜手,對揚

---

① 《十月之交》在敘述一系列大臣之後說,"艷妻煽方處"。《毛傳》把"艷妻"解釋爲幽王之后褒姒。《魯詩》又作"閻妻",以爲厲王的内寵。《漢書·谷永傳》記谷永對曰:"昔褒姒用國,宗周以喪;閻妻驕扇,日以不臧。"顔師古注:"閻,嬖寵之族也。……《魯詩·小雅·十月之交》篇曰,'此日而食,于何不臧',又曰,'閻妻扇方處',言厲王無道,内寵熾盛,政化失理,故致災異,日爲之食,爲不善也。"《漢書·外戚班健仔傳》記班健仔賦也說:"哀褒閻之爲郵。"緯書"艷"又作"剡"。孔穎達《正義》引《中候》說:"剡者配姬以放賢。"《經典釋文》引鄭玄也說,"艷妻厲王后"。《後漢書·左雄傳》記左雄上疏云:"幽、厲昏亂,不自爲政;褒艷用權,七子黨進。"也以爲艷妻爲厲王后。《捃古録金文》卷三之一第六頁引許印林說:"函皇父姓,與艷、剡、閻,皆同音通用……自當以函爲正。"王國維又依據函皇父簋銘文說:"周娟猶言周姜,即皇皇父之女歸於周,而皇父爲作媵器也,《十月之交》艷妻,《魯詩》本作閻妻,皆此敦'函'之假借字,函者其國或氏,娟者其姓,而幽王之后,則爲姜爲姒,均非娟,鄭長於毛,即此可證。"(《觀堂集林》卷二十三《玉溪生詩年譜會箋序》)按王氏此說未必可信。《十月之交》談到"朔日辛卯,日有食之"。從來推算日食的,都推定在幽王六年(公元前776年)。于省吾《澤螺居詩經新證》卷上,把"艷"或"閻"、"剡"讀作"焰",把"妻"讀作"齊","艷(焰)妻(齊)煽方熾"。是說"七子擅權,烜赫一時,言其氣焰之盛而方興也"。

② 《左傳》桓公五年。

③ 參看拙作《試論西周春秋間的鄉遂制度和社會結構》,收入《古史新探》。

仲大師休"。甸人相當於《周禮·天官》的甸師,掌王畿内統率農耕的事。正因爲王畿以内,軍隊編制和鄉邑編制相結合,大師還掌管任命鄉邑甸人事。舀壺銘文記述,周王命令舀繼承祖父和父親的職司,"作冢司土於成周八𠂤(師)"。司土即是司徒,掌管土地及徵發徒役。軍隊中所以要設司土之官,也是由於軍隊編制是和鄉邑編制相結合的緣故。南宫柳鼎銘文說:"王乎(呼)册尹册命柳,司六𠂤(師)牧陽、大囗、司羲、夷、陽佃史(事)。"所說佃事,即管理耕作之事。因爲軍隊編制和鄉邑編制相結合,所以"六師"設有管理耕作的官吏。

《尚書·牧誓》記載武王在牧野誓師說:

嗟我友邦冢君、御事、司徒、司馬、司空、亞旅、師氏、千夫長、百夫人,及庸、蜀、羌、髳、微、盧、彭、濮人,稱爾戈,比爾干,立爾矛,予其誓!

十分明顯,武王誓師時所列舉的全是到達牧野前綫的各級軍官。武王所統率是西南各族的聯軍,所以列舉的軍官以友邦冢君爲首。御事相當於卿事。卿事或者泛指掌管政事的卿,或者專指總領諸卿的執政大臣,此處列在冢君之後,當指執政大臣。《書·大誥》:"肆哉爾庶邦君,越爾御事。"《書·酒誥》:"我西土棐徂邦君御事"。這些與"邦君"連稱的"御事",都是指執政之官。司徒、司馬、司空,王鳴盛《尚書後案》說:"自是軍中有職掌之人",是正確的。這與舀壺銘文所說成周八師設有冢司土之官相合。正因爲軍隊編制與鄉里編制相結合,軍中設有這些職掌土地、徭役、工程的治民之官。

《逸周書·世俘篇》記載武王克殷以後舉行獻俘禮:

武王降自車,乃俾史佚繇(通"讀")書於天室("室"原誤作"號",今改正)。武王乃廢於紂共惡臣百人,伐右厥甲小子則大師,伐厥四十夫家君則師(兩"則"字原都誤作"鼎",今改正,"家君"疑是"冢君"之誤),司徒、司馬初厥於郊室("室"原誤作"號",今改正。上文除兩個"室"字和兩個"則"字改正以外,其餘都從顧頡剛校正本,見《文史》第二輯)。

這里,史佚即《書·洛誥》的作册逸,是太史寮長官;大師即《世俘篇》上文所說的太公望,是卿事寮長官。舉行獻俘禮時,先要由太史宣讀獻祭的文書,"繇"與"籀""讀"同音同義。接着由武王、大師、師、司徒、司馬依次殺俘獻祭。武王殺滅隨同紂一起作惡之臣一百人，"廢"有殺滅之意。大師斬殺殷的高級貴族（甲小子），師氏斬殺殷的諸侯四十人。"伐"是殺頭的意思。司徒、司馬則另外在郊室殺死一批俘虜，"初"有裁剪之意。① 正因爲司徒、司馬軍中有職，從軍出征有功，與大師、師氏同樣參與獻俘禮。

　　西周中央政權機構的另一個特點，就是史官居於重要地位，太史寮的重要性僅次於卿事寮，太史是僅次于太師的執政大臣。因爲當時貴族十分講究禮制，用作鞏固貴族内部組織和加強統治人民的重要手段，具有維護社會經濟制度和政治制度的作用。當時貴族設有宗廟，作爲舉行族中重要禮節和政治上重大典禮的場所。所有國家大事，包括軍事行動，君王都要以宗主的資格，按照禮制，到宗廟向祖先請示報告。君王要發佈命令，包括作戰的命令，都必須在宗廟發佈。君王要授給臣下官職，對臣下有所賞賜，都必須在宗廟舉行冊命禮。所有種種儀式都要在宗廟舉行，無非表示聽命於祖先，尊敬祖先，並希望得到祖先的保佑，得到神力的幫助，其目的就在於借此鞏固貴族團結，穩定君臣關係，統一貴族行動，從而加強政治上和軍事上的統治力量。在宗廟向祖先請示報告，向臣下發佈命令，授給臣下官職或賞給物品，都必須由史官起草和宣讀文書，並作爲檔案保藏。每年秋冬之際，天子要向諸侯頒佈曆法，叫做"頒朔"；每月初一，要祭祀宗廟向祖先請示報告，叫做"告朔"或"朝廟"；每年元旦的"告朔"，叫做"朝正"。與此同時，要在宗廟決定一月的政令，以便在朝廷上頒佈和執行，叫做"視朔"或"聽朔"。所有這些"頒朔""告朔""視朔"之禮，都必須由太史主持。② 因而作爲太史寮長官的太史，就掌握着朝廷行政和用人的大權，成爲僅次於太師的執政大臣。

原載《歷史研究》1984 年第 1 期

---

　　① 《爾雅·釋言》："替，廢也；替，滅也。"郭注："亦爲滅絕。""廢"有殺滅之意。"伐"字甲骨文像以戈殺首之狀。"初"字從．"刀"從"衣"，有裁剪之意。

　　② 《周禮·春官·大史》："頒告朔於邦國。"《禮記·月令》季秋之月，"合諸侯，制百縣，爲來歲受朔日"。孫詒讓《周禮正義》曾概括這種禮制説："綜校鄭二禮及《論語》注義，則諸侯每月朔以特牲告廟，此經及《論語》謂之告朔，《春秋》謂之告月，賈疏謂：告者，使有司讀祝以言之是也。既告朔，遂受天子所頒朔政而行之，《春秋》謂之視朔，《玉藻》謂之聽朔，賈疏謂：視者，人君入廟視之；聽者，聽治一月政令是也。既聽朔，復遍察諸廟，《春秋》謂之朝廟，《穀梁》莊十八年傳謂之朝朔。其在歲首，則《左》襄二十九年傳謂之朝正，孔疏引《釋例》以爲一歲之正是也。其天子則告朔、聽朔於明堂，朝正於廟，與諸侯三事並行於廟異，其先告朔，次聽朔，次朝廟，行事之節次則同。"按這些禮，春秋時代還舉行，到春秋晚期才流於形式。《春秋》文公六年："閏月不告月，猶朝廟於廟。"《春秋》文公十六年："夏五月公四不視朔。"《左傳》僖公五年："公既視朔。"《論語·八佾》："子貢欲去告朔之餼羊。"

西周王朝公卿的官爵制度

西周王朝公卿的官爵制度,是個長期沒有得到解決的複雜問題。古代禮書所述周代官制,固然出於戰國學者的編著,夾雜有儒家理想化和系統化的成分,不能全信;近人依據西周金文,探索西周官制,作出了一定成績,但還没有得其要領。筆者認爲,要解决這一重要問題,應該採用兩種方法作深入的探索:一是依據可靠文獻,結合西周金文,並以古代禮書作旁證,探討西周官制的主要體系。筆者過去曾用這一方法探討西周春秋的社會制度和社會結構,寫成一些論文,匯編成《古史新探》一書①。看來對西周重要政治制度的探索仍應採取這一方法。二是應該重點地鑽研西周金文册命禮中"右"者的官職及其與受命者的官職關係,從而有系統地探究當時朝廷大臣的組織及其統屬體系。因爲册命禮是當時册命官職的重要制度,"右"者是引導受命者的朝廷大臣,"右"者和受命者之間有着上下級的組織關係。本文就是採用以上兩種方法,對西周王朝公卿的官爵制度所作的初步探索,提出一些新看法,供大家討論。

一　西周王臣的公爵和伯爵

筆者最近寫成《西周中央政權機構剖析》一文,曾在1983年西周史學術討論會上提出②,依據可靠文獻結合金文,推定西周中央政權有兩大官署,即卿事寮和太史寮:卿事寮主管"三事四方",即管理王畿以内三大政事和四方諸侯的政務;卿事寮的長官,早期是太保和太師,中期以後主要是太師,其屬官主要是"三有司",即司馬、司土、司工。太史寮主管册命、制禄、祭祀、時令、圖籍等,其長官即是太史,所屬有后稷、膳夫、農正等官。太保、太師和太史,都稱爲"公"。説明西周中央政權中,輔佐天子的執政大臣,確實有"公"的爵稱。這種制度在西周初

---

① 《古史新探》,中華書局,1965年。
② 發表於《歷史研究》1984年第1期三十周年紀念號。

期已經實行。如召公官爲太保,周公官爲太師,畢公官爲太史,他們都因有太保、太師、太史的官職而尊稱爲"公"。

西周金文中大臣稱"公"的有兩種:一種是活着的時候稱"公",一種是死後子孫稱其謚號爲"公",如史官癲稱其祖先爲"高祖辛公、文祖乙公、皇考丁公"(見《癲鐘(戊組)》);師兌稱其祖先爲"皇祖城公","皇考厘公"(見元年、三年《師兌簋》)。這種禮制沿用到了春秋時代,《春秋》記載列國諸侯,有嚴格的公、侯、伯、子、男五等爵,但是叙述到葬的時候就一律稱"公"。例如《春秋·桓公十一年》:"夏五月癸未鄭伯寤生卒,秋七月葬鄭莊公。"《春秋·僖公十七年》:"冬十有二月乙亥齊侯小白卒",次年"八月丁亥葬齊桓公"。何休解釋説:"公者五等之爵最尊,王者探臣子心,尊其君父使得稱公,故《春秋》以臣子書葬者皆稱公。"(《公羊傳·隱公元年》何休注)范寧也解釋説:"至於既葬,雖邾、許子男之君,皆稱謚而言公,各順臣子之辭。"(《穀梁傳·隱公三年》范寧注)

西周金文中這類"稱謚而言公"的例子數量較多,同時生稱爲"公"的也有近十人。我們從《班簋》看來,當時確實存在"公""伯"兩等的官爵制度。《班簋》記載:"王令毛伯更(賡)虢城公服,甹(屏)王位,作四方亟";接着"王令毛公以邦冢君……伐東國痛戎";繼而"王令吴(虞)伯曰:以乃自左比毛父;王令吕伯曰:以乃自右比毛父"。這裏,周王接連發佈了三道命令:第一道命令毛伯接替虢城公"屏王位,作四方亟"的職位,這個職位肯定是主管"三事四方"的執政大臣,該即官爲大師。第二道命令毛公統率"邦冢君"等,征伐東國的一個部族。郭沫若説:"上第一命稱毛伯,此第二命稱毛公,因毛伯代替了虢城公的職位,昇了級。"[①]這一推斷很是正確,説明當時已存在"公""伯"兩等的官爵制度,官昇了級,爵也要跟着昇級。第三道命令虞伯和吕伯統率所屬軍隊作爲毛公的左右翼一起作戰,虞伯和吕伯就是第二道命令中所説的"邦冢君",即畿内諸侯,爵位次於毛公一等,都是伯爵。

西周金文中,"公"用來作爲執政大臣太保、太師、太史的爵稱,十分明顯。《旅鼎》:"惟公大保伐反尸(夷)年,才十又一月庚申,公才盩自,公易旅貝十朋。""公大保"即是召公,稱爲公大保,是爵和官名的連稱,下文只稱"公",只是爵稱。《作册魅卣》:"惟公大史見服於宗周年,才二月既望乙亥,公大史咸見服於辟王,辨於多正。""公大史"是和"公大保"一樣以爵和官名連稱。《作册大方鼎》:"公束

---

① 郭沫若《班簋的再發現》,《文物》1972年第9期。

鑄武王成王異鼎,惟四月既生霸己丑,公賞作册大白馬,大揚皇天尹大保休,用作且丁寶尊彝。"郭沫若、陳夢家都認爲公朿即是召公奭。《説文》奭"讀若郝",朿"讀若刺",《廣韻》昔部"刺,七蹟切",可證兩字古音相同。"公朿"的"公"是爵稱,"皇天尹大保"是對官職的尊稱,是説"大保乃天命之尹"(從吴北江説)。這樣崇高的尊稱,當時只有召公才相稱。

《詩經》上所稱"召公"和"召伯"是有區别的,召公是指召公奭,召伯是指周宣王時的召伯虎。《詩·大雅·江漢》:"文武受命,召公維翰。"召公分明是召公奭。《詩·小雅·黍苗》:"肅肅謝功,召伯營之;烈烈征師,召伯成之。"《詩·大雅·崧高》:"於邑於謝,南國是式。王命召伯,定申國之宅。"這兩處的召伯分明都是召伯虎。《詩·召南·甘棠》講到召伯住處有茂盛的甘棠,有人追念他的勞績,説是"召伯所茇""召伯所憩""召伯所説"。王充以爲這個召伯也是召伯虎,當有依據。《論衡·須頌篇》説:"宣王惠周,詩頌其行,召伯述職,周歌棠樹。"高亨《詩經今注》采用此説,是正確的。《史記·燕世家》以爲是召公奭,是錯誤的。《鄭箋》説召公"作上公爲二伯",以爲周召二公分陝而治,因稱"二伯",這是一種勉强的解釋,並不可信。

西周金文中同樣有"召公"和"召伯"的區别。《太史友甗》:"太史友作召公寶尊彝。"召公即召公奭,太史友是召公之子,被任命爲太史。另有召伯父辛,是燕侯旨、伯憲、𩰚三人的父親。《匽侯旨鼎》:"匽侯旨作父辛尊。"《憲鼎》:"惟九月既生霸辛酉,才匽,侯易憲貝金,揚侯休,用作召伯父辛尊彝"。《伯憲盉》:"伯憲作召伯父辛尊彝。"陳夢家因爲認定燕侯旨是召公奭的次子而就封於燕的,於是推定召伯父辛即是召公奭①。唐蘭反對此説,認爲"召公已經稱公,不能改稱伯,因此召伯不是召公奭,而應是召公之子","燕侯旨就不是召公之子而是召公之孫、召伯之子了"②。當以唐蘭之説爲是。召伯父辛當是從召分封到燕的第一代國君,如果是召公奭的話,召公官高功大,聲勢顯赫,他的三個兒子怎麽可能一致降級稱"伯"而不稱爲"公"呢?《憲鼎》銘文末尾有"大保"兩字作爲氏的稱謂。看來伯憲是召公之孫,當時他的氏族已失去太保的高位,才會用"大保"作爲氏的稱謂。這是合於孫子用祖父高官爲氏的通例的。另《俎卣》(或作《俎觶》)"公賞俎,用作父辛彝",日本學者白川静釋"俎"爲"朿",認爲即是公朿,也即召公奭,因而

---

① 陳夢家《西周銅器斷代(三)》,《考古學報》1956年第1期。
② 馮蒸《關於西周初期太保氏的一件銅器》,《文物》1977年第6期。

推定召伯父辛是召公奭之父①。看來也不恰當。"佋"和"束",字的結構不同,不能定爲一字。這個"佋"如果是召公奭的話,他是被稱爲"皇天尹大保"的,怎麽可能接受另外一個"公"的賞賜呢?怎麽可能由於另外一個"公"的賞賜而特爲鑄造祭祀父親的禮器呢?何況此器是光緒年間出土於山東黃縣的,同出土的銅器有十件,未見有與召公相關的器銘。這個"佋"當是與召公一族無關的人,這個父辛肯定不是召伯父辛,也是另外一人。

　　成、康之際,除召公官爲太保,周公、太公官爲太師,畢公官爲太史以外,稱公的還有毛公和蘇公。這個毛公的官職不詳,蘇公官爲太史。《書·立政》記"周公若曰:太史、司寇蘇公,式敬爾由獄,以長我王國,兹式有慎,以列用中罰"。僞《孔傳》以爲太史和司寇蘇公爲兩人,這是"順其事並告太史"。此説不可從。這是周公册命蘇公之辭,册命之辭是給册命的對象的,怎麽可能"順其事並告太史"呢?清代學者有的認爲太史是藏書之官,蘇公治獄要參考,因而向太史打招呼;有的認爲太史是記言之官,要太史記録此言,因而向太史打招呼。這些解釋都很勉強,不符合册命的禮制。唯一合理的解釋,就是蘇公身兼太史和司寇兩職,正因爲他官爲太史,所以尊稱爲"公"。《左傳·成公十一年》記劉子、單子曰:"昔周克商,使諸侯撫封,蘇忿生以温爲司寇,與檀伯達封於河。"蘇忿生在武王時"以温爲司寇",到成王時當已昇爲太史,仍兼司寇之職,因而有公爵。

　　成、康之際,朝廷大臣中,稱"公"者以外,還有稱"伯"者。《書·顧命》記述成王臨終前,召見群臣,寫臨終遺命。《顧命》有"乃同召太保奭、芮伯、彤伯、畢公、衛侯、毛公、師氏、虎臣、百尹、御事"句,其中列名的六位大臣,除大保奭、畢公、毛公稱"公"外,還有衛侯稱"侯",芮伯、彤伯稱"伯"。衛侯是從四方的諸侯進入爲卿的,因而稱"侯";芮伯、彤伯是從畿内諸侯進入爲卿的,因而稱"伯"。芮是姬姓諸侯,在今陝西朝邑縣南,早在文王時已經存在,文王曾排解虞、芮兩個諸侯之間的糾紛。《書序》説:"巢伯來朝,芮伯作《旅巢命》。"説明芮伯曾主管諸侯來朝之事。彤是姒姓諸侯,即《史記·夏本紀》所説禹後有彤城氏,在今陝西華縣西南。成王時還有榮伯。《書序》説:"成王既伐東夷,肅慎來賀,王俾榮伯作《賄肅慎之命》。"《史記·周本紀》記載大體相同,惟"肅慎"作"息慎","俾"作"賜"。《集解》引馬融説:"榮伯,周同姓,畿内諸侯,爲卿大夫也。"榮伯這一支,早在文王時已存在。《國語·晉語四》記述胥臣對答晉文公的話,講到文王,"及其即位也,詢

---
① 白川静《金文通釋》卷一上,日本白鶴美術館,1964年,第70頁。

於八虞而咨於二虢,度於閎夭而謀於南宫,諏於蔡、原而訪於辛、尹,重之以周、邵(召)、畢、榮。"文王時代的姬姓貴族,八虞(即虞仲一支)是文王的父一輩,二虢是文王的同一輩,蔡、原以及周、召、畢、榮,是文王的子一輩。郭沫若根據《卯簋》記載,卯及其先世,既"死(尸)司榮公室",又"死(尸)司夆宫夆人",推定榮的封邑當與豐京接壤,在今陝西户縣西①。

成、康之際,公卿的官爵制度當已確立。太保、大師、太史等執政大臣稱"公",其他朝廷大臣,由四方諸侯進入爲卿的稱"侯",由畿内諸侯進入爲卿的稱"伯",很是分明。太保、大師、太史等執政大臣,周王是隨時可以調換的,因而官爵隨時有昇降。召公之後不見世襲爲"公"的,周公之後也只見一代世襲爲"公"(春秋時除外)。《令彝》記載八月甲申"王令周公子明保尹三事四方,受(授)卿事寮";十月癸未"明公朝(早)至於成周",發佈"三事令"和"四方令",就稱"明公"。此後三處連稱"明公",最後作器者"作册令敢揚明公尹厥休",又稱爲"明公尹","公"爲爵稱,"尹"指官職,"明"當爲其采邑名,這與周、召爲采邑相同。

昭王、穆王以後,繼續推行這種公卿的官爵制度,執政大臣有祭公。祭公曾隨昭王南征,一起跌落於漢水中喪身。《吕氏春秋·音初篇》説:"還反涉漢,梁敗,王及祭公抎於漢中。"穆王時有祭公謀父,與前一個祭公當是同族。《左傳·昭公十二年》記載楚左史倚相説:"昔穆王欲肆其心,周行天下,將皆必有車轍馬跡焉,祭公謀父作《祈招》之詩,以止其心。"杜注:"謀父,周卿士。祈父,周司馬,世掌甲兵之職,招其名。"《國語·周語上》:"穆王欲伐犬戎,祭公謀父諫曰:不可。"韋注:"祭,畿内之國,周公之後也,爲王卿士,謀父,字也。"祭是周公之子在畿内的封國。《説文》:"鄒,周邑也。"段玉裁注:"鄒本西都畿内邑名。"所在今不可考。後來在東都王畿内有祭國,在今河南鄭州東北。

共王、懿王、孝王、夷王時期的執政大臣,文獻上缺乏記載,需要用金文來補充,留待下節討論。厲王時,榮夷公"好專利",被任爲卿士(即執政者),芮良夫進諫,見《國語·周語上》。《逸周書·芮良夫篇》説:"厲王失道,芮伯陳語,作《芮良夫》。"《詩·大雅·桑柔》相傳爲芮良夫所作(《左傳·文公元年》所引《芮良夫之詩》即是《桑柔》第十三章)。《詩序》:"《桑柔》,芮伯刺厲王也。"可知芮良夫是伯爵,當是成、康之際芮伯的後裔。榮夷公當是成、康之際榮伯的後裔。《吕氏春秋·當染篇》:"周厲王染於虢公長父、榮夷終。"高注:"虢、榮,二卿士也。"(《墨

---

① 郭沫若《周公簋釋文》,見《金文叢考》的"器銘考釋"部分,人民出版社,1954年。

子·所染篇》"虢公"誤作"厲公")《荀子·成相篇》説:"執公長父之難,厲王流於彘。"楊注:"執或作郭。"當以作"郭"爲是。"郭"與"虢",古同音通用。《戰國策·秦第一》:"臣欲王之如郭君。"高注:"郭,古文言虢也。"

宣王的執政大臣有虢文公。《國語·周語上》:"宣王即位,不籍千畝,虢文公諫曰:不可。"賈逵以爲虢文公是"文王弟虢仲之後,爲王卿士",韋昭又認爲是虢叔之後。從出土虢國銅器銘文來看,虢文公當是虢季氏,出於虢仲之後[①]。據《詩·大雅·常武》,宣王的執政大臣還有大師皇父,以南仲爲氏,另有程伯休父官爲司馬。程伯封邑,當即《逸周書·大匡篇》"唯周王宅程三年"之程,在今陝西咸陽東北。宣王的執政大臣更有尹吉甫,見《詩·小雅·六月》,即是兮甲,字伯吉父,見《兮甲盤》。名將有召伯虎,見《召伯虎簋》和《詩·小雅·黍苗》等。

周幽王的執政大臣有虢公鼓和祭公敦。《吕氏春秋·當染》:"幽王染於虢公鼓、祭公敦。"高注:"虢公、祭公,二卿士也。《傳》曰:虢石父,讒諂巧佞之人也。"虢公鼓即是虢石父,鼓是名,石父是字。《國語·鄭語》記史伯説:"夫虢石父,讒諂巧從之人也,而立以爲卿士。"又説:"王心怒矣,虢公從矣,凡周存亡,不三稔矣。"虢公即指虢石父。另有畿内諸侯鄭伯,於幽王八年爲司徒。鄭伯原來封邑在今陝西華縣東北。《國語·鄭語》説:"桓公爲司徒,甚得周衆與東土之人。"又説:"幽王八年而桓公爲司徒,九年而王室始騷,十一年而斃。"鄭桓公當是死後謚號,當時應稱鄭伯。鄭東遷以後仍稱鄭伯,謚號才稱爲公。

二 西周金文册命禮中"右"者的分析

上一節我們依據文獻,結合金文,探討西周王臣的公爵和伯爵。這一節將對金文册命禮中的"右"者加以分析,從而探索西周王朝公卿的官爵制度。

西周金文中,很多記述册命禮,具體説明周王對受命者的任命、訓誡和賞賜。册命的儀式,受命者居左,同時有導引者居右。這種導引者,古文獻稱"儐"或"擯",金文稱"右",負責導引受命者入中門,立中廷,北向而接受册命。《周禮·大宗伯》:"王命諸侯則儐。"《小宗伯》:"賜卿大夫士則儐。"王國維説:"古彝器記王册命諸臣事,必有右之者,器所謂右,即《大宗伯》所謂儐也。"(《觀堂集林》卷一《周書顧命考》)但是從金文來看,作爲"右"者都是公卿大臣,有稱爲"公"和"伯"

[①] 郭沫若《三門峽出土銅器二三事》,《文物》1959年第1期。又《上村嶺虢國墓地》,科學出版社,1959年,第51頁。

的,有官爲司馬、司徒、司工、宰、公族的,其中只有公族這個官和宗伯的性質相當。《禮記·曲禮下》説:

> 五官之長曰伯(鄭注:"謂爲三公者"),是職方(鄭注:"職,主也"),其擯於天子也,曰天子之吏。(鄭注:"擯者辭也。"《正義》:"擯謂天子接賓之人也。若擯者,傳辭於天子也。")天子同姓謂之伯父,異姓謂之伯舅。自稱於諸侯曰天子之老,於外曰公,於其國曰君。

《曲禮》這段話,雖然把"公"和"伯"混同了,没有把"公""伯"兩等爵區别開來,但是所説"於外曰公,於其國曰君",是正確的。例如召公又被稱爲君奭,周公之子有君陳。所説"其擯於天子也,曰天子之吏",要比《周禮》正確,和金文符合。既然金文册命禮中"右"者,都是公卿大臣,即所謂"天子之吏",這正是我們探索當時公卿的官爵制度的重要資料。

(一) 西周金文册命禮中稱爲"公"的"右"者。

金文册命禮中作爲"右"者而稱"公"的,有下列八器:

器 名	王册命地點	右 者	册 命 的 職 司
邵舒簋	王各於大室	康公	用嗣乃且考事,作司土
盠方尊	王各於周廟	穆公	用司六㠯、王行,參有司:司土、司馬、司工
載簋	王各於大室	穆公	令女作司土,官司籍田
智壺	王各於成宫	井公	更(賡)乃且考,作冢司土於司成周八㠯
南宫柳鼎	王才康宫	武公	司六㠯牧陽吳□,司羲夷陽佃史
師旂簋	王才減应,王各廟	遟公	備於大左,官司豐還(苑)左右師氏
休盤	王才周康宫	益公	(按休官爲走馬)
訇簋	王才射日宫	益公	今余令女啻(嫡)官司邑人,先虎臣,後庸,西門尸(夷)、秦尸(夷)……

有人認爲,這些活着稱"公"的可以解釋爲銘文追記前事,作器時這些人已死而有謚號。我認爲這一解釋是不能成立的。我們只要看所有這些受命者,所接受的册命的職司,都是職位很高的,相當於"卿"一級,就可知作爲引導他們的"右"者,必須是"公"一級了。康公所引導的受命者,被册命"作司土",這是王的

司土,無疑是"卿"一級的高官。穆公所引導的兩個受命者,一個是被册命"作司土,官司籍田",這樣管理王的籍田的司土,也必是"卿"一級的高官;另一個是被册命"司六自、王行、参(三)有司:司土、司馬、司工",職位更高了,而且兼職很多,下文還説:"(貳)司六自眔八自(貳)"。井(邢)公所引導的受命者,被册命爲"作冢司土於或周八自",這個"冢司土"即是大司徒,當然也是"卿"一級的高官。遲公所引導的受命者,原是師氏之職,這時加官爲"大左(佐)",官司豐京附近王領宫苑駐屯的左右師氏,無疑也是高官。武公所引導的受命者,被册命掌管六師的一系列職務,看來這些總管六師或八師重要政務的官,職位都較高,所以要由"公"一級大臣作爲"右"者。益公引導的師詢,是高級軍官,不僅繼承其父師西的職司,繼續官司邑人、虎臣及衆多夷族部隊,作爲王宫的警衛隊長,而且官位很高,周王命令他"惠雍我邦小大猷","率以乃友干吾王身",和《毛公鼎》毛公受命,"虔夙夕惠我一人,雍我邦小大猷","以乃族干吾王身",完全相同。益公另外導引的走馬休,走馬即趣馬,職位也不低,所得到王所賞賜的"命服"級别很高。《詩·小雅·十月之交》有"蹶維趣馬",被列爲七個禍國殃民的大臣之一。

　　智壺和智鼎是一人制作,智壺上的"右"者井(邢)公,當即智鼎上的井(邢)叔。井公是他的爵稱,井叔是他的字的簡稱。鼎銘説明作者在王所,接受了井叔的賞賜,井叔受理了作者和匡的訴訟,並由井叔作了判决。可知井叔確是職掌大權的執政大臣。金文册命禮中由井叔作"右"者,還有下列五器:

器　　名	王册命地點	右　者	册　命　的　職　司
免　觶	王才奠,王各大室	井叔	作司工
免　簠	王才周	井叔	作司土,司奠還(苑)敱(林)眔吴(虞)眔牧
免　簋	王才周,王各大廟	井叔	疋周師司敱
弭叔簋	王才荥,各於大室	井叔	用楚(胥)弭伯
趞　觶	王才周,各大室	井叔	更厥且考服

　　所有這些器,都是一個時期製作。免觶、免簠和免簋當是一人製作,他被册命爲司工、司土,掌管一定地區的林、虞,自當爲卿一級的大臣。從弭叔(師汆)簋内容來看,弭叔即是師汆,當是高級軍官。可知作爲"右"者的井叔,當是井公無疑。

　　穆公生稱見於穆公簋,穆公還見於尹姞鼎,作爲活着的稱呼。尹姞鼎:"穆公作尹姞宗室於繇林,惟六月既生霸乙卯,休天君弗望(忘)聖龏明㲽輔先王,各(格)於尹姞宗室繇林。君蔑尹休厤,易玉五品,馬四匹。"尹姞是穆公之妻,休天君是前王之后。這是説:穆公爲其妻尹姞在繇林造了"宗室",休天君因爲穆公"事先王"有功,親臨尹姞的"宗室",賞給玉和馬。前王之后因爲穆公有功於先王,親自到穆公之妻的"宗室"去探望,並給賞賜,也可見穆公確是一位輔佐國王的執政大臣。

　　武公作爲生稱,還見於敔簋和禹鼎。敔簋記載作者奉令反擊進犯的南淮夷得勝,頗有斬獲,並奪回被俘周人四百,送到榮伯之所,歸還原有之君,接着作者在成周大廟舉行"告禽(擒)"典禮(即獻俘禮),由武公爲右者。足以説明武公的官爵高於榮伯一等;當着周王面在大廟舉行隆重的獻俘禮,必須出"公"一級作爲統帥的"右"者。禹鼎記載禹奉武公之命,率"公戎車百乘,斯(厮)馭二百,徒千",聯合西六師、殷八師伐鄂,擒獲鄂君御方。禹爲統率西六師和殷八師的統帥,而要受命於武公,可知武公必爲朝廷執政大臣。而且在銘文中,武公不僅稱"公",他的直屬軍隊也稱"公戎",又稱爲"武公徒馭",他屬於"公"一級的執政大臣是無疑的。

　　益公作爲生稱,還見於乖伯簋和師永盂。乖伯簋:"王命益公征眉敖,益公至告。"益公原爲朝廷重臣,奉命出征眉敖,歸來要告於宗廟。《左傳·桓公二年》:"凡公行,告於宗廟;反行,飲至,舍爵策勳焉,禮也。"《左傳·桓公十六年》:"公至自伐鄭,以飲至之禮也。"所謂"益公至告",當是"告於宗廟"而舉行"飲至之禮"。師永盂記載"益公内即命於天子,公迺出厥命",賞給師永一處田地以及"師俗父田",繼而"公出厥命",由井(邢)伯、榮伯、尹氏、師俗父、遣中等五人參與其事,接着公又命令奠司徒函父等五人付給師永田地。益公先後發佈三次命令,前二次是傳達天子的命令,曾經傳命井伯、榮伯等五人參與賞給師永田地的事。井伯、榮伯等五人當爲朝廷大臣,而益公當是高一級的執政大臣。從此也可見,"公"一級的大臣高於"伯"一級。

　　總的説來,這些西周中後期稱"公"的大臣,應該官爲太師,如同西周初期的周公、明公,西周晚期的伯太師、仲太師,是掌握軍政大權的執政大臣。同時在稱"公"的執政大臣下,還有若干"卿"一級的朝廷大臣,多數由畿内諸侯進入朝廷充任,有"伯"的爵稱。漢代經學的古文家,以爲周朝大臣有三公六卿,雖然不免有理想化的成分,並經過整齊劃一的編制,但是並非全部出於虛構,是有一定的史實作爲依據的。

(二) 西周金文册命禮中"司馬、司徒、司工"作爲"右"者。

金文册命禮中以司馬爲"右"者,有下列七器:

器　名	王册命地點	右　者	册　命　的　職　司
師瘨簋	王才周師司馬宮	司馬井伯	官司邑人、師氏
師至父鼎	王各大室	司馬井伯	用司乃父官友
走簋	王才周,各大室	司馬井伯	羞匹□
㲃簋	王才師司馬宮大室	司馬並伯	用備於五邑守堰
師艅簋	王才周師録宮	司馬共	羞司□□
師晨鼎	王才周師録宮	司馬共	匹師俗,司邑人惟(與)小臣、善夫、守□、官犬、眔奠人、善夫、官守友
諫簋	王才周師録宮	司馬共	𠭯司王宥(囿)
瘨盨	王才周師録宮	司馬共	(按瘨爲史職)

這些擔任司馬的"右"者,所導引的受命者,多數是師氏,而且册命禮多數在師某宮中舉行,册命的職司也多數與師氏的軍職有關。册命師至父"用司乃父官友",當即世襲其父的師氏之職,掌管其父的舊部。册命師瘨"官司邑人、師氏",册命師晨"匹(輔佐)師俗,司邑人……眔奠(甸)人……"因爲當時軍隊編制是和鄉邑編制相結合的。諫被册命兼管王囿,可能諫原爲軍職,王囿需要軍隊加以管理。只有瘨是史職,而在師録宮受到服飾的賞賜。師録宮該是司馬共的祖廟,可能因爲這時司馬共權勢顯赫,部分史職人員也歸他掌管。

司馬是當時朝廷的重要大臣之一,掌管六師或八師,他在軍事上的權力僅次於太師。《詩·大雅·常武》描寫周宣王調遣六師討伐徐國,先在南仲的祖廟(當是太師皇父的祖廟),册命太師皇父:"整我六師,以修我戎,既敬既戒,惠此南國";然後又招呼尹氏(即太史),册命程伯休父:"左右陣行,戒我師旅,率彼淮浦,省此徐土。"程伯休父就是官居司馬,奉命率軍前往討伐徐國的。《毛傳》:"程伯休父始命爲大司馬。"這是根據《國語·楚語》的。《楚語下》記觀射父説:重黎後代,"其在周,程伯休父其後也,當宣王時,失其官守而爲司馬氏"。《史記·太史公自序》有相同的記載,説程伯休甫"失其守而爲司馬氏,司馬氏世典周史"。就是説,程伯休父失去了司馬的官職,子孫改稱司馬氏,改爲世襲的史職。金文中的司馬井伯和司馬共的職司,該和這個司馬程伯一樣的。

金文册命禮中井伯作爲右者,還有下列六器:

器 名	王册名地點	右 者	册命的職司或賞賜
七年趞曹鼎	王才周般宫	井 伯	易載市、冋黃、𢆶
利 簋	王格於般宫	井 伯	易赤⑧市、𢆶旂,用事
師虎簋	王才杜应,咨於大室	井 伯	更乃且考,啻(嫡)官司左右戲繁荆
師毛父簋	王各於大室	井 伯	易赤市
豆閉簋	王各於師戲大室	井 伯	用俾乃且考事,司䍃俞邦君司馬、弓矢
簋	王才師司馬宫大室	井 伯	用大備於五邑

以上六器中,後面四器中"右"者井伯,很明顯地就是司馬井伯,受命者都是擔任軍職的師氏。師虎是世襲的師氏,被册命"官司左右戲繁荆",戲是大將之旗,左右戲當是指軍隊的編制。師毛父亦是世襲的師氏。殺簋和前面表上的師瘨簋一樣,册命禮在師司馬宫舉行,師司馬宫當是井伯的宗廟。井(邢)伯是周公的後裔,是周公之子封在邢國(今河北邢臺市)的一支,留在畿内另有采邑而世代爲王臣。大概在共王、懿王、孝王時期,邢伯曾官爲司馬,邢叔曾官爲太師,即《智壺》所載的"井(邢)公"。邢伯時代較早,邢叔略遲。

特別值得重視的是,《豆閉簋》記載,王在師戲大室,由司馬井伯作"右者",册命豆閉繼承其祖考職司,"司䍃俞邦君司馬"。"邦君"原是諸侯的意思。《書·大誥》《酒誥》《梓材》都曾述及"邦君"。這里的邦君該指畿内諸侯。《五祀衛鼎》:"衛以邦君厲告於井伯、伯邑父……"這個邦君就是畿内諸侯。《豆閉簋》所説"䍃俞邦君司馬",䍃俞當是邦國之名,邦君司馬是邦君所屬的司馬。由此可知,當時王畿以内諸侯的司馬,即使是世襲官職,還必須由周王重加册命,並由王的司馬作爲"右"者加以引導。《禮記·王制》:"大國三卿皆命於天子","次國三卿,二卿命於天子,一卿命於其君"。《王度記》:"子男三卿,一卿命於天子。"(《白虎通·封公侯篇》引)①春秋時天子號令不行,但是形式上諸侯的上卿仍由天子任命,稱爲"命卿"或"王之守臣"②。看來這種制度,西周確曾實行,邦君的司馬要由天子任命,就是"一卿命於天子"。司馬、司徒、司工等三卿中,司馬掌兵權,最爲重要,

---

① 《禮記·王制》:"小國二卿,皆命於其君。"鄭注:"小國亦三卿,一卿命於天子,二卿命於其君,此文似誤脱耳。"

② 拙著《古史新探》,第195頁注①。

所以要由周王任命,以便於調遣出征。《班簋》記載周王命令毛公以"邦冢君"征伐東國一個部族,就是調遣邦君的軍隊出征。

金文册命禮中還有以司徒、司工爲"右"者:

器　名	王册命地點	右　者	册　命　的　職　司
揚　簋	王才周康宮	司徒單伯	作司工,官司量田甸,眔司㠯,眔司茨,眔司寇、眔司工司
無㠱鼎	王各於周廟,述於圖室	司徒南仲	官司□王逘側虎臣
此　鼎	王才周康宮𢑥(夷)宮	司土毛叔	旅邑人、善夫
師穎簋	王才周康宮	司工洭伯	才先王,既令女作司土,官司㽞𨛫,今余惟肇緟乃令

以上四件器銘,"右"者司徒和司工所引導的受命者,册命的職司有相互交叉的情況。《揚簋》的"右"者是司徒單伯,而受命者"作司工",管理量田的甸等;《師穎簋》的"右"者是司工洭伯,而受命者"作司土",管理某一地方。《無㠱鼎》的"右"者司徒南仲,受命者又官司周王的一部分虎臣,虎臣相當於虎賁,就是勇猛的戰士。《此鼎》的右者司土毛叔,受命者"旅邑人、善夫"。所以會產生這種交叉情況,由於司徒的官主管徵發徒役,也兼管勞役和田地的耕作;司工的官主管土地,也兼管土木等建築工程。這兩種官職起源很早,古公亶父遷都到周原,"乃召司空,乃召司徒,俾立室家"(《詩·大雅·緜》)。成王時,"聃季爲司空",分封康叔於殷墟,"聃季授土,陶叔授民"(《左傳·定公四年》,杜注:"聃季,周公弟,司空。陶叔,司徒")。直到春秋時代,各諸侯國還都設司馬主兵,司徒主民,司空土地。《左傳·襄公二十五年》記載鄭國攻破陳國,"子美(即子產)入,數俘而出,祝祓襯,司徒致民,司馬致節,司空致地。"(杜注:"節,兵符。")

(三)西周金文册命禮中"宰"、"公族"作爲"右"者。

金文册命禮中"卿"一級大臣作爲"右"者,除了三有司(司馬、司徒、司工)以外,還有宰和公族。由宰作"右"者,有下列七器:

器　名	王册命地點	右　者	册命的職司或賞賜
吴方彝	王才周成大室,旦各廟	宰　朏	司𢓊眔叔金
望　簋	王才康宮新宮旦,王各大室	宰佣父	死(尸)司畢王家

续 表

器 名	王册命地點	右 者	册命的職司或賞賜
蔡簋	王才𩁹应,旦,王各大室	宰㖪	昔先王既令女作宰,司王家。今余惟䌛𠅤乃令,令女飘㖪飘匹對各,死(尸)司王家内外,毋敢又不聞,司百工,出入姜氏令
頌壺	王才周康邵宮旦,王各大室	宰弘	令女官司成周貯廿家,監司新䆉(造)貯,用宮御
害簋	王才犀宮	宰犀父	官司□僕、小射、底漁①
袤簋	王才周康穆宮	宰頵	册易玄衣黹屯、赤市……
師㝨簋	王才周,各於大室	宰琱生	令女更乃且考,司小輔(鏄),今余……令女司乃且舊官,小輔眔鼓鐘

《吳方彝》的作者吳,官爲作册,司斾是加官。斾,从㫃从白,白亦聲(從孫詒讓《古籀拾遺》之説),即是大白之旗。大白是代表周王的軍旗,用來指揮作戰的。《逸周書·克殷篇》記載牧野之戰,"武王乃手大白以麾諸侯",斬得紂的首級,"折縣諸大白"。司斾這個官,當爲太宰所統屬,所以册命時由太宰爲"右"者。《師㝨簋》作者師㝨的"師",是樂師,既繼承祖先"小輔(鏄)"的官,這時加"鼓鐘"的官。太宰不僅主管王的儀仗,還兼管舉行儀式,所以樂師亦歸太宰統屬。太宰也還掌管王的起居和飲食,所以《害簋》所説"僕、小射、底漁",這類掌管駕車馬、射獵、捕魚的官,亦歸太宰所屬。

太宰本爲王的家務總管,主管整個"王家"。"家"相當於後來的"室",即王所有財産的單位,包括土地、奴隸和器物財用。《禮記·王制》:"冢宰制國用。"主管王家物資的出納、保管和供應。因而"家"具有物資倉庫性質;同時倉庫還設有工場,加工制作供應物品。太宰還主管宮内事務,出納王后的命令。《禮記·内則》:"后王命冢宰。"大宰所屬有内宰、小宰以及分佈在各地掌握管王家財産的宰。宰㖪所引導的蔡,就是内宰,因而"尸司王家内外",兼管"王家"的"百工",還出納王后姜氏的命令。宰佣父引導的望,即是師望,原爲軍職,這時命他"尸司畢王家",就是主管畢地的王家財産。

宰弘引導的頌,即是史頌,原爲史職,這時命他"官司成周貯廿家",吳大澂以

---

① 薛尚功《歷代鐘鼎彝器款識法帖》卷十四,中華書局,1986年;王俅《嘯堂集古録》卷下,中華書局,1985年。

爲"所司倉儲之職也"①,日本學者白川靜進一步認爲"家"有"屯倉"之意②,其説可信。根據《兮甲盤》,成周是四方諸侯及服屬夷戎進貢人力和物資的會集之所。就是《史記·周本紀》所謂"此天下之中,四方入貢道里均"。《兮甲盤》説:"其進人,其貯,毋敢不即餗(次)即苎(市),敢不用令(命),則即井(刑)虜(撲)伐。"所有諸侯和服屬夷戎必須按規定把"貯"送到成周,這就是"成周貯"的來源。所説"監司新造貯",就是監管新送到的積貯物資。"窑"即"造"字。《説文》:"古文造從舟。"《小爾雅·廣詁》:"造,適也。造,進也。""造"字從辵或從舟,原意爲前進到達。《書·盤庚》"其有衆咸造"句中之"造",就是前進到達之意。所説"用宮御",就是要把新送到的四方進貢物資供宮中應用。

所有金文上作爲"右"者的宰,都是太宰,是很明顯的。太宰確是西周王朝"卿"一級的高官,是内朝的長官。周公就曾做過太宰,而且以太宰之職攝政。《詩·小雅·十月之交》有"家伯維宰",次於"皇父卿士、番維司徒"之下(《漢書·古今人表》列入下下等,作"太宰家伯"),也足以證明太宰的職位僅次於司徒。

金文册命禮中還有以公族爲"右"者:

器　名	王册命地點	右　者	册　命　的　職　司
牧簋	王才周,才師汓父宫	公族□	昔先王即令女作司士,今余唯或(又)叀改,令女辟百寮
師酉簋	王才吴,各吴大廟	公族□釐	司乃且啻(嫡)官邑人、虎臣、西門尸(夷)、𩁶尸、秦尸……

公族原來的意義,是就整個同姓貴族而言,主要指族中群公子。例如《中觶》:"王大省公族於庚□旅"。另外用作官名,即掌管公族内部事務。《詩·魏風·汾沮洳》:"殊異乎公族。"《鄭箋》:"公族,主君同姓昭穆也。"《禮記·文王世子》:"周公踐阼,庶子之正於公族者,教以孝弟睦友之愛,明父子之義,長幼之序。"可知公族的職掌,兼管公族子弟的教導。春秋時晉國設有公族大夫,晉悼公時荀家、荀會、欒黶爲公族大夫,見《左傳·成公十八年》和《國語·晉語七》,杜注:"公族大夫掌公族及卿大夫子弟之官。"西周時,公族爲"卿"一級大官。《番生簋》:"王令黹司公族、卿事、大史寮。"以公族與卿事寮、太史寮並提。《毛公鼎》:

---

① 吴大澂《愙齋集古録》第 10 册,商務印書館,1918 年。
② 白川静《金文通釋》卷三上,第 160 頁。

"粦司公族雩(與)参(三)有司、小子、師氏、虎臣。"又以公族列於三有司之上,可見其地位之高。

《牧簋》的作者牧,在周的師汙父宫,被册命繼續擔任司士之職;同時周王訓戒説:"雩乃訊庶右鰥,毋敢不明不中不井(型)。"説明司士是掌刑之官。《左傳·成公十八年》:"齊侯使士華免以戈殺國佐於内宫之朝。"士即内朝掌刑之官。周的司士該是貴族居住地區的掌刑官,所以要由公族作爲"右"者。《師酉簋》的作者師酉,官爲師氏,統率邑人、虎臣以及衆多的夷族部隊,即是《周禮·地官·師氏》所説:"使其屬率四夷之隸,各以其兵服,守王之門外",也就是王宫門外的警衛隊長①。後來其子師詢世襲這個官職,同樣統率邑人、虎臣以及衆多的夷族部隊,周王稱其祖考是先王的"爪牙"、"用夾召其辟",命令他"率以乃友,干吾王身",就是要統率所屬以保衛君王(見《詢簋》和《師詢簋》)。因爲師酉是王宫的警衛隊長,册命要由公族作爲導引者;師詢的地位又昇高,册命時要由"公"一級大臣作爲"右"者。

十分明顯,西周金文册命禮中作爲"右"者的"卿"一級大臣中,司馬、司徒、司工是屬於外朝的大臣;太宰、公族是屬於内朝的大臣。

三 總論西周朝廷的公卿制度

綜合上二節的論述,可知西周朝廷確有公、卿兩級的大臣,並有公、伯兩等的爵位。

當時輔佐周王執政的大臣卿事寮的長官太保、太師和太史寮的長官太史,都是公爵,尊稱爲"公"。西周中期以後,太保不見有執政的,執政的主要是卿事寮的長官太師,因而亦稱卿事或卿士。《詩·大雅·常武》描寫周宣王派遣六師出征徐國,首先册命南仲皇父於其祖廟。既説"王命卿士",又説受命者是"大師皇父",可見卿士即是太師,就是當時總管軍政大權的執政大臣。《詩·小雅·節南山》:"尹氏大師,維周之氐,秉國之均(鈞),四方是維,天子是毗,俾民不迷。"尹氏即太史。太師和太史被看作周朝的支柱,掌握着國家的權柄,無疑是輔助君王的執政大臣。《詩·小雅·十月之交》諷刺當時禍國殃民的朝廷大臣,同時列舉七人,也以"皇父卿士"爲首位,地位在"番維司徒、家伯維宰"之上。

西周擔任太師之職、稱爲卿士的執政大臣,同時往往有兩人。成王時,太公

---

① 拙著《古史新探》,第156—159頁。

望和周公旦同時爲太師。厲王的卿士有虢公長父和榮夷公,幽王的卿士有虢公鼓和祭公敦,《吕氏春秋·當染篇》和高誘都認爲是"二卿士也"。直到春秋時代,周朝還沿用這種制度,經常設有左右二卿士執政,詳見顧棟高《春秋王跡拾遺表》(《春秋大事表》卷二十)。

金文册命禮中,亦有太師受册命的。《大師虘簋》載:

> 正月既望甲午,王才周師量宫,旦,王各大室,即立(位),王乎師晨召大師虘入門,立中廷,王乎宰智易大師虘虎裘。

師量宫當是太師虘的祖廟,周王在這里舉行册命太師的典禮,禮儀中没有"右"者,師晨只是奉王命的"召"者。這樣隆重的册命禮中所以没有"右"者,該是因爲太師居朝廷大臣的首位,找不到比他高一級的"右"者了。金文册命中也有大師作"右"者,西周末年的《柞鐘》載:

> 惟王三年四月初吉甲寅,仲大師右柞,易載、朱黄、䜌,司五邑甸人事。柞拜手,對揚仲大師休,用作大鑾鐘。

這個册命的記載很是特别,不載王所到的册命地點,也不載王的即位儀式,只記太師作爲"右"者。而且册命之後,受命者並不感謝王恩,却是感謝太師而作鐘。周王根本已經不在受命者的眼中,説明當時正由太師專權,王不過是傀儡而已。比仲太師時代早的還有伯太師,情況也差不多。據《師訊鼎》記載,作者是伯太師的下屬,受到王的册命賞賜之後,他首先"休伯大師肩嗣訊臣皇辟",然後才説:"天子亦弗謹(忘)公上父猷(甫)德。"師訊的兒子師望[1],所制作的《師望鼎》,就自稱"大師小子師望",楊樹達以爲"小子"是官屬之意[2],是不錯的。師望自己説是"肇師井(型)皇考,虔夙夜出納王命"的,但是,竟不稱自己爲王臣,而自稱爲"大師小子",説明當時太師的權勢已凌駕國王之上。《伯克壺》記述:"伯大師易克僕卅夫,伯克敢對揚天右王伯友。"伯克接受了伯太師賞賜的奴僕三十人,竟然將其稱爲"天右王伯",這比成王時作册大稱召公爲"皇天尹大保"吹捧得更高了,

---

[1] 李學勤《西周中期青銅器的重要標尺》,《中國歷史博物館館刊》1979年第1期。
[2] 楊樹達《積微居金文説》卷三,科學出版社,1959年,第84—85頁。

可見這時太師地位之高。

　　日本學者白川靜《西周史略》認爲"廷禮的右者由執政者擔任,似乎已成爲當時原則";而且"同系統者的任命有由其最高長官右者的慣例",司土、司馬、司工"都作爲册命廷禮的右者,相當於六卿的王官";還依據《衛盉》等認爲"夷王時執政者可能以五名爲准"①。這些看法都是正確的。我們依據上面綜合研究的結果,認爲西周王朝的主要執政者是"公"一級的太師和太史,而實際權力則掌握在太師手中,因爲他既是軍隊的最高統帥,又是朝廷大臣的首腦。册命禮中稱爲"公"的"右"者主要是太師。册命禮中作爲"右"者的司馬、司土(或作司徒)、司工以及太宰、公族,都是"卿"一級的朝廷大臣,其官爵地位都在太師和太史之下。司馬、司土和司工,大多由畿内諸侯進入朝廷擔任,多數稱伯,即是伯爵。金文中稱"某伯"的,有的是伯爵,也有是伯仲之伯,是字的簡稱②,很難分辨,但是這些朝廷大臣在册命禮中作"右"者而稱"伯"的,肯定是爵稱。當時公和卿的官職是可以由天子調換的,公與伯的爵位是隨着官職昇降的。但是屬於軍職和史職的官員,儘管官職有昇降,往往擔任官職的性質是不變的,是世襲的。大臣也有失去高官的,即所謂"官失其守"。"官失其守"的子孫常常以祖先的高官爲氏。宣王時程伯休父的後裔稱司馬氏,就是個顯著的例子。召公的後裔稱太保氏,也該在這個族不做太保以後的一段時期。

　　金文中記載土地轉讓,往往有朝廷大臣參與其事。《三年衛盉》記載裘衛爲了換取田地,報告伯邑父、榮伯、定伯、𤔲伯、單伯,由這五位大臣命令當地的三有司:司土、司馬、司工等官吏辦理。《五祀衛鼎》記載衛爲了換得邦君厲的田,報告井(邢)伯、伯邑父、定伯、𤔲伯、伯俗父,這五位"正"就訊向厲,經厲同意,又使厲立誓,然後命令當地的三有司:司土、司馬、司工等官吏踏查田地並"付田"。從這兩次換取田地的過程中,可以看到在一定範圍以內的土地轉讓,要經過朝廷的五位大臣的審查認可,有的還要辦理立誓的手續,然後才能由五位大臣命令當地的三有司等官吏辦理。《五祀衛鼎》稱五位大臣爲"正",就是長官之意。從他們最後要命令當地三有司辦理的情況來看,五位大臣中必定有朝廷的三有司在内。上一節已經談到,《十二年師永盂》記載天子賞賜田地,先由益公傳達賞賜命令,再由益公傳達由井伯、榮伯、尹氏、師俗氏、遣中等五位大臣參與,然後由益公

---

① 白川靜《金文通釋》卷六,《西周史略》第四章第一節"廷禮册命與官制",第81—91頁。
② 拙著《古史新探》,第239—241頁。

命令當地司徒等官"付田"。説明五位大臣之上還有高一級稱"公"的執政官存在。

司土、司馬、司工等"三有司",確是西周朝廷的重要大臣,僅次於稱"公"的太師或卿士。《書·牧誓》:"王曰:嗟!我友邦冢君、御事、司徒、司馬、司空、亞旅、師氏、千夫長、百夫長。"三有司僅次於邦冢君和御事。《書·梓材》記王曰:"我有師師、司徒、司馬、司空、尹旅。"把三有司列在"師師"之下,"師師"當即指太師、太史等執政大臣。春秋時代有些大的諸侯國還沿用這種官制,例如宋國六卿,以右師、左師爲正卿,其次是司馬、司徒、司城(即司空)、司寇;又如鄭國大臣,以當國、爲政爲正卿,其次是司馬、司空、司徒。魯國到春秋後期,由於三桓專政,由季孫氏爲司徒,是冢卿;叔孫氏爲司馬,孟孫氏爲司空,是介卿。

司寇在西周初期也是重要的朝廷大臣。武王時,蘇忿生"以温爲司寇";成王時,康叔又以衛侯而兼司寇。他們的封國都在原來殷的王畿以内,兼任司寇,該是着重用來對付殷遺民的。周公作《康誥》教訓康叔,有長篇大論,主張"保民"而"慎罰",采用"殷罰"的合理部分,就是因爲康叔兼爲司寇之職。周公作《立政》,最後教訓蘇公(即蘇忿生)作司寇要慎罰。説明司寇在西周初期居有十分重要的地位。但是,西周中期以後金文册命禮中,未見有司寇作"右"者,也未見有人被册命爲專職司寇的。《庚季鼎》(或釋爲《南季鼎》)記載伯俗父爲右者,册命庚季"用左右俗父,司㝵"。俗父即伯俗父,亦即《師晨鼎》的師俗父,可知"司㝵"當爲一種軍職。若釋爲"司寇",從字形來看,不確。《揚簋》記載册命揚"作司工"而兼任一系列職務,司寇亦是其兼職的一種。郭沫若説:"以司空而兼司寇,足證司寇之職本不重要,古有三事大夫,僅司徒、司馬、司空而不及司寇也。"①可能西周中期以後,殷遺民已被制服,司寇就失去了重要性。據《牧簋》,另有司士作爲刑獄之官,册命時由公族爲"右"者,屬於公族管轄,並非卿一級的大臣。

根據以上的綜合研究,我們認爲西周朝廷大臣確有公、卿兩級。公一級的,早期有太保、太師、太史;後期有太師、太史,太師可能同時有兩人。卿一級的,早期有司徒、司馬、司工、司寇、太宰、公族,到中期以後,司寇的職位降低,只有五位大臣。《散氏盤》記載,由於矢國攻擊散國,割讓田地給散國,在交接田地的時候,矢國派出有司十五人,大體上都是和割讓田地有關的官吏;而散國派出的有司,是代表國家來接受的大臣,計有司土、司馬、司工、宰各一人,散人小子三人,襄的

---

① 郭沫若《周官質疑》,見《金文叢考》第 65 頁反面。

有司三人。所謂"散人小子"就是散的貴族子弟。在這裡,散國所派出代表國家的大臣,就是司土、司馬、司工、宰以及貴族子弟,和周朝"卿"一級大臣司徒、司馬、司工、太宰、公族相比,正好相當。散是周的畿內諸侯,它採用的官制,正是周朝的體系。

　　許慎《五經異義》引古《周禮》說:"天子立三公,曰太師、太傅、太保。冢宰、司徒、宗伯、司馬、司寇、司空是爲六卿之屬。"(《北堂書鈔》卷五十引)這是漢代經學的古文家的說法,在古文經上是有依據的。《周禮·地官·序官》保氏下,賈公彥疏引《鄭志》:"趙商問:按成王《周官》'立大師、大傅,大保,茲惟三公',即三公之號,自有師保之名。"《周官》是真《古文尚書》中的一篇,趙商所引十一個字,是其佚文,後來爲晉人所造僞《古文尚書》所襲用。《周禮·地官·序官》說:"鄉老,二鄉則公一人,鄉大夫,每鄉卿一人。"鄭注:"老,尊也。王置六卿,則公有三人也。"《周禮》一書就是以六卿爲綱的,六卿是天官冢宰、地官司徒、春官宗伯、夏官司馬、秋官司寇、冬官司空。這樣按天地四時分設六卿,與陰陽五行說相符合,顯然出於戰國時代學者的巧爲安排,補充了許多理想化的成分,經過了系統化的編制。但是應該看到幹,它確是以不少真實史料作爲其素材的,因而我們不能全盤加以否定。

　　《周禮》所說的六卿,和我們綜合可靠文獻和金文所得到的結論相比,可以說骨幹大體相同。司徒、司馬、司工、司寇是相同的,太宰也即冢宰,只是公族和宗伯有些出入,但是基本性質是相同的,同樣是掌管宗族內部以及君王的事務的。由此可見,當《周禮》一書編輯之際,確有不少真實的史料爲其素材,並非全出"鄉壁虛造"。然而我們還是不能把它作爲西周史料來引用,因爲它已經過儒家的改造,加入了大量理想化和系統化的成分,成爲一部代表儒家思想的著作。即以太宰一職爲例,西周時,不過是王的家務官,主管王的財用。《禮記·王制》所說"冢宰制國用",是不錯的。《周禮》以太宰"掌建邦之六典,以佐王治邦國",居於六卿的首位,由他總攝六卿,其餘五卿,只主管一典,統治一個方面。這種以冢宰爲首的六卿組織,不但不符合西周的制度,即使在春秋時代各諸侯國也未嘗出現,該是出於戰國時代儒家按理想所作的系統安排。這種由儒家加工改造編輯的痕跡,我們從《周禮》一書中還可以清楚地看到。例如所說太宰的職務範圍很廣,總管全國政治,"以八柄詔王馭群臣""以八統詔王馭萬民",但是天官冢宰所統屬的許多職官,都是管理宮內飲食、醫療、保藏以及服侍君王和王后的事務官,可以從中看到冢宰原是君王的家務官性質,還很明顯。正因爲《周禮》在所述許多中下級官吏中還保存有真實的史料,在我們依據可靠文獻和金文探討西周官制以及其他政治制度的時候,還可以用作旁證。

原載《西周史研究》(《人文雜志》增刊),收入《西周史》,上海人民出版社,1999年,今據後書編入

論西周初期的分封制

西周所以能够成爲超越商代的强大奴隸制國家,這時所以能够成爲我國奴隸社會的鼎盛時期,原因十分明顯,主要由於推行了符合當時歷史發展趨勢的政治制度和經濟制度。西周初期推行的分封制,就是這樣一種十分重要的制度。當時大規模的分封諸侯,固然是爲了適應周朝鞏固和擴大統治的需要,用來加强對過去殷商和周圍方國貴族的控制,擴大對廣大地區人民的奴役;但是不能否認,隨着這種制度一起推行的政策,在一定程度上調整了各個地區的社會階級結構,改進了不合適的生産關係,有助於當時社會生産力的進一步發展。這種分封制,就其實質來看,既是以姬姓爲主的奴隸主貴族占有土地及其居民、並加强統治的一種手段,又是貴族内部依據宗法的血統關係和親戚關係對占有財産和權力進行再分配的一種方式;但是它比商代原有的政治和經濟制度有了進步,有利於當時奴隸制的進一步發展,因而能够成爲西周奴隸制國家富强的基礎。

對於這種分封制,即所謂"封建",我國歷史上有不少學者曾經把它作爲重大問題加以探討,發表了許多有名的論著,包括柳宗元《封建論》在内,試圖闡明這種分封制的利弊和必然發生及其後來必然崩壞的原因。但是限於他們所處時代和階級地位,不可能找到問題的關鍵所在。本文試圖解決這一問題,想提出一些看法。

一 武王克殷後以"三監"爲主的分封制

西周初期推行的分封制,不是一下子就取得成效的,它有一個曲折發展的過程。

周族原是個姬姓部落,到商代後期發展成爲西方强大的屬國。到周文王時,攻克黎國(今山西長治西南),討伐到邘(今河南沁陽西北),滅亡崇國,建都豐京(今西安市西南豐河西岸),就開始有滅商計劃。周武王在繼位第二年,到盟津和諸侯會盟,共謀滅商。到第四年就聯合西南許多方國東伐。由於商的軍隊倒戈,即所謂"紂卒易鄉(向)"(《荀子·儒效》),在牧野一戰取得決定性勝利,從此商朝滅亡而周朝建立。周朝在滅商過程中就開始推行分封制。

在周武王準備滅商的四年間,看來已經分封一些諸侯,用來作爲準備滅商的前進據點。武王分封三叔,應該就在這時,不可能如《史記·管蔡世家》所說在武王克殷之後、設置三監的同時,管叔封於管,"管"一作"關",《墨子·耕柱》和《墨子·公孟》都稱管叔爲關叔。管在今河南鄭州,商代早期就在這里建有大城,至今遺址尚在。這是商在大河以南的重鎮,"關"可能因此得名。蔡叔所封的蔡,原來應該在祭,"祭""蔡"古音同通用。祭在今河南滎陽西北(從朱右曾《周書集訓校釋》之說),正在管的西北,在敖山以南,靠近大河,是十分重要的戰略要地,後來周公之子就封在這里。如果武王不在此建立前進的橋頭堡,盟津(在管、祭之西)就不可能成爲大會諸侯的地方。武王把管叔、蔡叔分封於管、祭,是很重要的一個準備滅商步驟。等到滅商以後,武王還常到管坐鎮,對管叔、蔡叔有所指示。《逸周書·大匡》說:"惟十有三祀,王在管,管叔自作殷之監。"《逸周書·文政》又說:"惟十有三祀,王在管,管、蔡開宗循……"霍叔所封的霍可能也離管、祭不遠。後來蔡叔後裔封於蔡,在今河南上蔡西;霍叔後裔封於霍,在今山西霍縣西南;當是周公平定三監判亂之後遷移較遠的。

武王滅商,是由於内應外合而很快取得成功的。武王滅商之後,商朝貴族在王畿的統治力量還很強大,特別是貴族基層"士"一級的人員眾多,分布在各地有着根深蒂固的統治勢力。因此這個新建的周朝,如何牢固地統治商朝王畿,防止原來殷貴族的反抗叛亂,就成爲當時必須解決的突出問題。

這時周武王只能采用商代已經實行的分封制,作爲解決這個突出問題的主要手段。一方面爲了緩和商代貴族的反抗,分封商王後裔作爲諸侯,把原來商代王畿一部分區域作爲封國;另一方面把原來分封於前進據點的三叔,進一步分封到商代王畿,用來監督新封的商王後裔和商代貴族,從而加強控制這個剛征服的重要地區,稱爲三監。猶如戰國時代秦惠王滅亡蜀國以後,因爲"戎伯尚強"(《華陽國志·蜀志》),一方面分封蜀王後裔,"貶蜀王更號爲侯",另一方面"使陳莊相蜀","以張若爲蜀守",運用政治力量和軍事力量從旁加以監督,防止發生叛亂。

關於武王設置三監的事,因爲缺乏原始史料,出於後世傳說,就不免有分歧的說法。但是經過我們的比較和分析,還能夠看出個眉目來。

關於武王設置三監的傳說,有下列四種:

第一種說法,把商代王畿分爲"殷"和"東"兩部,在繼續分封王子祿父(即武庚)"俾守商祀"的同時,封管叔於東,封蔡叔、霍叔於殷,"俾監殷臣",見於《逸周書・作雒》。

第二種說法,把商代王畿分爲邶、鄘、衛三部,封武庚於邶,管叔於鄘,蔡叔於衛,"以監殷民,謂之三監"。見於《漢書・地理志》。

第三種說法,在繼續分封武庚於殷的京師的同時,分商代王畿爲邶、鄘、衛三部,使管叔、蔡叔、霍叔爲三監。"自紂城以北謂之邶,南謂之鄘,東謂之衛"。見鄭玄《詩譜》。

第四種說法,認爲"自殷都以東爲衛,管叔監之;殷都以西爲鄘,蔡叔監之;殷都以北爲邶,霍叔監之;是謂三監"。見皇甫謐《帝王世紀》(《史記・周本紀》正義引)。

這四種說法各不相同。《逸周書》只把商代王畿分成殷、東二部,其餘三說都分成邶、鄘、衛三部;《漢書》認爲武庚是三監之一,三監是武庚、管叔、蔡叔而沒有霍叔,而其餘二說都說三監是三叔而沒有武庚。《漢書》說武庚封於邶,而《帝王世紀》又說霍叔封於邶;《漢書》說管叔封於鄘,而《帝王世紀》又說蔡叔封於鄘;《漢書》說蔡叔封於衛,而《帝王世紀》又說管叔封於衛。《逸周書》又說管叔封於東,蔡叔、霍叔封於殷。《詩譜》又沒有明確分明三叔封國所在。《詩譜》和《帝王世紀》都說邶在北方,衛在東方,但是《詩譜》定鄘在南方,《帝王世紀》又說在西方。王肅、服虔也說鄘在"紂都之西"(《詩話》正義引)。

爲了便於分明起見,我們把武庚和三叔封國不同之說,列表如下:

書名＼封君	管叔	蔡叔	霍叔	武庚
《逸周書》	東	殷		
《漢書》	鄘	衛		邶
《帝王世紀》	衛	鄘	邶	

清代有不少學者對此作過探索,提出了各種不同看法。王引之從《漢書》之說,肯定三監是武庚、管叔、蔡叔而沒有霍叔。他認爲先秦古書如《左傳・定公四年》《吕氏春秋・開春論》等,都只談到管、蔡叛亂,《史記》的本紀、世家也都這樣;《逸周書》有霍叔而稱爲"三叔",是出於後人依據僞《古文尚書》增改(《經義述聞》卷三"三監"條)。崔述《豐鎬考信錄》也有同樣的主張,只是沒有談到《逸周書》。

我們認爲,王氏此說不足以作爲定論。《逸周書・作雒》既說:"建管叔於東,蔡叔、霍叔於殷",又在敘述叛亂發生和平定的過程中兩次提到"三叔"。而且先秦古書也有提到霍叔的,如《商君書·賞刑》說:"昔者周公旦殺管叔,流霍叔,曰犯禁者也。"而且把武庚連同管叔、蔡叔一起作爲"三監","以監殷民",顯然和當時政治鬥爭的形勢不合。當時武王之所以要設置三監,應該如《逸周書》所說"俾監殷臣",和封武庚而"俾守商祀",性質根本不同。《尚書·多方》記載成王告誡殷和方國的"多士",還說:"今爾奔走,臣我監五祀",明白指出這些殷貴族曾經臣服於周朝的"監"有五年。武庚應該包括在被監督的"殷臣"之内,是被監督的對象,怎麽可能列爲三監之一而"以監殷民"呢?

　　陳啓源《毛詩稽古編》又有不同看法,他贊同《帝王世紀》霍叔爲邶監之說和《逸周書》孔晁注的解釋。孔晁說王子禄父"封以鄭,祭成湯"("鄭"字當是"鄘"字之誤,或者是"鄘鄘"二字的脱誤);又解釋"東"和"殷"說:"東謂衛,殷,鄘、鄘。霍叔相禄父也。"陳氏根據孔氏之説,認爲"蓋二叔監之於外,以戢其羽翼;霍叔監之於内,以定其腹心。當日制殷方略,想應如此。厥後周公誅三監,霍叔罪獨輕者,良以謀叛之事武庚主之"。這一說法曾爲清代多數學者贊同。孫詒讓《邶鄘衛考》(收入《周書斠補》和《籀廎述林》)也采用此説,認爲管叔、蔡叔爲正監,霍叔相武庚別爲副監,史料上三監說法的分歧,是由於"諸儒各以意爲去取"。

　　近人劉師培《周書補正》又反對孔晁的解釋而另立新説。認爲"殷衛本即一字",引用《吕氏春秋》中多次講到的"鄘"即是"殷"爲證,並且指出《逸周書·作雒》所説周公平定三監之亂以後,"俾康叔於殷、俾中旄父於東",就是説封康叔於衛;《逸周書·作雒》講到周公出師,"臨衛政(徵)殷",殷衛並言,足證其爲一地。劉氏還把《漢書》和《逸周書》三監之説作比較,認爲武庚別封於邶,蔡叔封於衛,管叔所封的鄘即是《逸周書》所說的東,而《逸周書》所說的殷應包括邶和衛。

　　近人王國維更另創新説,他有《北伯鼎跋》一文(《觀堂集林》卷十八),認爲西周銅器有"北伯"和"北子"的器,即邶國制作;北伯器數種光緒庚寅(一八九〇年)出土於河北淶水縣張家窪,可以證明"邶"即是"燕";而"鄘"與"奄"聲相近,"鄘"即是"奄"。"北伯"和"北子"的銅器確是邶國制作,清代學者許印林(《攟古錄》引)、方濬益(著《綴遺齋彝器款識考釋》)早有此説,但是我們認爲不能因爲北伯之器出土於河北淶水,就武斷説"邶"即是"燕"。因爲光緒年間河北淶水出土"北伯"之器,並非出於科學發掘,不能證明這些銅器即出土於北伯墓中,銅器可以因種種原因遠遷。1961年湖北江陵萬城曾出土"北於"三器,爲江陵文化館徵集所得,也該由於特殊原因而遠遷到楚的。武王設置三監的目的在於加強控制商代原來王畿,當時周的勢力,北既不可能遠到燕地,東也不可能遠到奄地。奄在今山東曲阜,曾一度爲商的國都(盤庚遷殷以前的國都),這時爲嬴姓的奄國所在,在周公平定武庚、三監和徐、奄等國的叛亂之前,周朝還不可能在那里建立新的封國。但是王氏把鄘定在東方,這和劉師培主張"鄘"即是"東"之說相合。

在衛、邶、鄘三國中,衛的地望是明確的。後來康叔就封於衛。劉師培以爲衛即是鄘,沿用舊稱,是毫無疑問的。"衛"和"鄘",都是从"韋"得聲,都和"殷"聲同通用①。周人把商代國都"殷"的周圍地區的封國稱"衛",確是沿用原來名稱。

"北"或"邶"的得名,因在殷舊都之北,也是沒有疑問的。《説文》説:"邶,故商邑,自河内朝歌以北是也。"《詩譜》説:"自紂城以北謂之邶。"《續漢書·郡國志》説:河内郡朝歌,"北有邶國。"商代在國都殷以北,確實有一塊較大的直屬統治區。《史記·殷本紀》説商王祖乙建都於邢,《世本》和《書序》都作耿,"耿"與"邢"音同通用,就在今河北邢臺②。這一帶有規模較大的早商文化遺址。我們認爲,這時邶的封域雖然不能像王國維所説到達燕地,至少應該包括邢一帶在内。這時把武庚别封到邶,而派霍叔相禄父,是可能的,目的就在於把武庚排擠到較遠的北方去,免得威脅中原地區。《逸周書》説周公"降辟三叔"之後,"王子禄父北奔,管叔徑而卒,乃囚蔡叔於郭浚"。武庚的"北奔",也可以作爲他封國在邶的旁證。

衛、邶、鄘三國中,地望有爭論的,只有鄘國。前面已經談到,鄘有東、西、南三說。看來不外乎在殷的東南地區或西南地區。因爲殷的東南和西南,原來商代都有一大塊直屬統治地區。在殷的東南,有河亶甲建都的相,在今河南内黄東南。在相的東南,更有祖乙從邢遷去的國都庇,當即春秋時魯西的毗或比,在今山東范縣、鄆城縣境③。在殷的西南有商王廣大的狩獵地區,有雍、盂、召、向、鄂(噩)、寧、凡等城,也是個商代直屬的重要地區。陳逢衡《逸周書補注》引吴慶恩

---

① 《尚書·康誥》:"殪戎殷",《禮記·中庸》作"壹戎衣"。鄭玄注:"齊人言殷聲如衣"。《吕氏春秋·慎大覽》:"親郼如夏",高誘注:"郼讀如衣,今兗州入謂殷氏皆曰衣"。

② 《通典》卷一七八"鉅鹿郡邢州"條謂:"祖乙遷於邢,即此地"。近年在此地發現早商文化遺址可以證明。王國維《説耿》(《觀堂集林》卷十二)因《書序》有"祖乙圮於耿"之説,從段玉裁《古文尚書撰異》改定在今河南溫東之邢丘,謂"其地正濱大河,故祖乙圮於此地"。今按:王説不確。邢臺舊時常有山洪爆發,衝決爲患,直到清代乾隆年間還因此築堤防,見《清一統志》順德府沙底河下釋文。

③ 《古本竹書紀年》:"祖乙勝即位,是爲中宗,居庇"。按祖乙自邢遷庇,當即春秋時魯西之毗。《春秋·哀五年》:"春城毗"。《公羊》作"比",《釋文》:"比本又作阰,亦作庇"。《左傳》杜注謂"備晉也",未釋地。高士奇《春秋地名考略》謂即祖乙所都之庇。江永《春秋地理考實》推定在魯西境。當在今范縣、鄆城縣境。

説,認爲《逸周書》所説"東",指魯、衛間地,地在大河以東,秦漢的東郡便是沿用舊稱。如果此説確實,按照劉師培"東"即"鄘"之説,鄘就應在殷的東南地區。但是,如果以王肅、服虔、皇甫謐所説鄘在西方和鄭玄所説鄘在南方結合起來看,鄘就應在殷的西南方向。關於這個問題,古文獻上沒有明確資料可以論定。今本《詩經》所分的邶、鄘、衛三風,原本都是衛詩,"皆衛國之事,而山川土風亦無不同"(惠周惕《詩說》),可能出於《毛詩》的劃分,不足以用來分辨三國的地望①。最近日本學者白川靜著《詩經研究·通論篇》,根據殷墟卜辭所講的"鄘"這個地名,和鄭、雀、甾、有關係,推定鄘在殷王畿的西南地區(見原著第100—101頁)。關於鄘的地望還有待於作進一步的探索。

從目前所有文獻和考古資料,我們還不可能把這個問題全部分辨清楚。但是我們已經可以看到,武王所推行的以三監爲主的分封制,目的在於把新征服的商朝王畿分割開來,以便對原來有統治勢力的殷貴族加以安撫和監督,從而消除他們的頑強反抗,鞏固對這個重要地區的統治。事實上這個辦法並沒有取得預期的成效。等到武王去世,成王年幼,周公掌握政權,周朝貴族内部發生爭奪王位的鬥爭,管叔和蔡叔就利用他們的權力和軍事力量,轉而聯合武庚和東方的方國部族發動叛亂,而武庚和徐、奄等國以及淮夷的許多部落又圖謀推翻周朝而恢復商朝的統治。周公通過艱苦的努力,經過三年的東征,才把這場大叛亂平定。周公這次東征雖然取得了勝利,但是商朝統治的基層勢力,特別是各地貴族基層"士"的一級的社會勢力還頑固地存在着。原來周武王推行的設置三監的分封制,既沒有取得預期的鎮服"殷臣"的成效,相反地,到一定時機,可以成爲發動大叛亂的根源。因此如何進一步加強控制原來商代王畿以及許多強有力的方國,如何消除殷和方國"士"一級社會勢力的頑強反抗,還是周公必須解決的突出問題。

周公如同周武王一樣不可能采用其他辦法,依然只能依靠分封制來解決問題。但是武王所用的設置三監的分封制已經失敗,就必須改革這種分封制,才能用作解決這個重大問題的手段。

---

① 《邶風》《鄘風》和《衛風》,都談到河水、淇水,所有地名也都在衛國。《鄘風·桑中》提到沫,沫即《尚書·酒誥》的妹邦,即是朝歌。《鄘風·載馳》《邶風·擊鼓》和《邶風·泉水》都談到漕,在今河南滑縣東。《左傳·襄公三十一年》記北宫文子引《衛詩》:"威儀棣棣,不可選也",見於今本《邶風·柏舟》。可知邶、鄘、衛三風,原來都是衛詩。今本分爲三風,當出於後人以意劃分。《漢書·藝文志》載《詩經》二十八卷,魯、齊、韓三家,又載《毛詩故訓傳》三十卷。王先謙認爲毛作《詩》傳,析邶、鄘、衛風爲三卷,故爲三十卷。

二　周公推行的分封制和鄉遂制度

周公平定三監大叛亂以後,接受這個教訓,認爲聽任殷貴族繼續居留原地,實行就地監督的辦法,不但沒有成效,而且有發動叛亂的危險,於是決定營建洛邑,把大量"殷頑民"遷到那里,以便加强監督和利用。這是一項十分艱巨的工作,周公對這些遷移的殷遺民采用了安撫和威脅的兩手策略,爲此兩次發表文告。"成王既遷殷遺民,周公以王命告,作《多士》"。"成王自奄歸,在宗周,作《多方》"(《史記·周本紀》)。《多士》是告誡殷的"多士"的,《多方》是告誡殷和方國的"多士"的,内容基本相同,無非要他們遷在洛邑之後,"事臣我宗多遜(順)","爾惟克勤乃事""今爾尚宅爾宅""畋爾田"。一面繼續給以田宅,一面迫使聽從服役。這樣不但減輕了這些殷民原住地區的威脅,而且增加了周朝在東方的統治力量。西周駐屯在成周的一支重要軍隊,所謂"成周八師",即是利用這些遷移到洛邑的殷和方國"多士"編制而成。

但是必須指出,周公這種營建洛邑而遷移殷和方國的"多士"到洛,只解決了部分的問題,並沒有解決全部問題。因爲殷和方國的貴族"士"一級成員衆多,不可能全部集中到洛邑來。周公解決這個問題的更主要的辦法,就是把殷和方國的"士"一級成員,分批配給一些主要的封君,讓封君帶到遠處封國去,使成爲封國的"國人",這樣既可以消除他們原住地區的威脅,同時又可以被封君利用爲統治封國的政治上和軍事上的支柱。這是一舉兩得的辦法。

《左傳·定公四年》記載衛國祝佗(大祝子魚)所講周公分封魯、衛、唐(即晉)三國的情況,除了賞賜給儀仗、禮樂器和寶物之外,首要的事,就是分給殷或方國的貴族。據說分給魯的是:"殷民六族條氏、徐氏、蕭氏、索氏、長勺氏、尾勺氏,使帥其宗氏,輯其分族,將其類醜,以法則周公,用即命於周,是使職事於魯,以昭周公之明德";分給衛的是:"殷民七族陶氏、施氏、繁氏、錡氏、樊氏、飢氏、終葵氏";分給唐的是:"懷姓九宗,職官五正"。

祝佗在叙述中,對分給魯的"殷民六族"講得比較詳細,對分給衛的"殷民七族"和唐的"懷姓九宗",講得很簡略,這是因爲彼此類似而省略的。所有這些被分配的"殷民"或"懷姓",都該是貴族性質。《周禮·秋官·司約》賈公彦疏引用《左傳》舊注,解釋"殷民六族"說:"殷民,禄父之餘民三十族、六姓也"。就是說"殷民六族",就是殷民六姓,共有三十族。這條舊注不知是何根據,但是這許多"殷民"都是世臣大族,是可以肯定的。顧炎武分析"遷殷頑民"說:"所謂頑民者,皆畔逆之徒也。……其與乎畔而逆者,大抵皆商之世臣大族;而其不與乎畔而留於殷者,如祝佗所謂分康叔以殷民七族……是也,非盡一國而遷之也"(《日知錄》卷二"武王伐紂"條)。顧氏認爲周公所遷的"殷頑民",只是參與叛亂的世臣大族,没有參與叛亂而不屬於世臣大族的就留下不遷。閻若璩反駁顧氏之説,認爲周公分給魯的殷民六族,"一則曰宗氏,再則曰分族,尚得謂非商之世臣大族乎"?(《潛邱札記》卷四"校正《日知錄》")我們認爲閻氏之説正確。周公對於商代王畿所有殷貴族採用了分散遷移的辦法,不論遷移到洛邑的,還是分配給封國的,都是世臣大族,留在衛國而分配給康叔的當然也是世臣大族。看來在當時分配殷貴族的過程中,不論多數分配出去的或是少數留在衛國分配的,都曾重新作了安排的。

值得注意的是,周公不但把殷的貴族分配給封君,也還把殷的方國的貴族分配給封君。如同周公把殷的"多士"遷移到洛邑,也還把方國的"多士"遷移到洛邑一樣。周公分配給唐的"懷姓九宗",就是赤狄族的隗姓方國的貴族。所謂"九宗"也如同"殷民"的"六族"或"七族"一樣,都是世臣大族。《國語·鄭語》記載西周末年史伯説:"當成周者……北有衛、燕、狄、鮮虞、潞、洛、泉、徐、蒲,西有虞、虢、晉、隗、霍、楊、魏芮"。王國維《鬼方昆夷玁狁考》説:"案他書不見有隗國,此隗國者,殆指晉西北諸族,即唐叔所受之懷姓九宗,春秋隗姓諸狄之祖也。"懷姓確是隗姓,是赤狄的族姓。韋昭注:"潞、洛、泉、徐、蒲,皆赤狄隗姓也"。但是,周公分配給唐叔的"懷姓九宗",不一定出自隗國,因爲依據史伯之説,隗國到西周末年還存在。這個"懷姓九宗",當是聽命於殷的一個赤狄族的隗姓方國,這時被周滅亡了,因此這個方國的貴族如同殷貴族一樣被周公用來分配給封君。

祝佗叙述周公分給魯國"殷民六族",不但"使帥其宗氏,輯其分族",還要"將其類醜"。所謂"類醜",應該就是隸屬於殷貴族的奴隸。"醜"在古代常被用作俘虜的稱謂。如《詩·大雅·常武》:"鋪敦淮濆,仍執醜虜"。《詩·小雅·采芑》:"方叔率止,執訊獲醜"。《詩·小雅·出車》:"執訊獲醜,薄言還歸,赫赫南仲,玁狁于夷。"很明顯的是指擒獲的俘虜。同時也有把"醜"作爲獵取的野獸的稱謂的,例如《詩·小雅·吉日》:"田車既好,四牡孔阜,昇彼大阜,從其群醜。""群醜"分明是指眾多的野獸。古人把捉得俘虜看得如同獵得野獸一樣,常常被用作奴隸或殺死,所以"醜"又被用作奴隸的稱謂。《國語·楚語下》記載觀射父對答楚平王的話,講到"百姓、千品、萬官、億醜、兆民",説:"官有十醜,爲億醜。"這種隸屬於"萬官"的"億醜",顯然是奴隸性質。祝佗所説的"類醜"也該性質相同。

周公這樣把"殷民"六族或七族以及"懷姓九宗",分配給封國,使他們帶着宗氏和分族,統率着所屬"類醜",隨從封君遷到封國,要"職事"於封君。就是如同遷移到洛的殷和方國的"多士"一樣,"宅爾邑,繼爾居""尚久力畋於田""尚爾事"。這樣,所有跟從封君遷移到封國的殷或方國的貴族,就都變成了封國的"國人",成爲封君在政治上和軍事上的依靠力量。

西周、春秋間的諸侯,都有一套鄉遂制度,或者叫做"國""野"對立的制度。"國"是指都城及其近郊,都城主要居住統治的各級貴族以及爲他們奴役的手工業奴隸;近郊往往分成若干"鄉",住着統治階級的下層,其中多數屬於"士"一級,統稱爲"國人"。"國人"享有一定的政治和經濟權利,國家有大事要徵詢他們的意見,同時他們有繳納軍賦和充當甲士的責任,成爲國君和貴族在政治上和軍事上的支柱。國君的廢或立,卿大夫之間内訌的勝負,往往取決於"國人"的態度。"野"或稱爲"鄙"或"遂",是指廣大農村地區,主要住的是受奴役的從事農業生產的平民,稱爲"庶人"或"野人"。關於這方面,拙作《試論西周春秋間的鄉遂制度和社會結構》,曾詳爲論述。我們認爲,西周所以會確立這種制度,首先由於經濟上的原因,這時確立和推廣這種制度符合社會生產力發展的需要;同時又由於政治上的原因,這時周公爲了控制和統治商代王畿和重要方國,采用了分配殷和方國貴族給封君的分封制,使得這種制度在廣大地區有了進一步的發展。

周公對殷和方國貴族采用了安撫和監督兩手的策略,被遷到洛邑的殷貴族依然有邑有土有奴隸,有的還取得較高的官職,《尚書·多士》告誡遷到洛邑的殷和方國的"多士","尚永力畋爾田……迪簡(選擇)在王廷,尚爾事,有服在大僚"。就是説將選擇一些殷貴族到周的王廷擔任職事。西周初期的確有一些大官原是殷貴族的後裔,例如擔任"作册"(史官)的令,還是沿用着殷代貴族的族徽(圖形文字),見於《令簋》,日本學者白川静在《釋師》一文(收入《甲骨金文學論叢》三集),早就指出這點。周公對分配給封國的殷和方國的貴族,采用同樣的政策。所有被分配給封國的殷和方國的貴族,依然有邑有土有奴隸,有的還取得較高的官職。他們多數成爲封國的"國人",在封國擁有一定的政治和經濟權利,成爲貴族在政治上和軍事上的支柱。

春秋初期晉國由於晉昭侯分封其叔父成師於曲沃(今山西聞喜東北),造成分裂和内亂。曲沃莊伯聯合鄭、邢兩國伐翼(晉的國都,今山西翼城東南),翼侯(即晉君)逃奔到隨(今山西介休東南)。後來"翼九宗五正、頃父之子嘉父逆(迎)

晉侯於隨,納諸鄂(今山西鄉寧),晉人謂之鄂侯"(《左傳·隱公六年》)。杜注:"翼,晉舊都也。唐叔始封,受懷姓九宗,職官五正,遂世爲晉強家。五正,五官之長。九宗,一姓爲九族也。"正因爲他們是世襲的強家和"國人",所以能夠在內亂中把出奔在隨的晉君迎回到鄂,重新擁立。從此可知,不但"懷姓九宗"原是懷姓方國分爲九族的貴族,"職官五正"又是世襲五種官職的五支的貴族。伯禽受封時所分得的"祝、宗、卜、史",同樣是世襲官職的貴族。

周公分給唐叔的"懷姓九宗"成爲晉的"國人",同樣的,周公分給康叔和伯禽的"殷民"七族或六族,也都成爲衛和魯的"國人"。到春秋末年陽虎在魯國專政,"盟公及三桓於周社,盟國人於亳社"(《左傳·定公六年》)。因爲魯公和三桓是周人,必須在周社結盟;因爲"國人"原是"殷民六族"的後裔,必須在亳社結盟。亳是商朝發祥之地,又曾爲成湯的國都,因而"殷民"之社稱爲亳社。魯國有"三郊三遂"(《尚書·費誓》),就是三鄉三遂。魯的軍隊就是出三鄉的"國人"編制而成。魯僖公所屬軍隊有"公車千乘","公徒三萬"(《詩·魯頌·閟宮》),如果像齊國一樣從"國人"中每家抽一人入伍的話(見《國語·齊語》),"公徒三萬"當來自"國人"三萬家,這時魯的三鄉已有三萬家,每鄉有一萬家。

衛國的軍隊同樣由康叔受封時分得的"殷民七族"所組成的"國人"編制而成。《小臣謎簋》載:"東尸(夷)大反,白(伯)懋父以殷八自徵東尸(夷),……雪(粵)厥歸在牧白"。伯懋父即是康叔之子康伯髦。《世本》:"康伯名髦",宋衷注:"即王孫牟也"(《史記·衛世家》索隱引,"髦"原誤作"髡",從梁玉繩《人表考》依據杜預《春秋釋例·世族譜》改正)。《左傳·昭公十二年》記楚靈王說:"昔我先王熊繹與呂級、王孫牟、燮父、禽父,並事康王。"杜注:"王孫牟,衛康叔子康伯。""懋""髦""牟"三字聲同通用。伯懋父所統率的"殷八師",當即由康叔受封時分得的"殷民七族"所組成,出師歸來駐屯在牧白,牧白即是牧野附近的牧邑。西周在東方有兩支重要軍隊,駐屯在衛國的"殷八師"主要用來抵禦和出征東夷,駐屯在成周的"成周八師"主要用來抵禦和出征南淮夷。《競卣》載:"惟白犀父以成自即東,命伐南夷"。"成自"即是"成周八師",當是利用遷移到洛邑的"殷民"所組成。近人有把"成周八師"和"殷八師"說成一支軍隊的,看來並不恰當。

《宜侯矢簋》載:"易(錫)才(在)宜王人△又七生(姓);易(錫)奠七白(伯),厥△△又五十夫;易(錫)宜庶人六百又六△夫。"所謂"在宜王人"是以前商王之人,原爲貴族,所以有姓而以姓計數。"王人△又七姓",如同"殷民六族"或"懷姓九宗"一樣,是分給封國的舊貴族以便用作"國人"的。"奠"即是"奠人"的官職。

《師晨鼎》記載師氏所屬有"邑人"和"奠人"之官。"奠人"即是"甸人","甸"指郊外地區。"邑人"和"奠人"的職掌有"邑"和"甸"之別,亦即"國"與"野"之別。周王賞給宜侯"奠七伯",猶如賞給唐叔"職官五正"一樣,都是世襲官職的貴族。"奠"之所以用"伯"爲單位,因爲"伯"是地方之長;"職官"之所以用"正"爲單位,因爲"正"是官署之長。《大盂鼎》載:"易(錫)女(汝)邦司四白(伯),人鬲自馭至於庶人六百又五十九夫;易(錫)尸(夷)司王臣十又三白(伯),人鬲千又五十夫。""邦司"和"夷司"原來都是商王的"王臣",都是世襲官職的貴族,但職司有"邦"和"夷"的不同,因爲和"奠"一樣是地方之長,也以"伯"爲單位。說明這時不僅以"姓""族""宗"爲單位把舊貴族分給封國,還以"正""伯"爲單位以世襲官職的貴族分賞給封國。

西周初期把舊貴族和舊官僚分給封國,是個普遍現象。從北京市房山縣琉璃河出土的《復尊》《復鼎》和遼寧喀左縣北洞出土的方鼎等銅器銘文來看,分封到燕那樣遠的地方,也還帶有殷貴族同往,如疌侯氏的亞、䇂疌氏的復,原來都是殷貴族。說明燕國受封時,至少分得"殷民"二族。

西周初期這樣分配殷和方國的舊貴族、舊官僚給封國,該是一種進步措施。原來這些舊貴族十分腐朽暴虐,這時遷移出去,在一定程度上減輕了他們原住地區對人民的剝削壓迫,調整了生產關係,有利於生產力的發展。與此同時,封君把這些舊貴族、舊官僚帶往封國,重新加以安排,使成爲封國的官吏和"國人",可以擴大周朝的統治地區。特別是邊緣比較落後地區,包括許多具有一定生產水平而保存有原始"村社"組織的地區,分派封君到那裡創建新的封國,創建鄉遂制度,推行奴隸制的剝削方式,也還是符合歷史發展的趨勢的。

值得注意的是,《左傳·定公四年》所記祝佗敘述分封魯國的情況,先後用兩個"分"字:先是分給儀仗、禮器、寶物和"殷民六族",用來裝飾封君的威儀和加強封君的統治力量;再是"分之土田陪敦,祝、宗、卜、史,備物典策,官司彝器",用來作爲統治和奴役人民的手段的。魯國就是這樣通過兩個"分",構成了公遂制度,確立了"國"和"野"對立的社會結構。通過分給"殷民六族"構成了"國人"這個階層,成爲"國"內政治上和軍事上的支柱;又通過分給"土田陪敦"構成了"野人"或"庶人"這個階級,成爲在"野"的被奴役和被剝削的主要對象。

所謂"土田陪敦"就是"土田附庸"。《詩·魯頌·閟宮》記述分封魯國的情況:"乃命魯公,俾侯於東,錫之山川,土田附庸。""陪"和"附"古聲同通用,"敦"和"庸"因字形相近而訛誤。前人對"附庸"有種種不同解釋,我認爲都不恰當。

"庸"應該是指"土田"上"附"着的隸屬的耕作者。近年出土的《詢簋》銘文可作有力的旁證。《詢簋》説："今余命汝商(嫡)官司邑人,先虎臣,後庸、西門夷、春夷、京夷……降人服夷。"這裏把"庸"作爲低於"虎臣"的許多"降人服夷"的統稱,可知"庸"是一種附屬於别人的低下人的稱謂。因此"土田附庸",就是説"土田"上"附"着從事耕作的低下人,這種附屬的低下人就是原來土著的商奄之民,所以祝佗在下文就説："因商奄之民,命以《伯禽》,而封於少皞之虚。"所謂"商奄之民",就是指被周公東征時滅亡的奄國之民。當時對奄或者稱爲商奄①。這時周公分封魯國,"因商奄之民"作爲"土田"上附着的"庸",如同後來周宣王分封申國,"因是謝人"作爲"土田"上附着的"庸"。《詩・大雅・崧高》説："王命申伯,式是南邦,因是謝人,以作爾庸。""以作爾庸"也是指"土田"上附着的"庸"。

魯國就是這樣通過分得"殷民六族"和"土田附庸",構成了"三郊三遂"的社會結構。《尚書・費誓》記載魯公在費誓師討伐淮夷、徐戎,下令"三郊三遂"保證提供行軍用的"糗糧"(乾糧)、建築用的"楨榦"、養馬用的"芻茭"(飼料)。"三郊三遂"便是"三鄉三遂"。説明魯國就是把這種鄉遂結構作爲主要的經濟基礎的,因此有軍事行動也必須由鄉遂結構來支持。

《左傳・定公四年》所記祝佗所講周公分封衛國的情況,有些地方較爲簡略,爲的是避免和叙述魯國情況重複。他叙述分給唐叔的"殷民七族",只提到了七族的名稱,没有講到他們宗族組織以及隸屬有"類醜",這是省略;他只講到了"聃季授土,陶叔授民",而没有講到"土田附庸"等等,同樣是省略。但是他叙述衛的封域特别詳細："封畛土略,自武父以南,及圃田之北竟(境);取於有閻之土,以共(供)王職;取於相土之東都,以會王之大蒐。"因爲衛國在封域方面有它的特點必須説明。衛國以商代國都周圍地區爲主要封地,但是它的南部跨過大河到達圃田澤的北境;在洛邑附近還供朝宿用的"有閻之土",就是後來周的甘氏和晉的閻嘉爭奪的"閻田"(《左傳・昭公九年》);在東部還有相土的東都,即帝丘(今河南濮陽西南)一帶,這是周天子舉行大蒐禮的戰略要地。大蒐禮用來檢閲和整頓軍隊、選定和任命將帥以及制定和頒布法令等等。因爲駐屯衛國的"殷八師"是西

---

① 《左傳・昭公九年》記周大夫詹桓伯説："及武王克商,蒲姑、商奄,吾東土也。"孔穎達《正義》引服虔云："商奄,魯也。"《漢書・王莽傳》也説："成王之與周公也,開七百里之宇,兼商奄之民。"商奄即奄,亦作商蓋。《韓非子・説林上》説："周公旦已勝殷,將攻商蓋……乃攻九夷而商蓋服矣。"商蓋或用作魯的代名。《墨子・耕柱》説："古者周公旦非關叔,辭三公,東處商蓋。"孫詒讓《墨子閒詁》説："是商奄即奄,單言之曰奄,累言之曰商奄。"

周用來控制東夷的一支重要軍隊。當時衛國所擔負軍事上的責任比魯還要重要，肯定也有和魯國一樣的鄉遂結構。

祝佗所講周公分封唐國的情況比衛國更爲簡略，只談到分給"懷姓九宗、職官五正"，連"授土"和"授民"也省略了。但從分賞儀仗和寶物來看，唐國擔負有抵禦和控制西北戎狄的重任。祝佗説周公"分唐叔以大路、密須之鼓、闕鞏、沽洗"。周景王曾對晉大夫籍談作了解釋："密須之鼓，與其大路，文（文王）之所大蒐也；闕鞏之甲，武（武王）之所以克商也，唐叔受之以處參虛，匡有戎狄。"(《左傳・昭公十五年》)周公把文王在大蒐禮中應用的鼓和車、武王在克商戰役中應用的甲賞給唐叔，作爲首要的禮物，其目的就是要求唐叔繼承其祖先尚武的傳統、勝利的餘威，達到"匡有戎狄"的目的。

更必須指出的，西周初期分封諸侯就有一套隆重的策命典禮。祝佗説：周公分封魯國，"因商奄之民，命以《伯禽》，而封於少皞之虛"；分封衛國，"聃季授土，陶叔授民，命以《康誥》，而封於殷虛，皆啓以商政，疆以周索"；分封唐國，"命以《唐誥》，而封於夏虛，啓以夏政，疆以戎索"。所講的就是指舉行策命禮的情況。當時策命禮在宗廟舉行，有隆重的儀式。《禮記・祭統》説："古者明君爵有德而禄有功，必賜爵禄於太廟。……君降立於阼階之南，南鄉（向），所命北面，史由君右執策命之。再拜稽首，受書以歸，而舍奠於廟。"以西周金文所載策命王臣之禮來比較，可知《祭統》所説是可信的。從上引祝佗所説看來，當舉行分封諸侯的策命禮時，不僅有"史由君右執策命之"，還該有司空"授土"和司徒"授民"的儀式。《伯禽》《康誥》《唐誥》就是當時策命的文件。如今《伯禽》和《唐詩》已失傳，《康誥》還保存。

從《康誥》内容來看，所謂"啓以商政"，就是因爲衛國原是商代王畿，要選擇采用商代政策和法令中適宜的條例推行。《康誥》記周公告誡康叔説："女（汝）陳時（是）臬司，師兹殷罰有倫。"就是説：你應該發布給執法的官司，學習殷代處罰條文中合適的條例。《康誥》又記周公説："女（汝）陳時（是）臬事，罰蔽殷彝，用其義刑、義殺。"就是説：你應該發布法律，處刑斷獄要依照殷代常法，采用其中合理的殺罰辦法。至於"疆以周索"，就是不能完全照殷代法律判處，還必須按周的特殊法制來處理。《康誥》又記周公告誡康叔，對於不孝、不慈、不友、不恭的人，要按照"文王作罰，刑兹無赦"。周公還指出：明知故犯，一貫不好，其罪雖小，"乃不可不殺"；偶然過失，不堅持錯誤，其罪雖大，"時（是）乃不可殺"。因爲周人重視禮治，主張"明德慎罰"，對於違反宗法的行爲處罰特嚴；對犯罪者的事先動機和事後態度特別重視。

周公頒發給唐叔的《唐誥》已經失傳,但是它的内容重點在於"啓以夏政,疆以戎索",可以推想而知。因爲唐國原是夏朝統治地區,需要采用夏代政策中合適的部分繼續推行;因爲唐國周圍是戎狄之族分布地區,又應采用戎狄族的政策中適當部分加以執行。

周公頒發給伯禽的《伯禽》已經失傳,但是從他發給魯國的"備物典策,官司彝器"來看,不外乎把"禮"和"刑"用作主要的統治手段。《左傳·文公十八年》記魯太史克説:"先君周公制周禮曰:則以觀德,德以處事,事以度功,功以食民。作誓命曰:毁則爲賊,掩賊爲藏,竊賄爲盜,盜器爲奸,主藏之名,賴奸之用,尤爲凶德,有常無赦,在《九刑》不忘。"周公所給魯國的典策,屬太史掌管,所以太史克會如此熟悉周公所制作的周禮和誓命。《左傳·昭公二年》記載韓宣子聘問魯國,"觀《書》於太史氏,見《易象》與《魯春秋》,曰:周禮盡在魯矣,乃今知周公之德與周所以王也。"韓宣子在魯的太史氏那里看到的《書》,當即《尚書》一類的典策,其中保存有大量周公的言論主張,所以他看了之後,才會説:"乃今知周公之德與周所以王也"。

從上面分析來看,周公在東征勝利之後所推行的分封制,是在總結前個階段經驗教訓的基礎上制定的。它不像有些人所説的那樣是一種比較原始的部落殖民,而是貫徹周公政治意圖,擴大和加強奴隸制國家統治的一種手段。它采用了分給封君以殷和方國貴族的辦法,消除了殷和方國貴族在原地頑強反抗的勢力,同時又利用來作爲封君在其封國的統治力量。它通過分封辦法在封國確立和推廣了鄉遂制度,即"國"和"野"對立的社會結構,在一定程度上調整了各個地區的生産關係,有助於生産力的進一步發展。它在各個封國因地制宜的統治政策,也在一定範圍内緩和了封國内部的階級矛盾及其和周圍部落之間的矛盾,有利於社會經濟的繁榮發展。周朝之所以能建成幅員廣大的強大奴隸制國家,西周之所以能夠成爲奴隸制經濟的全盛時期,都和推行這種分封制有密切關係。

三 姬姓諸侯和異姓諸侯的布局

周公東征勝利以後,推行大規模的分封制,既是鞏固和擴大周朝統治的手段,又是貴族内部對占有財産和權力進行再分配的一種方式。《左傳·昭公二十八年》記載成鱄説:"武王克商,光有天下,其兄弟之國十有五人,姬姓之國四十人"。《荀子·儒效》又説：周公"兼制天下,立七十一國,姬姓獨居五十三人"。周公這種分封制,雖然以姬姓貴族爲主體,但是爲了穩定統治的大局,又不能不照顧到異姓貴族,還得分封一些異姓諸侯。固此姬姓諸侯和異姓諸侯怎樣的布局,又是當時政治上的重要問題。

周公東征勝利,平定了武庚和三監的叛亂,接着就把許多殷和方國的貴族遷移到洛邑,並把他們分配給封君帶往封國,基本上消除了他們在原住地區發動叛亂的危險,但是對於整個控制殷貴族的問題没有完全解決,因而還要繼續對他們采用安撫和監督的策略。《史記·管蔡世家》説周公平定叛亂以後,"從而分殷餘民爲二,其一封微子啟於宋,以續殷祀,其一封康叔爲衛君"。這時周公爲了安撫殷貴族,把降服於周的殷貴族微子啟(紂的庶兄)分封於宋,建都商丘(今河南商丘),"代殷後,奉其先祀"(《史記·宋世家》)。這時周公封微子啟於宋,和過去武王封武庚於殷,性質是一樣的,但是形勢大不相同。因爲微子啟是自願向周屈節投降的,又不曾參與武庚的叛亂,同時所封的宋國是商代早期的主要統治地區,這裏殷貴族的勢力没有像殷那樣頑强。周公把微子啟的封國叫"宋",還是沿用商代的舊名稱,"宋"和"商"是一聲之轉。如同周人稱"殷"爲"衛"一樣,"衛""鄁"和"殷"也是一聲之轉。王國維《説商》説:"余疑宋與商聲相近,初本名商,後人以別於有天下之商,故謂之宋耳。"古代"宋"和"商"同聲可以通用,"宋"古從"木"聲,而"木"古有"桑"音①。直到春秋、戰國時代,人們還常把"宋"稱作"商"。

周公爲了安撫殷貴族,把商代早期國都商丘周圍地區分封給殷貴族微子啟,稱之爲"宋",成爲西周一個較大的異姓諸侯。同時還分封許多諸侯對宋形成内外二個包圍圈,從它的西、北、南三面加以監督。内層包圍圈主要是異姓諸侯,在宋的西北,有姒姓的杞(今河南杞縣)、嬴姓的葛(今河南寧陵西北);在宋的西南,有妘姓的鄢(一作鄔,今河南鄢陵西北)、姜姓的許(今河南許昌東)、嬀姓的陳(今河南淮陽);在宋的南邊,還有異姓的厲(今河南鹿邑東)②、傳爲神農之後的焦

---

① 孫志祖《讀書脞録》卷七"木有桑音"條説:"古木有桑音,《列子·湯問篇》:'越之東有輒木之國',注音木字爲又康反。《山海經·東山經》:'南望幼海,東望榑木',注扶桑二音是也。字書木字失載桑音,人多如字讀之,誤矣。"顧炎武《日知録》卷二"武王伐紂"條説:"平王以下去微子之世遠矣,而曰孝惠娶於商(《左氏哀二十四年傳》),曰滅之棄商久矣(《僖二十二年傳》),曰利以伐姜,不利子商(《哀九年傳》),吾是以知宋之得爲商也。"原注還引《國語》《莊子》《韓非子》等書常稱"宋"爲"商"。
② 《魯大司徒匜》述及孟姬所適之躪國,郭沫若謂即厲國。《春秋·僖公十五年》:"齊師曹師伐厲",杜注謂在隨縣北之厲鄉,與齊距離太遠,不確。王夫之《春秋稗疏》謂即老子生於苦縣之厲鄉,當是。

(今安徽亳縣）。宋的外層包圍圈主要是姬姓諸侯，北方有曹（文王之子叔振鐸，今山東定陶西北）、郜（文王之子，今山東城武東南）、茅（周公之子，今山東金鄉西北）、西南方有蔡（蔡叔之子蔡仲，今河南上蔡西南）、沈（即聃，文王之子季載，今河南平輿北）①等。

已故友人李亞農在《西周與東周》第二章《周初諸民族的分布》中指出，周初姬姓諸侯的分封，主要是爲了佔有中原適宜農業生産的黄土層地區。日本學者伊藤道治在《中國古代王朝形成》第二部《西周史研究》的第四節姬姓諸侯分封的歷史地理的意義中又指出，周初姬姓諸侯向東方地區分封，在於確保其向東方發展的交通綫，擴展其統治勢力，並佔奪主要的農業地區。我們認爲這些分析都是正確的。當時多數諸侯都建都在靠近重要河流的地方。

西周初期對於姬姓諸侯的分封，主要可以分爲東、北、南三個方向。其中最主要的是向東一綫，沿着黄河兩岸向東伸展，在黄河北岸有魏（今山西芮城北）、虞（今山西平陸東北）、單（今河南孟縣西南）②、邘（武王之子，今河南沁陽北）、原（文王之子，今河南濟源東南）、雍（文王之子，今河南焦作南）、凡（周公之子，今河南輝縣西南）、共（今河南輝縣）③、衛等；在黄河南岸有焦（今河南陝縣）、北虢（文王之弟，今陝縣東南）、東虢（今河南滎陽北）、祭（周公之子，今滎陽西北）、胙（周公之子，今河南延津北）等。接着一直向東，就有曹、茅、郜、極（今山東金鄉東南）等姬姓諸侯，再向東，就有郕（文王之子，今山東寧陽東北）、魯（今山東曲阜）、滕（文王之子叔綉錯，今山東滕縣西南）等國。

周初姬姓諸侯分封在黄河以北廣大地區的，有沿汾水兩岸的，如耿（今山西

---

① 聃一作冉，亦郱。《史記·管蔡世家》索隱謂即那處，在今湖北荆門東南。梁玉繩《人表考》駁之，認爲"郱"與"那"乃兩字，音讀不同，不能相混。且季載爲文王幼子，不可能遠封到那處。江永《春秋地理考實》云："《國語》'聃由鄭姬'，蓋因鄭姬而亡，僖二年鄭有聃伯，似鄭滅之以爲采邑，當在開封境"。並無確切根據。洪頤煊《讀書叢録》認爲"郱當讀作邥，即沈國也"。錢坫《新斠注漢書地理志》依據《廣韻》和《新唐書·宰相表》聃季有食采於沈之説，亦斷言聃即沈國。當以洪、錢之説爲是。聃與沈古音同通用，猶如老聃或作老耽。

② 單爲西周東都畿内封國，有單伯諸器，又見於《克盨》。郭沫若《克盨銘文》據《考古圖》得於河南河清，推定在河南孟縣南。《左傳·成公十一年》記劉子、單子謂周克商時"蘇忿生以温爲司寇，來檀伯達俱封於河"。檀伯可能即是單伯，古檀、單音近通用。春秋時鄭有大夫檀伯，見《左傳·桓公十五年》，而《史記·鄭世家》作"單伯"。

③ 《古本竹書紀年》："共伯和干王政"。《吕氏春秋·開春論》也談及此事。《莊子·讓王》："共伯得乎共首"。《左傳·隱公元年》："大叔出奔共"，杜注："共，國。今汲郡共縣"。《漢書·地理志》河内郡共縣，"故國"。共縣即今輝縣。

河津南)、韓(武王之子,今河津、萬泉間)①、郇(文王之子,今山西新絳西)、賈(今山西襄汾西南)、晉(今山西翼城西)、楊(今山西洪洞東南)、霍叔(霍叔後裔,今山西霍縣西南)。在衛以北,更有邢國(周公之子,今河北邢臺),由邢往北,更有召公之子所封的燕國(今北京市),這是深入東北最遠的一支姬姓貴族。

周初姬姓諸侯分封在黃河以南廣大地區的,有應(武王之子,今河南魯山東)、蔡和沿淮水的息(今河南息縣西南)、蔣(周公之子,今河南淮濱東南)等國,更有所謂"漢陽諸姬"的隨(今河南隨縣)、唐(今隨縣西北)、曾(今南陽盆地南部)等國。周成王還曾把虞侯矢一支分封到了宜(今江蘇丹徒一帶),說明當時姬姓貴族勢力確實已經到達長江下游和江南地區。

西周初年通過分封姬姓諸侯,把周朝勢力推向東、北、南三個方面,是十分清楚的。從周公的七個兒子的封地,就可清楚看到這點。《左傳·僖公二十四年》記富辰說:"凡、蔣、邢、茅、胙、祭、周公之胤也"。周公的四個兒子分封在中原的心臟地區(凡、祭、胙、茅),還有三個兒子分封到了東、北、南三個方向的戰略要地。長子伯禽代表周公本人受封於魯,成爲嫡系姬姓貴族中封得最東的一個大國,這是用來控制東方一帶夷族的。另外一個兒子受封於蔣,在今河南淮濱以南,已跨過淮水,成爲嫡系姬姓貴族中封得最南的一國,這是用來控制南方的淮夷和群舒的。還有一個兒子受封於邢,在今河北邢臺,原爲商的舊都,這是用來統治原來商代王畿的北方地區(相當於武王所封的邶),並抵禦和控制北方狄族的。

富辰同時還說:"昔周公吊二叔之不咸,故封建親戚以蕃屛周。管、蔡、郕、霍、魯、衛、毛、聃、郜、雍、曹滕、畢、原、酆、郇,文之昭也。邢、晉、應、韓,武之穆也。"文王之子有十六個封國,其中魯國名義上是封給周的,實際上是周公之子伯禽受封的,如果除去的話,就只有十五國,所以成鱄又說:"其兄弟之國十有五人"。其中除管、蔡、霍三監以外,毛、畢、酆是封在西方的,衛、聃、郜、雍、曹原是封在中原的,只有郇封在北方汾水流域,郕、滕封在東方,和魯國靠近。武王之子

---

① 韓國地望有三說,《水經注·聖水》謂在今河北固安縣方城村的韓城,出於誤會,誤認爲《詩·大雅·韓奕》的"燕師"是北燕(其實是姞姓的南燕)。《括地志》謂在今陝西韓城,地在河西,與《左傳·僖公十五年》記載的秦晉韓原之戰的情況不合。《左傳·僖公二十四年》杜注:"韓國在河東郡界"。江永《春秋地理考實》依據秦晉韓原相戰情況推定在今山西河津、萬泉之間,比較合理。《韓奕》:"奕奕梁山",因爲從今河津渡河,須道經梁山下。《韓奕》謂"韓侯取妻,汾王之甥",汾王當以近汾水得名。《韓奕》講到"其追其貊",貊一作貉,本是游牧民族,不僅北燕以北存在,秦晉以北也存在。《戰國策·秦策一》:"秦北有胡貉代馬之用"。

所封四國，晉、韓都在汾水流域，邢在中原地區，應(今河南魯山東)略爲偏南。

十分明顯，周初的分封制，主要是爲了鞏固和擴展周朝的統治地區，首先是爲了姬姓貴族特別是嫡系姬姓貴族的利益，因而把中原比較優越的地區分封給文王、武王、周公之子。異姓諸侯分封於中原地區的，都有特殊原因。或者是爲了安撫殷貴族，如宋國；或者是爲了監視宋國，如杞、葛、鄢、許、陳等國；或者是爲了親戚關係，如摯、疇等國；或者因爲是朝廷重臣，如武王的司寇蘇忿生封於蘇，佔有大河中游北岸重要地方十二個邑(從今河南濟源、孟縣到武陟、獲嘉一帶)，即《左傳‧隱公十一年》所説"蘇忿生之田"。

但是爲了控制戰略要地，抵禦夷狄部族侵擾，謀求進一步擴大佔有地區，又不能不把嫡系姬姓貴族分封到靠近夷狄的地區。如把文王之子封於郕、滕，武王之子封於晉、韓，周公之子封於魯、邢、蔣，都是爲了這個緣故。當時在郕、魯、滕一綫以東，現在廣大的山東半島，原來都是東夷、淮夷的勢力所統治，儘管周公"伐奄三年討其君，驅飛廉子海隅而戮之，滅國者五十"(《孟子‧滕文公下》)，但是對這個地區的控制統治還成爲嚴重問題。當時韓、晉、霍以北，今山西中部和北部地區，原來都是戎狄勢力所統治；邢以北以及太行山脈一帶，更是北狄的主要活動地區；蔣以南，今淮南下游以南地區，又是群舒的分布地區；如何加強控制這些地區也是當時的重要問題。

周朝爲了解決這些重要問題，采用了分封異姓諸侯的辦法。當時分封異姓貴族有多種原因，或者因爲有親戚關係，或者因爲他們在滅商戰役中立有大功，或者因爲他們具有相當力量而願意服從周朝的統治，或者是爲了加強控制原來夷狄統治地區。

周初所封的異姓貴族，以姜姓較多。姜姓貴族原是西方羌人，世代和姬姓貴族通婚，又勇敢善戰，在克殷戰爭中立有大功。因此周公把當時東夷勢力較强而難以控制的東方一帶，就分封姜姓貴族前往坐鎮。呂尚是克殷戰爭中統率大軍的"大師"，建有威武的戰功，因此他封於東方的齊國，版圖很大，權力也很大。管仲說："昔召康公命我先君大公曰：五侯九伯，女(汝)實征之，以夾輔周室。賜我先君履：東至於海，西至於河，南至於穆陵，北至於無棣"(《左傳‧僖公四年》)。在這樣一個範圍內，"五侯九伯"，無非是指東夷所建立的國家。但是這個地區"地潟鹵，人民寡"(《史記‧貨殖列傳》)，生產落後，條件很差，這就需要新建的齊國努力從事開發了。當時姜姓貴族的封國，除了許在中原以外，紀(今山東壽光東南)、州(今山東安丘東北)、向(今山東莒南東北)，都在今山東的東部，他們和齊一樣既負有控制東夷的責任,還要從事開發工作。

周初所封任姓諸侯也是較多的。任姓和姬姓也有婚姻關係。任姓的摰(今河南汝南)、疇(一作疇,今河南魯山東南)兩國就是因爲文王之母大任而得到封國的,都封在中原地區。任姓的薛國(今山東滕縣東南)原是古國,這時繼續受封。任姓的鑄(今山東肥城南)、鄣(一說姜姓,今山東東平東)也都在今山東,和姜姓封國擔負着同樣的任務。

相傳爲大皞後裔的風姓貴族,原住在濟水附近。《左傳·僖公二十一年》說:"任、宿、須句、顓臾,風姓也,實司太皞與有濟之祀。"這時繼續封在原地,任在魯國西南,在今山東微山縣夏鎮西北;宿和須句都在魯國西北,靠近濟水,宿在今山東東平的東南,須句在東平的西南;顓臾在魯國東南,在今山東平邑東。

相傳爲祝融的後裔的妘姓貴族的封國,除了鄅(一作鄔)、鄶(今河南新鄭西北)在中原以外,夷(今山東即墨西)、鄅(今山東臨沂北)、偪陽(今山東棗莊南)也都在今山東的東部或南部。

當時封在今山東地區的異姓諸侯,除了上述姜姓的四個、任姓的三個、風姓的四個,妘姓的三個以外,還有己姓(一說曹姓)的莒(今山東膠縣西南)、姓失傳的譚(今山東章丘西)、姒姓的鄫(今山東蒼山西北)、曹姓的邾(今山東曲阜東南)等等。爲什麽周朝封在今山東的異姓諸侯如此之多,無非是要利用異姓諸侯在那里進行開發和控制當地強大的東夷部族。

屬於嬴姓(或稱熊盈族)的徐、奄等國以及淮夷的許多部落,原是周的東南的主要敵人。奄已被周公所滅,徐還存在,淮夷也還不斷對周侵擾。但是也有部分嬴姓貴族服從周的統治,接受了周的分封的。在淮水上游就行嬴姓的黄(今河南橫川西北)和江(今河南正陽南),在漢水流域還有嬴姓的穀(今湖北穀城西)。同時嬴姓貴族早就有遷往西北的,這時也接受了周的分封,嬴姓的梁國就在今陝西韓城南,靠黄河西岸。

當時在漢水兩旁也封有一些異姓諸侯,除了嬴姓的穀,還有曼姓的鄧(今湖北襄樊)、嬀姓的盧(今襄樊西南)、允姓的鄀(今湖北鐘祥西北)、子姓(?)的權(今湖北荆門東南)等。羋姓的楚(今湖北秭歸)也在這時接受周的分封。周朝在這里分封這樣許多異姓諸侯,當然是爲了加強對江、漢之間"楚蠻"的控制。

根據上面的分析,可知西周初期分封姬姓諸侯和異姓諸侯的布局,是有計劃的,就是要擴大以姬姓貴族爲主、聯合異姓貴族對東、北、南三方面的統治。當時周朝對異姓諸侯的分封,一方面是爲了安撫這些有功的、或是有親戚關係的、或是有傳統勢力的異姓貴族,另一方面更是爲了用作姬姓貴族的屛障,控制東、北、南三方的夷狄部落,從而鞏固和擴大周朝的統治地區。與此同時,周朝也還分封旁系姬姓貴族到較遠地區,例如漢陽諸姬如隨、唐、曾等國到達了漢水以東地區;建都於薊(今北京市)的燕國更延伸到了東北遙遠的地方;改封到今江蘇丹徒一帶的宜侯更是延伸到了東南遙遠的地方。西周初期這樣把旁系姬姓貴族和異姓貴族分封到比較落後的地方,深入到原來少數部族居住的地區,無疑的,會擴大中原先進文化的影響,對此後這些地區的生產和文化的發展起着促進作用。遼寧喀左、北京房山都發現了一批西周初期的燕國銅器,江蘇丹徒發現了西周初期的宜國銅器,就證明了這點。

　　總的說來,西周初期推行的分封制有它的特點,在歷史上是有進步意義的。它通過分給封國舊貴族、舊官僚的辦法,在廣大地區確立了鄉遂制度,同時推行了因地制宜的政策,符合於歷史發展趨勢,有助於社會生產力的進一步發展。它又通過對姬姓諸侯和異姓諸侯的布局,建立了從西方伸向東、北、南三方的統治基地,深入到原來經濟文化比較落後的地區,加強了民族之間融合和經濟文化上的交流作用,有助於廣大地區進一步開發。

原載《紀念顧頡剛學術論文集》上册,巴蜀書社

西周春秋時代對東方和北方的開發

本文所説東方是指山東半島,北方是指山西省、河南省北部和河北省南部。所説開發是指耕地的墾辟,農業地區的擴展,土地利用率的提高。

從已發現的商代文化遺址來看,早在商代,四方已經有所開發,有些地方已有較高文化。過去傳統的看法,認爲商、周時代只是中原有高度文化,四方都很落後,顯然不正確。但是,我國從來是個多民族國家,四方確實有不少所謂蠻夷戎狄分布的地區,經濟比較落後,有些還過着游牧漁獵的經濟生活。西周、春秋時代,由于各族之間相互交往,彼此通婚,交流文化,加速了這些地區民族之間的融合和經濟的發展。同時由於中原王朝及其分封四方的諸侯圖謀擴大統治地區,而四方原有部族建立的方國又圖謀進入中原,出現了各族之間的矛盾和斗争。齊、晉、楚、秦等大國,就是在四方不斷開發和民族之間不斷發生斗争的情況下形成的。本文將着重論述當時東方和北方的開發過程以及齊、魯、晉等大國形成的過程。

一　西周分封諸侯到東方和北方的意圖

西周推行的分封制,把許多諸侯分封到四方,是在商代已經開發的基礎上進行的。從已發現的商代文化遺址來看,現今遼寧省的大凌河流域(喀左、朝陽等地),北京市周圍(平谷、房山等地),河北省中部和西南部(蔚縣、涿縣、保定、曲陽、石家莊、平山、藁城、邢臺、邯鄲等地),山西省西部黄河沿岸(保德、忻縣、石樓、永和、靈石等地)和東南部(長子等地),山東省中部(濱縣、濟南、長清、益都、淄博、壽光等地)和西南部(曲阜、鄒縣、滕縣、蒼山等地),都已經開發,有較高的文化。西周初期在東方和北方分封許多諸侯,主要就是分布在上述商代已經開發的地區。

周武王克殷以後,因爲殷貴族勢力在商代原有王畿内還很强大,爲了安撫他們,繼續分封商王後裔武庚,"俾守商祀",又分封姬姓諸侯作爲"三監","俾監殷臣"(《逸周書·作雒篇》)。武王去世,管叔、蔡叔聯合武庚反叛,并發動東方夷族參加叛亂。等到周公東征勝利,平定叛亂,接受這個教訓,就對殷貴族改用分散遷移的辦法,并推行分封制,在新征服的商代原有王畿和東方夷族地區、北方戎狄地區,分別分封了大小的諸侯,以便加強控制,并圖謀進一步對東、北兩方開拓和開發。周公除了把一部分殷貴族遷到洛邑加以監督利用以外,還把殷貴族和某些方國的貴族分批配給一些大的姬姓諸侯,使帶往封國成爲"國人",既可以作爲封君在政治上和軍事上的支柱,同時又可以消除這些舊貴族原住地區的威脅,可以説,這是一舉兩得的事。所有這些被分配給大諸侯的舊貴族,不但有宗族組織,而且有附屬的奴隸。例如分配給魯國的殷民六族,"使帥其宗氏,輯其分族,將其類醜"(《左傳·定公四年》),"類醜"即是奴隸。這樣舊貴族整族帶同奴隸從中原遷移到四方封國去,無疑會傳播中原比較先進的農業技術,有利于這些地區進一步的開發。

西周初期分封的諸侯,既有大小之別,又有姬姓和異姓的不同,姬姓之中又有嫡系和旁支之分。大國主要分封在重要的統治地區,用來控制原來殷貴族和夷狄勢力强大的地方,佔有戰略要地,并謀求進一步的開拓和發展。嫡系姬姓的大國,或者封在商代原有王畿,或者封在中原靠近夷狄的地方。如文王之子康叔封於衛(國都朝歌在今河南淇縣),就是商代國都周圍地區;武王之子唐叔封於唐(即晉,國都在今山西翼城西),就是"夏虛",靠近戎狄地區;周公之子伯禽封於魯(國都在今山東曲阜),就是新征服的東夷"奄"的所在。而旁系姬姓的大國則分封到較遠的四方去,如召公之子封於燕(國都在今北京市西南),太伯、仲雍之後封於吳。宜侯矢所封的宜(今江蘇丹徒,見宜侯矢簋銘文)可能就是吳的始封地。異姓的大國更分封到較遠的東方夷族地區,如吕尚封于齊(國都營丘,今山東淄博市東臨淄)。

分封的待遇,姬姓諸侯和異姓諸侯也有不同。姬姓諸侯中的大國,在分給一定範圍的封疆和土著人民的同時,分得有殷貴族和某些方國的貴族以及世襲官職的貴族,如魯國分得"殷民六族",衛國分得"殷民七族",唐國(晉國)分得"懷姓九宗、職官五正"(《左傳·定公四年》),燕國也至少分得了㪅侯氏、㪅氏二支殷貴族。這二支殷貴族中,都有人服事燕侯,成爲燕的大臣(見房山琉璃河出土復鼎銘文和蘆溝橋出土㫚盉銘文)。但是,同時所封的姜姓齊國,雖是大國,却是"有分土,亡(無)分民"(《漢書·地理志》),没有分得舊貴族。

嫡系姬姓諸侯多數分封在中原已開發的優越地區和重要的戰略要地。以周公七个兒子的分封地點爲例：四个兒子分封在凡(今河南輝縣西南)、祭(今河南滎陽西北)、胙(今河南延津北)、茅(今山東金鄉西北)，都在中原心臟地區。另外三个兒子就分封到東、北、南三个戰略要地、靠近夷戎的地方，長子伯禽代表周公封於魯，成爲嫡系姬姓諸侯封得最東的大國，用來控制東夷和淮夷；另一兒子封於蔣(今河南淮濱南)，在淮水上游，成爲嫡系姬姓諸侯封得最南的一國，用來控制淮水以南的群舒及淮夷；另一兒子封於邢(今河北邢臺)，原爲商的舊都所在(祖乙遷都於邢)，成爲姬姓諸侯中正北方向中封得最北的一國，用來控制戎狄。此外封於戰略要地的，還有武王之子封於韓(今山西河津、萬泉間，參看附錄：《韓侯所在地望考》)，正當另一个武王之子唐叔所封唐國(即晋國)之西，與唐同樣擔負有控制戎狄和向北開發的責任。又有文王之子封于郕(今山東寧陽東北)和滕(今山東滕縣東南)，郕在魯的西北，滕在魯的南方，和魯國同樣負有控制東夷、淮夷和向東開發的責任。

至于異姓諸侯的分封，除了特殊原因封在中原的以外，多數就分封到更遠的四方去。分封到今山東的中部、東部、南部的特別多。如姜姓的齊、紀(今壽光南)、㠱(今黃縣、烟臺附近)、州(今安丘東北)、向(今莒南的東北)；任姓的薛(今滕縣東南)、鑄(今肥城南)、鄣(今東平以東，一説姜姓)；妘姓的夷(今即墨西)、鄅(今臨沂北)、偪陽(今棗莊南)；已姓的莒(今膠縣西南，一説曹姓)，嬴姓的譚(今章丘西，一説子姓)，姒姓的鄫(今蒼山西北)，曹姓的邾(今曲阜東)，媯姓的遂(今肥城南)等。此外封在今山東的還有風姓諸侯如任(今濟寧東南)、宿(今東平以東)等，嬴姓諸侯如郯(今郯城北)等，該是土著部族因順從周朝而受封的。

周朝把這樣多的異姓諸侯集中分封到山東半島，把不少姜姓諸侯分封到山東的中部、東部，並且把姜姓的齊國作爲一个大國分封在那里，是有原因的。因爲這个地區是東夷集中的地方，東夷的戰鬥力很强，曾經隨從管叔、蔡叔、武庚一起叛亂，周公用三年時間才征服的。而且這个地區經濟落後，多數東夷還多從事游牧漁獵的生活，如果不加開發，就不可能鞏固周朝在這个新征服地區的統治。

周朝把吕尚(太公望)封到山東中部的齊國，因爲他原是統率大軍指揮作戰的大師(大師原爲統帥的官名)，所統率的一支姜姓貴族勇敢善戰，建有赫赫戰功。這時分封到東方，用來控制和繼續征伐這个東夷勢力强大的地區，是最合適的。周朝原來封給齊國的封土不大，主要就是東夷蒲姑氏居住地區，但是劃給吕尚征伐的範圍很是廣大。公元前六五六年齊伐楚，管仲提出伐楚的理由說："昔召康公命我先君太公曰：五侯九伯，女(汝)實征之，以夾輔周室。賜我先君履！

東至于海,西至于河,南至于穆陵,北至于無棣。"(《左傳·僖公四年》)《史記·齊世家》有相同的記載,而且説:"齊由此得征伐爲大國。"《集解》引服虔説:"是皆太公始受封土也。疆境所至也。"《索隱》反駁服虔,認爲"今淮南有故穆陵門是楚之境,無棣在遼西孤竹……蓋言其征伐所至之域"。當以司馬貞《索隱》之説爲是。桂馥《札樸》卷二、黄以恭《爱經居雜著》卷一《賜履解》,都赞同《索隱》之説,并作了進一步分析。穆陵地望有兩説,一説在今湖北麻城北,一説在今山東臨朐南。無棣也有兩説,一説在今河北盧龍舊孤竹境,一説在今河北南皮、鹽山及山東廣雲一帶。目前很難作出正確論斷。總之,它遠遠超出齊國境界。所謂"五侯九伯",就是指廣大區域内不服從周室的方國。十分清楚,當齊國受封之時,周朝就給了它征服和開拓這個原來東夷集居地區的使命。

當周朝分封許多異姓諸侯到今山東半島、圖謀開拓東夷集居之地的同時,又分封許多姬姓諸侯到今河北的西南部和山西西南部,作爲北方的屏障,并圖謀開拓戎狄集居地區。

西周分封到今河北西南部的姬姓諸侯就是邢國(周公之子,今邢臺)。分封到今山西西南部的姬姓諸侯,主要有唐(即晋,武王之子,國都在今翼城東南)、韓(武王之子,今河津、萬泉間)、霍(霍叔之後,今霍縣西)、楊(今洪洞東南)、賈(今襄汾西南)、荀(今新絳西)、耿(今河津南)、虞(仲雍後,今平陸東北)、魏(今芮城北)等。跨過黄河,還有焦(今河南三門峽西)和虢(北虢,文王弟,國都上陽在今三門峽東南,下陽在黄河北岸)。

邢國確實具有抵禦和征討北方戎狄的作用。一九七八年河北元氏出土的臣諫簋銘文:"隹(唯)戎大出△(于)軧,井(邢)侯厭(搏)戎。延(誕)令臣諫以△△亞旅處于軧。"這是康王或昭王時器。軧,當在今元氏縣境内的泜水流域,今井陘的東南,這是邢國在北方防止戎狄侵擾的重要據點。這時"戎大出于軧",就是説戎族大舉進犯該地。邢侯因此出兵搏戰,下令臣諫統率亞旅(官名)出居于軧防守。《後漢書·西羌傳》記載:周平王東遷"後二年,邢侯大破北戎"(當依據《古本竹書紀年》)。説明當時邢國相當强大,力量足以抵禦和征伐戎狄中的大族。等到春秋前期,周朝統治勢力衰落,戎狄大量東移,力量對比發生變化。邢國先被狄所攻破,接着衛國又被狄打得大敗,邢、衛兩國遷到了黄河以南,于是狄族勢力就深入到中原了。

韓國正當唐(即晋)的西面,同樣負有控制北方戎狄的責任。《詩·大雅·韓奕》:"以先祖受命,因時(是)百蠻。王錫韓侯,其追其貊,奄受北國,因以其伯。"

這六句詩,當是概括周王授給韓國誥命的內容。就是說,周天子命令韓侯,賞給追、貊等"百蠻",因而成爲"北國"之"伯"。追和貊是"百蠻"中主要的二族。

　　武王少子唐叔封於唐,即是後來的晉國。"唐在河汾之東方百里"(《史記·晉世家》),原來封土不大。但是唐叔受封時,分得了"懷姓九宗、職官五正",因而實力比較強大。周朝配備給晉國較強的實力,爲的是要它擔負抵禦戎狄和開拓戎族地區的使命,如同齊國負有征服和開拓東夷地區的使命一樣。唐叔受封時,成王分給他密須的大路(戰車)和鼓以及闕鞏的皮甲,就有授給這個使命的用意。後來周景王對此解釋得很清楚:"密須之鼓與其大路,文(文王)所以大蒐也;闕鞏之甲,武(武王)所以克商也;唐叔受之,以處參虛,匡有戎狄。"(《左傳·昭公十五年》)大蒐是檢閱軍隊、準備戰爭的一種禮儀。當時成王把文王在大蒐禮上應用的戰鼓和戰車、武王用來克商的皮甲賞給唐叔,就是要求他繼承祖先勝利的餘威,達到"匡有戎狄"的目的。當唐叔受封時,授給唐叔的誥命《唐誥》,規定了推行"啓以夏政,疆以戎索"的政策,就是既要采用傳統的"夏政"中合適的政令,又要推行適宜於戎狄的法令,使便於達到"匡有戎狄"的目的。

二　東方的開發和齊、魯兩大國的形成

　　原來在今遼寧、河北、山東沿海一帶,都是夷族分布之區域。《禹貢》說:冀州"鳥夷皮服"(今本"鳥"誤作"島",從《史記·夏本紀》《漢書·地理志》及孔穎達《正義》改正),青州"萊夷作牧",徐州"淮夷蠙珠暨魚",揚州"鳥夷卉服"。鳥夷當是因其崇拜鳥類爲圖騰而得名的。萊夷和淮夷都是因地而得名。其實淮夷也是鳥夷的一種,居于淮水流域,"淮"字從"水"從"隹","隹"即鳥類。淮夷嬴姓,見于《世本》(《路史·國名記乙》少昊後嬴姓國"淮夷"條引),亦稱熊盈族。嬴姓的郯(今山東郯城北),相傳爲少昊氏之後,"以鳥名官"(《左傳·昭公十七年》)。熊盈族中的蒲姑氏(今山東博興東南)是鳥名,在蒲姑氏以前,居住同一地點的爽鳩氏(《左傳·昭公二十年》),也是鳥名。相傳爲太昊之後、"實司太昊與有濟之祀"的,有風姓之族(如任、宿、須句、顓臾等國)。風姓即是鳳姓。甲骨卜辭假"鳳"爲"風",古文獻中"大鳳"或作"大風"(如《淮南子·本經篇》:"繳大風于青邱之澤")。秦和趙,都是嬴姓,原來也是東夷。嬴姓的祖先,相傳是大業,也是"玄鳥隕卵,女脩吞之"而生,大業之子大費,即伯益(一作伯翳),職司"調馴鳥獸",他的兒子大廉,又是鳥俗氏,大廉的玄孫孟戲、中衍又是鳥身人言(《史記·秦本紀》)。看來古代東夷,多數是鳥夷的分支。

所有這些東夷,都是以游牧、狩獵爲其經濟生活的主要内容的。《禹貢》說:"萊夷作牧",僞《孔傳》解釋爲"可以放牧"。有人把"作牧"解釋爲農作和放牧,是錯誤的。《史記·夏本紀》引作"萊夷爲牧",可知"作"并不指"農作"。《禹貢》所說揚州"鳥夷卉服",鄭玄解釋說:"此州下濕故衣草服"(孔穎達《正義》引)。《禹貢》所說冀州"鳥夷皮服",解釋者都認爲東北寒冷故衣皮服。其實,主要還是由于他們農業、紡織手工業不發達,經濟生活以游牧、狩獵爲主的緣故。原是東夷的秦和趙二族,本來也以游牧、漁獵爲生,長久保持着善於畜牧的傳統。趙氏的祖先造父"以善御幸於周繆(穆)王",秦的祖先非子"好馬及畜,善養息之","周孝王召使主馬於汧渭之間"(《史記·秦本紀》)。《禹貢》說:"淮夷蠙珠暨魚。"《師寰簋銘文》又說:"正(征)淮尸(夷)……毆孚(俘)士女牛羊,孚吉金。"可知淮夷雖然已開採銅礦,使用銅器,經濟生活也還以放牧牛羊、捕捉水產爲主。

東夷從商代後期起就很強大。《後漢書·東夷傳》載:"至于仲丁,藍夷作寇,自是或服或畔三百餘年。武乙衰政,東夷寖盛,遂分遷淮岱,漸居中土。……管、蔡畔周,乃招誘夷狄,周公征之,遂定東夷。"魯的國都曲阜(今山東曲阜),曾是盤庚遷殷以前的國都奄,見於《古本竹書紀年》。但是到商代晚期,奄就成爲一支強大的東夷所居住,稱爲商奄或奄。齊的國都營丘(今山東淄博東臨淄)一帶,原爲逢伯陵之地,但是到商代晚期,成爲強大的東夷蒲姑所在地。晏嬰說:"昔爽鳩氏始居此地(指齊),季萴因之,有逢伯陵因之,蒲姑氏因之,而後太公因之。"(《左傳·昭公二十年》)《漢書·地理志》也說:齊地"少昊之世有爽鳩氏,虞夏時有季萴,湯時有逢公伯陵,殷末有薄姑氏"。說明商代晚期確是"東夷寖盛,遂分遷淮岱,漸居中土",從今泰山以東,濟水以南,直到淮水流域,盡是東夷分佈的區域。等到管叔、蔡叔聯合武庚反叛,招誘夷狄,奄、蒲姑等東夷都參加了叛亂。《逸周書·作雒篇》說周公"凡所征熊盈族十有七國",《孟子·滕文公下》又說周公"伐奄三年討其君,驅飛廉于海隅而戮之,滅國者五十"。說明當時在今山東半島,東夷的支族十分衆多。

從西周金文來看,周公東征勝利之後,到康王時,東夷又大反叛,召公和衛侯伯懋父又大舉東征。旅鼎銘文:"隹(唯)公大保來伐反尸(夷)年。"大保即是召公奭的官名。小臣謎簋銘文:"叡! 東尸(夷)大反,白(伯)懋父以殷八自,隹(唯)十又一月,趈(遣)自䇝自,述東陝,伐海眉(湄),雩(粵)厥復歸才(在)牧自。白(伯)懋父承王令(命),易(錫)自達徵自五齵貝。"伯懋父即是衛侯康叔之子康伯髦,亦即王孫牟,髦、牟、懋三字聲同通用(從郭沫若之說)。牧自即牧野附近的牧邑,是殷八𠂤的駐屯地。由此可知,衛侯伯懋父因東夷大反,統率殷八𠂤一直攻到了海湄(即海濱)地區,并徵收得了那里出產的貝。康王以後的金文中就不見有對東夷大規模用兵的記載,該是從此東方沿海的夷族都已服從周朝的統治了。從西周中晚期金文來看,周朝主要征伐的對象已經不是東夷而是南淮夷。周宣王時的師寰簋銘文,記載宣王下令師寰"達(率)齊帀(師),曩、叜、僰、𡰥,左右虎臣正(征)淮尸(夷)"。這時"齊師"已成爲征討淮夷的主力軍,從屬還有曩、叜、僰、𡰥四个諸侯的軍隊。"曩"爲姜姓之國,近年有曩國銅器出土于黄縣、烟臺一帶。"叜"即萊國,叔夷钟銘文作"釐",聲同通用。當吕尚剛受封到齊國的時候,"萊侯來伐,與之爭營丘,營丘邊萊"(《史記·齊世家》)。從師寰簋銘文看來,至遲宣王時,萊已服從周朝而成爲諸侯,并接受王命而和齊一起征伐淮夷了。

  因爲多數東夷是游牧、漁獵的部族,所在地區經濟落後。故當吕尚剛受封時,齊國的生產條件很差,土壤質量不好,很多是鹽碱地,大都未經墾辟,農作物稀少,人口也不多,而且周朝没有像分封姬姓諸侯那樣分配給殷或方國的舊貴族。《漢書·地理志》載:"齊地……古有分土,亡分民。太公以齊地負海爲鹵,少五穀而人民寡,酒勸以女工之業,通漁鹽之利而人物輻凑。"《史記·貨殖列傳》也説:"太公封于營丘,地瀉鹵,人民寡,于是太公勸其女功,極技巧,通魚鹽,而人物歸之。"《鹽鐵論·輕重篇》又説:"昔太公封于營丘,辟草萊而居焉,地薄人少,于是通利末之道,極女工(紅)之巧。"因爲這个地區農業生產落後,不是一下子能够改變的,新建立的齊國,在"辟草萊而居"的同時,就因地制宜,着重發展魚鹽的海產和衣着方面的手工業。

  到春秋前期,齊國在發展海產和手工業的同時,農業生產有了發展,這就爲齊桓公創立霸業確立了經濟方面的基礎。齊國和中原其他諸侯國一樣,社會組織實行"國"(都)和"野"(鄙)對立的制度,庶人耕作的農田實行井田制。齊桓公初年,重用管仲進行經濟和政治上的改革,對于"鄙"推行了一系列謀求發展生產的政策。管仲認爲"相地而衰徵,則民不移;……山澤各致其時,則民不苟;陸、皋、陵、墐、井田疇均,則民不憾;無奪民時,則百姓富;犧牲不略,則牛羊遂"(《國語·齊語》)。從這些政策中可以看到,當時齊國實行平均分配井田及其他土地的制度,並且對耕作者(民)分配有"份地",耕作者養有自己的家畜,還可以按照時令進入山澤採集,同時政府對耕作者的"份地"要徵稅,又要徵發勞役。所以管仲會提出上述一系列的主張,既要"相地而衰徵",分田平均,"無奪民時",又要"山澤各致其時""犧牲不略"。管仲還主張士、農、工、商"四民者,勿使雜處","令夫農,群萃而州處,察其四時,權節其用,耒、耜、枷、芟,及寒,擊菒除田,以待時耕;及耕,深耕而疾耰之,以待時雨;時雨既至,挾其槍、刈、耨、鎛,以旦暮從事于田野"(《國語·齊語》)。説明當時農業生産技術已達到一定的水平,雖然還没有水利灌溉,耕作必須等待"時雨",但是,已經懂得掌握耕作時令的重要性,認識到"深耕而疾耰"的必要性。從這里可以看到,齊國"辟草萊"的開發工作已經取得了成效,從農業生産中已累積起了很多的經驗,摸索到生産上的一些基本規律。

在齊國取得開發工作進展的同時,周圍的許多異姓諸侯同樣對這方面作出了貢獻。齊以東的姜姓的紀國,就是其中成績顯著的一個。前面已經講到,當呂尚剛受封時,萊夷就在齊的國都營丘旁邊,争奪營丘。由於紀國的開拓和開發,營丘以東都是紀的疆土,把萊夷推到了紀以東地區。紀的國都在今壽光南,西邊有酅邑靠近齊的國都,南邊有邢(即駢,今臨朐東南)、郚(今安丘西南)兩邑,東北又有鄑邑(今昌邑西北)。公元前七二二年紀人伐夷(今即墨西),説明紀的東南境已延伸得很遠,到今高密、膠縣一帶。此後便不見有夷國,可能即爲紀所攻滅。紀國的西、北、南三面環抱萊夷,佔有不少原是萊夷放牧之地,肯定起了一定的開發作用。公元前六九三年齊襄公用軍隊迫使紀國邢、鄑、郚三邑人民遷移而奪取其地,後二年紀侯之弟紀季又帶着酅邑投入齊國作爲附庸,紀國開始分裂。再次年,紀侯因爲不願屈服屬齊,把政權交給紀季,接着又因齊師來伐而離去(以上根據《春秋》和《左傳》)。于是紀國被齊兼并,齊的東境便擴大了。齊國的强大,就是從兼併紀國開始的。

在萊之西有姜姓的紀國,西南有姜姓的州國,東南有妘姓的夷國,東北還有姜姓的冀國,靠渤海沿岸,使得萊夷四面處於包圍之中。由於四周異姓諸侯向萊夷原有之地開發,萊夷占有的地方就越來越縮小。《國語·齊語》説齊桓公"通齊國之魚鹽于東萊(韋昭注:東萊,齊東萊夷也),使關市幾而不徵,以爲諸侯利,諸侯稱廣焉(韋昭注:施惠廣也)"。這時萊夷已經不靠海,没有魚鹽的生産,要仰給於齊國,成爲齊國生産的魚鹽主要推銷地方了。

齊國在向東擴展的同時,逐漸又向西擴展。公元前六八六年齊、魯兩國聯合包圍郕國(今寧陽北),齊襄公接受了郕的投降,於是齊的西南境就越過泰山而到達魯的國都曲阜的東北。後二年齊桓公又攻滅譚國(今章丘西)。公元前六八一年齊桓公又攻滅遂國(今肥城南)而加以防守。公元前六六四年齊桓公又迫使鄣(今東平東)投降,鄣在郕的西北、遂的西南。這樣齊的西境有了很大擴展。公元前六六〇年齊桓公迫使陽國(今沂水以南)人民遷移而奪取其地(以上根據《左傳》),又使齊的南境有很大擴展。

我們還必須指出,萊國人民在春秋時代也已對居住地區進行了開發,多數已經以農業生產爲主,改變了過去以放牧爲主的情況。當公元前五六七年齊攻滅萊國的時候,"遷萊于郳,高厚、崔杼定其田"(《左傳·襄公六年》)。就是把萊的國都(今昌邑東南)中的"國人"遷到了郳,由齊大夫高厚、崔杼考察原來萊的田地,定出方案以備歸屬齊的國君和卿大夫。説明當時萊國已有許多墾熟的耕地。齊國在春秋前期向四方不斷擴展,到攻滅萊國之後,就佔有山東半島北半部和中部地區,成爲東方最大的諸侯國。齊這個大國的形成,就經濟發展的形勢來説,是西周到春秋前期山東半島中部、北部許多異姓諸侯國(包括東夷族的萊國在内)的人民共同開發的結果。

當齊國向山東半島中部、北部開拓的時候,魯國正向山東半島的南部、東部擴展。魯國曾向西南的中原地區擴展,公元前七二一年攻取極國(今金鄉南),後二年又伐取宋的郜(今城武東南)和防(今金鄉西南),公元前六四三年一度越過宋國攻滅項國(今河南沈丘),公元前五六〇年攻取邿國(今濟寧東南)。魯國又曾向西北擴展,公元前六一七年伐邾取得須句(今東平西北,原爲風姓之國,此時已爲邾所兼併)。魯國向西南和西北都不可能取得大的擴展,因爲將遇到大國勢力的阻當;只有東方、東南方是它便於擴展的地區。公元前六〇五年魯伐莒取向(今莒南的西北,原爲姜姓之國,此時已被莒兼併)。公元前六〇〇年攻取根牟(今莒縣西南,東夷族之國)。公元前五八五年又滅鄟國(今郯城東北)。公元前五四一年伐莒取鄆(今沂水東北),後三年又伐莒取鄫(今蒼山西北,原爲姒姓之國,此時已爲莒所兼併)。公元前五三二年又伐莒取郠(今沂水附近)。不知何時,魯又取得了原來郯國(今臨沂北,姜姓之國)之地。魯之所以能擴展成爲東方較大的諸侯國,就經濟發展形勢來説,是山東半島東部、南部許多異姓諸侯國(包括東夷族的根牟國在内)的人民共同開發的結果。

春秋中期以後,山東半島的農業生產有了進一步的發展,特別是東部、南部地區。《左傳·昭公十八年》記載:公元前五二四年"六月鄅人藉稻,邾人襲鄅……遂入之,盡俘以歸。鄅子曰:余無歸矣。從帑于邾。"次年"二月宋公伐邾,圍蟲,三月取之,乃盡歸鄅俘。"鄅的國都啓陽,在今臨沂北,在沂水中游。此時此地出現稻作,説明這一帶沿河地區已能引水灌溉稻田。所謂"藉稻",孔疏引服虔云:"藉,耕種于藉田也。"杜預注:"其君自出藉稻,蓋履行之。"這兩個解釋都可信。就是鄅君徵發人民到"藉田"上進行無償的集體勞動,由鄅君親自監督。

說明當時鄅國正實行井田制,強迫所有人民在"藉田"上從事集體勞動,因爲鄅國小民少,全部一起在一處"藉田"上集體勞動,邾國突然襲擊,可以把鄅人"盡俘以歸",包括鄅君的妻室在内。

春秋中期以後魯、邾等國的灌溉農業是有發展的。齊、魯兩國之間,曾爭奪汶陽之田(汶水北岸的田地)。汶陽之田原是魯國的,被齊奪取。公元前五八九年晋在鞌之戰中取勝,迫使齊把汶陽之田歸還魯國。後六年晋又迫使魯退還給齊國。公元前五○○年齊又歸還鄆(今鄆城東)、讙(今寧陽西北)、龜陰(今泰安東)的田(《春秋·定公十年》,杜預注:"三邑,皆汶陽田也")。同時,魯又奪取邾的漷水兩岸的田。公元前五五四年魯"取邾田自漷水歸之于我",就是奪取了邾的漷水西岸的田;公元前四九三年魯的三桓伐邾,"取漷東田及沂西田",就是取得了漷水東岸以及沂水西岸的田。齊、魯等國這樣着重奪取河流兩岸的田,說明當時農田已很重視水利灌溉。《周禮·夏官·職方氏》記載:"正東曰青州……其川淮泗,其浸沂沭……其穀稻麥。"沭水、沂水、泗水都在今山東南部,從春秋後期在沂水中游的鄅國已有稻作來看,同時沭水、泗水流域也該有稻作,所以《職方氏》説這一帶"其穀稻麥"。

春秋末年魯國南邊的農業生産更有進展,有些人南下進入吳國境内種田。《左傳·哀公八年》載:"初武城(今費縣西南)人或有因吳竟(境)田焉,拘鄫(今蒼山西北)人之漚菅者,曰:何故使吾水滋("滋"當讀如"淬")?"這是説,魯國武城人有南下進入吳國境内種田的,把鄫國人在那裏浸泡菅(一種禾本科植物)的人拘留了起來,因爲這些浸泡菅的人把有沉澱的污水流放過來,使那裏的水都有污黑的沉澱了。從這件事,可知當時魯國南邊的耕作者正南下向吳國境内沿着有河流的地區進行開發。

西周、春秋時代各族人民在今山東地區開發的成就是很大的。到戰國時代,齊威王進行改革,獎勵使得"田野辟,人民給,官無留事"的即墨大夫,處罰使得"田野不辟,民貧苦"的阿大夫,以田野是否墾辟作爲考核地方官的主要標準。同時由于鐵農具的推廣使用,農業技術的提高,齊、魯等國的農業生產又有進一步的發展。當齊國初建立時,"地潟鹵""地薄",都是不適宜農耕的鹽鹼地。到戰國時代就不同了。齊國屬于《禹貢》的青州,"厥土白墳,海濱廣斥,厥田惟上下"。雖然海濱還多鹽鹼地,内地土壤已是自墳,就是腐殖較多而潤濕膏肥的灰壤,因此青州之田是上等之中的下等。《經典釋文》引馬融説:"墳,有膏肥也。"《周禮·地官·草人》"墳壤用麋",鄭玄注:"墳壤,潤解。"孫星衍《尚書今古文注疏》説:

"壖,肥聲之轉,故《漢書。地理志》壞壖,應劭讀壖爲肥,《太平御覽》引《倉頡解詁》云:膩、膱,多浡也,壖音近膩。"青州有這樣腐殖較多而潤濕膏肥的灰壤,顯然是長期耕作的結果。就《周禮・夏官・職方氏》來看,齊國屬於幽州的南部和青州的北部,幽州"其川河、泲(濟),其浸菑(淄水)、時(時水即今烏河),其利魚鹽……其穀宜三種"。這三種穀即黍、稷、稻。青州"其川淮、泗,其浸沂、沭,其利蒲魚……其穀宜稻麥"。到西漢初期司馬遷作《史記・貨殖列傳》又說:"齊帶山海,膏壤千里,宜桑麻。"齊國從"地薄"一變爲"膏壤",是不容易的,這是東方各族人民長期努力開發的結果。

三　北方的開發和晉國的擴展

西周、春秋時代,在今山西的中北部、東部、河北的南部以及太行山脈,有許多戎狄建立的方國。西周末年史伯對鄭桓公說:"當成周者……北有衛、燕、狄、鮮虞、潞、洛、泉、徐、蒲。"韋昭注:"狄,北狄也。鮮虞,姬姓在狄者也。潞、洛、泉、徐、蒲,皆赤狄,隗姓也。"史伯列舉北方九個較大的方國,除了衛、燕兩國是周朝分封的諸侯以外,其餘七個都是狄族方國,足見當時北方戎狄勢力之盛。在今山西北部、東部的,主要是赤狄。潞即潞氏,在潞水流域,今潞城東北一帶。洛即落氏,亦即皋落氏(從《通志・氏族略二》引《風俗通》之說),在今昔陽東南。泉不詳。徐可能是茅戎中的一支徐吾氏(見《左傳・成公元年》),徐吾氏原在漢代上黨郡余吾縣(從《路史・國名紀》之說),在今屯留西北余吾鎮。蒲即後來晉的蒲邑,在今隰縣北。到春秋時代,赤狄有潞氏、留吁(今屯留南)、鐸辰(今長治東南)、甲氏(今河北雞澤南)、廧咎如(先在山西西部,後遷東部,在今山西平順東南)、東山皋落氏(先在昔陽東南,後遷垣曲東南)等。

赤狄之外,另有白狄,原居於今陝西的黃河以西地區。公元前五七八年晉厲公"使呂相絕秦",講到"白狄及君同州"(《左傳・成公十三年》)。它的分佈直到渭水北岸,晉公子重耳流亡在狄時,曾"從狄君以田渭濱"(《左傳・僖公二十四年》)。白狄後來進入今山西的西部,和晉國交戰,接着又遷到今河北的西南部。白狄族的鮮虞,國都在今正定東北。鼓在今晉縣西。肥在今藁城西南。

狄以外,還有稱爲戎的部族。北戎是其中較大的一支,流動性較大,既曾和晉作戰,又曾和邢交戰。《後漢書・西羌傳》載:周宣王三十八年"晉人敗北戎于汾隰"(採自《古本竹書紀年》),這是在汾水流域被晉打敗。周平王東遷後二年邢侯大破北戎(亦當依據《古本竹書紀年》),這是在今河北南部被邢攻破。又有條戎和奔戎，周宣王三十六年"王伐條戎、奔戎，王師敗績"(《後漢書·西羌傳》依據《古本竹書紀年》)。條戎和奔戎當在今中條山一帶。更有姬姓之戎，如狐氏、驪戎等。狐氏有大狐氏、小狐氏之分，又稱爲大戎、小戎。《國語·晉語四》説："狐氏出自唐叔。"狐氏之戎大約在今山西西部的吕梁山脈南端。驪戎即麗土之翟，當在今天井關以西(從顧頡剛《史林雜識》之説)。這種姬姓之戎，其中首腦和上層分子已是姬姓貴族的後代，但是所有部族人民還全是戎狄，依然保持戎狄原有的經濟生活和風俗。

當時北方廣大地區的戎狄之族，經濟生活以游牧、漁獵爲主。《左傳·襄公四年》記載晉大夫魏絳建議晉悼公採用和戎政策，申説和戎有五利："戎狄薦居，貴貨易土，土可賈焉，一也。邊鄙不聳，民狎其野，穡人成功，二也。"《國語·晉語七》也有同樣記載："且夫戎狄薦處，貴貨而易土，予之貨而獲其土，其利一也。邊鄙耕農不儆，其利二也。"《左傳》正義引服虔説："薦，草也。言狄入逐水草而居，遷無常處。""薦居"就是説逐水草而居，過着游牧生活。因爲放牧家畜必須在草原上流動遷移。正因爲戎狄逐水草放牧，遷無常處，看重貨物而輕視土地，用貨物可以向他們交換土地，這和當時中原地區實行井田制而"田里不粥(鬻)"的情况不同。這時中原國家邊地已全是農業地區，如果戎狄不侵擾，即所謂"邊鄙不聳"，人民就可以安居田野，即所謂"民狎其野"，農業生產便可獲得成果，即所謂"穡人成功"。因此這時中原國家和戎狄之族之間的斗爭，對當時經濟的發展有着重大關係。《國語·晉語一》記載驪姬對晉獻公説："以皋落狄之朝夕苛我邊鄙，使無日以牧田野，君之倉庫固不實，又削封疆。"這是説狄的侵擾邊疆，不但要侵佔封疆，更要破壞田野的生產，影響國家倉庫的收入。狄族侵擾的主要目的在於掠奪財富，而中原國家進攻狄族的主要目的，則在於佔有土地。《左傳·莊公二十八年》和《國語·晉語一》都記載驪姬指使"外嬖"(晉獻公寵嬖之人)勸説晉獻公遣送公子重耳和公子夷吾到邊疆的蒲和屈二邑去駐守，理由是："狄之廣莫，于晉爲都，晉之啓土，不亦宜乎？""廣莫"是指廣大無邊的荒野，也就是指狄族游牧的廣大草原。"啓土"是説開拓疆土。這是説，狄族的廣大草原，晉國佔有之後可以建設都邑，因而向狄族地區開拓疆土，是最合適的。當時中原國家和戎族之間的矛盾，從經濟生活來説，是根源於農業和游牧之間的矛盾。隨着中原國家對戎狄地區的開拓，新的都邑的興建，農業地區就擴大，耕地就多墾闢。

自從西周分封許多姬姓諸侯到今山西西南部以後，晉、韓等國就謀求開拓周圍的戎狄地區和奴役戎狄人民。晉公𥂴銘文："晉公曰：我皇且(祖)𢐝(唐)公，

△受大命,左右武王,△△百絲(蠻),廣嗣(治)四方,至于大廷,莫不來△(王),△(王)命鄦(唐)公,囗宅京𠂤,△△△邦。"説明唐叔受封的確負有"匡有戎狄"的使命,要使得四方"百蠻"都來歸附。這段銘文只是赞揚祖先之辭,没有叙述具體情況。《詩·大雅·韓奕》末段對於韓國如何奴役"百蠻"就講得比較具體:"溥彼韓城,燕師所完,以先祖受命,因時(是)百蠻。王錫韓侯,其追其貊,奄受北國,因以爲伯。實墉實壑,實畝實籍,獻其貔皮,赤豹黄羆。"這是説,韓侯接受王命,得到追、貊等"百蠻",成爲"北國"之"伯",因而得以徵發"百蠻"服役,接受"百蠻"的貢納。"實墉實壑"是説徵發來修築城墙和開掘溝洫;"實畝實籍"是説徵發來開辟田畝和在"籍圃"上集體墾耕;"獻其貔皮,赤豹黄羆"是説歸附的"百蠻"依然從事狩獵生産,要向韓侯貢獻狩獵所得的珍貴野獸和獸皮。想來晉國必然也和韓國一樣採用奴役"百蠻"的辦法。

當時晉國一方面用安撫政策迫使歸附的戎狄服役,另一方面又用武力征伐不服從的戎狄部族。《左傳·桓公二年》載:"晉穆公之夫人姜氏,以條之役生太子,命之曰仇。其弟以千畝之戰生,命之曰成師。"《史記·晉世家》也説:"穆侯四年取齊女姜氏爲夫人,七年伐條生太子仇,十年伐千畝有功,生少子名曰成師。"據《史記·十二諸侯年表》,伐條在周宣王二十三年,千畝之戰在周宣王二十六年。據《後漢書·西羌傳》所引《竹書紀年》,周宣王三十八年"晉人敗北戎于汾隰"。伐條之役,是指討伐附近的條戎。千畝當是晉國附近設有"籍田"的地方,千畝因"籍田"所在而得名。這和周宣王"不籍千畝"和"戰于千畝"的千畝不同。但是由此可知,晉國如同周王室一樣設有稱爲"千畝"的"籍田",用來徵發各族人擔任集體的耕作勞役。

晉國是通過兼併周圍的姬姓諸侯和佔有戎狄土地,不斷開拓和開發的。在晉以西的韓國,在西周末年已被晉兼併。春秋初期晉國發生内訌,暫時停止對周圍小國的兼併。等到曲沃武公(即晉武公)完成統一,就兼并了荀國(《水經注·汾水》引《汲冢古文》)。接着,晉獻公就滅亡耿、霍、魏、虢、虞等國,同時又開拓戎狄之地。公子重耳所居的蒲和公子夷吾所居的屈(今吉縣東北),原來都是狄地。《史記·晉世家》説:晉獻公時"晉強,西有河西,與秦接境,北邊翟,東至河内"。《索隱》:"河内,河曲也。"顧炎武解釋説:"内音汭,蓋即今平陸、芮城之地。"當時晉國的幅員還只有今山西的西南部分。顧炎武説這時"霍太山以北,大都皆狄地"(《日知録》卷三十一"晉"條),其實不僅霍太山以北是戎狄放牧之地,在霍太山以西和以東也都是戎狄之區,蒲和屈兩邑就在霍太山以西,不少赤狄部族就在霍太山以東。甚至在汾水、澮水、涑水流域,周圍也都有戎狄分布。晉獻公末年周的卿士宰孔指出:晉國"景霍(霍太山)以為城,而汾、河、涑、澮以為渠,戎狄之民實環之"(《國語‧晉語二》)。

當晉文公圖謀稱霸的時候,狄族勢力已深入到中原心臟地區。狄族不但侵佔了朝歌以北原來邢、衛兩國地方,即太行山以東的東陽地區;又控制了朝歌以西直到陽樊(今河南濟源西南)一帶蘇國地方,即太行山以南的南陽地區;更幫助周襄王之弟叔帶爭奪王位。晉文公起"勤王"之師,"乃行賂於草中之戎與麗土之狄(即驪戎)以啟東道"(《國語‧晉語四》),進軍陽樊,攻取溫(今溫縣西),打敗狄人,恢復襄王的王位。周襄王便把南陽之地賜給晉文公,晉國從此得到了向東開拓的重要據點。

公元前六二七年晉和狄的"箕(今蒲縣東北)之役",是一場大戰,晉把狄打敗,擒獲了白狄的君主,同時晉的中軍元帥先軫也戰死了。後來晉大夫郤至把"箕之役"和晉惠公被俘的"韓之戰"、晉兵慘敗的"邲之戰",同樣看作"晉之恥";而范文子又回顧當時形勢,把秦、狄、齊、楚看作和晉對敵的"四強"(《左傳‧成公十六年》)。當時狄族實力確是很強,佔地很大,其中赤狄族的潞氏最為強大,成為眾狄之長。公元前六〇三年赤狄伐晉,包圍了懷(今河南武陟西南)及邢丘(今溫縣東北,靠黃河),次年又侵晉,掠取向陰(即向,今濟源南)的禾。這些地方就是周襄王賜給晉國的南陽地區,說明狄族勢力仍然很強。

但是,狄族在不斷壯大發展的過程中,內部產生了種種不能克服的矛盾,因而不免走向衰亡。首先狄族之間,在對付晉國的政策上產生分裂。這時白狄已和晉講和,並且服從於晉。公元前六〇一年"春白狄及晉平,夏會秦伐晉"(《左傳‧宣公八年》)。狄族中一些部族君長採用了過分奴役所部人民的政策,人民和統治者之間的矛盾十分尖銳。潞氏作為狄族之長,採用奴役"眾狄"的政策,又造成潞氏和"眾狄"之間的矛盾。潞氏掌權的統治者內部鬥爭又很激烈。當時晉國和潞氏通婚,潞君嬰兒(潞君之名)的夫人是晉景公之姊,被執政酆舒殺死,酆舒又傷了國君的眼睛。同時潞氏貴族又染上中原貴族嗜酒的風氣。

當時晉國的君臣已看到狄族內部這些矛盾,採用等待時機和分化狄族的策略,以便逐個加以擊破。當赤狄進攻南陽時,晉卿荀林父就說:"使疾其民,以盈其貫,將可殪也。"(《左傳‧宣公六年》)就是說,讓他去為害人民,等其惡貫滿盈,就可殺滅了。接着晉國就派郤缺去向"眾狄"講和,使轉而服從晉國。晉景公并親自到狄地去和"眾狄"會盟,宣佈和戎政策,使赤狄陷於孤立。公元前五九四年晉派荀林父攻滅潞氏,接着晉景公"治兵于稷(今山西稷山南),以略狄土"(《左傳·宣公十五年》)。就是乘勝略取"衆狄"的土地,這是晉的主要目的。次年又派士會攻滅甲氏、留吁、鐸辰。到公元前五八八年晉、衛聯合進攻廧咎如,一下子就擊潰了,因爲廧咎如"上失民也"(《左傳·成公三年》)。這是晉國開拓戎狄地區的重大成功,從此戰勝了狄族中强暴的統治者,取得了上黨地區。到晉悼公時,由于魏絳的建議,進一步推行和戎政策,和諸戎結盟,做到"修民事,田以時"(《左傳·襄公四年》)。魏絳認爲和戎有五"利",第一個"利"就是"戎狄薦居,貴貨易土,土可賈焉"。當時晉國推行和戎政策後,確實向北開拓了大塊土地。公元前五六三年晉會同諸侯之師攻滅偪陽(今山東棗莊南),"使周内史選其族嗣納諸霍人"(《左傳·襄公十年》)。霍人即是葰人,也就是西漢的葰人,在今山西繁峙東北,恒山以南,滹沱河北岸,是西漢太原郡最西北的一縣。但是太原周圍地區還多戎狄之族存在。到晉平公時,公元前五四一年,"晉中行穆子敗無終及群狄于太原"(《左傳·昭公元年》),從此晉就完全佔有太原地區。晉昭公時,晉就越過太行山向東北開拓。公元前五三〇年攻滅了白狄的肥國(今河北晉縣西),後十年又攻滅白狄的鼓國(今河北藁城西南),于是晉國就佔有今河北的西南地區。

　　晉國向周圍開拓的疆土,有些是滅亡姬姓諸侯而取得的,大都在今山西的西南部,原即所謂"夏虛",是早已墾辟之地。而大部分土地是從戎狄手中取得的。從狄族手中奪取的蘇、衛、邢等國之地,在今河南省黄河以北地區和河北省西南部,也是早已墾辟的,只是受到了戎狄侵擾的破壞。有些是從白狄手中取得的,也在今河北省西南部。白狄也早已建有城市,早就墾辟了。只有從赤狄和無終手中取得的上黨、太原等地,原是戎狄游牧之區,是晉國在取得之後墾辟的。其中晉陽(今太原西南)成爲趙氏之邑,銅鞮(今沁縣南)成爲羊舌氏之邑,鄔(今介休東北)、祁(今祁縣東南)、平陵(今文水東北)、梗陽(今清徐)、涂水(今榆次西南)、馬首(今壽陽南)、盂(今陽曲東北)成爲祁氏之邑。趙氏的晉陽和祁氏的七個邑都在太原地區,羊舌氏的銅鞮在上黨地區。公元前五一四年祁氏和羊舌氏在内訌中滅亡,他們所屬的邑都改建爲縣,任命縣大夫治理。後來,太原地區、部分上黨地區和河北省西南部都成爲趙的疆土。到春秋、戰國之際,趙襄子又"踰句注而破并代,以臨胡貉"(《史記·匈奴傳》)。代原是北戎,《後漢書·西羌傳》説:"趙亦滅代戎,即北戎也。"代在今河北省蔚縣西北一帶,從此趙就佔有今河北省的西邊地區。一九二三年渾源縣李峪村靠恒山北麓的春秋末年晉墓,出土有許多精美青銅器;最近又出土一批春秋末、戰國初的青銅器,説明春秋末年晉國已經擴展到了恒山以北地區。

在春秋時代中原各諸侯國中,晉國是个農業生産先進地區。周襄王賜給晉文公的南陽地區,在春秋初期農業技術已很先進。《左傳·隱公三年》記載:公元前七二〇年"四月鄭祭足帥師取温之麥,秋又取成周之禾"。這段記載用的是夏正(從趙翼《陔餘叢考》之説),夏正四月正是冬小麥成熟之時,所以鄭國派兵掠取;到秋季,鄭國又派兵掠取成周之禾。説明當時中原王畿一帶已推行冬小麥的種植,因而能够實行輪作復種制,一年之中,既有夏熟,又有秋收。不僅從西周的撩荒耕作制過渡到了土地連種制,而且創始了輪作復種制。《左傳·宣公七年》記載:公元前六〇二年夏"赤狄侵晉,取向陰之禾"。向陰即向,在今河南濟源南,也在南陽地區。這段記載也用夏正,"禾"是指麥(杜預注:"此無秋字,蓋闕文。"杜氏以周正計算,以爲"夏"無"禾"可收,其實《左傳》採自各國史料,常雜用夏正、周正)。

晉國汾水流域的農業生産同樣是先進的。《左傳·成公十年》記載:公元前五八一年"六月丙午晉侯欲麥,使甸人獻麥,饋人爲之"。這段記載用的是周正,杜預注:"周六月,今四月,麥始熟。"這是麥新熟時候,統治者舉行"嘗新"之禮。《禮記·月令》:孟夏之月"農乃登麥,天子乃以彘嘗麥,先薦寢廟"。《吕氏春秋·孟夏紀》同。高誘注:"麥始熟,故言嘗。"甸人是掌管公田之官,饋人是掌管飲食之官。晉侯在周正六月舉行"嘗麥"之禮,可知晉的國都附近已推行冬小麥的種植,於初夏收穫。此地既有夏熟,當然還有秋收,也該和南陽地區一樣實行輪作復種制。輪作復種制的推行,使得農業有了進一步的發展,産量有了提高。

晉國的地利條件是中等的,屬於《禹貢》的冀州的範圍,土是白壤,田是中中等。白壤是指今河北、山西一帶的鹽漬土。經過各族人民長期的開發,就成爲農業生産上比較先進的地區。到春秋晚期,晉國由于生産力的發展,推動了社會經濟制度的變革,開始出現了新興地主階級的變法運動,成爲戰國初期實行變法的先驅者。春秋晚期晉國六卿進行經濟改革,各自廢除"步百爲畝"的井田制,代之以封建的田畝制和地税制。在六卿中,以趙氏最爲先進。趙氏規定的畝制最大,以二百四十步爲畝,以適應農業生産發展的需要(見新出土竹簡《孫子兵法·吳問篇》)。後來商鞅在秦變法,廢除井田制,推行二百四十步爲畝的田畝制,就是效法趙氏的。趙氏原來統治的地區,大都是新墾辟的戎狄游牧之地,這時能够成爲先進地區,可以説是後來居上,是各族人民共同努力開發的結果。

附錄：韓侯所在地望考

周武王之子所封的韓國，向來諸説紛紜。有關韓國的主要史料，就是《詩·大雅·韓奕》："奕奕梁山，維禹甸之，有倬其道。韓侯受命……韓侯取妻，汾王之甥，蹶父之子。韓侯迎止，于蹶之里。……蹶父孔武，靡國不到，爲韓姞相攸，莫如韓樂。……慶既令居，韓姞燕譽。溥彼韓城，燕師所完。以先祖受命，因時百蠻。王錫韓侯，其追其貊，奄受北國，因以其伯……。"韓國于春秋前爲晉所滅。《左傳·襄公二十九年》載叔侯曰："虞、虢、焦、滑、霍、楊、韓、魏，皆姬姓也。晉是以大。若非侵小，將何所取？"其後晉用以封大夫韓萬。

韓亦稱韓原，其地望，從來有河西、河北、河東三説。

（一）河西説，謂在今陝西韓城縣。《括地志》："韓原在同州韓城縣西南十八里，又韓城在縣南十八里，古韓國也。"（《史記·韓世家》正義引）《通典·州郡三》《元和郡縣志》《太平寰宇記》等，都有相同之説。此説可以用來解釋《韓奕》所説"奕奕梁山"，韓城正有梁山，但是，以此解釋秦、晉兩國韓原之戰，則有困難。《左傳·僖公十五年》載：秦伯伐晉，先言"涉河"，再言"晉車三敗及韓"，晉侯曰："寇深矣！若之何？"於是"戰于韓原，晉戎馬還濘而止"，"秦獲晉侯以歸""秦始征晉河東，置官司焉"。顧炎武據此認爲秦兵渡河深入到韓作戰，斷言秦、晉相戰之韓不在河西，應在河東（《日知錄》卷三"韓城"條）。江永《春秋地理考實》同樣據此，斷言秦、晉相戰之韓與韓國都應在河東。這些推斷是正確的。因此河西説不可信。

（二）河北説，謂在今河北固安縣東南韓寨營，即漢代方城縣。王肅謂："今涿郡方城縣有韓侯城。"《水經注·聖水》："聖水又東南徑韓城東。"引《韓奕》與王肅之説來解釋。此説主要是爲了解釋《韓奕》的"溥彼韓城，燕師所完。"因爲他們認爲燕師即是召公所封之北燕之師，韓城應在北燕附近。《潛夫論·志氏姓》云："昔周宣王亦有韓侯，其國地近燕（指北燕）……其後韓西亦姓韓，爲衛滿所伐，遷居海中。"顧炎武信從其説，并舉《韓奕》"其追其貊"乃東北之夷爲證。此説難通之處，就是韓爲晉所滅，其地爲晉所兼併，如果韓在今河北固安縣，其地正當北燕境内，此時晉偏處河東，何能越中原而深入北燕之境而兼有其地？俞正燮反對此説，認爲《韓奕》所云燕師，非指北燕而是南燕，并列舉證據，證明春秋以前及春秋時所説的燕，都指南燕，南燕姞姓，《韓奕》謂"韓侯取妻"，而稱爲韓姞，可確證爲南燕（《癸巳類稿》卷二《韓奕》燕師義"）。據此可知河北説亦不可信。

(三) 河東説，《左傳·僖公二十四年》："晉、應、韓，武之穆也。"杜預注："韓國在河東郡界。"錢坫《新斠注漢書地理志》據此，并據《續漢書·郡國志》"河東郡河北，《詩》魏國，有韓亭"，謂秦、晉戰處當即在此，韓萬封邑亦應在此，即今芮城縣。此説亦有問題，此處既爲魏之封國，不應同時又是韓之封國。從《韓奕》看來，韓國應有一定規模，不該比魏國還小。

江永《春秋地理考實》據秦、韓相戰韓原情況，推定在今河津、萬泉之間，較爲可信。由今河津渡河，須經梁山下，故《韓奕》有"奕奕梁山""有倬其道"等語。《韓奕》謂："韓侯取妻，汾王之甥"，俞樾《群經平議》謂"汾即《考工記》之妢胡，西戎國名"，其國應以近汾水而得名。貊一作貉，本爲游牧部族，不僅北燕以北存在，秦晉以北亦存在。春秋戰國時尚如此。《史記·趙世家》謂趙襄子所剖朱書曰："至于後世，且有伉主(按趙武靈王)……奄有河宗，至于休溷諸貉。"《荀子·強國篇》又云："秦北與胡貉爲鄰。"可知韓建國于汾水以北，亦能與貊爲鄰。

清代學者有調停二説的，雷學淇《竹書紀年義証》謂韓初封在河北，後遷河西。江永《群經補義》又謂韓初封河西，後遷河北。我們認爲都不可信。近人大都信從顧炎武《日知録》，肯定河北之説，如新出版的高亨《詩經今注》、楊伯峻《春秋左傳注》等，都是如此，因此有必要把此篇考證作爲本文附録。

西周初期東都成周的建設及其政治作用

西周初期對東都成周的建設，是當時政治上的一件大事，從此周王朝建立東西兩都，使東西兩個京畿連結成一片，成爲全國的政治、經濟、文化的中心。這是我國古代政治歷史上的創舉。這對於創建統一的王朝，發展全國的經濟文化，都具有重大的作用。西周之所以能夠成爲奴隸制時代的全盛時期，這也是重要原因之一。而且這個東都的創設，對於此後我國歷史的發展有着很深遠的影響，東漢以後曾有許多朝代建都於此，新莽以後曾有許多朝代以此爲陪都。本文將對這一重大問題，提出一些新看法，供大家討論。

一　營建成周的經過和年代

周武王克殷以後回到鎬京，整夜睡不着覺，憂慮的是"未定天保"（"天保"是指順從天意的國都），難以安定。因此他主張興建洛邑，"定天保，依天室"，把這一任務囑託周公。所謂"依天室"，就是要在新都建築舉行"依"禮的"天室"。"依"就是"殷禮"。"依""殷"古音通用。例如《書·康誥》："殪戎殷"，《中庸》引作"壹戎衣"，鄭玄注："齊人言殷如衣"。"殷禮"是内外群臣的大會見，並共同參與大獻祭的禮儀。"天室"就是明堂，是舉行重大祭禮和典禮以及施政的地方。武王時制作的《大豐簋》説："王祀於天室"，又説："王衣祀王不（丕）顯考文王，事喜（饎）上帝"，這是以文王配合上帝祭祀於"天室"。而《史記·封禪書》説："周公既相成王，郊祀后稷以配天，宗祀文王于明堂"。可知"天室"即是明堂。關於周武王計劃興建洛邑的事，見於《逸周書·度邑》。曾爲司馬遷所引用（見《史記·周本紀》）。王國維推定《度邑》是西周時代作品，他説："此篇淵懿古奥，類宗周以前之書"（《觀堂別集》卷一《周開國年表》）。王氏這個推斷，十分正確。《度邑》所載確是實錄，由於《何尊》的出土，得到了實證。《何尊》記載成王"誥宗小子（宗小子是指宗族中的小輩）於京室"説："惟武王既克大邑商，則廷告於天曰：余其宅兹中或（國），自之辥（乂）民。"所謂"中國"就是四方的中心，即指洛邑。周武王克商以後，就有建都洛邑的計劃，即所謂"宅茲中國"。他所以要"廷告於天"，因爲他自以爲接受"天命"，所要營建的就是"天保"，也就是天都；還要造"天室"，也無非表示要順從天意的。後來周公營建成周於洛邑，就是執行了武王的遺願。周公所營建的成周，果然建有"天室"。《何尊》記載成王來到成周，"復△武王豐福，自天"。"天"就是"天室"，就是說成王到"天室"中對武王舉行了稱爲"福"的祭祀。根據《史記·周本紀》，武王囑托周公建設洛邑之後，"營周居於洛邑而後去"。武王雖然沒有建成新都，却先在此作了營建"周居"的規劃。"周居"就是周天子的宮殿以及官署所在。此後成周的創建，就是以這個規劃作爲起點的。

　　周公平定三監和武庚的叛亂之後，更加認識到加強中原地區統治的重要性。周公攝政二年"克殷"，三年"踐奄"（即平定東夷的奄國），四年"建侯衛"（分封諸侯），五年就"營成周"（《尚書大傳》）。這年三月戊申（初五），召公先到洛邑"卜宅"（占卜建都基地是否吉利），得到吉兆便開始"經營"。庚戌（初七），召公使用"庶殷"（許多殷貴族）"攻位"（治理地基），經過五天完成。乙卯（十二日），周公到洛邑全面視察"經營"的規模。到丁巳（十四日）、戊午（十五日），先後舉行郊祭（祭天）和社祭（祭地）。到甲子（二十一日），周公便召集殷貴族各級首領，發佈命令，安排勞役，"厥既命殷庶，庶殷丕作"。"丕作"是"大作"之意。從此就大規模動工興建了（以上依據《召誥》）。大概到年底以前，成周就基本建成。

　　成周是周公攝政五年即周成王五年三月甲子（二十一日）開始大規模動工興建的。周公之所以要選定甲子這天開始動工，可能與周人迷信甲子這天吉利有關。武王選定甲子這天在牧野發動總攻，一舉攻克殷都，同樣可能是爲了選定吉日。周宣王的大臣兮甲（即尹吉甫），字伯吉父。古人"名"和"字"的字義有聯繫。王國維解釋說："甲者月之始，故其字曰伯吉父，吉有始義"（《觀堂別集》卷二《兮甲盤跋》）。成周開始大規模興建以後不久，成王就來到這里親政。因爲成王年少，太保召公就以族中長老、監護者的身份，對成王告誡，教導成王要按照上天的"成命"，"敬德"而"治民"，這就是《書·召誥》。接着，周公又向成王追述洛邑興建經過，建議"肇（開始）稱（舉行）殷禮（即殷見之禮），祀於新邑"，並提出在新都統治的政策方針。而成王表示，他將回宗周即君位，命令周公留在成周，作爲"四輔"（四方之輔），主持以後東都政務。到年終，成王就祭祀文王、武王，命令史官寫成正式文件，冊命周公，授給周公主持此後東都政務的大權。這就是《書·洛誥》。年終以後，成王回到鎬京，於次年（成王六年）即王位，召公、周公等大臣當然要一同回去參與成王即位大典。到這年三月，周公奉命到成周就職，爲了安定遷到洛邑來的許多殷貴族,對殷貴族重新宣佈了周朝對待他們的政策,這就是《書·多方》。

武王死後,成王年少,由周公攝政稱王。等到周公東征勝利,全國統一,局勢大定,東都成周在周公攝政五年建成,周公就歸政於成王,攝政告一段落。從此由周公出任"四輔",主持東都政務,而由召公輔助成王主持西都政務。就是所謂"召公爲保,周公爲師,相成王爲左右"(《書序》);"自陝而東,周公主之;自陝而西,召公主之"(《公羊傳·隱公五年》)。周公攝政共有五年。《尚書大傳》和《史記》所有周公攝政七年之說,是由於誤解《洛誥》的末二句而引起的。《洛誥》末二句:"惟周公誕保文武受命,惟七年",上一句是用這年發生的大事紀年,下一句是用重大歷史事件發生以後的年數來紀年。殷周之際通用這兩種紀年方法。上一句實際上就是"惟周公誕保文武命"之年,所謂"惟周公誕保文武命",就是指成王命令周公留守成周主持東都政務的事。因爲成王的命令指出,任命周公留守成周爲"四輔",是爲了"誕保文武受民",就是爲了"保"文王、武王從上天所授的"民";而周公的答詞,表示接受任命,也說是"王命予來承保文祖(指文王)受命民"。下一句"惟七年",是說"既克商七年",當時有此紀年方法,如《金縢》開頭就說:"既克商二年"。"既克商七年"就是周公攝政五年,也即成王五年。關於這點,王國維在《洛誥解》(《觀堂集林》卷一)和《周開國年表》中的分析,十分正確。他用《艅尊》:"惟王來正(徵)人方,惟王廿有五祀",來作比較。"惟王來征人方"是說這年殷王出征人方,就是用這年發生的大事紀年;"惟王廿有五祀"是說這年是殷王即位以後的二十五年,文例與《洛誥》末二句正相同,作者爲了分清二句,每句開頭都用"惟"字作發語詞。《洛誥》也是同樣每句開頭都用"惟"字。後人不明這種文例,誤解"惟周公誕保文武命"是講周公攝政,又誤和下一句"惟七年"連讀,於是發生周公攝政七年的誤解。關於這方面,我已另外寫成《釋何尊銘文兼論周開國年代》一文(《文物》一九八三年第六期),此處不再詳論。總之,《尚書大傳》所說周公攝政五年"營成周",是不錯的。周公攝政七年之說以及攝政七年營建成周之說,都出於對《洛誥》末二句的誤解。

二 東都成周的規模及其設施

周公主持營建東都成周,是爲了確立周王朝統一的統治四方的中央政權,同時也是爲"致政"成王作好准備。

關於成周的建設規模,《逸周書·作雒》有比較詳細的記載:

周公敬念於後曰：予畏周室不延（"不延"原誤作"克追"，從朱右曾依據《初學記》所引改正。延，長也），俾中天下（謂設置天下的中心）。及將致政（謂將歸政於成王），乃作大邑成周於土中（《水經洛水注》引作"中土"，謂天下中心），立城方千七百二十丈（立字原脫，從王念孫依據《藝文類聚》《初學記》《太平御覽》《玉海》所引增補，又"七百"，《藝文類聚》等書都引作"六百"），郭方七十里（《藝文類聚》等書都引作"七十二里"，《詩地理考》《通鑒前編》又引作"十七里"）。南繫於雒水，北因於郟山，以爲天下之大湊。制郊甸方六百里，因而土方千里（"因"原誤作"國"，從王念孫據《水經注》改正）。

孔晁注，解釋"王"爲"王城"，"郛"爲"郭"，是正確的。張華《博物記》説："王城方七百二十丈（'七百'上脫'千'字），郭方七十里"（《續漢書·郡國志》河南尹洛邑下劉昭注引），這和孔晁同樣把"城"解釋爲"王城"，是不錯的。整個成周大邑，有大小二城，小城叫"城"，後來稱爲"王城"，因王宮所在而得名。大城叫"郛"，即是"郭"，用作居民會集和軍隊留守之處。《吳越春秋》説："鯀築城以衛君，造郭以守民，此城郭之始也"。東周都城的建築，都有大、小二城。多數宮城在大城的西邊，齊都臨淄，鄭都新鄭，趙都邯鄲，都是這樣布局。秦都咸陽的遺跡已不清楚，也該是同樣布局，因爲秦惠王時張儀和張若主持建築的成都，是"與咸陽同制"的，成都故城也是小城造在大城西邊。只有魯的國都曲阜，現存故城遺址是内外兩城相套的，宮城居中而略偏東北，但是這已是春秋以後的遺跡，西周是否如此，尚待作進一步的考查①。我們認爲，成周大邑的布局，也該是王城在大郭的西邊的。

王鳴盛、朱右曾都以六尺四寸步計算，認爲《作雒》所説"城方千七百二十丈"，正和《考工記》"匠人營國方九里"相符合（見《尚書後案》和《逸周書集訓校釋》）。事實上，以六尺四寸爲步，是根據《禮記·王制》"今以周尺六尺四寸爲步"的，並不可信。金鶚和劉師培以六尺爲步計算，認爲當從《藝文類聚》等書所引，改作"城方千六百二十丈"，今本"七百"是"六百"之誤（見《求古録禮説》卷一和《周書補正》卷三）。當以金、劉之説爲是。焦循《群經宮室圖》有相同的看法。王城的周圍里數，相當於"方九里"。

王城的遺址，《帝王世紀》説："今苑内王城是也"（《太平寰宇記》卷三引）。

---

① 參看張學海《淺談曲阜魯城的年代和基本格局》，刊《文物》一九八二年二期。

《元和郡縣志》説同。《括地志》説在"苑内東北隅"(《史記·周本紀》正義引)。《舊唐書·地理志》説同。苑是指唐代神都苑,神都苑"東抵宫牆,西至孝水,北靠邙阜,南距非山"(《唐兩京城坊考》),可知王城在唐代王宫以西,唐代洛陽城的西北角。根據考古發掘結果,在澗河東側小屯村以東、中州路西段兩側,發現了漢代河南縣城遺址。在漢代河南縣城遺址的外圍,又發現了春秋時代的王城遺址,殘存有西南角的兩邊城牆,其東南角城牆已被洛水沖毁,只有北城牆保存完好,全長 2890 米,相當於戰國尺度六里多。整個城的形制,南北比東西略長①,但是西周王城遺址尚未找到,應該就在春秋王城的附近,可能略爲偏北(參看《洛陽附近城址變遷圖》)。

《逸周書·作雒》説成周的"郭方七十里","郭"就是郭,它的面積要比土城大八倍。金鶚以《孟子》所説"三里之城,七里之郭"作比例,以爲郭大於城不過一倍,"七十里當從《前編》(指《通鑒前編》)作十七里"(《求古録禮説》卷一)。此説未必正確。周王朝在成周駐屯有重兵,有所謂"成周八自",它的郭城不但會集居民,還作大軍防守之用,可能很大。自從武王克殷以後,周王朝就在洛邑駐屯有重兵。《召誥》記載:"若翼(翌)日乙卯,周公朝(早)至於洛"。《洛誥》記述周公説:"予惟乙卯,朝(早)至於洛師"。可知成周未建成以前,洛邑已有"洛師"之稱,"洛師"當即因駐屯重兵而得稱。殷墟卜辭和西周金文中,都用"自"作爲軍隊單位的名稱,如卜辭有"王作三自"(《殷契粹編》第 597 片),西周金文有"西六自""成周八自"和"殷八自"。還都用"自"作爲軍隊駐屯地點的稱呼,西周金文和殷墟卜辭一樣,常把駐屯軍隊地點,連同地名稱爲"某自",如"成自"(《小臣單觶》)"牧自"(《小臣謎簋》)之類。"自"在古文獻中作"師",如"六自"稱爲"六師"(如《詩·大雅·常武》等)。十分明顯,西周地名附有"自"或"師"的,都是由於駐屯軍隊而得稱。這在周朝已是傳統的習慣。周的祖先公劉,遷都到豳,就稱其地爲"京"或"京師",因爲駐屯有"其軍三單"(《詩·大雅·公劉》)。周公來到洛邑,開始主持營建成周的工作,稱其地爲"洛師",可知洛邑早有重兵駐屯。成周有大郭的建設,就是爲了大量會集居民和適合"成周八自"的駐屯守衛的需要。

成周的大郭,應該緊靠在王城以東,橫跨瀍水兩側地區。《洛誥》記周公説:

"我乃卜澗水東,瀍水西,惟洛食;我又卜瀍水東,亦惟洛食"。

---

① 參看考古研究所洛陽發掘隊《洛陽瀍濱東周城址發掘報告》,刊《考古學報》一九五九年二期。

"食"是説經占卜吉利而采用①。召公和周公營建成周,采用澗水以東、瀍水以西的地點,又采用瀍水以東的地點。説明整個成周大邑的建築,横跨瀍水東西兩側地區,如同隋唐洛陽城的横跨瀍水一樣。只是西周成周的位置偏北,在洛水以北。《逸周書·作雒》所謂"南繫於洛水,北因於郟山(即邙山)"。隋唐洛陽城的位置則偏南,直跨洛水的南北兩岸地區,而且大部分在南岸地區。考古發現的春秋王城遺址,西邊緊靠澗水,其西南角還跨過澗水,而其東邊還在隋唐洛陽城以西,到瀍水還有相當長的距離。因此成周的大郭,必然横跨瀍水以西和以東地區,然後才能和《洛誥》所記周公"卜宅"之説相合。召公和周公所以選定這個地點建築東都,是有道理的。這里北靠黄河和郟山,南靠洛水,形勢很好,便於防守。這里是澗水、瀍水和洛水會合的地方,水源充足,足以供應王宫、官署以及居民、駐屯軍隊生活上的需要。同時陸上和水上交通都比較便利,便於徵收四方的貢賦,便於供應糧食等物資;也便於和西都鎬京聯繫,便於和四方諸侯聯繫。而且在成周的興建過程中,也便於供給建築用的材料。周的祖先劉公營建豳的時候已經利用水道運輸建築材料。《史記·周本紀》説:"自漆沮渡渭取材用"。這時大規模營建東都,當然更要用水道供應建築材料了。

鄭玄解釋《洛誥》,以爲瀍水以西所建的是王城,即是漢代的河南縣城;瀍水以東所建的是成周,即漢代的洛陽縣城,即今"漢魏洛陽城"遺址(參看《洛陽附近城址變遷圖》),這是沿襲了《公羊傳》和《漢書·地理志》的錯誤。成周原來是一個大邑。一個大邑而連結有宫城和大郭,這是古代都城的通則,決不可能如《公羊傳》和《漢書·地理志》所説那樣,王城在漢代河南縣,成周在漢代洛陽縣,兩城相距四十里。成周在《尚書》中只是一個邑,或者稱爲"新邑"(《洛誥》),或者稱爲"新邑洛"(《多士》),或者稱"洛邑"(《多方》),或者説"作新大邑於東國洛"(《康誥》)。到春秋時,周敬王請晉國幫助"城成周",也還説:"昔成王合諸侯城成周,以爲東都,崇文德焉"(《左傳·昭公三十二年》)。成周是東都的總稱,王城只是東都的宫城,並非相距四十里的兩個邑。關於這點,已故友人童書業先生《春秋王都辨疑》(收入《中國古代地理考證論文集》),已有精辟的辨正,這里不再多説。至於《令彝》説:"明公朝(早)至於成周""明公歸自王"。"王"該指王城,王城也是指成周的宫城,已故友人唐蘭和陳夢家兩先生根據《漢書·地理志》,把《令彝》的

---

① 僞《孔傳》説:"卜必先墨畫龜,然後灼之,兆順食墨"。俞樾《群經平議》卷六認爲此説不確,"食可訓用","兩處皆曰食,則皆所用也",楊筠如《尚書核詁》又説:"食亦事之假,事猶治也"。

"王"和"成周",解釋爲相距四十里的兩個邑,是不可信的。關於這點,不是幾句話能說清楚的,它將另作考證,這里從略了。

周公營建成周,建成王城和大郭,王城內主要建設君王的行宮以及官署,大郭主要爲了安居貴族和駐屯重兵。此外還建有許多舉行祭禮和典禮的建築。《何尊》講到成王在成周祭祀武王"自天","天"就是天室,也就是明堂。明堂是用來舉行重大祭禮和典禮以及施政的廳堂。前面已經說過,在成周建設"天室",原是武王的計劃,武王要在天室舉行"殷禮",即所謂"依天室"。《逸周書·度邑》記載武王囑咐周公說:

嗚呼!旦,我圖(圖謀)夷(平定)茲殷。其依天室(謂在明堂舉行殷禮),其有憲命("憲命"謂法令),求茲無遠(謂宣布法令,可以在此不遠離天意),天有求繹,相我不難(謂如果天有什麼尋求,在此不難得天的對我幫助)。

就是說,在明堂舉行殷禮,可以在此宣佈符合於天意的法令,並可以得到天的幫助。

《何尊》還說成"周建有"誥宗小子"的"京室"。"京室"當是宗廟中的大室。《敔簋》還說成周有大廟"。《敔簋》說:"惟王十又一日,王各(格)於成周大廟"。大廟當即太廟。《逸周書·作雒》說:"乃設丘兆於南郊,以祀上帝,配以后稷。日、月、星、辰、先王皆與食。……乃建大社於國中,……乃位五宮、大廟、宗宮、考宮、路寢、明堂"。《作雒》所說,不免夾雜有後代禮制在內,例如說所建大社的壇,東、南、西、北、中用五色土,顯然是五行學說流行以後的產物。但是成周大邑中,確應設有丘兆、社壇、大廟、明堂之類的建築,以適應舉行各種祭禮和政治上重大典禮的需要。

三 建設東都成周的政治目的和作用

西周初期營建東都成周,有其遠大的政治目的。成周建成以後,確實對於創建統一的周王朝,發展全國的經濟文化,起着重大作用。

第一,建設成周是爲了集中遷移殷貴族到成周東郊,以便加強監督、管理和利用,從而鞏固新建的周朝政權。

周公在平定三監和武庚叛亂以後,就改變對待殷貴族的政策,決定取消原來就地監督的辦法,把他們集中遷移到一定地點,以便加強監督、管理和利用。其中有許多殷貴族,被分配給封君,由封君帶到封國去,用作封君在封國的統治力量。同時又有許多殷及多方(即諸侯)的貴族,被集中遷移到洛邑郊外,既便於集中監督和管理,又可以用爲周朝服役,包括勞役和兵役。駐屯成周的"成周八自",其中軍官和骨幹當然是周貴族,戰鬥的甲士就可以利用殷及多方的貴族充任。不僅駐屯在成周的"成周八自"如此,駐屯在牧野的"殷八自"更是如此。

遷移殷貴族到洛邑郊外,是周公在平定三監和武庚叛亂後就着手進行的。《逸周書·作雒》説周公在平定殷的叛亂後,就"俘殷獻民遷於九里",孔晁注:"九里,成周之地"。九里當是成周東郊的里名。《東觀漢記·鮑永傳》説:"賜洛陽上商里宅",《後漢書·鮑永傳》作"賜永洛陽商里宅"。李注引陸機《洛陽記》曰:"上商里在洛陽東北,本殷頑人所居,故曰上商里宅也"。説明成周以東的漢魏故城東北,就有殷貴族徙居之地。一九五二年在洛陽東郊的擺駕路口、下瑤村西區和東大寺區,都發掘到西周早期的殷人墓葬,他們沿襲殷的禮俗,但也還有一些特點,出土的銅鏃和鉛戈都是不能實用的明器,墓中顯然缺乏觚、爵之類酒器隨葬,陶器中也沒有酒器式樣,這是和殷墟的殷墓不同的。因此考古工作者推定是遷居的"殷頑民"的墓葬[①]。

---

① 參看郭寶鈞、林壽晉《一九五二年秋季洛陽東郊發掘報告》,刊《考古學報》第九册,一九五五年出版。

洛陽附近城址變遷圖

(説明:圖上"東周城"即是春秋時代"王城"。本文認爲,西周時代"王城"也該在這里,可能略爲偏北;"成周"的大郭應該在"王城"以東,橫跨瀍河兩側地區,南靠洛河,在隋唐東都城的北部及以北地方)

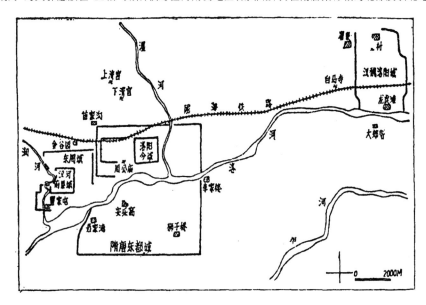

根據《多方》和《多士》來看，當時周王朝對待遷居到洛邑的殷及多方貴族，是給予永久的田宅，勉勵他們努力治理的。《多士》說："亦惟爾多士（指殷貴族），攸服奔走（服役而效勞），臣（臣服）我多遜（遜謂順從）。爾乃尚有爾土，爾乃尚寧幹止（安於事業和居處）"。周朝分配給遷居洛邑的殷貴族田地和住宅，是爲了利用他們，要他們順從而服役。采取這樣的遷移殷貴族的政策，是一舉兩得的，既可以解除這些殷貴族原住地發生叛亂的危險，又可以集中起來便於監督和利用，充實周朝的統治力量。後來秦代和西漢初期從東方遷移大量"豪富"到關中國都附近，還是沿用這項政策。《書序》說："周公既歿，命君陳分正東郊成周，作《君陳》"。"分正"是說分設官長。《書序》又說："康王命作册畢公（'公'字原脫，據《史記·周本紀》校補）分居里成周郊，作《畢命》"。"分居里"是說分別居民的"里"。所有這些措施，無非爲了加强對成周東郊居住的殷貴族的監督和管理。

第二，成周建成以後，東西兩都併立，兩都的京畿連成一片，形成統治四方的政治中心，加强了全國的統一。

《逸周書·作雒》說成周建成後，"制郊甸方六百里，因西土爲千里"。《漢書·地理志》也說："初洛邑與宗周通封畿，東西長而南北短，短長相覆爲千里"。顏師古注："宗周，鎬京也，方八百里，八八六十四，爲方百里者六十四也。洛邑，成周也，方六百里，六六三十六，爲方百里者三十六。二都得百里者百，方千里也。故《詩》云邦畿千里"。這是一種理想化的整齊的說法，實際上是不可能這樣整齊的。但是兩都的京畿接成"東西長而南北短"的一片，是事實。這樣，東西兩都緊密連結，便成爲統治全國的樞紐，有利於鞏固全國的統一。

在周朝的東西兩都中，雖然周天子長居西都，成爲周王朝的統治中心，但是在具體的政治作用上，東都却比西都重要得多。因爲成周正是四方的中心，對於四方諸侯以及周圍夷戎部族的事，都必須由成周的中央政權機構來管理。周王朝中央政權的最高官署叫"卿事寮"，由太師或太保主管（關於這點將另文詳論）。周公原來官爲太宰，以太宰攝政，《左傳·定公四年》說："周公相王室以尹天下"，又說："周公爲太宰"，可以證明。《帝王世紀》說："周公爲冢宰攝政"（《藝文類聚》卷十二和《太平御覽》卷八十四引），是不錯的。等到周公歸政於成王，成王命他留守成周爲"四輔"，官職爲太師。"周公爲師"見於《史記·周本紀》和《書序》。《帝王世紀》說："王始躬政事，以周公爲太師"，也是正確的。周公就是以太師之職主管成周的"卿事寮"，通過"卿事寮"處理東都京畿和四方的政務。此後周公的繼任者，都是以太師或太保之職主管"卿事寮"而管理"三事四方"的。

《令彝》記述了周公之子明保繼承周公職務的情況：

> 惟八月，辰才（在）甲申，王令周公子明保，尹三事四方，受（授）卿事寮。丁亥，令矢告於周公宮。公令出同卿事寮。惟十月月吉癸未，明公朝（早）至於成周，出令；舍三事令，眾卿事寮、眾者（諸）尹，眾里君，眾百工，眾者（諸）侯，侯、田（甸）、男，舍四方令。

成王所以要命令周公之子明保接替周公的職務，該是周公已到告老的年齡，就是《尚書大傳》所説："三年之後，周公老於豐"。這年八月甲申，成王命令明保"尹三事四方"，授給"卿事寮"，就是要明保接替其父親周公主管東都的職位。後四天丁亥，明保按照禮制，派作册（史官）矢去向周公報告請示，周公命令明保"出同卿事寮"，就是要他到成周的"卿事寮"舉行殷見禮，"同"就是殷見禮。《周禮·春官·宗伯》説："殷見曰同"。到十月癸未，明保到成周就職，就到"卿事寮"主持殷見禮，於是發佈主管"三事四方"的命令。"三事"是指京畿的政務官、司法官和地方官，就是《書·立政》所説："立政：任人、準夫、牧，作三事"。"四方"是指分布在四方的諸侯。這段銘文的末句，是倒裝句法，應該是："舍四方令，眾諸侯、侯、甸、男"（楊樹達《積微居金文説》卷一《矢令彝三跋》）。明保在主持的殷見禮上發佈主管"三事四方"的命令，"三事"的命令從"卿事寮"下達到"諸尹"（政務官）、"里君"（地方官）、"百工"（百工即百官，《詩·周頌·臣工》："嗟嗟臣工"，《毛傳》："工，官也"）。"四方"的命令下達到侯、甸、男等各級諸侯。銘文開頭記載成王對明保的任命，"保"當是官職，即是太保，任命是應該説明職稱的。下文稱明保為"明公"，"公"是尊稱，因為此器出於他的臣屬制作，尊稱為"公"是符合禮制的。

由此可知，成周建成以後，成周設有"卿事寮"，主管着"三事四方"，成為四方的統治中心，從而鞏固了全國的統一。

第三，成周成為徵收四方貢賦的中心，糧食財物積儲的中心，從而形成全國經濟的中心。

《史記·周本紀》記述營建洛邑的原因，是由於"此天下之中，四方入貢道里均"。的確，營建成周的目的之一，就是為了便於向四方徵收貢賦。當時成周對四方貢賦的徵收，主要的對象是各級的諸侯。《左傳·昭公十三年》記子產説："昔天子班貢，輕重以列，列尊貢重，周之制也"。當時子產説這些話，是和晉國爭論貢賦的等級的,應該是有根據的。結合西周金文和文獻來看,周朝的諸侯有侯、甸、男、采、衛五個等級,他們對周朝的貢賦也該有等級區別的。由於史料缺乏,具體情況已不了解。

與此同時,周朝還要對征服的夷戎部族或國家徵收貢賦,這點是比較清楚的。《兮甲盤》載:

> 王令甲(兮甲)政(徵)飼(司)成周四方責(積),至於南淮尸(夷)。淮尸(夷)舊我員(帛)晦(賄)人,毋(毋)敢不出其員(帛)、其責(積)。其進人,其貯,毋(毋)敢不即餗(次)、即岺(峙)。敢不用令(命),則即井(刑)屢(撲)伐。

所謂"徵司成周四方積",就是主管成周向四方徵收貢賦的積儲。凡是夷戎部族或國家一經徵服,便成爲貢賦之臣,即所謂"帛賄人"或"帛晦臣"(《師袁簋》作"員晦臣")。貢賦之臣既要貢納幣帛、積儲,更要提供服役者,即所謂"進人"。"進人"要送到軍次(即軍隊駐防地),可知這種服役者是由軍隊監督的勞役。"積"是指積儲的糧食,即《詩·周頌·載芟》所說"其實其積"和《良耜》所說"積之栗栗"的"積"。"岺",或者釋"峙"(《綴遺齋彝器考釋》卷七),或者釋"市"(孫詒讓《古籀餘論》卷三),當以釋"峙"爲是。《書·費誓》說:"峙乃糗糧",《詩·大雅·崧高》說:"以峙其粻","峙"都作動字用。此處作名詞用,當與"庤"通用。《說文》:"庤,儲置屋下也"。銘文說"積"或"貯"一定要送到儲藏的倉庫,這就是"徵司成周四方積"的職司。前文已經談到,擔任這個職司的兮甲,字伯吉父,就是尹吉甫。尹是官名,尹吉甫是周宣王的輔佐大臣,地位很高。《詩·小雅·六月》:"王于出征,以佐天子","文武吉甫,萬邦爲憲"。其官職亦是太師或太保。

周朝對四方貢賦的徵收,不但要徵"積""貯",而且要徵"人"服役。如果徵發來的"衆"閒着怠工,反抗監督的官吏,即所謂"今敢博(迫)厥衆叚(暇),反厥工吏",或者不把"積"送到指定倉庫,即所謂"弗速(積)我東國",就要出兵征討。(見《師袁簋》)周朝軍隊的出征,是爲了保證"政(徵)司成周四方積"的職司的完成,這是奴隸主政權的性質所決定的。

第四,成周是舉行四方諸侯及貴族"殷禮"的地點,"殷禮"是集合內外群臣大會見和對上帝、祖先大獻祭的禮儀,具有對群臣獎勵、督促、考核的作用。

武王計劃營建洛邑,有個重要的目的,就是"依天室"(《逸周書·度邑》)。"依"就是"殷禮","天室"就是明堂,前面已經談到。商周兩代都用"衣"(或"依"

"殷")作爲一種禮儀的名稱,但是取義不同,性質也不一樣。"殷猶衆也"(《大宗伯》鄭玄注)。商代把許多祖先的大合祭叫做"衣",而周代把群臣的大會見和共同大獻祭叫做"衣祭"或"殷禮"。

《洛誥》記載周公對成王説:"王,肇(開始)稱(舉行)殷禮,祀於新邑,咸秩(秩序)無文(紊),予齊百工(百官)。伻(使)從王於周(成周)"。這是説舉行"祀於新邑"的"殷禮",要使百官都從成王到成周。成王對答説:"奉荅(配合)天命,和恒四方民(使四方民普遍和協),居師(集居京師,即成周),惇宗(厚待於宗廟)將禮(注重禮儀),稱秩(秩序)元祀(舉行大祭祀),咸秩無文(紊)"。這也説舉行"稱秩元祀"的"殷禮",要使"四方民"集居成周。這時成周將興建完成,舉行"殷禮"具有慶功性質,所以《洛誥》記周公説:"今王即命曰:記功宗(記録功勞於宗廟),以功作元祀(因功舉行大祭祀)。惟命曰:……乃女(汝)其悉自教工"。"教工"當從《尚書大傳》讀作"效功",是説"效天下諸侯之功也"。在舉行"殷禮"中,既要記功勞於宗廟,又要大臣和諸侯自己報效功績,説明"殷禮"具有獎勵和督促群臣的目的和作用。

同時舉行"殷禮"還有觀察和考核群臣的目的和作用。《洛誥》記周公對成王説:"女(汝)其敬(認真)識(辨別)百辟(諸侯)享(誠心獻祭),亦識其有不享(不誠心獻祭)。享多儀(獻祭以禮儀爲重),儀不及物(禮儀的份量不及貢獻祭品多而好的),惟曰不享(就是不誠心獻祭),惟事其爽侮(這樣對於王事就會出錯和輕慢)"。這是要通過諸侯和群臣參加獻祭典禮中,察看他們是否對待周朝,真心誠意的效忠。

自從成王在成周"肇稱殷禮"以後,此後成周便成爲舉行殷禮的主要地點,都由主持東都政務的輔佐大臣主持。當周公奉命爲"四輔",開始主持東都政務時,就曾舉行這種殷禮。《書·康誥》篇首載(這是一段錯簡,原非《康誥》之文):

> 惟三月哉生魄,周公初基(始)作新大邑於東國洛,四方民大和會、侯、甸、男邦、采、衛、百工(百官)、播民(分布之民)和,見士(事)於周,周公咸勤(慰勞),乃洪大誥治。

"四方民大和會"就是《洛誥》所説"和恒四方民",就是舉行"殷禮"。所謂"四方民",包括侯、甸、男、采、衛各等諸侯以及百官、貴族。既稱"大和會",又説諸侯、百官、"播民和",説明"殷禮"具有協和貴族內部、加強團結的作用。所謂"見士於周","見士"即是"見事",古"士""事"音義俱近。"見事"原爲當時成語。《匽侯旨鼎》載:"匽侯旨初見事於宗周"。《㚬鼎》載:"己亥㚬見事於彭"。"見事",就是效事的意思,王先謙説:"此見士訓爲效事"(《尚書孔傳參正》)。是正確的。見事和《洛誥》所説的"教工(效功)",意義相同。也就是所謂"述職"。《孟子·梁惠王下》記晏子説:"諸侯朝於天子曰述職,述職者,述所職也,無非事者"。"見事"的"事",就是"無非事者"的"事",是指職務範圍以內的工作情況。可知"殷禮"還有匯報工作和檢查的目的和作用。

周公以後,周公職位的繼承者,繼續在成周舉行這樣的"殷禮"。周公之子明保在就職時,就舉行"殷禮",即所謂"出同卿事寮",前面已經談到。《小臣傳卣》:"惟五月既望甲子,王才(在)葊京,令師甲父殷成周年"。《臣辰簋》載:"王令士上眔史寅寏於成周"。所謂"殷成周"和"寏於成周"。都是在成周舉行"殷禮"。

從上述四點看來,成周的建成,對於周朝一統大業的完成,是具有重大作用的。"成周"之所以稱"成",用意就在於此。鄭玄説:"居攝七年(當作五年)天下太平而此邑成,乃各曰成周"(《公羊傳·宣公十六年》疏引)。何休説:"名曰成周者,周道始成,王所都也"(《水經谷水注》引)。這些解釋還不夠確切。我們認爲,成周之所以稱"成",和成王之所以稱"成",用意是相同的。《詩經·周頌》有一篇《昊天有成命》,說昊天有"成命",爲"二后(文王、武王)"所接受,成王繼續日夜盡心,"肆其靖之"(終於使天下大定)。這是一首歌頌成王成功的詩。賈誼解釋説:"文王有大德而功未就,武王有大功而治未成","及成王承嗣",終於"有成"(《新書·禮容語下》)。《呂氏春秋·下賢》也説:"文王造之而未遂,武王遂之而未成,周公旦抱少主而成之,故曰成王"。馬融所引解釋"成王"的三種説法之一,也説:"以成王年少,成二聖之功,生號曰成王"(《書·酒誥》正義引)。成王原來確是"生號",成王之所以稱"成",應該取義於周朝開國大業的完成,也就是昊天"成命"的完成。《召誥》記載召公引用周公的話,"其自時(是)中乂(居中治理),王厥有成命,治民今休(休謂取得美好成果)"。《召誥》記召公最後對成王說:"王末(終)有成命,王亦顯"。《洛誥》記周公對成王説:"其自時(是)中乂,萬邦咸休,惟王有成績"。十分明顯,成王稱"成",是由於他終於完成了昊天的"成命",取得了"成績"。成周的所以稱"成",也該是由於完成"成命"和取得"成績",建成了周朝統一四方的國都。

原載《歷史教學問題》1983年第4期

釋何尊銘文兼論周開國年代

何尊是1965年出土於陝西寶雞的重要銅器，有銘文一百二十二字，述及周成王時的大事及其年代。《文物》1976年第1期發表了唐蘭、馬承源、張政烺三位同志的考釋，闡明了它的重要性。但是見解很是分歧，主要在於銘文開頭"惟王初䢰宅于成周"和結尾"惟王五祀"的考釋上。最近讀到新刊的西周史讀物和一些論文，得知當前史學界信從"䢰宅"即遷都之説比較多，以爲成王確曾遷都成周，時在周公歸政成王以後的第五年，而且認爲周公攝政七年不應包括在成王在位的年數之内，涉及一系列有關周開國的年代問題。因此我們認爲，有必要結合當時文獻，作進一步的考釋和探討。

一　釋"惟王初䢰，宅于成周"

我們把何尊銘文，和《尚書》的《召誥》《洛誥》作了比較研究，認爲"惟王初䢰宅于成周"不應作一句讀，"惟王初䢰"是一句，"宅于成周"又是一句，"䢰宅"二字不應連讀。"惟王初䢰，宅于成周"意義和《召誥》所説"王乃初服。"……知今我初服，宅新邑"相同。

"䢰"字在《説文》爲地名，何尊銘文當作"䠑"字用，也可以讀作"䢰"，其原義爲升登。"䠑"在《説文》是"舁"的異文。《説文》説："舁，升高也，從舁囟聲。䠑，舁或從卪"。段注："升之言登也，此與辵部遷、栖者義同。""卪謂所登之階級也。""舁"、"䠑"、"遷"三字，原來確實音義全同。《説文》説："遷，登也，從辵䠑聲。古文遷從手西。""䠑"字本義確爲升登，它所從的"卪"，即是所升登的階級。"惟王初䢰"，應該是説成王初次升登阼階，也即初登王位之意。

"䢰"，與文獻上所謂"踐阼"和"踐天子之位"的"踐"，音義俱近。《禮記·文王世子》説："成王幼，不能莅阼，周公相，踐阼而治。"《禮記·明堂位》又説："成王幼弱，周公踐天子之位，以治天下。"當時爲君王聽政，必須升登殿堂的阼階（東階），所以"踐阼"也即"踐天子之位"。鄭玄注《禮記》，或者説"踐猶履也"（《明堂位》注),或者説"踐猶升也"(《中庸》"踐其位"注)。"踐"確有升登之義。《史記·秦始皇本紀》引賈誼《過秦論》"然後斬華爲城",《集解》引徐廣曰:"斬一作踐"。《索隱》説:"踐亦出賈本論。又崔浩曰:踐,登也。"《漢書·陳勝項籍列傳·贊》引《過秦論》"然後踐華爲城",顔注:"服虔曰:斷華山爲城。晋灼曰:踐,登也。師古曰:晋説是。"鄭玄訓踐爲升,晋灼、崔浩又訓踐爲登,足見"踐"和"鄷"意義相同,都是升登之意。"惟王初鄷"是説成王初次踐阼,初登王位。

"惟王初鄷",和《召誥》所説"惟王初服"用意相同,"宅于成周",即是《召誥》所説"宅新邑"。《召誥》記載召公、周公主持營建東都成周之後,成王初次來到新邑聽政,因爲成王年少,太保召公以監護者的身份,對成王作了長篇的教導,其中有一段説:

> 今沖子嗣(言成王年少嗣位)則無遺壽考……嗚呼!有王雖小(指成王年少),元子哉(謂是天之元子)!……王來紹上帝,自服于土中。……我不可不監于有夏,亦不可不監于有殷,我不敢知曰:有夏服天命,惟有歷年。我不敢知曰:不其延,惟其不敬厥德,乃早墜厥命……王乃初服。嗚呼!若生子罔不在厥初生,自貽哲命。今天其命哲,命吉凶,命歷年。知今我初服,宅新邑,肆惟王其疾敬德,王其德之用,祈天永命。

這段話中,值得注意的是有"服"字的幾句。"知今我初服,宅新邑",僞《孔傳》解釋説:"天已知我王今初服政,居新邑。"除了對"知"字解釋有錯以外,其餘解釋都是對的,把"初服"解釋爲"初服政",很是正確。僞《孔傳》在其他兩處把"服"解釋爲"服行教化",是不對的。《詩·大雅·荡》:"曾是在位,曾是在服。"《毛傳》:"服,服政事也。""在服"和"在位"的意義相近,"在位"是説在于官位,"在服"是説在于統治的職位。《酒誥》所説"内服""外服",《多方》所説"有服有大僚",毛公鼎所説"才(在)乃服"的"服",都是這個意思。

《召誥》是召公用天命來教導成王的。"王來紹上帝","紹"當從孫詒讓訓"助",孫氏曾引用《尚書》逸文:"天降下民,作之君,作之師,惟曰其助上帝寵之"(《孟子·梁惠王下》引),作爲佐证(《尚書駢枝》)。"王來紹上帝,自服于土中",就是説,成王到成周開始親自服政,是幫助上帝來治理天下的。在這裏,"服"字有奉天命來服政之意,所以《論衡·率性篇》引"王乃初服"作"今王初服厥命"。召公引用夏代和殷代的歷史作爲監戒,認爲按照天命服政而"敬德",便可長久,否則就要短促,所以説:"有夏服天命,惟有歷年"等等。僞《孔傳》解釋"王乃初服"是"王新即政,始服行教化",所説"王新即政"是正確的,所説"始服行教化"却是出於誤解。

《召誥》説:"知今我初服,宅新邑",是指成王初次居于統治職位,居住在成周。何尊銘文説:"惟王初鄷,宅于成周",是説成王初登王位,居住在成周。兩者意思相同,只是由于作者身份地位不同,用詞有區别。何尊作者是在成王來到成周升登王位、舉行福祭、誥訓"宗小子"、賞給貝以後,爲其父作祭器的,着重記録成王誥辭中表彰其父的話,因此銘文開頭這樣説,是合於作者身份的。

我們認爲,把"鄷宅"二字連讀是不恰當的,解釋爲遷都更不合適。西周時代自從營建成周以後,始終東西兩都并立,周天子經常居于鎬京(即宗周)聽政,有時也來到成周處理政務,西周金文就有"王才(在)成周"的記載。無論古文獻和西周金文中,都不見有遷都成周的踪跡,更不見有還都宗周的跡象。

二 釋"惟王五祀"兼論周開國年代

近人解釋"惟王五祀"有三説,或者以爲周公歸政成王以後五年;即成王親政改元之後五年;或者以爲是周公攝政五年,亦即成王在位五年,或者以爲是周公攝政稱王五年,周公攝政稱王自有紀年。我們以何尊銘文和《召誥》《洛誥》作比較研究,當以周公攝政五年之説爲是。

營建成周的年代原有兩説。《尚書大傳》謂在周公攝政五年,而《史記·周本紀》謂在"周公行政七年",《魯世家》謂即在"成王七年"。《召誥》和《洛誥》的著作年代,同樣有兩説。鄭玄以《召誥》作于周公攝政五年(《周禮·地官·大司徒》正義引),司馬遷、劉歆都以爲《召誥》和《洛誥》作于周公攝政七年。皮錫瑞調停兩説,認爲《召誥》與《洛誥》文勢相接,不得以爲相隔二年",但是"營洛大事非一時所能辦,《大傳》言其始,《史記》要其終,兩説可相明",并以爲《召誥》與《洛誥》都作于周公攝政七年(《今文尚書疏證》卷十七)。我們認爲皮氏之説不確。從上節我們以何尊銘文和《召誥》内容比較來看,《召誥》應與何尊作于同年。從何尊銘文與《召誥》《洛誥》所載月份與干支來看,也該是同年的。《召誥》記載三月戊申(五日)召公奉命到洛邑"卜宅",開始"經營",乙卯(十二日)周公到洛邑視察,甲子(二十一日)周公召集"庶殷"分配勞役,"既命庶殷,庶殷丕作"。後來召公便對成王作長篇教導。從召公所説"王來紹上帝,自服于土中"等話來看,此時成王已來到成周升登王位開始聽政。何尊銘文載:"才(在)四月丙戌,王誥宗子小于京室",順着《召誥》三月二十一日甲子推算,四月丙戌是十三日。成王當是在周公"既命庶殷"以後來到成周升登王位的。《洛誥》第一段記周公追叙營建成周的事,説到"予惟乙卯朝至于洛師",這和《召誥》"乙卯朝至于洛"相合。王國維《洛誥解》説:"日而不月者,成王至洛與周公相見,時在五月乙卯以前故也。"(《觀堂集林》卷一)這一推斷,由于何尊出土,得到了證實。成王在四月丙戌以前已經來到成周,周公和成王相見而對話,當即在此前後。《洛誥》説:"戊辰王在新邑,烝祭歲","在十有二月"。順着《召誥》三月二十一甲子和何尊銘文四月十三日丙戌推算,十二月戊辰正好是十二月三十日,所以王國維説:"戊辰是歲十二月之晦也。"所有干支,何尊和《召誥》《洛誥》相合,决不是偶然的。

既然何尊銘文結尾説"惟王五祀",那末,這年該即成王五年,亦即周公攝政五年,足以證明《尚書大傳》説這年"營成周",鄭玄説《召誥》作于這年,確有依據。其實周公攝政只有五年,并無攝政七年的事。《尚書大傳》所謂周公攝政七年,《史記》所説周公行政七年,都是由于《洛誥》末二句所引起的誤會。《洛誥》末二句説:"惟周公誕保文武受命,惟七年。"王國維解釋説:"上紀事,下紀年,猶舲尊云'惟王來正(征)人方,惟王廿有五祀'矣。誕保文武受命,即上成王所謂'誕保文武受民',周公所謂'承保乃文祖受命民',皆指留守新邑之事。周公留洛,自是年始,故書以結之。書法先日次月次年者,乃殷周間記事之體。……自後人不知'誕保文武受命'指留洛邑監東土之事,又不知此經紀事紀年各爲一句,遂生周公攝政七年之説,蓋自先秦以來然矣。"王氏依據殷周之際文辭通例,説明《洛誥》末二句上句紀事,下句紀年,各爲一句,從而指出誤傳周公攝政七年,是由于誤把二句連讀而引起的。這個創見對解決周初年代問題作出了重要貢獻。《洛誥》末二句和舲尊銘文一樣,"上紀事,下紀年",爲了分隔二句,就連用兩个"惟"字作發語詞,很是明顯。

王國維《周開國年表》(《觀堂別集》卷一)於"文王元祀"下,對於這點又有進一步解釋:"成王即位,周公攝政之初,亦未嘗改元。《洛誥》曰惟七年,是歲爲文王受命之十八祀,武王克商後之七年,成王嗣位,于兹五歲。"這一解釋的正確性,由于何尊出土,得到了證實。所説"成王嗣位,于兹五歲",正與何尊"惟王五祀"相合。武王以繼承文王所受天命而伐商,武王即位和克商,都未曾改元,還是從文王受命稱王之年算起,如《書·洪範》説:"唯十有三祀,王訪于箕子。"同時,在克商以後,也已有從克商後計"年"的習慣,如《書·金縢》説:"既克商二年,王有疾弗豫。""既克商二年"即是"唯十有三祀"。武王既死,周公攝政稱王,仍沿用從克商後計"年"的習慣,是可以理解的。所以《洛誥》"惟七年",即是既克商七年,又是成王嗣位之後五歲。

《洛誥》第二段記周公說:"王肇稱殷禮,祀于新邑。"又說:"今王既命曰:記功宗,以功作元祀。"王國維《洛誥解》把"殷禮"解釋爲"祀天改元之禮",把"作元祀"解釋爲"因祀天而改元,因謂是年曰元祀矣"。從《尚書大傳》所說"營成周,改正朔,立宗廟,序祭祀"來看,這時確有"改正朔"之事。但是這樣把"作元祀"解釋爲"改元","因謂是年曰元祀",不免是曲解,不符合原意。楊筠如《尚書覈詁》改作解釋說:"元,《詩傳》:大也。元祀即祭天改元之大禮。"也很牽強。"記功宗"是說記功勞于宗廟,古有此禮。"以功作元祀"是說因功而在宗廟舉行大祀。"元祀"仍當從舊說釋爲大祀爲是。"殷禮"也不是"祀天改元之禮",該是大合內外臣工的殷見之禮。《尚書大傳》所說"易正朔",就是不再沿用文王受命的紀年,而改用成王的紀年。從何尊"惟王五祀"來看,所用成王紀年是從嗣位開始的。因爲當時周朝統治者已經確認成王繼嗣接受皇天的"成命"。這在《召誥》中可以看得很清楚。《召誥》說:"皇天上帝改厥元子","有王雖小,元子哉"!"王厥有成命治民","今王嗣受厥命"。《詩·周頌》中更有《昊天有成命》篇,突出地歌頌了成王繼嗣"二后"(即文王、武王)的"成命"。爲什麼這年既稱成王五祀,《洛誥》還是用"惟七年"呢?因爲《洛誥》是周公方面記錄的文件,既然把周公留守洛邑稱爲"惟周公誕保文武受命",用來作爲一年大事而記於篇末,當然要沿用周公原來從克商後計"年"的老例了。

王國維《周開國年表》前後不一致。他于"文王十六祀(既克商五年,成王三年)"下,列有《尚書大傳》"周公攝政一年救亂";于"成王元祀(既克商九年)"下,列有《召誥》首段和《洛誥》末段(包括末二句),又列有《尚書大傳》"五年營成周"。這樣把《召誥》《洛誥》和"營成周"都定在既克商九年,把周公攝政一年定在既克商五年即成王三年,比前面所引王國維之說又推遲二年。上下文不相符合,當是出於偶然疏忽而發生的錯誤。如果依照後說,成王元年和二年周公既未攝政,是誰執政的呢?成王年少未親政,怎麼可能無人執政呢?

王國維《洛誥解》認爲結尾"惟周公誕保文武受命"是指周公受命留守成周的事,是依據宋人蔡沈《集傳》的。《洛誥》第三段記載成王對周公說:

> 公,予小子其退,即辟于周,命公後。四方迪亂,未定于宗禮,亦未克敉公功,迪將其後,監我士、師、工,誕保文武受民,亂(亂當作"嗣")爲四輔。

蔡沈《集傳》解釋説:"此下成王留周公治洛也。謂之後者……猶後世留守、留後之義。"蔡氏以留守、留後相比,當然不對,但謂成王命周公留守洛邑,很是確切。王國維解釋説:"後者,王先歸宗周,周公留洛,則爲後矣。"從上下文來看,成王"命公後"的"後",就是"迪將其後"的"後",指此後治理東都的政務,包括"監我士、師、工(即監督百官),誕保文武受民(謂大保文王、武王所受于天的人民,指統治人民),亂爲四輔(謂成爲統治四方的輔佐)"。因爲東都成周是天下的中心(所謂"土中"或"中國"),負有統治百官和四方人民的責任。《洛誥》末段説"王命作册逸(即史佚)祝册,惟告周公其後",就是把成王的口頭決定,寫成公文,用"册命"方式授給周公今後治理東都的人權。鄭玄、王肅等人以爲"命公後"是指封周公之子伯禽,不確。周公于攝政三年"踐奄"。伯禽封於魯,"因商奄之民",當即在"踐奄"之後,不必待成周建成之後再封。而且從《洛誥》上下文來看,當時成王留周公治洛,是由于"四方迪亂,未定于宗禮(未能按宗周禮制使天下大定),亦未克敉公功(也未能完成周公之功)",因而要命令周公"迪將(主持)其後"。辭意分明,絲毫不見有分封周公後代之意。

結合何尊銘文和《召誥》《洛誥》來看,成王于五年三四月間,因營建成周,來到成周升登王位開始聽政,即何尊所説"惟王初遷,宅于成周";也即《召誥》所説"王來紹上帝,自服于土中"、"王乃初服""宅新邑"。在成周大邑建成後,舉行慶功的、大合内外臣工的殷見之禮,"祀于新邑"。到歲末,成王命令史佚册命周公留守成周,主持此後治理東都的政務。同時,成王即回宗周(鎬京),即王位。成王説:"予小子其退,即辟于周,命公後。"又説:"公定,予往己。"三四月間,召公説"王來",到歲末,成王自己説"予小子其退""予往己"。一則稱"來",一則稱"退"或"往",很是分明。根本不存在遷都成周和還都宗周的事。

成周是周王朝統治四方的中心,所以成王命周公留守成周,是"爲四輔",即是統治四方的輔佐大臣。同時成王還説:"公勿替刑,四方其世享。"就是勉勵周公不要廢棄原有法則,這樣子孫就可以世襲這個"爲四輔"的職位。所謂"四方其世享",無非世代作統治四方的輔佐大臣。後來果然這樣,周公的後代曾世襲這个治理成周、統治四方的職務。令彝銘文説:"王令周公子明保尹三事四方,受卿事寮。"又説:"明公朝至于成周。"《書序》又説:"周公既没,命君陳分正東郊成周,作《君陳》。"《禮記·坊記》引有《君陳》佚文,鄭玄注:"君陳,蓋周公之子,伯禽弟也。"至于《書序》説"周公在豐,將没,欲葬成周",這是説周公告老回到豐的。《尚書大傳》對此説得比較清楚:"三年之後,周公老于豐,心不敢遠成王,而欲事文、武之廟。然後周公疾,曰:吾死,必葬于成周,示天下臣于成王。"據此可知,周公告老回到豐,是爲了表示心不敢遠離成王,便于祭祀于文王、武王的宗廟;他病將死,因爲成王曾命令他留守成周,故而要回葬成周,"示天下臣于成王",表示他忠于成王所任命的職守。

總之,由于何尊的出土,我們對《召誥》和《洛誥》得到了進一步的理解,對于周公攝政和歸政的年代以及相關的大事可以進一步明確。成王遷都成周之説是不能成立的;由此作出的推論,認爲遷都成周在周公歸政成王以後五年,周公攝政不應包括在成王在位年數之内,也是缺乏依據的;至于説周公歸政成王以後,成王在成周改元而親自執政,周公因而回到豐邑,更是不可信的説法。

論周武王克商

一　有關武王克商史料的鑒別

要討論武王克商這一重要歷史事件,首先要解決有關史料的鑒別問題。西周文獻史料的真僞,是一個比較複雜的問題,如果不分辨清楚,就不可能掌握當時的真實情況,也就不可能作出正確的分析。

西周重要的文獻,主要保存於《尚書》和《逸周書》中。春秋以前所謂"書",原是指公牘而言,也就是現在所説的"公文"或"檔案"①。當時所有公文、檔案,都出於史官的草擬和記録,並由史官宣讀和保管,史官具有秘書的性質。因此"書"的内容是比較廣泛的,包括會盟時締結的盟誓、出兵時當衆的宣誓、分封諸侯的册命、任命官職的册命、重要歷史事件的記録、君臣重要言論的記録、對臣下的誥誡、對臣下的賞賜等。這就是最原始的史料。《尚書》和《逸周書》中就保存有這樣的西周原始史料,因爲這兩種"書",原來就是"書"的選本。

現存《今文尚書》二十八篇,原是西漢初年伏生傳授的壁藏《尚書》有殘缺的本子,它的祖本當即出於戰國和秦的儒家所編選,因而其中保存較多有關周公的文件,宣揚的是文、武、周公之道,正是儒家主要的理論依據。《逸周書》原稱《周書》,《漢書·藝文志》著録於"六藝"的書家,班固自注:《周史記》,顏師古注:"劉向云:周時誥誓號令,蓋孔子所論百篇之餘也"。劉向所説《逸周書》是"孔子所論百篇之餘",當然不可信;孔子删書之説,原來出於西漢緯書作者所編造。但是《逸周書》所收輯的西周文獻,正是儒家《尚書》選本以外的篇章,確是事實,這該是儒家以外另一家的"書"的選本。唐大沛《逸周書分編句釋》,曾指出書中"有取古兵家言而指爲文武之書者",其"中編"編輯有"武備書"八篇,"皆兵家要言",並

---

① 例如《尚書·顧命》所説"金縢之書",是指武王生病時,周公禱告太王、王季、文王的祝辭,事後保藏于金縢之匱中的。《尚書·召誥》説:"周公乃朝(早)用書命庶殷","書"是指周公對庶殷發佈從事工作的命令。

且指出：有些"訓告書"是首尾僞作而中間雜取兵家言的。吕思勉先生《經子解題》中有論《逸周書》一節，認爲《逸周書》應入子部兵家。我們認爲《逸周書》當是戰國時代兵家所編輯，編者以文王、武王、周公的文治、武功作爲兵家的思想淵源，因而廣爲搜輯材料，其中收輯有《周書》逸篇，這就是兵家的《周書》選本。

先秦諸子各有其選讀"書"的標準。《墨子》書中引"書"二十九則，與儒家所傳《尚書》大不相同，連篇名、文字都不見於儒家《尚書》的有十四則之多，文字不見於儒家《尚書》的又有六則，還引有《泰誓》三則。《墨子》所引用的"書"，主要是有關禹、啟、湯、仲虺、周武王等人的文獻，正是用作墨家的主要理論依據的。《逸周書》中所以選有宣揚武王的武功和文治的篇章，如《克殷》、《世俘》、《商誓》、《度邑》等篇，正是用作兵家的理論依據的。

儒家也自有其選讀"書"的政治思想標準。孟子早就說："盡信《書》不如無《書》，吾於《武成》取二三策而已矣，仁人無敵於天下，以至仁伐至不仁，何其血之流杵也"（《孟子·盡心下》）。孟子認定武王克商，是"以至仁伐至不仁"，可以"無敵於天下"，用這一標準來衡量《武成》，《武成》當然不可信，因爲它記載了大量的殺傷，弄得血流漂杵，就太殘忍了，不符合"仁人"的道德標準。這樣一個評選"書"的標準，對後代儒家是有深刻影響的。漢景帝時發現了一批用古文（即戰國文字）寫的竹簡，其中有"書"的篇章，即所謂《古文尚書》。其内容，除了與伏生所傳《今文尚書》相同的篇章以外，還多出十六篇，即所謂"逸書"，其中就有《武成》一篇。這是一次很重要的古籍發現。《古文尚書》自從孔安國"以今文讀之"，開始傳授以後，逐漸形成與《今文尚書》對立的學派。至東漢時期，這個學派雖然作爲民間私學，但已逐漸在學術界取得優勢地位，一時名家輩出。但是這個古文學派，許多名家講解傳授和做注解的，始終是與《今文尚書》相同的篇章，《古文尚書》比《今文尚書》多出的十六篇，也就是古文學派特有的十六篇，包括《武成》一篇在内，始終没有傳授推廣和做注解，大名家馬融、鄭玄、王肅，都没有爲十六篇《逸書》作注，看來就是因爲這些逸篇的内容不符合當時儒家的政治思想標準，不能用它來和今文學派在政治上作競爭。正因爲如此，其中《武成》一篇，東漢初年（建武年間）已經亡失（見僞《古文尚書·武成篇》孔穎達《正義》引鄭玄説），其餘十五篇逸書，到永嘉之亂也全滅亡（《經典釋文·序録》）。

值得慶幸的是，兵家選輯的《逸周書》中保存有和《武成》相同的篇章，就是《世俘篇》。清代學者孔廣森在《經學卮言》中已經指出這點。因爲《漢書·律曆志》所引《武成》的字句和《世俘篇》大體相同，《書序》説："武王伐殷，征伐歸獸，識其政事,作《武成》"。"獸"即"狩"字。《世俘篇》所記,克殷後正有"武王狩"一節,"與歸獸事相類"。但是孔廣森因爲孟子所説《武成》有"血之流杵",而《世俘篇》没有這句話,認爲"未可竟以世俘當武成耳"。近年顧頡剛先生又進一步論證《世俘篇》與《武成篇》相同之點,認爲這是一"書"而兩名,猶如《吕氏春秋》中,《功名》一作《由道》《用衆》一作《善學》;孟子所説"血之流杵"祇是狀其戰事之劇烈,不必文中真有此字樣;並且提出五條證據,證明它確是西周初期作品,如文中用"旁生霸"、"既死霸"等記時名詞,用"越若來""朝(早)至"等詞,稱"國"爲"方",殺人言"伐",沿用商代殺人獻祭的禮制等[①]。接著屈萬里作了進一步的補充論證,也認爲《世俘》與《武成》是同記一事的篇章,宗廟用燎祭和祭祀用牲之多,憝國與服國之多,狩獵獲禽之多,以及文中有後世罕見之方國等等,都足以證明它是西周文獻[②]。

我們認爲,《世俘篇》不但是和《武成篇》相同的篇章,而且所敘述武王克商的過程,與西周初期所作歌頌武王克商的《大武》樂章完全符合。根據《禮記·樂記》,"大武"樂章分爲六成:"且夫《武》,始而北出,再成而滅商,三成而南,四成而南國是疆,五成而分,周公左,召公右,六成復綴,以崇天子。"《史記·樂書》大體相同,只是"五成而分"下有"陝"字。所説第一成"始而北出",是指從盟津渡河北上進軍;第二成滅商,是指牧野之戰得勝而取得滅商的結果;第三成"南"和第四成"南國是疆",就是《世俘篇》所描寫的,在攻殺商王紂以後,分兵四路南下,連克南國諸侯的經過。《吕氏春秋·古樂篇》記載武王克商於牧野以後,"歸乃薦俘馘於京太室"。蔡邕《明堂月令論》引《樂記》逸文也説:"武王伐殷,薦俘、馘於京太室"。這就是《世俘篇》記載武王勝利後,回到宗周,在宗廟裡舉行殺人獻俘的凱旋典禮。這些講古樂的書上所以會有這樣與《世俘篇》相同的記述,該是《大武》樂章中表現有這方面的情節。

《世俘篇》在記述武王克商過程中,記載在牧野得勝後,在當地舉行的殺人獻祭的告捷禮,並在殷郊舉行大規模的狩獵,即是大蒐禮;回到宗周,在宗廟裡又舉行隆重的殺人獻俘的凱旋典禮。這都是當時慶祝大勝利的必要儀式。這種殺人獻祭的禮制,淵源於商代,沿用到西周、春秋時期。甲骨文中有很多殺人獻祭的紀録,殷墟王陵東區發掘出了殺人獻祭的場所,發現了大

---

① 顧頡剛《逸周書世俘篇校注、寫定與評論》,刊於《文史》第二輯,北京中華書局一九六三年出版。
② 屈萬里《讀周書世俘篇》,刊於《慶祝李濟先生七十歲論文集》上册。

量"人牲"的"排葬坑"①。

《小盂鼎》銘文就是盂在周廟向周康王舉獻俘禮的長篇記載。《虢季子白盤》也載有在周廟"獻馘于王"的事。大蒐禮也是當時十分重要的禮制,商代早就有戰勝之後狩獵的禮俗,詳見于省吾《甲骨文字釋林》的"釋戰後狩獵"條。《書序》講到《武成》的"征伐歸獸",《史記·周本紀》作"行狩"。商代和西周金文中也稱大蒐禮爲"獸"或"遷",見於《宰甾簋》、《盂鼎》銘文。《世俘篇》詳載克商過程中舉行這些後世不流行的禮制,正因爲它是當時的實錄,出於史官的記載。

保存於《逸周書》的《克殷篇》,也是可信的記載。《史記》的《周本紀》和《齊世家》幾乎全文採用。末段"立王子武庚"以下,當出於後人增補。《克殷篇》記載牧野之戰"商師大崩"之後,商紂奔入內宮自焚而死,武王進入王所"而擊之以輕吕,斬之以黃鉞,折縣(懸)諸太白";再到二女之所,"乃右擊之以輕吕,斬之以玄鉞,縣(懸)諸小白。"輕吕是劍名。武王這樣把已經自殺的商紂及二女的頭斬下,掛到旗桿上,過去不少人認爲不該如此殘忍,王充在《論衡·恢國篇》上就批評説:"何其忍也。"其實這是當時流行的一種軍禮。這一記載,與《墨子》《戰國策》等書所述相合。《墨子·明鬼下篇》也説:"武王逐奔入宫,萬年梓株,折紂而繫之赤環,載之白旗"。所謂"太白""小白",都是當時用來指揮大軍作戰的軍旗。當時軍旗以太白最貴,其次是小白,赤旗又次之。牧野之戰,武王就是用太白之旗指揮作戰的,所以《克殷篇》説:"武王乃手大白以麾諸侯"。當時軍禮,斬得敵國首領的首級,要懸掛在軍旗上示衆,用以慶祝勝利;舉行獻俘禮時,也還要掛在軍旗上示衆。《世俘篇》記載武王回到宗周,在宗廟舉行獻俘禮,"太師負商王紂懸首白旂,妻二首赤旂,乃以先馘入"。就是説,舉行獻俘禮的儀式要作爲統帥的太師呂尚,掮著掛有商紂首級的白旗和掛有紂妻二個首級的赤旗先進入。這種禮制在西周初期也還認真舉行。《小盂鼎》記載盂在戰勝鬼方之後,向康王獻俘,"盂以多旂佩鬼方……"就是説由盂掮著多面旗子掛有鬼方首領的頭先進入。《克殷篇》和《世俘篇》記載有這種禮制,正因爲都是出於當時史記的紀録。

《逸周書》中保存的《商誓篇》,也很重要。這是武王克商以後對殷貴族的一篇講話,是現存武王講話中最完整的一篇,也是現存西周文獻中最早的一篇。武王自稱奉上帝之命前來討伐商紂的,勸導殷貴族順從天命,全篇一連提到十一次

---

① 楊寬《中國古代陵寢制度史研究》中編第六節"殷墟王陵東區排葬坑的祭祀對象問題",上海古籍出版社一九八五年出版。

上帝，一次單稱帝。雖然全篇"上帝"和"天"字並用，但是重要的字句都用"上帝"。武王口口聲聲說是奉上帝之命，討伐多罪的"一夫"，就是商紂。關於"天命"，應該如何理解，《孟子·萬章上篇》有一段萬章與孟子的問答，萬章問："天與之者，諄諄然命之乎？"孟子答："否！天不言，以行與事示之而已矣。"孟子解釋"天命"並不是由上帝"諄諄然命之"，而是"以行與事示之"，這是對"天命"的一種理性的解釋，但是當初的原始信仰並不如此，上帝不是"不言"的，確是"諄諄然命之"的。《商誓篇》所記武王講話正是這樣。既說："在昔后稷，惟上帝之言"；又說："今在商紂……上帝弗顯，乃命朕文考（指文王）曰：殪商之多罪紂"，又有兩處提到"上帝曰必伐之"；又說："肆上帝命我小國曰：革商國"。武王這樣口口聲聲說是聽到上帝所講命令他"殪商"和"革商"的話，這真是當時史官的實錄。正是因爲它有上帝"諄諄然命之"的話，不符合儒家所理解的"天命"，因而這篇《商誓篇》不爲儒家的《尚書》所選取，幸而被兵家收輯保存在《逸周書》中。

《商誓篇》的思想内容，是和先秦古書上所引的《太誓》（或作《泰誓》）是一致的，《太誓》既說："紂夷處，不肯事上帝鬼神"（《墨子·非命上》所引），又說："上帝不常，九有以亡（連同上文看，是指殷王）；上帝不順，祝降其喪。惟我有周，受之大帝"（《墨子·非命下》所引）。"大帝"即是"上帝"。《商誓篇》同樣說："上帝之來，革紂之命，予亦無敢違大命"（"帝"上"上"字和"紂之"下"革"字原缺，從唐大沛補）。就是說伐商克紂是由於天命的變革。

保存於《逸周書》的《度邑篇》講武王克商以後，睡不著覺，擔憂没有"定天保，依天室"，就是没有創建順從天意的國都和施政的明堂，難以安定大局，於是武王把建設洛邑爲都城的大事囑託周公。王國維曾說："此篇淵懿古奥，類宗周以前之書"①。《史記》曾採用其中一部份記載，現在由於"何尊"在陝西省寶雞出土，證實了此篇的可靠性②。

武王伐紂，先後發表兩次誓辭即《太誓》（或作《泰誓》）和《牧誓》。《太誓》完整的原本已失傳，只見先秦古書所引的片段。漢武帝時所發現的《太誓》，包括《尚書大傳》《史記·周本紀》以及漢代著作所引，即所謂"今文《太誓》"，大講白魚、赤烏等祥瑞，當是戰國時代陰陽五行說廣泛流行以後的作品，並不可信。現存《尚書》的《牧誓》，雖然出於伏生的傳授，近人都因爲它的文辭淺近，認爲已經

---

① 王國維：《周開國年表》，收入《觀堂别集》卷一。
② 楊寬《釋何尊銘文兼論周開國年代》，刊於《文物》一九八三年第六期。

不是西周初期的原本。《詩·大雅·大明》:"長子維行,篤生武王。保右命爾,燮伐大商。殷商之旅,其會(旝)如林。矢於牧野:維予侯興,上帝臨女(汝),無貳爾心。""矢"即"誓"的通假,"矢於牧野"以下三句,即是《牧誓》的主要内容。《詩·魯頌·閟宫》:"后稷之孫,實維大王(即太王)。居岐之陽,實始翦商。至於文武(文王、武王),纘大王之緒,致天之届,於牧之野!無貳無虞,上帝臨汝。敦商之旅,克咸厥功"。"於牧之野"以下二句,"無貳無虞,上帝臨汝",也即《牧誓》的主要内容,與"大雅大明"所説三句,大體相同。這和《商誓篇》武王自稱奉上帝之命伐商相合。因爲武王宣稱奉上帝之命伐商,所以要用"上帝臨汝"來鼓勵戰士信心,要大家"無貳無虞"。也就是説,大家在上帝監護之下伐商,必須齊心一致勇往直前,不要畏縮。但是,這樣的"牧誓"主要内容,卻不見於今本《尚書·牧誓》。今本《牧誓》除了説"今予發惟恭行天之罰"一句以外,没有一處提及上帝的,可以證明今本《牧誓》已經不是西周初期的原作。今本《牧誓》當是戰國時代述古之作,所敘歷史事實也還有一定的依據。

二 武王克商是四代接連經營的結果

周是當時西北的一個小國,周武王之所以能够一舉攻克中原的大邦商,這是從太王"實始翦商"起,經歷了季歷和文王的努力,到武王,積累了四代經營的結果。

太王即公亶父,共有三個兒子,長子太伯、次子仲雍和幼子季歷。相傳太王因季歷生子名昌(即周文王),"有聖瑞",要傳位給季歷及昌,太伯、仲雍因而出奔"荆蠻",後來建立了江南的吴國。春秋時期已有這種傳説(見於《左傳》閔公元年所載晉大夫士蔿的話和哀公七年魯大夫季康子的話)。事實上,當太王時,周的勢力還很薄弱,決不可能到達江南的吴國。當時太伯、仲雍所到的是虞,在今山西省平隆北。吴國出於虞的分支,是後來康王時再度分封到東南的。《左傳》僖公五年記載:晉獻公第二次假道虞國進伐虢國,虞大夫宫之奇對虞君進諫,講到虞的開國歷史,就説:"太伯、虞仲,大王之昭也,太伯不從,是以不嗣。"可知太伯、仲雍應爲虞的始祖。宫之奇所説:"太伯不從,是以不嗣",《史記·晉世家》把"不從"改作"亡去"。其實"不從"是不隨從在側的意思,并非"亡去"。"亡去"是出於後人誤會。太伯、虞仲當是奉太王之命統率一支周族,有目的的東進到今山西省平隆一帶,建立了一個與周相配合的虞國。這是一項十分重要的東進戰略措施。因爲以虞國爲基地,既可以向北方戎狄地區開拓,又可以向東進入商朝的京畿地區,更可向南越過黃河進入中原的洛水流域。這樣就便於周向中原地區開拓,從而戰勝殷商。這就是公亶父"翦商"的重大戰略步驟,所以派長子太伯和次子仲雍合力前往經營,而只把幼子季歷留守在周。

正因爲虞是周人東進中原的先遣的重要一支,向來受到周朝王室的重視。後來文王重用的貴族大臣,就有"八虞",與"二虢"(虢仲、虢叔)受到同樣重視。《國語·晉語四》記述胥臣對答晉文公的話,講到文王,"及其即位也,詢於八虞,而咨於二虢"。"八虞"是文王的父一輩,"二虢"是文王的同一輩。前人注釋把"八虞"解釋爲"八士皆虞官"是錯誤的。"八虞"當是虞的八個兄弟,如同"二虢"是虢的兩個兄弟一樣,是當時姬姓貴族中很興旺的一支。《逸周書·世俘篇》記載武王克商後舉行獻俘的告捷禮,"告天宗上帝",並祭祀祖先,"土烈祖自太王、太伯、王季、虞公、文王、邑考,以列升。"虞公即是仲雍。這樣把太伯、王季、虞公三兄弟的神主並列而祭祀,而且以太伯列於季歷之上,説明武王克商時,對太伯、仲雍是十分尊重的。王國維認爲這是沿用殷禮,"蓋周公未制禮以前,殷禮固如斯矣"①。

《詩·大雅·皇矣》説:"帝作邦作對,自大伯、王季,維此王季,因心則友,則友其兄,則篤其慶,載錫之光。受祿無喪,奄有四方"。過去經學家把"作邦作對"的"對",訓釋爲"配",是對的。但是把它説成"配天",並不確當。崔述見到"帝作邦作對,自大伯、王季",曾認爲"似太伯已嘗君周而復讓之王季也者"(見《豐鎬考信録》卷八)。其實,太伯確實未嘗君周,這二句是説上帝創建了一對邦國,這一對邦國創始於太伯、王季。也就是説,太伯從周分出去建立的虞,和季歷繼承君位的周,成爲配對互助的國家,所以下文特別指出,季歷能够發揮兄弟友愛的精神,也就是説能够相互合作,因而擴展喜慶的事,即所謂"則友其兄,則篤其慶";從而使得季歷受到天祿永不喪失,包有四方,即所謂"受祿無喪,奄有四方"。説明季歷之所以能够開拓領土,是由於與太伯合作的結果。王季之所以能够替殷商打敗大敵鬼方,接著攻克余無之戎等,都是以虞國作爲前進的基地的。當時所有這些強大的戎狄都已進入今山西省北部,已成爲殷商的威脅。王季由於這樣的戰功,得到了商王的"牧師"的封號,但也因他勢力擴張,終於被商王文丁處死。

繼虞而成爲姬姓貴族東進所建的國家,就是"芮"。"芮",金文作"内",見於《内公鬲》等銘文。在今陝西省大荔縣以東、朝邑縣以南三十里,正當北洛水和渭

---

① 王國維《殷卜辭中所見先公先王考》,收入《觀堂集林》卷九。

水的交會點，又是渭水向東和河水(黃河)交接地區，即渭汭所在。可能"内"的得名即由於"渭汭"。從地理形勢來看，這裡正是從渭水流域進入中原河水(黃河)流域的交通樞紐，是從周到虞的必經之路。它的建國時代不詳，至少在季歷在位時期已經存在。季歷所以能够在今山西地區不斷戰勝戎狄部落，擴大領地，就是由於芮國控制著這個交通樞紐和虞國成爲前線的基地。所以到文王時，虞、芮之間發生争論，成爲文王首先要解决的問題。虞、芮所發生的争端，具體情况已不詳。或者説"有獄不能决"(見《史記·周本紀》)，或者説"争田"(見《尚書大傳》及《詩·大雅·緜》毛傳)，都不可信。《詩·大雅·緜》説："虞芮質厥成，文王蹶其生(姓)。予曰有疏附，予曰有先後，予曰有奔奏，予曰有禦侮"。這是説，由於文王使虞、芮重新結好，感動了許多貴族，使得許多人前來歸附，歸來了許多捍衛國家之臣，增强"禦侮"的戰鬥力。團結了許多貴族的戰鬥力量，這是文王的重要戰略步驟。後來到成王、康王時，芮伯依然是周朝的重要大臣。據《尚書·顧命》，成王臨終召集大臣寫遺命，所召集的大臣六人，以太保召公爲首，其次即是芮伯；當康王舉行即位禮後，召公與芮伯一同向前相揖，又一同再拜稽首，並對康王有所囑咐，足見其地位的重要。

文王團結好貴族力量之後，就向西討伐大戎，接著攻滅密(即密須)，密在今甘肅省靈臺西，目的在於解除後顧之憂。然後向東征服黎(一作耆或飢)，黎在今山西省長治附近。接著又攻取邘(一作于、盂)，邘是商王經常狩獵的地點，在河南省沁陽西北二十里，已經到了商代京畿的外圍地區(以上依據《史記·周本紀》)。《韓非子·難二篇》説："文王侵盂，克莒，舉酆"。莒不知在何處，酆不可能是文王後來建都的豐。《路史·國名紀己》記"商世侯伯"，認爲酆即後來屬於楚國之酆，杜預所説"析縣南有酆鄉"，在今陝西省山陽縣，後來成爲文王的一個兒子的封國。此説較爲可信[①]。

文王東進最費力進攻的，就是崇侯虎所在的崇國。文王伐崇，是一次重大的戰役，《荀子·議兵篇》曾把文王伐崇，與湯伐有夏、武王伐紂相提並論。《詩·大雅·文王有聲》歌頌文王武功，説"既伐于、崇，作邑于豐。"皇甫謐因此誤認爲崇

[①] 《左傳》僖公二十四年富辰所説文王之子十六國，其中有酆，杜注："酆國在始平鄠縣東。"不確。此爲文王建都之地，不可能用來分封其子。近年洛陽東郊龐家溝西周墓出土有"酆白(伯)戈"與"酆白劍"，酆當是成周附近之封國。《韓非子·難二篇》説："昔者文王侵盂、克莒、舉酆，三舉而紂惡之，文王乃懼，請入洛西之地。"酆當離洛西不遠。《路史·國名紀》所記"商世侯伯"有酆，認爲即是後來屬於楚國的酆，在今陝西省山陽縣，正當洛水西南，其説可信。

國在豐、鎬之間(《史記·周本紀》正義引)。崇侯虎是商紂得力重用而聽信的"諛臣",不可能封國遠在豐、鎬之間。陳奐《詩毛氏傳箋》已經加以辨正,認爲此即《左傳》宣公元年晉大夫趙穿所伐之崇(杜注:"崇,秦之與國"),俞樾以爲此即所傳崇伯鯀之崇,在今河南省嵩縣附近(《俞樓雜纂》卷二十八"崇"條)。其説可從。王念孫曾指出,古無"嵩"字,以"崇"爲之,故《説文》有"崇"無"嵩"(《讀書雜志》卷四)。崇國當即因靠近嵩山而得名。據《詩·大雅·皇矣》所描寫文王伐崇的戰役,崇利用山地利於防守的形勢,築有高大城牆,所謂"崇墉言言""崇墉仡仡。"文王事先曾組織好兄弟國家的力量,準備好攻城用的"臨""衝""鉤""援"等工具和武器,經過激烈的戰鬥,大量的殺傷和俘虜然後才征服了崇。

文王在黄河以北攻取得黎和邘以後,離開商朝建都的殷,不過二百多里,但是要從周調動大軍沿渭水東進,渡過黄河,超越太行山脈向商的王畿進攻,在地理形勢上十分困難。等到文王在黄河以南攻取得崇,消滅了這個爲殷商防守的堅固城堡,就便於在黄河南岸建立進攻的基地,準備調動大軍在盟津一帶渡河進攻商的王畿了。可以説,克崇以後,文王克商的戰略步驟已經基本完成,克商的大計快要實現了。只因爲文王克崇後一年便去世,這個克商大計只能留待武王去完成了。

武王克商是四代接連經營的結果,特別是武王繼續文王經營的結果。文王在位的時間很長,足足有五十年。《尚書·無逸》説:"文王受命惟中身,厥享國五十年"。《吕氏春秋·制樂篇》也説:"文王即位八年而地動,已動之後四十三年,凡文王立(莅)國五十一年而終"。在五十年中,他勤於處理政務,講究團結貴族與"國人",對内推行"明德慎罰"的政策,對外採取聯合周圍小國的方針。《尚書·康誥》記周公説:"惟乃丕顯考文王,克明德慎罰,不敢侮鰥寡,庸庸祗祗,威威顯民。用肇造我區夏,越我一二邦,以修我西土,惟時怙冒聞於上帝,帝休,天乃大命文王,殪戎殷"。文王爲了創建周朝和準備滅商,十分重視選拔人才,並重用投奔前來的異姓貴族。《尚書·君奭》記周公説:"惟文王尚克修和我有夏,亦惟有若虢叔,有若閎夭,有若散宜生,有若泰顛,有若南宮括"。再説:"武王惟兹四人尚迪有禄"。《正義》引鄭玄説:"至武王時虢叔等有死者,餘四人也。"從《逸周書》《墨子》《史記》列舉武王的臣來看,的確不見有虢叔。《墨子·尚賢中》説:"武王有閎夭、泰顛、南宫括、散宜生而天下和,庶民阜,是以近者安,遠者歸之。"值得注意的是,周公列舉的文王的五位大臣,除了虢叔以外,都是周以外貴族中賢人前來投奔的。《史記·周本紀》説:"太顛、閎夭、散宜生、鬻子、辛甲大夫之徒,皆往歸之"。文王這樣重用外來投奔的賢人,正是他逐漸興旺的重要原因之一。據《君奭》所載周公的話,文王重要五位大臣,都是有"德"之人,文王之所以能夠用"德"來"降於國人","聞於上帝""受有殷命"(接受取代殷朝的天命),都是出於五位大臣"彝教文王";武王之所以能夠奉"天威",取得殺敵的勝利,都是由於"四人昭武王惟冒(勖),丕單稱德"。"昭"是幫助的意思;"冒"通"勖",是勉勵的意思。就是説,由於四人對武王的幫助和勉勵,大大地推廣了"德"的結果。説明文王由於重用前來投奔的有"德"之人,得以大大推進了克商的步驟;武王由於繼續重用這些大臣,繼續推行文王的政策,因而取得了克商的偉大成果。

《尚書大傳》解釋《康誥》,講到"文王受命一年斷虞、芮之質,二年伐于,三年伐密須,四年伐畎夷(即犬戎),五年伐耆(即黎),六年伐崇,七年而崩"。《史記·周本紀》又說:文王在解決虞、芮爭端之後,諸侯聞之曰:"西伯(即文王)蓋受命之君"。"明年伐犬戎,明年伐密須,明年敗耆國……明年伐邘,明年伐崇侯虎,而作豐邑;自岐下而徙都豐。明年西伯崩"。兩書雖然記載文王征伐各國的年份不同,但是都説文王"受命"七年而崩,所謂"受命"之年,就是文王自稱接受天命開始征伐之年,也就是開始稱王之年。就是《周本紀》所說"蓋受命之年稱王"。文王稱王七年後去世,武王即位,繼續重用文王選拔的原班大臣執政,並且沒有改元,繼續以文王受命稱王之年爲元年,無非表示繼嗣文王"受命"的大業,將繼續完成克商的天命,保持著推行文王政策的連續性(見圖一)。

三　武王會盟諸侯而作《太誓》的目的和作用

武王於九年出師到盟津在此大會諸侯而結盟,並在那裡發表了盟誓,就是先秦古書上引用的《太誓》(或作《泰誓》)。這個九年,《史記正義》説是"續文王受命年",就是文王稱王的九年,也就是武王即位後第二年。《史記·周本紀》説:"是時諸侯不期而會盟津者八百諸侯,諸侯皆曰:紂可伐矣,武王曰:女(汝)未知天命,未可也。乃還師歸。"這是完全依據武帝時發現的《太誓》的,並不可信。這次參加會盟的諸侯可能不少,但"八百"這個數字並不可靠。所說因天命未可而還師,更是和先秦古書所引《太誓》的主旨不合。

從先秦古書所引《太誓》來看,真本《太誓》的主要內容,包括下列九點:

(一)自稱伐紂是奉天命,上帝要滅亡殷王。如説:"爲鑑不遠,在彼殷王。……上帝不常,九有以亡;上帝不順,祝降其喪。惟我有周,受之大帝。"(《墨子·非命下》引《太誓》)。"紂越厥夷居,不肯事上帝……天亦縱棄紂而不葆"

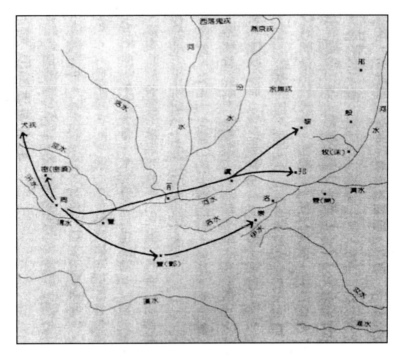

圖一　文王用兵示意圖

(《墨子·天志中》引《大明》)。

(二) 指出天命順從民意，伐紂就是出於民意。如説："民之所欲，天必從之"(《左傳》襄公三十一年、昭公元年，《國語·周語中》及《鄭語》引《太誓》)。"天視自我民視，天聽自我民聽"(《孟子·萬章上》引《太誓》)。

(三) 指出殺伐是爲了討其殘暴，成就將比商湯伐夏更爲輝煌。如説："我武惟揚，侵于之疆，則取于殘，殺伐用張，于湯有光"(《孟子·滕文公下》引《太誓》)。

(四) 稱紂爲"獨夫紂"，見於《荀子·議兵篇》引《泰誓》。《荀子·議兵篇》説："湯、武之誅桀、紂也，拱挹指麾而強暴之國莫不趨使，誅桀紂，若誅獨夫，故《泰誓》曰：獨夫紂，此之謂也。"

(五) 以敵我對比，認爲勢在必勝。如説："紂有億兆夷人，亦有離德；余有亂十人，同心同德"(《左傳》昭公二十四年引《太誓》)。又《左傳》成公二年："商兆民離，周十人同"；《左傳》襄公二十八年："武王有亂臣十人"；《論語·泰伯篇》記："武王曰：予有亂十人"，都是依據真本《太誓》的。

(六) 宣稱從夢和占卜來看，必然克商。如説："朕夢協朕卜，襲于休祥，戎商必克"(《國語·周語下》引《泰誓》)。

(七) 頌揚文王,如説:"文王若日若月,乍(作)照光于四方,于西土"(《墨子·兼愛下》引《泰誓》)。

(八) 宣稱克紂乃文王有德,不克是"予小子無良"。如説:"予克紂,非予武,惟朕文考無罪(鄭注:言有德也);紂克予,非朕文考有罪,惟予小子無良(鄭注:無功善也)"(《禮記·坊記》引《太誓》)。

(九) 列舉了商紂的罪狀。如《墨子·非命下》依據《太誓》概括紂的罪狀是:"謂人有命,謂敬不可行,謂祭無益,謂暴無傷"。《墨子·尚同下》依據《太誓》指出殷用連坐法的危害:"小人見奸巧,乃聞不言也(指不揭發),發罪鈞(謂發覺後同等的罪)"。這些罪狀出於墨子的概括,完全用來作爲墨家理論依據的,因而有很大的片面性。

從上述九點看來,這篇誓言主要在於説明伐紂是奉行天命,也就是順從民意;這是討伐商紂的罪行,勢在必勝。這是一篇武王與諸侯在盟津這個地方會盟的時候所作的誓辭,俱有盟誓的性質,所以這篇《太誓》又稱爲《大明》。"明"即"盟"字。《墨子·天志中篇》引用有和《墨子·非命上篇》大體相同的《太誓》上的語句,但是不作《太誓》而作《大明》(道藏本,吴鈔本《墨子》都作《大明》)。孫詒讓《墨子閒詁》認爲"明確爲譌字,蓋誓省爲折,明即隸古折字之譌"。這一校勘是錯誤的。"明"是"盟"的通假,絶非譌字。

漢武帝時發現的《太誓》,説"諸侯不期而會盟津者八百諸侯",(見《史記·周本紀》),所謂"八百諸侯"是夸辭,所謂"不期而會"也不可信。所説"八百諸侯不召自來,不期同時,不謀同辭"(見僞《古文尚書·太誓》的《正義》引馬融説),更是不符事實。從來會盟一定約有日期,會盟時一定有共同的盟辭。當時武王約定日期在盟津與諸侯會盟,盟津這一地名就是由於這次大會盟而得來。《水經·河水注》説:"河南有鉤陳壘,世傳武王八百諸侯所會處,所謂不期同時也,河水于斯有盟津之目"。《逸周書·商誓篇》説:"昔我盟津,帝休"。就是説,這年會盟於盟津之事,得到了上帝讚美,童書業已經指出:"此文實爲孟津原名盟津之鐵證,以此處之盟係動詞①"。《楚辭·天問》述及此事説:"會鼂爭盟,何踐吾期?蒼鳥群飛,孰使萃之。"洪興祖《補注》:"鼂、晁,並朝夕之朝"。既説"會朝爭盟",又説"何

---

① 童書業《盟津補證》,刊於《中國古代地理考證論文集》,上海中華書局一九六二年出版。童書業《春秋左傳研究》第一卷第一一七條"孟津",有相同的論述。惟引《詩·大雅·明》:"涼彼武王,肆伐大商,會朝清明"來作證,有錯誤。根據《大明》的上文,很清楚是在描寫牧野之戰的情況,和武王在盟津與諸侯會盟無關。

踐吾期"可知這是一次有約期的大會盟。會盟是先秦諸侯間加強聯合對敵的一種重要方式。

武王這時統率大軍,與諸侯約期在盟津結盟,由武王親自主盟,並締結共同的盟誓。借此說明自己所以要伐紂的原因和目的,分析形勢而指出必勝的趨勢,爭取諸侯的同情、理解和支持、合作,從而增強伐紂的力量和減少反對的阻力,以便取得伐紂戰爭的勝利。因爲當時中原的許多諸侯,有不少出於商王的分封,原本出於殷的貴族,或者和商紂有利害關係。如果不作詳細分析說明,加以爭取和分化,就可能被商紂所利用,組成聯合反抗的力量。

武王在這篇《太誓》中,極力自稱伐紂出於天命,出於民意,殺伐是爲討其殘暴,並以敵我形勢作對比,指出勢在必勝,而且把自己比作湯,認爲這次伐紂,意義上比商湯伐夏更爲光輝,更著重地指出,由於商紂的暴虐,已失去作爲君王的資格,只成爲一個"獨夫",討伐商紂只是除去一個"獨夫"。荀子引用《太誓》中"獨夫紂"的話,指出"誅桀紂若誅獨夫",就是發揮了武王這篇《太誓》的重要理論。《孟子・梁惠王下》有一段齊宣王和孟的對話,齊宣王問曰:"湯放桀;武王伐紂,有諸?"孟子對曰:"於傳有之"。齊宣王再問曰:"臣弑其君,可乎?"孟子再對曰:"賊仁者謂之賊,賊義者謂之殘。殘賊之人謂之一夫。聞誅一夫紂矣,未聞弑君也。""獨夫"或一"夫",是指爲非作歹,成爲群衆所反對的孤獨者。孟子這段議論,同樣是依據武王"太誓"而加以發揮的。孟子對答萬章的話,又同樣認爲湯、武的征伐,是"救民于水火之中,取其殘而已矣",也還引用《太誓》:"則取于殘,殺伐用張"等話作證(《孟子・滕文公下》),這就是儒家極力鼓吹的"湯武革命"理論。這是當年武王與諸侯會盟時首先在《太誓》中提出的,後來成爲孟子、荀子等儒家的民主思想的淵源,對後代的政治思想曾發生深遠的影響。

這種"湯武革命"的理論,是武王的傑作,曾長期進行宣傳。《逸周書・商誓篇》記載武王克商後,告誡殷貴族曾說:"古商先誓("誓"是"哲"的通假)王成湯克辟上帝,保生商民。……今紂棄成湯之典,肆上帝命我小國曰,革商國。"這是說,天命之所以革商,是由於商紂不能繼承成湯之典,也就是不能"克辟上帝,保生商民",因爲天命和民意是一致的,天命是順從民意的。《商誓篇》還記武王說:"若朕言在周曰:商百姓無罪"。又說:"昔在西土,我其有言,胥告商之百姓無罪("姓"字原缺,從孫詒讓校補),其維一夫,予既殛紂,承天命,予亦來休。"這裡所說"百姓"是指"百官"和貴族。從此可知,武王把紂稱爲"獨夫"或"一夫",還有個重要意義,就是指惟一負有重大罪責的人,因此,所有百官和貴族可以一概無罪,不予追究。這種集中打擊一人而對其餘寬大的政策,是瓦解敵人抵抗力量的一種重要策略。這樣就使得商紂一人陷於孤立無援的境地,便於一舉殲滅。武王所以要在會盟的"太誓"中鄭重聲明他殺伐的目標祇有"獨夫紂"一人,就是要許多原來屬於殷的諸侯,早日認清戰鬥的形勢,脱離商紂的陣營,不再助紂爲虐。

　　武王這次統率大軍,約定日期,在準備將來渡河北上進軍的渡口,即所謂盟津,和許多諸侯會盟,意義是十分重要的。這是準備定期進軍克商的重要戰略步驟,具有大規模行軍和進行軍事演習性質,以便做好此後在此約定日期、會合同盟的大軍大規模渡河北上決戰的準備。《史記·周本紀》説:"九年武王上祭于畢,東觀兵于盟津,爲文王木主載以車中軍,武王自稱太子發,言奉文王以伐,不敢自專"。這些話不見於漢武帝時發現的"今文《太誓》",當別有所據,是可信的。所説"上祭于畢",就是在畢地祭天神沿用過去"周文王初禷畢"的禮制,上祭即是禷祭,祭的是天神。馬融解釋爲祭於文王墓地,不確①。《楚辭·天問》説:"武發殺殷何所悒?載尸集戰何所急?"王逸注:"尸,主也。集,會也。言武王伐紂,載文王木王,稱太子發,急奉行天誅,爲民除害也。""載尸"就是指載文王木主。武王統率大軍在盟津會盟諸侯,軍中載有文王木主,表示奉行文王所受天命而伐紂,所以《太誓》極力推崇文王,稱"文王若日若月"。也就是利用文王過去在諸侯中的威望來和諸侯會盟,繼續作爲盟主而發表殺伐商紂的大計,分析當時形勢,表示必勝的信心,同時宣佈對敵作戰的政策,表示殺伐目標集中於商紂一人。目的在於進一步鞏固準備聯合作戰的諸侯聯盟,加強伐商必勝的信心,同時使得其他諸侯,特別是過去屬殷的諸侯不再助紂爲虐,脱離商紂的陣營,從而瓦解殷商的抵抗實力。

　　武王在這會盟中所作《太誓》,是以盟主身份所作的盟誓,所以《墨子》一書中,既引作《太誓》,又引作《大明》,"大明"即是"大盟",古"明""盟"同音通用。陳夢家已經指出:《墨子·非命上》所引《太誓》與《天志中》所引《大明》,內容相同,是大明之明是盟誓之盟②。《逸周書·商誓篇》説,"昔我盟津,帝休,辨商其有何國?命予小子肆伐殷戎",其中"辨商其有何國"一句當有脱誤,唐大沛注:"今姑就文義釋之,帝降休命,辨別商其能有何國,言衆心皆離也"。總之,武王在盟津

---

① 楊寬《中國古代陵寢制度史研究》中編第五節"周武王上祭于畢是否墓祭問題"。
② 陳夢家《尚書通論》第二十五頁,北京商務印書館一九五七年出版。惟陳氏曲解《孟子·滕文公下》所引《太誓》所説"侵于之疆,則取于殘"的"于",是文王所伐于國,認爲《太誓》另有"文王伐邘本",是錯誤的。

與諸侯會盟的結果，確是使殷商原有抵抗的陣營進一步瓦解，而武王伐商的陣營力量得到進一步加強。因而武王認爲這次會盟於盟津，是成功的，得到了上帝的讚許，因而上帝命令他實行伐殷的大計。

四　一天內決戰於牧野而克商的卓越戰略

武王經過在盟津和諸侯會盟之後，大大增強了自己伐商的實力，削弱了殷商的抵抗力量。但是，殷商畢竟是個大邦，周畢竟是個小國，殷商的軍隊當然在數量上遠遠超出武王所組織的討伐聯軍，因此武王要取得克商的勝利，不僅要作好充分準備，更需要制定出一個卓越的戰略方針。

在武王觀兵於盟津之後二年，武王制定了一個在牧野速戰速決的戰略，是非常卓越的。當時殷商的王畿，即所謂"大邑商"，四周都有天險。吳起說："殷紂之國，左孟門，右漳釜，前帶河，後被山，有此險也，然爲政不善，而武王伐之"（《戰國策·魏策一》）。就是說：商紂所居的王畿，左有太行山的關塞孟門（今河南輝縣西），右有漳水和滏水，前有黃河，後有山嶺，都是天險。除了天險之外，商代在國都殷（即今河南安陽）的四郊，還設有別都，駐屯有重兵，用以防守。在殷以南有個牧邑，就是《尚書·康誥》所說的妹邦和《尚書·酒誥》所說的"妹土"，"妹"或作"沫"，春秋以後稱爲朝歌。古時"妹""牧"雙聲通用。根據《古本竹書紀年》，"自盤庚遷殷，至紂之滅，二百七十三年，更不徙都"。殷是商代後期長期的都城，這已爲考古發掘所證實。但是文獻上有武乙或帝乙遷都朝歌，與紂都朝歌之說。《尚書·康誥》的妹邦，即是牧邑，是周初分封給康叔的衛的國都，《史記·衛世家》說是"故商墟"，就說是商的舊都。《漢書·地理志》在河內郡朝歌下也說："紂所都，周武王弟康叔所封，更名衛"。當時牧邑（即朝歌）正是別都所在，商紂即居住在牧邑的宮內，後來商紂在牧野戰敗之後，就是逃奔入牧邑宮內自焚而死的。當時商紂所以住在牧邑，因爲牧邑是別都，駐屯有重兵，是王畿南郊的軍事重鎮。直到殷商滅亡之後，康叔分封到此建立衛國，周朝的一支重兵"殷八自"，仍然駐屯在這裡。據《小臣謎簋》銘文，伯懋父（即康叔之子康伯髦）統率"殷八自"征伐東夷得勝歸來，是"復歸才（在）牧自"的。所謂"牧野"，就是牧邑之野，指朝歌以南七十里地區。《水經·清水注》說："自朝歌以南，南暨清水（即今衛河上游，土地平衍，據皋跨澤，悉坶（牧）野矣"。古文獻上如《詩·魯頌·閟宮》《墨子·明鬼下》《荀子·儒效篇》都作"牧之野"，是對的，這是指牧邑郊外的廣大地區，後人指爲朝歌以南七十里的地點，是錯誤的，正因爲牧邑是個防守國都的軍事重鎮，武王要克商，就必須進軍到牧野，在這裡展開決戰。一旦牧野的決戰取得決定性勝利，牧邑就可隨手取得，殷的都城也就没法防守，整個"大邑商"就很快可以全部佔領，從而取得克商勝利①。

武王進軍牧野的時間，是在武王觀兵於盟津之後二年（即文王受命十一年）的二月的甲子日②。甲子是武王選定到牧野決戰的吉日，這與周人相信甲子日吉利有關。後來周公建設東都成周，也是選定甲子日召集殷貴族而發佈命令動工的。周宣王的大臣兮甲，字伯吉父，見於《兮甲盤》銘文，即文獻上的尹吉甫。王國維解釋説："甲者月之始，故其字曰伯吉父，吉有始義"③。王充《論衡·譏日篇》也説："王者以甲子之日舉事，民亦用之"。根據《漢書·律曆志》所引《武成》據王國維所作《生霸死霸考》推算，武王於一月二十六日癸巳，從宗周出發，經歷二十五天，到二月二十一日戊午在盟津渡河，從盟津出發，又經六天，到二十七日甲子到達牧野，當天早上宣誓決戰就取得決定性勝利。從盟津到牧野約有三百里路程，這是採取急行軍，每天行五十里速度到達的。當時這一帶交通條件比較好的，從殷虛卜辭來，這一帶正好是殷王經常的狩獵區，可以通行馬車，殷王常常駕駛馬車到盟津以北的太行山南麓進行狩獵活動的。

武王統率進攻牧野的精鋭先鋒部隊，只有戎車三百乘，虎賁三千人。《孟子·盡心下》《吕氏春秋·貴因篇》《吕氏春秋·簡選篇》以及《史記·周本紀》都是這樣説的。《史記·周本紀》還説有"甲士四萬五千人"，更説："諸侯兵會者車四千乘"，紂"亦發兵七十萬人距武王"。"四千乘"和"七十萬人"之數，恐怕都不可信，調動幾千乘兵車和幾十萬人參與一個戰役，要到戰國時代才可能出現。據《尚書·牧誓》，在武王所統率的聯軍中，有庸、蜀、羌、髳、微盧、彭、濮等八國，其

---

① 楊寬《商代的别都制度》，刊於《復旦學報》（社會科學版）一九八四年第一期。
② 王國維《周開國年表》説：案《史記》係月與《武成》、《書序》不同。師渡盟津，《書序》係之一月，《武成》言惟一月壬辰旁死霸，則戊午爲一月之二十八。惟《史記》係之十二月，殊不可解。疑十二兩字乃一字之誤。若史公意，果爲十一年十二月，則下月甲子上，當書十二年或明年，以清眉目。又二月又當改爲一月，以十二月有戊午，則甲子不得在二月故也。十二兩字明出後世傳寫之誤。王氏此文寫作年代當早於《生霸死霸考》，仍從劉歆之説，以一月壬辰爲初二，因定戊午爲一月二十八日，謂《周本紀》十二月乃一月之誤。如果司馬遷在《周本紀》用周正之説，"十一年十二月"的"十二月"當爲"二月"之誤，下文"二月"當爲衍文。如果《周本紀》也如《齊世家》一樣採用殷正的話，可能原文作"一月"或"正月"，"二月甲子昧爽"的"二月"當爲衍文，原文應作"十一年正月師畢渡盟津……甲子昧爽武王朝至于商郊牧野"。總之，牧野之戰自當在十一年。《新唐書·曆志》引《竹書》："十一年庚寅周始伐商"。未載月份，"庚寅"二字是唐代一行根據《武成》月日，用大衍曆推算而得來，非《古本竹書紀年》原文。《吕氏春秋·首時篇》説："武王立（苍）十二年而有甲子之事"，當是併文王最初受命稱王之年計算在內。
③ 王國維《兮甲盤跋》，收入《觀堂别集》卷二。

中庸、蜀、羌、盧、濮五國，到春秋以後尚存，都是西南部族，他們不可能派遣四千乘兵車到牧野參加會戰。《呂氏春秋·古樂篇》說："武王即位，以六師伐殷，六師未至，以銳兵克之于牧野"，武王確是以精銳部隊作爲先鋒，採取突擊勐殺方式，取得了決定性的勝利的。《逸周書·克殷篇》說："周車三百五十乘陳于牧野，帝辛從。武王使尚父（即呂望）與伯夫（當即《牧誓》所說"百夫長"）致師（孔晁注，挑戰也）。王既誓，以虎賁戎車馳商師，商師大崩，商辛奔內，登于鹿臺之上屏遮而自燔于火。"商師的陣線，是被周作爲先鋒的三百多乘兵車和虎賁三千多人猛死勐殺得崩潰的。

牧野之戰，在甲子這天，從清晨誓師冲殺開始，到夜晚就取得全勝，迫使商紂自殺的。《詩·大雅·大明》描寫這場戰爭說："牧野洋洋，檀車煌煌，駟騵彭彭。維師尚父，時維鷹揚，涼彼武王，肆伐大商，會朝清明。""會朝清明"就是早晨清明之時。《逸周書·世俘篇》說："越若來二月，既死霸，越五日甲子，朝至接于商，則咸劉商王紂，執夫惡臣百人"（劉師培校改"夫惡"爲"共惡"）。所說"朝至接于商"，就是說清早到達就與商師接仗。《世俘篇》又說："時甲子夕，商王紂取天智玉琰及庶玉環身以自焚"（原有脫誤，從顧頡剛校正）。說明甲子當天夜晚，商紂就因失敗而自殺。一九七六年陝西臨潼出土的"利簋"有這方面與文獻符合的記載："征商，唯甲子朝，歲鼎克。聞（通"昏"），夙又（有）商。辛未王才（在）𪧘間（闌）𠂤。易（錫）又（有）事（司）利金，用乍（作）𨟎公寶䵼彝"。"甲子朝"就是甲子這天清早。"歲"通作"劌"，《說文》說："劌，傷也"。卜辭常有歲羌若干或歲若干牛的記述，歲即殺死之意。"鼎"通作"丁"，義爲"當"。"歲鼎克"就是說衝殺當即得勝。"聞"通作"昏"是說夜晚。"夙有商"是說快速佔有商邑。或者解釋"歲"爲歲星或歲祭[①]。但是敘述在"甲子朝"之後，未免文理難通。牧野之戰在甲子一天內，從早到晚就取得全勝，這與文獻記載是一致的。《呂氏春秋》上多次談到此事，如《首時篇》說，武王"立（苙）十二年而成甲子之事。"又如《覺因篇》說：武王"故選車三百，虎賁三千，朝（早）要甲子之期而紂爲禽（擒）"。《韓非子·初見秦篇》和《戰國策·秦策一》也都說："武王將素甲三千，戰一日破紂之國，禽其身，據其地而有其民。""利簋"記載正與文獻相合，"朝（早）"與"聞（昏）"上下文正相

[①] 《國語周語下》記伶州鳩說："昔武王伐紂，歲在鶉火"，又說："歲之所在，則我有周之分野也。"韋注："歲星在鶉火，鶉火，周之分野也。歲星所在，利以伐之也"。當時周人可能認爲歲星出現是戰勝的吉兆。但是，敘述在"甲子朝（早）"之後，並不恰當。如果把"歲"解釋爲歲祭，"鼎"解釋爲貞問，也有問題。這樣克商的大事，不可能僅僅記錄歲祭、貞問的結果。

呼應。

殷之所以兵多而不堪一擊,首先由於殷貴族生活奢侈腐化、沉迷酒色、政治敗壞,對人民十分暴虐。《國語·周語上》記祭公謀父説:"商王帝辛,大惡于民,庶民不忍,欣戴武王,以致戎于商牧。"《墨子·明鬼下》也説:"與殷人戰乎牧之野,王手禽費中(仲)、惡來,衆畔皆走("手"字原誤作"乎",從孫詒讓校正;"皆"原誤作"百",從王引之校正)"。這時殷的軍隊早已喪失鬥志,確如武王《太誓》所説"紂有億兆夷人,亦有離德",因而一擊即潰,旋即叛離而走。

其次原因是這時殷的力量已被東西兩面的夷戎部族所削弱。殷商的東部,從商代後期起,東夷的勢力逐漸強盛,《後漢書·東夷傳》載:"武乙衰政,東夷寖盛,遂分遷淮岱,漸居中土。"從今泰山以東、濟水以南,直到淮水流域,都成爲東夷分佈的區域。奄(今山東曲阜)曾是盤庚遷殷以前的國都,這時已成爲一支強大的東夷的主要居住區稱爲商奄或奄。營丘(今山東臨淄)一帶原爲殷的諸侯逢伯陵之地,這時也已成爲東夷的蒲姑所在地。殷商連年與東夷交戰,消耗力量很大,所以春秋時人説:"紂克東夷而殞其身"(《左傳》昭公十一年叔向語);"紂之百克而卒無後"(《左傳》宣公十二年欒武子語)。與此同時,西方和北方的戎狄也漸強大,逐漸進入中原地區,例如打敗周師的燕京之戎,在太原汾陽的燕京山一帶,雷學淇認爲"當殷末政衰爲戎所據"(見《竹書紀年義證》卷十四衰),是不錯的。商王文丁曾授權周的季歷征伐戎狄,授以牧師(諸侯之長)的稱號,季歷在不斷戰勝戎狄的過程中,壯大了力量,擴大了地盤。到商紂時,殷商實際能夠控制的地區,只有王畿及其南疆一帶,因而力量逐漸減弱。

周之所以兵少而能一舉克商,首先由於四代的連續的經營,姬、姜兩姓貴族的鞏固聯盟,領導集團的"同心同德"以及西南八國的加入聯盟。這次進軍牧野的聯軍,作爲統帥的太師呂望(即太公望)就是姜姓貴族;作爲六師長官之一的呂他,也該是姜姓貴族。

其次原因是武王繼承文王克商計劃,確定了適當的戰略步驟,會盟諸侯的成功,瓦解了殷紂的抵抗力量,增強了自己的實力,最後又制定了決戰於牧野的卓越戰略,利用殷商貴族內部很多矛盾、士兵沒有鬥志的時機,用精鋭的先鋒部隊頃刻間衝垮牧野守兵陣線,在甲子一天内取得了克商的戰果。

殷周之際已盛行車戰,以戰車上的甲士作爲戰鬥主力。武王所統率的革車三百乘,虎賁三千人,在這次牧野決戰中作爲先鋒的,就是周的主力軍。當時兵車一乘,大體上,車上乘有甲士十人,車後隨從徒卒二十人。《司馬法》載有一説:

"革車一乘,士十人,徒二十人",大體可信,春秋前期也還沿用這種兵制。《詩·魯頌·閟宮》記載魯僖公的軍隊,有"公車千乘""公徒三萬",每乘有公徒三十人,包括甲士與徒卒而言。《左傳》閔公二年載"齊侯(齊桓公)使公子無虧帥車三百乘,甲士三千人以戍曹",每乘也有甲士十人。《呂氏春秋·簡選篇》所說:"齊桓公良車三百乘,教卒萬人,以爲兵首,橫行海內,天下莫之能禁。"當有依據。所謂"兵首",便是用作先鋒。《左傳》定公十年記載夾谷會盟,"將盟,齊人加於載書曰:齊師出竟(境)而不以甲車三百乘從我者,有如此盟。"說明直到春秋晚期,以甲車三百乘出征還是常例。當年武王統率的革車三百乘、虎賁三千人,虎賁即指勇猛而快速的甲士,正是每車甲士十人。"賁"即"奔"的假借字,《後漢書·百官志》虎賁中郎將注:"虎賁舊作虎奔,言如虎之賁也。"西周常用虎賁作爲宿衛之臣,見於《尚書·立政》和《尚書·顧命》。

車戰方式與後世步騎作戰方式不同。雙方往往要先排列成整齊的車陣,然後挑戰和交戰。這種整齊的車陣,一經交戰,戰敗者如果崩潰,車陣大亂,就很難整頓車隊,重新組成車陣繼續作戰,所以每次決戰很快就分勝負,不像後來用步、騎兵野戰那樣曠日持久。春秋時代著名的大戰,如城濮之戰、邲之戰、鞌之戰,勝負都在一天內就見分曉,鄢陵之戰也祇經歷兩天。城濮之戰,晉以七百乘的兵力,抵擋楚和陳、蔡聯軍,以少勝多。晉先以下軍"犯陳蔡,陳蔡奔,楚右師潰";接著"以上軍夾攻子西,楚左師潰。楚師敗績"(《左傳》僖公二十八年)。就是先以下軍進攻薄弱的陳、蔡軍,作爲右師的陳、蔡就奔潰;接著又以上軍將佐從兩路夾攻楚左師,使左師又崩潰,於是晉就在城濮之戰中得到大勝。牧野之戰也有類似情況,武王"以虎賁戎車馳商師,商師大崩",接著乘商師崩潰的時機,乘勝追擊,就在甲子一天內取得這一大戰的全勝。

武王在牧野之戰取得克商的偉大戰果之後,隨即命令太師呂望乘勝進擊殷將方來,同時分兵四路南下,平定服屬於殷的南國諸侯。根據《逸周書·世俘篇》,在牧野之戰得勝之後,"咸劉商王紂,執共惡百人",就是殺死商紂,並捉到與商紂共同作惡的臣屬一百人;接著"太公望命禦方來;丁卯,望至,告以馘俘"。就是命令太師呂望繼續進擊殷將方來,到丁卯,即甲子在牧野得勝之後三天,呂望凱旋回來報告勝利,並舉行獻馘俘禮。呂望所進擊的方來,唐大沛和陳漢章都認爲即是《史記·秦本紀》所說的惡來(見唐所著《逸周書分編句釋》上編、陳所著《周書後案》卷上),並認爲"方"是東夷國名,《後漢書·東夷傳》有"方夷","來"是其名。據《史記·秦本紀》記載,商代末年嬴姓一支東夷遷居到了西方,其首領名

"中潏","在西戎,保西垂"。生蜚廉,蜚廉生惡來。惡來有力,蜚廉善走。父子俱以材力事殷紂,周武王之伐紂,並殺惡來。是時蜚廉爲紂使北方("使"原誤作"石",從梁玉繩等據《水經·汾水注》和《太平御覽》引《史記》改正),還無所報,爲壇霍太山而報,得石棺,銘曰:"帝令處父不與殷亂,賜爾石棺以華氏。死,遂葬於霍太山"。蜚廉即飛廉,中潏一作仲滑,《正義》引《世本》云:"仲滑生飛廉"。處父,《索隱》以爲"蜚廉別號"。《秦本紀》這段話,該採自嬴姓之族的傳説,所説飛廉"不與殷亂"而"得石棺",當是他們自古相傳祖先得到祕靈保佑的説法。事實上,飛廉和惡來同樣是被武王派人追逐殺死的。許多古書上都説他們是和崇侯虎同樣助紂爲虐的。《荀子·成相篇》説:"事之災,妒賢能,飛廉知政任惡來"。《荀子·儒效篇》又載進軍牧野途中,周公説:"刳比干而囚箕子,飛廉惡來知政,夫又惡有不可焉"。《吕氏春秋·當梁篇》又説:"殷紂染於崇侯,惡來……故國殘身死,爲天下僇。"惡來、飛廉是和崇侯虎一樣被商紂重用而聽信的大臣,所以武王特派大軍追擊。《孟子·滕文公下》説:"周公相武王誅紂,伐奄三年討其君,驅飛廉于海隅而戮之"。所謂"伐奄三年討其君",是周公東征的事。所謂"驅飛廉於海隅而戮之",是武王東征的事。該是惡來被武王攻殺以後,善走著稱的飛廉向東逃奔到原來東夷的居地,周師乘勝追擊,直追到海邊才殺死的。可以想見,追擊善走的飛廉,是經過一番激烈的追逐和戰鬥的。

根據《逸周書·世俘篇》,在丁卯這天吕望戰勝殷將方來回來,"告以馘俘"以後,"戊辰,王遂柴("柴"原誤作"禦",從于鬯校改),循追祀文王("追"原誤作"自",從盧文弨依據孔注改正),時日,王立政"。戊辰就是丁卯之後一天,這時殷的原來王畿已全部攻克,武王因而在此舉行柴祭,就是燒柴燎祭天。《説文》:"柴,燒柴燎祭天也",同時又追祀文王,並且在這天"王立政"。孔注:"是日,立王政佈天下",這一解釋並不確切。"立政"二字,應與《尚書·立政》同樣意義。王引之《經義述聞》解釋説:"《爾雅》曰:正,長也。故官之長謂之正。……政與正同……立政謂建立長官也"。武王在這裡"立政",當是發表新的統治全國的長官。

孟子、荀子等儒家爲了鼓吹武王是"仁義之師",是"以至仁伐至不仁",不免有武斷和虛構的歷史事實的地方。孟子武斷《武成》不可信,同時他描寫牧野之戰:"武王之伐殷也,革車三百兩,虎賁三千人。王曰:無畏!寧爾也,非敵百姓也。若崩厥(蹶)角稽首。征之爲言正也,各欲正己也,焉用戰?"(《孟子·盡心下》),這樣説武王在牧野前線發表告慰百姓的話,是爲了安定百姓而來,不與百姓爲敵,並説百姓聽到之後,都跪下來叩響頭,響聲像山崩一樣;而且認爲"征"只是"正"的意思,各人都要端正自己,又何必要戰争呢?這都是孟子憑理想而虚構的,不見有什麽根據。荀子就更進一步,指出牧野之戰是由於殷人倒戈而使武王得勝的。他描寫説:"武王之誅紂也……厭旦於牧之野,鼓之而紂卒易鄉(向),遂乘殷人而誅紂,蓋殺非周人,因殷人也,故無首虜之獲,無蹈難之賞。反而定三革,偃五兵,合天下,立聲樂,於是《武》、《象》起而《韶護》廢矣"(《荀子·儒效篇》)。這是説:牧野之戰,指揮作戰的鼓聲一響,紂卒就倒戈,掉頭轉向,他們殺了紂,不勞周人動手,因而周師没有砍下一個頭、捉住一個俘虜,也没有因戰功而受賞的事,回去後就放棄三種盔甲和五種兵器而不用,於是創立稱爲《武》、《象》的音樂而廢除殷代稱爲《韶護》的音樂。在孟子、荀子等儒家的宣傳鼓吹下,殷人倒戈而使周人得勝,就成爲牧野之戰的主要關鍵。所以,《史記·周本紀》説:"紂師皆倒兵以戰,以開武王。武王馳之,紂兵皆崩,畔(叛)紂。"《華陽國志》的"巴志"更説:"周武王伐紂,實得巴蜀之師。……巴師勇鋭,歌舞以凌,殷人倒戈,故世稱之曰:武王伐紂,前歌後舞也。"一場有關朝代興廢的決戰變成了"前歌後舞"的慶祝場面。至於,東晉人僞造的僞《古文尚書·武成》説:"甲子昧爽,受(紂)率其旅若林,會于牧野,罔有敵于我師,前徒倒戈,攻于後以北,血流漂杵。"就不免自相矛盾了。既要承認"殷人倒戈"是事實,又要承認"血流漂杵"是事實,於是就造出"前徒倒戈,攻于後以北"的話,"血流漂杵"就變成"殷人倒戈"的結果了。

五 繼續平定殷貴族,在洛邑創設國都的遠大計畫

根據近年新出土的《利簋》銘文,武王在甲子日克商之後,"辛未王才(在)㝬間(闌)自,易(錫)又(有)事(司)利金。"辛未是甲子之後第七天,戊辰"王立政"之後第三天,武王已從指揮作戰的前線來到闌自坐鎮,在那裡賞賜有功的臣屬。"闌"這個地名,多次見於商代銅器銘文,連同《利簋》銘文,有五種不同的寫法,商王常到那裡,在宗廟裡把貝賞賜臣下。如《戍嗣子鼎》銘文,記載商王在闌宗(即宗廟)賞給貝廿朋。這個"闌"字,從"柬"得聲,"柬"或省作"束",從"宀"或從"間"等,都是形符。容庚《金文編》釋《宰梋角》銘文,定爲"闌"字。于省吾考釋《利簋》銘文,也定爲"闌"字,並進一步認爲"管"的初文,"古無管字,管爲後起的借字"[①]。徐中舒也認爲:"辛未是甲子後第八日(按應是第七日),闌,其地必在殷

---

① 于省吾《利簋銘文考釋》,《文物》一九七七年第八期。

都朝歌不遠,于氏以"闌"爲管叔之"管",以聲韻及地望言之,其説可信。"①《墨子》兩次提到"管叔"都作"關叔",見於《耕柱篇》和《公孟篇》。"闌"與"關"音義俱近,更足以證明"闌"即是"管"。《史記·管蔡世家》説:武王"封叔鮮于管","管"這個地名早就存在,"管"是後起字,原本寫作"闌"。從沿革地理來看,近年河南鄭州發現的規模很大的商城,即是管城。《括地志》(《史記·周本紀》正義引)説:"鄭州管城縣外城,古管國也。周武王弟叔鮮所封"。《元和郡縣志》卷八河南道鄭州"郭下"也説:"本周封管叔之國"。所謂"外城"或"郭下",正是現在發現的鄭州商城。根據考古發掘,緊貼商代夯土城牆外壁,附加有一周戰國時代修築的城牆,漢代以後城垣規模縮小三分之一以上,在北部另築一道城牆,把三分之一面積隔開在外,即成爲"外城"或"郭下"。外城或郭下正是商代管邑的城牆,建築於商代前期(二里崗下層文化時期),曾一直沿用到戰國。管邑該和牧邑一樣,原是商的别都,所以建有大城,設有宗廟,商王常到此對臣下賞賜。原來是個戰略要地,所以駐屯有重兵,建有牢固城牆。當周師從盟津渡河進攻牧野時,估計此地已成爲駐屯重兵的後方,所以《利簋》仍然稱爲"闌自"。等到武王克商,就到此地來坐鎮,並對臣行賞賜,正因爲這是黄河以南的戰略要地,便於在這裡指揮攻克南國所有殷屬諸侯的軍事行動,處理有關政務,從而鞏固對中原地區的統治。後來把管叔封在這裡,作爲三監之一,同樣是爲了鞏固對中原的統治,並就近監視殷貴族的行動②。

　　武王在利用原有管邑作爲統治中原重要據點的同時,也還把洛邑作爲駐屯重兵的基地,并計劃進一步建設成爲國都。《史記·周本紀》末段載太史公曰:"學者皆稱周伐紂,居洛邑。綜其實,不然。武王營之,成王使召公卜居,居九鼎焉。"周朝把洛邑建設成東都成周,確實開始于武王的規劃,至成王時才建成。但是説"學者皆稱周伐紂,居洛邑",也是不錯的。《尚書·洛誥》記周公説:"予惟乙卯,朝(早)至於洛師",可知在成周未建成以前洛邑已有"洛師"之稱。"洛師"之稱,如同"闌自"一樣,當因駐屯重兵而得名。盟津後來又稱孟津,在今河南孟縣西南黄河沿岸,西周、春秋時附近有邑名盟,原爲蘇國之邑。盟津正介於洛邑和管邑中間的黄河沿岸,武王要在盟津會合諸侯的聯軍,大規模的渡河北上進軍牧野,是必須先攻占洛邑和管邑,並駐屯重兵,作爲支援大軍渡河的基地,並防止殷

---

① 《文物》一九七八年第七期《關於利簋銘文考釋的討論》。
② 楊寬《商代的别都制度》,刊於《復旦學報》(社會科學版)一九八四年第一期。

的南疆諸侯從背後襲擊。從地理形勢來看,洛邑比管邑更爲重要。後來三監叛亂時,也曾以攻取洛邑作爲目標。《史記·衛世家》載:三監"乃與武庚禄父作亂,欲攻成周",當三監叛亂時還没有成周之名,當即指洛邑。正因爲洛邑是中原十分重要的戰略要地。

  武王克商以後,就有建都洛邑的計劃。近年陝西寶雞出土的《何尊》記載成王"諾宗小子(宗小子是指宗族中的小輩)于京室曰……惟武王既克大邑商,則廷告于天曰:余其宅兹中或(國),自之辟(乂)民。"所謂"中國"就是四方的中心,即指洛邑。所謂"宅兹中國"就是要建都于洛邑。他之所以要"廷告于天",因爲自以爲接受"天命",要順從天意,要營建符合天意的國都。《逸周書·度邑篇》記載武王克商後,整夜睡不著覺,憂慮的是"未定大保"難以安定大局,"天保"即是指順從天意的國都。武王原要傳位於周公,周公没有接受,於是武王把建設洛邑爲國都的任務囑託周公。王曰:"嗚呼!旦,我圖夷兹殷(我圖謀平定這個殷商),其惟依天室("依"與"殷"同音通假,要在明堂舉行内外群臣大會見和大獻祭的殷禮),其有憲命,求兹無遠(宣佈法令可以在此不遠離天意),天有求繹,相我不難(如果天有什麽尋求,在此不難得到天的對我幫助)。自洛汭延於伊汭(從洛水入河處到伊水入洛處),易居無固(地平易無險固),其有夏之居(是有夏建都之處)。我南望過於三塗(我向南望超過三塗山),北望過于嶽鄙(我向北望超過太行山附近的都邑),顧瞻過於有河(回顧超過黄河),宛瞻延于伊洛(坐看能看到伊水洛水),無遠天室(不要遠離明堂)。"這段話,《史記·周本紀》曾經引用,是很重要的。説明武王要把洛邑建設成國都,目的在於平定殷商,在這裡可以舉行會見群臣的殷禮,宣佈法令,從而鞏固統治。從這段話,可知武王曾考察洛邑的地理形勢,登高向南北瞭望,認爲適宜在此建設國都。"其有夏之居",舊注以爲是説原是夏代的國都,這是錯誤的。屈萬里説:"周人自謂其國曰夏,《尚書》……區夏、有夏皆謂周也。此有夏,亦當指周言。其,將然之詞,言此地將爲周之居處(意謂京都)也"①。這個解釋是正確的。周人自稱"我有夏"(見《尚書·君奭》《立政》),"有夏之居"即是"周居",所以《史記·周本紀》下文接著就説:"營周居於洛邑而去"。這個"營"字是規劃的意思,是説武王和周公在洛邑作好建都的規劃後離去。從武王所説考察洛邑的情況和《史記》所説"營周居於洛邑而去"來看,武王和周公談話的地點應該就在洛邑附近。《逸周書·度邑篇》第一段説:"王室于

---

① 勞榦、屈萬里校注《史記今注》第一册卷四"周本紀注",臺灣"叢書委員會"一九六三年出版。

周,自鹿至于丘中,具明不寢"。"王"字下疑脱"將"字。"鹿"與"丘中"的地點不詳,該在洛邑附近。當是臨行前,在中原地區巡視,因"未定天保"而睡不著覺,武王這個繼續"圖夷茲殷"即平定殷貴族,在洛邑建設"天保"(即新的國都)和創設宣佈法令的"天室"(即"明堂")的規劃,是高瞻遠矚的,他把這一規劃交託周公去完成,並因兒子年幼而要傳位給周公,也是爲鞏固周朝統治著想的。武王去世,周公因成王年幼而攝政,在平定三監和武庚叛亂、東征勝利後,營建東都成周,都是執行了武王這個遠大規劃的①。

六　分路逐步征服南國諸侯的戰鬥

當武王克商後,爲了平定中原地區,除了派太師呂望乘勝追擊殷將,攻殺惡來、飛廉之外,還分兵四路南下,討伐殷的南國諸侯,就是周人歌頌武王克商的《大武》樂章"三成而南,四成而南國是疆"(禮記·樂記)。

根據《逸周書·世俘篇》,四路分兵南下討伐的情況如下:

呂他命伐越戲方,壬申,至("至"上原衍"新荒"二字,從張惠言校删),告以馘俘。

侯來伐靡集于陳,辛巳至,告以馘俘。

甲申,百弇命以虎賁誓,命伐衛,告以馘俘。

庚子,陳本命伐磿("磿"原誤作"曆",從梁履繩校改);百韋命伐宣方,新荒命伐蜀。乙巳,陳本、新荒蜀、磿至("陳本"下原衍"命"字,從唐大沛、顧頡剛校删。"新荒"下丁山增補"以"字。),告禽霍侯,俘艾侯、佚侯、小臣四十有六,禽御八百有三十兩,告以馘俘。百韋,告以禽宣方,禽禦三十兩,告以馘俘。百韋伐厲,告以馘俘。

上述分兵四路南下,統率的將領爲呂他、侯來、百弇、陳本、百韋、新荒,共六人。《世俘篇》下文記載武王在四月回到宗周,在周廟舉行獻俘禮。

武王降自車,乃俾史佚繇書("繇"通"籀","籀書"即"讀書")于天室

---

① 楊寬《西周初期東都成周的建設及其政治作用》,刊於上海華東師範大學出版《歷史教學問題》一九八三年第四期。

（"室"原誤作"號"，依據《呂氏春秋·古樂篇》所説"歸乃薦俘馘于京太室"，改正爲"室"）。武王乃履于紂共惡臣百人（"共"原誤作"矢"，"臣"下原衍"人"字，從顧頡剛校正），伐右厥甲小子則大師（"則"原誤作"鼎"，脱去旁邊"刀"，今改正），伐厥四十夫冢君則師（"冢君"原誤作"家君"，"則"原誤作"鼎"，脱去旁邊"刀"，今改正），司徒、司馬初厥于郊號（"郊"疑通作"校"，"號"亦"室"字之誤）。

舉行獻俘禮時，要殺死一批重要俘虜獻祭。主持殺俘者和殺的方式，是有等級的。先由武王主持"廢"紂的共同作惡之臣一百人，"廢"是殺滅之意①。其次由太師吕望主持"伐"甲小子即指殷貴族，再其次由師（即師氏）主持"伐"冢君四十夫，冢君即諸侯。"伐"是殺頭之意。最後由司徒、司馬"初"干校室，殺死次一等戰俘，"初"是裁剪之意②。其中"伐厥四十夫冢君"的"師"，即是師氏，當即上述奉命征伐南國諸侯的六個將領，就是武王所統率的"六師"的長官；所"伐"的四十夫冢君，就是六師所擒俘的霍侯、艾侯和宣方之君等。《呂氏春秋·古樂篇》説武王"以六師伐殷"，確有依據。後來西周一代沿用這個"六師"的兵制，即西周金文所説的"西六師"。

上述第一路軍，由師氏他統率，征伐越戲方。《路史·國名紀己》的"商世侯伯"中，以爲戲方即春秋時代鄭國的戲，見於《左傳》襄公九年。其説可從。《水經·河水注》謂汜水出浮戲山，《元和郡縣志》卷五"河南道汜水縣"下説："汜水出縣東南三十二里浮戲山"。越戲方當即在浮戲山下。在今河南鞏縣東南③。因爲地點離開武王坐鎮的管邑較近，到壬申，即甲子後第八天，呂他就凱旋歸來"告以馘俘"。

上述第二路軍，由師氏侯來統率，討伐殷將靡集於陳，陳當即後來武王分封給媯滿的陳，在今河南淮陽。這一路到辛巳，即甲子後第十七天，凱旋歸來"告以馘俘"。

---

① 顧頡剛《逸周書世俘篇校注、寫定和評論》説：《爾雅》《釋言》，替，廢也。替，滅也。是廢與滅同義，即殺。按《爾雅》郭璞注："亦爲滅絶"。看來"廢"是滅絶之意，比殺還要厲害。

② 伐字，甲骨文像以戈殺頭的形象。初字，從"刀"從"衣"，有剪裁之意。看來"廢""伐""初"是三種不同等級的殺俘方式。

③ 越戲方，孔晁以爲紂之三邑，不確。朱右曾以爲戲即戲陽，在内黄縣北；方即防陵，在安陽縣西南，都不確。商代諸侯常稱爲"方"，越戲方當爲一方國名。這時周武王正分兵向南國諸候進攻，當以《路史》的解釋爲是，越戲方即在春秋時代鄭國的戲，亦稱戲童，見於《春秋》經傳成公十七年。

上述第三路軍,由師氏百弇("百"當與"伯"通)誓師之後,統率虎賁伐衛。這個"衛",不可能指商的都城殷或別都牧(即朝歌),因爲經過牧野之戰後這些地方早已被周佔有。"衛"與"韋"同音通用,當即指豕韋,豕韋亦可單稱韋,見於《詩·商頌·長發》。《國語·鄭語》記史伯説:"大彭、豕韋爲商伯矣"。《左傳》襄公二十四年記范宣子説:"昔匄之祖,在商爲豕韋氏"。可知豕韋在商代尚存,且很強大而爲"商伯"。所以武王特命百弇誓師之後,統率精鋭虎賁去征伐。址在今河南滑縣南。到甲申,即甲子後第二十天,這路軍也勝利歸來獻馘俘。

　　上述第四路軍,共分三支。庚子這天,即甲子後第三十六天,師氏陳本奉命伐厤,師氏百韋奉命伐宣方,師氏新荒奉命伐蜀。厤、宣方、蜀,當是三個相互鄰近的地點。厤當即春秋時代鄭國的歷,見於《國語·鄭語》。歷又作櫟,《史記·鄭世家》:"厲公出居邊邑櫟",《索隱》:"按櫟音歷,即鄭初得十邑之歷也"。地點在今河南禹縣①。蜀,當即戰國時代魏國的蜀澤,亦作涿澤(從沈延國《逸周書集釋》所引沈祖緜説),在今河南禹縣東北②。宣方應與厤、蜀兩地相近,疑即春秋時代鄭國的宛,見於《左傳》襄公二十四年,在今河南許昌西北,長葛東北③。該是由於武王分兵平定殷的南國諸侯,這時南國諸侯開始在蜀、厤、宣方一帶集合,準備聯合抵抗南下的周師,所以武王要同時派遣三員大將統率三友大軍一起進討,因而爆發了一場比較激烈的戰鬥。

　　到乙巳,即庚子奉命出征之後第五天,陳本和新荒回來報告聯合作戰的勝利戰果,計生擒霍侯、艾侯、佚侯及小臣四十六人,並俘得戰車八百零三輛。百韋也回來報告擒得宣方之君,並俘得戰車三十輛。戰果所以會如此之大,俘得殷的南國諸侯和戰車所以會如此之多,就是由於撲滅了這支正在集合反抗的諸侯聯軍的結果。霍侯所在霍國,《世本》説:"霍國,真姓後"(《史記·三代世表》索隱引),張澍《世本集粹補注》説:"霍,侯爵,武王禽之,今汝之梁縣有故霍國,非晉霍也"。

---

① 厤,盧文弨以爲即黄歇説秦云"割濮厤之北"的"厤",在商畿内,不確。這時武王正向南國諸侯進軍,厤,該即西周、春秋間鄭國的歷,亦作櫟,在今河南禹縣。

② 朱右曾云:"愚謂今山東東昌府濮州南有歷山,泰安府泰安縣西有蜀亭,河南懷慶府修武縣北有濁鹿城,然距朝歌俱遠,非五日能往返也。"按朱氏認爲把"厤"解釋爲濮州南的歷山,"蜀"解釋爲泰安西的蜀亭或修武北的濁鹿,都離朝歌太遠,不是五天所能往返。現在知道,當武王下令分兵南下時,武王本人早已不在朝歌,而坐鎮於管邑,即今鄭州。因此厤、蜀、宣方都該在今鄭州以南。屈萬里以爲蜀即春秋時代魯國近衛之蜀地,不確。當從沈祖緜之説,定爲戰國時代魏國的濁澤,在今禹縣東北。

③ 屈萬里以爲宣方"可能是甲骨文中常見的亘方,《殷墟卜辭綜述》(第二七六頁)以爲亘方就是《漢書·地理志》之垣,在今垣曲縣西南二十里"。這一推斷並不可信。垣曲縣在今山西省東南部,離河南禹縣很遠,不可能成爲與蜀、厤同時進攻的目標。

張説可從。《左傳》哀公四年記載楚人"襲梁及霍",杜注"梁南有霍陽山"。《後漢書‧郡國志》同。霍陽山見于《水經‧汝水注》,在今河南臨汝東南。這在蜀、歷以西一百四十里左右,當是霍侯從霍統率軍隊東進到蜀、歷一帶與諸侯聯合抵抗周師,被周師打敗俘虜。艾侯、佚侯所在不詳,也該是參與聯合抵抗的南國諸侯,戰敗而被俘的。

接著百韋又奉命伐厲,該是進一步討伐反抗的南國諸侯。厲即在老子出生的苦縣厲鄉(從沈延國《逸周書集釋》引沈祖緜説),春秋時代有兩個厲國,一個在今湖北省隨縣東北,一作賴,見於《漢書‧地理志》,在南陽郡隨縣之厲鄉。另一個見於《春秋》僖公十五年:"齊師、曹師伐厲",王夫之《春秋稗疏》認爲齊曹之師不可能輕率一舉而越江漢而向隨,當即老子出生之苦縣(厲鄉),在今河南鹿縣東。按:王説甚是,此時齊移救徐之師伐厲,不可能遠達隨縣之北。殷周之際的厲亦應在此,不可能遠在隨縣。厲在今河南鹿縣,又在蜀、歷東南三百多里。這是周師徵伐南國諸侯所到的最遠地方。

根據《逸周書‧世俘篇》,周師除了征伐南國諸侯有重大戰鬥以外,也還曾征伐其他小國。總的戰果是:"武王遂征四方,凡憝國九十有九國,馘磿(原誤作"魔",從盧文弨校改)億有七萬("七"原誤作"十",從章炳麟《菿漢昌言》校改)七千七百七十有九,俘人三億萬有二百三十,凡服國六百五十有二。""憝"與"敦"同是伐的意思。古代"十萬曰億"(見《詩‧大雅‧假樂》鄭箋、《國語‧楚語》韋注等),這是説,共征伐九十九個諸侯,得馘首十七萬七千多,俘虜的人三十一萬多。一共降服了六百五十二國。這個總的統計數字,沒有其他材料可作比較。唐大沛説:"此篇中蓋有後人所增益以侈大其事者,然原本疑亦史佚所記也"。顧頡剛先生也説:"按此數字固有誇大性"。究竟是否誇大,有沒有後人增益以侈大其事者,已無從查考。《小盂鼎》記載周康王時盂征伐鬼方,一次就"執嘼(酋)二人,隻(獲)馘四千八百□十二馘,孚(俘)人萬三千八十一人,孚(俘)馬□□匹,孚(俘)車卅兩,孚(俘)牛三百五十五牛,羊卅八羊"。盂這樣征伐一個鬼方,一次就得馘首四千八百多,俘虜一萬三千多。武王克商時,征伐的國家近一百個,那麽,所得馘首十七萬多,所俘的人三十一萬多,也不一定是誇大的(見圖二)。

根據《逸周書‧世俘篇》,到辛亥,即甲子後第四十七天,武王又到殷都舉行告天之祭,并向祖先舉行告捷禮,"維告殷罪"(報告殷的罪狀),"正國伯"(確定諸侯之長的席位)。次日壬子,"正邦君"(確定諸侯的席位)。再次日癸丑,"薦俘殷士百人"(用所俘殷貴族一百人作爲犧牲獻祭)。再次日甲寅,"謁戎殷于牧野"

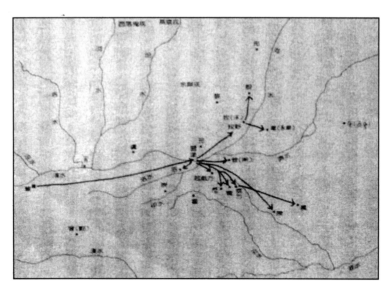

圖二　武王克商示意圖

("戎"原誤作"我",從盧文弨改正,就是報告用兵伐殷的經過)。再次日乙卯祭禮才結束。祭禮十分隆重,接連舉行了五天,就是《禮記·大傳篇》所說:"牧之野,武王之大事也,既事而退,柴于上帝,祈于社,設奠于牧室"。鄭玄注:"牧室,牧野之室也。"這種在前線得勝後當場向祖先舉告捷的祭禮,到春秋時代楚曾仿效舉行。公元前五九七年邲之戰,楚勝晉,楚莊王就曾舉"武王克商"而"作《頌》""又作《武》"的例子,在前線,"祀于河(祭祀河神),作先君宫(造祖先之廟),告成事而還"(《左傳》宣公十二年)。武王這樣在前線舉行隆重的告捷禮,就是表示"克商"的戰爭已取得全勝。說明武王克商的整個戰鬥過程,前後一共經歷了四十六天。

七　總論周武王克商的成就

周武王克商,是先秦歷史上一件改朝換代的大事。武王在位的年數不長,即位後四年就取得克商的大勝利,克商後二年就去世。武王之所以能夠克商,首先是四代接連經營的結果,特別是文王經營五十年的結果。太王派遣長子太伯和次子仲雍帶領一支周族東進到今山西平陸附近創建虞國,這是"實始翦商"的一個重要戰略步驟。到季歷即位以後,太伯的虞國和季歷的周邦,就成為兩國相互幫助的兄弟國家,即《詩·大雅·皇矣》所謂"帝作邦作對,自大伯、王季"。季歷之所以能夠替殷商抵禦和戰勝不少戎狄部落,贏得商王的信任而給以"牧師"的封號,並借此得以伸展周人東進的勢力,就是憑藉虞國這個牢固的基地。這是季歷和太伯友好合作的結果。否則的話,季歷統率孤軍深入,絕不可能取得如此成就的。與此同時,姬姓貴族在今陝西朝邑縣南所建的芮國,正是從周到虞之間的中間連結站,對於季歷以及此後文王的東進得勝,都是起了重要作用的。所以"八虞"成爲文王重用的大臣,芮伯成爲成王、康王之際的重要大臣。當時商王要借重周君以抵禦西北強大的戎狄和制服不服從的諸侯,先後給季歷以"牧師"封號和文王以"方伯"封號,而季歷和文王借此逐漸壯大自己的力量,擴展佔有的地盤。於是商王又採取打擊的措施,因而季歷爲商王文丁所殺,文王一度也被商紂所囚。到文王的晚年,即文王所謂受命稱王之年,周人的力量已經長大,就計劃逐步克商了。等到文王在黃河以北攻克邘(今河南沁陽西北),在黃河以南攻克崇(今河南嵩縣附近),已從南北兩路對商的王畿(即所謂"大邑商")形成包圍形勢。文王不僅團結好姬姓貴族以及周圍小國,還重視選拔人才,並重用投奔前來異姓貴族,在諸侯中造成極高的威信。《左傳》襄公三十一年記衛國北宮文子説:"周書數文王之德曰:大國畏其力,小國懷其德,言畏而愛之也"(杜注:《逸書》)。文王就是在"力"和"德"兩方面造成了"克商"的基礎。

　　不幸文王在克崇一年後去世,克商的計劃來不及實現,就留待武王進一步規劃和實現了。好在武王重用的大臣就是文王所選拔而重用的大臣,因而很方便的保持推行政策和規劃的連續性。武王即位後二年,在盟津約期與諸侯會盟,由武王主盟而發表盟誓,説明伐紂出於民意和天命,殺伐是討其殘暴,並分析形勢,對比力量,指出勢在必勝。特別重要的是宣佈對敵政策,把商紂稱爲"獨夫",而歸罪於一人,所有百官和貴族可以寬大對待,一概無罪。目的在於加強參與伐商諸侯的必勝信念,同時分化瓦解商紂的抵抗力量,使商紂陷於孤立無援的地步,以便一舉殲滅。這次武王統率大軍在盟津與諸侯會盟,還具有大規模行軍與軍事演習性質,以便做好此後定期在此會師渡河北上決戰的準備。這一次與諸侯會盟目的本來不在會合出兵北伐。因爲原本《太誓》失傳,後人發生誤解,誤認爲武王先後兩次誓師北伐,第一次因"天命未可"而"還師歸"。這樣就不能正確理解武王這次會盟諸侯而作《太誓》的目的和作用了。

　　《太誓》雖然已經失傳,只見先秦古書所引的片段,但是我們從這些片段,結合其他有關武王的文獻,還可以看到這是一篇理論性很強的盟誓。他自稱奉天命討伐商紂同時指出天命是順從民意的,實際上就是根據民意進行討伐,還著重指出,所以要大張殺伐、耀武揚威,爲的是討其殘暴,這將比商湯伐夏更有光彩。

而且又指出,少數人的"同心同德"可以戰勝多數人的"離心離德"。自稱有治臣十人"同心同德",可以勝過商紂有"億兆夷人亦有離德"。這種根據天命和民意進行討伐的主張,針對其殘暴大張殺伐的方針,少數人同心同德可以戰勝多數人離心離德的決策,都是中國歷史上第一次提出的,以前不曾見過的,影響是十分遠大的。不僅在當時政治上和軍事行動上發生了無比威力,對武王克商發生巨大的作用,而且對於後代政治思想發生了重大影響,常被有遠見的政治家和思想家所引用。特別是《太誓》把商紂稱爲"獨夫紂",或者稱爲"一夫紂",到戰國時代孟子、荀子等儒家就進一步加以發揮成爲在思想界有很大影響的"湯武革命"理論。

由於武王會盟諸侯於盟津的成功,所作《太誓》發揮了作用,分化瓦解了商紂的抵抗陣營,加強了武王的伐商陣營。武王就在會盟諸侯之後二年,選定日期,統率西方諸侯聯軍渡盟津北上,制定了一個在殷商駐防重兵的地點牧野,進行速戰速決的戰略。在甲子這天清早,他指揮自己最精銳的兵車三百乘,虎賁三千人,向殷商車陣猛烈衝擊,一下子就衝得殷的車陣崩潰而不可收拾,武王繼續指揮大軍追擊,到夜晚就取得全勝,迫使商紂奔入宮內,登鹿臺而自焚死。只經過甲子一天的戰鬥,就取得了克商的輝煌戰果。接著,武王就命令太師呂望進擊不在牧野作戰的重要殷將,追殺了和崇侯虎同樣"助紂爲虐"的將領如惡來、飛廉等人。同時武王下令分兵四路南下,討伐南國諸侯。由於南國諸侯的頑強抵抗,特別是有些諸侯聯合集中對抗,戰鬥比較激烈,殺傷和俘虜的人比較多。先後經過四十六天的連續戰鬥,終於把對抗的諸侯全部征服或撲滅了,據說一共征伐九十九國,得馘首十七萬七千多,俘虜三十一萬多人。

武王在甲子一天內取得克商的戰果,瓦解了殷貴族的抵抗。武王執行了在過去《太誓》中已經宣佈的對敵政策,除了追殺已經自殺的商紂和二妻的頭顱以外,只捉拿了與紂共惡的臣一百人,沒有追究一般官僚和貴族的罪責。但是,遺留下來的問題,是十分嚴重的,殷貴族的勢力在原來商的王畿內是根深柢固的。爲此,武王召集殷商的各級貴族,發表告誡的講話,這就是《逸周書·商誓篇》。告誡的範圍包括"冢邦君"、(諸侯)"舊官人"(原來官僚)、"太史友""小史友"(二"友"字原誤作"比"和"昔",從孫詒讓校正,即史官所有僚屬),及"百官""里君"("君"原誤作"居",從王國維改正,即一里之長)、"獻民"(即貴族)等,對他們告誡的內容,主要有下列五點:

(一) 克商出於天命,甲子日牧野之戰是"致天之大罰"。由於商紂昏(泯)憂

(擾)天下,"昏虐百姓",上帝"乃命朕文考(即文王)曰:殪商之多罪紂,肆予小子發(武王自稱)弗敢忘","予惟甲子剋致天之大罰"。

(二)歸罪於紂一人,稱之爲"一夫",也即"獨夫";同時宣稱商之百姓(指貴族)無罪,只須聽從周的命令,便可安居。如説:"昔在我西土,我其有言,胥告商之百姓無罪,其惟一夫。予既殪紂,承天命,予亦來休。命爾百姓、里君("君"原誤作"居",今改正),君子,其周即命"。

(三)諸侯如果違命,也將奉行天罰。如説:"爾冢邦君,無敢其有不告見,于我有周。其比冢邦君,我無攸愛,上帝曰必伐之,今予惟明告爾。"

(四)所有"多子""百姓"(指貴族),聽從天命和周的命令,安處而不作亂,便可得到保護。如説:"爾多子,其人自敬,助天永休于我西土;爾百姓,其亦有安處在彼,宜在天命,弗反側興亂,予保奭其介"("弗"字原脱,"反"原誤作"及",從丁宗洛校補)。

(五)所有"冢邦君、商庶、百姓",如果不聽命,就要按天命殺滅如説:"今紂棄成湯之典,肆上帝命我小國曰:革商國。肆予明命汝百姓,其斯弗用朕命,其斯冢邦君、商庶、百姓,予則肆劉滅之"("劉"上"肆"字原缺,從孫詒讓校補)。

武王發表這篇比較長的文告,就是已經看到殷貴族人數衆人,勢力龐大,存在發生叛亂的危險,因而宣佈這個安撫和殺滅兼施的政策,用以防止叛亂的發生。

與此同時,武王也已見到自己王位繼承上存在危機。因爲殷貴族的勢力還很強大,要平定此後殷貴族所發動的叛亂,鞏固新創建的周朝的統治,是十分艱巨的一個政治任務;武王自己的兒子年紀尚幼,如果武王一旦去世,由幼子即位,就很難擔當起這個重任,爲此,武王要傳位給周公。《逸周書·度邑篇》載:"王□□傳于後",這兩個缺字,朱右曾以爲"欲旦"二字,唐大沛以爲"命旦"二字。大體是不錯的。《度邑篇》又記武王説:"乃今我兄弟相後,我筮龜其何所即,今用建庶建。"唐大沛注:"兄先弟後,殷人傳及之法也,後即上文傳於後之後。"朱右曾又以爲不傳子而傳弟故曰庶建。這個理解也是正確的。《度邑篇》下文説:"叔旦恐,泣涕共(拱)手",就是周公表示不接受。於是武王把建設國都於雒邑的大事,囑託給周公。武王規劃在雒邑營建都城的目的,就是爲了"圖夷茲殷",也就是平定這個殷商,鞏固周在中原的統治。武王死後,周公因成王年幼,奉成王而攝政稱王,等到平定三監和武庚叛亂,東征得到勝利,全國統一,局勢大定,周公奉著成王與召公一起策劃營建東都成周,待成周建成便歸政于成王,而成王任命周公繼續留守成周,作爲"四輔"(即四方之輔),主持以後東都的政務。可以說,所有這些都是執行了武王遺囑。所以《何尊》記載:"惟王(成王)初鄹,宅于成周"(成王初次升登王位,建都於成周),成王來到成周的京室,要鄭重地宣告"宗小子""宅兹中國"(即"宅于成周")是武王克商之後"廷告于天"的大事。

武王克商以後,從原來商的王畿中分割一部份地區作爲王子禄父(即武庚)的封國,同時在他周圍設置"三監"加以監督控制,這樣採用安撫和監督兼施的辦法,是萬分不得已的,因爲殷貴族在原來商的王畿以內勢力還很强大,不得不加以安撫籠絡。猶如春秋初期鄭莊公攻克許國,許莊公出奔,"鄭伯使許大夫百里奉許叔(許莊公之弟)以居許東偏""乃使公孫獲處許西偏"(《左傳》隱公十一年)。又如戰國中期秦惠王攻滅蜀國,殺死蜀王,因爲"戎伯尚彊"(《華陽國志》卷三"蜀志"),分封蜀王後裔,"貶蜀王更號爲侯",作爲秦的屬國,同時"使陳莊相蜀""以張若爲蜀守",加以監督控制。

武王死後所以會發生三監和武庚以及聯合東夷的叛亂,就是由於强大的殷貴族的存在,這個問題没有得到妥善的解決。武王生前擔憂的就是這點,他之所以要傳位於周公和囑託周公營建東都,也是爲了這點。武王這樣的主張是很有遠見的。後來周朝平定殷貴族叛亂、東征東夷勝利、統一全國而創建東都的大業,都是周公奉著成王來完成的。周公爲了完成周朝開國的大業,曾攝政稱王,但是所有這些大事都是名義上奉著成王來進行的,等到東都建成也就歸政於成王。關於這方面,當另外寫作論文加以闡明。《詩·周頌》有一篇《昊天有成命》,說"二后"(即文王、武王)承受天的"成命",由成王繼續完成。《吕氏春秋·下賢篇》說:"文王造之而未遂,武王遂之而未成,周公旦抱少主而成之,故曰成王"。馬融所引解釋"成王"的三種說法之一,也說:"以成王年少,成二聖之功,生號曰'成王'(《尚書·酒誥》正義引)。"成王之所以稱"成",該即取義於周朝開國大業的完成。東都"成周"之所以稱"成",也該由於完成了"成命",建成了周朝統一四方的國都。武王在完成周朝開國大業過程中,是承前啟後的,是起著關鍵性的重大作用的。

重評1920年關於井田制有無的辯論

一

1920年在《建設》雜誌上展開的關於井田制的辯論，是五四運動之後第一次有關中國社會史問題的論戰。這場論戰對此後中國古代史的探討有着較大的影響，因此我們今天還值得重新加以評論。《建設》雜誌是五四運動爆發以後由孫中山創辦的，目的在於宣傳民主革命，闡釋孫中山的學說，由廖仲愷、朱執信等人主編。這場關於井田制的辯論，是由胡適挑起的。胡適的對方是廖仲愷、朱執信、胡漢民三人。參與辯論的還有呂思勉和季融五。呂思勉是支持廖仲愷的主張的，季融五則完全贊同胡適的意見。

胡適的評論，首先是針對當時《建設》雜誌上發表的胡漢民《中國哲學史之唯物的研究》一文的。胡適之所以要出來爭辯，原因不外兩個：首要的原因是，胡漢民在這篇文章中確定井田制是中國古代相沿的共產制度；而當時胡適正主張多研究些問題，少談些"主義"，他不承認階級社會之前存在過原始共產社會，用他的話來説，就是"古代本没有均產的時代"。次要的原因是，胡漢民這篇文章試圖用唯物觀點研究哲學史，正好和胡適研究哲學史的觀點對立。胡適在研究中國哲學史方面，是從1917年發表《諸子不出王官論》開始的。他在那篇文章里批駁了《漢書·藝文志》有關"九流"出於王官之説，認爲"劉歆以前論周末諸子學派者皆無此説"，這是"漢儒附會揣測之辭"，"諸子自老聃、孔子至於韓非，皆憂世之亂而思有以拯濟之，故其學皆應時而生"。胡適寫信給廖仲愷，否定中國古代存在井田制，認爲"井田的均產制乃是戰國時代的烏托邦"，也就是當時思想家的"救世"理想。這時廖仲愷、朱執信和胡漢民有基本相同的見解，有些問題還曾共同研究過，他們三人先後參與了這場辯論，一起反駁了胡適的論點。

二

胡漢民説：“井田是計口授田，土地公有，古代相沿的一個共產制度。”又説：“井田制是中國古代土地私有制未發生前的一種土地共有制度。”廖仲愷還説：“井田制度我假定他是上古由游牧移到田園、由公有移到私有當中的一個過渡制度。”他們兩人提出這樣的見解，都曾以民族學的調查和歐洲歷史上的“均產制度”作比較。廖仲愷在《答胡適之的信》中，曾引用不少當時歐洲的歷史著作，用來説明歐洲“均產制度”的沿革，指出“原始社會裏的土地是民族共用的產業，依期分給各家”；又講到“這種原始組織，拿耕地來均分，把非耕地作公用”，在封建時代的農奴制度下“還能保存”；認爲歐洲既有類似的例子，就不能否認中國古代井田制的存在。

廖仲愷這樣把歐洲“均產制度”的沿革和中國古代井田制作比較，很有獨到之見。當然，在古代社會裏出現的井田制，不可能就是一種土地私有制未發生以前的土地共有制度。但是不能否認，它確是起源於原始社會末期農村公社（以下簡稱“村社”）的土地制度。原始村社的土地分爲兩部分，一部分是共耕地，由村社成員集體耕作，收穫儲藏起來用於祭祖、聚餐、救濟等公共開支；另一部分是分給各户的“份地”，按土地質量差別平均分配給每户人家，由各户自己耕作和收穫，用來維持生活。“份地”一般要按勞動力平均分配使用，成年時分配一份，年老時收回；同時還要實行定期重新分配或調換的制度。共耕地上的集體耕作，由村社長老帶頭進行，每年春耕開始時由長老主持春耕儀式，用來鼓勵和組織村社成員集體耕作。所謂井田制，就是進入古代社會以後，貴族把這種村社的土地制度加以變革，使之成爲剝削的一種手段。原來的共耕地，稱爲“公田”，或者稱爲“籍田”，這時被貴族佔有，並加以擴充，作爲剝削集體耕作勞動的一種方式，稱爲“助”或“籍”。原來村社長老主持的春耕儀式，也被改造成爲“籍禮”，變成統治者監督從事無償集體勞動的一種禮制。原來分配給各户的份地，稱爲“私田”，也還保留按年齡受田、歸田和定期平均分配、調換田地的制度。但是，這時的村社組織，已被貴族利用作勞動的編制，實質上已經成爲服役的單位，使得再生產在悲慘的條件下進行。因此井田制儘管保留有村社及其土地制度的形式，實質上已經不是原始的村社及其土地制度。

胡漢民所解釋的井田制，認爲在封建制度（即分封制）下，在卿大夫的采地食邑中，依然保留有這種土地共有制度的形式，卿大夫只是從中取得“什一之徵”的收入而已。廖仲愷在《答胡適之的信》中,引用日本學者加藤繁的話,認為《詩經》和《左傳》里沒有當作私有財產的田土的痕跡,像秦將王翦那樣"請美田宅甚眾",到戰國末年才出現,因而把春秋以前看作是土地私有制發生之前土地共有的時代。的確,戰國時代私有田地的形態,是井田制瓦解以後逐漸產生的,但是我們認為,不能認為井田制存在的時期就不存在土地私有制。當西周、春秋推行宗法制和分封制的情況下,各級貴族(包括諸侯、卿大夫、士)所占有的采地食邑內,既包括有井田和耕種井田的人民,還占有私有的田和耕作的奴隸。各級貴族是按宗族為單位來佔有財產的,其財產單位叫做"室",而"室"中主要的財產就是"田"。"田"就是每個宗族建立其"室"的基礎,因此一個宗族的建立或消滅,"田"的占有或喪失是重要的關鍵。例如晉國一度滅亡趙氏,"以其田與祁奚",等到韓厥請求晉侯,重新立趙武為趙氏的宗子,就"反其田焉"(《左傳》成公八年)。這種以宗族為單位的佔有田邑的制度,和戰國以後以一家一户為單位的占有田地的制度還不同。

胡漢民之所以會發生井田制是共產制度的誤解,有個原因,就是他把西周、春秋的分封制和戰國、秦、漢的分封制(或稱食封制)混為一談,誤認為西周、春秋的諸侯、卿大夫如同戰國、秦、漢的封君一樣,在封邑里不佔有土地,只是向土地所有者徵收一定比例的田賦而已。他不但把春秋以前卿大夫看得像秦、漢的列侯差不多,還把耕種井田的農夫看得像自耕農差不多,只是土地出於分配而沒有處分權。所以當胡適舉出《左傳》上卿大夫爭奪采邑的例子來證明土地私有時,他答覆說:"采地食邑的收入,仍許立在人民享有耕種的普遍田地之上,他們的利益轉移,只是這點收入。佔有食邑采地,和後來私有財產的'所有'的田地不同。"事實上西周、春秋貴族占有食邑采地,不僅佔有土地,還佔有人民。胡適在這點上,認識還是正確的。他引用《詩·大雅·瞻卬》:"人有土田,女(汝)反有之;人有民人,女(汝)覆奪之",指出"不但土地是被'有'的,連人民都是被'有'的"。

正因為胡漢民有這樣的誤解,便作出春秋以前土地私有制尚未發生、井田制是從古相沿的土地共有制度的結論。這個結論是根本站不住腳的,是隨手可以找到許多反證的。因此就被胡適作為集中批評的目標,並借此作為否定井田制存在的依據。在胡適提出批評之後,胡漢民進一步分辯說:"我們認為那時代土地私有並未發生,農夫就是於一定時期內對於土地有收益權,無處分權;卿大夫於采地食邑,亦只有一部分收益權,無處分權。"怎麼可能在貴族統治的社會裡,貴族和農夫一樣對土地"無處分權"呢?一樣只有收益權呢?而且貴族還比不上農夫,"亦只有一部分收益權"呢?胡適因此舉出《左傳》上許多卿大夫爭奪采邑和用采邑賞賜、賄賂的例子,指出"因爲土地是私有的,故可以奪來奪去,可以拿來賞人,可以用作賄賂,這是處分權"。

正因爲胡漢民解釋井田制有這樣缺點,胡適就利用這點,不但借此否認井田制的存在,而且借此否認歷史上原始社會的存在。胡適舉出了一些《詩經》的字句,就斷定說:"古代並没有均産的井田制度,故有'無衣無褐'的貧民,有'載玄載黄'的公子裳,有狐狸的公子裘,有'千斯倉,萬斯箱'的曾孫,有拾'遺秉滯穗'的寡婦,因爲古代本没有均産的時代。"這就是他要爭論的主旨所在。

我們必須指出,儘管胡漢民對井田制的解釋存在缺點,但是廖仲愷對井田制所作的論證,對古代史研究還是有貢獻的,這不是胡適所能駁倒的。

廖仲愷提出論證的方法是:"第一要緊的是在本國地方上有這種制度殘留的痕跡,或有那時代政府的記録的直接證據;其次在外國同階段時代中有類似制度的旁證;再次有證明反證之不符的反證。"這三條論證方法,基本上是科學的。今天我們論證井田制,基本上也還是運用這樣的方法。

廖仲愷提出的直接證據是《春秋》宣公十五年"初税畝"的記事和《春秋》三傳的解説。《左傳》説"初税畝"之前,"穀出不過籍"。《公羊傳》又説:"古者什一而籍。"《穀梁傳》也説:"古者什一,籍而不税。""籍"就是孟子所講井田制的"助"法,孟子説:"助者籍也。"他還舉出《國語·魯語上》孔子對答冉有的話,"先王制土,籍田以力而砥其遠近,……則有周公之籍矣",孔子確認古代實行"籍田以力"的剥削辦法。這確是歷史上井田制存在的直接證據。他認爲根據這項記事,"可以證明魯國到宣公時'初'壞井田",因此不能斷定井田制是孟子的"托古改制",是戰國時代的烏托邦。

胡適對這點的反駁是十分武斷的。他認爲《公羊傳》和《穀梁傳》是西漢初年才寫定的,其中一定有漢初人加入的材料,都是拿孟子的井田論來解釋"初税畝","都是孟子的餘毒"。他又認爲《左傳》所説的"籍",即是"賦",古代賦而不税,"初税畝"不過是魯國第一次徵收地租,本來和井田制毫無關係。這樣的辯解是荒謬的。"賦"是徵收來專供軍事上的用途的,所以其字從"貝"從"武"。如果"籍"就是"賦",只徵收來供軍事上的需要,試問當時貴族及其政權的其他非軍事的開支,從什麽地方取得呢?孔子説:"籍田以力";孟子説:"助者籍也","唯助爲有公田",分明"籍"或"助"是指公田上徵發集體勞力耕作的收入。胡適説:"賦是地力所出",把"力"解釋爲"地力",顯然是曲解。胡適把"初税畝"解釋爲"於賦之外另加收地租",同樣是曲解。《公羊傳》把"初稅畝"解釋爲"始履畝而稅",《穀梁傳》解釋爲"去公田而履畝十取一也",都是正確的。就是廢除依靠在"公田"上徵發勢力耕作的收入,而改用按畝徵收生產穀糧的收入。這時魯國的"初稅畝",是和後來秦國的"初租禾"性質相同的。

廖仲愷舉出的旁證是歐洲均分耕地制度的沿革。他引用西方和日本學者著作,指出日耳曼民族的鄉村中,每個家長是"平等享有公產不可分的份子",等到日耳曼侵入羅馬以後,"土地公有"和"產業獨佔"兩種思想混雜爲一,結果是"躲在封建制度底下,而且和封建制度並行的,還有以耕田人之共有權爲基礎的原始組織……而他的蹤跡遺留到全歐……至今在俄國專制政治、農奴制度的底下,在塞爾維亞所受回教壓迫的底下,還能保存"。這是很有力的旁證。

胡適對這點的反駁也是十分武斷。他說廖仲愷"所引西方和日本學者的話,都只是關係原始社會的討論,我是不承認那有了二千多年政治生活的有史民族還是在原始社會的"。其實廖仲愷所引的話,明明指出封建制度、農奴制度下還保存的原始組織,並不只是原始社會的狀況。

三

我們從廖仲愷和胡適對井田制的辯論中,可以看到兩人的觀點和方法是根本不同的。廖仲愷是把"井田"作爲一種古代的社會經濟制度來論證的,而胡適是把"井田"作爲思想家的理論來探討的;廖仲愷要論證的是井田作爲一種經濟制度在古代實施的情況,而胡適要探討的是井田作爲一種烏托邦理論是如何發生和發展的。

兩人所以會發生這樣大的分歧,因爲廖仲愷採取實事求是的態度,想通過史料上的直接證據和旁證來辨明井田制的真相;而胡適早有主觀的成見,認爲古代不可能出現豆腐乾塊的井田制度,只能是孟子杜撰的烏托邦,這是託古改制的慣技。所以等到廖仲愷發表《答胡適之的信》,提出史料上直接證據和旁證加以反駁,胡適就引用許多史料,拋出了"井田論沿革史的假設"。

這個"井田論沿革史的假設",確是個大膽的假設。這個大膽的假設是怎樣構成的呢?最初胡適只是把他的"諸子出於救亂世論",和康有爲鼓吹的"託古改制說"結合起來,把井田論看作孟子爲了救世而草擬的烏托邦,採用了託古改制的手法。等到拋出"井田論沿革史的假設"的時候,他又進了一步,把他的"諸子出於救亂世論",不但和"託古改制說"結合,還和康有爲的"新學僞經說"結合了起來,於是井田論不僅是孟子的烏托邦,而且成了西漢末年的大烏托邦的計劃了。

　　胡適的"井田論沿革史",分成七個階段,每個階段以一種或一種以上的書爲代表,就是(1)《孟子》;(2)《公羊傳》;(3)《穀梁傳》;(4)《禮記·王制》;(5)《韓詩外傳》;(6)《周禮》;(7)《漢書·食貨志》、何休《公羊解詁》、《春秋井田記》(《後漢書·劉寵傳》注引)。照他的説法,《孟子》的井田論很不清楚,很不完全,《公羊傳》只有"什一而籍"一句,也不清楚,《穀梁傳》全是後人望文生義的注語,《禮記·王制》並無分明的井田制,到《韓詩外傳》才有清楚的井田論,而關鍵在於西漢末年忽然跑出一部《周禮》來。《周禮》里的井田制説得很詳細,很繁複,很整齊,構成了大烏托邦的計劃。從此井田論的説法漸漸變精密,就有《漢書·食貨志》《公羊解詁》的記載。他的結論説:這是"漢代的有心救世的學者,依據孟子的話,逐漸補添,逐漸成爲像煞有介事的井田論"。

　　十分明顯,胡適這時進一步把"新學僞經説"和他的"諸子出於救亂世論"結合了起來,因此把《周禮》作爲造成井田論的關鍵了。胡適説:"揚雄、劉歆、王莽等都是想做一番大改革的人,不能不用盡心思去埋下改革的根據",因此劉歆僞造《周禮》,造出了這樣一個大烏托邦的計劃,王莽得政之後,更名天下田曰王田,"這便是烏托邦的實行"。這又和他對王莽的荒謬看法有關。胡適竟然把王莽改制説成實行"社會主義"①。

　　康有爲的"新學僞經説",本來是今文經學家的一種家派的偏見,是根本不能成立的。《周禮》原是戰國時代儒家編著的一部理想化的政典,決不是劉歆的僞造。這書以西周、春秋的制度爲基礎,經過整齊劃一,加以系統化和理想化而成,因此內容複雜,但其中還保存有不少有價值的古代史料。其中所有井田制的史料,也不能認爲全部出於儒家的理想。至於王莽頒佈的王田制,絕對不是井田制。王莽把土地收歸國家所有,稱爲"王田",禁止私人自由買賣,規定"男口不盈八,而田過一井(九百畝)者,分餘田予九族鄰里鄉黨",又規定無田農民一夫一婦授田百畝。這種王田制,既允許大地主保留合法田地的限額爲每户九百畝,又要對無田農民實行平均的計口授田制度。因此可以説,這是要求在做好"限田制"的基礎上推行"均田制"。由此可見,胡適所説劉歆僞造井田論,制訂大烏托邦計劃,王莽實行了烏托邦,確是憑空杜撰的。

---

① 見《胡適文存》二集卷一"王莽"及三集卷七"再論王莽"。

胡適論證的方法和廖仲愷是絕對不同的。他先把記載有井田制的書籍,按時代次序排列,加以比較,凡是先前的書上沒有述及的,就認定是後來人所補添。因此他說:"戰國以前從來沒有人提及古代的井田制","孟子却説得那樣整齊,這便是憑空杜撰";"《春秋》三傳里沒有一部不夾着許多後人妄加的話";"漢代是一個造假書的時代,是一個托古改制的時代",劉歆為王莽大改革預先埋下根據,假造了《周禮》;"《韓詩》《周禮》出現以後,井田論的説法漸漸變精密",《漢書·食貨志》"是參酌《韓詩外傳》和《周禮》兩書而成的",何休《公羊解詁》"又是參考《周禮》《孟子》《王制》《韓詩》《食貨志》做的","但加了一個'三年一換土易居'的調換法"。就這樣,胡適排列成了一部井田論"逐漸補添"而成的沿革史,用來否定井田制的存在。

在胡適看來,所有這些古書的作者,沒有一個不是托古改制的專家,而且是憑空杜撰或隨意添補的作偽老手。但是,我們只要把這些井田制的記載,和歐洲歷史上存在的村社制度,或者國内少數民族民主改革前保留的村社制度,作一對比,就可清楚地看到他們所記載的井田制,既不是憑空能夠杜撰得出的,也不是隨意能夠"逐漸補添"而成的。不但孟子所説"公事畢然後敢治私事"的"公田"和"私田",是村社的土地制度,而且孟子所説"鄉里同井,出入相友,守望相助,疾病相扶持",也是村社組織的習慣法。《漢書·食貨志》説:"民至二十受田,六十歸田",正是村社中的土地還受制度。雲南西雙版納傣族地區在民主改革前,就實行這種制度,每個農民從十五歲到結婚前,可以分得二分之一到四分之一的"份地",結婚後到五十歲就可以分得一份"份地",五十以後要歸還"份地"。《公羊解詁》説:"司空謹別田之善惡,分爲三品,上田歲一墾,中田二歲一墾,下田三歲一墾,肥饒不能獨樂,墝埆不得獨居,故三年一換土易居,財均力平。"這正是村社中定期分配"份地"的制度。日耳曼的馬爾克公社,最初是"份地"一年重新分配一次,接着改爲三年、六年、九年或十二年分配一次,分配時爲了平均勞動機會,也是以土壤的自然差别和經濟差别爲標準的。因此無論是《漢書·食貨志》所説的"二十受田,六十歸田",還是《公羊解詁》所説的"三年一換土易居",都不可能是憑空杜撰或隨意添補的。

既然井田制確是一種古老相沿的村社制度,爲什麽孟子以前的古書里不見有具體記載呢?爲什麼孟子説得比較簡略,而漢人著作又有比較詳確的内容呢?原因不外兩個:一是先秦著作多數失傳,留傳到今的是少數;而且先秦史官只注意記載政治上的大事,保存一些政治上的重要文件,没有留下記録典章制度的著作。二是春秋以前限於物質條件,著書和流傳都比較難,記載比較簡要,豐富的內容往往靠口説流傳,所以當時既有記録大事的史官,又有傳誦歷史掌故的瞽矇。左丘明可能就是個"失明"的瞽史。戰國時代對於古書的解釋,還多靠師徒口説流傳。《漢書·藝文志》説:"及末世口説流行,故有《公羊》《穀梁》《鄒》《夾》之傳。"所以《公羊傳》《穀梁傳》到西漢初年才寫定。因此我們考證先秦的歷史事實,需要充分佔有材料,實事求是地作全面而系統的分析,才能作出正確論斷。凡是先前著作上不見或不詳,到後來著作上才出現或加詳的,不能一概認爲出於後人的添補或僞造。

值得我們注意的是,吕思勉先生當時在《建設》雜志上發表給廖仲愷和朱執信的信。他支持廖仲愷的主張和論證方法,駁斥了胡適的井田是孟子烏托邦之説及其論證方法,特别着重批駁了胡適這個"逐漸增補"而成"井田論沿革史的假説"。吕思勉曾經舉例,證明孟子講述古代歷史並不是隨口亂説、憑空杜撰的,他主要依據的就是孔門相傳之説,特别是孔門相傳有關《尚書》《春秋》的解説。例如《孟子·萬章上》所講堯、舜禪讓的事,便是出於孔門解釋《尚書》之説,後來司馬遷作《史記·五帝本紀》所以有相同的記載,就是出於同樣的來源。又如齊宣王問曰:"齊桓、晉文之事,可得聞乎?"孟子曰:"仲尼之徒無道桓、文之事者,是以後世無傳焉,臣未之聞也。"(《孟子·梁惠王上》)齊宣王問曰:"文王之囿方七十里,有諸?"孟子對曰:"於傳有之。"(《孟子·梁惠王下》)孟子對前一個問題的答覆是"無傳",對後一個問題的答覆是"於傳有之"。孟子所説的"傳",就是指仲尼之徒相傳《尚書》《春秋》等書的解説。"傳"往往先是口説流傳,後來才著録於竹帛的。因此吕思勉認爲"孟子之説,尚皆沿襲前人,非所自創"。《孟子》《公羊傳》《尚書大傳》所講井田制相同之處,甚至字句相同的地方,"乃《尚書》《春秋》同有之説(指孔門相傳的解説),爲儒家極習熟之語"。這個説法是很有見地的。後來吕思勉在《先秦學術概論》論儒家一章中有《經傳説記》一篇,對此更有較詳的論述。

同時,吕思勉還指出,古代學術的傳授,不能如胡適所説那樣"師師相傳,時有增改",相反地,是"謹守師説,遞相傳述",因而形成各自的家派。到漢代,儒家經説的傳授和講解,又有今文、古文的家派。因此他在作了許多比較之後,作出斷定:在井田制的"諸説之中,惟《漢志》(指《漢書·食貨志》)兼用《周官》(即《周禮》),《公》《穀》二傳、何氏《解詁》,則雖詞有詳略,而義無同異,正可見同祖一説,絶無逐漸增補之跡也"。我認爲,這樣來理解是符合客觀的實際情況的。

這場關於井田制的辯論,是現代我國學術界第一次有關中國古代社會史問題的論戰,是兩種不同觀點、兩種不同論證方法的交鋒。因此,雖然離開現在已有數十年了,今天我們重新加以分析和評論,還是從中可以得到不少有益的啟示。

四

我們今天確認西周春秋時代確實實行着井田制的生產方式,主要有下列兩點重要證據足以證明。

第一,當時農民有着村社的組織,村社中確是實行定期平均分配質量相等的"份地"制度。《公羊傳》宣公十五年何休注,講到井田制實行"三年一換土易居,財均力平",這是事實,得到了山東臨沂銀雀山出土竹簡《田法》的證實。《田法》說:"……循行立稼之床,而謹□□美惡之所在,以爲均地之歲……□考參以爲歲均計,二歲而均計定,三歲而壹更賦田,十歲而民畢易田,令皆受地美惡□均之數也。""賦"即授與之意,"壹更賦田"就是說一律更換授與的田畝,要三年平均更換一次,經歷十年中三次更換才能做到分配平均。

第二,當時農民確是要集體耕耘"公田"(即"大田"),《詩經》中西周時代創作的詩篇,多篇有具體的描寫。《小雅·大田》說:"雨我公田,遂及我私",說明公田和私田往往連成一片;《大田》又說:"大田多稼,既種既戒,既備乃事;以我覃耜,俶載南畝,播厥百穀,既庭且碩,曾孫是若。"這是描寫農民在"大田"上播種百穀,秧苗長得既直又肥大,順了曾孫的心。《周頌·噫嘻》說:"噫嘻成王,既昭假爾。率時農夫,播厥百穀。駿發爾私,終三十里。亦服爾耕,十千維耦。"這是描寫周成王舉行"籍禮",統率着許多農民播種百穀,命令農夫既要開發私田,更要耕種三十里開闊的公田,由十千人進行"耦耕"(二人合作的耕種)。《周頌·載芟》說:"載芟載柞,其耕澤澤。千耦其耘,徂隰徂畛。"這是描寫集體開墾和集體耘田的情況,既要砍除草木,更要耕得泥土鬆散;由上千人合作耘田,既要耘到新開墾的田,又要耘到田岸邊。《周頌·良耜》載:"獲之挃挃,積之栗栗。其崇如墉,其比如櫛,以開百室。"這是描寫集體在"大田"上進行秋收的情況,所收穫的糧食堆積起來,高得如同城牆,密得如同箆齒,一共裝滿了"百室"。

西周時代貴族占有的"公田"(即"大田",或稱"甫田"),面積很大,越是高級貴族越大。《國語·周語上》載:"宣王即位,不籍千畝。"天子的籍田以"千畝"爲單位。《小雅·甫田》載:"倬彼甫田,歲取十千,我取其陳,食我農人。""歲取十千"是説每年要收取十個"千畝"的糧食。所有農人必須先耕作於"公田",就是《大戴禮記·夏小正》所説"初服於公田,古者有公田焉,古者先服公田而後服其田也";就是孟子所説"同養公田,公事畢然後敢治私事"。高級貴族佔有的"公田"多到十個"千畝",農夫集體從事耕作的就多到"十千"之數,即所謂"十千維耦","千耦其耘"。孟子所説"方里而井,井九百畝,其中爲公田,八家皆私百畝,同養公田"(《孟子·滕文公上》),只是原始的小規模的井田制而已。

　　農夫這樣集體在"公田"上耕作,是由田官監督進行的。《豳風·七月》描寫當時豳地農夫集體在公田上耕作的情況:"三之日于耜,四之日舉趾,同我婦子,饁彼南畝,田畯至喜。""三之日"是相當於夏曆正月,"四之日"相當於夏曆二月,這是説當農夫集體"初服於公田"的時候,婦女孩子們要給耕作者送飯到田頭,因而進行監督耕作的田官(田畯)很是高興。《周頌·載芟》描寫農夫集體在公田上耘田的情況:"千耦其耘,徂隰徂畛;侯主侯伯,侯亞侯旅,侯彊侯以,有嗿其饁,思媚其婦,有依其士。""侯"是發語詞,"主"指農夫的家長,"伯"指農夫的長輩,"亞"指農夫的兄弟輩,"旅"指農夫的晚輩,這是説所有農夫家族中的人都來送飯一起吃着。

　　《豳風·七月》又載:"九月築場圃,十月納禾稼,黍、稷、重穋,禾、麻、菽、麥。嗟我農夫,我稼既同,上入執宮功。晝爾于茅,宵爾索綯,亟其乘屋,其始播百穀。"這是説九月築好打穀用的場地,十月就收穫各種糧食,等到自己種的莊稼收齊,就要進入貴族家中做修繕房屋的工作,白天收取茅草,晚上用手搓繩索,要登上房屋修繕,接着就要開始播種百穀。所説收穫各種糧食,首先是爲貴族做的,然後再收穫自己種的,等到自己種的莊稼收齊,又要進入貴族家中做修繕等工作。

　　《詩經》所載西周貴族所作的詩篇,有多篇描寫貴族所有"大田"上耕作和收穫的情況的。如《小雅·甫田》和《小雅·大田》所描寫的,都是歌頌他們所有"大田"上耕作周到、保養美好、莊稼茂盛、糧食豐收以及祭祀神靈的情況。《周頌·臣工》和《周頌·噫嘻》,都是歌頌天子舉行"籍田"的禮節,統率農夫在"大田"上開始集體耕作的情況。《周頌·載芟》和《周頌·良耜》,都是歌頌農夫在"大田"集體耕耘而取得豐收的情景。從這些歌頌"大田"上耕作和收穫的詩篇看來,西周時代貴族所佔有"大田"上的收入是很豐富的,西周貴族政權和貴族統治的經濟基礎,就建立在這種農民集體耕作的"大田"之上,等到西周晚期農民不肯盡力於"公田","公田"上的農業生產逐漸沒落,西周政權也就逐漸衰敗了。

釋青川秦牘的田畝制度

1979年四川青川戰國墓出土的秦更修田律木牘①,是個很重要的發現,使我們對於戰國和秦代的田畝制度得到了進一步的理解,有助於深入探討當時的社會經濟制度。

"畝"原是農田間一長條的高畦。井田制以"百步爲畝",每畝田寬一步,長一百步。百畝之田,就是把一百"畝"並列在一起,正好寬一百步,長一百步,成爲一個正方形。秦商鞅變法改"百步爲畝"爲二百四十步爲畝,是仿效三晉的制度。趙在春秋晚期已實行二百四十步爲畝,這是當時最先進的田畝之制,見於臨沂銀雀山漢墓出土的竹簡《孫子兵法·吴問篇》。究竟二百四十步的畝制的結構怎樣,過去我們不了解,現在青川秦牘的出土使我們清楚了。

青川秦牘記載:

> 二年(秦武王二年)十一月己酉朔朔日,王命丞相戊(即甘茂)、内史匽:□□更脩爲田律:田廣一步、袤八則爲畛。畝二畛,一百(陌)道。百畝爲頃,一千(阡)道,道廣三步。封高四尺,大稱其高。捋(埒)高尺,下厚二尺。以秋八月,脩封捋(埒),正彊(疆)畔,及芟千(阡)百(陌)之大草。

這里的"畛",是指一畝田兩端的小道,所以説"畝二畛"。所謂"田廣一步,袤八則爲畛",是説"畛"寬一步,長八步。古時"畝"築成長條的高畦,用來種植成行列的農作物;"畝"邊有長條的小溝叫"甽",便於雨水流泄,達到洗土排水的作用。因此隨着河流東向和南向的差别,田畝的行列也有東向和南向的不同。行列東向的畝稱爲"東畝",行列南向的畝稱爲"南畝"②。律文説:"畝二畛,一陌道。"

---

① 四川省博物館、青川縣文化館:《青川縣出土秦更修田律木牘》,《文物》1982年第1期。
② 參看拙作《論西周時代的農業生産》第三節"西周的農業生産技術",收入拙著《古史新探》,1965年中華書局版。

"畛"是一畝田兩端的小道,"陌道"是一畝田旁邊的道路,也就是畝與畝之間的道路,該與"畛"垂直相交,使畝成爲一塊長方形的田。如果是"東畝",畝的行列向東,"畛"就南北向,"陌道"就東西向。如果是"南畝",畝的行列向南,"畛"就東西向,"陌道"就南北向。"畛"的長度就是"畝"的寬度,"陌道"的長度就是"畝"的長度。既然規定"畛"的長度八步,"畝"的寬度就是八步。當時以二百四十步爲畝,畝的寬度既是八步,畝的長度該是三十步,"陌道"的長度也是三十步。《氾勝之書》的區田法,規定"以畝爲率,令一畝之地,長十八丈,廣四丈八尺"(《齊民要術》卷一引)。古時六尺爲步,廣四丈八尺正合八步,長十八丈正合三十步。説明西漢關中地區的田畝,還是沿用秦制。律文只説"畛"的寬度長度,而没有説明"陌道"的寬度長度。陌道的寬度該與"畛"相同,長度可以推算而得,因此律文從略了。

　　律文又説:"百畝爲頃,一阡道。道廣三步。"這是説,每一百畝田連結成爲一頃,有一條"阡道",成爲一頃田邊緣的道路。如果一頃田和另一頃田連結的話,"阡道"就成爲間隔頃與頃之間的道路。律文只説阡道廣三步,比畛與陌道寬三倍,没有説明它的長度,因爲長度也可以推算而得。既然每畝田寬八步,長三十步,那末,每百畝連結成一頃,除去畛和陌道所佔土地以外,一頃田的實有面積當爲寬八百步、長三十步。作爲一頃田的阡道,就該長八百步。

　　阡陌是田間之道的稱謂。這種田間之道,因爲河流有東向和南向,田畝行列有"東畝"和"南畝",也就有兩種不同的方向。關於這點,古人早就指出了。《漢書·成帝紀》載陽朔四年詔:"其令二千石勉勸農桑,出入阡陌"。顏注:"阡陌,田間道也。南北曰阡,東西曰陌,蓋秦時商鞅開也。"關中地區主要河流東西向,采用"東畝"的行列,因而每畝田的小溝和道路東西向,每頃田的大溝和道路南北向,所以説"南北曰阡,東西曰陌"。《史記·秦本紀》索隱引《風俗通》説:"南北曰阡,東西曰陌。河東以東西爲阡,南北爲陌。"河東地區主要河流南北向,采用"南畝"的行列和相應的阡陌。

　　爲什麽這些田間之道稱爲阡陌呢?程瑶田《溝洫疆理小記》有一篇《阡陌考》,對此曾作探索。他以《周禮·地官·遂人》所講井田制的結構作比較,認爲"阡陌之名,從《遂人》百畝、千畝、百夫、千夫生義",陌道正"當百畝之間,故謂之陌",阡道正"當千畝之間,故謂之阡"。我們從青川秦牘所載田律來看,程氏此説並不符合事實。陌道該是築在百畝以内,畝與畝之間的道路。"陌"因是百畝田中的主要道路而得名。阡道該是築在千畝以内、百畝之間的道路。"阡"因是千畝田中的主要道路而得名。

值得注意的是，律文規定了建築農田的"封"和"埒"的具體形制和尺寸。律文説："封高四尺，大稱其高。埒高尺，下厚二尺。""封"是作爲疆界標誌的封土堆，高度和長度、寬度都是四尺。就是崔豹《古今注》所説"封土爲臺，以表識疆境也"；《急就篇》顔師古注"封，謂聚土以爲田之分界也。""埒"是"封"與"封"之間接連的矮牆，矮牆的地基厚二尺，矮牆本身高一尺，用作田地的分界。就是崔豹《古今注》所説"畫界者，於二封之間又爲墻埒以畫分界域也"。

古時邦國、都邑、田邑的四周，都築有封疆，封疆是用封土堆和所種樹木連結而成，即所謂"封而樹之"。《周禮·地官·封人》説："封人，掌詔王之社壝，爲畿封而樹之。凡封國，設其社稷之壝，封其四疆。造都邑之封域者亦如之。"西周的大塊田也都"封而樹之"。散氏盤銘文講到眉田和井（邢）邑田的"封"，所有地名都連有樹木名稱如柳、楮木、杜木、桑等。格伯簋銘文講到"卅田"的疆界，地名也是連着樹木名稱如杜木、桑等。楊樹達先生以爲就是"封樹"（《積微居金文説》卷一《散氏盤跋》），是正確的。商鞅在秦變法，"爲田開阡陌封疆"（《史記·商君列傳》），就是廢除舊的井田制的阡陌封疆，開立新的阡陌封疆。阡陌便是青川秦牘所説的阡道和陌道，封疆便是青川秦牘所説的"封"和"埒"。秦律的《法律答問》，解釋"盜封徙，贖耐"的條文，指明："封，即田千（阡）佰（陌）、頃半（畔）封也。""田阡陌"就是秦牘所説的阡道和陌道，"頃畔封"就是秦牘所説的"百畝爲頃"的"封"和"埒"。由此可見商鞅在田畝制度上的重大改革主要有兩點：一點是改百步爲畝爲二百四十步畝，每畝寬八步、長三十步，擴大改建了阡道和陌道。另一點是廢除了大塊田"封而樹之"的辦法，改以一頃田爲單位，建築封疆，也就是秦牘所説的"封"和"埒"的建築。

秦推行的田畝制度，所以要規定以一頃田爲單位而建築封疆，這和當時授田制度和名田制度（即以個人名義佔有田地的制度）都以一頃田爲單位密切有關。秦律所以要把遷移一頃田的阡陌畔封看作侵犯財產所有權的"盜"的行爲，也是和當時授田和名田都以一頃田爲單位有關。杜佑《通典·州郡典·雍州風俗》記載："按周制，步百爲畝，畝百給一夫。商鞅佐秦，以一夫力餘，地利不盡，於是改制二百四十步爲畝，百畝給一夫矣。"秦國從商鞅變法以後，確是實行"百畝給一夫"的授田制，同時按軍功爵賞賜田地也以一頃爲單位。《商君書·境內篇》説："賞爵一級，益田一頃。"商鞅在變法令中規定："名田宅、臣妾、衣服，各以家次。"（《史記·商君列傳》）所謂"以家次"，就是要按爵位等級佔有田地，爵位等級越高,佔有田畝的頃數越多。青川秦牘所載田律,規定以"百畝爲頃"爲單位而修築"封"和"埒",就是用作土地所有權的標志,便於推行以頃爲單位的授田制度和名田制度。

律文又規定:"以秋八月,脩封埒,正疆畔。"這和《月令》孟春之月、《呂氏春秋·孟春紀》"皆修封疆,審端經術"的目的相同,是爲了便於耕作和維護土地所有權。原來商鞅按爵位等級占有田宅多少的規定,由於開墾荒地和田地可以轉讓等原因,很難堅持推行。雲夢秦律的《徭律》明文規定:"其(指苑囿)近田(指農田)恐獸及馬牛出食稼者,縣嗇夫材(裁)興有田其旁者,無貴賤,以田少多出人,以垣繕之,不得爲繇(徭)。"可見當時有田者的貴賤等級,已和有田多少没有必然的聯繫。爲了防止苑囿的獸及馬牛出來吃掉鄰近農田的禾稼,縣嗇夫徵發"有田其旁者"爲苑囿修築圍牆,已經不分貴賤,只按田地多少出人了。《月令》季冬之月和《呂氏春秋·季冬紀》都説:"命宰歷卿大夫至於庶民土田之數而賦犧牲。""歷"是統計登記的意思,和《禮記·郊特牲》"簡其車賦而歷其卒伍"的"歷"意義相同。既然每年季冬要統計登記從卿大夫至於庶民的土田之數,説明當時上至卿大夫,下至庶民,佔有土田之數已多少不等了。在這樣的情況下,整修田地的封疆,十分清楚,主要目的在於維護土地所有權。

先秦墓上建築和陵寢制度

中山王陵《兆域圖》銅版的出土,引起了考古學界對於先秦墓上建築的重視。從現有考古資料來看,殷代墓地上已有建築出現,有些殷墓上有夯土臺基和柱洞、礫石柱礎等建築遺蹟,例如安陽小屯的婦好墓(即小屯5號墓)和大司空村的311號、312號墓等。當時墓地上還沒有高起的墳丘(封土堆),建築就在墓壙上面和填土相連的夯土臺上。西周、春秋時代墓上建築遺存還沒有發現過。但是,戰國時代國君陵墓的平臺或頂上就發現有建築遺址,例如河南輝縣固圍村戰國魏王陵和河北平山縣中山王陵都有一定規模的建築遺存,中山王陵的《兆域圖》銅版更是提供了這方面研究的重要資料。殷代墓上的建築規模較小,出現在墓葬還沒有墳丘的時候;戰國陵墓上的建築規模較大,出現在國君墓葬建成高大墳丘的時候,但是兩者的性質是一樣的。

這種先秦的墓上建築,究竟有什麼用途?屬於什麼性質?該定什麼名稱?問題關係到古代陵墓制度的源流,需要我們依據古代禮制加以探討。

一 先秦墓上建築不可能用於祭祀

目前比較流行的說法,認為這種先秦墓上建築用於祭祀墓主,定名為"享堂"。我在1980年版《戰國史》中也採用此說,把中山王陵上的建築稱為"享堂"。看來這是不恰當的。有的人探討了"陵墓上建享堂的源流問題",認為根據這些考古發現"可以糾正漢代人所謂'古不墓祭''古禮廟祭,今俗墓祀'的錯誤說法",甚至認為"西漢因襲秦以前的舊制,多在陵墓建'祠堂'(即享堂)"。看來這些說法並不正確。

享堂和祠堂的名稱是後起的,先秦所有統治階級祭祖的處所一律稱為宗廟。《荀子·禮論》說:"故有天下者事七世,有一國者事五世,有五乘之地者事三世,有三乘之地者事二世,持手而食者不得立宗廟。"從先秦文獻來看,統治者的宗廟和族墓顯然在兩處,宗廟建在都邑中,而另有宗族的墓地。宗廟不僅是祭祀祖宗和宗族內部舉行禮儀的處所,而且是政治上舉行重大典禮和宣佈決策的地方。

到戰國時代，由於社會發生變革，君主集權的政體出現，政治上的重要典禮都移到朝廷舉行，重大决策都已在朝廷上宣佈，但始終没有把宗廟和陵墓合爲一體。古人重視祭祀祖先，祭祀必須在宗廟舉行，有一定的禮儀，不可能隨便移到墓地舉行。

從中山王陵《兆域圖》格局來看，墓上建築不可能是用於祭祀的享堂。按照古代禮制，后妃居於配合祭享（或稱爲"配食"）的地位，不可能把國王、王后甚至低於王后一級的夫人並列在五間享堂而同時祭享。而且享堂也不宜造到墓穴之上或墳丘之上。《禮記·曲禮上》説："適墓不登壟，助葬必執紼。"鄭玄注："爲其不敬。壟，冢也。墓，塋域。"如果墳丘頂上建有享堂的話，送喪葬的親屬就該登上墳丘參與祭祀，怎能看作不敬而加以禁止呢？

古代有没有"墓祭"，是個有争論的問題。從漢代以來，許多講究禮制的學者都認爲"古不墓祭"。清代學者對此有不同的看法。顧炎武是主張"古不墓祭"的（《日知録》卷十五"墓祭"條），閻若璩就反對顧炎武之説，認爲古有墓祭（《四書釋地》"墦間之祭"條）。我們從《周禮》《儀禮》《禮記》等講究古代禮制的書來看，確是不存在墓祭的。《周禮·春官·冢人》記述墓葬完畢以後，"凡祭墓爲尸"。閻若璩以此作爲古有墓祭之證，是不正確的。賈公彦疏認爲"是墓新成，祭后土"，孫詒讓《周禮正義》也認爲是"禱祈於墓地之衹"。《禮記·檀弓下》載："既反哭，主人與有司視虞牲，有司以几筵舍奠於墓左。"鄭玄注："舍奠墓左，爲父母形體在此，禮其神也。《周禮·冢人》：凡祭墓爲尸。"孔穎達《正義》也説："禮地神也。"可知古代禮制只有在墓旁祭祀地神，没有祭祀墓主的。

在其他文獻上，也没有見到西周、春秋時代祭祀墓主的例子。《史記·周本紀》載："九年武王上祭於畢，東觀兵於盟津。"《集解》引馬融曰："畢，文王墓地名也。"《索隱》又説："按文云上祭於畢，則畢，天星之名。畢星主兵，故師出而祭畢星也。"我們認爲，司馬貞所説"祭畢星"未必正確，稱爲"上祭"，該是祭天神①。

---

① 按《古本竹書紀年》載："紂六紀，周文王初禴於畢。"（《通鑒前紀》卷五引）王國維《古本竹書紀年輯校》説："《唐書·曆志》：'紂六年，周文王初禴於畢'，雖不著所出，當本《紀年》。"據此，周文王已"初禴於畢"，可知《史記·周本紀》所説"武王上祭於畢"，當即指禴祭，並非祭周文王之墓。《易·既濟》："東鄰殺牛，不如西鄰之禴祭，實受其福。"過去注釋者都認爲東鄰指殷紂王，西鄰指周文王，這是可信的。雷學淇《竹書紀年義證》説："按班固《通幽賦》云：東丘虐而殲仁。應劭注：東丘謂紂。顏注：丘古鄰字。是西漢時有此解。《禮·坊記》引此爻詞。鄭玄注：東鄰謂紂國中也，西鄰謂文王國中也。"所謂"西鄰之禴"當即指"周文王初禴於畢"。禴有春祭、夏祭、薄祭三義，此處是用薄祭之義。《周易》王弼注："禴，祭之薄者也，沼沚之毛，蘋蘩之采，可羞於鬼神。"西周初年的禴祭，不是指祭宗廟而是指祭天神。《漢書·郊祀志》載杜鄴説王商曰："東鄰殺牛，不如西鄰禴祭，言奉天之道，貴以誠質，大得民心也。""禴祭"即是"禴祭"，可知"禴祭"是"奉天"之祭。既然周文王初禴於畢，後來周武王的上祭於畢，該是沿襲周文王祭天神的禮制，决非祭於周文王之墓。

春秋時代國君有大事,除了到宗廟向祖先請示和報告以外,也有到墓地向祖先請示和報告的,不過多數是出於緊急事故①。即使"去國"之後,得到"反其國",也只是"展墓而入"(《禮記·檀弓下》),沒有祭祀墓主的。

根據禮書記載,在嚴格實行宗法制度的貴族組織内部,只有在宗子離開本國的特殊情況下,庶子無爵者因爲身份低下,不能到宗廟祭祀,才不得已在墓旁臨時設壇祭祀。《禮記·曾子問》記載:曾子問曰:"宗子去在他國,庶子無爵而居者,可以祭乎?"孔子曰:"望墓而爲壇以時祭(鄭玄注:不祭於廟,無爵者賤,遠避正主),若宗子死,告於墓而後祭於家。"由此可見,在墓旁設壇祭祀要比在宗廟祭祀低一等,是宗子出國的時候庶子無爵者臨時採用的辦法,用以代替宗廟按時的祭祀。如果宗子在國外死去,這套臨時辦法就得取消。這樣臨時在墓地祭祀必須"望墓而爲壇",説明墓地上原來並無祭祀用的建築存在。《史記·孔子世家》記載孔子安葬以後,"魯世世相傳,以歲時奉祠孔子冢"。《集解》引《皇覽》説:"孔子冢去城一里,冢前以瓴甓爲祠壇,方六尺,與地平,本無祠堂。"由於孔子特殊的地位,弟子們及魯人出於尊敬,世世相傳,對孔子冢按時舉行祭祀,也只有"與地平"的祠壇,"本無祠堂"。可知從先秦到秦漢之際,按禮制的規定,墓地上還没有祠堂的建築。到戰國時代,由於社會變革,階級關係發生變化,民間祭墓的風俗開始出現。據《孟子》記載,齊的國都臨淄的東郭以外有個墓葬區,經常有人在冢墓之間用酒肉臨時致祭,往往在祭祀以後把酒肉送給乞食者②。這樣零星的祭祀該是規模不大的。所謂"東郭墦間之祭",也不可能有祠堂。

總之,"古不墓祭"該是事實,即使因特殊原因而祭祀墓主,也只設祭壇,没有享堂或祠堂。因此,現在考古發現的先秦墓上建築不可能是用於祭祀的享堂。

二　先秦墓上建築當即"陵寢"的"寢"

從古代陵寢制度的源流來看,先秦墓上建築只能是"陵寢"的"寢"。秦漢以後的陵寢制度,當即起源於這種先秦的墓上建築。

---

① 參見拙作《試論西周春秋間宗法制度和貴族組織》的第二節"族墓制度"(收入拙著《古史新探》,1965 年中華書局出版)。
② 《孟子·離婁下》:"齊人有一妻一妾而處室者,其良人出則必饜酒肉而後反……施從良人之所之……卒之東郭墦間之祭者乞其餘。"趙岐注:"墦間,郭外冢間也。"這雖是假設之辭,但當時該已出現這種風俗。

古代統治者的所謂"寢",共有三種:一是宮殿的"寢",這是君主及其家族飲食起居之所;二是宗廟的"寢",這是已故君主及其家族的靈魂的飲食起居之所,是模仿宮殿的"寢"的;三是陵墓的"寢",這是墓主靈魂的飲食起居之所,也是模仿宮殿的"寢"的。古代貴族十分迷信,以爲鬼神和活人一樣需要起居飲食,所謂"鬼猶求食"(《左傳‧宣公四年》)。因此按禮制,對於死人的供奉要和對活人一樣講究,所謂"事死如事生,禮也"(《左傳‧哀公十五年》)。

古代君主的宮殿包括前後兩大部分:前部是"朝",是君主朝見群臣、舉行朝議、處理政務的朝廷所在;後部是"寢",是君主、后妃、其子女以及家屬飲食起居之所。因爲"事死如事生",宗廟建築模仿宮殿的格局,也分前後兩大部分:前部是"廟",模仿宮殿的"朝"的建築,"廟"就是由"朝"而得名的。金文中有時還稱"廟"爲"朝",例如趞鼎說"王各(格)於大朝","大朝"即是太廟。"廟"里陳設祖先的神主,有舉行祭祀禮拜儀式和重要政治典禮的廟堂。宗廟的後部是"寢",模仿宮殿的"寢"的建築,里面的陳設如同活人的"寢"一樣,有生活起居用的傢具和日用品,有穿着用的衣冠和睡眠用的被枕等。"廟"和"寢"的用途不同,建築的結構也不一樣。《爾雅‧釋宮》說:"室有東西廂曰廟,無東西廂有室曰寢。""廟"之所以必須在"室"的兩側設東廂和西廂,因爲"廟"是按照"朝"的格局建築的。"朝"之所以必須在中間的"室"的兩側設"廂",因爲臣下要在那里等候處理政務或準備朝見。"廂"一作"箱"。《儀禮‧公食大夫禮》鄭玄注:"箱,俟事之處。"《儀禮‧覲禮》鄭玄注:"東箱……相翔待事之處。""廟"之設東西廂,是在舉行祭祀儀式和重要典禮時,便於親屬和臣下聚集等候。至於"廟"後的"寢",既然是按照"朝"後的"寢"的格局建築的,是供奉已故君主及其家族飲食起居之所,當然不用設置東西廂。中山王陵《兆域圖》上的五間"堂",都作方形,沒有東西廂,就建築格局來看,只能是"寢",不能是"廟"或享堂。

根據禮書記載,陵墓設"寢"是從秦開始的。首先講到這點是東漢蔡邕。蔡邕《獨斷》說:

> 宗廟之制,古者以爲人君之居,前有朝,後有寢,終則前制廟以象朝,後制寢以象寢。廟以藏主,列昭穆;寢有衣冠几杖象生之具,總謂之宮。……古不墓祭,至秦始皇出寢,起之於墓側,漢因而不改,故今陵上稱寢殿,有起居衣冠象生之備,皆古寢之意也。

應劭《漢官儀》(《後漢書·明帝紀》李賢注引)、《續漢書·祭祀志》都有類似的説法。

從秦始皇陵西側建築遺址的出土物來看，秦始皇陵確實在陵墓旁側設有"寢"。在陵墓封土西側建築遺址中曾發現有"麗山"陶文的陶器四件，其中兩件陶壺蓋上有陶文"麗山飤官""左"和"麗山飤官""右"[①]。"飤"與"飼"古通用，飼官當即供奉飲食之官。此處有"飼官"陶文的陶器出土，説明供奉"寢"内墓主靈魂飲食的官就設在這里。秦漢時代，不但宫殿的"寢"内設有"飤官"供奉飲食，陵墓的"寢"内同樣設有"飤官"供奉飲食。《漢印文字徵》卷十五第十一頁有"杜陵飤官□丞"印，便是漢宣帝杜陵的"寢"内所設"飤官"所屬官吏的印章。這種在"寢"内設置"飤官"的制度就是沿襲秦代的。1980年12月在秦始皇陵封土西側約17米處，出土兩輛由銅人駕駛的四匹銅馬的大型銅車[②]，當是供墓主靈魂乘坐巡行之用的。從漢代以後陵寢中設置有交通工具來看，這里當是"寢"中放置交通工具的處所。

西漢時代的陵墓，確實如蔡邕所説，沿用秦代的陵寢制度。《漢書·韋賢傳附韋玄成傳》記載西漢陵寢制度説：

> 自高祖下至宣帝，與太上皇、悼皇考，各自居陵旁立廟，又園中各有寢、便殿。日祭於寢，月祭於廟，時祭於便殿。寢，日上四食；廟，歲二十五祠；便殿，歲四祠。又月一游衣冠。

西漢時代把祭祀已故皇帝的"廟"造到了陵園外附近的地方，即所謂"陵旁立廟"，每年要祭祀二十五次。陵墓的"寢"則造在陵園之中，每天要和侍奉活人一樣，四次奉上食品。所謂"日祭於寢"，並不是在"寢"中每天舉行祭祀典禮，只是"日上四食"而已，這和在宗廟中舉行祭禮不同。正因爲陵園中設有"寢"，所以陵園就稱爲"寢園"，《西漢會要》卷十九就有"寢園"條，列舉西漢諸帝以及皇后的寢園。陵園也或稱爲"陵寢"。

《三輔黄圖》記載："高園(高祖陵園)，於陵上作之，既有正寢，以象平生正殿路寢也；又立便殿於寢，以象休息閑晏之處也。"説明當時陵上的"寢"如同宫殿中的"寢"一樣，設有正寢和便殿兩個部分。便殿該是附屬於正寢邊側的別殿，是墓主靈

---

① 見趙康民《秦始皇陵原名麗山》，載《考古與文物》1980年第3期。該文誤釋"飤"字爲"飢"。從文所附拓本來看，與金文"飤"字相同，以釋"飤"爲是。

② 見《文匯報》1981年1月7日所載西安1月3日專電。

魂遊樂休息的處所。正寢則是墓主靈魂日常起居飲食之所,陳列有座位(稱爲神坐)、床、几、匣、櫃和被枕、衣服以及其他日常生活用具,如同活人的"寢"一樣應有盡有。每天由宮女如同對待活的君主一樣侍奉,"隨鼓漏,理被枕,具盥水,陳嚴(妝)具"(蔡邕《獨斷》),還要四次按時刻進獻食物。政府設寢園令(或稱寢令)掌管寢園,是九卿之一的奉常的屬官。如果"寢"中發生特殊情況,寢令要隨時上報。據説元始二年(公元2年)二月,哀帝的義陵的"寢"里發生"急變"事故,乙未這天衣服藏在匣櫃里,丙申這天早上衣服突然出現在床上(這當然是有人故意造作的),寢令當即上報,並超出常規用太牢(牛、羊、豕三牲)來祭祀(《漢書·平帝紀》)。

爲什麽要在陵墓的邊側造"寢"呢?因爲當時人們迷信死者靈魂保藏在陵墓的墓室中,就近造"寢",便於靈魂用作飲食起居之所。當漢成帝建造昌陵的時候,由於選擇的墓地地勢太低,從其他地方運了大量的"客土"來堆積,費去五年時間,浪費大量錢財,沒有能够建成。皇帝徵求群臣意見,群臣反對繼續修建,理由是:"昌陵因卑爲高,積土爲山,度便房猶在平地上,客土之中不保幽冥之靈。"(《漢書·陳湯傳》)就是説,由於地勢太低,整個墳丘都用"客土"堆積而成,不能向地下挖掘壙穴建造墓室,墓室中供靈魂遊樂的"便房"也只能造在平地之上,處於周圍堆積的"客土"之中;按照當時的迷信,靈魂處於"客土"的包圍之中是不能保證安全的。當時人既然迷信死者靈魂保藏在墓室之中,因此很自然的,要把供奉靈魂飲食起居的"寢"造到臨近墓室的地方。

爲什麽又要把已故皇帝的"廟"造到他的陵園附近呢?因爲當時人迷信死者靈魂居住在墓室和臨近墓室的"寢"里,把"廟"造到陵園附近,便於死者靈魂到宗廟里接受祭祀的典禮。原來漢高祖的"廟",依照傳統禮制,建造在國都長安城中。《三輔黃圖》説:"高祖廟在長安城中西安門内,東太常街南。"原來漢高祖的"寢"不造在"廟"一起,造在未央宫以北的桂宫北面。《漢書·叔孫通傳》顔注引晉灼説:"《黃圖》(指《三輔黃圖》)云:高廟在長安城門街東,寢在桂宫北。"按照當時的祭祀制度,每月祭祀高廟的日期,要把高祖的衣冠從"寢"里搬出,經過一條通道,送到高廟中去遊歷一番。當時吕太后住在長樂宫,漢惠帝住在未央宫,惠帝爲了往見母親時避免在街道上和群衆接觸,在未央宫和長樂宫之間,靠武庫以南造了一條"復道"(架空的道路)①。這條"復道"正好在每月高祖衣冠從"寢"

---

① 李好文《長安志圖》的《漢故長安城圖》,在故城的東南覆盎門西北有"高帝廟",下有注:"惠帝朝長樂,取道於此(原本"此"字誤作"比")。"

遊歷到"高廟"的通道上面經過，這件事引起了講究禮制的叔孫通的注意，他認爲子孫不應該在"宗廟道上行"，這是對祖宗的不敬。惠帝聽從叔孫通的建議，廢除在長安城裏把高祖衣冠每月從"寢"中搬出，遊歷到"高廟"的禮制，另外在渭水以北重新建造一座高祖廟，叫做"原廟"。《漢書·叔孫通傳》顔注："原，重也。先已有廟，今更立之，故云重也。"叔孫通之所以建議在渭水以北另建"原廟"，就是爲了使這所廟靠近高祖的陵寢——長陵，便於高祖的靈魂從陵寢趕到原廟中接受祭享，便於每月把高祖陵寢中的衣冠搬出遊歷到原廟中去。《漢書·叔孫通傳》顔注："謂從高帝陵寢出衣冠遊於高廟，每月一爲之。"自從惠帝在高祖的長陵以東建立原廟以後，西漢一代在每個皇帝的陵園附近都設置宗廟，成爲定制。每個陵園的"寢"和附近的"廟"之間都有一條"衣冠所出游道"，都要"月一遊衣冠"。

根據文獻記載，西漢諸帝的"廟"確實造在陵園附近。例如武帝的龍淵廟造在他的茂陵之東，宣帝的樂遊廟造在他的杜陵西北(見《三輔黃圖》)。至於西漢諸帝陵園中的"寢"造在什麽地方，還有待於細緻的考古調查和發掘。日本足立喜六《長安史跡之研究》(中譯本改題爲《長安史跡考》)把西漢諸帝陵墓分爲三種形式，其中第三種形式的陵墓是二級或三級臺階式的方形夯築土臺，據説頂部平面上有建築遺蹟，東西和南北各有四條或五條土墻，形成交錯的棋盤格，劃成二十多個或三十個區。足立氏推定這就是"寢"的建築遺存。我爲此曾向咸陽市博物館的同志請教，據王丕忠同志答覆，現在這些陵墓頂上没有建築的遺跡。因此西漢諸帝陵墓的"寢"究在何處，還待作進一步的調查研究。但是，有一點是可以肯定的，西漢陵園中的"寢"即使不在陵墓的頂上，必然也在陵墓的邊側，在陵園之內。它和陵園以外的"廟"有一段距離，有一條通道叫做"衣冠所出遊道"，或者簡稱"衣冠道"，是由太常負責管理的。如果"衣冠道"有損壞而斷絶，就要處罰太常。《漢書·百官公卿表》記載："元朔元年孔臧爲太常，三年坐南陵橋壞，衣冠道絶，免。"

我們把秦代和西漢的陵寢制度與先秦的墓上建築作一比較，可以肯定，先秦墓上建築就是秦代和西漢"陵寢"的"寢"的起源。殷代墓上的建築有個特點，就是建築正好坐落在墓壙口上，面積大小基本上和墓壙口相等，正因爲這種建築屬於"寢"的性質，便於墓主靈魂起居生活之用。中山王陵《兆域圖》上宮垣以內併列"王堂""王后堂"、"夫人堂"等五間，也正因爲都是墓主靈魂生活起居用的"寢"。古代國君的宮殿裏，國君、后妃、夫人各自有其居住的"寢"，可以併列建築。國君居住的叫正寢或路寢，夫人居住的叫小寢。《左傳·僖公三十三年》：

"薨於小寢,即安也。"杜預注:"小寢,夫人寢也。譏公就所安,不終於路寢。"《儀禮·既夕》賈公彥疏引服虔説:"小寢,夫人寢也。禮,男子不絶於婦人之手。今僖公薨於小寢,譏其近女室。"陵園中的"寢"就是仿照宫殿中的"寢"建造的,因此中山王陵的"寢"可以分設"王堂"、"王后堂"、"夫人堂"等五間,併列在一起。《兆域圖》的"王后堂"上有記載:"王后堂方二百尺,其葬視哀后。""□堂"和"夫人堂"上都記載:"方百五十尺,其椑棺(按即内棺)、中棺視哀后,題湊長三尺。"這些記載替王后、夫人等三人規定了將來舉行葬禮時所用棺椁的規格,説明當制定這幅《兆域圖》時,這三人尚健在。現在所發現的中山王陵園中,陵墓確實只有兩座,一號墓是中山王墓,東側並列二號墓是先於中山王死去的哀后墓。大概後來由於中山滅亡或其他原因,王后、夫人等三人並未葬入這個陵園。這幅《兆域圖》之所以要把這三人將來葬入時所用棺椁規格記載在她們的"堂"的圖上,就是因爲這些"堂"是準備作爲死者靈魂居住的"寢"的。

從西漢以前的陵寢制度來看,陵墓頂上或邊側的建築,只能是供奉墓主靈魂起居飲食的"寢",不可能是朝拜祭祀用的享堂。西漢諸帝的"廟"雖然造到陵園的附近地方,但還是在陵園以外。當時對祖先的祭祀仍在"廟"中舉行,不在陵園中的"寢"内舉行。徐乾學《讀禮通考》卷九十四輯録"上陵禮"的資料,有按語説:"漢不師古,諸帝之廟不立京師而各立於陵側,故有朔望及時節諸祭,此實祭廟,非祭陵也。……其率百官而特祭於陵,實自明帝始也。"的確,西漢時期儘管"廟"造得靠近陵園,祭祀還在"廟"中舉行,仍然是"祭廟"而不是"祭陵"。"祭陵"的制度是東漢明帝開創的。從明帝以後才在陵園内建有朝拜祭祀用的建築。

西漢中期以後,豪强大族紛紛在墳墓之前建立祠堂,把"上墓"、祭祀祠堂作爲團結大族成員的一種手段。光武帝和大臣們原本都是豪强大族出身,原來都建有祖墳和祠堂。明帝創立"上陵禮",實質上就是把豪强大族"上墓"的禮俗搬到了皇帝陵園中舉行。趙翼指出:"光武令諸功臣王常、馮異、吴漢等,皆過家上冢,又遣使者祭竇融父冢,明帝遂有上陵之制。"(《陔餘叢考》卷三十二"墓祭"條)這個分析是符合歷史發展的過程的。明帝在即位的次年,把元旦公卿百官、四方來朝者、各郡上計吏以及皇親國戚會集祝賀皇帝的儀式,搬到了光武帝的原陵上舉行,成爲歷代帝王舉行"上陵禮"——在陵上舉行盛大祭禮的開端。後來又把皇帝親率公卿百官在宗廟中主持的主要的祭禮"酎祭"(或稱"飲酎")也移到了陵寢來舉行,每年正月和八月要在陵寢中舉行兩次隆重的朝拜祭祀典禮。於是在統治者的祭禮中,陵寢代替了宗廟的地位,宗廟就顯得不重要了。正因爲如此,明帝臨終下遺詔,把神主藏到光武廟中,從此廢除爲每個已故皇帝建立一"廟"的成規,而把許多祖先神主集中放到一座祖廟(即太廟)里,實行"同堂異室"的供奉辦法。這是對陵寢制度和宗廟制度的一次重大改革。因爲這個改革,陵園中才開始有朝拜祭祀用的建築。怎麼可能遠在先秦時期陵墓上就出現祭享用的享堂呢?

　　從陵寢制度演變的歷史來看,陵園內的主要建築是隨着禮制內容的變化而變革的。大體說來可以分爲五個階段:從先秦到西漢是第一個階段,這時陵園的禮制,主要是爲供奉墓主靈魂的起居飲食,主要的建築是"寢"。東漢是第二個階段,這時陵園的禮制,除了維持原來供奉墓主的禮俗以外,開始舉行上陵禮,於是"寢"開始擴建,設有舉行朝拜祭祀儀式的大殿,有所謂"寢殿"或"石殿";同時設有懸掛大鐘的鐘虡(鐘架),因爲行禮需要鳴鐘作爲開始的信號。第三個階段是魏晉南北朝,這是陵寢制度的衰落時期。第四個階段是唐宋時代,自從唐太宗營建昭陵,進一步推行上陵禮,就把朝拜祭獻用的"獻殿"和供奉飲食起居的"寢宮"分開建築。寢宮原來造在陵墓旁邊的山上,後因供應困難,移到山下,稱爲下宮。宋代沿用唐制,分設上宮(即獻殿)和下宮。第五個階段是明清時代,自從明太祖營建孝陵,更進一步擴展上陵禮的排場,取消原來日常供奉飲食起居的辦法,於是廢除寢宮的建築,擴大享殿的設施。這就是顧炎武所說:"明代之制,無車馬,無宮人,不起居,不進奉。"(《日知錄》卷十五"墓祭"條)清代的東陵和西陵,基本上沿用明代的制度。在陵園中不設"寢"而單獨設置享堂,是從明代開始的,怎麼可能在先秦的陵墓上就出現單獨的祭祀用的享堂呢?

　　　　　　　　　　　　　　　　　　原刊《文物》1982 年第 1 期

黄河之水天上來

——黄河之源昆侖山的神話傳説

"君不見黄河之水天上來,奔流到海不復回!"這是唐代大詩人李白名作《將進酒》開頭的話,看來古人把"黄河之水天上來",看作衆所周知的神話傳説。唐代另一詩人王之涣所作名篇《出塞》也説:"黄河遠上白雲間,一片孤城萬仞山。羌笛何須怨《楊柳》,春風不度玉門關。"《出塞》這個詩題,也或作《涼州詞》,因爲"出塞"是從西北地區的關塞出去,涼州是當時對西北地區的通稱,包括今甘肅、寧夏一帶。當時文化界公認的常識,認爲黄河的水源出於今甘肅西北的祁連山。當時人們稱祁連山爲天山或昆侖山。"祁連"原是胡人的名稱,《漢書・武帝紀》"與右賢王戰於天山",顔師古注:"匈奴人稱天爲祁連。"當時人們稱祁連山爲天山或昆侖山,"昆侖"是指這座高山的特殊結構。《爾雅・釋丘》説:"三成爲昆侖丘",是説這座特殊高山有着三重的高大結構。李白另一首名篇《關山月》説:"明月出天山,蒼茫雲海間。長風幾萬里,吹度玉門關。"玉門關是當時西北地區出塞的著名關塞,在今甘肅敦煌西北的小方盤城,這是從中原地區通往西域的主要交通門户。

爲什麽這個西北出塞的關塞要叫玉門關呢?因爲自古相傳,昆侖山出產的寶玉是寶中之寶。《爾雅・釋地》説:"西北之美者,有昆侖虚之璆琳、琅玕焉。"昆侖虚就是昆侖山,郭璞注:"璆琳,美玉名。琅玕狀似珠也。"《史記・趙世家》記蘇秦之弟蘇厲上書趙惠文王,就講到"(秦)逾句注,斬常山而守之,三百里而通於燕,代馬、胡犬不東下,昆山之玉不出,此三寶者亦非王有已"。《正義》解釋説:"言秦逾句注山,斬常山而守之,西北代馬、胡犬不東入趙,沙州昆山之玉亦不出至趙矣。"沙州昆山就是昆侖山。可知當時趙惠文王是很想出關去取得"昆山之玉"的。秦王政時,李斯上書秦王,諫秦王逐客,就講到"今陛下致昆山之玉,有隨和之寶,垂明月之珠,服太阿之劍,乘纖離之馬,建翠鳳之旗,樹靈鼉之鼓,此數寶者,秦不生一焉,而陛下説(悦)之"。這樣列舉秦始皇所有喜悦的一系列寶物中,以"昆山之玉"作爲"寶"中的第一寶。《穆天子傳》稱周穆王到達昆侖的最高峰"舂山","舂山,是唯天下之高山也",而且舂山頂上有"縣(懸)圃",天子從此得到了"玉榮"。

玉門關是漢武帝時特別設置的,這是從西域昆侖山輸入寶玉的唯一關塞。這個關塞十分著名。《漢書·地理志》載:敦煌郡龍勒縣有玉門關。《括地志》說:"玉門故關在壽昌縣西北百一十八里"(《史記·大宛列傳》正義引)。《元和郡縣志》於沙州壽昌縣下云:"玉門故關在縣西一百十七里,謂之北道。陽關在縣西六里,以居玉門關之南,故曰陽關,本漢置也,謂之南道。"玉門關故址在今敦煌西北的小方盤城。這個關口的城,建築成方形的盤狀,北面、西面設有城門,北門外不及一百公尺就是疏勒河,這是出玉門關的北道。同時敦煌西南設有陽關大道,亦稱陽關道,就是王維《送劉司直赴安西》所說:"絕域陽關道,胡沙與塞塵。"更有琴曲《陽關曲》,以王維《送元二使安西》的詩句作爲主要歌詞,並引申詩意,增添詩句,抒寫別離情緒,因全曲分爲三段,唱詞反復三次,因而又稱"陽關三疊"。陽關同玉門關一樣是當時西北邊境上通向西域的交通門户,同樣是從西域輸入昆侖山出產的玉石的主要關口。

根據《山海經》的《西山經》,離開昆侖山三百二十多里的槐江之山,山上多琅玕、黄金、玉,由此西望昆侖,"其光熊熊,其氣魂魂";由此西望大澤,是后稷之神所潛居之處,其中多玉。

《山海經·西山經》說:

又西三百二十里曰槐江之山,其上多青雄黄,多藏琅玕、黄金、玉,其陽多丹粟,其陰多採黄金銀,實惟帝之平圃,神英招司之……南望昆侖,其光熊熊,其氣魂魂,西望大澤,后稷所潜也。其中多玉,其陰多摇木之有若。……

西南四百里曰昆侖之丘,是實惟帝之下都,神陸吾司之,其神狀虎身而九尾,人面而虎爪,是神也,司天之九部及帝之囿時。……有鳥焉,其名曰鶉鳥,是司帝之百服。……河水出焉,而南流東注於無達;赤水出焉,東南流注於氾天之水;洋水出焉,西南流注於醜塗之水;而黑水出焉,而西流於大杅,是多怪鳥獸。

《山海經》說昆侖丘是上帝所建的"下都",是河水、赤水、洋水和黑水的發源地。既是"帝之平圃"所在,並且有神主管"天下九部及帝之囿時"。

《穆天子傳》講到周穆王西行到達昆侖，"遂宿於昆侖之阿、赤水之陽"。郭璞注："昆侖山有五色水，赤水出東南隅而東北流，皆見《山海經》。"《穆天子傳》又說："天子昇於昆侖之丘，以觀黃帝之宮，而封豐隆之葬。"這個黃帝之宮，就是《山海經》所說的"帝之下都"。豐隆見於《離騷》《淮南子·天文訓》、張衡《思玄賦》等，是雷神，豐隆是因雷聲而得名。

《淮南子·墜形訓》對昆侖山有詳細的描寫：

> 禹乃以息土填洪水，以為名山，掘昆侖虛（墟）以下地，中有增城九重，其高萬一千里百一十四步二尺六寸，上有木禾，其修五尋；珠樹、玉樹、璇樹、不死樹在西，沙棠琅玕在其東，絳樹在其南，碧樹、瑤樹在其北，旁有四百四十門，門間四里，里間九純，純丈五尺。旁有九井，玉橫雜其西北之隅；北門開以内不周之風，傾宮旋室、縣圃、涼風、樊桐，在昆侖閶闔之中，是其疏圃。疏圃之地，浸之黃水，黃水三周復其原，是謂丹水，飲之不死。河水出昆侖東北陬，貫渤海入。禹所導積石山，赤水出其東南陬，西南注南海丹澤之東。赤水之東，弱水出自窮石，至於合黎，餘波入於流沙絶，流沙南至南海。洋水出其西北陬，入於南海羽民之南。凡四水者，帝之神泉，以和百藥，以制萬物。昆侖之丘，或上倍之，是謂涼風之山，登之而不死；或上倍之，是謂懸圃，登之乃靈，能使風雨；或上倍之，乃維上天，登之乃神，是謂太帝之居。

這是對昆侖的神話傳說，所說縣（懸）圃、涼風、樊桐，就是傳說中昆侖的三重結構。這種神話傳說，先秦該是已有流傳，《楚辭·天問》已經在問："昆侖懸圃，其居安在？增城九重，其高幾里？"

其實昆侖山是實有其地的，在今甘肅酒泉南，即漢代敦煌郡的昆侖塞，或稱昆侖障。崔鴻《十六國春秋》謂"今以酒泉屬國吏二千餘人集昆侖塞"。《括地志》說："昆侖山在肅州酒泉縣南八十里。"《十六國春秋》云："後魏昭成帝建國十年前涼張俊、酒泉太守馬岌上言：酒泉南山即昆侖之體，周穆王見西王母，樂而忘歸，即謂此山，有石室、王母堂、珠璣鏤飾，煥若神宮。"（《史記·司馬相如列傳》"西望昆侖"正義引，《史記·秦本紀》正義所引大體相同）《元和郡縣志》於肅州酒泉縣下也說："昆侖山在縣西南八十里，周穆王見西王母，樂而忘歸，即此山。"《穆天子傳》所說周穆王到達的昆侖山就是酒泉南的祁連山。所謂"酒泉南山即昆侖之體"，就是指這座高山不僅由於山頂作"穹隆"形，而且可以上通到天。當時人們普遍認爲"黄河之水天上來",就是從這座高山來,這座高山是上通於天的。

在古代神話傳説中,昆侖山頂上有"縣(懸)圃",《山海經·西山經》稱爲"帝之平圃"。《穆天子傳》説:"舂山是唯天下之高山也……舂山之澤,清水出泉,温和無風,飛鳥百獸之所飲食,先王所謂縣圃。"舂山就是昆侖山上的一個高峰,縣圃就在這高峰上,"縣"即"懸"字,懸圃就是懸掛在高空中的花園。楚國大臣屈原因被放逐而作《離騷》,説"吾將從彭(巫彭)、咸(巫咸)之所居",具體説來,就是要到昆侖山的縣圃去。《離騷》説:"朝(早)發軔於蒼梧兮,夕余至乎縣圃",要早上從蒼梧出發,晚上到達縣圃。《離騷》又説:"朝吾將濟於白水兮,登閬風而緤焉。""閬風"就是《淮南子·墜形訓》所説昆侖山三重結構中的涼風,"登之而不死"的,"閬"和"涼"音同通用。《離騷》又説:"邅吾道夫昆侖兮,路修遠以周流;揚雲霓之晻藹兮,鳴玉鸞之啾啾;朝(早)發軔於天津兮,夕余至乎西極。"這是説要經過長遠的昆侖山而到達西天的頂端。

黄河是與中原人民休戚相關的,因爲人民的生産和生活都必須依靠天然的水源,黄河的水源向來是廣大人民所關心的,也是有作爲的統治者所密切關懷的。周穆王沿着黄河上游西行,穿越戎狄地區,經歷許多戎狄部族,做安撫工作,就是爲了探尋"黄河之水天上來"的神秘地點。酒泉以南的祁連山就是昆侖山,高達5 547米,多雪峰冰川,多森林樹木,多各種野生動物。這是古時西北邊境地區的最高山,因此古時人們傳説中,以爲上通到天的,黄河之水就是在這里從天上奔騰流下的。

楚帛書的四季神像及其創世神話

我在青年時期曾從事古史傳説和古代神話的探索，認爲禹以前的古史傳説都出于古代神話的演變，主張運用民俗學和神話學的研究方法，把許多古史傳説還原爲古代神話，從而開拓一个探討古代神話的園地。我因此在1938年寫成《中國上古史導論》一書，發表于1941年出版的《古史辨》第七册的上編中。我在這部小書中，初步把一系列的古史傳説，分別還原爲古代神話；把所有古代聖賢帝王的傳説，分別還原爲上天下土的神物，曾在結尾的一篇《綜論》中指出："古代神話的原形如何，及其歷史背景如何，尚有待于吾人之深考，得暇擬别爲《中國古神話研究》一書以細論之。"遺憾的是，我後來由於研究重點的轉移，半个世紀以來没有着手寫出這本書，但是對學術界有關中國古神話的探討還是關心的；對于有關古神話的新史料的發現和考釋，依然是十分重視。

1942年湖南長沙子彈庫所發現的楚帛書，是已發現的年代最早的戰國時代楚國的古文帛書，而且是迄今見到的唯一的"圖""文"并茂的有關創世神話的古文獻。半个世紀以來中外不少學者對此作考釋和研究，先後所發表的專著和論文多到七十種以上，真可以説極一時之盛，可是所有的探討，看來還没有得其要領，因而尽管不少學者一次次對此作出種種推斷，至今還没有得出學術界公認的結論。我認爲，楚帛書四邊所載的十二月神像中包含有四季神像，帛書中心的兩篇配合神像的文章，講到了"四時"（即四季）之神的創世神話及其對"四時"運行和天象災異的調整作用，這是楚帛書的主旨所在，要求人們對"四時"之神加以崇拜和祭祀的。

一、楚帛書四邊十二月神像中包含有四季神像

楚帛書是1942年9月在長沙東郊子彈庫地方的楚墓中被盜掘出土，後來此書流入美國，一度寄存在紐約的大都會博物館（The Metropolitan Museum of

Art),旋經古董商出售,現存放在華盛頓的賽克勒美術館(The Arthur M. Saekler Gallery),成爲該館的"鎮庫之寶"。這是在一幅略近長方形(47×38.7厘米)的絲織物上,東、南、西、北四邊環繞繪有春、夏、秋、冬四季十二月的彩色神像,并附有"題記",在四邊所畫神像的中心,寫有兩篇配合的文章,一篇是十三行,另一篇是八行,行款的排列彼此相互顛倒。

十二月神像的"題記",載有十二月的月名和每月適宜的行事和禁忌,末尾載有每个月神的職司或主管的事。所有十二月名,和《爾雅·釋天》所載基本相同:

月份	正月	二月	三月	四月	五月	六月	七月	八月	九月	十月	十一月	十二月
帛書	取	女	秉	余	故	叡	倉	臧	玄	昜	姑	荼
爾雅	陬	如	病	余	皋	且	相	壯	玄	陽	辜	涂

帛書和《爾雅》所載月名,字有不同的,讀音都相同,該是音同通用。這十二个月名,是戰國時代楚國常用的,例如《離騷》所說:"攝提貞于孟陬兮","孟陬"即指孟春正月。《爾雅》邢昺的疏,只說是"皆月之別名",并說:"其事義皆未詳通,故闕而不論。"清代學者郝懿行的《爾雅義疏》,依據字義所作的解說,都無確切依據,并不可信。從帛書所載每月"題記"看來,這十二个月名該來自十二月神之名。所有每月"題記"的末尾,都有三字用以指明這个月神的職掌或適宜的行事。值得注意的是,春、夏、秋、冬四季的最後月份都載有這个月神的職司,如三月"秉司春",六月"叡司夏",九月"玄司秋",十二月"荼司冬",而其他月份不同,只記有這个月神的主要執掌,如二月"女此武",因爲此月"可以出師";又如四月"余取(娶)女",因爲此月可以"取(娶)女爲邦□"。據此可知,十二月神像中,每季最後月份之神,既是主管此月之神,同時又是職司此季之神。秉、叡(且)、玄、荼(涂),該即職司春、夏、秋、冬四季之神。

楚帛書中間八行一段,講的是創世神話,説雹戲(即伏羲)所生四子,"長曰青□榦,二曰朱□獸,三曰翏黃難,四曰□墨(黑)榦",就是"秉"、"榦"、"玄"、"荼"四个四時(四季)之神。這樣以四時之神與四方、四色相配,原是先秦時代流行的學説和風俗。《禮記·月令篇》和《吕氏春秋·十二紀》,就記載有五帝、五神和四時、四方、五色、五行、十日等配合的系統。

四時	春	夏		秋	冬
五行	木	火	土	金	水
四方	東	南	中	西	北
五帝	太皞	炎帝	黃帝	少皞	顓頊
五神	句芒	祝融	后土	蓐收	玄冥
五色	青	赤	黃	白	黑
十日	甲乙	丙丁	戊己	庚辛	壬癸
五蟲	鱗	羽	倮	毛	介

《月令篇》這樣把許多事物歸納到五行系統之中，是逐步發展形成的，具有很悠久的歷史。以五神配合五行之説，春秋時代晉太史蔡墨已説到（見《左傳·昭公二十九年），以五神配合五行、四方、五色、五蟲之説，春秋時代也早已存在，如虢公作夢，在宗廟中見到"有神人面白毛虎爪，執鉞立于西阿"，召來史嚚占卜，據説這是天之刑神蓐收（見《國語·晉語二》）。五帝配合五行、四方、五色之説，也早已存在，如秦襄公自以爲"主少皞之神，作西畤，祠白帝"；秦獻公自以爲得"金"瑞，在櫟陽作畦畤，祠白帝（見《史記·封禪書》）。四方和十日、五色相配之説，戰國初年也早已有了。如《墨子·貴義篇》説上帝以甲乙日殺青龍于東方，以丙丁日殺赤龍于南方，以庚辛日殺白龍于西方，以壬癸日殺黑龍于北方。

《月令篇》這個五神配合四時、五行、四方、五色的系統雖然歷史很悠久，中原地區普遍流行，但是其他地區也還流傳着不同的配合系統，如《山海經》的《海外經》，就以句芒、祝融、蓐收和禺强配合東、南、西、北四方，這樣以禺强爲北方之神和《月令》以玄冥爲北方之神不同的。《管子·五行篇》説："昔者黃帝得蚩尤而明于天道，得大常而察于地利，得奢龍而辨于東方，得祝融而辨于南方，得大封而辨于西方，得后土而辨于北方。黃帝得六相而天地治、神明至。"這樣以奢龍、祝融、大封、后土配合東、南、西、北四方，是和《月令》系統很不同的。楚帛書所載四季神像和四方、四色、五行的配合，和《月令》比較，既有相同之處，又有不同之處。

二、楚帛書所繪四季神像的特色

楚帛書四邊所繪春、夏、秋、冬四季神像，就是帛書八行一段所説的"長曰青□榦，二曰朱□獸，三曰翏黃難，四曰□墨（黑）榦"，這樣以春、夏、秋、冬和青、朱、黃、黑四色相配，這和《月令》以秋季配白色是不同的。

帛書所繪四季神像是很有特色的,值得我們加以具體分析,并與當時流行的神話作比較的研究。

帛書三月"秉司春"的神像,面狀正方而青色,方眼無眸,鳥身而有短尾,即所謂"青□榦"。這個春季之神,很明顯就是《月令》所說春季東方的木神句芒。《山海經·海外東經》說:"東方句芒,鳥身人面,乘兩龍。"《墨子·明鬼下篇》講秦穆公在宗廟中見到有神入門,"鳥身,素服三絶,面狀正方",神自稱是來賜予年壽而使國家蕃昌和子孫茂盛的,並且自稱"予爲句芒"。句芒這樣"鳥身,素服三絶,面狀正方",正和帛書所畫"秉司春"之神完全相合。帛書上仲春二月的神像,是成雙相對的鳥身,有面狀正方的四首并列于寬闊的頭頸上,形狀和"秉司春"神像相類而較爲繁複,說明他們正是同類之神。這個崇拜春季句芒之神的風俗,源流長遠,直到清代,北京都城每逢立春前一天,還要隆重舉行祭祀"芒神"的儀式(見于《燕京歲時記》)。

"秉司春"的神像人面鳥身,是有來歷的,原來出于東方夷族的淮夷徐戎,他們原來崇拜"玄鳥"(即燕,亦即鳳鳥)圖騰的。東夷的郯子曾說:"我高祖少皥摯之立也,鳳鳥適至,故紀于鳥,爲鳥師而鳥名。"(《左傳·昭公十九年》)據說"少皥氏有四叔:曰重、曰該、曰脩、曰熙,實能金木及水,使重爲句芒,該爲蓐收,脩及熙爲玄冥"(《左傳·昭公元年》)。秦原來是東夷而西遷的,《史記·秦本紀》稱其祖先之後有郯氏、徐氏、嬴氏,可見秦原與郯、徐是同族。秦穆公既然在宗廟中見到句芒,可知句芒正是秦的祖先之神。《秦本紀》稱秦的遠祖是伯翳,亦即伯益,伯益原是傳說中玄鳥的後裔,其後代又有"鳥俗氏"而"鳥身人言"。據說他主管草木、五穀、鳥獸的成長。其實伯益即是句芒(詳見拙作《伯益、句芒與九鳳、玄鳥》,收入拙作《中國上古史導論》,編入《古史辨》第七冊上編)。

句芒之神所以稱爲"句芒",就是由于他主管草木五穀的生長。"句芒"即是"句萌",《月令篇》說季春三月,"生氣方盛,陽氣發泄,句者畢出,萌者盡達"。"句芒"是形容植物的屈曲生長(鄭玄注:"句,屈生者。")。帛書稱春季之神爲"秉","秉"字像手執禾一束的形狀,常用以指結穗的糧食作物,《詩·小雅·大田》說到"彼有遺秉,此有滯穗",以"遺秉"和"滯穗"并稱。當時楚人稱"司春"之神爲"秉",也是由于春神主管草木五穀的生長。

帛書六月"虘(且)司夏"的神像,人面獸身,面有紅色邊緣,無左右下臂和手,穿長袖衣隱蔽而拖着,身後有尾,并有雄性生殖器,即所謂"朱□獸"。這個夏季之神,相當于《月令》所說夏季南方的火神祝融。祝融原是楚人的祖先之神,因而帛書稱之爲"且"(叡),當即"祖"字。《山海經·海外南經》説:"南方祝融,獸身人面,乘兩龍",也與帛書相合。《山海經·大荒西經》説:"顓頊生老童,老童生祝融。"又説:"老童生重及黎。"《國語·鄭語》説黎爲高辛氏火正因而稱爲祝融。《史記·楚世家》把"老童"誤作"卷章",又把重和黎誤合爲一人。《楚世家》又説帝嚳使重黎討伐共工無功,因而殺死重黎,使其弟吳回"復居火正,爲祝融"。據《世本》(史記集解)所引)和《大戴禮記·帝系篇》,吳回確是和重黎同爲老童所生,看來吳回確有繼重黎而爲祝融之説。《山海經·大荒西經》説:"有人名曰吳回,奇左,是無右臂。"郭璞注:"即奇肱也。"王念孫以爲"奇左"是"奇厷"之誤。帛書這個夏季神像無左右下臂,可能繪的是吳回。《大荒西經》又説"日月出入"的日月山,"有神人面無臂,兩足反屬於頭上,名曰噓。""帝令重獻上天,令黎邛下地,下地是生噎,處于西極,以行日月星辰之行次"。從上下文看來,"噎"疑是"噓"之形誤。帛書這個無臂的夏季之神,也可能是日月山的神人名噓的。

帛書這個祖先之神,繪有男性生殖器,神名爲"叡",即"且"字,是"祖"字的初字,很可能與原始氏族的生殖崇拜有關。三十年代郭沫若《釋祖妣》首先把"且"識爲"牡器之象形",同時高本漢(Barnhard Karlgren)也認爲"且"字是男根之像,並且把新石器時代遺址中出土的男根模擬物稱爲"祖"。五十年代以來,新石器時代和商周時期的陶制或石制的男根模擬物出土不少,考古學者一律稱之爲"陶祖"或"石祖",都認爲與原始的生殖崇拜有關。不但仰韶文化晚期、馬家窰文化早期、龍山文化、齊家文化的遺址中有男根模擬物出土,鄭州二里崗的商代遺址和長安張家坡的西周遺址中也有出土;廣西邕寧和湖南安鄉的早期越文化遺址中亦有出土。戰國時代楚人崇拜的祖先之神,繪成人面獸身,身後有尾,并有男根,是可能與原始的生殖崇拜相關的。

帛書九月"玄司秋"的祖像很是特殊,是一種雙首的四足爬行動物,雙首類似龜頭,四足爬行類似鱉,即所謂"翏黃難"。這是帛書所載四季神像中最值得我們注意的神物。這個"司秋"之神名"玄",當即水神玄冥。帛書以玄冥爲秋季之神,和《月令》以玄冥爲冬季之神不同。帛書以玄冥爲黃色而在西方,和《月令》以玄冥屬黑色而在北方不同。玄冥的簡稱爲"玄",猶如玄冥也或簡稱爲"冥",如《國語·魯語》和《禮記·祭法》并稱"冥勤其官而水死"。古代神話中的水神玄冥,就是古史傳説中的鯀,鯀的傳説原來出于玄冥神話的分化演變。"鯀"字古作"鮌",從"玄"得聲,"玄"本讀若"昆"。鮌在神話中,原與禹同爲使用應龍、鴟龜來治水之神。《楚辭·天問》説:"河海應龍,何盡何歷?鮌何所營,禹何所成?"又説:"鴟鼃电衡,鮌何聽焉?順欲成功,帝何刑焉?"據說鮌因竊取上帝的"息壤"來填洪水,因而受到上帝的處罰而被殺死(見于《山海經·海內經》)。古史傳說就變爲堯或舜殛鮌于羽山。玄冥原爲黑暗幽冥之義,居于幽都,而鮌所殛的羽山"乃熱(日)照無有及也"(見《墨子·尚賢》),就是"不見日"的委羽之山(淮南子·地形篇)。少皞氏使"修及熙爲玄冥"(《左傳》昭公二十九年),而鮌又"字熙"(《史記·夏本紀》索隱引皇甫謐《帝王世紀》),足以證明鮌即出于玄冥的分化(詳拙作《鮌、共工與玄冥、馮夷》,收入拙作《中國上古史導論》,編入《古史辨》第七册)。

鮌有被殺後尸體復活變爲"黃能"潛在水中成爲水神的神話。據說晋平公有病,夢見黃能入于寢門,鄭國子産前來聘問,晋平公對子産説:"今夢黃能入于寢門,不知人煞乎?抑厲鬼耶?"子産對答説:"昔鮌違帝命,殛之于羽山,化爲黃能,以入于羽淵,實爲夏郊,三代擧之。"(《國語·晋語八》,《左傳》昭公七年大體相同)"黃能"今本誤作"黃熊",陸德明《經典釋文》認爲"熊亦作能,作能者勝"。孔穎達《正義》説:"能,如來反,三足鱉也。解者云獸非入水之物,故是鱉也。"今本誤作"黃熊",這是出于後人不理解"黃能"之義而誤改的。《爾雅·釋魚》説:"鱉三足能。"鱉原爲四足,三足的鱉是畸形。《論衡·應是篇》説:"鱉三足曰能,龜三足曰賁,能與賁不能神于四足之龜鱉。"《說文》説:"能,熊屬,足似鹿。""能,獸堅中,故稱賢能而强壯稱能傑也。""能"當是鱉中"强壯稱能傑"的一種,所謂"三足鱉"是一種神奇的傳説,實際上"三足"是畸形,不可能成爲鱉的一種。金文"能"字作如下之形:

就是一個四足爬蟲的象形字。孔穎達説:"能音如來反",是正確的。"能"古音讀如"態",與"難"音同通用。《玉篇》有"鮸"字,就是"能"的異體字,以"萈"作爲音符。帛書稱"玄"爲"翏黃難","翏"當讀爲"戮",是説鮌被殺而陳尸,《國語·晋語九》韋昭注:"陳尸爲戮。""翏黃難"就是説鮌被殺而尸體復活,變成黃能而成爲水神。

當時蜀國流行的祖先鱉靈的神話,也出于鮌化黃能神話的分化。揚雄《蜀王本紀》(《太平御覽》卷八八八引)説:楚人鱉靈被殺,尸體漂流到蜀地而復活,望帝(杜宇)用以爲相國,玉山洪水暴發,鱉靈"決玉山,使民得陸處",後來望帝傳位于鱉靈,號爲"開明帝"。這個楚人鱉靈的治水神話,就是鮌化黃能神話的分化,原是楚人所流傳的傳説。《楚辭·天問》説:"化爲黃能(今本"能"誤作"熊",洪興祖《補注》:"《國語》作黃能"),巫何活焉?"就是説尸體復活而化爲黃能。所謂"鱉靈","鱉"即是"能","靈"即是神,"能"就是畸形的鱉。玄既是玄冥,亦即是鮌,又別稱鰲靈,也還是玄武。玄武的形象也是指畸形的龜或龜蛇合體。《禮記·曲禮上》:"行前朱鳥而後玄武",孔穎達《正義》説:"玄武,龜也。"《後漢書·王梁傳》説:"玄武,水神之名。"李賢注:"玄武,北方之神,龜蛇合體。"

　　古人所以特别重視龜鰲中"强壯稱能傑"的"能",因爲古人認爲特大的龜鰲是有特别强壯的神力的。《楚辭·天問》説:"鰲戴山抃,何以安之?"鰲是大龜,王逸注引《列仙傳》説:"有巨靈之鰲揹負蓬萊之山而抃舞,戲滄海之中,獨何以安之乎?"《列子·湯問篇》又説:"五山之根無所連箸⋯⋯帝恐流于西極⋯⋯乃命禹强使巨鰲十五舉首而戴之。"《列子·湯問篇》《淮南子·覽冥篇》和《論衡·順鼓篇》都説:"女媧煉五色石以補蒼天,斷鰲足以立四極。"

　　帛書十二月"荼司冬"的神像,人體正面站立,巨頭方面,大耳,頭頂有並列的兩條長羽毛,口吐歧舌向左右分佈成直綫,兩手握拳向左右張開,上身穿着黑色短袖,露出下臂,即所謂"囗墨(黑)榦"。當即能使巨鰲的北海之神禺强。"禺"字像巨頭的動物之形。"荼"字從"余"聲,與"禺"音近通用。《山海經》的《海外北經》和《大荒北經》都説:"北方禺强人面鳥身,珥兩青蛇,踐兩青蛇。""鳥身"當爲"黑身"之誤(舊注引一本作"北方禺强黑身手足",《莊子·大宗師篇》釋文引此亦作"黑身手足")。"珥兩青蛇"和"踐兩青蛇"表示其威武而能除害。《莊子·大宗師篇》釋文引崔譔和《列子·湯問篇》張湛注引《大荒經》都云:"北海之神名曰禺强,靈龜爲之使。"所謂"靈龜"即指巨鰲。

三、楚帛書的創世神話

　　楚帛書中間八行一段文章,講的是開天辟地的創世神話,這是我們所見到的時代最早的創世神話文獻。全文可以分爲上下兩節,上節較短,講的是伏羲創世的神話;下節較長,講的是祝融繼續進一步創世的神話。據説遠古之時"夢夢墨墨"(一團混沌),"風雨是於(閟)",雹戲(即伏羲)生了四個兒子,即青囗榦、朱囗獸、參黄難和囗墨(黑)榦,就是春、夏、秋、冬四時之神,就是上文所説"秉司春""僉(且)司夏""玄司秋"和"荼司冬"四神。雹戲命令四神疏通山川四海,因而使得"朱(殊)有日月,四神相弋(代),乃步爲歲,是惟四時"(即四季)。就是説由于四神的疏通,使得一團混沌分解,使得日月分明,四神得以輪流掌管,春、夏、秋、冬四時得以轉變,從而推步爲一年。這是上節的主要内容。

　　下節又説:"千又百歲,日月允生("允"讀作"夋"),九州不平,山陵備側,四神囗囗,囗至于復。""允"和"夋"古音義相通,《説文》説:"夋,行夋夋也,從夊,允聲。""行夋夋"是說不斷推行。所謂"日月夋生",是說日月不斷產生,古神話中有十日和十二月並生的説法,如説帝俊生十日和生十二月,見于《山海經》的《大荒南經》和《大荒西經》。這是説:經歷千百年之後,上天下地又發生混亂,天上有日月不斷產生,地下的九州又不平,山陵都變得傾斜了,以致"四神"不能使"四時"按常規運轉。

接着又説:"天旁動攼,畀之青木、赤木、黄木、白木、墨木之精,炎帝乃命祝融以四神降,奠三天,囗囗思敩(敷),奠四極。"這是説:天為此大為感動,因而賜給青、赤、黄、白、黑木之精,因此炎帝就得下令祝融,使四神從天下降,從而奠定"三天"和"四極"。看來天帝所賜五木之精,就是賜給祝融和四神的神力,因為"青囗榦""朱囗獸""翏黄難"和"囗墨(黑)榦"等四神,就是執掌青(東)、朱(南)、黄(西)、黑(北)等各方面的事業的。所謂"奠三天"和"奠四極",就是創建開天闢地的工程。上文所列舉的帛書所繪四季之神,正是善于"奠三天"和"奠四極"的能手。

帛書接着又載:"曰非九天則大側,則毋敢叡天靈("靈"讀作"命"),帝允,乃為日月之行,共攻囗步十日,四時囗囗,囗神則閏,四囗毋思,百神風雨,晨禕亂作,乃囗日月,以轉囗思,有宵有朝(早),有晝有夕。"這是説:祝融接受了炎帝的命令,表示如果違反"九天"的意旨,就將有更大的傾側,為此不敢不順從天命。經過炎帝的允諾,于是開始做恢復日月運行的工作,共同努力着推步"十日",調整"四時",終于改變了"晨禕亂作"的天象,使得風調雨順,日月運轉分明,有夜有早,有晝有夕。我們必須指出,近人考釋帛書的,都把"共攻"讀作"共工",以為最後由共工完成了調整混亂天象的工作,看來并不確實。因為據文獻記載,古神話中共工正是個造成天地災禍的主角,據説共工曾與顓頊爭為帝,怒而觸不周之山,折天柱,絶地維(見于《列子·湯問篇》等)。共工是不可能做調整日月和四時的工作的,而且祝融既然以四神下降而"為日月之行",不可能同時又有共工來完成這工作。"共攻"兩字當是指祝融統率四神共同努力而言。

帛書八行這段文章所講的創世神話,既説伏羲生"四神"而使"四神"從一團混沌中開天闢地,使得日月分明和四時運行;又説祝融順天意、奉炎帝之命而統率"四神",進一步完成創世工程,都是歌頌帛書中所繪的四季神像而要求大衆加以崇拜和祭祀的。帛書所講的創世神話,實質上就是太陽神的創世神話。拙作《朱、驩兜與朱明、祝融》(收入《中國上古史導論》,編入《古史辨》第七册),已詳細證明祝融原是日神與火神,同時又是楚人的祖先之神。炎帝既是出于日神、火神的分化演變,祝融所統率四季之神中的夏季之神又是火神的分化。

帛書所説祝融使四神"奠三天","三天"是指三重的天的結構,和古神話中所説"九天"不同的。"九天"是指天有九个方面的區分,《天問》所謂"九天之際,安放安屬"。古神話以昆侖山原與上天相連接,可以從此登天的。《淮南子·墜(地)形篇》説:"昆侖之丘或上倍之,是謂涼風之山,登之而不死;或上倍之,是謂懸圃,登之乃靈,能使風雨;或上倍之,乃維上天,登之乃神,是謂太帝之居。"這就是"三天"的結構。

帛書所説祝融使四神"奠四極","四極"是指地的東、南、西、北四方的盡極之處。《淮南子·墜形篇》所謂"禹乃使太章步自東極至于西極二億三萬三千五百里七十五步;使竪亥步自北極至于南極二億三萬三千五百里七十五步。"《淮南子·時則篇》談到了東、南、中央、西、北五極之處和五帝、五神之所司:東方之極東至日出之次,太皞、句芒之所司;南方之極南至委火炎風之野,赤帝、祝融之所司;中央之極自昆侖東絶兩恒山,黄帝、后土之所司;西方之極西至三危之國,少皞、蓐收之所司;北方之極北至令正(丁令)之國,顓頊、玄冥之所司。據此可知古神話中,"四極"原爲四方的上帝和四季四方的神所執掌,原來就是由四季四方之神所奠定的。四季四方之神的神力强大,本來就是"奠三天"和"奠四極"的能手。

楚帛書所説祝融創世的神話,確是有來歷的。《尚書·吕刑》説:"蚩尤惟始作亂⋯⋯皇帝(上帝)哀矜庶戮之不辜⋯⋯遏絶苗民,無世在下。乃命重、黎絶地天通,罔有降格。"這是説,因爲蚩尤作亂,遏絶苗民,上帝于是命重、黎絶斷天地之間的通路,這就是祝融開天辟地的神話。原來古神話中天地是連接而有通道的,昆侖就是登天的通道所在,由于祝融的"絶地天通",天地才分開而不能相通。《國語·楚語下》載楚昭王問于觀射父説:"《周書》所謂重、黎實使天地不通者,何也？若無然,民將能登天乎？"古神話確實認爲如此,人民原來是可以由地登天的。于是巫師們就宣稱從此只有巫師有天梯性質的高山,從此可以升降上下,能够往來人間和天堂,溝通天人之間。

祝融怎樣"絶地天通"的呢？《山海經·大荒西經》説:"顓頊生老童,老童生重及黎,帝令重獻上天,令黎邛下地,下地是生噎("噎"疑"嘘"字之誤),處于西極,以行日月星辰之行次。"《國語·楚語下》記觀射父説:"及少皞之衰也,九黎亂德,民神雜糅,不可方物。⋯⋯顓頊受之,乃命南正重司天以屬神,命火正黎司地以屬民,使復舊常,無相侵瀆,是謂絶地天通。"這是説:上帝(顓頊也是上帝)命令重和黎,一个上天而"司天",一个下地而"司地",同時黎所生的噎(或嘘)"處于西極,以行日月星辰之行次",該即帛書所説"乃爲日月之行"。

楚帛書所講的創世神話,限于混沌中開天辟地和天象由混亂恢復正常兩部分。帛書中間十三行一段文章,也是講天象發生災異而恢復正常的。全文可分爲三節,第一節講天象發生災異,包括月的盈縮不當,春、夏、秋、冬四季的變換失常,日月星辰運行的逆亂,草木的生態失常等;認爲這是"天地作羕("羕"讀作"殃"),天棓將作傷,降于其方,山陵其發("發"讀作"廢"),又(有)淵厥潰,是謂孛"。"天棓"是指棒那樣長的彗星,"孛"是指光芒蓬勃的彗星。這是説天地遭殃,是彗星降下的傷害,以致山陵敗壞,淵澤潰決。接著又説出現"孛"的歲月,有雷電、下霜、雨土的災異,因而"東國又(有)吝(患難)","西國又(有)吝",而且有兵災"害于其王",説明這樣的天災不但東國和西國的人民受難,國君也得有兵災。

第二節缺字較多,有些字句意義不明。大意是説一年四季的變化,此中春、夏、秋"三時"都重要。由于"孛"(彗星)的"作其下凶",日月星辰運行紊亂,"時雨"(及時下雨)失常,以致"群民"的"三恒發("發"讀作"廢"),四興鼠("鼠"讀作"竄"),以(失)天尚("尚"讀作"常")"。"三恒"是指春、夏、秋三季的常規作業,"四興"是春、夏、秋、冬四季的行事。這是説:由于彗星造成天災,使得人民廢毀三時的常規作業,敗壞四時的行事,以致人民不能正常生活。接著指出,由于"群神五正,四興無羕(殃),建恒懌民,五正乃明,其神是享"。所謂"群神五正",是指主管"四時"的五神,當時中原地區以句芒、祝融、蓐收、玄冥(四時之神)加上后土,稱爲"五正"(《左傳·昭公二十九年》晋太史蔡墨所説),這里楚人所説"五正",也該指上文所述四時之神加上后土而言。這是説,由于五正管理好四時的行事,使得重建"三恒"而便于人民安居樂業,因而人民要祭享其神。第三節"帝曰"以下,是説上帝爲此對五正之神大爲稱讚,説明必須恭敬祭享。這篇文章通篇是韻文,很明顯是歌頌帛書四邊所畫十二月神中的四季之神的,並要求人們恭敬祭享。

四、伏羲是楚神話中的創世者和造物者

楚帛書説伏羲生下四時之神,在一團混沌中使四時之神開天辟地,使得日月分明和一年有四季,説明伏羲是楚神話中的最早創世者。還值得我們注意的是,1973年長沙馬王堆漢初墓葬出土的一批帛書中,有《易經》和《易·繫辭傳》,當是儒家《易》學傳到楚國以後,楚的經師在傳授《易傳》時重新編輯而成的。與

《易·繫辭傳》同時出土的還有四種解釋《易》的作品,如《要篇》《易之義》、《繆和》和《昭力》等,説明楚曾長期成爲傳授儒家《易》學的一個中心,因此《易·繫辭傳》本爲儒家之學,融合有道家黄老學派的學説,並且把伏羲作爲最早的造物者。看來長沙的戰國時代楚墓出土的楚帛書,以伏羲爲最早的創世者;同時長沙的漢初墓葬出土的帛書《易·繫辭傳》,又以伏羲爲最早的造物者,是有密切的歷史傳統關係的。《史記·仲尼弟子列傳》稱孔子傳《易》于魯人商瞿(字子木),商瞿又傳楚人馯臂(字子弓),馯臂以後《易》還是在楚長期流傳,特别是在長沙地區。

《易·繫辭傳》講到遠古聖人依據《易》的"卦"而造物的傳説,包犧氏(即伏羲)作結繩而爲網罟,以佃以漁;神農氏推行耒耜之利,日中爲市;黄帝推行舟楫之利和臼杵之利。上古穴居而野處,後世聖人易之以宫室;古之葬者厚裹之以薪,葬諸中野,不封不樹,後世聖人易之以棺椁。上古結繩而治,後世聖人易之以書契,百官以治,萬民以察。這樣把歷史分爲"上古"和"後世"兩个階段,"上古"是指原始社會,"後世"是指文字發明和創建國家制度以後的文明社會,而把"聖人"的造物作爲推動歷史變革的關鍵,伏羲就是最早的造物者。

《易·繫辭傳》説:"古者包犧氏之王天下也,仰則觀象于天,俯則觀法于地;觀鳥獸之文與地之宜,近取諸身,遠取諸物,于是始作八卦,以通神明之德,以類萬物之情。"這樣把"始作八卦"看作伏羲的最重要的創造,是和楚人的原始巫術有密切關係的。所謂"始作八卦",實質上就是"結繩而治",八卦的製作和結繩有密切聯繫。當原始部族結繩而治的時期,就用繩索作爲占驗的工具。過去四川金川的彝族,賣卜者手持牛毛繩八條,擲地成卦,如是者三,以定吉凶稱爲"索卦",臨陣作戰時要用以占卜勝負(見李心衡《金川瑣記》,收入《小方壺齋輿地叢鈔》第八帙)。《楚辭·離騷》説:"索藑茅以筳篿兮,命靈氛爲余占之。""靈氛"是占卜的巫師,使用原始巫術來占卜,"筳篿"是幾片竹制的占卜工具,"藑茅"是一種靈草,"索藑茅"是説用靈草作繩索而繞在"筳篿"上,于是投擲"筳篿"來占卜以定吉凶,這就是楚人沿襲"索卦"的遺風(詳于省吾《伏羲與八卦的關係》,收入《紀念顧頡剛學術論文集》上册)。

"聖"是孔子所標榜的最高道德,孔子曾感嘆:"聖人吾不得見之矣。"(《論語·述而篇》)孔子又曾感嘆:"鳳鳥不至,河不出圖,吾已矣夫。"(《論語·子罕篇》)鳳鳥至,河出圖,是將興的祥瑞,這是早有的一種神話傳説。《易·繫辭傳》説:"河出圖,洛出書,聖人則之。"這是後來儒家的信仰。《孔子三朝記》的《誥志篇》(收入《大戴禮記》)就曾説:"聖人有國""于時龍至不閉,鳳降忘翼","洛出服

（"服"讀作"符"），河出圖"。所謂"河圖""洛書"，具有神話性質。儒家由於重視"造物"對於改進和提高人民生活起着重大作用，把這些神話中的造物者稱爲"聖人"，其實他們都是人面蛇身的天神，《列子·黄帝篇》說："庖犧氏（即伏羲）、女媧氏、神農氏、夏后氏，蛇身人面，牛首虎鼻，此有非人之狀，而有大聖之德。"伏羲、女媧、神農和夏后氏都是創世者和造物者。《楚辭·天問》說："女媧有體，孰制匠之？"就是因爲神話中有女媧造人之說，因而要問女媧自己的身體是誰造的呢？同時女媧有補蒼天和立四極的神話。

從來神話中的創世者又是造物者，民間"造物"的工匠是要使用規、矩、繩、墨等工具的，神話中的開始造物者當然也是使用這些工具的。神話的四方和四季之神既是創世者，當然又是造物者，因而《淮南子·天文篇》就說："句芒執規而治春""朱明執衡而治夏""后土執繩而制四方""蓐收執矩而治秋"，"玄冥執權而治冬"。伏羲和女媧既然是創世者和造物者，因此伏羲和女媧的圖像也是手執規矩的。我們所見到的伏羲和女媧圖像，最早是東漢時代的，如武梁祠石刻、四川郫縣出土石棺畫像、重慶沙坪壩出土石棺畫像，都是伏羲執矩、女媧執規，蛇身人首，兩尾相互糾結，同時文字記載中出現有伏羲和女媧爲兄妹或夫婦的傳說。伏羲和女媧手執矩規的蛇身神像當是依據原始的神話，所說兄妹關係和夫妻關係當是後起的傳說。王充《論衡·順鼓篇》說："伏羲、女媧，俱聖者也。舍伏羲而祭女媧，《春秋》不言。"又說："俗圖畫女媧之象爲婦人之形，又其號曰女，仲舒（指董仲舒）之意，殆謂女媧古婦人帝王也，男陽而女陰，陰氣爲害，故祭女媧求福祐也。"這是王充解釋董仲舒主張"雨不霽，祭女媧"的，認爲女媧本是"補蒼天、立四極"之神，只說俗圖畫女媧之像爲婦人，沒有談到女媧和伏羲有什麽關係，而說"俱聖者也"。

附帶要指出，楚帛書八行一段文章，說雹戲（伏羲）"乃取（娶）虘之子曰女堃，是生子四"，"女"下一字不識，有人以爲即女媧，并無確證。

［附記］據新華社北京 1 月 9 日電，陝西北部神木縣漢墓新出土畫像石中，有"春神句芒"和"秋神蓐收"的畫像。春神句芒人面鳥身，左手捧紅色日輪於胸前，右手持矩，足下和身後各有一條青龍。秋神蓐收也是人面鳥身，右手捧白色月輪於胸前，左手持規，耳部有蛇，足下和身後各有一隻白虎。我認爲，這兩幅畫像，就是依據四季之神的創世神話而創作的。

楚帛書既講伏羲使用四季之神于一團混沌中開天辟地，從而使得"朱（殊）有日月，四神相弋（代），乃步爲歲，是惟四時"，又講千百年之後，由于日月不斷產生,四季運行失常,于是炎帝又命祝融使四季之神開天辟地,即所謂"奠三天"和"奠四極",接着就"爲日月之行",使日月得以正常運行。據此可見在這樣的創世工程中,使日月正常運行,是此中一个重要關鍵。新出土的春神句芒和秋神蓐收畫像,分別手捧日輪和月輪於胸前,就是表示他們在創世工程中主持"日月之行"。《山海經·西次三經》講到蓐收之神居于泑山,"西望日之所入,其氣員,神紅光之所司也"。這是說蓐收之神用他的"紅光"在掌管"日之所入",也是講蓐收的掌管日的運行。所謂"其氣員","員"當讀作"圓",這是說蓐收發出紅光使日輪運行的氣象圓通。新出土的句芒和蓐收畫像分別手執規矩,與《淮南子·天文篇》記載相同,因爲他們既是創世者,又爲造物者。新出土漢代畫像石以蓐收爲秋神,與《月令》相同,而和楚帛書所說"玄司秋"不同。該是依據中原流行的神話。1997年1月17日追記。

秦《詛楚文》所表演的"詛"的巫術

最近承蒙馬昌儀教授寄來她所主編的《中國神話學文論選萃》，讀了之後，感到很是親切，如同見到了許多久別的老友。這不僅反映了這門學科發展壯大的歷程，而且具有繼往開來的推動作用。又承蒙她來函告知，今年4月間將在臺北舉行這門學科的研討會，兩岸這方面的學者將在此熱烈地共同商討，這將是這門學科蓬勃發展的開端，我感到很高興。我久已不寫這方面文章，因爲高興，就把久已想要寫的一個問題寫出來請大家指教。

當我開始執筆起草時，不由得想起了往事。1947年7月中旬，郭沫若正在看《聞一多全集》中《伏羲考》的校樣，看到文中提及我的《中國上古史導論》，到上海市博物館來向我們借閱《古史辨》第7冊。接着，我和童書業一起回訪他，他拿出剛脫稿的秦《詛楚文考釋》來，徵求我們的意見。我看了之後，就感到需要進一步用民俗學和神話學的眼光來加以分析。當時我因爲恢復博物館的工作很忙，只寫成了一篇短文，題爲《讀秦詛楚文之後》，發表在博物館主編的《文物周刊》第59期上（見於當年11月發行的上海《中央日報》），因爲文章很短，言不盡意，沒有引起人們的注意，這個問題長期來一直在我腦子裹盤旋，很想寫出來請大家指教。

一、秦《詛楚文》石刻的來歷及其考釋成果

秦《詛楚文》石刻共三塊，刻有秦王使宗祝在神前咒詛楚王而祈求"克劑楚師"的文章，文詞相同，只是所祈求之神，有巫咸、大沈厥湫、亞駝的不同。這是北宋嘉祐（1056—1063）、治平（1064—1067）年間，先後在三個地方發現的。

（一）《告巫咸文》石刻，據說嘉祐年間出土於鳳翔（今屬陝西省）的開元寺，嘉祐六年（1061）24歲的蘇軾得來移到知府的便廳，熱情地賦詩爲之說明，接着年過半百的歐陽修作了文字考釋，隨後許多著名的文人學士紛紛爲之題咏、著錄、注釋和考證，一時轟動了文化界。蘇軾認爲開元寺所在是秦祈年宮的故址，

因而有此石出土,其實不確①。後來宋徽宗把此石收歸御府。

（二）《告大沈厥湫文》石刻,據說治平年間農民在朝那湫旁耕田掘得,朝那湫在今甘肅平涼縣西北,就是戰國、秦、漢間的湫淵所在。熙寧元年(1068)蔡挺到平涼出任渭州知州,得來移到了官廨。後五年蔡挺昇任樞密副使,後又因病調任到南京(即宋城,今河南商丘縣南)的御史臺,他把這塊石刻帶到了南京住宅。七十年後一場大火,幸未燒毁,紹興八年(1138)被宋州知州李伯祥移到官廨。

（三）《告亞駝文》石刻,據元周伯琦《詛楚文音釋》説:"出於洛,亦蔡氏(即蔡挺)得之,後藏洛陽劉忱家。"董逌《廣川書跋》引王存乂説:"亞駝即是滹(呼)沱。"但呼沱水是趙和中山的河流,何以此石在洛陽出土？郭沫若根據這點,並認爲文中(駝)字所從的"馬",寫法不古,斷言這是僞作。還以爲南宋的《絳帖》和《汝帖》,只收巫咸、厥湫而不及亞駝,大概早已認爲贋品。所謂亞駝即呼沱只是一種猜測,洛陽在當時並非秦地,怎麼可能出土秦石刻？出土地點既不詳,蔡挺得了仍舊留給別人,沒有同《告大沈厥湫文》石刻一起帶到南京,看來蔡挺早已看出不是真品。

總的看來,《告巫咸文》和《告大沈厥湫文》的來歷確鑿,但不可能同是嘉祐、治平十年間出土的,大概早就先後出土,因未有人識得而加以重視。這時由於金石學的興起,文人學士的愛好文物以及官府的開始重視,因而得以發現、著錄和考釋。據説《告巫咸文》石刻共 326 字,有 34 字模糊不可辨認,可能就因爲出土後沒有很好保藏而發生的。

經過宋金戰爭之後,這三塊石刻都不知下落,原拓本也不見。南宋出版的《絳帖》和《汝帖》所收巫咸、厥湫兩石,已是拼湊而成的重摹翻刻,而且《汝帖》更

---

① 蘇軾謂:"秦穆公葬於雍橐泉宮祈年觀下,今墓在開元寺之東南數十步,則寺豈祈年之故基耶？"考秦穆公冢在橐泉宮祈年觀下之説,見於《漢書·楚元王傳》附《劉向傳》以及《秦本紀》集解所引《皇覽》,此説不確。《水經·渭水注》已經加以駁斥。劉向説:"穆公葬無丘壟處。"可知秦穆公葬地並無冢墓。《漢書·地理志》稱"祈年宮秦惠公起,橐泉宮孝公起。"《水經注》謂祈年宫蓋惠公之故居,孝公又謂之橐泉宮,並謂:"子孫無由起宮於祖宗之墳陵,以是推之,知二證之非實也。"據考古調查與發掘結果,雍故城在今鳳翔縣城以南,雍水以北,宮殿遺址在故城中部偏西南地區,在今姚家崗、馬家莊一帶。秦祖先墓葬在故城西南,在今西村、南指揮村一帶,可知秦穆公葬地不應在祈年宮下。蘇軾因傳説中之秦穆公冢墓在祈年宮下,以爲開元寺即祈年宮之故基,並不確實。郭沫若據蘇軾之説,以爲《告巫咸文》一石出於開元寺,即是秦祈年宮所在,"祈年宮所祀者爲巫咸神"。此説亦非。祈年宮是秦王行宮性質,秦王到雍,常居祈年宮,秦王行宮何故要祀巫咸神？何況開元寺並非祈年宮故基。據《史記·封禪書》,秦在雍除祭祀上帝之五畤外,尚有祭祀日、月、星、辰、風伯、雨師、四海、九臣、十四臣等"百有餘廟",開元寺故址當爲秦宗祝祭祀巫咸神之所在。

有些刪節。元代至正己亥(1359)周伯琦刊印的所謂元至正中吳刊本,也是一種摹刻的拓本。1934年容庚把《絳帖》本和《汝帖》本收入《古石刻拾零》,並作了綜合的考釋。此後十年吳公望又影印元至正中吳刊本,鄭振鐸把它編入《中國歷史參考圖譜》,1947年郭沫若又據以作《考釋》,先發表在上海出版的一本《學術》雜誌上,後又收入《郭沫若全集·考古編》第九卷。現在我把容庚考釋《告大沈厥湫文》的結果抄錄於下,並附注有郭沫若的不同考釋:

又秦嗣王("又"讀作"有"),敢用吉玉宣璧("宣"讀作"瑄"),使其宗祝邵鼇布憨告於丕顯大沈厥湫("不"讀作"丕"。"憨",郭沫若作"憼",謂通"檄"),以底楚王熊相之多辠("辠"同"罪"),昔我先君穆公及楚成王是繆力同心("是"讀作"寔","繆"郭沫若作"僇",通"戮"),兩邦以壹("以",郭沫若作"若"),絆以婚姻,袗以齋盟,曰枼萬子孫毋相為不利("枼"同"世"),親卬大沈厥湫而質焉("卬"同"仰")。今楚王熊相康回無道,淫失甚亂("失"通"佚",郭沫若作"㐸",謂是"夸"之異文),宣謻競從("謻"通"侈","從"通"縱"),變輸盟制("輸"通"渝",郭沫若"制"作"㓞",謂古"約"字),內之則虣虐不姑("虣"通"暴","姑"通"辜",《絳帖》本亦作"辜"),刑戮孕婦,幽刺敕戚("敕"通"親",郭沫若作幽𩰚敕或,謂"或"同"䘈"),拘圉其叔父,真者冥室檟棺之中("者"通"諸"),外之則冒改厥心,不畏皇天上帝及大沈厥湫之光列威神("列"通"烈"),而兼倍十八世之詛盟("倍"通"背")衛者侯之兵以臨加我("衛"通"率","者"通"諸"),欲剗伐我社稷,伐成我百姓,("成"同"滅"),求蔑灋皇天上帝及大神厥淵之卹祠、圭玉、羲牲("灋"同"法",通"廢","卹"讀作"血","羲"讀作"犧"),迷取晤邊城新郢及鄜、長、敘("迷"讀作"求",郭沫若作"述",謂通"遂","晤"通"吾"),晤不敢曰可("晤"同"吾","可"讀作"何"),今又悉興其衆,張矜忿怒(郭沫若"矜"作"矝","忿"作"意",讀作"部",又讀"怒"作"弩"),飾甲底兵("飾"通"飭","底"通"砥"),奮士盛師,以偪晤邊競("偪"通"逼","晤"通"吾","競"通"境"),將欲復其贶速("贶"通"凶","速"同"蹟",郭沫若"速"作"迷",謂通"求"),唯是秦邦之羸衆敝賦,輶輪棧輿("輶"同"軵",郭沫若作"輴"),禮使介老(郭沫若"使"作"㑆",同"叟"),將之自救也(《絳帖》本"也"作"殹"),亦應受皇天上帝及大沈厥湫之幾靈德賜,克劑楚師,且復略我邊城,敢數楚王熊相之倍盟犯詛("倍"通"背"),箸者石章("者"通"諸"),以盟大神之威神。

我在這里對容、郭兩氏不同的文字考釋,不作評論,惟其中"述取吾邊城新郵及鄝、長、敖"一句,因關係較大,必須作出論斷。我認爲此句第一字,容庚據《絳帖》本識爲"述"字,讀作"求",是正確的。郭沫若據元至正中吴刊本識作"迷"字,讀作"遂",是不確的。因爲"求取"是説楚王正在謀求攻取這些城邑。若作"遂取",就説是已經取得這些城邑。根據有關史料來看,當以"求取"爲是。因爲這些城邑原爲楚地,這時已爲秦佔有而成爲秦的邊邑,楚正謀收復這些失地,結果大敗而丢失更多土地。

二、關於《詛楚文》的神前詛楚的祭禮

現在我們首先要談的是,秦王爲什麽不在新都咸陽舉行這個神前詛楚的祭禮,而要到舊都雍(即今陝西鳳翔)舉行?因爲這是商鞅變法所造成的新格局,祭祀天神的神祠仍留在雍。

秦國在商鞅變法以前,政治、文化中保留舊的傳統是較多的。商鞅在初步變法之後,所以要遷都咸陽而作進一步的改革,是爲了擺脱舊傳統的束縛而謀求擴大改革的成果。因此他對咸陽的建設作了新的規劃,把所有官署遷到了新都,仍然把宗廟和祭祀上帝以及鬼神的神祠留在舊都雍。從殷周以來,所有都城,包括别都在内,都是建有宗廟的,所謂"凡邑有宗廟先君之主曰都,無曰邑"(《左傳·莊公二十八年》)。因爲宗廟不僅是祭祀祖先、舉行宗族内部禮儀的地方,而且其廟堂具有禮堂的性質,許多政治上的重要典禮如即位、朝聘、策命等等,都要在宗廟舉行。到戰國時代,經過變法改革以後,政治上許多大典移到朝廷上舉行,但是君主宗族中的禮儀以及祭祀天神的典禮,仍然要到舊都雍去舉行,這到秦始皇時還是如此。例如始皇九年四月,秦王政年二十二,按照秦禮要舉行冠禮然後才能親自執政、因而必須到雍,住在祈年宫("祈"一作"蘄"),先是舉行"郊見上帝"之禮,然後到寶廟舉行冠禮。正因爲如此,秦王要舉行天神之前咒詛楚王的祭禮,必須要在雍舉行。

《詛楚文》是秦惠文王時期的作品,秦惠文王正是個很迷信鬼神的君主。他曾經因爲聽信史定"飾鬼以人"的話,"罪殺不辜",引起"君臣擾亂,國幾大危",《吕氏春秋》作者爲此評論説:"今惠王之老也,形與智皆衰邪!"《吕氏春秋·去宥篇》高誘注:"史定,秦史。"這件事,《史記》不載,因爲《秦記》諱言。《吕氏春秋》是秦國作品,所言可信。史定當是秦之太史,太史除起草文書、記載史實、掌管圖籍外,兼管天文曆法以及祭祀鬼神和宗廟的事,因而能夠"飾鬼以人,罪殺不辜"。

正因爲秦惠王相信"飾鬼以人",他會在秦楚大戰前,使宗祝在神前咒詛楚王而祈求勝利。

接着我們要談,宗祝爲什麽不在上帝前咒詛楚王而要在巫咸前咒詛呢?因爲宗祝這個官職具有巫師的性質,巫咸正是巫師的祖師,而且是巫師的崇拜的大神。

"宗祝"這個官,職掌祈告祖宗以及鬼神的事。春秋時代晉、齊、衛等國都設有"祝宗","祝宗"該與"宗祝"相同。例如晉國范文子和齊國昭子祈求早死,都"使祝宗祈死"(《左傳·成公十七年、昭公二十五年》)。衛獻公出亡到國外,也"使祝宗告亡"(《左傳·襄公十四年》)古人把"祝"和"巫"看成相同性質,《説文》説:"巫,祝也。"古人常以"祝巫"連稱,例如《史記·滑稽列傳》附記的河伯娶婦故事,就説主其事的是"祝巫"。"宗祝"應是群祝之長,也就是群巫之長。他們以巫咸作爲祖師。《説文》在"巫"字下説:"古者巫咸初爲巫",確是有來歷的。《書·序》説:"伊陟相大戊……伊陟贊於巫咸,作《咸乂》四篇。"《史記·殷本紀》也説:"伊陟贊言於巫咸,巫咸治王家有功,作《咸艾》、作《大戊》"。巫咸爲輔助商王大戊的大臣並有著作,是古代巫師中地位最尊的。《山海經》以巫咸居於群巫的首位,《海外西經》説:"巫咸國在女丑北,右手操青蛇,左手操赤蛇,在登葆山,群巫所從上下也。"《大荒西經》又説:"大荒中有山名豐沮玉門,日月所入。有靈山,巫咸、巫即、巫盼、巫彭、巫姑、巫真、巫禮、巫抵、巫謝、巫羅十巫,從此昇降,百藥爰在。"《海内西經》又説:"昆侖開明東有巫彭、巫抵、巫陽、巫履、巫凡、巫相,夾窫窳之尸,皆操不死之藥以距之。"可知群巫有兩個特點,一是他們有天梯性質的山可以昇降上下,能夠往來人間和天堂,溝通天人之間,因而能使上帝做到人們所要祈求的事情。另一個特點,是他們能採得百藥來替人們治病,還操有不死之藥。《説文》"醫"字下説:"古者巫彭初作醫",巫就是醫的起源,古時常以巫醫連稱,如《逸周書·大聚篇》説:"鄉立巫醫,具百藥,以備疾災。《詛楚文》之所以祈求巫咸大神,就是要巫咸上通天帝,使"詛"的巫術能夠靈驗。《詛楚文》所載巫咸的"巫"字,沿襲着甲骨文、金文的傳統,寫作"王",與後世"巫"字從"工"中夾着兩個"人"字的寫法不同。郭沫若在《殷契粹編》中考釋甲骨文,就是依據《詛楚文》來考定這個字的,曾説:"《詛楚文》中巫字如是作古形,可確證。""巫"字這樣寫法,該是巫師們從商代以來一脈相承的傳統。

我們繼續要討論的是,爲什麽宗祝要到湫淵,在大沈厥湫這個神前咒詛楚王而祈求戰爭勝利呢?因爲湫淵是秦的四大名川之一,此中水神叫大沈厥湫,也是當時秦的巫師所崇拜和祈求的重要對象。

巫咸是各地巫師共同崇拜的祖師和大神,同時各地巫師還有因地而異的崇拜大神。大沈厥湫就是秦巫所崇拜而祈求的水神。《史記·封禪書》載:自華(即華山)以西,四大名川,即河水、漢水、湫淵和江水,分別有祠,"湫淵,祠朝那"。《集解》引蘇林說:"湫淵在安定朝那縣,方四十里,停不流,冬夏不增減,不生草木。"《正義》引《括地志》說:"朝那湫祠在原州平高縣東南二十里。湫谷水源出寧州安定縣。"《索隱》又說:"即龍之所處也。"原來湫淵被看作生態特殊的神靈的湖泊,大沈厥湫就是潛居在淵中的一條龍。因此湫淵不過方四十里,在祭祀的禮制上,湫淵與黃河、長江、漢水並列而合稱爲四大名川,超過附近的渭水和涇水。直到漢代初期還是如此,漢文帝十三年因連年豐收,要增加神祠的祭品來謝神,還是以"河、湫、漢水"並列,"加玉各二"(見《封禪書》)。這該與秦巫的崇拜大沈厥湫有關吧!秦的這個水神稱爲大沈厥湫,猶如晉有水神叫做實沈。《左傳·昭公元年》記載晉侯有疾,卜人曰:"實沈、臺駘爲祟。"子產解釋說:實沈是高辛氏的季子,遷於大夏。大夏也是水澤之名,《淮南子·地形篇》說西北方之澤叫大夏。古人祭祀水神常以玉石沉於水中,實沈與大沈厥湫之名當即由此而來。古人認爲水災由於水神作祟,因而崇祀水神,巫師因而有主持河伯娶婦的風俗。不但魏文侯時鄴地有祝巫爲河伯娶婦的事,秦國也有此風俗。《史記·六國年表》載秦靈公八年(公元前417年):"城塹河瀕。初以君主妻河。"《索隱》說:"謂初以此年取他女爲君主,君主猶公主也。妻河謂嫁之河伯。"也該如魏的鄴地一樣是由祝巫主持君主妻河的。可見秦的宗祝在巫咸神前咒詛楚王的同時,又在大沈厥湫神前咒詛楚王,是沿襲秦巫崇祀這個水神的習俗的。

三、與《詛楚文》相關的咒詛巫術和"血祠"

"盟"與"詛",是春秋戰國時代諸侯和卿大夫之間在戰爭中,常用來相互合作和彼此約束的政治手段。詛就是咒詛,《說文》說:"詛,詶也"。"詶"就是"咒"的異文。當時"詛"有兩種,一種是對內的,常是先結"盟"而後加"詛",如《左傳》記載魯的三桓多次先結盟,再"詛"於五父六衢。這是在神前立誓發咒,遵守盟約,而請神今後處罰不守盟約的。另一種"詛"是對外或對敵的,就是對罪犯或敵人加以咒詛和譴責,請神加以懲罰甚至加以毀滅。如《左傳·定公五年》十月陽虎"大詛,逐公父歜及秦遄,皆奔齊"。就是在神前咒詛此二人而加以驅逐,秦《詛楚文》是秦楚將大戰前,秦王使宗祝在神前咒詛楚王而祈求"克劑楚師"的。

值得特別注意的是,當時宋國也流行着天神前咒詛敵國君主的祭禮,而且在祭禮上使用了咒詛的巫術。他們雕刻或鑄造敵國君主的人像,寫上敵國君主的名字,一面在神前念着咒詛的言詞,一面有人射擊敵國君主的人像。如同過去彝族流行的風俗,在對敵戰鬥前,用草人寫上敵人的名字,一面念咒語,一面射擊草人。我們看到有下列二條史料,足以證明這點。《戰國策·燕策二》第一章記載蘇代約燕王的話,其中講到:

秦欲攻安邑,恐齊救之,則以宋委於齊,曰:"宋王無道,爲木人以寫寡人,射其面。寡人地絕兵遠,不能攻也。王苟能破宋而有之,寡人如自得之。"

《戰國策·燕策二》第十一章又記蘇子謂齊王曰:

今宋王射天笞地,鑄諸侯之像,使侍屏匽,展其臂,彈其鼻。此天下之無道不義而王不伐,王名終不成。

以上兩段話,所談宋王"爲木人"或"鑄諸侯之像","射其面"和"彈其鼻",同樣是指一種咒詛敵國君主的巫術,因爲是在天神或地神面前,對作爲敵國君主的木人或鑄像射或彈的,被誣衊爲"射天笞地"。所謂"鑄諸侯之像,使侍屏匽",是說把諸侯的人像放在天神或地神像的前面,靠邊如同侍者一樣立在隱蔽之處,然後伸展其手臂,讓人"彈其鼻"或"射其面"。

關於宋王的"射天笞地",還有《呂氏春秋·過理篇》的記載:

宋王築爲蘖帝,鴟夷血,高懸之,射著甲胄,從下,血墜流地。左右皆賀曰:"王之賢過湯、武矣。湯、武勝人,今王勝天,賢不可以加矣。"宋王大說,飲酒。室中有呼萬歲者,堂上盡應,堂上已應,堂下盡應,門外庭中聞之,莫敢不應,不適也。

高誘注以爲"蘖"當作"櫱","帝"當作"臺",解釋説:"言康王築爲臺,革囊之大者爲鴟夷,盛血於臺上,高懸之以象天,著甲胄,自下射之,血流墮地,與之名,言中天神下其血也。"這個解釋有很大的錯誤。當時射的是作爲敵國君主的木人或鑄像,所謂"著甲冑",是指作爲敵國君主的木人或鑄像著着甲冑。所謂"鴟夷血",就是用大皮囊盛着血。《史記·宋世家》説:"盛血以韋囊,懸而射之,命曰射天。"所説"盛血以韋囊"就是《吕氏春秋》所謂"鴟夷血"。盛血的皮囊是掛在著有甲冑的敵國君主的人像上,因此射中皮囊,血就下流,象徵着射死了敵國君主,因而宋王左右觀看的人都歡呼:"王之賢過湯、武矣",室中、堂上、堂下的觀衆都高呼萬歲了,甚至門外庭中也呼應了。這就是咒詛敵國君主的巫術的精彩表演。

這種咒詛敵國君主的巫術,看來已有長久的歷史,《史記·殷本紀》説:

> 帝武乙無道,爲偶人,謂之天神。與之博,令人爲行,天神不勝,乃僇辱之。爲革囊盛血,卬而射之("卬"同"仰"),命曰射天。

這個記載也誤解這種巫術爲"射天",但從此可知,這種巫術商代已有,可能與做過商王大戊大臣的巫咸有關。宋國原是商的後裔,因而這種風俗一直沿用到戰國時代。秦嬴姓,出於東夷,與殷商同爲東方民族,因而同樣有這種咒詛敵國君主的祭禮。

秦《詛楚文》指責楚王:"欲剗伐我社稷,伐滅我百姓,求蔑廢皇天上帝及大神厥湫(或作巫咸)之郲祠、圭玉、犧牲。"郭沫若讀"郲"爲"血",是正確的。所謂"血祠"就是"血祭",《周禮·大宗伯》説:"以血祭祭社稷、五祀、五岳。"血祭有兩種,或殺牲取血以祭,或殺人取血以祭。東夷流行殺人祭社的風俗。《春秋》載僖公十九年:"邾人執鄫子用之"。《左傳》説:"宋公使邾文公用鄫子於次睢之社,欲以屬東夷。"《公羊傳》説:"其用之社奈何,蓋叩其鼻以血社也。"《穀梁傳》也説:"用之者,叩其鼻以釁社也。"杜預以爲次睢是水名,"此水有妖神,東夷皆社祠之,蓋殺人而用祭。"由此可見,上述的咒詛巫術,就是從東夷殺人祭社的風俗變化而來。他們把代表敵國君主的木人或鑄像,在神前射擊而使之流血,就是象徵性的殺人取血來祭祀。所以要"射其面"而"彈其鼻",就是要"叩其鼻以血社也"。秦巫所崇祀的大沈厥湫該與東夷所崇祀的次睢社神,是相同性質的。《詛楚文》上對大神厥湫所用的"血祀",就是這樣象徵性的殺死敵國君主而取血祭祀,而不是指殺牲祭祀,因爲下文接着還有圭玉和犧牲。由於"血祠"的重要性,高於圭玉、犧牲,所以就列在圭玉、犧牲之上。

根據《周禮·春官》的記載,有官名"詛祝"的,"作盟詛之載辭"。《詛楚文》當是秦宗祝邵鼇所作的"詛"的載辭,原來是在神前念讀而與咒詛的巫術相配合的。文中極力把楚王咒詛成如同殷紂王一樣的暴君,甚至把所有殷紂王殘暴的罪惡強加到楚王的頭上,《詛楚文》指責楚王:"內之則暴虐不辜,刑戮孕婦,幽刺親戚,拘圉其叔父",無一不是經常被人們指責的紂的殘暴罪行。如《墨子·明鬼下篇》說:殷王紂"播棄黎老("黎"讀作"耆"),賤誅孩子,楚毒無罪,刳剔孕婦"。又如《呂氏春秋·過理篇》說:紂"刑鬼侯之女","殺梅伯","剖孕婦而觀其化,殺比干而視其心"。《詛楚文》所謂"暴虐不辜",就是《墨子》所說"楚毒無罪"。《詛楚文》所謂"刑戮孕婦",就是《墨子》所說"刳剔孕婦"。《詛楚文》所謂"幽刺親戚",就指殺比干而言,《史記·宗世家》說:"王子比干者亦紂之親戚也。"《詛楚文》所謂"拘圉其叔父",就是《史記·殷本紀》所說箕子爲紂所囚。箕子是紂的叔父①。關於這點,蘇軾早就看到,蘇軾的詩就說:"刳胎殺無罪,親族遭圉絆。計其所稱訴,何啻桀紂亂。"蘇軾又說:"凡數其罪,考其《世家》,亦無其實。"蘇軾以爲這是秦人欺騙鬼神,他的詩說:"豈惟公子邛,社鬼亦遭謾。"公子邛是魏將被商鞅騙來作爲俘虜的,他以爲社鬼同樣是受騙。

蘇軾說《詛楚文》祈求的是"社鬼",是不錯的,這是當時民間普遍的信仰。看來當時秦國君臣虔誠地信仰《墨子·明鬼下篇》所說"鬼神之能賞賢而罰暴",所說的鬼神,主要是指宗廟的祖宗和叢社的鬼神,因此"賞必於祖而僇必於社"("僇"同"戮")。《墨子》以爲作爲聖王,必須選擇適當地點,建設好宗廟和叢社,"必擇國之父兄慈孝貞良者以爲祝宗"。"祝宗"就是《詛楚文》的"宗祝"。當時各國都有大的叢社,《墨子》說:"燕之有祖(澤名),當齊之社稷,宋之有桑林,楚之有雲夢也,此男女之所屬而觀也。"《詛楚文》所祈求的大沈厥湫,就是秦的大叢社湫淵之神。爲什麼要"僇必於社",因爲社神主管刑戮和"罰暴"。《墨子》曾列舉鬼神"罰暴"的故事,其中包括商湯的戰勝夏桀和周武王的戰勝殷紂,都說是鬼神"罰暴"的結果。《墨子》這種說法就是傳統的信仰。因此巫師奉命在舉行咒詛敵國君主的巫術時,必須一面要如《呂氏春秋·過理篇》所說的,把自己的君主看得"賢於湯、武矣",一面要把敵國君主咒詛得如殷紂一樣的殘暴。這篇宗祝奉秦惠王之命而寫作的《詛楚文》正是如此。

---

① 《史記·宋世家》說:"箕子者,紂親戚也。"《索隱》云:"馬融、王肅以箕子爲紂之諸父。"《宋世家》稱箕子與王子比干都是紂的親戚。《孟子·告子上篇》稱王子比干"以紂爲兄之子",則比干爲紂之叔父,箕子亦當爲紂之叔父。

《詛楚文》主要是指責楚王違背了十八世的"詛盟",一開始就説秦穆公和楚成王既通婚姻,又訂了萬世子孫毋相爲不利的盟約,而且"親仰大沈厥湫(或巫咸)而質焉","質"就是在神前作出守約的保證。其實在這以前,秦、楚兩國關係疏遠,既没有結"盟"而加"詛",更不可能在這些秦的大神之前作"質"。接着又説楚王"不畏皇天上帝及大沈厥湫(或作"巫咸")之光烈威神,而兼背十八世之詛盟,率諸侯之兵以臨我。"認爲率諸侯之兵伐秦,是違背在巫咸等神之前訂立的十八世的詛盟,隨後又説:"欲剗伐我社稷,伐滅我百姓,求蔑廢皇天上帝及大神厥湫(或作"巫咸")之血祠、圭玉、犧牲,求取吾邊城新郢及郝、長、敦。"最後的結語又説:"敢數楚王熊相之倍盟犯詛。"這是因爲他們的信仰,認爲這種名山大川的社神是參與掌管"詛盟"的,誰違背這些在社神前的"詛盟",就得要嚴重的懲罰。例如《左傳》記襄公十一年七月,七姓十二國同盟於亳,是在"司慎、司盟、名山、名川"這些神前訂立盟約,載書最後就寫着,凡是不守盟約的,"明神殛之,俾失其民,隊命亡氏("隊"同"墜"),踣其國家"。

四、《詛楚文》作於關係到秦楚兩國興衰的大戰前

儘管秦《詛楚文》咒詛楚王違背十八世的詛盟,咒詛楚王犯有殷紂同樣的殘暴罪行,都是誇大不實之辭,但是此中所講到的戰爭,都是確鑿的事實,因爲秦王使宗祝咒詛楚王,目的就是爲了祈求在這場關係到秦楚兩國興衰的大戰中,能够得到神靈的"德賜",從而"克劑楚師"。

《詛楚文》所説楚王"率諸侯之兵以臨加我",考釋者都以爲指楚懷王十一年即秦惠文王更元七年(公元前318年),"山東六國共攻秦,楚懷王爲縱長"(《楚世家》)的事。這是對的。文中又説楚王"求取吾邊城新郢及郝、長、敦,吾不敢曰可("可"讀作"何"),今又悉興其衆",容庚繫此事於楚懷王十六年即秦惠文王更元十二年(公元前313年),在秦相降張儀入楚欺騙楚王獻"商於之地六百里"之後,楚懷王大怒而發兵擊秦。從整個戰争發展的形勢來看,這個論斷是正確的。

當時張儀爲秦相,正積極策劃向中原地區開拓。秦惠文王更元十一年秦兵出函谷關,向東北攻取了魏的曲沃(在今河南三門峽市西南),同時秦兵已從武關向東,早已占有楚的商於之地。所謂商於之地,是商和於中兩地的合稱。這個商邑原名商密,原是秦楚間小國都的國都,在今河南淅川縣西南,楚成王時爲楚取

得,成爲商縣①。於中也或稱於,在今河南西峽縣東,兩地相近,合稱爲商於之地,此時已被秦占有,成爲秦的邊城。當時魏、韓兩國因連年被秦打敗,被迫接受張儀的"連橫"策略,造成秦、魏、韓三國與楚、齊兩國對峙的形勢,於是秦所佔有的曲沃和於中兩地,成爲秦從函谷關和武關向中原伸出的兩個進攻的矛頭,對楚國的威脅很大。楚國因此調集大軍準備還擊,一方面派柱國景翠統率大軍駐屯於魯、齊以及韓的南邊,以便向韓進攻,並加强東部的防守。另一方面楚又派三大夫統率九軍,向北進圍曲沃和於中兩城。這就是齊王使人游説越王所説:"楚之三大夫張九軍,北圍曲沃、於中,……景翠之軍北聚魯齊、南陽"(見《越世家》②)。不久,進圍曲沃的楚軍,因得到齊的支援,攻下了秦的曲沃,即《秦策二》第一章所説:"齊助楚攻秦,取曲沃。"在這樣的形勢下,如果楚全力進攻商於之地,並得到齊的支援,商於之地將失守,就使得秦從函谷關和武關伸出的兩個矛頭全部挫折,秦爲此使張儀入楚,假意進獻商於之地所謂六百里,以楚與齊絶交爲交換條件,既要瓦解齊楚聯盟,又作緩兵之計,以便秦調集大軍,作好反擊殲滅進犯的楚軍的準備。等到楚與齊絶交,楚王不能得商於之地,於是大怒而再大興兵向商於進攻。這時秦已作好準備,秦王使宗祝在神前咒詛楚王而祈求"克劑楚師",即在這個關鍵時刻。

《詛楚文》所説楚王"求取吾邊城新郢及鄝、長、赦",就是指"楚三大夫張九軍",北圍商於之地。《詛楚文》又説楚王"今又悉興其衆",就是指楚王因張儀欺騙而大怒,大興兵向商於之地進攻。考釋者都説《詛楚文》的鄝就是商於之於,很是正確。考釋者以爲新郢這個地名不可考,我認爲,新郢是秦攻楚取得商縣之後所改的新地名。秦惠文王常以新得之地,認爲不合適的就改名。在這以前,秦惠文王六年"魏納陰晉,陰晉更名寧秦",十一年又"更名少梁曰夏陽",都見於《秦本

---

① 商於之地,《張儀列傳》索隱引劉氏説:"商即今之商州,有古商城,其西二百餘里有古於城。"此以商即商鞅之封邑,在今陝西商縣東南商洛鎮,於即於中,在今河南西峽縣東,相距 250 里以上,是錯誤的。《楚世家》集解説:"商於之地在今順鄉郡南鄉("南"當作"内")、丹水二縣,有商城在其中,故謂之商於。"《水經·丹水注》亦説:"丹水逕流兩縣(指内鄉、丹水兩縣)之間,歷於中之北,所謂商於者也,故張儀説楚絶秦,許以商於之地六百里,謂以此也。"這是正確的,商即楚之商縣,原稱商密,爲鄀之國都,在河南淅川縣西南,與在今西峽縣東之於中相鄰,於中在商密東北,相距約 60 里(參看拙作《春秋時代楚國縣制的性質問題》所附《楚國商縣考》,刊於《中國史研究》1981 年第 4 期)。

② 《史記·越世家》記:當楚威王之時,越北伐齊,齊威王使人説越王,講到"楚三大夫張九軍,北圍曲沃、於中,以至無假之關三千七百里,景翠之軍北聚魯、齊、南陽,分有大此者乎?"所説楚威王是楚懷王之誤。因爲曲沃原爲魏地,是魏襄王五年(公元前 314 年)爲秦再次攻取的,見於《魏世家》。景翠是楚懷王時的柱國,他統兵作戰在楚懷王十七年至二十九年一段時間内(參看拙作《關於越國滅亡年代的再商討》,刊於《江漢論壇》1995 年第 5 期)。

紀》，因爲陰晉有晉的國名，少梁有梁的國名，秦得到後認爲不適合而更改。秦取得楚的商縣，所以要改名，因爲秦原已有地名商，即過去商鞅的封邑。既然《詛楚文》説"新鄪及鄁"是秦的邊城，在當時秦的所有邊城中，只有商於常連稱爲商於之地，與此所謂"新鄪及鄁"相當，新鄪之爲商縣的改名，當可論定。看來秦改商縣爲新鄪，是有來歷的。《水經·丹水注》説丹水縣故城西南有密陽鄉，爲古商密之地。又説："丹水東南流至縣南，黃水北出芬山黃谷。"可見商密旁邊有黃水出黃谷。古"黃""皇"音同通用，這樣把商縣改名新鄪，就是以水名作爲城名。這在古代是常見的通例。

這一戰役，是秦楚之間的初次大戰，關係到今後兩國之興衰，楚既"悉興其衆"，秦亦全力以赴，秦惠王因此要使宗祝在神前咒詛楚王而祈求"克劑楚師"。當張儀欺騙楚王獻所謂商於之地之後，楚王曾使一將軍受地於秦，沒有得地，這一將軍當即屈匄。等到楚王因受騙大怒而大興兵進攻商於之地，即由屈匄統率，秦派庶長魏章應戰，早已作好包圍進犯楚軍之準備，因而當楚軍攻入商於之地的東部，即陷入秦軍的重圍而大敗，楚軍被斬首八萬，將軍屈匄及裨將軍逢侯丑等七十多人被虜，《楚世家》説此役戰於丹陽，《屈原列傳》説"大破楚師於丹、淅"，丹淅即是丹陽，即指丹水東北地區，即是商於之地的東部。接着秦將魏章乘勝南下進攻，取得楚的漢中郡。楚再發兵攻到秦的藍田，又大敗。同時秦又與魏向齊進攻，攻到濮水之上，取得大勝。從此秦就逐漸强大，楚就逐漸衰落而不斷失去土地。

五、《詛楚文》不可能出於唐宋間僞作

近年陳煒湛著有《詛楚文獻疑》一文（刊於《古文字研究》第十四輯，1986年），認爲《詛楚文》出於唐宋間好事之徒所僞作，又根據僞作刻石的，蘇軾、歐陽修等人所見的石刻是僞作。我認爲是不可能的。如果歐陽修等人如陳氏所説："古文字學水平亦不甚高"，不能辨明真僞，有人僞作石刻預先埋在地下，再掘出呈獻官府，因而蘇軾等人受了騙，太不近情理了。《告巫咸文》石刻和《告大沈厥湫文》石刻，内容相同，只是祈求之神不同，分别在鳳翔開元寺和朝那湫旁出土，難道説這是有人僞作二塊石刻而分别埋在兩個不同的地點，再分别掘出來欺騙官府嗎？那麽作僞者一定要和當地的人勾結起來才能這樣做，是否開元寺的僧侣也參與作僞的事？是不是作僞者預先作過考證，得知秦人重視朝那的湫淵的祭祀，捏造出大沈厥湫這個神名，再僞作石刻而埋在那里的？蘇軾和蔡挺都以地

方長官去接收出土文物,如果兩地呈獻者同是偽作,接收者同是受騙,所有著名的文人學士作題咏、注釋的,也都是受騙,怎麼可能呢？陳氏又說作偽者是"以秦漢以來常見之碑刻篆文稍變其體書之,以示古朴",也不可能。我們上文已經指出,《詛楚文》中的"巫"字寫法是古體,和甲骨文、金文相同,當時甲骨文尚未出土,金文中這個"巫"字也未有人辨認出來,這是近代學者根據《詛楚文》辨認出來的。如果作偽者是依據篆文而稍變其體,能寫得同甲骨文、金文一樣麽？

陳氏並沒有提出《詛楚文》出於偽作的確實證據,所提四方面可疑,都不足以定爲偽作。

(一)陳氏謂文字可疑,《詛楚文》字體主要是小篆,不是戰國文字。其實戰國時代已有二種字體,銅器上所鑄文字和石刻文字,屬於工整一體,即爲小篆之起源。銅器上的刻辭和應用器物上的文字以及竹簡、帛書,屬於草率一體,即爲隸書之起源。秦代還是兩種字體並用。《詛楚文》石刻屬於工整一體,當然和小篆相近。我們今天所見的《詛楚文》,已非原石原拓,都出於拼湊和重摹翻刻,個別的字《絳帖》《汝帖》和元至正刊本亦有不同寫法,難免混入後來字體。陳氏說有些字的寫法與小篆相近而見於秦漢器物上,正足以證明不是唐宋間人所偽作。

(二)陳氏說情理可疑,以秦楚關係而論,楚無負於秦而秦常詐楚,理應楚詛秦而不該秦詛楚。蘇軾早就說:"秦之不道,諸侯詛之,蓋有不勝其罪者,楚不詛秦而秦反詛之。"其實戰國時代,縱橫家向來講究合縱連橫和計謀策劃,詐騙也在計謀之中。相互咒詛之辭當然不講是非曲直的。

(三)陳氏說史實可疑。關於這方面蘇軾也早已指出,蘇軾以爲這是欺騙鬼神,是"謾詞"。郭沫若則以爲並非謾詞,"正足以補史之缺文","秦雖詐楚,楚懷王實是混蛋。""他倒確實是具有暴君的資格的。"陳氏又以爲楚懷王不是暴君混蛋,這是後世好事之徒所強加。我們認爲這是巫師奉命咒詛之辭,是巫師把楚王咒詛爲暴君的。

(四)陳氏說詞語可疑,風格襲自《左傳·文公十三年》"呂相絕秦書",有些詞語是漢代以後才見使用的。《詛楚文》的風格與"呂相絕秦書"相類,前人早已指出,看來確有所因襲,《左傳》之類講春秋史的書,當時已成爲君臣的政治讀物。例如"鐸椒爲楚威王傳,爲王不能盡觀《春秋》,采取成敗,卒四十章,爲鐸氏微"(《史記·十二諸侯年表·序》)。至於所舉有些詞是漢代以後才有的例子。如"刑戮孕婦"以爲仿自《偽古文尚書·秦誓》的"刳剔孕婦",其實早已見於《墨子·明鬼下篇》。又如"以底楚王熊相之多罪"以爲直襲《偽古文尚書》,其實《國語·

周語下》已有武王"布令于商,明顯文德,底紂之多罪"。《僞古文尚書》是襲自先秦古書,早有定論。

　　陳氏所疑,大部分前人早就看到的,當時蘇軾也多已指出,這是由於不理解《詛楚文》的性質及其特點。陳氏據此以爲出於唐宋間人僞作,其實唐宋間文人限於他們的思想認識,是僞造不出這種特殊内容的文章的。我認爲,北宋《詛楚文》石刻的發現、著錄和考釋,是當時金石學興起的一個良好結果,值得我們讚賞的。

論《逸周書》

——讀唐大沛《逸周書分編句釋》手稿本

一

《逸周書》原稱《周書》,具有《尚書‧周書》的逸篇性質,其中保存有好多篇真實的西周歷史文件。就史料價值來看,有些篇章的重要性是超過《尚書‧周書》的。

《漢書‧藝文志》六藝的《書》家,著録有《周書》七十一篇,班固自注:"周史記。"顔師古注:"劉向云:'周時誥誓號令也,蓋孔子所論百篇之餘也。'今存者四十五篇矣。"這就是今本《逸周書》的來源。今本《逸周書》實存五十九篇及《序》一篇,其中四十二篇有孔晁注,十七篇無注,十一篇僅存篇目。顔師古所説"今存者四十五篇",是指孔晁注本,唐時存四十五篇,其後又失去三篇。唐代流傳的《逸周書》有兩種版本,除孔晁注本以外,另有一種無注本,曾被誤傳爲出土於晋代汲郡的魏墓中,因而有《汲冢周書》之稱。《隋書‧經籍志》著録有《周書》十卷,下注:"汲冢書。"《唐書‧藝文志》既有《汲冢周書》十卷,又有孔晁注《周書》八卷,就是由於無注本與孔晁注本同時并存。今本既有孔晁注本,又有無注本,當是唐以後學者把兩種殘本合編而成。

清代學者校訂此書的,有盧文弨校本,這一校本匯集有當時許多學者校勘的成果。清代學者對此書作新的校釋的,有丁宗洛《逸周書管箋》、陳逢衡《逸周書補注》、朱右曾《逸周書集訓校釋》與唐大沛《逸周書分編句釋》稿本。丁宗洛《管箋》隨意增改文字與解釋,學術價值不高。陳逢衡《補注》兼採別家之説,内容比較豐富。此外王念孫《讀書雜志》、洪頤煊《讀書叢録》等,雖然校釋不多,却很精審。朱右曾與唐大沛都是道光年間的學者,他們的校釋是在前人已有成績的基礎上進行的,又有進一步的成就。朱右曾曾吸取盧文弨、王念孫、洪頤煊以及丁宗洛的成果,唐大沛又曾吸取盧文弨、王念孫、洪頤煊與陳逢衡的成果。朱右曾

《集訓校釋》既有單刻本，又被收入《續皇清經解》中，因而流行較廣。唐大沛《分編句釋》，只有手定底稿本，原收藏於南京中央圖書館籌備處，現藏臺灣省的圖書館。近代學者對此書作部分校釋的，有孫詒讓《周書斠補》、劉師培《周書補正》與陳漢章《周書後案》。書中《王會篇》，宋代王應麟有《王會補注》，清代何秋濤有《王會篇箋釋》，近代劉師培有《周書王會篇補釋》。

後人對《逸周書》史料的來源有很不同的看法。《漢書·藝文志》著録於六藝的《書》九家之中，而宋代以來，不少學者以爲是戰國時人的仿作，假託於周爲名。陳振孫《直齋書録解題》認爲"文體與古文不類，似戰國後人仿效爲之者"。李燾《跋嘉定五年刊本》更説："書多駁辭，宜孔子所不取，抑戰國處士私相綴續，託周爲名，孔子亦未見。"《四庫全書總目提要》因見《左傳》多處引《書》，見於此書，斷定春秋時已有之，特戰國以後輾轉附益，故其文駁雜耳。朱右曾採取了折衷的看法，認爲"此書雖未必果出文、武、周、召之手，要亦非戰國秦漢人所能僞託"；並且着重指出："《克殷篇》所叙，非親見者不能，《商誓》《度邑》《皇門》《芮良夫》諸篇，大似《今文尚書》。"

值得重視的是唐大沛的見解。他明確斷言其中"真贋相淆，純雜不一"。他説："原本有真古書完具者，又有稍殘缺者，有殘缺已甚者，更有集斷簡而成者，有取古兵家言而指爲文、武之書者，有僞叙首尾強屬之某王者，有本篇已亡讕取他書以當之者。"他主張重新加以清理分編。他把全書分爲上、中、下三編。上編屬于真古書，有訓告書十二篇，紀事書七篇，政制書九篇（政制書九篇未見稿本）；中篇有訓告書十篇，"蓋集先聖格言以成"，又有武備書八篇，"皆兵家要言"；下編有訓告書八篇，紀事書二篇及政制書二篇，大多集取斷簡而成，殘缺訛脱難曉，有的首尾皆僞作而中間雜取兵家之言。

在唐大沛列入上編的訓告書與紀事書中，有些并非真古書，他把此書開頭三篇《度訓》《命訓》《常訓》，疑爲《尚書·顧命》所謂"周之大訓陳于西序"者，當然不可信。但是他指出《商誓》《度邑》《皇門》《嘗麥》《祭公》《芮良夫》等訓告書與《克殷》《世俘》《作雒》等紀事書都是真古書，是可信的。他還説："《商誓》《度邑》《皇門》《嘗麥》《祭公》《芮良夫》，與《今文尚書》二十八篇悉同軌轍。"他在每篇的解題中，又有進一步的説明。

《逸周書》末尾有《序》一篇，案《書·序》體例説明各篇制作的原因。唐大沛認爲"此序蓋戰國時人編書者所作"，是很可能的。從整篇序文來看，編者的編輯要旨，在於闡明文王、武王、周公如何克殷而建國的歷程，強調西周初期的文治與武功,而對武功尤其重視。唐大沛認爲此中許多武備書"皆兵家言",有些訓告書是首尾僞作而中間雜取兵家之言的。呂思勉先生《經子解題》中有論《逸周書》部分,他認爲《逸周書》應入子部兵家。《逸周書》很可能出于戰國時代兵家所編輯,編者以文王、武王、周公的文治與武功作爲兵家思想的淵源,因而廣爲搜輯材料,編成這樣一部《周書》。書中既收輯有真實的《周書》逸篇,包括《克殷》《世俘》等宣揚武王的武功的篇章,《商誓》《度邑》《作雒》《皇門》等說明武王、周公文治的篇章;同時又輯録戰國時人僞託的篇章,還採輯一些戰國時代的論著附會爲文王、武王、周公所作,用來說明西周初期的文治武功;更直接編入不少戰國時代兵家的著作。

二

《逸周書》中確實保存有好多篇《周書》逸篇。班固指出《周書》是"周史記",劉向解釋爲"周時誥誓、號令之類",就是認爲《周書》是《書》的逸篇性質。先秦的所謂"書",主要是指册命的文件,包括誥誓、號令之類,確是出於當時史官記録的。西周金文記述册命禮,講到臣下所接受的册命的文件,就叫做"令册"或"令書"(《頌鼎》、《寰盤》銘文),或"書"(《免簋》銘文)。西周文獻中提到的"書",同樣是指册命的文件,如《尚書·金縢》:"以啓金縢之書",《尚書·召誥》:"周公乃朝(早)用書命庶殷",《尚書·顧命》:"太史秉書由賓階隮"。舉行册命禮時,按禮制,應有史官當着受命者面前宣讀册命文件,稱爲"繇書"或"讀書"。如《逸周書·世俘》:"武王降自東,乃俾史佚繇書于天號",《逸周書·嘗麥》:"乃北向繇書于兩楹之間"。王國維說"繇"即"籀"字的通假,"繇書"就是"籀書",也就是"讀書",《說文》云:"籀,讀也"(《史籀篇疏証》)。這是正確的。

劉向說《逸周書》"蓋孔子所論百篇之餘",當然不可信。孔子删書之說,原來出于西漢緯書作者的編造。但是不能否認,今本《尚書》(即《今文尚書》)確是戰國時代儒家的《書》的逸本。戰國諸子引用《詩》《書》,都是用作理論依據的,他們的《書》的選本,當然同樣是爲了用作理論依據。《今文尚書》二十八篇,原是西漢初年伏生傳授的壁藏的有殘缺的本子,而它的祖本當即出於戰國和秦的儒家所編選。我們只要把它與《墨子》所引的《書》作一比較,便可明了。《墨子》共引《書》二十九則,大多數不見于《今文尚書》,少數見于《今文尚書》的,所引文字也有出入。值得注意的是,《今文尚書》二十八篇中,《周書》要佔一半,而大多數周書是有關周公的文獻,宣揚的是文、武、周公之道,正是儒家主要的理論依據。而

《逸周書》所收輯西周文獻，正是儒家《尚書》選本以外的篇章，而且都是《書·序》所說百篇之外的。因此，可以説是儒家"所論百篇之餘"的。

先秦諸子各有其選讀《書》的標準，儒家也有其選取的政治思想的標準。孟子早就説："盡信《書》不如無《書》，吾于《武成》取二三策而已矣，仁人無敵于天下，以至仁伐不仁，何其血之流杵也。"（《孟子·盡心下》）孟子認定武王克商，是"以至仁伐不仁"，用這个標準來衡量《武成》，《武成》就不可信，因爲它記載了大量的殺傷，弄得流血漂杵，就太殘忍了。這个評選《書》的標準，對後代儒家是有深遠影響的。漢景帝時發現了一批用古文（即戰國文字）寫的竹簡，其中有《書》的篇章，即所謂《古文尚書》。其内容，除了與伏生所傳《今文尚書》相同的篇章以外，還多出了十六篇，即所謂《逸書》，其中就有《武成》一篇。這是个很重要的古籍發現。《古文尚書》自從孔安國"以今文讀之"，開始傳授以後，逐漸形成與《今文尚書》對立的學派。到東漢時期，這个學派雖然作爲民間私學，但逐漸已在學術界取得優勢，先後出了許多大名家。但是這个古文學派講解傳授和注解的，始終是與《今文尚書》相同的篇章，比《今文尚書》多出的十六篇（後來分爲二十四篇），始終沒有傳授推廣和注解，看來就是因爲其内容不符合當時的政治思想標準，不能用它來和今文學派在政治上競爭。因此《武成》一篇在東漢初年（光武帝建武年間）首先散失了，其餘的逸篇到永嘉之亂就全失去了。

值得慶幸的是，這部兵家選輯的《逸周書》中保存的好多篇《周書》逸篇，能够一直流傳到今天。《逸周書》的編者該是以兵家的標準來選取《周書》的，因而它所保存的西周歷史文件，内容很不同於儒家所傳的《今文尚書》。

保存於《逸周書》中的《世俘篇》，應該是和《武成篇》同一來源的不同篇章，清代學者孔廣森在《經學卮言》中已經指出這點，《漢書·律曆志》所引《武成》的字句和《世俘篇》相同，《書·序》説："武王伐殷，征伐歸獸，識其政事，作《武成》。"而《世俘篇》所記克殷後"武王狩"一節，"與歸獸事相類"。顧頡剛先生《逸周書世俘篇校注寫定與評論》（《文史》第二輯），進一步論証《世俘篇》與《武成篇》相同的地方，並且舉出不少證據來證明這是西周初期作品，如文中用"旁生霸""既死霸"等記時名詞，用"越若來""朝至"等詞，稱"國"爲"方"，殺人言"伐"，沿用商代殺人獻祭的禮制等。屈萬里《讀周書世俘篇》（臺灣省出版《李濟先生七十歲論文集》上册），也認爲《世俘》與《武成》是同記一事的篇章，提出了補充證據，進一步認定這是西周文獻，認爲《世俘》中宗廟用燎祭和祭祀用牲之多，憝國與服國之多，用獵獲禽之多，以及文中有後世罕見的方國等，都足以證明非東周以後的作品。

我們認爲,《世俘篇》不僅是和《武成篇》相同的篇章,而且所叙述的武王克殷過程,與西周初期所作歌頌武王克殷的《大武》樂章完全符合。根據《禮記·樂記》,《大武》樂章分爲六成:"且夫《武》,始而北出,再成而滅商,三成而南,四成而南國是疆,五成而分(《史記·樂書》"分"下有"陝"字),周公左,召公右,六成復綴,以崇天子。"所説第一成"始而北出",是指從盟津渡河北上進軍,第二成"滅商"是指牧野之戰得勝而滅商,第三成"南"和第四成"南國是疆",就是《世俘》所記分兵四路南下連克南疆諸侯之方國。《吕氏春秋·古樂篇》説武王克殷於牧野以後,"歸乃薦俘馘于京太室",蔡邕《明堂月令論》所引《樂記》逸文同樣説:"武王伐殷,薦俘馘于京太室",都與《世俘》記載相合。這些講古樂的書上所以會有這樣與《世俘》相同的記述,該是原來《大武》樂章表現有這方面的情節。

《世俘篇》在記述武王克殷過程中,還記載了在牧野舉行的殺人獻祭的告捷禮,在殷郊舉行的大規模狩獵,即是大蒐禮,以及回到宗周在宗廟中舉行殺人獻俘禮。不僅告捷禮與獻俘禮是當時慶祝大勝的必要典禮,而且大蒐禮也還是慶祝勝利的必要儀式。《書·序》特别指出《武成》的"征伐歸獸",《史記·周本紀》作"行狩","獸"與"狩"古字通用。殷代早就有戰勝之後狩獵的禮俗,見于省吾《甲骨文字釋林》的"釋戰後狩獵"條。大蒐禮原是利用集體狩獵來進行的軍事訓練,是當時很重要的一種禮制。商代和西周金文中也稱大蒐禮爲"獸"或"遣"(見《宰峀簋》、《盂鼎》銘文)。根據殷墟卜辭記載,在商的王畿西南太行山南麓,有特定的狩獵區,估計武王克商後的"大狩",就在這一帶舉行的。

唐大沛説:"此篇中蓋有後人所增益以侈大其事者,然原本疑亦史佚所記也。"《世俘》中所記戰爭中殺人的數字和狩獵中擒獲的數字,數量太大,是可能有增益的地方的。

保存於《逸周書》的《克殷篇》,也是可信的記載。《史記》的《周本紀》和《齊世家》幾乎全文採用。末段自"立王子武庚"以下,該出于後人增補。《克殷》記載牧野之戰"商師大崩"之後,商紂奔入内宫自焚而死,武王進入王所,"而擊之以輕吕,斬之以黄鉞,折縣(懸)諸太白",再到二女之所,"乃右擊之以輕吕,斬之以玄鉞,折縣諸小白"。武王這樣斬下已死的商紂的頭挂到旗杆上,過去不少人認爲不該如此殘忍,《論衡·恢國篇》就曾加以駁正。唐大沛認爲這是真古書,是史臣"直書其事",這一論斷很是正確的。這個記載與《墨子》《戰國策》等書相合。《墨子·明鬼下》也説武王"折紂而繫之赤環,載之白旗"。白旗是當時君王用來指揮大軍作戰的軍旗,軍旗以太白最貴,小白次之,赤旗又次之。當時軍禮,斬得敵國首領的首級要懸掛在軍旗之上示衆,舉行獻俘禮時,也還要掛在軍旗上示衆。所以《世俘》記載武王在周廟舉行獻俘,"太師負商王紂縣首白旗,妻二首赤旗,乃以先馘入",就是由太師呂尚捐着掛有商紂頭的白旗與紂妻二頭的赤旗先進入。這種禮制,在西周初期還舉行,例如《小盂鼎》記載盂在戰勝鬼方之後,向康王獻俘,"盂以多旗佩鬼方……",就是由盂捐着多面旗子佩掛着鬼方首領的頭。

　　《逸周書》中保存的《商誓篇》,是武王克商以後對殷貴族的一篇講話。武王自稱伐商是奉上帝之命,勸導殷貴族順從天命。唐太沛在解題中認爲此篇是真古書,而感慨没有得到人們的重視。這確是現存西周文獻中最早的一篇,也是現存武王講話中最完整的一篇,十分重要。武王口口聲聲説是奉上帝之命,討伐多罪的一夫(即紂)。全篇"上帝"與"天"字並用,在重要的字句都用"上帝",全篇一連提到十一次"上帝",一次單稱"帝"。關於天命應如何理解,《孟子·萬章上》有萬章與孟子的問答,萬章問:"天與之者,諄諄然命之乎?"孟子答:"否!天不言,以行與事示之而已矣。"這是孟子對天命的一種理性的解釋,但是原始的信仰并不如此,上帝不是"不言"的,確是"諄諄然命之"的。《商誓篇》所記武王講話正是這樣。既説:"在昔后稷,惟上帝之言",又説:"今在商紂……上帝亦顯,乃命朕文考(指文王)曰:殪商之多罪紂",又兩處提到"上帝曰必伐之",又説:"肆上帝命我小國曰:革商國"。《商誓篇》中這樣的記載,真是當時史官的實録。可能這篇真古書就是因爲這樣有上帝"諄諄然命之"的話,不爲儒家的《尚書》選本所選取。

　　武王伐紂有兩次誓師的講話,即《太誓》與《牧誓》。《太誓》原本已失傳,只見先秦古書所引的片段。漢武帝時發現的《太誓》講到白魚、赤烏等祥瑞,當是戰國時代陰陽家的作品。現存《尚書》的《牧誓》,近人都認爲已非原本。《詩·大雅·大明》:"殷商之旅,其會如林,矢于牧野:'維予侯興,上帝臨汝,無貳爾心。'""矢"是"誓"的意思,"矢于牧野"以下三句,該即《牧誓》的主要内容。《詩·魯頌·閟宮》:"致天之届,于牧之野:'無貳無虞,上帝臨汝。'""于牧之野"以下二句,也該是《牧誓》的主要内容,與上引《大明》相同。這和《商誓篇》武王自稱奉上帝之命伐商相合。因爲武王自稱奉上帝之命,所以要用"上帝臨汝"來鼓勵戰士信心,要大家在上帝的監護下齊心一致,勇往直前,不要畏縮。這些話却不見於今本《牧誓》。今本《牧誓》除了說"今予發惟恭行天之罰"一句以外,没有一處提到"上帝"的。可以證明今本《牧誓》確已不是原作。先秦古書所引的《太誓》就和《商誓》相同,既説:"紂夷之居而不肯事上帝"(《墨子·非命中》引《太誓》),又説:"惟我有周,受之大帝"(《墨子·非命下》引《太誓》)。大帝即是上帝。

《商誓篇》的思想内容是和先秦古書所引的《太誓》一致的。《商誓》記武王說:"上帝之來,革紂之命,予亦無敢違大命。""帝"上的"上"字和"紂之"下的"命"字原缺,從唐大沛補。從上下文看,補得是對的。這是説伐商克紂是由于天命的變革。《商誓》又記武王説:"古商先誓("誓"是"哲"的通假)王成湯克辟上帝,保生商民……今紂棄成湯之典,肆上帝命我小國曰:革商國。"這是説天命之所以革商,是由于紂不能繼承成湯之典而"保生商民",因爲天命是順從民意的。先秦古書所引《太誓》很突出這個觀點,例如説:"民之所欲,天必從之。"(《左傳》襄公三十一年及昭公元年,《國語·周語中》及《鄭語》引《太誓》)又如説:"天視自我民視,天聽自我民聽。"(《孟子·萬章上》)值得重視的是,《商誓》記武王把紂稱爲"一夫",他説:"昔我在西土,我其有言,胥告商之百姓(指百官貴族)無罪,其惟一夫,予既殄紂,承天命。"唐大沛注:"一夫,紂也。孟子所謂獨夫紂。""一夫"在《太誓》中又稱"獨夫"。荀子説:"誅桀紂若誅獨夫,故《泰誓》曰獨夫紂,此之謂也。"(《荀子·議兵》)孟子也説:"殘賊之人謂之一夫,我聞誅一夫紂矣,未聞弑君也。"(《孟子·梁惠王下》)十分明顯,這種"湯武革命"的理論,就是孟子、荀子等儒家的民主思想的淵源。這種來源于"湯武革命"的儒家民主思想,對後代的政治有着深遠的影響。

　　保存于《逸周書》的《度邑篇》,講武王克殷後,通宵睡不着,擔心没有"定天保,依天室",難以安定大局。"天保"是指順從天意的國都,"天室"是指舉行大典及施政的明堂,"依"是指舉行内外群臣大會見并參與大獻祭的殷禮,古"依""殷"同音通用。武王原擬傳位于周公,周公没有接受,武王于是把建設東都的任務囑託周公。唐大沛認爲這是真古書,該與《尚書·周書》的諸誥並傳。王國維也説:"此篇淵懿古奥,類宗周以前之書"(《觀堂别集》卷一《周開國年表》)《史記》曾採用其中關于建設東都部分。現在由于《何尊》在陝西寶雞出土,證實了此篇的可靠性。《何尊》記載成王説:"惟武王既克大邑商,則廷告于天曰:余其宅兹中或(國),自之薛(乂)民。"所謂"宅兹中國",就是要建設東都洛邑。《度邑篇》記武王説:"自洛汭延于伊汭,居陽無固,其有夏之居。"《史記·周本紀》同。屈萬里注:"此有夏亦當指周言。其,將然之詞,言此地將爲周之居也。"(臺灣省出版《史記今注》)這個有夏之居的解釋是對的,過去解釋爲夏代建都之地,是錯的。周人自稱我有夏(見《尚書·君奭》及《立政》),"有夏之居"就是"周居",所以《史記》接着説:"營周居于雒邑而去。"這個"營"字是規劃的意思。這是説武王要在洛汭與伊汭之間,靠大河之陽的平原地區,營建新都。後來周公在東征勝利之後,營建東都成周,就是執行武王的遺囑的。

《度邑篇》記載武王要傳位給周公。《度邑》説:"王□□傳于後。"兩缺字,朱右曾以爲是"欲旦"二字,唐大沛以爲是"命旦"二字。《度邑》又記武王説:"乃今我兄弟相後,我筮龜其何所,即今用建庶建。"唐大沛注:"兄先弟後,殷人傳及之法也,後即上文傳于後之後。"朱右曾又以爲"不傳子而傳弟故曰庶建"。這些解釋是不錯的。《度邑》下文又説:"叔旦恐,泣涕共(拱)手。"就是周公表示不接受。武王死後,因成王年幼,周公奉成王而攝政稱王。等到平定三監與武庚叛亂,東征勝利,周公執行武王遺囑,營建東都成周,全國統一,局勢大定,周公就歸政于成王,而成王任命周公繼續留在成周,作爲"四輔"(即四方之輔),主持以後東都政務。《尚書·洛誥》載:"王命作册逸祝册,惟告周公其後。"又説:"王命周公後。"成王這樣任命周公"其後",同樣是依據武王的遺囑,即《度邑》所説"傳于後"的"後"。只是這個"後"字的含義已經發生變化,不是指王位的傳授,而是指掌管此後東都政務的權力的授予。

保存于《逸周書》的《作雒篇》,又是一篇西周重要文獻。唐大沛認爲"此周家一代大制作也。"是不錯的。它記述了武王克殷以後發生的一系列的事件,等到周公東征勝利,將致政于成王,營建大邑成周作爲東都,"立城方千七百二十丈,郭方七十里,南繫于雒水,北因于郟山,以爲天下之大湊,制郊甸方六百里,因西土而爲方千里"。"方千七百二十丈",《藝文類聚》《初學記》等書都引作"方千六百二十丈",正好方九里,與《考工記》所説"匠人營國方九里"相合。這樣設置小城而連結大郭的都城布局,影響深遠,爲春秋、戰國時代各諸侯國都所採用。早期的郭并没有郭城的建築,只是利用原有的山川加工連結,用作防禦設施。關於這點,焦循《群經宮室圖》的"城圖六"的説明是正確的。從《作雒篇》看來,成周是東都的總稱,既有"城"(即王城),另有"郭"(即大郭),更有"郊甸"即指王畿。這樣以東都王畿六百里連結西都王畿四百里,合成王畿千里。即《漢書·地理志》所説:"初洛邑與宗周通封畿,東西長而南北短,短長相覆爲千里。"這樣建設東西兩都結連的王畿,作爲統治全國的樞紐,有利于鞏固全國的統一。《公羊傳》與《漢書·地理志》把王城與成周分爲兩个城邑,以爲王城在漢代河南縣,成周在洛陽縣,兩邑相距三十多里,這是錯誤的。王城確在漢代河南縣,而成周的大郭并不在洛陽縣,當即在王城以東,橫跨瀍水東西兩岸,在洛水以北、邙山以南。童書業先生《春秋王都辨疑》(收入《中國古代地理考證論文集》),對此已有精辟的辨正。《令彝》銘文記載:明公于乙酉這天用牲于成周康宮,完畢以後又"用牲于王",王即指王城。明公不可能于同一天内在兩個相距三十多里的城邑先後舉行"用牲"的祭典。陳夢家先生《西周銅器斷代》,依然認定王城與成周各爲一邑,認爲王城爲王宮所在,成周是宗廟所在,亦不可信。當時宗廟不僅是祭祖之處,而且具有禮堂性質,朝聘、册命等典禮都要在此舉行,因而都城必須同時有王宮與宗廟的建築,不可能分築在相隔三十多里的兩個城邑中。《作雒篇》的末段列舉洛邑的各種建築設施,有不少後人增添的部分,但所説建有宗廟與路寢,還是可信的。

保存于《逸周書》的《皇門篇》,記載周公在宮門會見"群門"時所作的講話。開頭説:"維正月庚午,周公格左閎門,會群門。"王念孫依據《玉海》引文及《周書序》校改"群門"爲"群臣",朱右曾從其説改字,而唐大沛認爲"不必改"。從下文講到"大門宗子"來看,以不改爲是。《周書序》改作"群臣"是出于誤解。"群門"是指周的許多"大門宗子",就是各个大宗的族長。"會群門"是各大宗族長的定期大會見,當是從原始社會末期軍事民主制時期氏族長老的議事會演變而來。周公在講話中,開頭就説:"下邑小國,克有耇老。"因爲講話的對象都是宗族的長老。他自稱"予一人",當已攝政稱王,但是他面對宗族長老,還是會見性質,所以稱爲"會群門"。講話中總結了前代的歷史經驗,赞揚貴族長老們"獻言"幫助君王進行治理的好處,要求大家"明爾德,以助予一人憂",最後以集體打獵作比喻説:"譬若衆畋,常扶予險,乃而("而""能"古通用)予于濟。'就是説要如同集體打獵一樣,經常扶助我脱險而能幫助我成功。這樣的提倡貴族内部的民主和互助,還是沿襲軍事民主時期的民主作風。這與《尚書·周書》中記載周公訓誡臣下和告誡殷貴族的講話,顯然是大不相同的。

保存于《逸周書》的《祭公篇》,記述大臣祭公謀父在臨終前對穆王與三公提出五點勸戒:一是不要違反文武之道,以致喪失"二王大功";二是不要以寵妾妒嫉正后;三是不要以小謀而敗壞大事;四是不要以左右近臣爲害大夫、卿士;五是不要以家相(家臣)擾亂王室,不愛護王室以外的人。唐大沛説:"此上五者,必穆王生平嘗有此失,故舉以爲戒。"保存于《逸周書》的《芮良夫篇》,是大臣芮良夫見到厲王起用榮夷公執政而實行"專利"時,向厲王進諫的話。指出榮夷公執政引導厲王做"不若"(不順)的事,"專利作威,民將弗堪","惟以貪諛事王,不勤德以備難,下民胥怨,財力單竭,手足靡措,弗堪戴上,不其亂而","爵以賄成,賢智箝口,小人鼓舌,逃害要利,並得厥求"。這篇諫詞,可能有後人增飾的地方,但基本上是可信的。我們從《祭公》《芮良夫》等篇可以見到西周由盛而衰的政局變化。

三

我們在上節所談到的,都是《逸周書》中保存的比較完整的《周書》逸篇,史料價值是比較高的。此外確有如唐大沛所說有集斷簡而成的篇章。這種篇章雖然殘缺不全,也還有其一定的史料價值。例如《嘗麥篇》,就是用三段内容不同的斷簡連綴而成。第一段講孟夏嘗麥于太祖的祭典,用的是夏正的曆法,當是東周以後的作品,這一段只有十八个字,當即一片斷簡。第二段講授給大正(官名)刑書的典禮,也可能是東周的作品,所講授給刑書的禮制比較具體,對于研究册命的禮制以及策書的制度都很有參考價值。第三段所講祭祀風雨等情况,也是研究祭祀制度的史料。

戰國時代已有小説家産生,除編寫民間故事以外,也還從事歷史故事的創作,其中就有以西周歷史作爲題材的。《漢書·藝文志》有小説家者流,著録有《周考》一書,班固自注:"考周事也。"又如晋代汲冢發現的《穆天子傳》,原稱《周王遊行》,就是描寫周穆王西遊的故事的。這部《逸周書》中,就收輯有假託西周歷史的故事,最爲後人所愛讀的就是《王會篇》。《王會篇》是描寫周成王在成周會見四方少數民族貢獻特産的盛大典禮的。王應麟以及唐大沛等人,認爲這是依據描寫這次盛會的圖畫記録下來的。如同《山海經》依據描寫山海的圖畫而作成的一樣。全篇把先秦四方少數民族分布情况及其特産,作了極其詳盡的叙述。清代何秋濤的《王會篇箋釋》曾對此作了很詳細的考證。盡管它是小説性質,并非真有其事,但它是戰國的作品,所叙述的先秦少數民族的情况,還是很值得我們珍視的史料。

《逸周書》既然出于戰國時代的兵家所編輯,當然又是研究兵家不可少的資料。其中有不少以"武"作爲篇名的,如《武稱》《大武》《大明武》《小明武》《柔武》《武順》《武穆》《武紀》等,都很明顯是兵家著作。

這部《逸周書》,内容比較混雜,長期被列入"雜史"一類,不爲學者所重視,以致有些篇章已經散失,有些篇章殘缺,有不少錯脱字和缺爛的字。長期以來,從事注釋和研究的人不多,書中保存的《周書》逸篇,没有被史學家充分利用來闡明西周歷史事實的真相。司馬遷已注意到這部書,但在《史記》中也只採取其中部分史料。至于夾雜在中間的許多戰國時代的作品,也還没有分别加以清理,恢復其應有的史料價值,這些都有待于我們作進一步的研究和探討。

《穆天子傳》真實來歷的探討

《穆天子傳》又稱《周王游行記》,記的是周穆王西游昆侖而見到西王母的歷史故事,原爲西晋初年汲縣魏墓所出土的大量簡書之一種,可以説是最早出土的先秦簡牘整理研究的成果。這批簡書,包括《竹書紀年》在内,不幸在宋代已散失了,唯有這部《穆天子傳》能够流傳至今,這是值得珍視的。

《穆天子傳》這部先秦文獻的著作年代和史料價值,歷來是很有争議的。自從出土以來,很長一段時間,學者們把它看作是西周史官的實録,列入起居注一類,但是傳文所説周穆王西游,按照河伯之神提供的《河圖》和《河典》,經歷了一萬四千里的行程,見到了許多不見經傳的部族,升登了昆侖丘和縣(懸)圃,再向西行在瑶池見到了西王母,許多内容與《山海經》《楚辭·天問》等書所載神話傳説相合,同時傳文本身有不少晚出的痕跡,因此清代欽定的《四庫全書》的編者,就把它列入小説類。近代學者如顧實等人,對其中穆王西游所經歷的地名作過詳細考證,但有不少穿鑿附會的地方,甚至説周穆王到了波蘭華沙,這就使人更感到荒誕不可信了。但是近年來,學者們因爲發現《穆天子傳》所載穆王的大臣毛班,見於周穆王時代制作的班簋銘文中,于是對于《穆天子傳》史料價值的看法大爲轉變。1952年,楊樹達發表《毛伯班簋跋》就説:"《穆天子傳》一書,前人視爲小説家言,謂其記載荒誕不可信,今觀其所記人名見于彝器銘文,然則其書固亦有所據依,不盡爲子虚烏有虚構之説也。"(見《積微居金文説》)後來唐蘭考釋班簋也説:"毛班見《穆天子傳》,此書雖多夸張之語,寫成時代較晚,但除盛姬一卷外,大體上有歷史根據的,得此簋正可互證。"(見《西周青銅器銘文分代史徵》)近來不少學者確認此書作於戰國時代,同時又確認其中既具有西周史料,又反映了先秦中西交通及其沿途部族分佈的史跡。

目前有个重要問題,需要我們解答。爲什么戰國時代成書的這个周穆王西游的神話傳説中,會保存有西周的史料與當時中西交通的史跡而不見於其他先秦文獻中?爲什么此書會有如此獨特的史料價值呢?我曾經長期考慮過這个問題,當七十年代初期,我調到復旦大學歷史地理研究室,與錢林書一起考訂編繪先秦歷史地圖時(即編著《中國歷史地圖集》第一册),就想鑽研這部書而把其中地名畫上地圖,因爲問題複雜而任務緊迫,没有能够做到,只在《戰國時期全圖》上畫上了昆侖這个山名。此後這个問題常在我腦海中盤旋。我認爲,這需要溝通從西周到戰國的歷史脉絡,用民俗學和神話學的眼光來分析,才可能從中找出它的真實來歷。我的見解是:這部書所以會有真實的史料價值,由于作者採自一个從西周留存到戰國的游牧部族河宗氏的祖先神話傳説。他們從西周以來,世代口頭流傳着祖先河宗栢天參與周穆王長途西游的神話傳説,從一个引導者變成了周穆王的隨從官員,結果得封爲"河宗正"的官職,從而使這个部族得以興旺起來。他們認爲這是他們整个部族的光榮歷史,世代口頭相傳而不替,直到戰國初期才被魏國史官採訪所得,成爲《穆天子傳》的主要内容。這種原始的游牧部族所傳的祖先歷史,本來是和神話傳説分不開的。《史記·秦本紀》和《趙世家》所載早期的祖先歷史,同樣富有神話的特色。

一 河宗氏祖先神話傳説的真實性

我們首先要指出,當戰國初期,介於魏、趙與秦三國之間,龍門以上,黄河上游還是个戎狄游牧部族的"游居"地區。《史記·趙世家》有一段祖先的神話傳説,據説當晉國知伯瑤率領知、韓、魏三族圍攻趙氏於晉陽之前,趙襄子在王澤,見到三个神人送給他的隨從者一根竹節,剖開竹節,其中有朱書寫道:

> 趙毋邺,余霍泰山山陽侯天使也。三月丙戌,余將使女(汝)反滅知氏,女(汝)亦立我百邑,余將賜女(汝)林胡之地。至于後世,且有伉王,赤黑,龍面而鳥噣,鬢麋髭顝,大膺大胸,修下而馮上("上"字原脱,從《風俗通義》卷一《六國篇》補),左衽界乘(集解引徐廣曰:"界一作介","界"通"介"),奄有河宗,至于休、溷諸貉。南伐晉别,北滅黑姑。

朱書所謂"伉王",即指趙武靈王。"左衽"是説改穿左衽的胡服,介乘是説被甲而乘馬騎射。這是説:霍太山的山神將使趙氏於三月丙戌這天反滅知氏,并將使趙的後世生出趙武靈王,胡服騎射而攻取得林胡之地,還能佔有河宗之地,直到休、溷諸貉之地。這个山神的預言,後來都成爲事實。

河宗所在,《史記正義》説:"《穆天子傳》云:'河宗之子孫獻栢絮。'按:蓋在龍門、河之上流,嵐勝二州之地也。"龍門在今陝西韓城東北,黃河至此,兩岸峭壁對峙,形如闕門,故稱龍門,傳爲禹治水所鑿成,《禹貢》所謂"導河積石至于龍門"。《呂氏春秋·愛類》稱:"上古龍門未開",造成洪水,于是禹疏河。《淮南子·修務訓》稱禹"鑿龍門"。因此古人把龍門視爲神靈的聖地,例如《水經·河水注》引《竹書紀年》載:"晋昭公元年河赤于龍門三里,梁惠成王四年河水赤于龍門三日。"作爲河伯之神在此地顯示災異的徵兆。河宗氏是以河伯之神作爲始祖而崇拜的宗族,是游牧于黃河上游的一個大部落。他們所重視的神靈之地,主要是陽紆和龍門,《山海經·海内北經》説:"陽汙之山河出其中,凌門之山河出其中。"郝懿行《箋疏》説:"或云即龍門,凌龍亦聲之轉也。"《穆天子傳》載:"爰有温谷樂都,河宗氏所游居。"郝懿行説:"游居,游牧也。"在這個地區,"人"是"游居"的,只有神是"都居"的,也就是定居的。《穆天子傳》説:"天子西征,鶩行至于陽紆之山,河伯無夷之所都居,是惟河宗氏。河宗栢夭逆天子于燕然之山。"無夷,《水經注》等都引作馮夷,"無"可能是"馮"字之誤。陽紆原是個大湖之名,《周禮·職方氏》載:"冀州澤曰陽紆。"《爾雅·釋地》作陽陓,《呂氏春秋·有始》作"秦之陽華",因爲當《呂氏春秋》著作時,此地已爲秦有。"紆""陓""華"是一聲之轉。這個湖當在河套,徐炳昶《中國古史的傳説時代》引古生物學家楊钟健的話,古代河套有個大湖,當即陽紆,陽紆之山當在湖的北面。《山海經·海内北經》説:"從極之淵深三百仞,維冰夷恒都焉,冰夷人面乘兩龍。"郭璞注:"冰夷,馮夷也。""冰""馮"聲相近,從極之淵當是陽紆之澤的别名。

在古代各族神話中,所崇拜的水神往往潛居在大湖中。《秦詛楚文》是秦惠文王時所作,秦的宗祝所祭的水神叫大沈厥湫,湫就是湫淵。《史記·封禪書》記華山以西有四大名川,即河水、漢水、江水和湫淵。湫淵在朝那,在今甘肅平涼西北,只有"方四十里",就是因爲秦所崇拜的水神大沈厥湫潛居在此淵中,因而在祭禮上,得與黃河、長江、漢水并稱爲四大名川。大沈厥湫就是因爲它潛居淵中,祭祀要把祭品沉入水中而得名。《左傳·昭公元年》載:晋侯有疾,卜人曰:"實沈、臺駘爲祟。"據説實沈原是高辛氏的季子,遷于大夏。《淮南子·墜形訓》説西北方之澤曰大夏。可知春秋時晋的水神也潛居澤中,因而名叫實沈。河宗氏所崇拜的河伯潛居在陽紆之澤,正與秦、晋的神話相同。由此可見河宗氏祖先神話傳説的真實性。

《穆天子傳》記天子西征,先到䣙人。䣙人也是個以河宗爲始祖而崇拜的部族,他們的領袖䣙栢絮仰接天子于智的地方,獻豹皮和良馬,"甲辰天子獵于滲澤，于是得白狐玄狢焉，以祭于河宗”。當時天子住在鄘人的境内，曾“西釣于河”，所祭的河宗當是鄘人祭祀河伯的宗廟，看來規模較小，因而只以當地獵得的白狐玄狢致祭。接着天子西征到了陽紆之山，這是河宗氏祭祀河伯之所，即是河伯“都居”之所，河宗氏的領袖河宗栢夭就在附近燕然之山迎接，“勞用束帛加璧”，接待之禮要比鄘栢絮隆重得多，于是天子就大朝于燕然之山、河水之阿，選定吉日大規模舉行祭祀河伯的典禮，由天子親自奉璧主祭，把璧授給河宗栢夭，由河宗栢夭西嚮沉璧于河，并由祝沉牛馬豕羊。這个祭典的最後一幕，就具有“巫術”性質：

> 河宗□命于皇天子，河伯號之：帝曰：“穆滿，女（汝）當永致用旹事。”南向再拜。河宗又號之：帝曰：“穆滿，示女（汝）春山之寶，詔女（汝）昆侖□舍四平泉七十，乃至于昆侖之丘，以觀春山之寶，賜女（汝）晦（‘晦’讀作‘賄’）。”天子受命，南向再拜。

這里表示，經過隆重的祭典，河宗栢夭已上通于河伯之神，同時河伯之神已上通于天帝，于是河宗栢夭就代表河伯大聲呼號，傳達天帝的命令。第一道命令是叫穆王永久主理當世之事。第二道命令是叫穆王到昆侖去參觀春山之寶，并給予賞賜。接着河伯就給天子“披圖視典”，就是閱看《河圖》和《河典》，以便沿河西行前往昆侖。《水經·河水注》引述《穆天子傳》，概括説“河伯乃與天子披圖視典，以觀天子之寶器，玉果、璇珠、燭銀、金膏等物，皆《河圖》所載，河伯以禮，穆王視圖，方乃導以西邁矣。”從此河宗栢夭就奉上帝和河伯之命，成爲周穆王沿河西征的引導者。

《穆天子傳》説：“曰栢夭既致《河典》，乃乘渠黄之乘爲天子先，以極西土。乙丑天子西濟于河，□爰有温谷樂都，河宗氏之所游居。”河宗栢夭確是最合適的周穆王西行的先導者，因爲河宗氏原是个沿着黄河上游、逐水草而游牧的部族，不僅從河套以東到龍門一帶是他們游牧的地區，而且河套以西也是他們時常“游居”之地，與沿路的部族都很熟悉，語言也是能相通的。一路上栢夭成爲傳達王命和王的講話的人，例如：“□栢夭曰：□封膜晝于河水之陽，以爲殷人主。”栢夭又成爲介紹情况的人，如“曰：春山，是唯天下之高山也”。有時成爲接受禮物的人，如有人送天子至于長沙之山，獻有禮品，“天子使栢夭受之”。又如至于巨蒐氏，巨蒐人獻大量禮物，天子分别使栢夭與造父受之。當周穆王西游回來，至于文山,"天子命駕八駿之乘",栢夭所乘的馬車升級了。"天子主車,造父爲御……栢夭主車,參百爲御,奔戎爲右"。當周穆王觀看《河圖》《河典》之後出發西游時,"天子之御:造父、三百(即參百)、耿脩、芍及",到回歸時,參百成爲河宗栢夭之御,説明周穆王對栢夭地位的提升。等到栢夭送天子回到鄰人之後,周穆王就"顧命栢夭歸于其邦,天子曰:'河宗正也。'栢夭再拜稽首"。

"宗正"是西周王朝安撫和獎勵戎狄部族首領的一種官職。《左傳·定公四年》記衛大祝子魚講到周成王分封諸侯,分給晉祖先唐叔"懷姓九宗、職官五正"。《左傳·隱公六年》又載"翼(晉之舊都)九宗五正頃公之子嘉父逆晉侯于隨"。前人對"九宗五正"有兩種不同解釋,一種依據《曲禮》以爲五正即五官,指司徒、司馬、司空、司士、司寇。"九宗五正"是使五官分主九宗。另一種以爲九宗中有些宗因人數少而不足立官者,于是併合爲五正而領此九宗(見《左傳·定公四年》正義)。當以後説爲是。司徒等五官職司不同,不可能分主九宗。王國維《鬼方昆夷獵狁考》以爲懷姓即金文之媿姓,《春秋》《左傳》狄女稱隗氏,金文作媿。可見懷姓"九宗五正",是西周王朝爲了安撫狄族首領而授予的官職。引導周穆王西行的河宗栢夭,原是黄河上游游牧部族河宗氏的首領,亦是狄族,這一帶在西周、春秋時,原是狄族的游牧地區,河宗氏當是狄族的部落。由此也可見河宗栢夭引導穆王西行記載的真實性。

戰國初期魏文侯變法圖强,攻佔了秦河西之地,又略取戎狄之地,先後建立河西郡與上郡。河宗氏的一部分當有留在魏國境内的。估計河宗氏長期流傳的這段有關祖先的光榮傳説,這時爲魏國的史官採訪所得,作爲周穆王的史料,并有所補充,而編成此書。因而《竹書紀年》把周穆王西征、北征作爲大事記載在周穆王十三年或十七年。因此郭璞作《穆天子傳注》,曾多處引《紀年》作証。如《穆天子傳》"留昆歸玉百枚",郭璞注云:"留昆國見《紀年》"。王國維《古本竹書紀年輯校》因而説:"郭璞往往以《紀年》證《穆傳》,此所述自當爲一事。"郭璞作《山海經注》,有時同引《穆天子傳》與《竹書》(即《紀年》)以相證。如《大荒北經》云:"有大澤方千里,群鳥所解。"郭璞注云:"《穆天子傳》曰:'北至廣原之野,飛鳥所解其羽,乃于此獵鳥獸絶群,載羽百車。'《竹書》亦曰:'穆王北征,行流沙千里,積羽千里'。皆謂此澤也。"《竹書紀年》與《穆天子傳》有些出入,可能是由於《竹書紀年》乃概括《穆天子傳》而言,或者别有所據。

二　周穆王西征史跡的真實性

　　我們認爲，周穆王在幾个游牧部族的引導下，帶着所謂"六師之人"，沿着黄河上游西行，穿越戎、狄地區，經歷許多戎狄部族，相互贈送禮品，做安撫的工作，都是真實的故事。其中摻入神話傳説，或有夸張增飾，當然是無可避免的。先秦時代西北地區分佈有許多戎狄的部族，中原的王朝或諸侯，企圖兼并這些部族和擴大統治地區，不外乎兩種手段，或者用安撫的策略，或者用武力征服，或兩者兼而用之。周穆王是兼用兩種策略的。

　　黄河是中國民族和文化的摇籃，黄河與人民的生産和生活休戚相關，與國家的興衰也有密切關係，有爲的國君對此是要關心的。例如秦惠文君八年（前330），魏入西河地于秦；十年，魏納上郡于秦，于是秦開始佔有黄河上游一部分地方；十二年（前326），秦就"初臘，會龍門"（見《史記·六國年表》）。臘祭是冬季舉行酬謝收穫之神、慶祝豐收的節日，舉行酒會，男女齊集，開展娛樂活動。從這年起，秦國在龍門舉行臘祭而集會，就具有特別的用意，該是爲了和沿黄河上游的人民聯歡，包括原來留居在這一帶的戎狄部落的人民在内。由于秦和這一帶游牧部族的關係友好，秦王可以通過戎地而游觀北河。《六國年表》載秦惠文王更元五年（前320），"王北游戎地至河上"。《秦本紀》作"王游至北河"。《集解》引徐廣曰："戎地在河上。"《正義》曰："按王游觀北河，至靈、夏州之黄河也。"這時在河上的戎地，當然包括河宗氏這个部族在内。《秦本紀》又載秦昭王二十年（前287），"又之（'之'通'至'）上郡、北河"。秦昭王也經上郡到北河，北河就是河套南邊的黄河。這時河宗氏已被趙武靈王所攻取，北河東部以南榆中的林胡亦已被趙兼并。近人馬非百認爲秦惠文王和秦昭王都不可能到河套南邊的黄河，于是别出新解，認爲"北河應爲一縣，其地當在無定河上。昭王時榆中、九原尚屬于趙，不得謂爲黄河也。故《本紀》特言上郡北河，明謂北河屬于上郡也"（見《秦集史·郡縣志上》，第579頁）。他看了《秦本紀》，忽略了《六國年表》，又主觀地認爲秦惠文王和秦昭王都不得到河套的北河。其實《六國年表》明確記載秦惠文王是經過戎地到河上的。秦昭王時榆中九原已屬趙，也還可以從秦上郡經戎地到河套。秦惠文王和秦昭王都是很有作爲的秦君，秦完成統一的基礎就是他們所奠定的，他們先後越過戎族地區，到北河去視察，説明了他們對黄河的關心和重視。看來周穆王也是如此，同樣是越過戎狄地區而游觀黄河上游，只是規模要大得多，路程要遠得多。

周穆王能够越過戎狄地區,沿着黄河長途西行,主要是依靠幾个得力的游牧部族的引導和支持,可考的除了河宗氏以外,還有秦、趙兩國的祖先造父之族。《秦本紀》説:"造父以善御幸于周繆王,得驥、温驪、驊駵、騄耳之駟,西巡狩,樂而忘歸。徐偃王作亂,造父爲繆王御,長驅歸周,一日千里以救亂,繆王以趙城封造父。"《趙世家》大體相同,惟謂"桃林盜驪、驊騮、緑耳",以爲這些名馬出于桃林。又于"西巡狩"下有"見西王母"。看來秦、趙兩國都有他們祖先造父爲周穆王之御而西巡的傳説,只是没有像《穆天子傳》由河宗栢夭爲先導而西征的傳説那樣能够流傳下來。《穆天子傳》説"天子命駕八駿之乘",列舉八駿之名,而《史記》所載造父爲周穆王之御,只有其中四駿,四駿之名是相同的。所説:"見西王母"也是相同的。《穆天子傳》列舉八駿之名中有華騮、緑耳、赤冀、盜驪,是和《史記》所説四駿相同的,"赤冀"和"得驥"是音同通用。足見《穆天子傳》與《史記》的記載的來源是一致而真實的。只是《史記》説造父因此封於趙城,《穆天子傳》没有提及。看來《穆天子傳》因爲出於河宗氏的祖先傳説,只記河宗栢夭因此而得"河宗正"官職,没有述及其他隨從人員因功所得的賞賜。由于《穆天子傳》出於河宗氏的傳説,河宗栢夭的來歷説得很清楚,其他隨從人員的來歷就没有説到,例如《穆天子傳》講到天子之御有造父、三百、耿翛、芍及四人,都没有説明來歷,看到《史記》才知造父是秦、趙的祖先。

　　此書卷一稱:周穆王開始西征,出隃之關陘(即今雁門山),"至于䣙人,河宗之子䣙栢絮且逆天子于智之□"。于省吾以爲䣙人即馮夷,因爲"䣙""馮"古通,甲骨金文中"人""尸""夷"三字形音并通。我認爲此説不妥。郭璞注云:"䣙,國名。"是正確的,下文述及其首領爲䣙栢絮可證。按《穆天子傳》的文例,常以"人"字稱呼邦國或部族,如封膜畫"以爲殷人主"。也或用"人"以稱呼部族之首領如稱赤烏之人其,赤烏即赤烏氏。這類例子很多。"河宗之子",《趙世家》正義引作"河宗之子孫",作"子孫"比較確切,猶如此書卷四稱爲"河伯之孫"。䣙人同河宗氏一樣是一个以河伯爲始祖的部族,以滲澤爲河伯潛居之處,設有祭祀河宗之所,周天子因而以獵得的白狐玄狢以祭。䣙人傳爲馮夷之後,是可能以馮夷作爲其部族的名稱的。但其首領不稱馮夷栢絮或䣙人栢絮,可知䣙當爲其部族或國名。由此可知河宗氏和䣙人都是以一个湖泊作爲中心而沿黄河游牧的。因爲游牧需要水草茂盛的地方,湖泊周圍是水草茂盛之處。

　　䣙人之所在,既是周穆王從隃之關陘(雁門山)西行,首先到達之地,又是周穆王西征歸來,最後結束之處,引導者河宗栢夭由此"歸于其邦"的。當時"䣙栢

絮觴天子于澡澤之上('澡'當是'滲'字之誤),뻬多之沕,河水之所南還"。這分明是北河由東而向南轉彎的彎曲之處,當即在今内蒙古托克托一帶,正當後來趙武靈王胡服騎射之後向西攻取胡地而建立的雲中郡的南部。上文所引《趙世家》所載霍太山山神的朱書,講到趙武靈王將要"奄有河宗,至于休、溷諸貉"。《趙世家》又載武靈王二十六年(前300)"攘地北至燕、代,西至雲中、九原"。《古本竹書紀年》載:"魏襄王十七年(前302)邯鄲命吏大夫遷于九原,又命將軍、大夫適子、戍吏皆貉服。"(《水經·河水注》所引)可知趙武靈王在胡服騎射之後,所攻略取得的最西之地,就是雲中和九原,此地原爲貉族居住地區,因而趙武靈王爲此特別下令,要遷居到此地文武官員"皆貉服"。以前《古本竹書紀年》的注釋者往往以爲"貉服"即"胡服",其實是有些差別的。趙武靈王"初胡服"在前,《六國年表》和《趙世家》都記在趙武靈王十九年,如果貉服和胡服沒有差別,趙武靈王就不必在這時再下令要遷居到九原的官員"皆貉服"了。"貉"原是中原人對北邊游牧部族的稱呼,大體上在胡族之北,古書上常以胡、貉并稱,如《荀子·彊國》稱秦"北與胡、貉爲鄰"。"貉"一作"貊",西周時代已有這個稱呼。如《詩經·大雅·韓奕》説:"以先祖受命,因時百蠻,王錫韓侯,其追其貊,奄受北國,因以其伯。""追"與"貊"都是對北方狄族部落的稱呼。西周時韓國在今山西河津之東,靠近龍門。

十分明顯,趙武靈王胡服騎射之後所攻取得的九原、雲中,就是"休、溷諸貉"的"游居"地區。看來九原、雲中的地名,即起源於休、溷。據王力編制的古音的韻部的諧聲表,從"九"聲和"休"聲的同屬"幽"部,當可相通。"溷"字常用作"混"的異體字,從"雲"聲和"昆"聲的同屬"文"部,也可通用。"九""雲"與"休""溷"古音可以相通,并非出於偶然的巧合,這種地名看來都是依據當地的方言,因而有前後相承的關係。《穆天子傳》所説郮人,當即《趙世家》所説溷之貉族;所説郮人所居的滲澤和뻬多之沕,正在雲中郡南部北河,由東向南轉彎的彎曲之處,即是"溷"的所在。吕調陽説:"뻬同混。"如此説來,"뻬"和"溷"同樣是"混"的異體字了。我認爲,"溷"原先是滲澤的別稱,"滲"所從"參"聲和"混"所從"昆"聲也很相近而可以通假,原是出於當地方言的不同音譯,這個湖泊周圍原是郮人游牧的中心地點,靠近北河由東向南的彎曲之處,即所謂"뻬多之沕",뻬多也出於當地方言的音譯,出於同一的語源。

先秦的歷史上,趙武靈王所設九原、雲中二郡,已經是西北最遠的地方,因此我們以中原文獻與《穆天子傳》所載西征地名能夠參證的,只能到此爲止。從此已可見周穆王西征史跡的真實性。《左傳·昭公十二年》記楚的左史倚相對楚靈王説:"昔穆王欲肆其心,周行天下,將皆必有車轍馬迹焉。祭公謀父作《祁招》之詩,以止王心,王是以獲没于祇宫。"《穆天子傳》簡書的整理編輯者荀勖所作序文,就引用《左傳》的這段記載,以爲"此書所載則其事也"。又説:"王好巡狩,得盗驪、騄耳之乘,造父爲御,以觀四荒,北絶流沙,西登昆侖,見西王母,與《太史公》記同。"這是正確的。據《左傳》,左史倚相對楚靈王説這些話,是進諫楚靈王的,所講當是歷史事實。《晉書·束皙傳》説:"《穆天子傳》五篇言周穆王游行四海,見帝臺、西王母。"束皙也是参與汲冢出土簡書整理編輯的。荀勖説:穆王"以觀四荒",束皙又説:"游行四海"。爲《穆天子傳》作注的郭璞,在所作《山海經》叙中,又引汲郡《竹書》及《穆天子傳》,較詳地叙述了"穆王西征"的經歷,并説:"周歷四荒"。因爲穆王在"西征"中,又有"北征","東歸"後,又"東南翔行",回到宗周之後,又曾西游、北游和南游。楚左史倚相所説"周行天下",就是指穆王曾向四方游歷,其實主要的是長途西游這一次。管仲曾説:"昔吾先王昭王穆王世法文武,遠跡以成名。"(見《國語·齊語》和《管子·小匡》)凡此都足以證明周穆王西征的真實性。

三 《穆天子傳》所述及周初歷史的正確性

《穆天子傳》主要叙述穆王西征歷程,述及周初其他的事不多。但是所述及的事很正確,可以糾正《史記》的錯誤。當穆王到達赤烏氏,接受所獻禮品後,由河宗栢夭宣讀王的講話,講到"大王亶父之始作西土,封其元子吴太伯于東吴"。這是和《史記》不同的。《史記·吴世家》説:太王共有三子,即太伯、仲雍和季歷。因爲"季歷賢,而有聖子昌(即文王)",太王要傳位給季歷及其子昌,于是太伯、仲雍出奔荆蠻,到江南建立了吴國。這樣的傳説,春秋時已有。例如晉大夫士芳見到晉太子申生不得立爲太子,就勸太子逃走説:"不如逃之,無使罪至,爲吴大伯不亦可乎?"(《左傳·閔公元年》)可知吴太伯逃奔之説早有流傳,但是,這是出于誤傳。《左傳·僖公五年》載:晉獻公第二次假道虞國進攻虢國。虞大夫宫之奇對虞君進諫,講到虞的歷史説:"大伯、虞仲,大王之昭也,大伯不從,是以不嗣。"可見太伯、仲雍是虞的始祖,所謂封於東吴,吴即是虞,金文常稱"虞"作"吴"。虞的封國在今山西平陸北。宫之奇所説"大伯不從",原是不隨從在側的意思,因爲已分封到虞去。《史記·晉世家》誤把"不從"改作"亡去","亡去"即逃奔,是出于後人的誤解。這個誤解早在春秋時代已有。例如《左傳·哀公七年》魯大夫季康子説:"大伯端委以治周禮,仲雍嗣之,斷髮文身,臝以爲飾,豈禮也哉?"所謂仲雍斷髮文身,就是説仲雍已從江南吴越之舊俗了。但是我們細加考核,可知《穆天子傳》所説太王封太伯于吴(即虞),真是正確的事實。

　　當太王亶父時,周的勢力還很薄弱,周的貴族不可能有力量逃奔到江南吴地去創建國家。太伯、虞仲當是奉太王之命,帶了周族的一支,來到虞地,創建了一个小國,作爲東進的一個重要據點,因爲從這裏可以向北方戎狄地區開拓,又便于向東進入商朝的京畿地區。太王這樣派長子、次子東進中原,合力創建新的小國,而把幼子留守在周,這是太王重要的"翦商"戰略步驟。正因爲如此,虞這支貴族向來是很受西周王室的重視。周文王所重用的大臣就有"八虞"和"二虢",所謂"詢于八虞而咨于二虢"(《國語・晉語四》晉大夫胥臣述及周文王)①。武王克商後,祭祀祖先,"王烈祖自太王、太伯、王季、虞公(即仲雍)、文王、邑考,以列升"(《逸周書・世俘解》)。這樣把太伯、王季、虞公三兄弟的神主並列而祭祀,而且太伯列于季歷之上,可見對太伯、仲雍極其尊重,怎么可能是逃亡出去的呢?《詩經・大雅・皇矣》:"帝作邦作對,自太伯、王季。維此王季,因心則友,則友其兄,則篤其慶,載錫之光,受禄無喪,奄有四方。"過去經學家把"對"訓釋爲"配",説是"配天"的意思,并不確切。這是説上帝創立了一對的邦國,這一對邦國創始于太伯、王季(即季歷);還説季歷能够發揮兄弟友愛的精神,也就是説能够相互合作,因而擴展喜慶的事,從而使得周受天禄而永不喪失,包有四方。看來王季能够伐西落鬼戎(即鬼方)、俘二十翟王;又伐余無之戎而克之(見《後漢書・西羌傳》注引《竹書紀年》),開拓很大領土,都是王季和太伯、仲雍合作,并以虞國作爲前進基地的結果。當時這些强大的戎狄部族都在今山西北部,若没有虞作爲前進的基地,周長途遠征,是不可能取得這樣的成就的。到周文王時,進一步向東征服了黎(一作"耆"或"飢"),黎在今山西長治附近;接着又攻取了邘(一作"于"或"盂"),邘是商王經常狩獵的地點,在今河南沁陽西北,這需要經山西南部穿越太行山才能攻到此地。這都需要以虞作前進基地的,否則是不可能的。

　　據師酉簋銘文,周王在吴(即虞)的太廟册命師酉的禮,可知虞有太廟可以作周王行禮之處,就是因爲虞是太伯、仲雍的封國。《穆天子傳》卷六稱穆王"乃宿

---

　　① 《國語・晉語四》記胥臣對答晉文公講到周文王,"及其即位也,詢于八虞而咨于二虢"。韋昭注:"二虢,文王弟虢仲、虢叔也。"又引賈、唐(即賈逵、唐固)云:"八虞,周八士皆在虞官也。"董增齡《國語正義》云:"案《論語》有八士,鄭以周公相成王時所生,則不得爲文王所詢。如鄭意,則别有八士在虞官矣。"今案賈、唐之説不確。"咨于二虢"既然指文王之弟虢仲、虢叔,爲文王之同一輩,"詢于八虞"必然指文王之長一輩,當爲虞之八兄弟。若爲"八士皆在虞官"者,豈能列于二虢之上?

于虞",也是因爲虞爲太伯封國,原有周王留宿的宫室。

《史記·吴世家》説:"周武王克殷,求太伯、仲雍之後,得周章,周章已君吴,因而封之。乃封周章弟虞仲于周之北故夏虚,是爲虞仲,列爲諸侯。"這是顛倒了歷史事實。上引宫之奇講虞的歷史,説:"大伯、虞仲,大王之昭也。"可知仲雍即因封于虞而稱虞仲。而《史記》説周章之弟虞仲封于虞,顯然是錯誤的。《索隱》説前後有兩个虞仲,是"祖與孫同號",這是彌縫的曲説。其實,江南的吴國出于虞的分支,是後來康王時再度分封到江南來的,到康王時,周才有力量可以把周貴族分封到江南來。

西周初期一貫以分封小國作爲東進開拓疆土的手段。芮該是和虞同是周早期分封的小國,金文"芮"作"内",在今陝西大荔東、朝邑南,正當北洛水和渭水的交會點,又是渭水向東和河水交接地區,即所謂"渭汭"所在,"内"可能即由"汭"而得名。這個地理位置很是重要,這是周從渭水流域進入中原河水流域的交通樞紐,是從周到虞的必經之路。它的分封時代不詳,可能與虞同時,至少到季歷在位期間已存在,季歷之所以能够在今山西地區不斷征服戎、狄部族而擴展領地,文王之所以能够攻取黎地而攻取商的邘地,就是由于芮國控制着這個交通樞紐和虞國成爲東進的前綫基地。所以當文王時,虞芮之間發生争端而不和,成爲文王首先要解決的問題①。《詩經·大雅·緜》:"虞芮質厥成,文王蹶厥生('生'讀作'姓')。予曰有疏附,予曰有先後,予曰有奔奏,予曰有禦侮。"這是説:由于文王使虞、芮重新團結,感動了許多貴族,使得許多人前來歸附,歸來了許多捍衛之臣,增强了"禦侮"的戰鬥力,這是文王壯大力量的一个重要成就。周在太王、季歷、文王三代時期,虞始終是一個東進的前綫基地,可知太王分封太伯和仲雍到虞,確是開始計劃"翦商"的一个重要戰略步驟,而且是很成功的。

我們還要指出,《史記·周本紀》把太王(即大王)稱爲"古公"或"古公亶父",是錯誤的。《詩經·大雅·緜》稱"古公亶父","古"是"昔"的意思,崔述《豐鎬考信録》已經指出:"周自公季以前未有號爲某公者,微獨周,即夏、商他諸侯亦無之,何以大王乃獨有號,《書》曰古我先王,古猶昔也……古公亶父者,猶言昔公亶父也。公亶父相連成文,猶所謂公劉、公非、公叔類者也。"這个論斷是正確的。《周本紀》不稱大王(即太王)而稱古公,在一連串的叙事中,一律稱爲古公,這是

---

① 虞、芮兩國所發生的争端,具體情況已不詳。或者説"有獄不能決",見《史記·周本紀》。或者説"争田",見《尚書大傳》及《詩經·大雅·緜》毛傳。都不可信。因爲兩國距離很遠,不可能發生"争田"或相互牽連的争訟的事。

出于誤解了《詩經·大雅》"古公亶父"的稱呼。《尚書·無逸》說："太王、王季克自抑畏。"《詩經·魯頌·閟宫》說："后稷之孫,實維大王,居岐之陽,實始翦商。"《孟子·梁惠王下》也說"大王事獯鬻",又說："昔者大王居邠,狄人侵之。"先秦古書一概稱爲大王,没有稱作古公的。童書業《春秋左傳研究》說："古公亶父未必即太王(古乃時代之稱,亦非'謐法'),而《史記》之'古公'則確爲太王,蓋周族至太王時始脱戎狄之俗而建城郭之國家,并開始有'翦商'之志而稱'王'也。"此因《史記》大王誤作古公,以爲"古公亶父未必即太王",這是不對的。由此可見,《穆天子傳》稱爲大王亶父,是真實的歷史記載,應該據以改正《史記》的錯誤。

《穆天子傳》記載河宗柏夭向赤烏氏首領傳達周穆王的講話,講到大王亶父做了兩件大事,一是把元子太伯封于吴(即虞),二是把元女嫁給赤烏氏首領,用以説明"赤烏氏先出自周宗"。既然封元子之事確是事實,那麽,嫁元女給赤烏氏也該是事實,而且與封元子之事同樣重要,因而相提并論。王貽樑認爲赤烏氏可能即烏孫氏,因爲烏孫原來在敦煌、祁連山之間,顔師古説到,"胡人多青眼赤髮",因而稱爲赤烏氏。這個推斷可能性很大,因爲赤烏氏在春山,即在昆侖附近,祁連山就是傳説中的昆侖,《穆天子傳》所説春山上有縣圃,縣圃正是昆侖的神話中的。

漢代敦煌郡有昆侖塞,或稱昆侖障,在今甘肅酒泉南,《後漢書·西域傳》謂"今以酒泉屬國吏二千餘人集昆侖塞",即此。崔鴻《十六國春秋》記前凉張駿時,酒泉太守馬岌上言："酒泉南山即昆侖之體,周穆王見西王母樂而忘歸,謂此山也。"所謂酒泉南山即是祁連山,這是著名的高山,海拔五五四七米。祁連原爲胡族之名,顔師古云："匈奴謂天爲祁連。"這和漢語稱爲昆侖,是相同的語義。昆侖之名不僅由于山的高,可以上通到天,而且由于山頂作"穹隆"形,如同所謂"穹蒼"①。《楚辭·天問》說："圜則九重,孰營度之？"王逸注："言天圜而九重。"神話中天是圓形而九重的。胡人謂天曰祁連,以爲祁連山可以上通到天,同時以爲祁連山頂作穹隆形,有所謂"昆侖之體",因而以爲即是昆侖。從《穆天子傳》看來,昆侖之丘是這座山的總名,春山是這座山北面的最高峰。所以天帝的命令是："乃至于昆侖之丘,以觀春山之寶。"到達時,先是"天子升于昆侖之丘,以觀黄帝之宫"。後來"天子□昆侖之丘,以守黄帝之宫,南司赤水,而北守春山之寶"。接

---

① 参看吕微《"昆侖"語義釋源》,收入馬昌儀《中國神話學文論選萃》,中國廣播電視出版社,1994年。又,所録顔師古語見《漢書·武帝紀》"與右賢王戰于天山"條注。

着"天子北升于舂山之上,以望四野,曰:舂山是唯天下之高山也"。所謂"北守"、"北升"都在昆侖之丘的範圍之内。

四　關于昆侖和縣圃神話的來歷

《穆天子傳》所叙穆王西征歷程,既是真實的史迹,爲什麽其中充滿了神話色彩呢?這是因爲傳說者是河宗氏游牧部族的人,他們自認爲是河伯之神的後裔,河出昆侖又是他們信仰的傳說,因而西征的主要目的,就是上帝的命令:"至于昆侖之丘,以觀舂山之寶。"因此所記西征出發時,有一段祭祀河伯的典禮以及傳達上帝命令的"巫術"。到達昆侖和舂山時,又有一段描寫昆侖和舂山的縣圃的情景。由于這個穆天子西征史迹,河宗氏世代口頭相傳,直到戰國初期爲魏國史官採得而記録,傳説者所傳的神話,就不免要摻入戰國時代神話的特點。原爲游牧部族的河宗氏歷代相傳的祖先傳說,理所當然地和神話相結合,這正是它真實的來歷,這是戰國時代中原的文人學士所想象不到的。

原始神話中的河伯是人面魚身或龍身、蛇身,而《穆天子傳》裏的河伯已人格化,能够給天子"披圖視典",王孝廉教授已指出這點①。原始神話中昆侖是上帝的"下都",而《穆天子傳》裏昆侖有黄帝之宫,因爲皇帝(即上帝尊稱)的神話,到戰國時代已轉變成黄帝傳説②。這就是因爲它摻入了戰國神話傳説的特點。

古代有升登高山作爲"天梯"而上天的神話,如《山海經·海外西經》有登葆山"群巫所從上下",《大荒西經》又有靈山"十巫所從此升降"。昆侖具有作爲"天梯"的高山性質,因而傳説中昆侖有縣(懸)圃。《楚辭·天問》説:"昆侖縣圃,其居安在?增城九重('增'讀作'層'),其高幾里?"昆侖的山頂是像"天"的,"天"是圜而九重,縣圃就是九重天的結構。《穆天子傳》説縣圃在舂山之上,有所謂舂山之寶,因爲舂山就是昆侖之丘北面的最高峰。周穆王升登舂山,到達縣圃,就遵照天帝之命,在那裏觀看其中的寶物,并有所採取,採得了"䰇木華之實"和"玉榮"等,并且"爲銘跡于縣圃之上,以詔後世"。接着天子到西邊赤烏氏之地,在賞賜赤烏氏首領禮物之後,河宗栢夭介紹情况説:"舂山,天下之良山也,寶玉之所在,嘉穀生之,草木碩美。"天子于是取嘉禾以歸。

---

① 參看王孝廉《黄河之水——河神的原像及信仰傳承》,刊于《民間文學論壇》第 40 期(1989 年第 5 期)。
② 參看拙作《中國上古史導論》第五篇《黄帝與皇帝》,收入《古史辨》第七册,上海古籍出版社,1982 年。

《穆天子傳》所說的縣圃神話,是比較原始的,只是一個美妙的動植物生長茂盛的花圃,并有寶玉的地方,可以由此採得動植物的優良品種和珍貴的寶玉。這和後來的縣圃神話夸張其九重天的結構、可以由此登入神仙境界的不同。例如《淮南子·墜形訓》所描寫的縣圃是:"中有增城九重……昆侖之丘或上倍之,是謂凉風之山,登之而不死。或上倍之,是謂懸圃,登之乃靈,能使風雨。或上倍之,乃經上天,登之乃神,是謂太帝之居。"這就大大地夸張這个縣圃可以登之成爲神仙的地方。漢武帝元封七年(前104)聽信越巫勇之而建築的建章宫,除了在太液池中有蓬萊、方丈、瀛洲、壺梁像海中神山以外,還建有神明臺,"高五十丈,上有九室,常置九天道士百人也"(見《史記·孝武本紀》索隱引《漢宫闕疏》),就是按照九重天的縣圃的格局建築的。

據《史記·封禪書》,漢高祖初年在長安設立巫祠,其中就有一種"九天巫",是"祠九天"的。《索隱》引《三輔故事》説:"胡巫事九天于神明臺。"這種胡巫所祠的九天,就是縣圃的九重天。這種胡巫在漢高祖時已有,看來武帝時所建的神明臺,就是"祠九天"的胡巫所設計的。1976年在陝西扶風召陳西周建築乙區遺址中,出土兩个蚌雕人頭像,皆高鼻深目,顯係白色人種①,其中一个頭頂刻有一个顯著的"巫"字,這兩个人頭像是"胡巫"是無疑的。説明胡巫從西北來到中國的都城爲執政者所使用,已有悠久的歷史了。從西周初期已經開始,漢代初年皇帝使用胡巫,是繼承了西周以來的傳統的。

西周時代這種胡巫,究竟來自何處?或者推測爲塞種人,或者推測爲烏孫人,因爲據《漢書·西域傳》,烏孫氏的人種本雜,有塞種,也有大月氏種。塞種是白色人種。比較起來,胡巫是烏孫氏的可能性較大,因爲烏孫氏原住在敦煌和祁連山之間,祁連山就是先秦神話傳説中的昆侖、舂山所在。《穆天子傳》所記的赤烏氏,可能就是烏孫,而赤烏氏所在舂山正有縣圃的神話,縣圃的結構原是九重天,那麽,漢初"祠九天"的胡巫可能就是從烏孫來的,西周的胡巫也可能同樣是烏孫來的。九重天的縣圃神話的傳佈和擴展,可能和這種胡巫的東來而爲君主所使用有密切的關係。

西周初期胡巫的東來,可以説是早期中原和西域文化交流之中的一个特點。如同後來中國和印度文化交流中,首先是佛教的傳來。

附帶要説的是,上文引唐蘭的話:"除盛姬一卷外,大體上是有歷史根據的。"

---

① 陳全方《周原和周文化》,上海人民出版社,1988年,圖版第20頁。

就是以爲第六卷所講盛姬喪禮的事不可信。看來此説并不確實。例如説盛姬的父親盛伯,"天子賜之上姬之長,是曰盛門"。這是很正確的。我在《論逸周書》一文(收入本書爲附錄)中已講到《逸周書・皇門解》是可信的,是記周公"會群門"的講話,其中講到"大門宗子"。"會群門"是姬姓大宗族長的定期大會見,當時確是以"門"來稱呼"姬"姓的各支宗族長的。王念孫和朱右曾校改"群門"爲"群臣",是錯誤的。

原載《西周史》,上海人民出版社,1999年

《古史新探》述要

我在上海歷史研究所擔任專職期間學術研究上的主要成果，就是六五年發表的《古史新探》（中華書局）一書。其中除了上述兩篇討論西周農業的文章以外，其他十二篇都是五九年到六四年間所寫的。這部論文集分前、後兩部分，前半部討論西周的農業生產和生產關係、西周春秋的井田制和村社組織、鄉遂制度和社會結構、宗法制度和貴族組織以及學校制度等，還評論了對西周社會性質的三種不同看法；後半部分別討論了與上述制度相關的六種古代體制。

社會史的分期是當時歷史學界討論的中心問題，主要討論的是奴隸制和封建制的分期，流行的有三種見解：（一）主張殷代爲奴隸制，西周爲封建制，此說原來出於呂振羽，得到翦伯贊、范文瀾（一八九三——一九六九）贊同。這時主要堅持此說而加以伸說的是范文瀾。（二）主張春秋以前爲奴隸制，戰國開始爲封建制，由郭沫若提出，得到侯外廬（一九〇三——八七）的贊同；李亞農則主張西周以前爲奴隸制，春秋以後爲封建制。（三）主張漢代以前爲奴隸制，魏晉以後爲封建制，此說在三十年代社會史論戰中已有王宜昌等人倡言，這時王思治（一九二九——）等人寫文章再提，受到批評。其實，極力主張此說者乃是尚鉞（一九〇二——八二），見於他所著《先秦生產形態之探討》（《歷史研究》五六年七期）和他主編的《中國歷史綱要》（人民出版社，一九五四）。他主張"到戰國時代，由於舊氏族貴族的沒落，公社的秩序和習慣的破壞，奴隸佔有制的成長，就呈現出更爲複雜的現象"。他把戰國、秦漢看作奴隸制成長時期。

深入辨明社會結構及其重要制度才能了解一個社會的性質

五七年范文瀾在北京大學的一次演講中提及尚鉞《中國歷史綱要》，認爲這是用西歐歷史作藍本，"有意無意地'依'西歐歷史的'樣'來'畫'中國歷史的'葫蘆'，是一件怪事"，接著就展開對尚鉞一系列猛烈的批判，到五九年批判進入高潮，指爲反馬克思主義或修正主義，內部發行的批判尚鉞的文章印成厚厚一冊。從此誰也不敢再講戰國、秦、漢的社會是奴隸制，只能從西周封建說和戰國封建說中加以選擇了。

西周社會的性質,是當時討論的中心問題之一,共有三種不同的主張:(一)西周封建領主制,(二)西周典型奴隸制,(三)西周"古代東方型"奴隸制。我認爲上述三種主張都有難以説通的地方。主張西周是封建領主制的,把井田制度中的公田和私田解釋爲封建莊園的土地制度,但是西周的生產工具落後,農業生產技術低下,是不可能出現封建莊園生產方式的。同時農田上出現成千成萬的集體勞動,所謂"十千維耦""千耦其耘",不像是封建主收取勞役地租的形態。主張西周是典型奴隸制的,否認井田制是村社的土地制度,把"民"和"庶人"解釋爲低於家内奴隸的下等奴隸,是和《尚書》《詩經》、西周金文不符合的。《尚書·康誥》主張對待"民"要"若保赤子",《酒誥》引古人之言:"人無於水監,當於民監",《泰誓》的佚文:"天視自我民視,天聽自我民聽","牧簋"銘文記載周王告誡不要"多虐庶民","毛公鼎"銘文記載周王告誡"勿壅(累)庶民",都足以證明"民"和"庶民"並非奴隸。所謂"古代東方型"奴隸制,也是一種十分勉强而不符合實際的解釋,只是限於當時高壓的政治空氣,不便有所辨正。

我之所以要寫《古史新探》一書,因爲我感到這樣公式主義地討論社會史分期,不可能解決實際問題,只有深入地辨明西周、春秋時代的社會結構,深入地探明那些維護當時社會結構的重要制度,如井田、鄉遂、宗法以及學校等制度,了解維護這些重要制度的各種禮制的作用,才可能解剖這個社會結構,從而分析它的社會性質。通過對於那些制度和禮制的探索,我認爲當時社會結構共有四等:(一)統治者是實行宗法制度的各級貴族,(二)居住於國都周圍的"鄉"中的"國人",屬於公民性質,擁有政治權利和服兵役、納軍賦的責任,(三)耕種"井田"的"庶人"是村社農民,是主要農業生產者,(四)臣妾是奴隸,被使用於各方面的生產勞作。

一九二〇年展開的井田制有無的辯論,對此後古史研究有著深遠影響。郭沫若原來是不承認有井田制的,後來承認有井田制,卻把井田制解釋爲奴隸耕作和賞賜臣下的兩種田地單位,仍然否認井田制是村社的土地制度。他説:"如太强調了村社,認爲中國奴隸社會的生產者都是村社成員,那中國就會没有奴隸社會……這樣,馬克思列寧主義關於人類社會發展階段的原理,也就成問題了。"(《關於中國古代史研究中兩個問題》,收入《文史論集》,人民出版社,一九六一)其實,井田制有公田和私田之分,私田有按年齡授予和收還的制度,還有定期平均分配的制度,既要"同養公田",又要"出入相友,守望相助",很明顯是村社的制度。

我們把井田制和歐洲中世紀的村社如"馬爾克"相比，和雲南西雙版納傣族地區遺留的村社制度相比，可以確信井田制是村社制度，絕不是戰國和漢代學者所能虛構的。值得注意的是，儘管春秋戰國之際井田制度開始瓦解，集體耕作的"公田"逐漸取消，對分配給每户農民的"私田"改用按畝徵税的辦法，但是直到東漢，耕作上相互協助和平均負擔徭役的村社組織也還存在，叫做"彈"或"衛彈"，常見於漢代碑刻中。

《試論中國古代的井田制度和村社組織》（《學術月刊》五九年六月號）是我探討西周春秋制度的第一篇；接著我就寫《試論西周春秋間的鄉遂制度和社會結構》，這是由於省吾根據西周金文提出西周已有軍事屯田制而引起的。

西周的學校兼有公共禮堂、會議室、俱樂部和運動場的性質

六四年于省吾發表《略論西周金文中六𠂤和八𠂤及其屯田制》一文（《考古》六四年第三期），根據西周金文中六師（𠂤乃師的初文）和八師有冢司土、司藝、司牧、司佃事等官職，以掌土地和有關生産事務，認爲這是中國歷史上最初出現的軍事屯田制，屯田制可以從漢代昭帝、宣帝之世提早到西周時代。我當即寫《論西周金文中六𠂤八𠂤和鄉遂制度的關係》一文（《考古》同八期），指出當時社會結構的重要特徵之一，就是"國"（國都）中的"鄉"所居的"國人"，和"野"（郊外的農村）中的"遂"所居的"野人"（即庶人），在經濟上和政治上所處的地位根本不同。"國人"是具有公民權利的統治階層，分配有一份平均的耕地，有服役和納賦的義務，當時國家的軍隊主要是由成年的"國人"編制而成，因而軍隊的編制經常是和"國人"的鄉邑組織相結合的。六師和八師既是軍隊的編制，又與鄉邑組織相結合，所以設有掌握土地和有關生産事務的官員。

于省吾隨即發表〈關於論西周金文中六𠂤八𠂤和鄉遂制度的關係一文的意見〉（《考古》六五年第三期），作了答辯，於是我再寫《再論西周金文中六𠂤和八𠂤的性質》一文（《考古》同第十期），作進一步的辯駁和闡釋。其實，清代學者江永（一六八一——一七六二）在其所著《群經補義》和《周禮疑義舉要》中，早已指出齊國管仲所推行的"國"和"鄙"分治之法，三軍抽調國都中十五"鄉"的居民編成，就是沿襲西周以來的鄉遂制度，這種"鄉"和"軍"合一的制度類似後世的屯田制而實質不同。西周金文中六師和八師中設有掌管土地和有關生産的官員，正是西周確實存在鄉遂制度的證據。六四年冬陳夢家來我雁蕩路的寓所訪問時，就曾談到這個問題，他很贊成我的見解，並且提出了新發現的"師痕簋"銘文"師氏"兼

"邑人"的資料。

我在《古史新探》中發表關於鄉遂制度的論文,就是在上述討論的基礎上寫成的。原來鄉遂制度見於《周禮》,《周禮》是春秋戰國之際的著作,出於儒家所編定,是以西周春秋制度爲基礎,加以系統化和理想化而成,不能用來直接論證西周制度的。因此我採取了追溯法,先由《周禮》的鄉遂制度追溯到春秋時代齊、魯、鄭等國的鄉遂制度,再由此進一步追溯到西周金文中有關鄉遂制度的蹤跡。"師酉簋"和"詢簋"銘文記述,作爲師旅長官的"師氏",所屬有作爲鄉邑長官的"邑人",因爲師旅即抽調鄉邑的公民所組成。《師瘨簋》銘文記述,周王册命師瘨的官職是"邑人"而兼"師氏",是由於同樣的原因。"師晨鼎"銘文記述,周王命令師晨幫助師俗擔任"邑人"和"奠人"之官,"邑人"相當於《周禮》的鄉大夫,"奠人"當讀爲"甸人",相當於《周禮》的遂人。由此可見西周雖然實行鄉遂制度,實際上並無鄉大夫和遂人之官,而有相當的"邑人"和"奠人"之官;只有魯國設有三郊三遂,並設有遂正。足見《周禮》所載鄉遂制度已非西周的本來面目,是儒家根據魯國的制度加以修訂而成。

我既從井田制度闡明當時村社的土地制度和作爲村社農民的"庶人"的組織,又從鄉遂制度闡明當時社會結構主要由居於"國"中的"國人"和居於"野"的"庶人"所組成,"國人"是具有公民權利的統治階層,接著就從宗法制度闡明當時的貴族組織及其統治機構。宗法制度是從原始的父系家長制的氏族組織變質和擴大而成,因而保留有一系列的父系氏族制的特徵。"宗法"是由於建立宗廟而得名,宗廟不僅用來祭祀祖先、舉行各種貴族內部禮儀,也用在政治、軍事的重要典禮上,藉此鞏固宗族的團結與君臣的紐帶,統一貴族的行動。族長是宗廟之主,主管本族的共同的財權、兵權和法權,並且設有各種家臣成爲統治的政權,建立有許多禮制用來維護其各種特權。我寫《試論西周春秋的宗法制度和貴族組織》就是討論以上所說的問題。

古代學校是貴族教育子弟的地方。西周已有小學和大學之分。大學稱爲"辟雍"或"學宮"。"辟雍"是個特殊的建築,四周有水池環繞,中間高地建有廳堂式的大草屋,稱爲"明堂",附近還有廣大的園林。教學的內容以禮樂和射藝爲主,尤以射藝爲重,具有軍事訓練的性質,擔任教學原是稱爲"師"的軍官,教學者稱"師"就是由此而來;同時樂官在此擔任音樂的教學。這裡不僅是學校,而且作爲貴族成員舉行儀禮、集會、聚餐、練武、奏樂的場所,兼有公共禮堂、會議室、俱樂部和運動場的性質。清代學者阮元(《問字堂集》贈言)認爲明堂和辟雍起源於上古剛有宮室之時,四周必有溝濠;我們結合考古資料,可以推定這是起源於原始氏族聚落中間作爲公共活動場所的大屋子,如我們在半坡村遺址中所見到的那樣。我因而寫成《我國古代大學的特點及其起源》一文。

我在探討中國古代制度中,既注意與西方古代社會中制度作比較,又注意與近代遺留的文化上落後的民族相比較,這種比較研究很有助於我們對古代制度的理解。

對於古禮的新探索

現存的中國古代禮書,主要有三種,即《周禮》《儀禮》和《禮記》,合稱《三禮》。《周禮》是春秋戰國間學者編著的一部理想化的政典,《儀禮》是古代貴族特別是士一級貴族所用禮儀的匯編,《禮記》是漢代儒家有關"禮"的選集。歷代經學家很注意《三禮》的注釋、考證,因爲此中述及許多名物制度。近人看到《三禮》的著作年代不一,內容複雜,就丢在一邊不予理睬,因而禮書的研究領域成爲一片荒地,無人墾耕。儘管近人對《周禮》著作年代作過不少考證,對有關"禮"的史料卻是無人問津,因而對於古代典章制度方面的研究成果不多。其實,要對古代制度作比較深入的探索,就無可避免地要進入"禮"的領域,因此我很注意搜集和閱讀前人有關"禮"和"名物制度"的著作以及有關"禮"的資料匯編。例如黃以周(一八二八—九九)所著《禮書通故》(光緒刊本,全百卷),原作者用朱筆親自校對、圈點和增補的校本,就保藏在我處多年,也是我經常查考的。

成年禮三次加冠之後,再由來賓給一個"字"

爲了配合做好對古代幾種經濟上和政治上重要制度的研究,我先後對籍禮、冠禮、大蒐禮、鄉飲酒禮與饗禮、射禮、贄見禮作了新的探索,因爲這些禮就是用來保證這些重要制度貫徹執行的。

我對每種古禮所作新的探索,目的是很明確的,就是要闡明古人推行這種禮儀的意圖及其在維護經濟、政治制度的作用,這樣可以幫助我們對各種重要制度的深入理解。首先我根據所有禮書上的資料,分析古禮的特點,從而認識當時貴族推行這種禮儀的意圖。因爲禮書的著作年代不一,內容複雜,曾經儒家的加工編寫,夾雜有不少系統化和理想化的成分,不可全信,這就需要依據可靠的史料,結合近人考古知識以及對落後民族調查所得資料作比較分析,從而追溯每種古禮的源流,釐清哪些是禮書作者所加。同時我也儘量利用前人,包括過去經學家和清代學者對每種禮制研究的成果。例如我探索籍禮的起源和演變,曾經以海南島黎族的"合畝制"來作比較分析,也曾利用文字學家對"籍""租""助"等字原始字義的解說,從而認識"租"原本作"且"("祖"的初文),原是指"籍田"上集體耕作生產的祭祖用的糧食。

　　如果不結合對"籍禮"的認識,只單純談井田制的性質和內容,可能不容易使人理解。籍禮原是原始社會末期氏族聚落每年開始集體耕作時,由族長主持帶頭耕作的一種儀式。"籍"字原作"耤",爲躬親耕作之意。"籍"又稱爲"助",原是指互相協作的勞動。原來集體在籍田上耕作所生產的糧食,主要用來祭祖,因而稱爲"且"(祖),如同海南島黎人把共同生產出來的稻穀稱爲"稻公稻母"。等到"籍田"成爲貴族以及國家所有,這種集體生產的糧食就成爲租稅的"租"了,這就是井田制的"籍法"或"助法"的由來,於是籍禮的性質也跟著變了。井田制中既有平均分配給各家耕作的"私田",又有集體耕作的"公田","公田"亦稱"籍田",籍法或助法就是由此而來。籍禮就是用來維護井田制之推行的。

　　"冠禮"是用來鞏固宗族組織,維護宗法制度的。它是從氏族制的"成丁禮"(或稱入社式)演變而來,貴族男子到成年時,要在宗廟裡舉行由父親主持的加冠典禮,表示授予宗族的權利和義務。行禮時要三次加戴冠弁,初次加戴緇布(黑色麻布)冠,表示授予禮帽,從此有參加政治活動和重要典禮的權利。這是沿用古禮,緇布冠原是周族遠古時代戴的禮帽,春秋時代通常應用的禮帽已是玄冠(黑色絹布所作),稱爲"委貌"。再次加戴皮弁(白鹿皮冠),這是狩獵和戰鬥用的帽子,表示授予武裝,開始有服兵役的義務。第三次加戴爵弁(形似冕的平頂冠),表示授予祭服,從此有參與本族共同祭祀的責任。因爲當時貴族的大事,除了政治活動以外,就是軍事和祭祀,所謂"國之大事,在祀與戎"(《左傳》成公十三年)。經過三次加冠之後,再由來賓給與一個"字",作爲成年的稱號。按禮,每個貴族男子,出生後由父親命名,到冠禮時由來賓賜"字",字與名必須在字義上有聯繫。

　　西周春秋時代貴族男子"字"的全稱有三個字,第一個字是長幼行輩的稱呼如伯、仲、叔、季之類,第二字是和"名"有聯繫的某一個字,末一個字是"父"字(或借用"甫"字)。"父"本是成年男子的尊稱;"父"爲"斧"的初字,如手執斧形,斧原爲成年男子的象徵物品。很明顯,這種冠禮具有確立宗族組織,維護宗法制度,從而鞏固政權的作用。按禮,國君與卿大夫行"冠禮"後,才有執政之權。戰國時代秦國國君還沿用這種禮制,秦始皇也是二十二歲舉行冠禮之後才親理政務,先後消除了嫪毐和呂不韋二大勢力,才把政權集中到自己手中的。

國君主持的"鄉飲酒禮"具有元老會議性質

"大蒐禮"是借用田獵來進行的軍事檢閱和演習,而且具有軍事部署的作用和"國人"大會的性質,就在這裡決定國家在軍事、政治以及法律上的大事。春秋時代晉國先後舉行了四次大蒐禮,在大蒐禮上建置和變更軍隊的編制,選定和任命將帥和執政,制定和頒佈法律,對違法者處刑,並且在這裡選拔人才,公佈國家大事,統計壯丁人數,處理安撫人民的工作。

值得注意的是,在選任將帥和執政的過程中,具有元老性質的太師和太傅有較大的推薦權力,卿大夫之間彼此有相互推讓的傳統作風,從而使得"晉國之民是以大和"(《左傳》襄公十三年)。而且在大蒐禮上所任命的將帥名次,長期爲晉國貴族所尊重。例如"綿上之蒐"所選定的將帥名次,後來成爲依次選定遞補中軍元帥職位的依據。同時大蒐禮上制定、頒佈的法律,不但用作戰時的軍法,也作爲平時統治用的"常法"。例如執政范宣子就曾根據"夷之蒐"所頒佈的"夷之法"來制定《刑書》,後來趙鞅、荀寅就把《刑書》鑄在鐵鼎上,稱爲"刑鼎",作爲成文法公佈。最初大蒐禮是沿襲過去集體狩獵的習慣按季節舉行的,以冬季農隙時間舉行的較爲重要。到春秋時代,只是臨時爲了政治和軍事上的需要而舉行,隨著執政貴族權力的擴張,大蒐禮舉行的次數就越來越少。

從商代和西周金文看來,商和西周已舉行大蒐禮。周文王就曾把攻滅密須(今甘肅一帶)時奪得的鼓和車用在大蒐禮上。當周成王分封唐叔(晉始祖)時,又把文王在大蒐禮上應用的鼓和車,武王克商時應用的甲,授給唐叔(《左傳》昭公十五年),説明西周君王對於大蒐禮的重視。西周春秋之所以會出現這樣的大蒐禮,很明顯是建立在鄉遂制度的基礎上。居於國都周圍"鄉"中的"國人"是當時軍隊的主力,因而是貴族在政治和軍事上的支柱。"國人"雖然沒有像古代希臘、羅馬的公民那樣有權投票表決國家大事,但是遇到國家有危難、國家遷移、國君改立等大事,常常要召集"國人"來徵詢意見而作出決定(《周禮·小司寇》)。在大蒐禮上決定軍事與律法等國家大事,無非表示對"國人"的尊重。至於將帥和執政的選定,元老有較大的推薦權,卿大夫之間相互推讓,無非表示貴族內部的民主。由此可見,把中國古代貴族的政權説是君主個人專制的體制,是不符歷史事實的。

"鄉飲酒禮"原是國都周圍的"鄉"的學校中舉行酒會的儀式。"鄉"這個字的結構,像兩人相向對坐共食一簋的樣子,本義是鄉人共食,也被用作共食的氏族聚落的稱謂,後來成爲一個地區的稱謂。古代"卿"和"鄉"原本是一個字,卿的稱呼即起源於鄉，卿就是鄉的長官。鄉飲酒禮由鄉大夫主持，鄉大夫實際上就是卿。這種禮用來招待來賓、尊敬長老，作爲維護統治的一種手段。這種禮如果由天子或諸侯主持，在辟雍或泮宮舉行，用來商定軍事上和政治上的大事，就具有議會的性質。

《禮記·王制》説："天子將出征……受命於祖(宗廟)，受成於學(辟雍)。"鄭玄注："定兵謀也。"《詩經》《魯頌·泮水》講的就是魯侯召集"先生君子"，"在泮(泮宮)飲酒"，共同商議出征淮夷的事，也就是《王制》所説"受成於學"。中國古代雖然沒有像古代希臘、羅馬那樣設有貴族的元老院，但是這種由國君主持、在辟雍或泮宮的食桌上舉行酒會，用來商議"定兵謀"等大事，就具有元老會議性質。這和人蒐禮具有"國人"的公民會議性質，是同樣的來源。這是起源於原始社會末期實行軍事民主制時期的元老議事會，這種議事會原是在公共場所的食桌上舉行，和酒會相結合的。

"賢"的本義是指勇力和武藝高強者

"鄉射禮"往往在鄉飲酒禮之後在"鄉"中學校裡舉行，這是通過行禮的方式把"鄉"中武士的軍事訓練和子弟的軍事學習結合了起來。當時軍隊以"鄉"中武士爲主力，"鄉"是鄉里組織而兼軍事組織的基層單位，因而軍事的訓練和教學也以"鄉"爲單位。射是當時主要的戰鬥技術，因而按比賽規則進行有組織的射箭比賽，成爲軍事訓練和教學的主要課程。舉行射禮的場所稱爲"豫""序"或"榭"，這是建築在土臺上的廳堂式的大屋。比射以射中"侯"(布製箭靶)的標的而能貫穿者爲勝，稱爲"獲"，是説有所擒獲，這是沿用狩獵時的稱呼。根據《儀禮》，還有比鄉射禮高一級的大射禮，是由諸侯主持的，同樣在學校中舉行，禮儀的規模較大。從西周金文看來，既有"小子"們根據王的命令在"學宮"中"學射"，同時宮中還建築有"射盧(廬)"以供王的習射。

射禮之所以重要，因爲射禮具有考選人才的作用。古時執政者於"鄉"中選拔有勇力和武藝者，這到春秋前期還是如此，例如管仲幫助齊桓公進行改革時，其所謂"選"，也只是"鄉"中"拳勇股肱之力秀出於衆者"。管仲要求鄉的長官"有則以告，有不以告，謂之蔽賢"(《國語·齊語》)，"賢"的標準，就是"拳勇股肱之力秀出於衆者"。"賢"的初文作"臤"，像用手擒獲俘虜(臣)，猶如"獲"的初文作"隻"，像用手擒捕飛鳥。"賢"的本義，原是指勇力和武藝高強者。《儀禮》的《鄉射禮》中稱勝者爲"賢"，《詩經·大雅·行葦》説："舍矢既均，序賓以賢。"鄭玄箋："序賓以賢，謂以射中多少爲次第"。根據《周禮·鄉大夫》，鄉老和鄉大夫要推薦

"賢能"給王，又要通過鄉射禮一起和群衆把"賢能"選出來。"賢"原是指武藝高強者，後來"賢"用來指德行和才能兼備的人，這個選"賢"標準的不同，反映了早期貴族對武藝的重視。

"贄見禮"是古代貴族按照身份等級和特定任務，手執一定的禮物的相見禮。這種手執的見面禮物叫做"贄"，亦作"質"，具有代表身分等級和特定任務的作用。所用"贄"的品級和"贄"的授受儀式，具體用來表明賓主的身分等級、親族關係和政治上的組織關係。"贄"的品級，主要有玉、帛、禽獸三等，起源於原始社會氏族制末期人們慣於手執石器作爲權力和身份象徵的風俗，以及常以獵得禽獸作爲交際禮品的習慣。玉禮器中的圭起源於有孔石斧，璧起源於環狀石斧，璋起源於有孔石刀。由於"贄"的分等，產生了上級貴族對下級貴族頒給特定"贄"的禮制。其中最重要的，就是頒給"命圭"的制度。

西周時代天子分封諸侯土地的時候，要賞賜"介圭"，諸侯入覲天子也要手執"介圭"。到春秋時代，天子、諸侯和卿大夫都還沿用這種制度。卿大夫受命出使訪問別國的國君，也以圭作爲君命的信物。特別要指出的，西周時代天子去世，舉行王位繼承的典禮，當元老大臣把先王的遺命傳授給繼位者時，也以圭和瑁作爲遺命的信物。《尚書·顧命》所載周康王即位時接受成王遺命的典禮，就是如此。據説瑁是一種形狀像犁冠的玉禮器，可以用來放置在圭上的，當諸侯執圭朝見天子時，天子就執瑁置於圭上。這是戰國時代推行璽(官印)和符(虎符)制度以前，貴族政治組織中用來確立和維護上下級關係的一種重要制度。

在戰國時代創建官僚制度以前，君王用來確立和維護統屬關係的有兩種禮制，一種是自上而下的"册命禮"，另一種是自下而上的"委質禮"。册命禮由君王主持，由史官宣讀任命官職的命書，並將命書授給臣下，再加賞賜，用以表示官職、任務和權力的授予。西周金文中記錄册命禮的例子很多。委質禮是由臣下拜見君上，把贄交付君上，不再收回，以表示對君上的臣服和承擔。這種"委質爲臣"的禮制，看來西周時代也已出現。西周金文講到淮夷作爲"帛晦臣"，因而有貢獻人力和物力的責任；所謂"帛晦臣"可能就是一種"委質爲臣"，因而必須按規定上貢。

當我寫成《贄見禮新探》一文發表在《中華文史論叢》第五輯時，已是六四年六月，這時思想領域的大批判已經在全國開展，眼看大規模的政治運動將要到來，因此急急忙忙把《古史新探》一書修訂編輯完成送到出版社，到六五年十月由北京中華書局出版，如果再遲些就不可能出版了。因爲到十一月，作爲"文化大革命"序幕的姚文元《評新編歷史劇〈海瑞罷官〉》就發表了,我這樣一本探討古代禮制的書怎麼可能出版呢?正因爲這時重大的政治鬥爭即將爆發,人們已無心鑽研什麼故紙堆中的學問,《古史新探》的印數只有三千册,成爲我的著作中印數最少的一種。幸而香港有翻印本(嵩華出版事業公司),因而在外國容易見到我這本書,反而在國内很難看到。

原來我另有一個編著《古本竹書紀年輯證》的研究計畫,由我指導徐鼎新、王修齡、蔣德乾三位一起搜輯所有古書上引用《古本竹書紀年》的資料,列入歷史研究所的總計劃。到六五年早已把資料搜輯齊備,並且編排了次序,只因所有人都參加農村的四清運動,没有時間編寫案語。接著"文化大革命"爆發,七〇年以後,我調離歷史研究所,所有搜輯資料全部由王修齡保管,我不再過問。八〇年看到方詩銘和王修齡合作出版《古本竹書紀年輯證》一書(上海古籍出版社),這項列入歷史研究所的規劃終於由他們兩人完成。

附　　録

一代史學大家，百年學術經典

——楊寬先生學術生涯兼論《古史新探》成就

高智群

二十世紀五六十年代直到八十年代初，是復旦大學歷史系鼎盛時期，名家濟濟，成果累累。這些學者之中，就有享譽中外學術界，被公認爲一代史學大家的楊寬先生。從1953年開始在復旦擔任兼職教授，到"文革"期間正式調入，最後在1984年離開大陸前往美國，直至2005年9月在美國療養勝地邁阿密平静地走完輝煌生涯，楊寬先生和復旦關係，親密而疏離。他傾注心血完成的一系列論著包括《古史新探》，已經成爲珍貴的史學遺産，隨着時代的推移，愈發凸顯出其在當代學術界的地位和價值。

一　早慧而多產的學術生涯

楊寬先生出生在青浦白鶴江鎮一个醫師家庭，五歲進入鶴溪小學讀書，在接受新式教育的同時，也受到嚴格的舊學訓練，打下非常扎實的古文基礎。他自幼對故鄉的農漁業生産和風土習俗就産生濃厚的興趣，童蒙時代初步的社會接觸、觀察和體驗，對後來他的學術成長有着很深遠的影響，如後來他描寫古代農具、生産技術和生産過程，古代禮制的一些論著，其研究興趣最早就發軔於這些早期社會經驗知識的積累。1926年考入蘇州中學後，他開始邁進了學術殿堂。當時這所江蘇名校正處於黄金時期，校長汪懋祖是留美歸來的著名教育家，擔任過北平師範大學校長，具有先進的辦學理念。校内許多任教老師都有很高的學術水平和教學能力，絲毫不遜於大學教授，其中後來成爲學術界翹楚者就有歷史學家錢穆、楊人鞭，詞曲名家吳梅，語言學家吕叔湘等等。學校還經常聘請著名學者如章太炎、胡適、顧頡剛等人來校演講。在這樣濃厚的學術氛圍、出色的師資條件和自由寬鬆的學習環境中，發奮用功的楊寬先生眼界大開，學業上得到了飛躍的進步。他已經不滿足於一般知識的獲取，課外開始大量閲讀古書和學術著作，將"深""精""專"作爲奮鬥的目標。初中階段,受胡適《中國哲學史大綱》和梁啓超的《先秦政治思想史》的影響,他對墨子產生濃厚興趣。孫詒讓的《墨子閒詁》,成爲他全部通讀的第一部古書。他最早的學術探索的成果,便是在高中階段用三年的時間對《墨子》和《墨經》進行重點攻讀和系統鑽研,并寫成第一篇學術論文《墨經校勘研究》,投寄著名的學術刊物《燕京學報》,得到主編容庚先生的贊許。這時他年僅十六歲,已經是一個學業初成的早慧學者了。多年以後,他回首早年這段蘇州求學生涯,自認爲這是他學術人生的一個黃金時期。他深情地說:"我探討學問的基礎是那時打好的,鑽研學問的方向是那時決定的,探索學問的門徑是那時開辟的,學術論文和學術著作是從那時開始寫作的,可以說,都是出於教師們教導和栽培的結果。"(《歷史激流——楊寬自傳》第58頁)

1932年,楊寬先生考入上海光華大學文學系,師從呂思勉、蔣維喬等著名學者,呂先生樸實嚴謹的治學態度和系統綜合的研究方法給予他很大影響。憑借中學時打下的文史功底,加上刻苦求學、名師指點,他很快在學術界初露頭角。他在大學求學期間所進行的學術研究,主要有三個方面成果:一是繼續對墨家進行更加深入的探索。他不滿於當時學者對《墨經》隨意校改字句,用現代科學輕率比附的不良風氣,先後寫成七篇墨學論文,涉及《墨經》文本的分期分段、哲學思想、自然科學觀念諸多方面,在此基礎上,他寫成《墨經哲學》一書,後來交由正中書局出版(1942年)。二是完成高中階段就開始起草的《中國歷代尺度考》。他在閱讀王國維《觀堂集林》有關古代尺度的文章時,發現其中一些錯誤,於是開始收集文物和文獻資料,對歷代尺度沿革進行詳細考訂,最後完成這部書稿,1937年由上海商務印書館出版,1955又重加修訂再版,該書至今仍然是研究中國古代度量衡制度的一部重要參考書。三是在老師蔣維喬的指導下,和同窗沈延國、趙善詒一起合作進行《呂氏春秋》的校勘和注釋工作。爲了做好這項工作,他們收集了當時所能見到的元以來的十四種善本,還廣泛輯錄二十種唐宋類書以及古注所引用的字句,仔細進行對勘,加上案斷并評論其是非,再由蔣先生加以審定修正,編成《呂氏春秋匯校》一書出版。這項十分費力的校釋工作,對年輕學子增長校勘、訓詁和古音韻學的知識,熟悉先秦學術流派的分合演變,都很有好處。在此書的基礎上,楊先生和沈延國合作,完成了百餘萬言的《呂氏春秋集釋》。這部書稿,由於後來的時局變動一直不得出版,最後在1989年才交中華書局準備付印,這已經是半個多世紀以後的事情了,可惜這部重要的書稿又拖了近三十年,至今還未面世。

二三十年代的中國，戰亂頻仍，內憂外患，同時又是新思潮激盪、不同學派迭興、充滿生機的一個學術轉型時期。這期間學術界發生的三次古史大辯論：古史傳說的真偽、井田制度有無、中國古代社會性質，深深吸引著楊寬先生，他的學術興趣，也開始轉入到中國上古史領域，并作爲後起的青年翹楚，積極加入到古史傳說的討論。從 1933 年起，他開始分別以中國上古傳說中的人物爲中心，對其神話來源及其分合演變進行整理，陸陸續續寫成系列論文，最後彙集成《中國上古史導論》一書，收入《古史辨》第七冊。而中國社會史論戰對楊先生帶來的深刻啓發，便是促使他認識到春秋戰國之際的社會大變遷，是三代以前和秦漢以後的一大界限，是中國古史領域必須首先解決的關鍵問題。他和友人童書業相約，分別致力春秋和戰國史的研究，通過這樣的分工合作齊頭並進，逐一解決相關的一系列問題。在 1941 年日寇鐵蹄踐踏上海的艱難時局中，楊先生舉家隱居青浦家鄉，開始了爲時兩年多的戰國史料編年輯證工作。在這樣非常扎實的史料整理的基礎上，楊先生在 50 年代初期完成並出版了他的代表著作——《戰國史》。

　　早在大學期間，楊先生就開始參加上海博物館的籌辦工作（1937 年），負責陳列布置和編寫文物說明工作。以後除了在廣西勷勤大學和上海光華大學擔任過短期的副教授職務之外，他一直任職於上海博物館，1948 年開始擔任館長，直到 1960 年離任擔任上海歷史所副所長。前後長達二十來年的文博界生涯，對楊先生學術的一個重要影響，便是注重歷史文獻和文物考古相結合，這成爲他治學的一大特色。1954 年春，爲了答復觀衆對於中國古代鋼鐵兵器如何製造的疑問，他開始了冶鐵技術史這個學術處女地的開墾，在短短兩年的時間中，完成了一系列論文和《中國古代冶鐵技術的發明和發展》（1956 年）這本冶鐵史領域第一部專著。該書的出版，比 1958 年大躍進大煉鋼鐵運動早了一年多。後來有人批評這部書是配合時局的跟風之作，并不確切。由於楊寬先生在古史研究中，十分重視古代科學技術對提高社會生產力，促使生產關係變革的重要作用，他對古代冶鐵技術的系統考察一直沒有中斷。在 1982 年，他在兩部舊著（上書和《中國土法冶鐵煉鋼技術發展簡史》）基礎上，重新改寫爲二十五萬字的《中國古代冶鐵技術發展史》（上海人民出版社 1982 年出版）。他這幾部冶鐵史的著作，廣泛收集農書、方志等文獻資料和生產實物資料，注重中外技術的比較和生產工具對中國古代社會發展的影響，在研究途徑和方法上別開生面。對楊先生這方面所做的工作和貢獻，國內科技史學界和英國著名學者李約瑟都給予了高度評價。

　　楊寬先生與復旦大學的結緣始於二十世紀五十年代初。1953 年到 1958

年,他受聘擔任復旦大學兼職教授,講授春秋戰國史和先秦史料學。"文化大革命"期間(1970年),他借調到復旦大學從事擔任編繪《中國歷史地圖集》第一册先秦歷史地圖的工作,此後他一直在復旦從事教學和研究工作。二十世紀八十年代他在復旦工作的主要學術成果,是主編《戰國會要》,撰寫中國古代陵寢制度和都城制度兩部著作,修改《戰國史》。1984年應邀遠赴美國講學,從此和夫人卜居邁阿密海濱,謝絕外界邀請應酬,潛心整理舊作,完成最後重要著作《西周史》一書和《歷史激流——楊寬自傳》。晚年他皈依羅馬天主教,在平和的心境中,走完人生最後的一站。

二 重要的學術著作簡介

楊寬先生在七十多年的學術生涯中,爲後人留下了二百多篇論文和十多部學術著作,研究範圍包括中國上古史、中國古代科技史、度量衡史、古史分期、古代農民戰爭、重要歷史人物、歷史地理、文物考古、學術文化、陵寢都城制度等方面。其中最重要的著作大約有如下幾種:

(一)《中國上古史導論》——古史辨派最後的輝煌

這是楊先生二十四歲時發表的成名作,由此他被顧頡剛、童書業等人看作是古史辨派最後階段的生力軍和"集'疑古'古史學大成的人"(《古史辨》第七册童序)。該書的主要觀點,是認爲夏以前的古史傳説全部出自殷商時代的神話,這些神話按其來源可以分爲東(殷人—東夷)西(周人—西戎)兩大系統,這兩系民族神話經過各自長期的分化演變,最後逐漸混合重組,在商周時代形成了上自黄帝下至夏代的古史傳説系統。許多上古的聖帝賢王人臣,其原型不過是上天入土的鳥獸神物,因此推斷三皇五帝時期和夏代的歷史是不存在的。他進一步從神話語言學的角度,分析造成這種分化演變現象的一個關鍵,便是語言的訛傳。遠古的人物和事件,會隨着時代潮流和群體意識的轉變以及由於同音假借産生的"語言疾病",在大衆長期口耳相傳過程中,由一化二化三化以至於無數。作爲古史辨派的殿軍,楊寬先生這一理論深受顧頡剛古史觀和傅斯年東夷、西夏兩系説的影響,但他一開始就和顧先生存在深刻的學術方法和觀點的對立。他明確批評顧氏"層累地造成的古史觀"帶有今文經學"托古改制"的明顯缺陷,具體考證上"頗多疏略,亦且傳説之演變不如是之簡單",主張夏以前各民族的神話傳説是自然演變形成的,并不存在什麽人在那裏有意作僞。

在討論"神話分化演變説"時,楊寬先生已經注意到神話傳説上的所謂"史影"或歷史背景問題,承認它們的存在,可惜書中未能就此展開討論。他説:"吾人證夏以上古史傳説之出於神話,非謂古帝王盡爲神而非人也。蓋古史傳説固多出於神話,而神話之來源有純出幻想者,亦有真實歷史爲之背景者。"他期望在將古史傳説還原爲神話之後,能夠進一步由原始神話而深考其歷史背景,"以恢复其史料上原有之價值"。可惜這部擬作中的《中國古神話研究》續書,最後并没有完成。在楊寬先生晚年的論著中,他仍舊堅持早期的基本觀點,就是反對古史界把神話傳説看作是夏商以前的史料,不贊同利用這些傳説來重建原始社會歷史和族群分布及其相互鬥爭、融合的過程。但另一方面,他又非常注意從神話傳説中捕捉其中藴含的原始社會的歷史訊息。在《西周史》有關后稷傳説的章節中,他就認爲后稷該是商代周族人的祖先,有關后稷的種種神話傳説,反映了周族經由母系社會轉變到父系社會、重視農業生産的真實社會狀況。類似的觀點方法,還見於晚年所寫的神話學論文中,從中可以看出先生學術思想的嬗變軌迹。

　　古史辨派的學術傾向,前期是顧頡剛先生的"層累地造成的中國古史説",後期是楊寬先生爲代表的"神話分化演變説"。他們這種將歷史傳説還原於神話的探索,和徐旭生等人將神話傳説歷史化的努力,正好是兩種不同的學術視角,在三四十年代都擁有相當的學術影響。解放以後,古史辨派一蹶不振,他們的研究成果,長期得不到應有的重視,反而在海外漢學界擁有衆多知音。矯枉過正的一個後果,便是近年來國内古史界信古過頭的傾向,開始有蔓延的趨勢。然而近年來地下出土文獻研究表明,在古史傳説的研究中,必須很好地繼承古史辨派的成果(裘錫圭《中國出土古文獻十講》,復旦大學出版社,2004年,第38頁)。這其中就包括作爲該學派代表人物楊先生的研究成果。比如少昊摯和商契的關係,楊先生根據《周書·嘗麥》以及《吕氏春秋·古樂》兩條證據,爲郭沫若和陳夢家"少昊與契爲同一傳説分化"的觀點作了重要補充(《古史辨》第七册(上),第257—258頁)。近年上博入藏的戰國竹書《容成氏》30號簡記載"舜乃欲會天地之氣而聽用之,乃立䕭以爲樂正",恰與楊先生所舉《吕氏春秋·古樂》的證據相合,從古文字學角度看,"䕭"應當就是商契,這爲少昊摯與商契爲一人分化的説法提供了積極的支持(參見陳劍《上博楚簡〈容成氏〉與古史傳説》等文)。於此可見楊先生的卓識。顧頡剛和楊寬先生都有專文考證禹的神性,這也在新出的豳公盨中得到證明。像這種精彩的論證在他的《上古史研究導論》中還有不少,限於篇幅就不一一列舉了。當然,由於時代所限,又處於"疑古"思潮的中心,楊先生的一些具體結論也還存在問題。比如他懷疑"夏"從名稱到歷史都是由神話演變而來，就是一個很有代表性的例子(參見《中國上古史導論·說夏》，這個觀點後來已經放棄)。又如楊先生和顧頡剛、童書業等都對連稱"唐虞"的古文獻表示懷疑，以遷就他們古史傳說的研究結論(參見《中國上古史導論·"陶唐"與"高陽"·論唐虞連稱》)。這種懷疑隨着郭店楚簡《唐虞之道》等文獻的出土，都已經不能成立。另外，研究古史傳說的人名、地名時運用古音不夠嚴謹，或者無限制地使用推導古音的方法，以至於影響立論的可信度，這在當時乃至現在研究古史傳說的學者中間是一個比較突出的問題，楊先生的論著中也多少存在類似的問題(例如說"昭明""東蒙""祝融"爲"一聲之轉")。中國上古帝王世系是否只是來自東西兩大族群的神話傳說，民族神話中究竟有多少古代史實的踪影，這都是我們今天讀《中國上古史導論》之後，掩卷長思的問題。

(二) 當代斷代史權威之作《戰國史》與《戰國史料編年輯證》

從二十世紀四十年代起，楊寬先生開始進行戰國史的研究。當時他遇到的最大困難，便是現存的戰國史料，殘缺分散紊亂，《史記》與《資治通鑒》中的戰國部分記載，既有不少錯亂和失誤，又有夾雜虛構偽託的作品，因此研究的第一步工作，便是對所有戰國史料，包括戰國、秦漢著作，重要地理文獻和新出簡牘帛書、銅器銘文與石刻等等資料，全方位加以收集和考訂，做出系統的編年。這是一項難度極高的基礎工作，從四十年代初開始整理、完成戰國一百八十多年的編年初稿，到九十年代末最後殺青，編寫這部《戰國史料編年輯證》前後經歷了半個世紀，這是他所有著述中歷時最久、最費功夫的一部，也是迄今爲止第一部上接《春秋》《左傳》(公元前468年)，下迄秦王政統一中國(前221年)，共248年的戰國史料編年，首次在戰國年代學方面，將原來分散混亂，年代訛誤，真偽混雜的史料，梳理得有條不紊，真偽分明。每段史料之後還附有作者疏證，考辯前人考訂之得失，明辨史實之真相，闡明史料之價值。其中很多重要的考證，包括利用馬王堆《戰國縱橫家書》對蘇秦、張儀、樂毅等人的事迹進行去偽存真；戰國曆法的驗證；魏、齊、趙、韓、宋、越國君的年世考訂，都解決了戰國年代學中很重要的問題。可以這麼説，當代中國斷代史，迄今還沒有一部專著，在史料的鑒別和史實的考證方面下這麼大的工夫，這也足以説明，建立在如此厚實材料基礎上的《戰國史》，爲什麼會馳譽史林的真正原因了。

楊寬先生的《戰國史》一書，總共有過三個版本：1955年初版，1980年再版，1997年又隨着考古工作的巨大進展，新資料層出不窮而重加修訂、補充和改寫。

每次再版,都增加很多内容,篇幅從初版的二十多萬字,擴到二版的近四十三萬字,三版更增加到五十六萬字,經過近半個世紀的不斷充實和提高,內容大爲翔實和豐富,觀點愈見顯豁精審。作者以如椽的史筆,展現出戰國時期這一"古今一大變革之會",社會激蕩,政體革新,群雄并起,百家爭鳴的紛異多彩的歷史長卷,以全新的面貌,成爲國内外學術界極爲注目的斷代史權威著作。有學者這樣評價:"這部斷代史研究的經典,不僅可以看作上一世紀古史研究高水准成果的一個紀念,又爲學界新人提供了具有標範意義的學術樣板。"(王子今《評新版楊寬〈戰國史〉》,中國秦漢史研究會信息網,2003年12月)。

(三) 研究領域的新開辟——《中國古代陵寢制度史研究》與《中國古代都城制度史研究》

這兩个課題,是楊寬先生應日本史學界的邀請而做的研究,被看作是國際文化友好交流的結晶。1982年2月,楊先生在日本東京大學東洋研究所作了題爲《中國古代陵寢制度的起源及其演變》的學術演講,不久被譯爲日文出版。這是新中國學者第一部以未刊稿的形式在日本公開發表的學術專著,被認爲是中日學術交流史上的創舉。後來又增加了中、下兩篇在國內由上海古籍出版社出版。

周初周公爲了維護新王朝的穩定,曾經傾力打造東都洛邑,使之成爲東方統治中心。歷史上對周公營建洛邑這个重大事件一向給予很高評價,但相關研究并不多,今人論述也比較粗略不成系統。1983年4月,楊寬先生發表《西周初期東都成周的建設及其政治作用》一文,很快受到國外學術界關注。同年9月,楊先生再次應邀參加日本東京召開的國際學術會議,演講稿後以《中國都城的起源和發展》爲題在日本出版,國內最新版本是上海人民出版社2003年版,共四十四萬字。這兩部著作,可以說是關係密切的姊妹篇。因爲歷代君王實行"事死如事生"的禮制,陵園中陵寢的布局和規格,常常是按照生前所居都城格局來設計的,因此兩者必須聯繫起來加以探討(楊寬《中國古代都城制度史研究·序》)。二書的共同特點,是根據豐富的文獻和考古資料,對兩千年來陵寢和都城制度的起源和演變,時代劃分與特點分別進行了深入的系統研究,其中很多見解都是發前人所未發,例如商周別都制度的系統論述,就具有原創性。西安和洛陽在歷史上曾經數次作爲東西都并存,這其實就是別都制度,即中央王朝在正式的國都之外,還在其他重要的政治軍事中心設立另外的都城。這種制度的起源,甚至可以追溯到整个商代。周公建設成周是別都制的發展,在制度史上影響深遠。楊先生這个"別都說",當時是个很新穎的見解。在詳盡分析了成周的作用後,楊先生特別關注成周的布局和特點,并結合考古和文獻,從制度史的源流進行追踪,找出商周都城布局的規律性,就是一般都是大小城相結合,大城往往在東,建有官署、宗廟、市肆、居民區,小城在西,作爲君王居住地。這種形制和布局,既出自政治軍事需要,同時和禮制要求息息相關。書中最精彩的地方,是密切聯繫古代禮制,對陵寢和都城的布局結構作了非常合理的解釋。例如,爲什麽都城會有大小城制度,爲什麽大城在東宮城在西,這就與古代都城的功能和"以西爲貴"的禮俗有關。在論及"寢"的性質的時候,作者特別強調它是供死者靈魂休息的處所,不是專門用於祭祀的"享堂"。類似的見解,實際反映了一個歷史學者嚴肅的治學原則,就是對考古現象做出的分析判斷,必須密切結合古文獻特別是《三禮》資料,必須充分汲取漢、唐經學家和清代考據學的成果,必須注意古今民族社會禮俗的比較,否則就容易"以古律今",主觀臆斷。因此,楊先生這兩部專著,不僅僅是有可觀的研究成果,它的治學方法和途徑,也很值得考古文物界同仁借鑒。

(四) 晚年封筆之作——《西周史》

在初版《戰國史》問世之後,楊寬先生開始了《西周史稿》的前期準備工作。當時的古史領域正圍繞着歷史分期問題展開熱烈的討論,爲了解決這個問題,楊寬先生將西周春秋的社會結構和周代各種政治制度,如井田、鄉遂、宗法、學校以及各種禮制作爲研究重點,同時還着重探討了周代農業生產工具、生產技術狀況,試圖通過這樣的具體討論,進而深入解剖周代社會結構,辨明重要制度的作用,以便更準確地認識古代社會性質。圍繞這一中心,楊先生先後撰寫了十四篇論文,匯成《古史新探》一書,這成爲他後來《西周史》的基本骨架。二十世紀八十年代初期,楊先生在上述研究的基礎上,開始了《西周史》的撰著。由於年代久遠,史籍佚缺,導致西周年代錯亂,人物事件制度湮滅不詳。這部專著綜貫西周可靠文獻,結合數百篇金文和考古發現,參考儒家傳世禮書,重新構建西周近三百年失落的歷史。由於史料的限制,該書選擇西周史的若干歷史側面進行重點叙述,如西周開國、武王克商、東都營建等章節,都有十分細緻、精彩的分析考證。這部專著,和《戰國史》一樣,對制度史方面給予特別的關注,這也是二書最有學術價值的部分。

《西周史》是在楊先生移居美國以後,八十幾歲高齡時完成的。由於他深居簡出,國內學術訊息不暢,加之精力漸衰,研究條件有限,這部專著,就不如一再修訂的《戰國史》那麽成熟,裏面有些觀點還可以討論。如涉及西周土地制度的金文資料中,有幾個關鍵詞的考釋,作者未能采納最新的古文字學成果,從而影響到對資料的準確判讀和結論的可信度,如裘衛等器中的"賈"和"履",作者仍從舊説釋爲"貯"和"眉"(《西周史》第216、219頁),將"貯"(賈)看作是手工業奴隸(第289頁)。西周禮制部分,基本上將《古史探新》内容移入進來,未及增補新發現的金文資料和今人成果。書中所引銅器銘文斷代也有若干失考之處。這些瑕疵,如果不是由於先生遽歸道山,相信以他認真嚴謹的治學態度,是會在重版時得到改正的。

以上只是簡略介紹楊寬先生學術成就的主要方面。他還是《中國歷史地圖集》先秦分册、《辭海》歷史分册、《中國簡明歷史詞典》、《戰國會要》和《宋史》標點的主編。他一生之所以做出如此巨大成績,與他刻苦用功、勤奮治學、對學術研究具有獻身精神密切相關。數十年來他專心致志、孜孜不倦地讀書寫作,無論冬夏,每天凌晨四五時起床,伏案工作直至晚上,中間僅稍事休息。直到耄耋之年,雖然精力漸衰,但每天工作時間都在七八個小時以上。晚年定居美國,基本上過着隱居的生活,但仍舊退而不休,獨自完成了多部著作的寫作和修訂。他的學術生涯,一直延續到生命的終點。

三　馳譽史壇的《古史新探》

二十世紀五六十年代,楊寬先生先後擔任過上海博物館和歷史研究所領導,在繁重的工作之餘,他利用有限的時間持續不懈的從事古史方面的研究,并取得了豐碩的學術成果,這一時期的代表作,便是蜚聲學林的斷代史權威著作《戰國史》和被日本史學泰斗貝冢茂樹譽爲"戰後第一流作品"的《古史新探》(下面簡稱《新探》)。

《新探》出版於"文革"前夕1965年,收入了作者十餘年來曾在報刊上發表或未發的十四篇論文。當時正處於"文革"前夕,學術界風雨欲來,一片蕭颯景象。中華書局在這樣困難的時局中能出版這本論著,雖然印數只有三千册,是需要承擔勇氣的。該書問世後很快受到學術界的重視,四十年多來一直成爲上古史研究必備的參考書,堪稱學術經典。此書也是楊寬先生的得意之作,他對《新探》的研究方法和成果十分自信。八十年代後他延續同樣的治學路子,對周代的社會其他層面繼續進行深入的探索,其中多數論文作爲附編收入本集。在這些扎實細緻的專題研究上,楊寬先生才能寫出《西周史》,與《戰國史》雙峰並峙,永惠史林。

(一) 古史分期背景下的對中國古代社會性質的探討

古今中外,人類對自身的歷史發展都曾經試圖做出宏觀的描述和分期。中國古代有夏、商、周三代黃金説,公羊學有所見、所聞、所傳三世説,古希臘神話也有黃金、白銀、黑鐵三代説。歐洲從啓蒙時代開始,又産生了人類社會由低級到高級逐漸進化的綫性進化論史觀,馬克思等經典作家更是提出了唯物史觀,對百年中國學術界影響至深。

從二十世紀二三十年代開始,伴隨着馬克思主義的傳播和中國革命的進程,中國學術界開始從社會經濟形態的視角對三代以來至民國之際的數千年歷史進行分期,由此開啓了長達七十多年、經歷三个階段的的討論。其中核心,是中國古代社會的性質及其特徵,中國經歷過何種社會形態,奴隸社會與封建社會的交界等等,并由此延伸到古代社會的方方面面。五六十年代,許多優秀的歷史學家都自覺不自覺的卷入了這場古史分期的討論,楊寬先生便是其中最爲活躍的代表性人物之一。

楊寬先生早期被看做是古史辨派的殿軍,擅長考據,同時治學也受到當時西方學説的影響。建國後開始接受馬克思主義教育,與當時社會文化精英一樣,異常熱烈地擁抱馬列新學説,并試圖根據自身的理解,運用唯物史觀來指導和從事古史分期的研究與討論。他對馬列經典的重視和探究,使得他擁有宏觀的學術視野和良好的理論素養,以及在理論指導下結合古典文獻與出土資料來探討古代社會發展規律的出色能力。從《新探》一書中,我們可以看到楊寬先生深受馬克思《〈政治經濟學批判〉導言》和恩格斯《家庭、私有制和國家的起源》乃至當時蘇聯史學理論影響,例如他關於中國古代宗族組織和宗法制度的特徵的論述,就明顯帶有恩格斯《起源》和摩爾根《古代社會》的印痕;在討論中國古代農村公社問題時,也可以看到他對所謂"亞細亞生産方式"理論的重視。二十世紀八十年代他招收上古史研究生,給我們所開的一門討論課就是馬列經典作品,重點討論的問題便是紛紛擾擾爭論不休的"亞細亞生産方式",説明在他出國定居之前,仍舊重視在馬克思史觀指導下從事中國史學習與研究。

楊寬先生古史分期的看法有數次變化。1957 年之後,楊寬先生所持觀點從"西周封建領主制説",轉變爲"戰國封建論",并一直堅持到八十年代。他認爲西周是奴隸制時代,春秋開始社會變革,到了戰國進入封建時代。持這種觀點的還有郭沫若等一大批史學家,後來成爲古史分期的主流。楊寬先生之所以成爲其中的代表性人物,不僅是他比較嫻熟、相對準確地運用馬克思主義理論,充分借鑒人類學、民族學的理論方法和成果,運用豐富扎實的史料,更重要的是,他對古史分期所涉及的許多方面,如周代生産工具和土地制度、社會結構、政經制度、文化禮俗等,都進行了廣泛而深入的專題研究,在這樣具體而細緻的研究基礎上所得出的對中國古代社會性質和特點的認識,在深度、廣度上走在當時史學最前沿。

1. 關於西周生產力水平和井田制度的討論

生產力發展對生產關係變革產生催促作用,經濟基礎決定上層建築,這是馬列史學的核心觀點之一。如何看待商周社會生產力——主要是農業生產包括生產工具和生產技術的水平,便成爲古史分期爭論的重要焦點。《新探》將相關兩篇文章放置在文集首位,顯示作者對這一問題的高度重視。文章重要的成果,是利用豐富的文獻記載、漢畫像石和實物資料乃至少年時代對家鄉生產農具的觀察,結合嚴密的語言學考證,理清了西周主要生產工具——耒耜的形制和功用,辨明了文獻中所謂"甾""新""畬"其實是土地開發和使用的三個不同階段。他對西周這種還比較原始落後的生產工具和耕作制度的考察,有助於我們理解當時所推行的集體耕作方式和農村公社長期存在的原因,對後來鐵工具的發明與推廣對生產關係轉變的促進也有更深刻的認識。事實上,由於對生產工具和技術的高度重視,楊寬先生早在二十世紀五十年代那場大煉鋼鐵的運動中,就關注並開始了學術界最早的冶鐵技術的探研,他先後寫成幾本有關的冶鐵史著作,充分闡明了戰國時期鐵農具的發明推廣及作用。在新版《戰國史》相關章節有關兩周農業生產工具與技術的進步對社會變革作用的敘述中,我們能看到更清晰的歷史脈絡。

這場古史分期爭論的一个聚焦點,還有與生產力發展水平討論息息相關的土地制度。它之所以重要,是因爲古代社會土地所有制形式決定着生產關係和產品的交換和分配關係,因而孟子所描述的帶有理想化色彩的井田制度,便是繞不開的歷史難題。對這一聚訟紛紜的古代共同體土地所有制模式,楊寬先生不同意對它的存在持根本否定的觀點,也不贊同將它説成是奴隸主的俸禄單位和課驗生產者的田制。楊先生結合民族學資料,主張井田制是起源於原始社會的一種古代農村公社土地所有制,在土地形制、分配方法、剥削形式等方面,還可以看到早期的遺跡,但它已經變質,成爲貴族階級主要的剥削方式。楊先生更考察了建立在這種土地制度上的古代農村公社組織形式和社會生活。他這方面的研究,得到了後來出土的戰國秦漢簡牘資料的進一步證明(請讀者參閲附編有關青川木牘的文章),新版《戰國史》相關篇章有更加系統詳密的討論。

2. 對西周社會結構的細密剖析

當人類社會進入文明時代,便伴隨着愈加强化的權力機關和日趨顯著的社會分層。在中國考古學的新石器時代中晚期,社會已經開始形成金字塔式的分層,就是產生了擁有最高權利的王者、享受特權的貴族、社會主要勞動者平民以及最底層的奴隸。這種穩定的社會結構一直延續到西周時代。楊寬先生着力剖析古代社會三大階層:貴族、平民與奴隸。他對貴族乃至國人的分析,是從權利義務、社會組織結構乃至維繫其存在的各種制度入手的。其中《試論西周春秋間的宗法制度和貴族組織》《試論西周春秋間的鄉遂制度和社會結構》,便是相輔相成的重要論文。

宗族血緣組織以及維繫其存在和運轉的宗法制度,産生於原始社會晚期,並以不同的形態在中國相當長歷史階段中頑固存在。無論學者在古史分期中持何觀點,都承認宗法制是中國古代社會最重要的上層建築,在當時各種制度中留下深深的烙印。楊寬先生這篇討論宗法的文章篇幅並不長,但簡潔而深入,抓住了宗法制和宗族組織的主要内核。它創造性地運用恩格斯《家庭、私有制和國家的起源》、摩爾根《古代社會》以及當代民族學的理論方法和成果來比較分析中國宗法制度和宗族組織的特徵,如宗廟制度、族墓制度、姓氏名字制度、嫡長子繼承制等以及宗族長的權利和義務、同一血緣組織貴族間的相互關係,没有冗長的論證和材料堆積,但環環相扣,條理分明,有論有證,每一个章節就是一篇重要的論述,啓發後來學者沿此思路繼續探尋,爲相關研究打開了廣闊的空間。該篇還有一个重要觀點,便是否定戰國禮書所説的宗法行於卿大夫階層,天子國君只存在君統之説,主張周代宗統和君統不分,天子、諸侯、卿大夫分别都是其轄制下的同姓臣民的宗主,也是政治上的君主,而異姓諸侯通過聯姻又強化了與姬姓的周代上層的政治聯繫。這个表述,儘管今人曾有研究著作中提出了質疑,但還是多數上古史研究學者比較接受的觀點。

在《周禮》這部書中,有比較系統的鄉遂制度的資料,但由於對該書的真僞和成書年代存在不同的認識,不少學者並没有很好加以利用。楊寬先生首先考察了《周禮》中相關資料,再用其他東周文獻如《左傳》《國語》加以比較,更結合西周金文予以驗證,最後剔除了《周禮》記載中所夾雜的拼湊和理想的部分,從而用可信的史料和深入的論證,從鄉遂制度所體現的城鄉對立,階級分野中,勾勒出西周春秋社會的空間結構、不同居民組織狀況以及其成員承擔的相應權利與義務。該文對金文中的"六師""八師"與鄉遂制度的關係做了很精彩的辨析,爲此還與著名古文字學家于省吾先生數度討論。楊寬先生主張西周這兩支軍隊軍民合一、軍隊編制與鄉邑編制相結合,而這正是鄉遂制度的特點。現在學術界,不少學者採信了這一説法。

　　馬克思主義史學向來重視階級分析方法,並用來闡明古代社會性質。作爲西周奴隸制社會論者,楊寬先生自然很重視對奴隸這一階層狀況——包括數量、種類、來源、使用諸多方面進行系統考察。《新探》所收的第三、第四篇論文,便是其主要的研究成果。從天子、諸侯、卿大夫乃至國人的貴族階層的分析,更見於文集中許多篇章。比較值得重視的是楊先生對當時社會主要勞動者"庶民"屬性的定性。他認爲居住在鄙野地區的庶民是保留在農村公社組織中,采取井田制從事生產、爲國家和各級貴族承擔賦税徭役的農民,是被奴役剥削、人身受到束縛、不能隨意遷徙的勞動者,但從身份等級來説,又有別於地位更爲低下的奴隸。該階層實質上是一種保留有村社殘餘形態的宗族奴隸或集體奴隸。這一分析,成爲楊先生主張西周奴隸制的一個主要依據。

　　用普遍奴隸制來看待西周主要勞動者庶民的身份地位,並以此論證中國曾經存在一個有別於希臘、羅馬典型奴隸制的東方型奴隸制社會,這在五六十年代古史討論中是很流行的一種理論方法,但它并不具有很强的説服力,因爲國家對社會主要生產者農民的奴役剥削,在中國古代長期存在,只不過方法和形態有所變化,并不能改變農民作爲普通平民的社會屬性。既然西周甚至商代社會的主要生產者不是奴隸,有什麽充足理由斷言中國有過這樣一個奴隸社會形態呢？這個問題,五十年代就有學者提出了質疑,在八十年代第三次古史分期大討論中,史學界主流開始轉向對過去古史分期研究的理論方法進行反思,對五種社會形態説提出質疑甚至加以否定,并提出了新的分期法。思想的解放和視野的開闊,無疑也促使已經出國定居的楊寬先生重新思索中國古代社會的性質問題。晚年他的看法有了根本的變化,不再承認中國古代有過所謂奴隸制社會階段,最終放棄了"五種社會形態説"。他認爲,西周春秋社會的主要生產者是農村公社農民(庶人),他們根本不是君主佔有的私有財產;戰國以後社會的主要生產者,是國家控制下的个體小農。他們也都不是奴隸。結論是,中國歷史發展的規律,根本不同於歐洲歷史,既没有經歷希臘、羅馬那樣的典型奴隸制,也没有經歷歐洲中世紀那樣領主的封建制(《歷史的激流——楊寬自傳》第 384 頁)。楊先生並不否認西周春秋乃至戰國奴隸階層的存在,只不過奴隸制不佔據整個社會支配地位。他在《西周史》和新版《戰國史》中,删除了諸如"奴隸制""封建"種種帶有社會分期色彩的字樣。不過,楊先生并沒有對周代社會性質定以某種名稱,有時候,他使用了"貴族社會"的術語。這種觀點的變化,反映了楊先生晚年已經擺脱了馬列經典作家的理論束縛,試圖以更加實事求是的態度看待中國獨特的歷史發展道路,這也是他總結了七十多年的古史研究後,對歷史發展的一個總體認識。可惜他沒有專文更加詳細地論述這個重要的史學理論問題。或許他已經陷入了一个理論困境,否定了階級鬥爭的歷史觀和五種社會形態説後,無法用其他理論對周代的歷史變革進行闡釋。或許他認爲不必糾纏於歷史分期,也不需要什麽理論模式,忠實描述客觀的歷史就成。

今天我們評價建國後第二次古史分期大討論以及楊寬先生相關的貢獻與缺憾,不能離開當時特定的歷史背景和學術界理論水平。雖然整體討論受到政治形勢的影響,對經典理論的學習運用存在簡單化、教條化、公式化、迷信化,有意無意剪裁史料爲方針政策做注脚,但不可否認,在古史研究的深度、廣度,還有史學理論的建設上,還是取得可觀的成績,作爲寶貴的史學財産而存世。楊寬先生這方面的辛勤努力,撇去由於時代局限所造成的理論方法不足的浮沫,衆多燁燁生輝的成果更值得今人研究和繼承。

(二) 當代中國古代禮制研究的重大突破

幾千年來,中國一直是"禮儀之邦",禮的起源可以追溯到原始社會時期,禮文和禮典的編纂,也不遲於周代。所謂"禮經三百,威儀三千",浩繁的周代禮制,部分保留在《周禮》《儀禮》和《禮記》之中。《周禮》是春秋戰國時期編著的一部理想化的政典,《儀禮》係古代貴族所用各種禮儀的匯編,《禮記》乃漢代儒家學者有關"禮"的選集。但這些文獻已經過戰國、兩漢儒家按照其政治倫理觀念重新加以整理編訂,很多方面并非周代的原貌。漢唐學者如鄭玄、孔穎達等人對《三禮》做了很詳細的注疏,《三禮》研究從此成爲儒家經學的重要組成部分,歷代與之有關的學術成果可謂汗牛充棟。但直到十九世紀二十世紀初,傳統禮學的研究重點還是放在《三禮》的注疏闡釋、成書時代、真僞辨析以及禮儀典章的分類匯編上,不離文字、音韻、訓詁與名物、制度疏證,雖然成就可觀,但研究方法日漸僵化陳舊,考證論述枯燥乏味,尤其在五四運動之後,西學興起,國學衰微,禮儀和禮學被當做"吃人的孔教"成爲衝擊和打倒的對象,傳統式研究逐漸衰落,學術界開始引入近代人文科學研究的方法,結合考古發現和新出土文獻資料,同時沿用漢學的考據手段去研究《三禮》,取得有限的成果。可惜建國後一度將禮學視作封建學術餘孽加以批判,爲數不多的治禮專家不得不轉變學術研究方向,如南京的洪誠先生,就未能在他熟悉的《三禮》領域盡展才華造詣,杭州沈文倬先生、南京錢玄先生,也都沉潛多時。在古史研究領域,幾乎很少舊時代過來的學者再結合禮學探索古代社會,更遑論舊學底子薄弱的新人了。

然而,《三禮》記載的不僅僅是些没有實用性的繁文縟節,其中更有豐富珍貴的歷史和文化資料。因爲周代禮制既是整個貴族社會的行爲規範和道德準則,更是涵蓋了各種典章制度,滲透到社會肌體的各個方面,如同楊寬先生所言,"要對古代制度作比較深入的探索,就無可避免地要進入這個'禮'的領域,做好各方面的開荒工作,對各種古禮必須作好新的探索"(《歷史激流——楊寬自傳》243頁),爲此,楊寬先生先後考察了籍禮、冠禮、大蒐禮、鄉飲酒禮、射禮、贄見禮等六種代表性的古禮,以及屬於禮制範疇的宗族、宗廟、學校、職官諸制度,探源疏流,詳細分析了各種古禮的特點、意圖與作用,爲深化了解西周歷史提供了極大助益。他這方面出色的研究,開闢了史學與禮學相結合探尋古代社會的研究新路。

楊先生禮學研究具有如下特色:

首先,他充分吸收從兩漢到清代的經學家有關《三禮》的注釋和考證成果,注意收集和閲讀前人有關禮和名物制度的著作和資料匯編,如凌廷堪、江永、孫詒讓、程瑶田、秦蕙田、段玉裁、阮元、胡培翬、吴廷華、惠棟、金鶚、王念孫父子等等經學家和小學家的著作,乃至當代學者如許地山、吕思勉等等的札記,都是他仔細閲讀認真參考的。他家中爲數不多的珍版圖書中,有一部黃以周朱批的《禮書通故》,一直是案頭必備,視爲珍寶。但他對經學家的説法,或擇善而從,或正訛匡謬,絶不盲從迷信。例如他辨析饗禮和饗飲酒禮的關係時,就羅列了三種不同的講法,比較其優劣,又加以申説完善。清代民國禮學家有些帶有進化論眼光的成果也都被楊寬先生吸收,用於探討名物制度的由來,如他很讚賞阮元的壁雍、蔽膝(芾)起源説(《新探》210頁)。正因爲他的禮學研究全面綜合了前人考證成果,因此他對禮書所藴含的經義禮意的闡釋就比較精確,對禮節的鋪陳條理清晰,善於用通曉暢達的語言,描寫深奥晦澀的禮典内容,展現出深厚的經學功底和文字表達能力。禮學讀物的學術性與通俗化,在他論文中達到很好的統一。

其次,他突破了傳統禮學專重注疏考證的路子,開始結合多種學科如民族學、民俗學、考古學、古文字學、文獻學乃至歷史學,將現代先進的研究方法和手段運用於禮學研究上。他民族學的材料主要來自摩爾根的《古代社會》、恩格斯的《家庭、私有制和國家的起源》還有建國後西南與東北少數民族的社會調查報告,前者出版於1877年,是最早系統地分析人類社會發展的著作,對後來研究提供了詳實的材料和觀點。這部一百多年前的巨著,因爲恩格斯的重視,也由於自身的成就,對建國後的中國古史界產生巨大影響,自然成爲楊寬先生細心閲讀的經典。他經常將包括禮制在內很多中國早期歷史現象和摩爾根、恩格斯著作進行比較,試圖找出人類普遍的發展規律,揭示中國制度的起源。他重視對民主改革之前還處於"奴隸制階段或氏族制階段"的少數民族實地調查成果,也是因爲其社會生活更接近我國中原地區古代的社會情況,更適合用於歷史比較。其實楊寬先生在解放前就閱讀了西方人類學的不少名著,治學上受到西學的影響,比如他八十年代初在爲研究生講授《逸周書·世俘》時,曾經舉出人類學家海頓《南洋獵頭民族考察記》來說明周代"獻馘"禮俗的起源;三十年代在考辯中國神話人物名稱的歷史分化時,也已經運用西方神話語言學派的方法。只是建國後身處當時特定的政治環境中,加之生性謹慎,他著作中基本看不到當代西方所謂資產階級學術的痕迹。

楊寬先生之所以要借鑒和運用多種學科的研究手段和成果,最主要原因是他將古代禮制當做研究歷史的重要資料,需要考辯其源流、性質和功用。因爲禮制具有保守的特性,變化相對緩慢,因而能夠結合古文獻古文字和民族學資料,由下而上追踪,找出源頭,再溯流而下,觀察變化。通過這樣多種學科研究手段的交叉運用和不同材料的相互比勘,在楊寬先生的筆下,許多古禮的原始來源被一一揭櫫,例如大蒐禮和射禮起源於原始社會的狩獵活動,籍禮來源於遠古的農耕儀式,贄見禮源自於狩獵采集時代的禮物交換……楊寬先生在找出古禮之源後,還進一步對其性質的歷史變化做了追踪考察。他認爲西周禮俗時尚雖然很多都有遠古的來源,但已經變質,被貴族階級利用改造和發展,成爲維護統治的有力手段。因此他研究的重心,就放在對禮制的性質作用的闡述上。這樣,他已經跳出了傳統禮學的藩籬,打破經學界限,與歷史學融合爲一體,形成楊寬禮制研究的一大特色。

楊寬先生長期在文博界擔任領導,對古器物有很深研究,熟悉考古發現,在老一輩學者中,他是最擅長將文物考古與古史結合的史學家之一。他的禮學研究,就很嫻熟地運用了王國維的二重證據法,用考古資料來闡釋禮制,或以禮制解釋考古現象,交叉比較驗證,精彩紛呈。例如他講壁雍起源的時候,就用了半坡聚落資料;論宗廟結構時,舉寶雞鳳翔建築遺址。後來考察都城陵寢制度時,又結合禮制來分析都城布局,闡釋考古現象的文化意義。這樣的研究方法,啓發了眾多的考古學家。

(三) 西周史研究的新進展

如果説五六十年代楊寬先生的系列論文,是圍繞着古史分期爲中心,着力探討古代社會的性質和結構,側重生產力發展和生產關係變革考察,關注維護貴族統治的各種禮制的性質和作用,相對來說,對當時其他的"各種政治制度,如官制、兵制等,還沒有細加探討",他希望隨後"能夠逐步對古代各種制度加以探索,在寫出許多論文之後,再能寫成比較有系統的著作"(《新探》序言)。可惜動盪的"文革"十年,使得作者這一願望沒能實現。當歷史進入八十年代後,楊寬先生學術生涯迎來了又一個高產期,這其中就包括在醞釀多年、潛心研究之後,開始了《西周史》的寫作。由此爲新起點,楊寬先生撰寫了十多篇具有相當分量的西周制度史方面的文章,包括官制、分封制、都城與陵寢制度、田畝制度等等,又因爲楚地帛書、帛畫和重要文化遺址的發現,涉及古代神話宗教方面的考證,他又重拾舊業,連續寫了有關宗教神話傳說的數篇長文。在西周開國史研究上,他發表了《論武王克商》長文,展現了商周之際這場波瀾壯闊的朝代更迭的歷史畫面;更因爲研究需要,他結合歷史學和文獻學,對傳世周代文獻特別是《逸周書》的歷史價值做了深入的探研和甄別。所有這些成果,最後都吸收在《西周史》一書中。這次我們又集中起來,作爲《古史新探》的續編。

1. 西周中央政權機構和官爵制度的剖析

西周是個強盛的王朝,有着較完備的官僚組織和機構,《周禮》就記載了一套周代的職官體系,被清代之前的學者看做是周公創立的可信官制。隨着近代金文研究的逐漸深入,二十世紀二十年代末楊筠如開始將金文材料用於西周官制的研究上,隨後影響最大的是郭沫若的《周官質疑》,在基本否定傳統説法的同時,試圖依據金文重構西周官制。楊先生認爲這兩者都存在問題,不能很好的解釋複雜的西周國家政權構造和官爵制度等問題。爲了更好地判斷早期國家的政權性質,楊先生專門對無法繞開的西周官制這一"硬骨頭"進行深入探討,先後在《歷史研究》和《西周史研究》(《人文雜志》增刊)發表兩篇長文,這便是收入本書的《西周中央政權的剖析》和《西周王朝公卿制度的分析》。他不同意那種"以金文套和《周官》"的研究方法,主張依據可靠文獻,從金文本身整理出一個職官體系,然後用《周禮》等禮書作比較研究。用這樣的科學方法研究職官制度,提出不少值得重視的見解。這兩篇論文,各有所重又相互連貫。《剖析》着重分析西周中央政權的首腦機構——卿事寮和太史寮的組織特點,詳細論述了這兩大官署"公"一級的最高長官——太師、太保和太史的職權範圍、設置狀況及官職由來。在《官爵制度》一文中,除了進一步探討西周時代公、伯兩等爵制外,還通過對西周册命金文中"右"者身份的細密分析,着力剖析次"公"一級的大臣——"卿"的制度。其結論是:西周並不存在像《周官》所說那樣以冢宰爲首,作爲朝廷最高官職的六官之制。西周初期有六卿設置,中期以後只有司土、司馬、司工、宰、公族五卿,前三者屬外朝之卿,後兩者爲内朝之卿。在卿之上還有公一級輔佐國王的執政大臣,初期是太保、太師和太史,中期以後是太師和太史。太保、太師爲卿事寮長官,太史爲太史寮長官。這樣,十分複雜的西周官制在楊先生剖析之下得到了清晰的闡明。

2. 歷史大視野下的分封制考察

從現有資料看,分封制最晚在商代就已經存在,中央王朝用這個形式,控制着許多地方同姓異姓勢力。當商代滅亡,周人政治版圖從"小邦"急速擴大到遥遠的東方地區,如何控制"邦畿千里",防範殷遺民和少數族的反叛,就成爲攸關周王朝生死存亡的迫切考量。爲此周初統治者斷然推行大分封,很快穩定了局面,從此分封制成爲一種政治制度,在中國延續漫長時間。

在中國古史分期中,分封制也是一個重大討論問題,對它性質認識的差異,甚至導致了不同的分期主張。以往相關文章很多,有的側重爭論分封制與封建土地所有制和附屬於土地的耕作者之間的人身依附關係,還有學者將它看做是一種軍事殖民,或者從提供官僚俸禄的角度來解釋"賜民賜疆土"制度的起源。楊寬先生先後發表了《西周初期的分封制》和《西周時代對東方和北方的開發》,跳出了以往學界的思維,從新的視角重加審視。在前文中,作者回顧了文、武時期的分封史,明確指出文王長子太伯、次子仲雍東遷建立的虞國就在山西平陸,而非傳統所說的避居南方。後來在《西周史》中更用相當篇幅加以考證,認爲這是文王東進滅商的重大部署。楊寬先生又非常詳盡的考察了周公成王時期主要國家的分封狀况,特别關注到分封與鄉遂制度的關係,他認爲通過分派封君到新的領地,帶去商朝遺民和先進文化,并推行了周人原有的鄉遂制度,重建地方社會結構,這是周王朝和諸侯國能够穩定控制局面的重要原因。過去學者,還從來没人從國野制度的構建來看分封制的進步意義。該文另一个出彩處,就是對周初分封國布局的分析。由於作者主編過復旦大學《中國歷史地圖集》先秦史部分,熟悉歷史地理,因此具有非常良好的歷史空間感,能够從封國的地理分布去敏鋭捕捉其所折射的政治信息。楊先生指出,封地的安排經過精心考量,都出自於政治和軍事需要,同時又與宗法制度密切相關。支撑這個結論的,是一個個非常具體的實證。在後一篇論文中,楊寬先生進一步論述西周分封諸侯到東方和北方的意圖,伴隨這大兩塊地區的開發如何逐漸形成了區域性大國,如何從蠻荒落後逐漸發達先進,從又一個側面,展示分封制的作用和意義。

3. 神話學的回歸

楊寬先生最早以神話研究成名,他原來設想在多年研究的基礎上,寫出一部《中國古神話研究》這樣綜合性的著作,但1954年開始的批判胡風集團和胡適實用主義的運動,波及到古史辯派的一些學者,於是楊寬先生放棄了這個預定目標,一直到八十年代以後,政治環境逐漸寬鬆,神話學開始復興,加上一批新出土戰國、秦漢資料需要從神話宗教的角度進行闡釋,因此楊先生重新涉足久已放棄的領域,寫出了《黃河之水天上來》《〈穆天子傳〉真實來歷的探討》《楚帛書的四季神像及其創世神話》《秦〈詛楚文〉所表演的"詛"的巫術》。在神話研究的方法途徑上,既延續了三十年代的風格,同時又有明顯變化,這就是更加注重將真實的歷史記載從神話傳說之中剝離出來,使之成爲可信的研究資料,克服了年輕時代過於注重神話的還原,相對忽視對作爲神話傳說起源基礎的史實與人物追尋的不足。以《〈穆天子傳〉真實來歷的探討》一文爲例,他從歷史的角度溝通了西周到戰國一個中西部游牧部族的變遷脈絡,又用民俗學和神話學的眼光來分析看待穆天子西游傳說中帶有的神話性,最後得出這樣的結論:《穆天子傳》所記載的內容,本來是游牧部族"河宗氏"歷代相傳的帶有神話色彩的祖先傳說,他用三個章節展開論證這部書具有真實的史料價值,絕非子虛烏有。經過楊先生這樣嚴謹細緻的考證和分析,《穆天子傳》中的那部分可靠的材料,就能夠用來研究當時的東西交通和文化交流,神話研究不再是"破壞"而是建設古史了。

四　綜論楊寬先生古史研究的特點

楊寬先生治學,素以嚴謹扎實而聞名。他每研究一個課題,務必廣搜材料,博及群書,不發空泛之言。他在撰寫《戰國史》時,曾編輯數十萬字的《戰國史料編年》。爲了完成《西周史》一書,他對有關文獻、文物考古和古文字材料進行了全面的爬梳、歸類與考證,作了大量帶有研究性質的筆記和表格。楊寬先生對史料真僞的甄別特別嚴格,他對《尚書》《逸周書》各篇的成書年代和性質,還有《周禮》等先秦文獻資料的取捨,都用現代辨僞學眼光和手段加以審視,去僞存真,絕不隨意引用,在他《西周史》等書中,完全沒有將僞《古文尚書》這樣材料當做研究素材的,而對於曾被人懷疑的所謂僞《書》、晚《書》,他深思熟慮後認爲可信的,也毫不猶豫加以使用。早在青年時代,他雖然爲古史辨派的後起之秀,就發表文章爲劉歆辯護,認定《左傳》不僞;在對待《逸周書》問題上,他對各篇章的年代和價值做了仔細評估,不是籠統的肯定或否定。正因爲嚴謹周密,根底堅實,蓄積有素,故能探賾索微,左右逢源,不斷寫出有系統、有分量、有見解的論著來。楊寬先生擅長考據,但都是爲了解決其系統研究中的某些疑難問題,毫無餖飣瑣屑、支離破碎之弊。他的學術研究遠没有停留在材料整理階段,而是着重綜合研究,重視融會貫通,致力於歷史規律的總體把握。由於在歷史研究中很好地處理了宏觀和微觀的辯證關係,其西周、戰國史,冶鐵技術史,陵寢、都城史等研究,無不自成體系,視野廣闊,同時對歷史的觀察和描繪也更爲仔細和精緻。由於方法系統,資料詳實,觀點鮮明,結論公允,使得他的一批論著具有很高的學術價值。值得深味的是,這些著作涉及艱深晦澀的上古文獻和非常專門的學術課題,它們却都是學術暢銷書。以《戰國史》爲例,從 1980 年到 1983 年短短四年間就印刷十次,印數達 57 000 餘册。到九十年代末,又印行過增訂本,也很快銷售一空。他的著作如此廣受讀者歡迎,除了作者名氣、學術質量原因之外,還和講究寫作技法大有關係。楊先生早年受過嚴格舊學訓練,寫得一手漂亮的古文。他的成名作《中國上古史導論》,就是用文言文寫的,當時很多學術耆宿都以爲他是老先生。後來他完全用白話文寫作,文字表述樸實通暢,文章結構清晰緊湊,思路富有條理,善於對複雜的學術問題作簡明通俗的表述,着筆層層推進,狀如剥笋,很是暢快。

　　隨着當代學術的飛躍發展,歷史學與其他社會學科相互結合、交叉滲透已經成爲必然的趨勢。楊寬先生在學術研究中,既重視運用社會科學理論,繼承前人優秀成果,又充分吸收考古學、民族學、古文字學等相關學科的最新成就,不斷開拓新的研究領域。如在研究古代禮制時,就經常用中外原始民族的禮俗進行比較分析,令人信服地闡明了古禮的淵源。他特别重視出土文字資料在古史研究上的重要性,尤其在西周史研究上,他認爲數百篇金文價值等同甚至超過《詩》《書》,應充分運用。他重視吸收古文字學家的研究成果,特别看重郭沫若、陳夢家、楊樹達、于省吾、白川静等人的著作。他雖然不專門研究古文字,但憑借雄厚的文獻功底,以歷史學家的眼光寫出的有關青銅器問題的文章,如考釋何尊所涉及到的西周年代學與成周營建,如辨析金文若干官名和"西六師"和"殷八師"的性質,都受到古文字學家的認可。他從歷史的角度用漢字文化學解釋一些文字,立意新穎,見解深刻。例如他認爲"租""助""且"(祖)是同源字,與古代剥削方式有關。"租"在金文中寫成"且"(祖),原指國家公田生產出來祭祀祖先的糧食,後來逐漸成爲實物税的稱號,才加上"禾"旁成爲分化字。"助"是在公田上的協作勞動,得名於這種勞動是爲了提供祭祖的糧食,因此從"且(祖)"(《新探》229頁)。通過這三字之間的語言文字學和歷史學的考察,爲"籍禮"闡發提供了生動的實證。又如,楊先生從鄉飲酒禮角度論證鄉、饗、卿一字分化的歷史文化根源,鄉原指飲食(饗),故又指同食共爨的社會單位(鄉),再引申出一鄉之長老(卿)與官名(290頁)。對"醴"與"禮",奴隸名稱"人鬲"與槶楃(手銬)的關係,考證角度也與文字學家不同。他在論著中大量運用新出土的考古資料,以期解決古史研究中的疑難問題。不僅從文物考古刊物和發掘報告中搜集資料,更重視實地考察。爲了撰寫陵寢史和都城史,他以花甲之年兩次考察山東、河北、河南、陝西等省有關王陵和城址,有系統地結合遺跡和文獻進行學術探討,由此得到不少收穫。如他在洛陽白馬寺西北象莊發現一只石象,并確認它就是東漢陵園南面神道上的主要石刻,具有重要的藝術和歷史價值。楊寬先生在著書立說時,很注意了解最新學術動態,凡國內外發表的有關文章和著作,他都盡可能地泛覽細讀、吸取他人之長。如他對西周官制的研究,便受到日本學者白川靜關於"右者"觀點的啓發,而加以深入地論證和發展。正因爲楊寬先生在學術上毫無保守習氣,努力吸收最新成果,更新知識,因而始終站在學術發展的最前沿。

在當代史林中,楊寬先生屬於高產的史學家之一。他主張學者要盡快將研究心得轉化爲論著公開發表,通過這樣的拋磚引玉,求得交流、批評與爭鳴,從而推進研究的進一步深入。他的絕大多數專著,每過若干年後都要進行重大修改,不斷充實完善,這其中就包括了對不同學術批評意見的思考和汲收。他不少學術性很強的論文,如西周農業中的"菑""新""畬"性質,周代是否存在墓祭等等,就是在學術爭論中撰寫的,對很多歷史問題的認識,也是在相互詰辯中得到升華的。這樣的討論,完全是認真平和的學術交流,并不夾雜个人私怨。楊先生和于省吾先生曾經就金文"六師"和"八師"的性質有過幾次論辯爭鳴,但這不影響彼此的相互尊重。1983年他曾經親自致函給于老,推薦我以研究生的身份,參加于老主持的全國古文字研究班,還託我帶上他新發表的《商代別都制度》,面呈思泊先生教正。于老也很客氣地對論文中所涉及的"大邑商"談自己的看法。這裏還提一事。楊先生和顧頡剛先生私交甚篤,十分讚賞顧先生晚年對《尚書》所做的研究,但對他在資料方面求全求備、不輕易落筆很不以爲然。早在六十年代京城一次見面,楊先生就力勸顧先生,盡快在有生之年將畢生研究成果整理出來,可惜顧先生最終沒有完成他生前製定的《尚書》學寫作計劃,楊先生爲此常常扼腕嘆息。十分慶幸的是,這樣的歷史遺憾沒有發生在楊先生身上,在其暮年,他最終完成並看到重要著作由上海人民出版社出版,這包括《西周史》《戰國史料編年輯證》和《楊寬古史論文選集》(自選)。

楊寬先生在復旦大學歷史系執教多年,他是粉碎"四人幫"、高校恢復招生以後,歷史系唯一一個爲本科生上課的老教授,那時他已經六十多歲,身患胃病,到復旦上課要倒兩部公交車,十分辛苦。記得當時他以《戰國史》增訂版作爲教材,用帶有濃重青浦口音的普通話講課。在老先生裏面,他的口才屬於中流,但學問却是極好,聽他講課,猶如咀嚼橄欖,由澀變甜。1982年,他第一次也是唯一一次招研究生,我和王貽梁、姚平有幸成爲門下弟子,另外,他還帶高木智見、太田有子兩位日本留學生。我們印象中的老師,生活簡樸,經常穿的衣服是洗得有點發白的咔嘰中山裝。他不講究飲食,家中常見的"滋補品",不過是普通的紅棗赤豆湯。他喜歡在看書的時候,桌上放上一碟南瓜子,此外似乎没有什麽其他嗜好。1983年四五月間,他帶我們到山東、河北、河南、陝西、湖北考察先秦古代都城,一路風塵僕僕,馬不停蹄,經常和我們共宿一屋招待所,同擠火車硬座厢,從來不要求地方文物部門特别款待。每到一地,他不是考察實地,就是應邀做學術演講,晚上還要看資料,思考問題,非常珍惜時間。記得旅途中有位學生晚上看世乒賽决賽,没有整理考察資料,便受到他嚴厲的批評。學習上他要求我們掌握古文獻、古文字、考古資料,熟悉經典作家社會形態理論,通曉人類學知識。爲了打好我們的古器物學基礎,他特地請著名青銅器專家馬承源先生在上海博物館爲我們專設《中國青銅器學》課程。老師做學問向來都是親自動手,身體力行,就連借閱資料也從來不要我們幫忙,希望我們專心學習,迅速成才。1984年老師出國後,我們保持密切的書信來往。他在海外二十餘載,生活充實安定,可謂一生完滿。

這次復旦大學爲學校前輩學者出版復旦百年經典系列,我有幸承擔楊寬卷的編選工作。楊寬先生一生治學領域廣泛,佳作名篇衆多,十多本專著,都蜚聲於史林,其中《戰國史》《西周史》,更是被公認爲學術經典。考慮再三,我挑選了《古史新探》。這是因爲,該書學術界早有定論,是二十世紀最重要的上古史研究成果之一,也是楊寬先生生前最滿意的一部作品。其次,該書在大陸僅僅由中華書局印刷過三千册,海外雖有翻印和盗版,但一般讀者很難見到。記得我讀研究生的時候,曾經和先生説過圖書館只有一本《新探》,借閱不便,受楊先生之命,還曾經以讀者身份致信中華書局,要求再版。後來楊寬先生將《古史新探》的精華都收入《西周史》一書,但畢竟不是全貌。又因爲本書文章都作於二十世紀五十年代到六十年代中期,經過"文革",楊寬先生西周史領域研究又有新的系列文章,很有必要加以集中,以附編的形式收入,這也是符合先生將作品不斷充實的一貫做法。這次還收入一篇論青川簡牘中的田畝制度,雖然屬於戰國史範圍,但因爲内容和西周井田制度息息相關,可以將該考古新資料與此前楊寬先生相關文章對讀,既加深理解,也能品出楊寬先生學養的厚度。還有一篇《古史新探簡介》是從楊寬先生自傳擷取出來的,雖然不是獨立論文,但可以看做是閱讀《新探》的提綱。書後所附楊寬先生簡歷與學術編年,由大連大學歷史學院賈鵬濤同學編寫。本書編撰過程中得到復旦出版社的大力支持,編輯胡春麗博士付出辛勤努力,這裏一并致意。

謹以此書紀念敬愛的導師楊寬先生。

楊寬小傳

高智群

楊寬,字寬正,中國當代史學大家。1914年出生在上海青浦白鶴江鎮一个醫師家庭,五歲進入鶴溪小學讀書,在接受新式教育的同時,也受到嚴格的舊學訓練,打下非常扎實的古文基礎。楊寬自幼對故鄉的農漁業生產和風土習俗就產生濃厚的興趣,這些早期社會經驗知識的積累對他後來的學術成長有着深遠的影響。1926年考入著名蘇州中學,受錢穆等任課名家引導,開始邁進學術殿堂。高中階段用三年的時間對《墨子》和《墨經》進行重點攻讀和系統鑽研,并寫成第一篇學術論文《墨經校勘研究》,得到容庚先生贊許。1932年考入上海光華大學文學系,師從吕思勉、蔣維喬等著名學者,以"深""精""專"作爲奮斗的目標,除了繼續研究先秦諸子之外,還致力中國上古神話史的探索,被譽爲古史辨派的殿軍。1937年開始參加上海博物館的籌辦工作,以後除了在廣西勷勤大學和上海光華大學擔任過短期的副教授職務之外,一直任職於上海博物館,1948年開始擔任館長,直到1960年離任擔任上海歷史所副所長,前後長達二十來年,是中國文博事業的奠基人之一。1953年到1958年,受聘擔任復旦大學兼職教授,講授春秋戰國史和先秦史料學。1970年調到復旦大學擔任《中國歷史地圖集》第一册先秦歷史地圖主編,此後一直在復旦從事教學和研究工作。1984年應邀遠赴美國講學,從此和夫人卜居邁阿密海濱,謝絶外界邀請應酬,潜心整理舊作,完成最後重要著作《西周史》一書和《歷史激流——楊寬自傳》。2005年9月去世,歸葬故鄉青浦。楊寬一生治學領域廣泛,著作衆多,影響深遠,代表作有《中國上古史導論》《墨經哲學》《中國歷代尺度考》《古史新探》《戰國史》《西周史》《吕氏春秋集釋》(與沈延國合著)、《戰國史料編年輯証》《中國古代冶鐵技術發展史》《中國古代陵寢制度史研究》《中國古代都城制度史研究》《楊寬古史論文集》等,重要論文三百餘篇,其中不少作品已經成爲當代中國史學的經典,享譽中外學林。晚年所寫的自傳,對研究其人生和學術經歷、了解一代知識分子的遭遇尤其珍貴。

楊寬生平與學術編年[①]

賈鵬濤　高智群

1914年　先生一歲

二月二十五日(農历一月十二日),生於江蘇青浦縣白鶴江鎮(今上海青浦白鶴鎮),名寬,字寬正。

父親公衡,字子阿。母親素漢。

1917年　先生四歲

妹畹蘭生。

1919年　先生六歲

秋,上新式學校鶴溪小學,校長爲其大伯父公權。公權字恢吾,青浦著名的教育家。

1920年　先生七歲

大弟容生。

1922年　先生九歲

父親在當地名醫何子祥指導下學習中醫內科有成,回白鶴江鎮挂牌行醫,大

[①] 關於先生的著述目錄,前已有高木智見和趙惠瑜先生作過整理,惜皆未收全。高木智見所搜文章爲225篇(楊寬:《歷史激流楊寬自傳:ある歷史學者の軌迹》,高木智見譯,日本東京大學出版會,1995年,第474—482頁),趙惠瑜所搜文章爲259篇(趙惠瑜:《楊寬的中國神話研究》,東吳大學中國文學系碩士班,2009年7月,第136—152頁),本文所搜文章爲380餘篇。雖皆有缺漏,但編者亦從高、趙所作目錄中獲得很多指引,特此致謝! 先生生平發表文章絕大部分署名"楊寬",亦署名有"楊寬正""寬正""寬政""寬"" 劉平"以及其原配之名"朱新華""新華",文中未特別標明者皆署名"楊寬"。目錄按照先著作後文章篇名及發表先後依次排列於繫年之下,如無著作,則按照文章發表的先後排列。

招牌上寫着：世儒醫　何子祥門人　楊宰阿男婦大方脈。

1923 年　先生十歲
小弟宓生。
秋，開始讀高級小學。

1924 年　先生十一歲
因"齊盧戰争"爆發，全家逃亡上海，待返家後，家中財物被土匪洗劫一空。

1926 年　先生十三歲
夏，考取省立蘇州第一師範。
購得孫詒讓《墨子閒詁》（上海掃葉山房石印本），爲第一部通讀的古書。

1927 年　先生十四歲
蘇州省立第一師範與省立第二中學合併，成爲蘇州中學。
求學第一年，養成了兩個習慣：一爲逛舊書店，二爲學吹民間樂器京胡和月琴。

1929 年　先生十六歲
因家境不寬裕，直升蘇州中學高中部師範科。
時爲先生上課的有吕叔湘、楊人楩等，還聽過胡適、顧頡剛、錢穆的演講。

1930 年　先生十七歲
將《墨經校勘研究》投寄《燕京學報》，主編容庚回信言準備採用，但被接任主編顧頡剛壓着未發表。

1931 年　先生十八歲
第一篇文章《埃及古算考略》發表在《蘇中校刊》。
《墨學分期研究》投寄吴宓主編的《學衡》，吴宓回信採用，但遲至一九三三年七月才發表。
隨蘇州組織的全城所有高中生進京（南京）請願，要求政府抗日。

《埃及古算考略》，《蘇中校刊》第 53、54 期。

1932 年　先生十九歲

七月，考入上海私立光華大學中國文學系，師從蔣維喬、呂思勉、錢基博。

《墨經考》，《江蘇教育》第 1 卷第 9 期。
《墨學非本于印度辨》，《大陸雜志》第 1 卷第 6 期；後收入《楊寬古史論文選集》，上海人民出版社，2003 年，第 687—701 頁。
《墨子更非回教辨》，《枕戈》第 15 期。

1933 年　先生二十歲

連續發表多篇墨學文章後，研究重點漸轉入古史研究。
母親去世。

《淞滬抗戰紀實》，上海小説林書店，1933 年。
《墨經宇宙論考釋》，《大陸雜志》第 1 卷第 7 期。
《先秦的論戰——中國學術史上最有價值的一頁》，《大陸雜志》第 1 卷第 8 期；後收入《楊寬古史論文選集》，第 702—714 頁。
《墨學分期研究》，《學衡》第 79 期。
《論墨學絶非本于印度再質胡懷琛先生》，《歷史科學》第 1 卷第 3—4 期。
《盤古傳説試探》，《光華大學半月刊》第 2 卷第 2 期。
《墨子引書考辨》，《光華大學半月刊》第 2 卷第 3 期。
《禹治水傳説之推測》，《民俗周刊》第 116、117、118 合刊。
《墨子各篇作期考》，《學藝》第 12 卷第 10 期。

1934 年　先生二十一歲

在蔣維喬的指導下，開始與同學沈延國、趙善詒從事《呂氏春秋》的校勘和注釋。

《名家言釋義》，《光華大學半月刊》第 2 卷第 8 期。
《名家言釋義》續，《光華大學半月刊》第 2 卷第 9 期；後收入《楊寬古史論文選集》,第 733—751 頁。

《墨子引書考駁議》,《大學》第 1 卷第 6 期。

1935 年　先生二十二歲

十一月,與鄭師許一起編輯華文《大美晚報·歷史周刊》。一九三七年一月一日後,鄭師許赴廣東省立勸勤大學任教後,此周刊由先生一人主編,該刊前後共出版七十三期。

"一二·九"運動爆發後,先生隨光華大學學生至上海市政府請願。

《墨經寫式變遷考》,《學藝》第 14 卷第 1 期。

《呂氏春秋匯校叙例》,《制言半月刊》第 1 期(與蔣維喬、沈延國和趙善詒合撰)。

《呂氏春秋佚文輯校》,《制言半月刊》第 3 期(與蔣維喬、沈延國和趙善詒合撰)。

《今月令考》,《制言半月刊》第 5 期;後收入《楊寬古史論文選集》,第 1—13 頁(與蔣維喬、沈延國和趙善詒合撰)。

《墨經義疏通説》,《制言半月刊》第 7 期。

《呂氏春秋板本書録》,《人文月刊》第 6 卷第 4 期(與蔣維喬、沈延國和趙善詒合撰)。

《諸子正名論》,《學術世界》第 1 卷第 5 期;後收入《楊寬古史論文選集》,第 752—763 頁。

《墨經科學辨妄》,光華大學中國語文學會著,《中國語文學研究》,第 29—70 頁;《中國語文學研究》收入《民國叢書·第四編 50》,上海書店出版社,1992 年。

《略論古史傳説》,上海《大美晚報·歷史周刊》1935 年 11 月 11 日第 1 期第 3 版。

《略論湯禱傳説》,上海《大美晚報·歷史周刊》1935 年 12 月 2 日第 4 期第 3 版。

《再論湯禱傳説》,上海《大美晚報·歷史周刊》1935 年 12 月 17 日第 6 期第 3 版。

《略論鯀禹之神話傳説》,上海《大美晚報·歷史周刊》1935 年 12 月 31 日第 8 期第 3 版。

1936 年　先生二十三歲

四月,未畢業即被聘爲上海市博物館藝術部研究幹事。

六月,自光華大學中國文學系畢業。

《略論盤古傳說》,上海《大美晚報·歷史周刊》1936 年 1 月 21 日第 11 期第 3 版。

《略論盤古傳說》續,上海《大美晚報·歷史周刊》1936 年 1 月 29 日第 12 期第 3 版。

《略論五帝傳說》,上海《大美晚報·歷史周刊》1936 年 2 月 18 日第 15 期第 3 版。

《略論共工與鯀之傳說》,上海《大美晚報·歷史周刊》1936 年 2 月 25 日第 16 期第 3 版。

《器物創造傳說表》,上海《大美晚報·歷史周刊》1936 年 3 月 3 日第 17 期第 3 版。

《關於月令之一種考察》,上海《大美晚報·歷史周刊》1936 年 3 月 10 日第 18 期第 3 版。

《評范耕研〈墨辨疏證〉》,天津《大公報·圖書副刊》1936 年 3 月 12 日第 121 期第 11 版。

《再論共工與鯀之傳說》,上海《大美晚報·歷史周刊》1936 年 3 月 17 日第 19 期第 3 版。

《略論古帝傳說之瑞應傳說》,上海《大美晚報·歷史周刊》1936 年 3 月 23 日第 20 期第 3 版。

《尺度之起源》,上海《大美晚報·歷史周刊》1936 年 4 月 27 日第 25 期第 3 版。

《略論黃帝傳說》,上海《大美晚報·歷史周刊》1936 年 5 月 11 日第 26 期第 3 版。

《逸周書與汲冢周書之辯證》,上海《大美晚報·歷史周刊》1936 年 5 月 25 日第 28 期第 3 版(與沈延國合撰)。

《從康有爲說到顧頡剛——史學方法的錯誤》,上海《大美晚報·歷史周刊》1936 年 6 月 1 日第 29 期第 3 版。

《悼章太炎先生——并評其〈左氏春秋讀叙錄〉》,上海《大美晚報·歷史周刊》1936 年 6 月 22 日第 32 期第 3 版。

《關於古史辨》,上海《大美晚報·歷史週刊》1936 年 7 月 13 日第 34 期第 3 版。

《顓頊與堯本一人説》,上海《大美晚報·歷史週刊》1936 年 7 月 20 日第 35 期第 3 版。

《伊尹考》,上海《大美晚報·歷史週刊》1936 年 7 月 27 日第 36 期第 3 版。

《兒女傳説之演變與分化》,上海《大美晚報·歷史週刊》1936 年 8 月 3 日第 37 期第 3 版。

《兒女傳説之演變與分化》,上海《大美晚報·歷史週刊》1936 年 8 月 14 日第 37 期第 3 版。

《陸終考》,上海《大美晚報·歷史週刊》1936 年 8 月 14 日第 37 期第 3 版。

《陸終考》續,上海《大美晚報·歷史週刊》1936 年 8 月 28 日第 38 期第 3 版。

《顓頊與堯本一人補證》,上海《大美晚報·歷史週刊》1936 年 9 月 4 日第 49 期第 3 版。

《中國古史建設初論》,上海《大美晚報·歷史週刊》1936 年 9 月 14 日第 50 期第 3 版(與鄭師許合撰)。

《鑒鏡之起源》,上海《大美晚報·歷史週刊》1936 年 9 月 28 日第 52 期第 3 版。

《逸周書著作年代考證——逸周書集釋初稿考證之一》,上海《大美晚報·歷史週刊》1936 年 10 月 9 日第 54 期第 3 版。

《龍門造像之史的考查》,上海《大美晚報·歷史週刊》1936 年 10 月 16 日第 55 期第 3 版。

《評魯大東〈墨經新注〉》,天津《大公報·圖書副刊》1936 年 10 月 22 日第 153 期第 11 版。

《龍門造像之史的考查》續,上海《大美晚報·歷史週刊》1936 年 10 月 23 日第 56 期第 3 版。

《龍門造像之史的考查》續,上海《大美晚報·歷史週刊》1936 年 11 月 11 日第 58 期第 3 版。

《金村古墓之古物及其古文化上之價值》,上海《大美晚報·歷史週刊》1936 年 11 月 11 日第 58 期第 3 版。

《中國群婚制度的有無問題》,上海《大美晚報·歷史週刊》1936 年 11 月 16 日第 59 期第 3 版。

《中國历代尺度考叙目》,上海《大美晚報·歷史周刊》1936 年 11 月 23 日第 60 期第 3 版。

《唐代之銀元》,上海《大美晚報·歷史周刊》1936 年 11 月 30 日第 61 期第 3 版。

《明代的倭寇》,上海《大美晚報·歷史周刊》1936 年 12 月 28 日第 63 期第 3 版(署名寬)。

《逸周書篇目考》,《光華大學半月刊》第 4 卷第 6 期(與沈延國合撰)。

《論晚近諸家治墨經之謬》,《制言半月刊》第 29 期。

1937 年　先生二十四歲

一月一日,上海市博物館開幕。不久返鄉與朱新華女士結婚。

淞滬抗戰前夕,和館長胡肇椿將重要文物送至震旦博物館寄存,上海市博物館關閉。

九月,受鄭師許推薦,任教廣東省立勷勤大學文史系。成名作《中國上古史導論》完成。

妹畹蘭難產去世。

長子出生。

《呂氏春秋匯校》,中華書局,1937 年(與蔣維喬、沈延國、趙善詒合著)。

《宋三司布帛尺考》,上海《民報·上海市博物館周刊》1937 年 1 月 16 日第 2 版。

《中國固有藝術之特色——上海市博物館考古藝術演講》,上海《大美晚報·歷史周刊》1937 年 1 月 18 日第 66 期第 3 版。

《山海經中所見"玉"之祭儀》,上海《民報·上海市博物館周刊》1937 年 1 月 23 日第 2 版。

《逸周書與尚書關係考——逸周書集釋考證之一》,上海《大美晚報·歷史周刊》1937 年 1 月 25 日第 67 期第 3 版(與沈延國合撰)。

《校〈銅鼓考略〉〈漆器考〉後》,上海《大美晚報·歷史周刊》1937 年 1 月 25 日第 67 期第 3 版。

《山海經中所見"玉"之祭儀》續,上海《民報·上海市博物館周刊》1937 年 1 月 30 日第 2 版。

《山海經中所見"玉"之祭儀》續,上海《民報·上海市博物館周刊》1937年2月6日第2版。

《中國工藝之演化》,上海《大美晚報·歷史周刊》1937年2月8日第68期第3版。

《評〈中國陶瓷史〉》,上海《民報·上海市博物館周刊》1937年2月20日第1版。

《評〈中國陶瓷史〉》續,上海《民報·上海市博物館周刊》1937年2月27日第2版。

《郎窯考》,上海《大美晚報·歷史周刊》1937年3月1日第70期第3版。

《本館所陳列銅鼓花紋之考察》,上海《民報·上海市博物館周刊》1937年3月27日第2版。

《本館所陳列銅鼓花紋之考察》二,上海《民報·上海市博物館周刊》1937年4月3日第2版。

《埃及之古文化》,上海《大美晚報·歷史周刊》1937年4月5日第71期第3版。

《本館所陳列銅鼓花紋之考察》三,上海《民報·上海市博物館周刊》1937年4月10日第2版。

《埃及的古文化》續,上海《大美晚報·歷史周刊》1937年4月12日第70期第3版。

《本館所陳列銅鼓花紋之考察》四,上海《民報·上海市博物館周刊》1937年4月17日第2版。

《埃及的古文化》續,上海《大美晚報·歷史周刊》1937年4月19日第72期第3版。

《本館所陳列銅鼓花紋之考察》五,上海《民報·上海市博物館周刊》1937年4月24日第2版。

《本館所陳列銅鼓花紋之考察》六,上海《民報·上海市博物館周刊》1937年5月1日第2版。

《本館所陳列銅鼓花紋之考察》七,上海《民報·上海市博物館周刊》1937年5月8日第2版(署名寬)。

《古鏡銘文雜談》,上海《民報·上海市博物館周刊》1937年6月12日第2版。

《上海文獻展覽會小刀會史料之一》,上海《民報·上海市博物館周刊》1937年6月19日第2版(署名寬正)。

《鏡鑒考源》,上海《民報·上海市博物館周刊》1937年7月17日第2版。

《鏡鑒考源》續,上海《民報·上海市博物館周刊》1937年7月24日第2版。

《跋〈抄稿本東塘日札——嘉定屠城記〉》,上海《民報·上海市博物館周刊》1937年8月7日第2版。

《吕氏春秋校匯補遺》,《制言半月刊》第33期。

《評吳仁敬、辛安潮〈中國陶瓷史〉》,《制言半月刊》第39期。

《逸周書與汲冢周書辯證》,《制言半月刊》第40期(與沈延國合撰)。

《評江思清〈景德鎮瓷業史〉》,《制言半月刊》第43期。

《説禹》,《禹貢》7卷6、7合期。

《説夏》,《禹貢》7卷6、7合期。

1938年　先生二十五歲

夏,因要照顧妻兒,辭勸勤大學教職,從海道經香港返回上海。

九月,任教上海湘姚中學,爲期一年。

大弟容病逝。

《中國歷代尺度考》,長沙商務印書館,1938年。

1939年　先生二十六歲

二月,爲蔣大沂主編的《文匯報·史地周刊》撰稿、約稿。同時,協助黄素封編《知識與趣味》。

八月,受吕思勉邀請,在光華大學兼課,講授先秦史和明清史。同時受蔣維喬邀請,在誠明文學院兼課,開設中國通史。

次子出生。

《關於嘉定屠城記》,《申報》1939年1月5日第14版。

《説倭》,《文匯報·史地周刊》1939年2月22日第10版。

《海南島開闢的歷史》,《文匯報·史地周刊》1939年3月1日第10版。

《禹貢學會會友公鑒》,《文匯報·史地周刊》1939年3月8日第10版(與童書業、胡道静合撰)。

《紀念黃花崗》,《文匯報·史地周刊》1939 年 3 月 29 日第 10 版(署名楊寬正)。

《明代的戰艦蜈蚣船》,《文匯報·史地周刊》1939 年 4 月 5 日第 10 版。

《元初的文化壓迫政策》,《文匯報·史地周刊》1939 年 5 月 10 日第 10 版。

《明太祖的建國》,《兼明》月刊 1939 年 5 月 15 日創刊號。

《關於皇帝的討論》,《文匯報·史地周刊》1939 年 5 月 17 日第 10 版。

《鯀、共工與玄冥、馮夷:中國上古史導論之一章》,《説文月刊》第 1 卷第 4 期;後收入《上古史導論》,第 329—345 頁;《楊寬古史論文選集》,第 321—332 頁。

《丹朱、驩兜與朱明、祝融:中國上古史導論之一章》附圖,《説文月刊》第 1 卷第 1 期;後收入《上古史導論》,第 302—329 頁;《楊寬古史論文選集》,第 307—320 頁。

《紙的服裝》,《知識與趣味》第 1 卷第 1 期。

《摩登論》,《知識與趣味》第 1 卷第 2 期。

《狗和狗國》,《知識與趣味》年第 1 卷第 4 期。

《吸紙烟》,《知識與趣味》年第 1 卷第 5 期(署名朱新華)。

《宋代科學家沈括》,《知識與趣味》第 1 卷第 5 期。

《山珍海味》,《知識與趣味》第 1 卷第 6 期(署名朱新華)。

《談吃肉》,《知識與趣味》年第 1 卷第 7 期。

《孔夫子上銀幕》,《知識與趣味》第 1 卷第 8 期。

1940 年　先生二十七歲

四月初,與黃素封同赴蘇北游擊區參加革命,宣傳抗日,十一月底返滬。

《刊行"南洋文獻叢書緣起"》,《責善半月刊》第 1 卷第 2 期(與黃素封合撰)。

《三寶太監七次下西洋》,《知識與趣味》第 2 卷第 1 期。

《游藝場在宋代》,《知識與趣味》第 2 卷第 2 期。

《城隍老爺》,《知識與趣味》第 2 卷第 3 期。

《狗的祖先——狼》,《知識與趣味》第 2 卷第 4 期。

《論人格教育》,《知識與趣味》第 2 卷年第 6 期。

《詹天佑工程師小傳》,《知識與趣味》第 2 卷第 7 期(署名朱新華)。
《帶病延年》,《知識與趣味》第 2 卷第 8 期。
《青年與性教育》,《知識與趣味》第 3 卷第 1、2 期。
《蠶的故事》,《知識與趣味》第 3 卷第 3 期(署名朱新華)。
《三皇傳說之起源及其演變》,《學術月刊》第 3 期;後收入《楊寬古史論文選集》,第 175—189 頁。
《序古史辨第七册因論古史中之鳥獸神話》,《學術月刊》第 4 期;後收入《古史辨》第 7 册;《楊寬古史論文選集》,第 343—353 頁。

1941 年　先生二十八歲

二月,與童書業再赴蘇北。

與呂思勉一起幫助童書業編輯《古史辨》第七册,《中國上古史導論》全文收入是書上編。

《中國上古史導論》,收入童書業、呂思勉編著:《古史辨》第 7 册上編,開明書店出版,1941 年,第 65—404 頁;其第一篇《古史傳說探源論》以及《中國上古史導論序》收入杜正勝編《中國上古史論文選集》上册,1979 年華世出版社,第 3—54 頁;其《綜論》篇收入馬昌儀主編《中國神話論文選粹》上,中國廣播電視出版社,1994 年,第 418—431 頁。

《伯夷考》,《齊魯學報》第 1 期;後收入《中國上古史導論》,第 380—393 頁;改題爲《伯夷、句芒與九鳳、玄鳥》,收入《楊寬古史論文選集》,第 297—306 頁。

《月令考》,《齊魯學報》第 2 期;後收入《楊寬古史論文選集》,第 463—510 頁。

《名家考原》,《群雅》第 2 卷第 2 期;後收入《楊寬古史論文選集》,第 729—732 頁。

《中國圖騰文化的探討》,《正言報·史地》1941 年 6 月 20 日第 24 號第 1 張第 4 版;後被南京僞政府載於《政治月刊》第 2 卷 2 期。

《劉爲堯後探源》,《古史辨》第 7 册上編附録一。

《讀"禪讓説起於墨家考"》,《古史辨》第 7 册下編,第 110—117 頁。

《上呂師誠之書》,《古史辨》第 7 册下編附録一,第 376—381 頁。

1942 年　先生二十九歲

一月,上海淪陷,與呂思勉、童書業商量後,各自回到家鄉隱居避難,期間兩年零九月編輯撰寫《戰國史料編年輯証》。

女兒出生。

《墨經哲學》,正中書局,1942 年。
《元代的"紅軍"》,《讀書生活》第 1 卷第 2 期。

1945 年　先生三十二歲

十月至十二月,任上海鴻英圖書館史料部主任。

十一月,任上海市立博物館復館辦事處主任。

《根絶暹羅的排華政策及其妄動》,《青光半月刊》復刊第 1 卷第 2 期。
《整軍與軍隊國家化:論整軍與建軍》,《青光半月刊》復刊第 1 卷第 2 期。
《收復區的地方財政問題》,《青光半月刊》復刊第 1 卷第 3 期。
《整理收復區的秘密結社》,《知識周刊》第 6 期。
《韓國今後經濟的再建設問題》,《中韓文化月刊》第 1 卷第 1 期。
《論中國工業建設的前途》,《中韓文化月刊》第 1 卷第 1 期(署名寬政)。

1946 年　先生三十三歲

一月,兼任光華大學歷史系教授(至一九五一年一月)。同時,爲上海市立博物館同事徐蔚南主編的《民國日報·覺悟》撰稿。

三月,任上海市立博物館館長(至一九四九年五月)。

五、六月,先生爲搶救毛公鼎事出力頗多。

七月,爲魏建猷主編的《東南日報·文史周刊》撰稿。

九月,以"上海市博物館研究室"名義,主編上海《中央日報·文物周刊》,爲中國第一份文物期刊,前後共出版一一二期。同時爲顧頡剛主編的《益世報·史苑》撰稿。

《墨經哲學》,正中書局重印,1946 年。
《新中國地圖》(中等學校適用),呂思勉、楊寬、黄素封等編著,李明陽校訂,震旦地圖出版公司,1946年。

《實行嚴厲的法治精神》,《經緯》第1卷第1期。

《恐新病和恐舊病》,上海《民國日報・覺悟》1946年1月5日第4版。

《閑話爆竹》,上海《民國日報・覺悟》1946年1月7日第4版。

《飛來與鑽出》,上海《民國日報・覺悟》1946年1月10日第4版。

《從"共榮看烟"説到"民主饅頭"》,上海《民國日報・覺悟》1946年1月14日第4版。

《論名士派》,上海《民國日報・覺悟》1946年1月18日第4版。

《面子論》,上海《民國日報・覺悟》1946年1月20日第4版。

《神秘和秘密》,上海《民國日報・覺悟》1946年1月28日第4版。

《氣節論》,上海《民國日報・覺悟》1946年1月30日第4版。

《老夫子和老媽子》,上海《民國日報・覺悟》1946年2月5日第2版。

《發財論》,上海《民國日報・覺悟》1946年2月8日第4版。

《人和狗》,上海《民國日報・覺悟》1946年2月11日第4版。

《狗祖宗和狗國家》,上海《民國日報・覺悟》1946年2月12日第4版。

《養廉與貪污——清代吏治雜論之一》,上海《民國日報・覺悟》1946年2月26日第4版。

《土豪劣紳論——清代吏治雜論之一》,上海《民國日報・覺悟》1946年2月28日第4版。

《官官相護論——清代吏治雜論之一》,上海《民國日報・覺悟》1946年3月14日第4版。

《古史辨的解毒劑的解毒劑》,上海《東南日報・文史周刊》1946年7月4日創刊號第6版(署名劉平)。

《吳起伐魏考》,上海《東南日報・文史周刊》1946年7月4日第6版創刊號。

《戰國時代的農村》,上海《東南日報・文史周刊》1946年7月18日第3期第6版(署名劉平)。

《元末的紅軍》,上海《民國日報・覺悟》1946年8月3日第6版。

《梁惠王的年世》,上海《東南日報・文史周刊》1946年8月8日第6期第6版;後收入《楊寬古史論文選集》,第265—271頁。

《樂毅仕進考——樂毅報燕惠王辨僞上篇》,上海《東南日報・文史周刊》1946年8月29日第9期第6版。

《周代封建制的崩潰》,上海《益世報·史苑》1946 年 9 月 6 日創刊號第 8 版(署名劉平)。

《向〈爲古史辨的解毒劑的解毒劑〉進一解——開展攻毒的殲滅戰》,上海《東南日報·文史周刊》1946 年 9 月 19 日第 12 期第 6 版(署名劉平)。

《楚懷王滅越設都江東考》,上海《益世報·史苑》1946 年 9 月 27 日第 4 期第 8 版;後收入《楊寬古史論文選集》,第 278—284 頁。

《再論梁惠王的年世》,上海《東南日報·文史周刊》1946 年 10 月 3 日第 14 期第 10 版;後收入《楊寬古史論文選集》,第 272—277 頁。

《魏安釐王滅衛考》,上海《益世報·史苑》1946 年 10 月 11 日第 6 期第 8 版。

《酌酒的羽觴》,上海《中央日報·文物周刊》1946 年 10 月 13 日創刊號第 10 版。

《龍江船廠志》,上海《中央日報·文物周刊》1946 年 10 月 13 日創刊號第 10 版(署名寬正)。

《山字紋鏡》,上海《中央日報·文物周刊》1946 年 10 月 16 日第 2 期第 10 版(署名寬正)。

《博物館里也該有教師》,上海《中央日報·文物周刊》1946 年 10 月 20 日第 3 期第 10 版。

《驫羌钟的制作年代》,上海《中央日報·文物周刊》1946 年 10 月 22 日第 4 期第 10 版。

《士民階層的興起》,上海《益世報·史苑》1946 年 10 月 25 日第 8 期第 8 版(署名劉平)。

《博物館該怎樣"博"》,上海《中央日報·文物周刊》1946 年 10 月 27 日第 5 期第 10 版。

《〈洛陽金村古墓爲東周墓非韓墓考〉的商榷》,上海《中央日報·文物周刊》1946 年 10 月 20 日第 6 期第 10 版。

《孟嘗君合縱破楚考》,上海《益世報·史苑》1946 年 11 月 1 日第 9 期第 9 版。

《錢坫篆書軸——書畫之一》,上海《中央日報·文物周刊》1946 年 11 月 3 日第 7 期第 10 版(署名寬正)。

《戰國時代的郡制》,上海《益世報·史苑》1946 年 11 月 8 日第 10 期第 8 版。

《戰國時代的徵兵制度——戰國時代制度叢考之一》,上海《東南日報·文史周刊》1946年11月12日第65期第7版。

《展覽會的舉辦》,上海《中央日報·文物周刊》1946年11月17日第9期第10版。

《上海城隍秦景容公像》,上海《中央日報·文物周刊》1946年11月24日第10期第10版(署名寬正)。

《上海知縣袁祖悳血衣——史跡之一》,上海《中央日報·文物周刊》1946年12月1日第11期第10版(署名寬正)。

《一篇多餘的辯論》,上海《東南日報·文史周刊》1946年12月5日第21期第10版(署名劉平)。

《齊湣王、秦昭王稱東、西帝考》,上海《益世報·史苑》1946年12月6日第14期第8版。

《博物館與市政建設》,上海《中央日報·文物周刊》1946年第12月8日第12期第10版。

《齊湣王滅宋考——戰國興亡叢考之一》,上海《益世報·史苑》1946年12月13日第15期第8版。

《論長沙出土的木雕怪神像》,上海《中央日報·文物周刊》1946年12月15日第13期第10版;後收入《楊寬古史論文選集》,第410—413頁。

《樂毅破齊考——樂毅報燕惠王書辨偽下篇》,上海《東南日報·文史周刊》1946年12月26日第24期第10版。

《梁惠王逢澤之會考》,上海《益世報·史苑》1946年12月27日第17期第8版。

《明器群中的動物像》,上海《中央日報·文物周刊》1946年12月29日第15期第10版(署名寬正)。

《我們的中國》,《大國民》第1期。

《東北九省我們的命脈》,《大國民》第2期。

《保存文物的倉庫》,《廣博周報》第5期。

《論遠東弱小民族的獨立運動:韓國·越南·印度尼西亞》,《導報月刊》第1卷第1期。

《遠東的國際關係與韓國前途》,《導報月刊》第1卷第13—14期。

《爲處理韓僑問題向當局進一言》,《中韓文化月刊》第1卷第2期(署名劉平)。

《韓國農村經濟的回顧與前瞻》，《中韓文化月刊》第1卷第2期。

《韓國農村合作團體——"契"的回顧與前瞻》，《中韓文化月刊》第1卷第2期(署名新華)。

《論中國政治建設的前途》，《中韓文化月刊》第1卷第2期(署名寬政)。

《上海市立博物館的重建》，《世界文化》1946年第4卷第2期。

1947年　先生三十四歲

一月一日，上海市立博物館舉辦上海抗戰文獻展覽會。

《墨經哲學》，正中書局，1947年。

《明抄本龍慶清丈上海二十四保副八圖魚鱗冊——史料之一》，上海《中央日報·文物周刊》1947年1月5日第16期第10版(署名寬正)。

《博物館與特種展覽會》，上海《中央日報·文物周刊》1947年1月12日第17期第10版。

《怎樣充實博物館的內容》，上海《中央日報·文物周刊》1947年1月19日第18期第10版。

《明喬一琦草書軸》，上海《中央日報·文物周刊》1947年2月2日第20期第10版(署名寬正)。

《公孫衍、張儀縱橫考——戰國興亡叢考之一》，上海《益世報·史苑》1947年2月14日第22期第七版。

《公孫衍、張儀縱橫考——戰國興亡叢考之一》，上海《益世報·史苑》1947年2月21日第23期第七版。

《公孫衍、張儀縱橫考——戰國興亡叢考之一》，上海《益世報·史苑》1947年2月28日第24期第七版。

《中山武公初立考——戰國興亡叢考之一》，上海《益世報·史苑》1947年2月28日第24期第七版。

《新城大令戈銘考辨》，上海《中央日報·文物周刊》1947年3月19日第26期第7版。

《論洛陽金村古墓答唐蘭先生》，上海《中央日報·文物周刊》1947年4月16日第30期第7版。

《從速嚴禁文物出口》，上海《中央日報·文物周刊》1947年4月23日第31

期第 7 版。

《上郡守疾戈考釋》,上海《中央日報·文物周刊》1947 年 5 月 7 日第 33 期第 7 版;後收入《楊寬古史論文選集》,第 405—409 頁。

《陳駯壺考釋》,上海《中央日報·文物周刊》1947 年 5 月 14 日第 34 期第 7 版;後收入《中國古文字大系·金文文獻集成》第 29 册,香港明石文華國際出版社有限責任公司,2006 年。

《李兑合五國伐秦考》,天津《民國日報·史與地副刊》1947 年 6 月 9 日第 22 期第 6 版。

《紙冥器的起源》,上海《中央日報·文物周刊》1947 年 6 月 18 日第 39 期第 7 版;後收入《楊寬古史論文選集》,第 435—440 頁。

《漢代木明器考》,上海《中央日報·文物周刊》1947 年 6 月 25 第 40 期第 7 版;後收入《楊寬古史論文選集》,第 419—423 頁。

《漢代的多層建築》,上海《中央日報·文物周刊》1947 年 7 月 16 日第 43 期第 7 版;後收入《楊寬古史論文選集》,第 424—428 頁。

《考明器中的"四神"》,上海《中央日報·文物周刊》1947 年 8 月 20 第 48 期第 7 版;後收入《楊寬古史論文選集》,第 429—434 頁。

《論長沙楚墓的年代》,上海《中央日報·文物周刊》1947 年 9 月 3 日第 50 期第 7 版。

《綜論漢代尺度》,上海《中央日報·文物周刊》1947 年 9 月 17 日第 52 期第 7 版。

《論推展我國社會教育必須擴展博物館事業》,上海《中央日報·文物周刊》1947 年 10 月 8 日第 55 期第 7 版。

《充實内容與建設館舍》,上海《中央日報·文物周刊》1947 年 10 月 29 日第 58 期第 7 版。

《讀"秦詛楚文"後》,上海《中央日報·文物周刊》1947 年 11 月 5 日第 59 期第 7 版。

《戰國時代的徵兵制度》,上海《東南日報·文史周刊》1947 年 11 月 12 日第 65 期第 7 版。

《漢代門前的"罘罳"》,上海《中央日報·文物周刊》1947 年 11 月 21 日第 60 期第 7 版;後收入《楊寬古史論文選集》,第 414—418 頁。

《明曾鯨繪峒侯畫像》,上海《中央日報·文物周刊》1947 年 12 月 31 日第 67

期第 7 版(署名寬正)。

《漫談錢紙》,《遠風》創刊號。

《生孩子和殺孩子的風氣》,《學風》第 1 期。

1948 年　先生三十五歲

一月十五日,與蔣大沂一起赴戚家墩海塘進行考古挖掘。

九月,與蔣大沂、張子祺及海關負責人張學庚等前往上海海關,查扣亞細亞商運公司運銷美國紐約的十七箱珍貴文物,上海解放後,此批文物入藏上海博物館。

《韓滅鄭考——戰國興亡叢考之一》,上海《東南日報・文史周刊》1948 年 1 月 21 日第 75 期第 7 版。

《六博考》,上海《中央日報・文物周刊》1948 年 1 月 21 日第 70 期第 7 版;後收入《楊寬古史論文選集》,第 441—446 頁。

《補論合用職屋二韵銘文的銅鏡》,上海《中央日報・文物周刊》1948 年 2 月 4 日第 72 期第 7 版(署名寬正)。

《考古散記》,上海《中央日報・文物周刊》1948 年 4 月 14 日第 81 期第 7 版。

《漢代的青瓷》,上海《中央日報・文物周刊》1948 年 4 月 21 日第 82 期第 7 版。

《魏惠王遷都大梁考——戰國興亡叢考之一》,上海《東南日報・文史周刊》1948 年 5 月 19 日第 89 期第 7 版。

《秦失河西考——戰國興亡叢考之一》,上海《東南日報・文史周刊》1948 年 7 月 14 日第 96 期第 7 版。

《"郢爰"金幣考》,上海《中央日報・文物周刊》1948 年 8 月 4 日第 95 期第 7 版。

《釋"爰"》,上海《中央日報・文物周刊》1948 年 8 月 11 日第 96 期第 7 版。

《"上海市立博物館藏印"序》,上海《中央日報・文物周刊》1948 年 8 月 25 日第 98 期第 7 版。

《唐大小尺考》,上海《中央日報・文物周刊》1948 年 9 月 15 日第 101 期第 7 版。

《宋三司布帛尺考》,上海《中央日報・文物周刊》1948 年 9 月 29 日第 103 期第 7 版。

《宋布帛與唐大尺考》,上海《中央日報·文物周刊》1948 年 11 月 13 日第 106 期第 6 版。

《魏文侯伐宋到彭城執宋君考》,上海《東南日報·文史周刊》1948 年 12 月 19 日第 118 期第 5 版。

1949 年　先生三十六歲

一月,與蔣大沂一起到黃浦江邊輪船上送別陳寅恪,時陳寅恪兩眼病情已嚴重,只剩下微弱的光感。

四月,參加常州古墓挖掘工作。

九月,上海市立博物館改名上海市歷史博物館,先生繼續擔任該館館長。

《"幌子"小記》,上海《中央日報·文物周刊》1949 年 1 月 6 日第 110 期第 5 版;後收入《楊寬古史論文選集》,第 449—455 頁。

《司馬穰苴破燕考》,上海《東南日報·文史周刊》1949 年 1 月 9 日第 120 期第 5 版。

《魏文侯滅中山考》,上海《東南日報·文史周刊》1949 年 1 月 23 日第 122 期第 5 版。

《三晉伐齊入長城考》,上海《東南日報·文史周刊》1949 年 2 月 13 日第 125 期第 6 版。

《趙滅中山考》,上海《東南日報·文史周刊》1949 年 4 月 8 日第 132 期第 5 版。

1950 年　先生三十七歲

十一月十九日,參加中國新史學研究會上海分籌會舉辦的抗美援朝問題座談會。

《勞動怎樣創造了人?》,《科學大眾》(中學版)1950 年第 7 期。

1951 年　先生三十八歲

一月二十日至四月八日,華東軍政委員會文化部文物處、上海市立歷史博物館和南京市各文教機關在上海跑馬總會舉辦太平天國起義一百周年展覽。

十一月,任上海市文物管理委員會主任秘書(至一九五三年十二月)。

第三子出生。

《一六四五年嘉定人民的抗清斗争》,《歷史教學》1951 年第 8 期,第 26—28 頁;後收入李光璧編:《明清史論叢》,湖北人民出版社,1957 年,第 215—225 頁。

1952 年　先生三十九歲

一月二十六日,中國史學會上海分會成立。李亞農爲主席,周谷城爲副主席,胡厚宣爲秘書長,先生等被選爲理事。

十二月,任上海博物館副館長(至一九五九年六月)。

《社會發展史第一組,從猿到人》,承名世、方詩銘編,楊寬校訂,大中國圖書局,1952 年。

《上海博物館陳列品説明書》,上海博物館編印,1952 年。

《戰國時代社會性質的討論》,《文史哲》1952 年第 1 期;後收入歷史研究編輯部編:《中國的奴隸制與封建制分期問題論文選集》,生活・讀書・新知三聯書店,1956 年,第 290—310 頁。

1953 年　先生四十歲

十二月,兼任復旦大學歷史系教授(至一九五六年八月),主講春秋戰國史和先秦史料學。

《中國歷史地圖》,王漱石編輯,楊憲益、楊寬校訂,新亞書店,1953 年。

《戰國時代中央集權制封建國家的形成》,《歷史教學》1953 年第 10 期;後收入復旦大學歷史系中國古代史教研室編:《中國古代史參考論文集 1》,1980 年,第 264—284 頁。

1954 年　先生四十一歲

春,開始冶鐵史研究。

夏,利用一个月假期,對戰國史的部分講義進行修訂和補充後寫成《戰國史》。

《論春秋戰國間社會的變革》,《文史哲》1954 年第 3 期。
《春秋戰國間封建的軍事組織和戰爭的變化》,《歷史教學》1954 年第 4 期。
《戰國時代的冶鐵手工業》,《新建設》1954 年第 6 期。
《論春秋戰國間階級斗爭對於歷史的推動作用》,《文史哲》1954 年第 8 期。
《歷史教學中有關處理戰國年代的問題》,《歷史教學》1954 年第 8 期。
《歷史教學中有關處理戰國年代的問題》(續完),《歷史教學》,1954 年第 9 期。
《答戰國時期趙武靈王的"胡服騎射"一事,對社會是否有推動作用》,《歷史教學》1954 年第 9 期。
《答周代是否有井田制》,《歷史教學》1954 年第 11 期。
《答戰國時期及秦朝漢朝的度量衡制度》,《歷史教學》1954 年第 11 期。

1955 年　先生四十二歲
九月,代表作《戰國史》由上海人民出版社出版。

《中國歷代尺度考》,上海商務印書館,1955 年。
《戰國史》,上海人民出版社,1955 年。
《商鞅變法》,上海人民出版社,1955 年。
《試論中國古代冶鐵技術的發明和發展》,《文史哲》1955 年第 2 期。
《我國古代冶金爐的鼓風設備》,《科學大衆》(中學版)1955 年第 2 期。
《古代四川的井鹽生產》,《科學大衆》(中學版)1955 年第 8 期;後收入《楊寬古史論文選集》,第 456—459 頁。
《論商鞅變法》,《歷史教學》1955 年第 9 期。
《戰國時代的水利工程技術》,收入李光璧、錢君曄編:《中國科學技術發明和科學技術人物論集》,生活·讀書·新知三聯書店,1955 年,第 71—98 頁。
《中國古代冶鐵鼓風技術和水力冶鐵鼓風爐的發明》,收入李光璧、錢君曄編:《中國科學技術發明和科學技術人物論集》,第 99—119 頁。

1956 年　先生四十三歲

二月二十一日至二十七日,在京參加全國考古工作會議。

五月二十一日至二十六日,在京參加中央文化部召開的第一次全國博物館工作會議。

十月九日,參加中國科學院上海歷史研究所籌備處舉行的第一次會議。

《中國古代冶鐵技術的發明和發展》,上海人民出版社,1956 年。

《秦始皇》,上海人民出版社,1956 年。

《論南北朝時期煉鋼技術上的重要發明》,《歷史研究》1956 年第 4 期。

1957 年　先生四十四歲

五月,陪同沈從文旁聽上海政協召開的"鳴放"座談會。

十月九日,呂思勉在上海病逝,享年七十三歲,先生爲治喪委員會委員。

《戰國史》,上海人民出版社重印,1957 年。

《商鞅變法》,上海人民出版社,1957 年。

《編輯、印刷、發行的分工尚有缺點學術著作的出版應有物質保证》,《文匯報》1957 年 3 月 11 日第 2 版。

《幾點說明》,《文匯報》1957 年 5 月 27 日第 2 版。

《論西周時代的農業生產》,《學術月刊》1957 年第 2 期;後收入《古史新探》,第 1—22 頁;《西周史》,上海人民出版社,2003 年,第 224—267 頁。

《關於西周農業生產工具和生產技術的討論》,《歷史研究》1957 年第 10 期;後收入《古史新探》,中華書局,1965 年,第 23—50 頁;北京大學歷史系中國古代史研究室編《中國古代史教學參考論文選》第一册先秦部分,1979 年,第 239—268 頁;復旦大學歷史系中國古代史教研室編:《中國古代史參考論文集 1》,第 154—178 頁;上海社會科學院歷史研究所編:《史苑英華——上海社會科學院歷史研究所精選》,上海社會科學出版社,2008 年,第 26—43 頁。

《關於〈夏代和商代的奴隸制〉一文所引用的甲骨文材料》,《歷史研究》1957 年第 10 期。

《論秦始皇》,收入李光璧、錢君曄編:《中國歷史人物論集》,生活・讀書・新知三聯書店,第 3—27 頁。

1958 年　先生四十五歲

二月十日,蔣維喬在上海病逝,享年八十五歲。

三月九日,上海市哲學社會科學學會聯合會成立,陳望道當選主席,先生當選爲委員會委員。

五月至六月,上海各單位幹部組成大躍進"萬人檢查團",擔任新城區的副組長。

八月至九月,大煉鋼鐵運動開始,被調到新城區鋼鐵指揮部工作。

《堅持"厚今薄古"發展歷史科學》,《文匯報》1958 年 4 月 14 日第 2 版。

《楊寬先生:關於〈左傳〉"取人于符之澤"的辯解》,《學術月刊》1958 年第 3 期。

1959 年　先生四十六歲

六月,調任上海社會科學院歷史研究所并任副所長。

七月,爲吕思勉遺著《隋唐五代史》撰寫《出版説明》。

九月二十六日,上海社會科學院歷史研究所正式成立。

十二月,開始參加《辭海》修訂工作。

《墨經哲學》,臺灣正中書局,1959 年。

《上海博物館藏畫》,上海人民美術出版社,1959 年(主編)。

《吕思勉〈隋唐五代史〉出版説明》,中華書局,1959 年。

《中國人民在煉鋼技術上的成就》,《文物》第 1 期。

《試論中國古代的井田制度和村社組織》,《學術月刊》1959 年第 6 期;後收入《古史新探》,第 111—134 頁;《西周史》,第 185—211 頁;《先秦史十講》,高智群編,復旦大學出版社,2006 年,第 116—146 頁。

《論〈太平經〉——我國第一部農民革命的理論著作》,《學術月刊》1959 年第 9 期。

《關於水利冶鐵鼓風機"水排"復原的討論》,《文物》1959 年第 7 期。

《秦始皇功大於罪》,《解放日報》1959 年 4 月 10 日第 4 版。

《我高興得跳起來》,《文匯報》1959 年 4 月 28 日第 2 版。

《論黄巾起義與曹操起家》,《文匯報》1959 年 7 月 4 日第 3 版;後收入《曹操論集》,生活・讀書・新知三聯書店,1960 年,第 382—401 頁。

《讓我國古代科學技術成就燦爛地發光——評介〈中國古代科技圖錄叢編初編集四種〉》,《解放日報》1959年11月2日第5版。

1960年　先生四十七歲

五月,因修訂《辭海》經常失眠,上級領導決定請吳澤一起擔任主編,先生即去杭州屏風山療養。

十一月十一日、二十二日和二十六日,上海復旦大學歷史系中國上古中古史教研組和上海史學會曾先後舉行座談會,討論中國歷史上農民戰爭的特點與四種封建權力的關係問題,先生與會并發言。

《中國土法冶煉銅技術發展簡史》,上海人民出版社,1960年。

《再論王禎農書"水排"的復原問題》,《文物》1960年第5期。

《論西周時代的奴隸制生產關係——中國古史分期問題探討之一》,《學術月刊》1960年第9期。

《漫談歷史劇如何反應歷史真實問題》,《上海戲劇》1960年第12期。

《論中國農民戰爭中革命思想的作用及其與宗教的關係》,《學術月刊》1960年第7期;後收入史紹賓《中國封建社會農民戰爭問題討論集》,生活・讀書・新知三聯書店,1962年,第321—339頁。

《馬橋古遺址和上海歷史研究》,《文匯報》1960年3月18日第3版。

《論中國古史分期問題討論中的三種不同主張》,《文匯報》1960年8月9日第2版。

《關於中國古代社會特點的理論問題——對粟世澂同志的東西古代社會走不同道路論的商榷》,《文匯報》1960年11月18日第3版。

1961年　先生四十八歲

一月十一日,參加上海歷史學會組織的百人紀念太平天國起義一百一十周年的紀念會并作學術報告。

十二月二十一日,上海市委決定在全國範圍內開展一次大規模的《辭海》試行本徵求意見活動,該活動組成四個徵求意見工作組分赴各地,舉行座談會和調查訪問,聽取反映。中路工作由李俊民、魯平帶隊,隊員有許銘、楊寬、程福秀、賈宏宇、湯志鈞、趙書文、孫厚樸、王芝芬、陸鶴壽、金性堯、張鏡人、倪墨炎等十一人。從一九六一年十二月二十一日出發,到一九六二年二月三日返滬計四十五天,訪問了鄭州、開封、蘭州、西安、成都、重慶、武漢、貴陽、昆明、南寧、桂林等十一个城市。①

《令人鬥志奮發的"甲午海戰"》,《文匯報》1961年1月5日第3版。

《再論中國農民戰爭中革命思想的作用及其與宗教的關係》,《文匯報》1961年1月15日第3版;後收入史紹賓編:《中國封建社會農民戰爭問題討論集》,第353—368頁。

《冬小麥在我國歷史上何時開始普遍種植》,《文匯報》1961年2月21日第3版。

《白蓮教經卷》,《文匯報》1961年3月10日第3版。

《試論白蓮教的特點》,《光明日報》1961年3月15日第4版。

《佔有材料具體分析》,《文匯報》1961年7月21日第3版。

《戰國時代的"百家爭鳴"》,《解放日報》1961年8月22日第4版;後收入復旦大學歷史系中國古代史教研室編:《中國古代史參考論文集1》,第285—297頁。

《黃巢起義對傜族人民的影響》,《文匯報》1961年9月10日第3版。

《試論"康熙之治"》,《文匯報》1961年9月28日第3版;後收入《歷史研究》編輯部編《明清人物論集》下,四川人民出版社,1983年,第93—111頁。

1962年　先生四十九歲

八月至九月,開始對古禮進行探究。

九月二日,李亞農因長期患慢性風濕性心臟病,長期醫治無效逝世,先生爲治喪委員會委員。

因營養不良,患肺氣腫和支氣管炎。

《悼念李亞農——學習李亞農同志堅持不懈、嚴肅認真的治學精神》,《文匯報》1962年9月20日第3版。

《我國古代大學的特點及其起源——兼論教師稱"師"和"夫子"的來歷》,《學

---

① 張鏡人:《張鏡人》,中國中醫藥出版社,2001年,第325頁。

術月刊》1962年第8期;後收入《古史新探》,第197—217頁;《西周史》,第664—684頁;《先秦史十講》,第230—253頁;改名爲《我國古代學校》轉載於《文匯報》1962年8月28日第3版。

《冠禮新探》,《中華文史論叢》1962年第1輯;收入《古史新探》,第234—255頁;《西周史》,第770—789頁;杜正勝編《中國上古史論文選集》下册,第1087—1109頁。

《墨家的世界觀及其與名家的爭論》,《文史》1962年第1輯;後收入《楊寬古史論文選集》,第715—728頁;《先秦史十講》,第322—338頁。

1963年　先生五十歲

十月下旬,與周予同、徐崙代表上海社科院歷史研究所赴京參加中國科學院哲學社會科學部委員會召開的第四次擴大會議。

《大蒐禮新探》,《學術月刊》1963年第3期;後收入《古史新探》,第256—279頁;《西周史》,第693—715頁;《先秦史十講》,第254—280頁。

《鄉飲酒禮和饗禮新探》,《中華文史論叢》1963年第4輯;後收入《古史新探》,第280—309頁;《西周史》,第742—769頁;傅杰編《二十世紀中國文史考據文録》下,雲南人民出版社,2001年,第1214—1227頁。

《釋"臣"和"鬲"》,《考古》1963年第12期;後收入《中國古文字大系·金文文獻集成》第40册。

1964年　先生五十一歲

九月十七日至二十七日,中國人民政治協商會議上海市第四屆委員會第一次全體會議舉行,先生受邀參加,作"關於當前史學戰綫上的一場思想鬥爭——李秀成的評價問題"的報告。

十二月二十四日,上海社會科學院歷史研究所安排一九六五年上半年研究工作,其中先生與李楚書負責批判周谷城的反動史學觀點。①

---

① 上海市檔案館:上海社會科學院歷史研究所1965年上半年研究工作重點,檔案號:B181-1-336-115。

《上海博物館藏青銅器》,上海人民美術出版社,1964年(主編)。

《贄見禮新探》,《中華文史論叢》1964年第5輯;後收入《古史新探》,第338—370頁;《西周史》,第780—819頁。

《論西周金文中"六師""八師"和鄉遂制度的關係》,《考古》1964年第8期;後收入《楊寬古史論文選集》,第43—53頁;《中國古文字大系·金文文獻集成》第40册。

《回顧與前瞻》,《學術月刊》1964年第10期。

《參加實際鬥爭與歷史科學研究》,《文匯報》1964年1月30日第4版;後收入楊寬等著:《人民中國史學界關於中國近代史學說論集》,第33—35頁。

《必須正確總結農民戰争的歷史經驗——關於李秀成問題討論中的一個根本問題》,《文匯報》1964年10月17日第4版。

《評周谷城先生的"生存競争"歷史觀》,《文匯報》1964年11月22日第4版。

1965年　先生五十二歲

夏秋間,被派到靠近陳坊橋鎮的一個生產隊主持四清運動。

十一月上旬,參加姚文元《評新編歷史劇〈海瑞罷官〉》校樣討論會。

十二月三十一日,以上海社會科學院歷史研究副所長的名義參加《文匯報》舉行的《關於〈海瑞罷官〉的自我批評》座談會。

《古史新探》,中華書局,1965年;其中《冠禮新探》收入陳其泰、郭偉川、周少川編《二十世紀中國禮學研究論集》,學苑出版社,1998年,第434—461頁。

《再論西周金文中"六師"和"八師"的性質》,《考古》1965年第10期;後收入《楊寬古史論文選集》,第54—60頁;《中國古文字大系·金文文獻集成》第40册。

《論李巖:一個參加農民起義的地主階級出身的知識分子》,《文匯報》1965年6月30日第4版。

1966年　先生五十三歲

五月十六日,中共中央發出《通知》,成爲"無産階級文化大革命"運動正式開始的標志。

六月,因批評姚文元被關進牛棚。

九月,上海社會科學院被揭發出來的資產階級發動"權威"主要有:周予同、楊寬、孫懷仁、王惟中、丘日慶。①

《評吴晗同志所謂"自我批評"》,《文匯報》1966年3月4日第4版。

1967年　先生五十四歲
父親受到迫害,患病倒下,不久去世。先生因失去自由,未能回鄉料理喪事。

1968年　先生五十五歲
一月,赴"五七幹校"參加勞動學習。
被當作"反動權威"進行批判。

《中國歷代尺度考》,臺灣商務印書館,1968年。

1970年　先生五十七歲
五月,爲了完成毛澤東交代編繪《中國歷史地圖集》的任務,先生從五七幹校被調到復旦大學歷史系,在歷史地理研究室參與編繪地圖集先秦部分,至一九七一年上半年,此項工作基本完成。

經過兩年半的牛棚生活和一年半的勞動改造,先生的支氣管炎經常發作,但在當時的處境下,根本無法得到好的治療。

1971年　先生五十八歲
三月,先生與上海師範學院歷史系張家駒一起通讀已標點的《宋史》。

1972年　先生五十九歲
一月,專案小組對先生的審查結論是:反動學術權威,敵我矛盾作人民內部矛盾處理。

---

① 上海社會科學院院史辦公室:《院事攬要:上海社會科學院大事記(1958—2008)》,上海社會科學院出版社,2008年,第66頁。

《秦始皇》,洪世滌著,上海人民出版社,1972年(參與編寫)。

《"自上而下變革説"的商榷——關於中國古史分期問題的討論》,《文匯報》1972年8月9日第3版。

1973年　先生六十歲

四月,長江流域文物考古工作座談會邀請先生與譚其驤參加,復旦大學黨委批准他們出席,但還有一位研究室負責人與之同行,以便監督。①

《商鞅變法》,上海人民出版社,1973年。

《西周初期東都成周的建設及其政治作用》,《歷史教學問題》1973年第4期;後收入《西周史》,第531—548頁;《史學情報》1984年第2期。

《孔子是造反派還是保守派?》,《文匯報》1973年9月26日第3版。

1974年　先生六十二歲

七月至八月,赴京參加法家著作注釋工作會議。

《墨經哲學》,臺灣正中書局,1974年。

《商鞅變法》,上海人民出版社,1974年。

《韓非"法治"理論的進步作用》,《文匯報》1974年5月15日第3版;後收入《韓非》,安徽人民出版社,第1—9頁;《韓非——反對奴隸主貴族復辟的思想家》,山東人民出版社,第37—48頁。

1975年　先生六十二歲

一月,赴京參加第四屆全國人民代表大會。

《墨經哲學》收入嚴靈峰編《無求備齋墨子集成》第42冊,臺北成文出版社,1975年。

《中國歷史地圖集》,中華地圖學社,1975年(編《中國歷史地圖集》第1冊中原始社會、商、西周、春秋、戰國時期等部分)。

---

① 葛劍雄:《悠悠長水:譚其驤傳》(修訂版),第351—352頁。

《馬王堆帛書〈戰國策〉的史料價值》,《文物》1975年第2期;改名爲《馬王堆帛書〈戰國縱橫家書〉的史料價值》,收入馬王堆漢墓帛書整理小組編:《戰國縱橫家書》,文物出版社,1976年,第154—172頁;湖南省博物館編:《馬王堆漢墓研究》,湖南人民出版社,1981年,第133—143頁;《楊寬古史論文選集》,第247—267頁;《先秦史十講》,第395—414頁。

《論戰國時代齊國復辟的歷史教訓》,《歷史研究》1975年第2期。

《戰國中期的合縱連橫戰爭和政治路綫鬥爭——再論馬王堆帛書〈戰國策〉》,《文物》1975年第3期。

《〈墨經〉選注》,《自然辯證法雜志》1975年第3期。

《上海復旦大學楊寬同志來信》,《思想戰綫》1975年第5期。

《吕不韋和〈吕氏春秋〉新評》,《復旦學報》(社會科學版)1975年第5期。

《農民起義有這樣的"規律"嗎?》,《紅旗》1975年第11期;後收入上海人民出版社編《〈水滸〉評論集》,上海人民出版社,1976年,第197—203頁。

《批林批孔與古代史學的改造》,《光明日報》1975年2月7日第2版。

《駁斥〈水滸〉研究中的階級調和論——評宋江投降是"農民的局限性"的觀點》,《文匯報》1975年11月4日第3版;後收入上海人民出版社編《〈水滸〉評論集》,上海人民出版社,1976年,第197—203頁。

《黄老學派與戰國時期的反復辟斗争》,《光明日報》1975年11月20日第3版。

1976年　先生六十三歲

七月,妻子朱新華病逝。

《儒家立場的大暴露》,《文匯報》1976年4月28日第3版。
《歡呼工人歷史階級隊伍的茁壯成長》,《光明日報》1976年5月13日第4版。

1977年　先生六十四歲

二月二十四日至三月四日,赴京參加全國度量衡圖録會議。
七月二十七日,與陳荷静醫師締婚。
發生家變,先後與三子脱離父子關係。

1978 年　先生六十五歲
獲准出版新版《戰國史》。

1979 年　先生六十六歲
九月,《辭海》正式出版。
開始從事中國冶鐵技術發展史的研究。

《呂不韋和〈呂氏春秋〉新評》,《復旦學報》1979 年第 5 期;後收入《楊寬古史論文選集》,第 777—793 頁;《先秦史十講》,第 350—369 頁。

1980 年　先生六十七歲
六月,在上海與日本學者西嶋定生相見。
十月,陳荷靜應邀前往美國擔任醫師,期間和先生保持着密切聯繫。

《戰國史》(增訂本),上海人民出版社,1980 年。

《論秦漢的分封制》,《中華文史論叢》1980 年第 1 期;後收入《楊寬古史論文選集》,第 130—145 頁;轉載於《複印報刊資料》(中國古代史)1980 年第 10 期。
《曾國之謎試探》,《復旦學報》(社會科學版)1980 年第 3 期(與錢林書合撰);轉載於《複印報刊資料》(中國地理)1980 年第 12 期。
《〈老子〉講究鬥爭策略的哲理》,《復旦學報》(社會科學版)1980 年第 4 期;後收入《楊寬古史論文選集》,第 764—776 頁。
《我國歷史上鐵農具的改革及其作用》,《歷史研究》1980 年第 5 期;轉載於複印報刊資料(中國古代史)1980 年第 31 期;複印報刊資料(經濟史)1980 年第 22 期。

1981 年　先生六十八歲
二月,前往日本訪問講學,歷時兩周。
十一月三日至十日,由澳大利亞國立大學太平洋研究院遠東歷史部著名的冶鑄史家、古文字學者巴納教授發起和主持召開的堪培拉"科學發掘資料在考古學和歷史研究中的應用"學術討論會,先生受邀參加,却因故未赴會。①

《中國皇帝陵の起源と変遷》,尾形勇、太田侑子譯,日本學生社,1981年。
《春秋時代楚國縣制的性質問題》,《中國史研究》1981年第4期;後收入《楊寬古史論文選集》,第61—83頁;《史學情報》1982年第3期;轉載於複印報刊資料(中國古代史)1982年第1期。
《西周時代的楚國》,《江漢論壇》1981年第5期;轉載於複印報刊資料(中國古代史)1981年第19期。
《中國古代陵寢制度的起源及其演變》,《復旦學報》(社會科學版)1981年第5期;後轉載於《新華文摘》1981年第12期。
《龍王本主》,《華夏地理》1981年第4期。
《從少府職掌看秦漢封建統治者的經濟特權》,《秦漢史論叢》1981年第1輯;後收入《楊寬古史論文選集》,第113—129頁。

1982年　先生六十九歲

四月,和青年學者劉根良以及日本留學生太田侑子、高木智見四人前往西安、洛陽、鞏縣等地考察。

五月二十四日,先秦史學會成立。該會設有理事長、副理事長、顧問及理事。理事長爲徐中舒,先生連續三屆當選爲副理事長。

十二月二十一日,參加上海博物館紀念建館三十周年座談會并發表講話。

《中國古代冶鐵技術的發明和發展》,上海人民出版社,1982年。
《中國上古史導論》,收入《古史辨》第7册,上海古籍出版社,1982年。

《顧頡剛先生和古史辨》,《光明日報》1982年7月19日第3版;後收入《先秦史十講》,第426—434頁;《〈史學〉論文選》,光明日報出版社,1984年,第11—18頁;陳其泰、張京華《古史辨學説評價討論集》,第277—283頁;許力以主編:《中國圖書評論選集1979—1985》下卷,1987年,第1178—1185頁;顧潮編:《顧頡剛學記》,生活·讀書·新知三聯書店,2002年,第80—88頁。

---

① 華覺明:《堪培拉紀行》,《中國科技史料》1982年第3期。

《博物館鎖憶》,本社編:《上海掌故》,上海文化出版社出版,1982年,第33—39頁;又見湯偉康、朱大路、杜黎:《上海軼事》,上海文化出版社,1987年,第105—109頁。

《先秦墓上建築和陵寢制度》,《文物》1982年第1期;後收入《中國古代陵寢制度史研究》,第171—183頁;《先秦史十講》,第305—319頁。

《戰國秦漢的監察和視察地方制度》,《社會科學戰綫》1982年第2期;後收入《楊寬古史論文選集》,第94—112頁;《史學情報》1982年第4期;轉載於《新華文摘》1982年第7期;《複印報刊資料》(中國古代史)1982年第9期。

《重評1920年關於井田制的辯論》,《江海月刊》1982年第3期;轉載於《複印報刊資料》(中國古代史)1982年第13期;《複印報刊資料》(經濟史)1982年第6期。

《呂思勉先生的史學研究》,《中國史研究》1982年第3期;又刊於《蒿廬問學記》,第4—33頁;轉載於《複印報刊資料》(歷史學)1982年第10期。

《秦漢陵墓考察》,《復旦學報》(社會科學版)1982年第6期(與劉根良、太田侑子、高木智見合撰);後收入《中國古代陵寢制度史研究》,第197—221頁。

《釋青川秦牘的田畝制度》,《文物》1982年第7期;轉載於《複印報刊資料》(中國古代史)1982年第15期。

《秦始皇陵園布局結構的探討》,《秦俑館開館三年文集》,1982年,第7—14頁;後收入《文博》1982年第3期;《中國古代陵寢制度史研究》,第183—196頁。

《西周時代對東方和北方的開發》,《中華文史論叢》1982年第4期;後收入《西周史》,第577—602頁;《史學情報》1982年第4期;轉載於《複印報刊資料》(中國古代史)1982年第6期。

《怎樣學好祖國的歷史》,郭紹虞、周谷城等著,《怎樣學好大學文科》,復旦大學出版社,1982年,第38—52頁;後收入《名古屋大學東洋史研究報告》第10期,1985年,第109—129頁(高木智見譯)。

《呂思勉的史學論著前言》,《先秦史》影印版,上海古籍出版社,1982年;又刊於上海古籍出版社1983年《秦漢史》《兩晋南北朝史》的影印版。

1983年　先生七十歲

四月至五月,帶領研究生前往山東、河北、河南、山西、湖北考察歷代重要都城遺址。

八月二十九日，赴東京參加亞洲、北非人文科學國際會議。會後，在京都大學人文科學研究所作《商代制度》的講演。

《吕思勉〈論學集林〉出版説明》，上海教育出版社，1987年。

《吕著〈中國通史〉序言》，華東師範大學出版社，1992年。

《西周初期東都成周的建設及其政治作用》，《歷史教學問題》1983年第4期。

《中國陵墓制度的變遷》，《殷都學刊》1983年第3期（與蘇啓剛、聶玉海等合撰）。

《關於長平之戰的時間》，《歷史教學》1983年第3期。

《釋何尊銘文兼論周開國年代》，《文物》1983年6期；後收入《西周史》，第521—530頁；《史學情報》1983年第4期；《中國古文字大系·金文文獻集成》第28册。

《先秦墓上建築問題的再探討》，《文物》1983年第7期；後收入《中國古代陵寝制度史研究》，第211—218頁；《史學情報》1984年第1期。

《再談長平之戰的時間》，《歷史教學》1983年第11期。

《雲夢秦簡所反映的土地制度和農業政策》，《上海博物館集刊》1983年第2期；後收入《楊寬古史論文選集》，第17—34頁。

The Relationship between the Developing Changes of the Layout of Capital Cities and Ritual in the Pre-qing and Qin_han Periods(國際亞洲,北非人文科學會議研究發表要旨)。

1984年　先生七十一歲

五月，應美國大學邀請，做短期講學。同時，向復旦大學申請退休，準備移居美國邁阿密。

《西周中央政權機構剖析》，《歷史研究》1984年第1期；後收入《西周史》，第315—335頁；《先秦史十講》，第20—43頁；復旦大學歷史系編，《切問集：復旦大學歷史系建系八十周年論文集》，復旦大學出版社，2005年，第157—172頁。

《西漢長安布局的探討》，《文博》1984年創刊號。

《商代的別都制度》,《復旦學報》(社會科學版)1984 年第 1 期;後收入《楊寬古史論文選集》,第 149—160 頁;《先秦史十講》,第 76—101 頁;《史學情報》第 3 期。

《秦始皇陵園布局結構的探討》,《文博》1984 年第 3 期。

《懷念呂思勉先生》,《常州文史資料》1984 年第 5 輯。

《西周王朝公卿的官爵制度》,人文雜志編輯部編《西周史研究》第 2 輯;後收入《西周史》,第 336—363 頁;《先秦史十講》,第 44—74 頁;《中國古文字大系·金文文獻集成》第 40 冊。

《如何學習春秋戰國史》,《學林》雜志編輯部編《怎樣學習中國歷史》,上海人民出版社,1984 年,第 17—34 頁。

《如何加強中國文化史的研究》,《中國文化研究集刊》1984 年第 1 輯,復旦大學出版社,第 44—47 頁。

1985 年　先生七十二歲

八月,陳漢平在《自學》雜志第八期上發表文章《老先生爲何行竊》,指責先生《西周王朝公卿的官爵制度》剽竊了他未發表的畢業論文《西周册命制度研究》。

《中國古代陵寢制度史研究》,上海古籍出版社,1985 年。

《呂思勉》,陳清泉、蘇雙碧、李桂海、蘇黎、葛增福編《中國史學家評傳下》,中州古籍出版社,1985 年,第 1270—1298 頁。

1986 年　先生七十三歲

二月,在《自學》雜志第二期上發表《爲何如此誹謗》,反駁陳漢平的指控。

二月十一日上午十時,神父爲先生洗禮,成爲天主教教友。

《戰國史》(增訂本),臺灣谷風出版社,1986 年。

《辭海》,上海辭書出版社出版,1986 年(主編《辭海》中國古代史部分)。

《呂思勉〈中國制度史〉出版前言》,上海教育出版社,1986 年,又刊於丹青圖書有限責任公司,1986 年。

《爲何要如此誹謗》,《自學》1986 年第 2 期。

1987 年　先生七十四歲

八月下旬,西嶋定生赴美參加"日美史學會議",會後專程前往邁阿密住處拜訪先生,期間兩人探討當時正在研究的學術問題和《中國古代都城的起源與變遷》日版的翻譯出版事宜。

《中國古代陵寢制度史研究》,臺灣谷風出版社,1987 年。
《中國上古史導論》,收入《古史辨》第 7 册,藍燈文化事業股份有限責任公司,1987 年。
《中國皇帝陵の的起源と發展》,日本學生社,1987 年。

1988 年　先生七十五歲

應許倬雲邀請,前往匹兹堡大學歷史系講演。

《論周武王克商》,收入王孝廉主編·御手洗騰等著的《神與神話》,聯經出版事業公司,1988 年,第 405—462 頁;《西周史》,第 483—520 頁。

1989 年　先生七十六歲

六月,中華書局計劃出版先生與沈延國合著《吕氏春秋集解》,但至今未出版,稿件亦不知下落。

《論〈逸周書〉》,《中華文史論叢》,1989 年第 1 期;後收入《西周史》,第 857—870 頁。
《西漢長安布局結構的再探討》,《考古》1989 年第 4 期。

1990 年　先生七十七歲

十月,爲李紹昆《墨學十講》寫序。

《墨學十講序》,李紹昆著,水牛出版社,1990 年。
《中國歷代尺度考——重版後記》,收入河南計量局主編《中國古代度量衡論文集》,中州古籍出版社,1990 年,第 64—76 頁。
《論西周初期分封制》,尹達等主編《紀念顧頡剛學術論文集》上册,巴蜀出版社,1990年,第253—270頁;後收入《西周史》,第373—394頁;《先秦史十講》,第76—101頁。

1991年　先生七十八歲

三月,撰寫《歷史激流中的動荡和曲折——楊寬自傳》序言。

八月,將明清刻本古書及學術著作一千二百四十六種、五千六百十一册捐贈給上海圖書館。

《關於越國滅亡年代的再商討》,《汇漢論壇》1991年第5期;後收入《楊寬古史論文選集》,第285—294頁;轉載於《複印報刊資料》(先秦、秦漢史)1991年第6期。

1992年　先生七十九歲

將善本古籍二十八種四〇八册捐贈給上海圖書館。其中重要的有元刻本《山堂先生群書考索》前集、後集、續集、别集(六十四册),明刻本《風俗通義》《河防一覽榷》《丹鉛總錄》《宣和博古圖錄》《兩漢博聞》《白孔六帖》《藝文類聚》《初學記》等,清代嘉慶年間張海鵬據宋本校勘的《太平御覽》(一〇二册)、光緒年間黄以周晚年硃筆圈點批校本人著作《禮書通故》定本(三十一册),清刻本《四蟲備覽》(四册)。

1993年　先生八十歲

八月,《歷史激流中的動荡和曲折——楊寬自傳》由臺灣時報文化出版。

《歷史激流中的動荡和曲折:楊寬自傳》,時報文化出版企業有限公司,1993年。

《中國古代都城制度史研究》,上海古籍出版社,1993年。

1995年　先生八十二歲

《歷史激流楊寬自傳:ある歷史學者の軌迹》,高木智見譯,西嶋定生監譯,東京大學出版會,1995年。

《秦〈詛楚文〉所表演的"詛"的巫術》,《文學遺產》1995年第5期;後收入《楊寬古史論文選集》,第373—394頁。

1996 年　先生八十三歲
《中國皇帝陵の起源と變遷》,日本學生社重印,1996 年。

《穆天子傳真實來歷的探討》,《中華文史論叢》1996 年第 55 輯;後收入《西周史》,第 603—622 頁;《先秦史十講》,第 372—394 頁。

1997 年　先生八十四歲
《戰國史：1997 年增訂版》,臺灣商務印書館,1997 年

《楚帛書的四季神像及其創世神話》,《文學遺產》1997 年第 4 期;後收入《楊寬古史論文選集》,第 354—372 頁;轉載於《中國古代、近代文學研究》(複印資料)1997 年第 10 期。

1998 年　先生八十五歲
《戰國史》,上海人民出版社,1998 年。

1999 年　先生八十六歲
《西周史》,上海人民出版社,1999 年。
《西周史》,臺灣商務印書館,1999 年。

2001 年　先生八十八歲
十一月,歷時半个世紀的《戰國史料編年輯證》由上海人民出版社出版。

《戰國史料編年輯證》,上海人民出版社,2001 年。

2002 年　先生八十九歲
七月,著作手稿入藏上海圖書館"中國文化名人手稿館"。
《戰國史料編年輯證》,臺灣商務印書館,2002 年。

2003 年　先生九十歲
《中國古代都城制度史研究》,上海人民出版社,2003 年。

《中國古代陵寢制度史研究》,上海人民出版社,2003 年。
《西周史》,上海人民出版社,2003 年。
《戰國史》,上海人民出版社,2003 年。
《楊寬古史論文選集》,上海人民出版社,2003 年。
《墨經哲學》收入《墨子大全》第 44 册,北京圖書館出版社,2003 年。

2004 年　先生九十一歲
《中國古代冶鐵技術發展史》,上海人民出版社,2004 年。

2005 年　先生九十二歲
九月一日,在美國邁阿密逝世。
十二月,與吳浩坤主編的《戰國會要》由上海古籍出版社出版。

《戰國會要》,上海古籍出版社,2005 年(與吳浩坤一起主編)。
《歷史激流:楊寬自傳》,臺灣大塊文化出版股份有限公司,2005 年。

《關於古代墓祭、墓碑和墳墓等級制問題》,《中國文化研究集刊》2005 年第 3 期。

2006 年　去世後一年
《中國古代都城制度史》,上海人民出版社,2006 年。
《先秦史十講》,高智群編,復旦大學出版社,2006 年。
《戰國史料編年輯證》,上海人民出版社,2006 年。

2008 年　去世後三年
四月,與陳旭麓、方詩銘、程應鏐一起主編的《中國通史詞典》由上海人民出版社出版。

《中國古代陵寢制度史研究》,上海人民出版社,2008 年。
《中國通史詞典》,上海人民出版社,2008 年。

2012 年　去世後七年
十二月,妻陳荷静在美國逝世。

2013 年　去世後八年
大寒,先生與陳荷静合葬於上海青浦福壽園文星區。

2014 年　去世後九年
《中國古代冶鐵技術發展史》,上海人民出版社,2014 年。

2016 年　去世後十一年
上海人民出版社計劃推出《楊寬著作集》,包括已出版的著作及散見於報刊、雜志上的文章。

復旦百年經典文庫書目

第一輯

修辭學發凡　文法簡論	陳望道著／宗廷虎、陳光磊編
宋詩話考	郭紹虞著／蔣　凡編
中國傳敘文學之變遷　八代傳敘文學述論	朱東潤著／陳尚君編
詩經直解	陳子展著／徐志嘯編
文獻學講義	王欣夫著／吳　格編
明清曲談　戲曲筆談	趙景深著／江巨榮編
中國古代土地關係史稿　中國土地制度史	陳守實著／姜義華編
中國經學史論著選編	周予同著／鄧秉元編
西方史學史散論	耿淡如著／張廣智編
中外歷史論集	周谷城著／姜義華編
中國問題的分析　荒謬集	王造時著／章　清編
中國思想研究法　中國禮教思想史	蔡尚思著／吳瑞武、傅德華編
長水粹編	譚其驤著／葛劍雄編
古代研究的史料問題　五十年甲骨文發現的總結　五十年甲骨學論著目　殷墟發掘	胡厚宣著／胡振宇編
《法顯傳》校注　我國古代的海上交通	章　巽著／芮傳明編
滇緬邊地擺夷的宗教儀式　中國帆船貿易與對外關係史論集　男權陰影與貞婦烈女：明清時期倫理觀的比較研究	田汝康著／傅德華編
哲學與中國古代社會論集	胡曲園著／孫承叔編
《浮士德》研究　席勒	董問樵著／魏育青編

第二輯

古史新探　　　　　　　　　　　　　　　　　　　　楊　寬著／高智群編
諸子學派要詮　秦史　　　　　　　　　　　　　　　王蘧常著／吳曉明編
西洋哲學小史　宇宙發展史概論　　　　　　　　　全增嘏著、譯／黃頌杰編
儒道佛思想散論　　　　　　　　　　　　　　　　嚴北溟著／王雷泉編
談藝錄　中國畫論　歐洲文論簡史　　　　　　　　伍蠡甫著／林驤華編
形態歷史觀　丹麥王子哈姆雷的悲劇　　　　　　林同濟著、譯／林驤華編
世界文學史話　古今和歌集　　　　　　　　　　　楊　烈著、譯／林驤華編

圖書在版編目(CIP)數據

古史新探/楊寬著;高智群編. —上海:復旦大學出版社,2016.8
(復旦百年經典文庫)
ISBN 978-7-309-11369-3

Ⅰ.古… Ⅱ.①楊…②高… Ⅲ.史評-中國-古代 Ⅳ.K220.7

中國版本圖書館CIP數據核字(2015)第069106號

古史新探
楊　寬　著　　高智群　編
責任編輯/胡春麗

復旦大學出版社有限公司出版發行
上海市國權路579號　郵編:200433
網址:fupnet@fudanpress.com　　http://www.fudanpress.com
門市零售:86-21-65642857　　團體訂購:86-21-65118853
外埠郵購:86-21-65109143
浙江新華數碼印務有限公司

開本787×1092　1/16　印張35.75　字數573千
2016年8月第1版第1次印刷

ISBN 978-7-309-11369-3/K・530
定價:115.00元

如有印裝質量問題,請向復旦大學出版社有限公司發行部調換。
版權所有　　侵權必究